Joachim Gnilka · Das Evangelium nach Markus 2

# EKK
# Evangelisch-Katholischer Kommentar zum Neuen Testament
# II/2

Herausgegeben von
Josef Blank, Rudolf Schnackenburg,
Eduard Schweizer und Ulrich Wilckens

in Verbindung mit
Otto Böcher, François Bovon, Norbert Brox, Gerhard Dautzenberg, Joachim Gnilka, Erich Grässer, Ferdinand Hahn, Martin Hengel, Paul Hoffmann, Traugott Holtz, Günter Klein, Gerhard Lohfink, Ulrich Luck, Ulrich Luz, Rudolf Pesch, Wilhelm Pesch, Wolfgang Schrage, Peter Stuhlmacher, Wolfgang Trilling und Anton Vögtle

Band II/2

Das Evangelium nach Markus
2. Teilband

Benziger Verlag
Neukirchener Verlag

Joachim Gnilka

# Das Evangelium nach Markus

2. Teilband
Mk 8,27–16,20

Benziger Verlag
Neukirchener Verlag

CIP-Kurztitelaufnahme der Deutschen Bibliothek

EKK: evang.-kath. Kommentar zum Neuen Testament/
hrsg. von Josef Blank . . . in Verbindung mit
Otto Böcher . . . – Zürich, Einsiedeln, Köln:
Benziger; Neukirchen-Vluyn: Neukirchener Verlag.
NE: Blank, Josef (Hrsg.); Evangelisch-
Katholischer Kommentar zum Neuen Testament
Bd. II/2 – Gnilka, Joachim: Das Evangelium nach Markus

Gnilka, Joachim
Das Evangelium nach Markus. – Zürich, Einsiedeln,
Köln: Benziger; Neukirchen-Vluyn: Neukirchener Verlag.
Teilbd. 1. Mk 8,27–16,20. – 1. Aufl. – 1979
(EKK; Bd. II)
ISBN 3-545-23107-0 (Benziger)
ISBN 3-7887-0591-4 (Neukirchener Verl.)


Umschlaggestaltung: Atelier Blumenstein + Plancherel, Zürich
ISBN 3-545-23107-0 (Benziger Verlag)
ISBN 3-7887-0591-4 (Neukirchener Verlag)

# Inhalt

# B Kommentar (Fortsetzung)

## IV. Aufforderung zur Kreuzesnachfolge (8,27–10,45)

Mit einer Jüngerperikope beginnt auch dieser Abschnitt. Petrus bekennt Jesus als den Messias, und daraufhin werden die Jünger in die Notwendigkeit des Leidens dieses Messias eingewiesen. Die Jüngerbelehrung mit dem Spruch von der Kreuzesnachfolge (8,34) bedeutet ihnen, daß Nachfolge Selbstverleugnung auf dem Weg des Gekreuzigten ist und daß darum jetzt eine neue Entscheidung von ihnen gefordert ist. Die Verklärungsgeschichte, die mit der Proklamation Jesu als des Gottessohnes im Zentrum des Evangeliums steht, bestätigt Jesus auf seinem Weg und fordert die Jünger auf, ihn zu hören. Doch das Gespräch über den wiederkehrenden Elija zeigt sie wiederum in der gewohnten Verständnislosigkeit. Die Heilung eines epileptischen Knaben mündet in eine Jüngerunterweisung aus (9,28f). Auch auf die zweite Leidensankündigung (9,30–32) folgt eine Begebenheit, die das Unvermögen der Jünger, Jesus nachzufolgen, beleuchtet: sie streiten darüber, wer unter ihnen der Größte sei. Eine Belehrung, aus unterschiedlichem Material zusammengestellt, schließt sich an. Mit dem Auftritt von Pharisäern und eines reichen Mannes werden Fragen verhandelt, die die Unauflöslichkeit der Ehe und das Verhältnis zu Armut und Reichtum betreffen. Auffallend ist, daß auch diese Perikopen jeweils mit Worten enden, die an die engere Jüngerschaft gerichtet sind. Die dritte und ausführlichste Leidensankündigung (10,32–34) hat die Reaktion der Zebedäussöhne zur Folge, die Jesus um die ersten Plätze in seiner Herrlichkeit bitten. Die Aufforderung zum Dienst nach dem Vorbild des dienenden Menschensohnes bildet den Abschluß. Jesus und die Jünger sind in diesem Abschnitt weiterhin unterwegs. Sie begeben sich in die Gegend von Kaisareia Philippi (8,27), ziehen durch Galiläa (9,30), sind in Kafarnaum (9,33), im Gebiet Judäas, jenseits des Jordan (10,1), auf dem Weg nach Jerusalem (10,32), das als Ziel der Wanderschaft in den Blick tritt. Klar ist dieser Abschnitt der Jüngerschaft gewidmet, die lernen soll, daß Gottes Sohn sich im Kreuz offenbaren wird. Ihre eigene Existenz hat sich danach auszurichten. Dies betrifft auch ganz konkrete Fragen wie Ehe, Familie, Besitz und das Verhältnis zum Nächsten.

### 1. *Das Bekenntnis und das Versagen des Petrus (8,27–33)*

*Literatur: Taylor, V.,* The Origin of the Markan Passion Sayings, NTS 1 (1954/55) 159–167; *Tödt,* Menschensohn 131–203; *Sandmel, S.,* »Son of Man«, in: In the Time of Harvest (Essays in Honour of Alt Silver), hrsg. D. J. Silver, New York 1963, 355–367; *Haenchen, E.,* Die Komposition von Mk 8,27–9,1, in: ΧΑΡΙΣ ΚΑΙ ΣΟΦΙΑ (FS K. H. Rengstorf), Leiden 1964, 81–109; *Hahn,* Hoheitstitel 46–53; *Jeremias, J.,* Die älteste Schicht der Menschensohn-Logien, ZNW 58 (1967) 159–172; *Strecker, G.,* Die Leidens- und Auferstehungsvoraussagen im Markusevangelium, ZThK 64 (1967) 16–39; *Horstmann,* Studien 8–31; *Michel, O.,* Der Umbruch: Messianität = Menschensohn. Fragen zu Markus 8,31, in: Tradition und Glaube (FS K. G. Kuhn), Göttingen 1971, 310–316; *Hoffmann, P.,* Mk 8,31. Zur Herkunft und markinischen Rezeption einer alten Überlieferung, in: Orientierung an Jesus (FS J. Schmid), München 1973, 170–204; *Müller, U. B.*, Die christologische Absicht des Markusevangeliums und die Verklärungsgeschichte, ZNW 64 (1973) 159–193; *Pesch, R.*, Das Messiasbekenntnis des Petrus (Mk 8,27–30), BZ 17 (1973) 178–195. 18 (1974) 20–31; *Bennett, W. J. jr.*, »The Son of Man must . . .«, NT 17 (1975) 113–129; *Pesch, R.*, Die Passion des Menschensohnes. Eine Studie zu den Menschensohnworten der vormarkinischen Passionsgeschichte, in: Jesus und der Menschensohn (FS A. Vögtle), Freiburg 1975, 166–195; *Ernst, J.*, Petrusbekenntnis – Leidensankündigung – Satanswort (Mk 8,27–33), Cath (M) 32 (1978) 46–73.

27 **Und Jesus ging weg und seine Jünger in die Dörfer von Kaisareia Phil-**
**ippi. Und auf dem Weg fragte er seine Jünger und sagte zu ihnen: Für**
**wen halten mich die Menschen?** 28 **Sie aber sagten ihm und sprachen:**
**Für Johannes den Täufer, und andere für Elija, andere aber für einen der**
**Profeten.** 29 **Und er fragte sie: Ihr aber, für wen haltet ihr mich? Petrus**
**antwortete und spricht zu ihm: Du bist der Christus.** 30 **Und er befahl**
**ihnen streng, mit niemandem über ihn zu sprechen.** 31 **Und er begann,**
**sie zu lehren: Der Menschensohn muß vieles leiden und von den Älte-**
**sten und den Hohenpriestern und den Schriftgelehrten verworfen und**
**getötet werden und nach drei Tagen auferstehen.** 32 **Und mit Offen-**
**heit redete er das Wort. Und Petrus nahm ihn beiseite und begann, ihn**
**zu tadeln.** 33 **Er aber wandte sich um, sah seine Jünger, schalt den Pe-**
**trus und spricht: Weiche hinter mich, Satan, denn du sinnst nicht auf**
**das Göttliche, sondern auf das Menschliche.**

Analyse Bildet der vorliegende Abschnitt für Markus auch einen Zusammenhang, so bleibt die Frage zu klären, wie es zur Zusammenfügung der einzelnen Teile kam. Es lassen sich deren drei voneinander abheben: die Jüngerbefragung mit dem Petrusbekenntnis (27–30), die Leidensvoraussage (31) und die Petrusschelte (32f). Waren diese Teile bzw. einzelne von ihnen schon vormarkinisch miteinander verbunden? Die Beantwortung dieser Frage ist eng verknüpft mit der Möglichkeit, ob in dieser Abfolge historisches Detail aus dem Leben Jesu aufbewahrt wurde. Am leichtesten ist die Leidensvoraussage als selbständige Überlieferung zu erkennen. Sie besitzt in 9,31 und 10,32–34 Parallelen, unterscheidet sich durch das Menschensohnprädikat vom petrinischen Christusbekenntnis und verrät durch ihre Einleitungsformel, daß der Evangelist sie in den Kontext eingebracht hat. Er bevorzugt die Lehre Jesu. Für Markus spricht gleichfalls das Redeverbot in 30, das Christusbekenntnis und Leidensansage verknüpft und sich in das Konzept des Messiasgeheimnisses einfügt[1]. Markus schuf es als Klammer. Nimmt man Vers 31f heraus, scheint sich ein unmittelbarer Anschluß von 33 an 29 nahezulegen. Befürwortet man mit Wendling,

[1] Anders Pesch, Messiasbekenntnis 183f, der das Schweigegebot als vormarkinisch ansieht. Vgl. auch Pesch II,28.

Dinkler, Hahn[2] diesen Anschluß, so ergibt sich für die vormarkinische Traditionsstufe oder für die vorösterliche Situation, daß Jesus den messianischen Anspruch als satanische Anfechtung zurückgewiesen hat. Dieser Interpretationsvorschlag resultiert wahrscheinlich auch aus der Verlegenheit, daß man bei einer isolierten Betrachtung des Verses 33 nicht weiß, was die Petrusschelte veranlaßte. Dennoch ist dieser Vorschlag aus theologischen Gründen, auf die später einzugehen ist, abzulehnen. Eine solche negative Wertung des Messiasbekenntnisses ist höchst fragwürdig. Somit ergibt sich, daß Jüngerbefragung, Leidensankündigung und Petrusschelte unter traditionskritischem Aspekt getrennt zu behandeln sind.

Der erste Teil 27–30 ist eine erzählerisch geschlossene Einheit, in der Volksmeinungen über Jesus und Jüngerbekenntnis sorgfältig und kontrastierend voneinander abgesetzt sind. Stilistisch sind die beiden Fragen Jesu in 27b und 29a einander angeglichen, was den Eindruck der Einheitlichkeit des Ganzen noch verstärkt. Zwischen den Volksmeinungen in 28 und 6,14b.15 besteht im wesentlichen Übereinstimmung, so daß sich das Problem einer möglichen Abhängigkeit ergibt. In 28 fällt nicht nur die Knappheit der von den Jüngern gegebenen Auskünfte auf, sondern auch das Nebeneinander von zwei Akkusativen und einem Nominativ. Die letzte (und vielleicht die erste) Auskunft[3] wird mit ὅτι eingeleitet, vor der zweiten fehlt es. Aller Wahrscheinlichkeit nach sind hier ursprünglich ausführlichere Auskünfte zusammengestrichen worden. Dabei darf Markus als jener angenommen werden, der gekürzt hat. Ihm war bewußt, daß er eine ähnliche Überlieferung in längerer Form schon in 6,14b.15 eingebaut hatte. Weil es natürlicher ist, daß die Leute – wie in 6,14b.15 – ihre Meinungen über Jesus selber äußern, kann vermutet werden, daß ein vormarkinischer Redaktor die Tradition der Volksmeinungen den Jüngern in den Mund legte, sie mit dem Petrusbekenntnis verband und so die Perikope schuf. Sie war von Anfang an mit Kaisareia Philippi verknüpft, da Markus den Ort sonst nicht kennt[4]. Weil zusammengesetzt, ist ihre Form unscharf[5]. Man wird sie als Jüngergespräch bezeichnen können (vgl. 8,14–21). Ihre Verwendung in der christologischen Katechese ist denkbar. Der Ortsname verweist möglicherweise darauf, daß wir in diesem Gebiet schon sehr früh christliche Gemeinden haben. Für das Alter der Perikope spricht auch ihr semitisierender Stil[6]. Markus hat in 27a die Jünger eingebracht (in Spannung zu ἐξῆλθεν), de-

[2] Wendling, Entstehung 115–120; E. Dinkler, Petrusbekenntnis und Satanswort, in: Zeit und Geschichte (FS R. Bultmann), Tübingen 1964, 127–153; Hahn, Hoheitstitel 226–230. Nach Wendling seien auf 8,33 die Verse 36f und evtl. 9,1 gefolgt.

[3] Das erste ὅτι in 27 ist textlich nicht gesichert.

[4] Das Wegmotiv ist bei Mk teils traditionell, teils redaktionell (1,2f; 10,17.32.46.52; 11,8; 12,14). Falls es hier vorgegeben ist, fügt es sich gut in den Mk-Rahmen ein.

[5] Im rabbinischen Schulgespräch fragen die Schüler den Rabbi.

[6] Vgl. Pesch, Messiasbekenntnis 195, der die Perikope allerdings als eine nicht zusammengesetzte betrachtet. Wenn Bultmann, Geschichte 275–278, glaubt, auf das Petrusbekenntnis sei in der Vorlage noch etwas gefolgt, was Mk weggebrochen habe, ist das reine Spekulation.

ren Anwesenheit am Beginn eines neuen Evangelienabschnittes ihm wichtig war. Das Schweigegebot, das ähnlich wie das in 3,12 formuliert ist und auf eine christologische Aussage folgt, ist ihm ebenfalls zuzuschreiben.
Das Logion vom leidenden und auferstehenden Menschensohn (31) besitzt in den beiden folgenden Leidensankündigungen (9,31; 10,33f) Analogien und ist mit den Kurzformeln der Leidenansage in 9,12; 14,21.41 zu vergleichen (ferner die Auferstehungsansage in 9,9). Alle zitierten Stellen kommen im Gebrauch des Menschensohntitels überein, die drei Ankündigungen 8,31; 9,31; 10,33f darüber hinaus noch darin, daß sie vom Tod und der Auferstehung nach drei Tagen sprechen. Das Wort 8,31 hebt sich von den beiden anderen Leidensankündigungen vor allem dadurch ab, daß es den Todesweg Jesu als Notwendigkeit betrachtet (δεῖ) und im Gegensatz zu jenen den Gedanken der Auslieferung (παραδιδόναι) vermeidet. In der traditionsgeschichtlichen Beurteilung dieser Menschensohnlogien halten heute zahlreiche Forscher 9,31a bzw. 14,41 für die älteste Überlieferungsform (s. dort). Andere bevorzugen 8,31[7]. In dieser Analyse kann es nur darum gehen zu prüfen, ob das Logion in 8,31 redaktionell verändert wurde, evtl. durch Markus. Den Rahmen des Logions sprengt die Aufzählung der drei Fraktionen des Synhedrions »von den Ältesten und den Hohenpriestern und den Schriftgelehrten«. Sie wird weitgehend mit Recht als Einfügung bzw. Auffüllung des Markus gewertet, der bei der ersten feierlichen Ansage des Leidens die Verantwortlichen genau angeben wollte[8]. Umstritten ist, ob mit dieser Zutat auch das »verworfen werden« beigegeben wurde[9]. Daß das Leiden vor dem Verworfenwerden steht, ist kein zwingendes Argument für diese Meinung, da das Leiden hier nicht eine Zusammenfassung des Todesleidens ist, sondern die Drangsale während des gesamten Lebens aufgreift. Die analoge Wendung in 9,12, die als traditionell anzuerkennen ist, spricht vielmehr dagegen. Das Verb »verworfen werden« veranlaßte dann den Evangelisten, die drei Instanzen anzugeben. Als Heimat des Logions ist das griechisch sprechende Judenchristentum anzunehmen. Dies wird durch die Formulierung »vieles leiden« empfohlen, die als Ausdruck für durch Menschen verursachte Drangsale im Semitischen kein Äquivalent besitzt[10]. Die Verwendung des Menschensohntitels in den Ansagen vom Leiden und Sterben Jesu hat verschiedene Ableitungen gefunden. Man führte sie auf den irdischen Jesus zurück[11]. Jedoch dürfte Jesus in Vorausankündigungen in der ersten Person ge-

[7] Strecker* 24f; Hoffmann* 175–196. Differenziert urteilt Tödt, Menschensohn 186f. Vgl. auch die Übersicht bei Hoffmann* 170–175.

[8] Tödt, Menschensohn 152f; Strecker* 26 (mit Fragezeichen); Horstmann, Studien 25. C. Colpe, ThWNT VIII,447 meint, daß anstelle der drei Fraktionen ursprünglich einfach die Menschen als Verwerfende genannt waren. Mit keinem mk Nachtrag rechnet Pesch, Passion 170. Eine Auffüllung nimmt auch Hirsch, Frühgeschichte I 90 an.

[9] Dies nimmt Hoffmann* 178 an.

[10] Vgl. Dalman, Jesus-Jeschua 117f. Die Belege für πολλὰ παθεῖν in AssMos 3,11; JosAnt 13,268 sind griechisch.

[11] Wenn Jesus sein Leiden im Vorstellungshorizont des atl. leidenden Gerechten verstanden hat, wäre dies noch nicht ausreichend für die Annahme, daß er in diesem Zusammen-

sprochen haben (vgl. Amen, ich sage euch)[12]. Zu beachten bleibt, daß Mk 8,31 mit der Feindstellung der Menschen gegen den Menschensohn einerseits und der Hoheit des Menschensohns anderseits, die mit seiner Auferstehung gegeben ist, eine Grundstruktur der Menschensohnlogien wahrt. Es ist darum nicht nötig, hinter der Auferstehungsaussage eine ursprüngliche Bezugnahme auf die Parusie zu vermuten[13]. Ferner ist in der apokalyptischen Menschensohnerwartung eine Wende zu beobachten, die den transzendenten himmlischen Menschensohn als irdisch-messianische Gestalt begreifen läßt[14]. Dies dürfte die Verknüpfung des Menschensohntitels mit der Niedrigkeitsaussage erleichtert haben. Der Evangelist leitet das Logion als Jüngerlehre ein. Auch 32a ist ihm verdankt (vgl. die ähnliche Formulierung in 2,2). Die Parrhesia steht nicht im Widerspruch zum Redeverbot[15]. Dieses betrifft das Sprechen mit denen, die »draußen« sind, die Offenheit der Rede Jesu richtet sich an den Jüngerkreis. Vielleicht läßt sich daran denken, daß die erste Anspielung auf den Tod in bildhafter Rede erfolgte (2,20).

In Vers 33 liegt ein Fragment vor. Die scharfe Petrusschelte ist sicher alte Tradition. Es wäre niemandem eingefallen, den angesehenen Jünger mit der Schelte, er sei ein Satan, zu belegen. Weil der eigentliche Gegensatz zwischen Satan und Gott liegt, muß die Weiterführung des Satzes ἀλλὰ τὰ τῶν ἀνθρώπων als Zusatz (des Mk?) angesehen werden. Vom Evangelisten wird der auf die Jünger gerichtete Blick Jesu (καὶ ἰδὼν τοὺς μαθητὰς αὐτοῦ) sein. Markus bringt auch hier die Jünger ein, wo die Existenz des Jüngers auf dem Spiel steht. Die Verbindung 32b ist ein kompositionelles Element der Redaktion[16].

Durch die Kombination dreier Überlieferungseinheiten ist eine bewegte Ereignisfolge entstanden. Am Anfang und am Ende stehen die Jünger und in ihrer Mitte Petrus als ihr Sprecher. Im Zentrum befindet sich die Aussage über das Schicksal des Menschensohnes. Das Ganze spielt sich auf dem Weg ab. Da Markus einen neuen Evangelienabschnitt beginnt, ist er bemüht, die wichtigen Personen eigens zu benennen. Der Jesusname, der seit 6,30 nicht mehr vorkam, markiert den Neuansatz. Zusammen mit ihm und sonst noch zweimal im vorliegenden Abschnitt werden seine Jünger erwähnt. Man wird dies als Hin-

hang den Menschensohntitel verwendete. Dieser Einwand ist gegen L. Ruppert, Jesus als der leidende Gerechte? 1972 (SBS 59), besonders 60–71, zu erheben. Bei Mk 9,31, dem Ausgangspunkt der Vorstellungsreihe vom leidenden Menschensohn, ist auf das historische Problem nochmals zurückzukommen (s. dort). Schweizer 89; C. Colpe, ThWNT VIII,447, halten die Aussage »Der Menschensohn muß vieles leiden und (von den Menschen) verworfen werden« für evtl. jesuanisch. πολλὰ παθεῖν aber ist unsemitisch. Strecker* 26f möchte es Mk-R zuschreiben.

12 Wendling, Entstehung 122, meint mit Verweis auf Mk 12,9; 13,2; 14,7.25.27f.30. 42, daß in den ältesten Weissagungen die Ich-Form vorliege.

13 Gegen Hoffmann* 181–184.

14 Vgl. K. Müller, Menschensohn und Messias, BZ 16 (1972) 54–69. 17 (1973) 52–66; U. B. Müller, Messias und Menschensohn in jüdischen Apokalypsen und in der Offenbarung des Johannes, 1972 (StNT 6).

15 Anders Hirsch, Frühgeschichte I,90.

16 ἐπιτιμάω hat hier zwar eine andere Nuance als in 30. Es gelang aber ein eindrucksvoller Kontrast zwischen dem ἐπιτιμᾶν des Petrus und dem Jesu in 32f. ἤρξατο mit Infinitiv verrät Mk-R.

weis darauf nehmen dürfen, daß die Jünger jetzt noch stärker in den Vordergrund rücken als bisher. Eine neue Gegnergruppe tritt in Erscheinung. Waren bis jetzt vor allem die Pharisäer und Schriftgelehrten die Widersacher, so hören wir erstmalig vom Todesschicksal, das die Ältesten, Hohenpriester und Schriftgelehrten ihm bereiten werden. Von hier spannt sich ein Bogen bis zur Passion. Der Abschnitt ist bestimmt durch Verben des Dialogs. Das Fragen, Sprechen, Antworten, Gebieten, Lehren, Tadeln beleben diesen Dialog. Es verdient Beachtung, daß das Bekenntnis des Petrus – und im vorliegenden Abschnitt nur dies – als Antwort gekennzeichnet ist. Den dramatischen Höhepunkt bildet das leidenschaftliche Gespräch zwischen Jesus und seinem ersten Jünger.

Erklärung 27–30 Jesus begibt sich mit seinen Jüngern von Betsaida weg (6,22) nach Norden. Kaisareia Philippi[17], das vom Tetrarchen Philippos zur Stadt umgeschaffene und zu Ehren des Augustus in »die Kaiserliche« umbenannte alte Panion (Polyb. 16,18,2) bzw. Paneas (heute Baniyas), lag am Fuß des Hermon an den Jordanquellen. Jedoch betritt Jesus nicht die Stadt, sondern bleibt im Umkreis der zur Stadt gehörigen Dörfer[18]. Das Gebiet, obwohl durch ein Heiligtum des Gottes Pan ausgezeichnet, war nicht völlig frei von jüdischer Bevölkerung und befand sich an der Grenze zwischen Heiden und Juden. Weil die Wanderschaft Jesu im folgenden stetig näher an Jerusalem heranführt, ist dieser entfernteste Punkt für die Eröffnung des Leidensgedankens gut gewählt. Darum tritt jetzt das Motiv des Weges hervor (10,17), der als Weg nach Jerusalem zum Leiden aufzufassen ist (10,32.46.52; 11,8). Er ist daneben aber auch der Weg, den der Täufer mit seinem Schicksal Jesus bereitete (vgl. 1,2f; 9,12f). Daß Jesus bei seinen Jüngern Informationen über die Meinungen des Volkes einholt, wurde mit der Feindseligkeit des Antipas, der ihm nachgestellt habe[19], oder mit einer vermuteten längeren Trennung seiner Jünger von ihm in Verbindung gebracht[20]. Die ungewöhnliche Anfrage dient aber nur als Kontrast für das folgende Christusbekenntnis. Die Jünger zitieren die Volksmeinungen, die uns schon aus 6,14f bekannt sind (s. dort). Sie zitieren sie aber in verkürzter Form. Dies gilt insbesondere für die Identifizierungen Jesu mit Johannes dem Täufer und einem der Profeten. Wegen der verkürzten Ausdrucksweise wird man bei letzterem nicht daran denken können, daß die Wiederkehr eines der alten Profeten gemeint ist[21]. Vielmehr wird Jesus wie in 6,15b als ein Profet angesehen, wie es Profeten in früheren Zeiten gab. Die Gleichsetzung mit dem Täufer impliziert die Meinung, daß in Jesus der getötete Johannes wieder in das irdische Leben zurückgekehrt ist (vgl. 6,14). Auf die weitere Anfrage, für wen die Jünger ihn halten würden, antwortet Petrus als Sprecher der Jüngerschaft und spricht das

[17] Vgl. Abel, Géographie I,297f.
[18] Nach dem Text von D it wäre Jesus allerdings »nach Kaisareia« gegangen.
[19] Pesch, Messiasbekenntnis 20f.
[20] Schmidt, Rahmen 216.
[21] Mt 16,14 dagegen hat die Aussage auf einen wiedergekehrten Profeten bezogen. Als Beispiel nennt er Jeremia. – Völlig umgestaltet ist das Jüngerscrutinium in Tho 13.

Christusbekenntnis. Die bekenntnismäßige Formulierung (»Du bist . . .«) deutet bereits an, daß es sich um eine gültige Aussage handelt. Schwierig ist es, den knapp formulierten Satz inhaltlich zu füllen. Auf dem kontrastierenden Hintergrund der Volksmeinungen ist Jesus als Christus mehr als eine die Heilszeit einleitende profetische Persönlichkeit. Während im Judentum der davidische Messias vielfach als »der Gesalbte des Herrn« (PsSal 17,32; 18,7) oder als »der Messias von Israel« (1QSa 2,20) bezeichnet wurde, steht ὁ χριστός hier absolut. Es ist möglich, daß die Redeweise von dem Messias im jüdischen Volk bekannt war[22], näher liegt die Aufnahme des christlichen Glaubenssatzes. Eine Annäherung an ein zelotisch-politisches Messiasbild ist nicht zu erkennen. Sieht man hinter der Volksmeinung über den Täufer dessen Todeslos und vermeintliches Auferweckungsschicksal, so rückt das Christusbekenntnis des Petrus in die Nähe des *christlichen* Osterglaubens, der der Deutung des Täuferschicksals gegenübersteht. Markus stellt den Bezug des Christus Jesus zu Tod und Auferstehung im folgenden eindeutig her[23]. Das Schweigegebot, das an alle Jünger gerichtet ist, wertet das Christusbekenntnis nicht ab. Vielmehr ist damit auf das Kreuzesgeschehen verwiesen, in dem Jesu Messianität ihre eigentliche Explikation erfahren wird. Die erste Leidensansage schließt sich sinnvoll an.

Diese wird als Belehrung der Jüngerschaft eingeführt[24]. Dem Leidens- und To- 31–32a
desgeschick des Menschensohnes wird im Vergleich zu seinem Sieg breiter Raum gewidmet. Dieser aber steht am Ende seines Weges. Der Weg durch Erniedrigung zur Erhöhung ist im Alten Testament vor allem vorgeprägt im Schicksal des leidenden Gerechten. In Weish 2,12–20; 5,1–7 – wegen der Aufteilung des zusammengehörigen Textes von Ruppert ein Diptychon genannt[25] – hat dieses einen klassischen Ausdruck gefunden. Vieles leiden zu müssen, ist eine Zusammenfassung der Drangsale, die der Menschensohn in seinem irdischen Leben erfährt. Sie könnte, wie die Verwerfung, sich am Vorbild der passio justi orientieren. Letztere ist in Verbindung mit der Erwähnung der mächtigen Gegner eine Anspielung auf Ps 118,22: »Der Stein, den die Bauleute verwarfen . . .« (LXX-Text), in dem der verfolgte Gerechte die ihm zuteil gewordenen Schmähungen und seine Errettung durch Gott schildert. An die Stelle der Bauleute sind die Jerusalemer Hierarchen, die Ältesten, Hohenpriester und Schriftgelehrten, getreten. Das konkrete Geschick Jesu ist unmittelbar eingeblendet. Den Gerechten zu töten, war bereits das Sinnen der Gegner nach der Darstellung der Psalmen[26]. Getötet zu werden, war das ausgezeichnete Los der

[22] Vgl. Dalman, Worte Jesu 239. Die frühesten Belege für »der Gesalbte« als absolut gebrauchter Messiastitel sind sBar 29,3; 30,1. Müller* 164, sieht in der absoluten Formulierung in Mk 8,29 bestätigt, daß sich hier der christliche Glaube artikuliert.

[23] Mk kommt es auf den Konnex von V 29 und 31 an. Dies kann ein Grund gewesen sein, warum er die Volksmeinung über den Täufer kürzte (vgl. oben die Analyse).

[24] ἤρξατο διδάσκειν ist der übliche Semitismus und stellt nicht heraus, daß jetzt die Lehre über den leidenden Menschensohn beginnt. Gegen Grundmann 167. Vgl. Mk 10,32b.

[25] Vgl. Ruppert (Anm. 11) 23f.

[26] LXX Ps 36,32; 37,13; 53,5; 62,10; 69,2f; 85,14; 108,16.

Profeten, an dem Jesu Schicksal auch in anderen neutestamentlichen Zusammenhängen ausgerichtet wird[27]. Einen neuen Gedanken bringt die Auferstehung ein, die im Schicksal des Gerechten kein Vorbild besitzt[28]. Sie ist nicht als Tat Gottes an Jesus – wie in den Auferweckungsaussagen –, sondern als Vollmachtstat des Menschensohnes aufzufassen. Der Menschensohn überwindet kraft eigener Macht den Tod[29]. »Nach drei Tagen« läßt sich weder auf das Ereignis der Auferstehung noch auf die Entdeckung des leeren Grabes beziehen, sondern basiert auf der Erfahrung, daß nach drei Tagen bzw. am dritten Tag der Gerechte oder Israel gerettet wird. Wir haben es mit einer theologischen Aussage zu tun. Obwohl die Formulierung »nach drei Tagen« nur Markus benutzt und Mt 16,21; Lk 9,22 sie durch »am dritten Tag« ersetzen, handelt es sich nicht um eine griechische Zeitzählung, sondern beide Wendungen sind schon in der jüdischen Literatur gleichbedeutend[30]. Die Rede von der Auferstehung des Menschensohnes wurde ermöglicht durch die Hoheit, die man sowohl mit dem Wirken des irdischen (Mk 2,10.28) als auch insbesondere mit der richterlichen Vollmacht des zur Parusie wiederkehrenden Menschensohnes verband. Umstritten ist die Deutung der Notwendigkeit (δεῖ), die Leiden, Sterben und Auferstehen bestimmen. In apokalyptischen Texten bezeichnet δεῖ das notwendige Eintreffen jener Ereignisse, die zum Ablauf des Endzeitgeschehens gehören[31]. So wäre das Schicksal des Menschensohnes ein unverzichtbarer Faktor im heilsgeschichtlichen Enddrama[32]. Die Anspielung auf Ps 118,22 aber legt es näher, die Notwendigkeit mit dem in der Schrift verfügten Gotteswillen zusammenzubringen. Es bleibt zu beachten, daß das Todes- und Auferstehungsschicksal Jesu in der ersten Leidensankündigung (wie auch in den beiden folgenden) christologisch, nicht soteriologisch interpretiert wird. Der Heilstod Jesu tritt nicht in den Blick. Wichtig ist allein, seinen Weg in der Bedeutung für seine Person zu erfassen. Die Bedeutsamkeit der Leidensansage wird unterstrichen mit dem Bemerken, daß Jesus das Wort mit Parrhesia geredet habe. Die Parrhesia ist die Offenheit in der Rede, die nichts verschweigt oder verhüllt. Hieß es in 4,33, daß er in Parabeln zum Volk das Wort redete, so wird es jetzt den Jüngern frei herausgesagt. Der gedankliche Fortschritt besteht darin, daß das mit der Verkündigung identische Wort durch die Leidens- und Auferstehungsankündigung einen eindeutig christologischen Gehalt erhält. Die Jün-

[27] Jer 2,30; 11,18–21; 20,2; 26,8–11.20–23; 1Kön 18,4.13; 2Chr 24,21; Neh 9,26; Mk 12,5–8; 14,1; Apg 3,15; 2Thess 2,15.

[28] Die mit ἀνιστάναι formulierten Errettungsaussagen in LXX Ps 19,9; 40,9.11 können nicht zum Vergleich herangezogen werden, da sie nicht eine Auferstehung aus dem Tode meinen. Gegen Pesch, Passion 171. Eher ließe sich Jes 26,19a LXX vergleichen. Hier aber ist nicht vom Gerechten die Rede.

[29] Mit Hahn, Hoheitstitel 49. Anders Jeremias, Theologie I,264 Anm. 2, der mit Berufung auf Jes 26,19 ἀναστῆναι als ein Handeln Gottes am Menschensohn deutet.

[30] Vgl. K. Lehmann, Auferweckt am dritten Tag nach der Schrift, 1968 (QD 38), 262–272; H. K. McArthur, »On the Third Day«, NTS 18 (1971/72) 81–86.

[31] Belege bei Bennett* 120–127; vgl. Mk 13,7.10.

[32] Von apokalyptischen und qumranischen Texten her deutet Bennett* das δεῖ. Zutreffend spricht Pesch, Passion 168 Anm. 9, von Schriftnotwendigkeit.

ger, die einmal das Evangelium hinaustragen müssen, sollen in Jesus den Ursprung des auszurichtenden Wortes erblicken[33].

In einer kleinen Nachgeschichte tritt Petrus erneut in den Vordergrund. Hatte 32b–33
er eben Jesus als den Christus bekannt, so reizt ihn der Leidensgedanke zum Widerspruch. Nur dies kann mit dem inhaltlich nicht ausgefüllten Tadel, den sich der erste Jünger seinem Meister gegenüber erlaubt, gemeint sein. Dabei nimmt Petrus ihn von den übrigen Jüngern beiseite[34]. Der syrosinaitische Text hat die Szene unter Einfluß von par Mt 16,22 ausgestaltet und dabei das Aufbegehren des Jüngers abgemildert, wenn man dort liest: Simon Petrus aber sagte, wie um ihn zu schonen, zu ihm: Gnädig sei er mit dir. Das soll dir nicht widerfahren! – Lukas hat die Szene nicht mehr in sein Evangelium aufgenommen. Wahrscheinlich erschien sie ihm anstößig. Weil er schon zielbewußt auf dem Weg ist, wendet sich Jesus zu den Jüngern und zu Petrus um. Nach Markus sollen sich auch die Jünger, die Jesu Blick trifft, die Schelte einprägen. Der Befehl »Hinter mich!« (vgl. 1,17.20; 8,34) will den Jünger in die Nachfolge zurückrufen und damit auf den Weg, den Jesus bereits geht. Der Jünger droht abzufallen. Wird er Satan gescholten, so ist das Versucherische seines Einwandes im Spiel. Der Menschensohn freilich ist von seinem Weg nicht mehr abzubringen[35]. Satan bezeichnet mehr als den Widersacher, der in vielen aufstehen kann. Er meint den, der die Wahrheit verdreht und die Lüge redet. Weil im frühen Christentum die Irrlehrer als Werkzeuge und Söhne des Teufels gelten (vgl. Röm 16,17–20; 2Kor 11,13–15; Apg 13,10; IgnPhld 6,1f), muß auch hier an eine Einflußnahme Satans gedacht werden[36]. Die gefährlichste Bedrohung für die Jüngerschaft und die Gemeinde ist die Ablehnung des Gekreuzigten. Im Gegensatz zu Satan steht Gott, dem sich der Menschensohn verpflichtet weiß. Dieser Gegensatz wird durch die Gegenüberstellung der göttlichen und menschlichen Gedanken abgeschwächt. Letztere besitzt in 7,8 eine eindrucksvollere Entsprechung. Petrus, der an den Rand der Jüngerexistenz sich hat abdrängen lassen, wird noch weitere Erschütterungen durchzustehen haben, bis er dem Willen Jesu wird gerecht werden können[37].

[33] Grundmann zieht 32a zu 31 und beruft sich hierfür auf den altlateinischen Text. So kommt er zu folgender Übersetzung: Und er fing an, sie zu lehren, daß der Menschensohn viel leiden . . . auferstehen und in Öffentlichkeit das Wort reden werde. – Abgesehen von der schmalen Textbasis weiß man nicht recht, wie der Menschensohn nach seiner Auferstehung das Wort reden soll. Für die christliche Verkündigung wäre dies eine merkwürdige Formulierung.

[34] Hirsch, Frühgeschichte I,90f, läßt Petrus Jesus vom Volk beiseitenehmen. H. deutet Parrhesia in 32a im Sinn von Öffentlichkeit und meint, damit einen Anschluß an 34a, wo wiederum die Volksmenge erwähnt ist, gewinnen zu können. Die Deutung von Parrhesia aber ist unzutreffend.

[35] Eine bemerkenswerte Analogie bietet Gen r 56 (35c). Dort möchte Satan den Isaak von der Opferung abmahnen. Bei Billerbeck I, 747.

[36] Vgl. Müller* 168f. Anders Pesch, Passion 172f. Vgl. Pesch II,54.

[37] Schweizer 93 bemerkt zutreffend, daß sich Markus darin von apokalyptischen oder qumranischen Gruppen unterscheidet, daß diese sich selbst als die Ausnahme und die wenigen aus der Welt Erwählten ansahen. Mk läßt diese Stilisierung vermissen.

Historische Beurteilung

Ein historischer Rekonstruktionsversuch schließt die Petrusschelte (33) unmittelbar an dessen Bekenntnis (29) an[38]. In der historischen Situation, die man auf diese Weise meint gewonnen zu haben, habe Jesus das messianische Ansinnen als satanische Herausforderung abgelehnt. Die hinter dem Petruswort liegende messianische Auffassung ist dann die des nationalpolitischen Befreiers. Damit glaubt man, verschiedene Schwierigkeiten aus dem Weg geräumt zu haben. Dazu gehören die Situationslosigkeit der Petrusschelte bei deren isolierter Betrachtung, aber auch die von Hahn gemachte Beobachtung, daß in der allerältesten Zeit der Christustitel überraschenderweise keine Rolle gespielt habe[39]. Der Rekonstruktionsvorschlag muß aus mehreren schwerwiegenden Gründen abgelehnt werden. Das Christusbekenntnis des Petrus läßt keinerlei politische Färbung erkennen, im Gegenteil, es trägt die Stilisierung des gültigen Bekenntnisses. Das Fehlen des Christustitels in der Spruchquelle kann nicht für den Rekonstruktionsversuch eingesetzt werden, da sich sonst dort Polemik gegen diesen Titel finden müßte. Vor allem spricht der allgemeine neutestamentliche Befund gegen den Versuch. Die weit verbreitete Christustitulatur bliebe unverständlich. Schlechterdings ein Rätsel bliebe das Vorkommen der Christusprädikation bereits in vorpaulinischen Glaubensformeln[40], wenn der irdische Jesus das messianische Ansinnen so entschieden von sich gewiesen hätte. Wir erblicken im petrinischen Christusbekenntnis den Ausdruck des Glaubens der nachösterlichen palästinischen Gemeinde[41]. Dies bedeutet keinesfalls, daß für den irdischen Jesus ein messianisches Selbstbewußtsein nicht in Frage käme. Dieses Selbstbewußtsein ist nicht aus Bekenntnissen, sondern wäre auf indirektem Weg aufzuzeigen. Insbesondere böte sich hierfür Jesu autoritative Lehre, seine Stellung zum alttestamentlichen Gesetz, seine charismatische Heilungstätigkeit, sein charismatischer Ruf in die Nachfolge an. Die herausragende Rolle des Petrus in der Urgemeinde reicht zurück in seine Tradition als Sprecher der Jüngerschaft zur Zeit des Wirkens Jesu, ist aber entscheidend darin begründet, daß ihm die erste Erscheinung des auferweckten Jesus zuteil wurde (1Kor 15,5; Lk 24,34) und er die nachösterliche Verkündigung initiierte. Die Volksmeinungen über Jesus (Mk 8,28; 6,14f) geben vorösterliche Auffassungen wieder. Daraus erklärt sich, daß sich in ihrer Ausformulierung kein direktes katechetisches Anliegen erkennen läßt. Für die Plazierung der Petrusschelte im Leben des irdischen Jesus sind wir wegen deren fragmentarischer Überlieferung auf Vermutungen angewiesen. Sollte sie und ein vorhergehender Einspruch des Jüngers anläßlich des Entschlusses Jesu, in einer kritischen Lage (zum letzten Mal) nach Jerusalem zu ziehen, erfolgt sein?

Zusammenfassung

Markus, der den Neuansatz in seinem Evangelium mit einer eindrucksvollen Geschehensabfolge einleitet, benutzt das Wegmotiv, um die Ausrichtung des Wirkens Jesu auf den Tod in Jerusalem zu verstärken. Gleichzeitig und vor-

[38] Vgl. oben Anm. 2.
[39] Hoheitstitel 229.
[40] 1Kor 15,3; Röm 6,4; 14,9.
[41] Anders Pesch, Messiasbekenntnis.

dringlich sieht er diesen Weg in seiner existentiellen Bedeutung für die Jüngerschaft und damit unter dem Aspekt der Nachfolge. Darum werden auch in 27–30.33 die Jünger in den Vordergrund geschoben. Petrus spricht namens der Jüngerschaft das Christusbekenntnis, das durch das Schweigegebot zwar als gültig anerkannt, aber als explikationsbedürftig angesehen wird. Die Leidens- und Auferstehungsaussage, die mit den Ältesten, Hohenpriestern und Schriftgelehrten einen unmittelbaren Bogen zur Passionsgeschichte spannt, bietet diese Explikation. Jesus verkündet den unverfälschten Logos des Evangeliums. Petrus, der wiederum mit den Jüngern in Verbindung gesehen werden muß, bäumt sich gegen den Leidensweg auf. Wenn sein Jüngersein damit in Gefahr geraten ist und er Satan gescholten wird, bedeutet dies, daß der Jünger den Leidensweg Jesu anzuerkennen und als den seinen mitzuübernehmen hat. Jesus konnte erst vollends verstanden werden, nachdem er seinen Weg vollendet hatte. Seitdem aber ist die Gemeinde – und nicht bloß die markinische – gehalten, sich mit seinem Leiden, seiner Verwerfung, Tötung und Auferstehung auseinanderzusetzen. Die Predigt vom Menschensohn, der verworfen und getötet wurde, war zur Zeit des Markus, in der man strahlende Erlösergestalten erwartete, unangenehm und ärgerlich. Sie mußte unter allen Umständen gewahrt und als der Kern des Evangeliums sichergestellt werden. Unter die Haut aber geht diese Botschaft dann, wenn man einsieht, daß die Glaubenden auf denselben Weg wie Jesus gestellt sind. Das äußere Bekennen kann leicht sein, der Nachvollzug ist schwer. Das Aufbegehren kommt aus dem existentiellen Betroffensein. Es *kann* dazu verhelfen, das Lippenbekenntnis zu echtem Glauben reifen zu lassen.

Wirkungsgeschichte

Diese zentrale Textpassage – sicher noch mehr die Mattäus-Parallele – hat zu allen Zeiten das lebhafte Interesse der Ausleger gefunden. Im Altertum, bis an die Schwelle der Neuzeit, ist man besonders darum bemüht gewesen, das Aufbegehren des Petrus verständlich zu machen und zu entschuldigen und den Tadel Jesu abzuschwächen. Petrus habe aus dem Affekt des Liebenden gehandelt oder aus unüberlegtem Eifer: magno quodam affectu diligebat Jesum, sed humano[42]. Das Satanswort läßt man entweder direkt an Satan gerichtet sein – den Aufruf zur Nachfolge daneben an Petrus – oder man deutet »Satan« im Sinn von adversarius[43]. Tiefer sieht Calvin: Petrus konnte es sich nicht vorstellen, daß der Sohn Gottes gekreuzigt und zu Tode geführt werden sollte. Und er fährt fort: »Wir sehen, wieviel unsere so wohlgemeinten Absichten vor Gott wert sind.«[44] Christus tritt seine Herrschaft nicht mit glänzendem Aufwand, nicht mit großartiger Macht und unter dem fröhlichen Beifall der Welt, sondern mit einem schmachvollen Tod an. Mit seinem harten Tadel wollte Jesus in der Person dieses einen Mannes alle in die Schranken weisen, letztlich unseren

[42] Erasmus, Bd. 7,211. Vgl. Beda: PL 92,213; Calvin II, 69.

[43] Vgl. Beda: PL 92,213; Rupert von Deutz: PL 167,1063. Nach Theophylakt: PG 123,576, will Satan das Leiden Jesu, das die Menschen rettet, nicht.

[44] II, 69.

Dünkel und unsere weltliche Klugheit[45]. Unklar bleibt im Altertum vielfach der Menschensohntitel. Gern wird er auf die Leidensfähigkeit Christi bezogen[46]. Im Christustitel sieht Calvin Jesu ewiges Königreich und Priestertum zusammengefaßt[47].

Für die Leben-Jesu-Forschung der letzten Jahrhundertwende markieren Petrusbekenntnis und Leidensansage eine einschneidende Zäsur im Wirken Jesu. A. Schweitzer[48] erblickt in den geschilderten Ereignissen eine chronografische Reihenfolge, meint aber, ohne eine Umstellung nicht auskommen zu können. Die Verklärung, die er als gemeinsames visionäres Erlebnis deutet, in dem den drei intimen Jüngern die Messianität aufgegangen sei (s. unten), stellt er dem Messiasbekenntnis Petri voran. In diesem Bekenntnis habe sich Petrus über das nach der Verklärung erfolgte Verbot (9,9) hinweggesetzt und den Zwölfen das Messiasgeheimnis seines Meisters verraten. Jesus sei so seinen Jüngern gegenüber auf eine Bahn gedrängt worden, die nicht in seiner Absicht gelegen hatte. Wissen die Jünger seit Kaisareia Philippi, wer er ist, so offenbart er ihnen jetzt seinen Leidensentschluß. Die damit angezeigte Veränderung besage folgendes: Wenn Jesus bis dahin davon überzeugt gewesen sei, daß das Reich Gottes nicht ohne Leiden, ohne die vorausgehende eschatologische Drangsal, kommen könne, habe er jetzt die Einsicht in die Notwendigkeit gewonnen, daß er allein leiden und sterben müsse, damit das Reich anbricht. Mit seinem persönlichen Leidenswillen habe er den Entschluß gefaßt, nach Jerusalem zu ziehen, um dort zu sterben, damit das Reich herbeigezwungen werde[49]. Seitdem wir durch die Formgeschichte um den unbiografischen Charakter unserer Evangelien wissen, betrachten wir die Leben-Jesu-Forschung als eine Etappe leidvollen, aber notwendigen Ringens, dem nur wenig bleibender Erfolg beschieden sein konnte.

K. Barth[50] moniert, daß man nicht eigentlich von einem Bekenntnis Petri reden könnte. Bekennen würde besagen, mit seiner christlichen Aussage vor den Menschen, und zwar vor den dieser Sache fremden Menschen für diese einstehen. Es wäre ein Bekenntnis gewesen, wenn Petrus im Hof des Hohenpriesters das gesagt hätte, was er dreimal nicht gesagt hat. J. B. Metz[51] erblickt – im übrigen so ähnlich wie Calvin – im Verhalten des Petrus eine tiefsitzende Fühllosigkeit vor dem Leiden und dem Tod. Petrus, dem ja menschliches Trachten vorgeworfen wird, wird so in einer Haltung geschildert, die uns allen naheliegt. Jeder neigt sich viel lieber dem Sieger als dem Besiegten zu. Die Leidensunfähigkeit und eine unheimliche Berührungsangst vor dem Tod machen es unmöglich, den Menschensohn zu verstehen und mit seinem Leid die Leidens-

[45] 68f.

[46] Z. B. Beda: PL 92,213.

[47] II, 61.

[48] Leben-Jesu-Forschung 429–435.

[49] Der Jerusalemzug Jesu spielt in der Leben-Jesu-Forschung eine außerordentliche Rolle. So sagt Schweitzer (Anm. 48) 437 Anm. 1, man könne die Leben Jesu danach einteilen, ob sie Jesus nach Jerusalem ziehen lassen, um dort zu wirken oder zu sterben.

[50] Dogmatik III/4,92.

[51] Messianische Geschichte als Leidensgeschichte. Meditation zu Mk 8,31–38, in: NT und Kirche (FS R. Schnackenburg), Freiburg 1974, 63–70.

geschichte der Menschen, die fortdauert bis in unsere Zeit, anzunehmen. Kirche, die aus Nichtverstehenden wie die Jünger hervorgegangen sei, wird gewarnt, die messianische Leidensgeschichte unter der Hand in eine Geschichte der Sieger umzudeuten. Das Auferstehungsschicksal Jesu wird als ein Wort des Sieges zugunsten der Unterlegenen gedeutet. Es sei ein Wort voll des Protestes gegen jeden Versuch, die Lebendigkeit des Lebens den Durchgekommenen oder den Endsiegern zu reservieren: »Im leidenden und getöteten Messias gehört diese Lebendigkeit den Toten und damit auch uns allen.«[52] Der Skopus der markinischen Textpassage ist hier insofern gut getroffen, als das wahre Bekenntnis zu Jesus die Annahme seines Leidensschicksals miteinschließt. Diese Annahme ist keine abstrakt-theoretische, sondern sie erweist sich in der »Sympathie« mit dem Leidenden.

## 2. *Entschiedene Nachfolge (8,34–9,1)*

*Literatur: Dinkler, E.*, Jesu Wort vom Kreuztragen, in: Ntl. Studien für R. Bultmann, ²1957 (BZNW 21), 110–129; *Schulz, A.*, Nachfolgen und Nachahmen, 1962 (StANT 6), 79–97; *Bauer, J. B.*, »Wer sein Leben retten will . . .« Mk 8,35 par, in: Ntl. Aufsätze (FS J. Schmid), Regensburg 1963, 7–10; *Trocmé, E.*, Marc 9,1: prédiction ou réprimande?, 1964 (StEv II: TU 87), 259–265; *Dautzenberg, G.*, Sein Leben bewahren, 1966 (StANT 14), 51–82; *Perrin, N.*, The Composition of Mark 9,1, NT 11 (1969) 67–70; *Berger*, Amen-Worte 62–67; *Horstmann*, Studien 34–69; *Kümmel, W. G.*, Das Verhalten Jesus gegenüber und das Verhalten des Menschensohns, in: Jesus und der Menschensohn (FS A. Vögtle), Freiburg 1975, 210–224; *Künzi, M.*, Das Naherwartungslogion Markus 9,1 par. Geschichte seiner Auslegung, 1977 (BGBE 21).

34 **Und er rief die Volksmenge mit seinen Jüngern herbei und sprach zu**
**ihnen: Wenn jemand mir nachfolgen will, verleugne er sich selbst und**
**nehme sein Kreuz auf, und so folge er mir!** 35 **Denn wenn jemand sein**
**Leben retten will, wird er es verlieren. Wer aber sein Leben um meinet-**
**und des Evangeliums willen verliert, wird es retten.** 36 **Denn was**
**nützt es einem Menschen, die ganze Welt zu gewinnen und sein Leben**
**einzubüßen?** 37 **Denn was kann ein Mensch als Kaufpreis für sein Le-**
**ben geben?** 38 **Denn wenn sich jemand in diesem ehebrecherischen**
**und sündigen Geschlecht meiner und meiner Worte schämt, dessen**
**wird sich auch der Menschensohn schämen, wenn er kommt in der**
**Herrlichkeit seines Vaters mit den heiligen Engeln.** 1 **Und er sagte zu**
**ihnen: Amen, ich sage euch, es gibt einige unter den hier Stehenden, die**
**den Tod nicht kosten werden, bis sie das Reich Gottes in Macht ge-**
**kommen sehen.**

[52] Ebd. 67.

Analyse Sechs Sprüche, von denen jeder für sich einen Sinn besitzt und isoliert tradierbar ist, sind in eine abgewogene Reihenfolge gebracht. Wer hat sie zusammengestellt? Sicher hat Markus Vers 9,1 – wie der Neueinsatz mit der charakteristischen Einleitung bestätigt – angereiht. 34, 35 und 38 kommen auch in der Spruchquelle vor (Mt 10,38–40.32f/Lk 14,27; 17,33; 12,8f), aber nur die ersten beiden Sprüche stehen bei Mattäus, der die Reihenfolge der Q-Vorlage besser konservierte als Lukas, beisammen. Darum dürfte Markus 34f bereits verbunden vorgefunden haben. Die anderen Sprüche stellte er zusammen[1]. Vers 9,1 setzte er aus sachlichen Gründen ab. Die Einführung in 34a stammt, wie das gebieterische Herbeirufen der Menge nahelegt, von ihm[2].

Den Spruch von der Kreuzesnachfolge überliefert Markus in einer sekundären Form, in der die Nachfolge bereits einen Eigenwert darstellt. Die ursprüngliche Fassung, die die Kreuzesnachfolge als conditio sine qua non der Jüngerschaft herausstellt, ist aus Mt 17,38 par zu eruieren und dürfte gelautet haben: Wer nicht das Kreuz aufnimmt und mir nachfolgt, kann nicht mein Jünger sein[3]. Vielleicht ist die markinische Form durch die Vermischung mit einem zweiten Spruch entstanden: Wer mir nachfolgen will, verleugne sich selbst. Der Evangelist hat den erweiterten Spruch unverändert übernommen. Dagegen hat er in Vers 35 καὶ τοῦ εὐαγγελίου eingefügt. Der Verweis auf das Evangelium fehlt in allen anderen Varianten des Logions und ist gegenüber dem »um meinetwillen«, das auch in der Q-Fassung vorhanden war (Mt 10,39), abundierend. Schwierig ist die Analyse des Menschensohnwortes in 38. Sicher war dieses wie in Mt 10,32f ursprünglich ein Doppelspruch. Unser Text bietet nur den zweiten negativen Teil. Der erste Teil, der vom Bekennen handelt, ist ausgelassen, vermutlich, weil er in den gedanklichen Aufbau der Spruchreihung, die den Ernst des Endgerichts zeichnet, nicht recht paßt. Während in der Q-Fassung vom Verleugnen gesprochen wird, redet Vers 38 vom Sich-schämen. Dies dürfte sekundär (allerdings schon vormarkinisch) sein, da ἐπαισχύνεσθαι Term der christlichen Missionssprache ist[4]. Noch bedeutsamer ist, daß bei Markus das Kommen des Menschensohnes beschrieben wird. In Q war dies noch nicht der Fall (vgl. Lk 12,9)[5]. Die heiligen Engel bilden den Gegenpol zum ehebrecherischen und sündigen Geschlecht. Beide sind der Markusvorlage zuzurechnen[6]. Es darf jedoch vermutet werden, daß der Zusatz »in der Herrlichkeit seines Vaters« auf Markus zurückgeht. Das legt das noch zu erörternde christologische Konzept nahe. καὶ τοὺς ἐμοὺς λόγους entspricht dem Evange-

[1] Die Verbindung stellte Mk mit γάρ her, das er auch sonst gern verwendet. Nach Lohmeyer 171 hat Mk die Fünferreihe schon übernommen.

[2] Nach Horstmann, Studien 34, hat Mk die Jünger in eine vorgegebene Einleitung eingefügt.

[3] Vgl. Bultmann, Geschichte 173. Tho 55 lehnt sich an Mt 10,38 an.

[4] Vgl. Röm 1,16; 2Tim 1,8.12.16; Hebr 2,11; 11,16. Kümmel* 217f glaubt, daß der allgemeinere Ausdruck »sich schämen« sekundär durch den der Verfolgungssituation entstammenden »verleugnen« ersetzt worden sei.

[5] Es ist zu vermuten, daß die zweite Hälfte des Spruches in Q analog zu Lk 12,8 hieß: »den wird der Menschensohn verleugnen vor den Engeln Gottes«. Vgl. Kümmel* 215f.

[6] Horstmann, Studien 45–47, hält beides für Mk-R.

lium in 35 und verrät so die markinische Hand. Auch in 9,1 ist der Abschluß »in Macht gekommen« – korrespondierend zu 38 – als markinisch zu betrachten[7]. Formmäßig sind die Sprüche durchaus nicht einheitlich. 34 ist ein Konditionalsatz, der die Bedingungen der Nachfolge nennt. 35 ist formal ein antithetischer Parallelismus, der durch die ἕνεκεν-Wendung zu einer Ansprache an den Jünger wird. 36f sind Fragesätze weisheitlichen Charakters. Der Kontext erhebt sie zur Jüngerparänese. Das Menschensohnwort ist ein Gerichtsspruch, der nach dem ius talionis aufgebaut ist[8]. Vers 9,1 ist eine Weissagung, die durch einleitendes Amen noch verstärkt ist. Dennoch fügt sich das formal disparate Material zu einer eindringlichen Jüngerexhorte zusammen.

Gebieterisch ruft Jesus die Volksmenge mit den Jüngern herbei. Hat Markus die Trennung von Galiläa (8,27) vergessen? Das Beieinander von Volksmenge und Jüngerschaft bereitet 9,14 vor, bedeutet aber sachlich, daß die Jünger nach dem Aufbegehren des Petrus vor eine neue Entscheidung gestellt sind. Nach der Ankündigung des Leidens des Menschensohnes in Parrhesia kann klar formuliert werden, was Jüngersein bedeutet. Wer sich zur Nachfolge entschließt, hat zwei Bedingungen zu erfüllen. »Mir nach (ὀπίσω μου) folgen«[9] knüpft an den Petrustadel (8,33) und den ersten Nachfolgeruf (1,17) an. Die erste Bedingung ist es, sich selbst zu verleugnen, preiszugeben, die Jüngerexistenz über die eigenen Wünsche und Pläne zu stellen[10]. Die zweite ist die Bereitschaft zur Übernahme des Kreuzes. Im markinischen Kontext versteht sich dieses Wort im Blick auf den gekreuzigten Jesus, um dessen Schicksal der Leser weiß. Anschaulich wird der Evangelist im Passionsbericht am Beispiel des Simon von Kyrene Kreuzesnachfolge darstellen (15,21). *Sein* Kreuz aufnehmen weitet die Forderung über die Todesbereitschaft um der Nachfolge willen aus und bezieht alle Drangsale und Anfechtungen, die dem Jünger widerfahren können, ein. Die Aufforderung zur Kreuzesnachfolge im Munde Jesu (vgl. zur ältesten Fassung des Wortes die Analyse) implizierte noch nicht eine Weissagung des eigenen Schicksals, sondern machte der Jüngerschaft den Ernst ihrer Zugehörigkeit zu ihm bewußt. Da mit einer Zunahme der Feindseligkeiten im Wirken des irdischen Jesus zu rechnen ist, ist auf dieser Ebene eine abschwächende Interpretation der Kreuzesaufnahme im Sinne der Übernahme seines »Joches« (vgl. Mt 11,29)[11] oder eines eschatologischen Versiegelungs- und Eigentumszeichens, das die Jünger sich buchstäblich hätten einbrennen lassen sollen, abzulehnen[12].

Erklärung
34

[7] Die Verbindung von βασιλεία und δύναμις ist singulär, ebenso das Part. Perf. von ἔρχεσθαι im Basileia-Kontext. Vorlage für die Zusätze in 38 und 1 könnte 13,26 gewesen sein.

[8] Die von E. Käsemann entdeckte Form der Sätze heiligen Rechts wurde angefochten von K. Berger, Zu den sogenannten Sätzen heiligen Rechts, NTS 17 (1970/71) 10–40. Vgl. Kümmel* 221f.

[9] Statt ἐλθεῖν ist das schwierigere ἀκολουθεῖν mit $P^{45}$ D Θ lat vorzuziehen.

[10] Völlig abwegig ist G. Schwarz, NT 17 (1975) 109–112, der ἀπαρνησάσθω im Rückgriff auf aramäisches *nekar* übersetzen möchte: »(der) betrachte sich als einen Fremden (= Nichtjuden)«.

[11] T. Arvedson, bei Grundmann 175.

[12] Diese These Dinklers* scheitert auch an der ausgefallenen Voraussetzung, nach der das Kreuz als Tav (Versiegelungszeichen nach Ez 9,4) zu deuten wäre.

Zwar scheint die Redewendung »das Kreuz aufnehmen« als Ausdruck der Leidens- und Todesbereitschaft im zeitgenössischen Judentum nicht nachweisbar zu sein[13], aber die Hinrichtung am Kreuz war den Juden durch die römische Militärmacht längst bekannt. Dies bestätigt auch die schriftgelehrte Debatte über Dtn 21,22f, das Gebot, einen Gehängten noch vor Sonnenuntergang zu bestatten[14]. Vielleicht war die Wendung von der Kreuzaufnahme schon bei den Zeloten verbreitet[15]. Der Spruch von der Kreuzesnachfolge erfährt also nachösterlich eine Neuinterpretation in der Rückschau auf den Gekreuzigten. Der Imperativ in 34c »und so folge er mir« faßt – eine semitisierende Form – die Erfordernisse nochmals zusammen.

35–37 Das Verständnis eines weiteren Spruches, der zur Martyriumsbereitschaft auffordert, hängt davon ab, wie der Begriff Psyche ausgelegt wird. In einem paradox formulierten, zweigliedrigen Maschal werden die beiden Möglichkeiten, die Psyche retten und die Psyche verlieren, konfrontiert. Wer retten will, der verliert, und umgekehrt. Psyche ist weder die Seele der hellenistischen Dichotomie noch die *nephesch* des Alten Testaments, die die Seele, das Leben, das Selbst bezeichnet, sofern diese auf das irdische Leben beschränkt wird. Die hier zugrunde liegende Anthropologie denkt bereits über die Grenzen des irdischen Lebens hinaus. Darum ist es verfehlt, den Spruch in der griechisch-römischen cohortatio des Feldherrn vor der Schlacht beheimatet zu sehen[16]. Es werden aber auch nicht bloß irdisches und ewiges Leben einander gegenübergestellt. Vielmehr entsteht das eigentliche, dauernde Leben aus dem Vergänglichen bzw. genauer aus dessen Preisgabe. Da es vor allem auf dieses Paradox ankommt, hilft es auch nicht viel, den modernen Begriff der Existenz einzuführen[17]. Am nächsten kommen Sprüche aus dem Judentum: »Was soll der Mensch tun, damit er lebe? Sie antworteten: Er töte sich selbst! Und was soll der Mensch tun, damit er sterbe? Sie antworteten: Er lebe für sich selbst!«[18] Wegen der Ausrichtung auf das eschatologische Gericht verdient 1Q 27,1,3f Beachtung: »(Die Frevler) erkannten nicht, was über sie kommen wird, und sie können *ihr Leben nicht retten* aus dem künftigen Geheimnis.« Das Jesuswort läßt die jüdischen Analogien in dem Gedanken hinter sich zurück, daß die Rettung des Lebens jetzt vom Anschluß an ihn abhängt. Damit erscheint die Kreuzesnachfolge in einem neuen Licht. Wenn Markus das Evangelium als Entscheidungskriterium zusätzlich einbringt, ist die nachösterliche Gegenwart bewußt gemacht. Der irdische Jesus ist uns nurmehr über das Evangelium zu-

[13] Der immer wieder zitierte Beleg ist Midr Gen 22,6: »Abraham nahm das Brandopferholz und legte es auf seinen Sohn Isaak. Wie einer der das Kreuz auf seiner Schulter trägt«. Vgl. Billerbeck I,587 und Schulz* 85 Anm. 65.

[14] Vgl. Hengel, Charisma 64 Anm. 77.

[15] Die Vermutung hatte schon A. Schlatter nach Bultmann, Geschichte 173 Anm. 3.

[16] Gegen Bauer*. Die cohortatio des Feldherrn erinnert an die utilitaristische Erfahrung, daß der aus Feigheit Fliehende oft sein Leben verliert, während der Tapfere siegt und sein Leben bewahrt, oder sie ruft den unsterblichen Ruhm des Siegers in das Gedächtnis. Zahlreiche Belege bei Bauer*. Auch Epictet IV 1,165: »Sterbend werde ich gerettet« ist trotz terminologischer Nähe fernab.

[17] So Dautzenberg* 57.

[18] bTaan 66a. Material bei Billerbeck I,587f; Dautzenberg* 53–56.59.

gänglich, wird aber über diesem nicht überflüssig[19]. In zwei anschließenden weisheitlich gestimmten Fragen wird die Bedrohung des Lebens bewußt gemacht. Beide Fragen sind negativ zu beantworten: der Gewinn der ganzen Welt nützt nichts; ein ἀντάλλαγμα (wörtlich: Tauschmittel) für das Leben gibt es nicht. Daß vom Menschen gesprochen wird, bestätigt die Allgemeinverbindlichkeit der Aussage (vgl. Koh 1,3), die man am besten als überlieferten Doppelspruch nimmt. Läse man diese in einem Weisheitsbuch, könnte man der Auffassung zustimmen, daß das Leben als der Güter höchstes gepriesen und gesagt sein soll, daß Reichtum im Tod nichts nützt[20]. Wiederum weist der die Grenzen des irdischen Lebens sprengende Psyche-Begriff einen weiterreichenden Sinn auf. Weil gedankliche Anlehnung an Ps 49, in dem die Nichtigkeit des menschlichen Reichtums behandelt wird, zu vermuten ist[21], wird man den Gewinn der ganzen Welt als die Mühe des Menschen aufzufassen haben, Reichtümer und irdischen Besitz anzuhäufen. Der Reichtum aber ist schädlich. Die Reichen sind eine Herde, die der Tod weidet (Ps 49,15; vgl. Mk 10,23–25). In ihrem falsch gelenkten Streben gehen sie des eigentlichen Lebens verlustig. Die gedankliche Voraussetzung des Spruches ist darum nicht, daß der Mensch so viel wert ist wie das ganze Schöpfungswerk[22], sondern daß er die Gefährdung seines Lebens, das mehr ist als das irdische, bedenken und entsprechend handeln soll. Denn – so lehrt Vers 37 – es gibt keinen Kaufpreis für das Leben. Die Reichen sind nicht in der Lage, sich im Sterben mit ihrem Geld vom Tod loszukaufen. Positiv ist zu ergänzen: dies vermag ein anderer, da der Mensch von der Vernichtung errettet sein will (vgl. Ps 49,16). Im markinischen Kontext ist damit das endzeitliche Gericht anvisiert, in dem der Menschensohn das entscheidende Wort zu sprechen hat. Damit fügen sich die Weisheitssprüche in die Jüngerbelehrung ein. Wie Vers 35 vor einer vermeintlichen Lebenssicherung warnte, die letztendlich zum Tod führt, so hebt der Doppelspruch 36f im Anschluß an alttestamentliche Religiosität die Gefahr heraus, die auf einem falschen Vertrauen auf Reichtum und irdischen Besitz basiert.

Ein Menschensohnspruch lenkt zum unmittelbaren Gemeinschaftsverhältnis, 38
das zwischen dem Jünger und Jesus besteht, zurück. Nur das Versagen des Jüngers tritt in den Blick. Sich schämen ist weiter gespannt als verleugnen in par Lk 12,9. Weder ist nur die Verfolgungssituation eingeblendet noch viel weniger auf ein subjektives Unbehagen angespielt, sondern der Abfall steht zur Debatte. Dies dürfte der allgemeinere christliche Gebrauch des Wortes nahelegen: »Das sind die Abtrünnigen und Verächter der Kirche, die in ihren Sünden den Herrn gelästert und sich auch des Namens *geschämt* haben, der über ihnen genannt worden ist.«[23] In Anlehnung an ein alttestamentliches Motiv, das dort

[19] Grammatisch gesprochen: καὶ τοῦ εὐαγγελίου ist nicht epexegetisch. So Marxsen, Evangelist 85. – Einige Handschriften – $P^{45}$ D it $sy^{s}$ – streichen ἐμοῦ καὶ und stellen damit das Evangelium heraus. Diese Entwicklung ist bemerkenswert, aber abwegig.

[20] Vgl. Bultmann, Geschichte 101f.

[21] Dies hat Dautzenberg* 72–80 schön herausgearbeitet.

[22] Gegen Grundmann.

[23] Herm s 8,6,4. Weitere Belege bei Haenchen, Weg 298.

den Abfall von Gott bezeichnet, wird dieses ehebrecherische und sündige Geschlecht als Ort angegeben, wo man sich Jesu und seiner Worte schämt[24]. Zu bedenken für den Jünger bleibt das endzeitliche Gericht, in dem der Menschensohn sich des Abgefallenen schämen, und das bedeutet, sich von ihm lossagen wird. Im Gegensatz zu Lk 12,9 par hat die Gerichtsszene weit mehr Gewicht erhalten. Nicht mehr ist der Menschensohn nur qualifizierter Zeuge im Gericht, sondern Richter. Die Gerichts- ist in entfernter Anlehnung an LXX Dan 7,13 zu einer Parusieszene geworden. Die heiligen Engel, nicht mehr das Gerichtsforum, sondern der himmlische Hofstaat des Menschensohnes, stehen im kontrastierenden Satz dem ehebrecherischen und sündigen Geschlecht gegenüber. Die Herrlichkeit, die die göttliche Qualität des Menschensohnes umschreibt (vgl. Dan 7,14), ist die Herrlichkeit »seines Vaters«. Damit werden nicht bloß Menschensohn- und Sohneschristologie miteinander verknüpft und auf 8,31; 9,7 verwiesen, sondern auch die himmlische Gestalt des Menschensohnes wird als der Gottessohn Jesus unzweideutig erkennbar. Die schon vormarkinisch bestehende Identität von Menschensohn und Jesus wird auf den Gottessohn hin ausgelegt. Belegt die Schilderung der Parusie des Menschensohnes das Einfließen apokalyptischen Gedankenguts, so bleibt der für die Menschensohnsprüche charakteristische Gegensatz zwischen den feindseligen Menschen und dem Menschensohn gewahrt.

1 Mit einer Einleitungsformel neu eingeleitet, ist das Amen-Wort Überleitung von der Jüngerbelehrung zur Verklärungsgeschichte. Die Bekräftigung mit Amen zeichnet den Redenden als einen aus, der Einblick in die endzeitlichen Dinge hat. Diese betreffen den Termin des Kommens des Reiches Gottes bzw. die Zusage an einige hier Stehende, diesen Termin zu erleben. Weil ähnliche Zusagen sich auch sonst nachweisen lassen, möchte man den Akzent auf die persönliche Zusicherung legen (vgl. Joh 21,18–23; Lk 2,26; 23,42; sBar 76,2; 4Esr 4,26; 7,28; 14,9[25]. Weil aber diese Zusagen sonst regelmäßig an bestimmte Personen gerichtet sind oder die Voraussetzung enthalten, daß die, welche nicht sterben sollen, in den Himmel entrückt werden, wird man hier die Terminansage betont sehen müssen. Einige der hier Versammelten werden den Anbruch der endzeitlichen Gottesherrschaft erleben. Das Logion ist auf dem Hintergrund des Problems der Parusieverzögerung zu sehen, das Teile der frühen Christenheit bewegte[26]. In seiner Festlegung auf einen Termin hebt es sich von der eschatologischen Predigt Jesu ab und erweist sich als ein Wort, das erst nachösterlich entstanden ist. Im markinischen Kontext führt es Vers 38

[24] Zur Gleichstellung von Abfall und Ehebruch vgl. Jer 3,8f; 9,1; Jes 57,3; Hos 2,4–7; Ez 16,38; zur Formel Mt 12,39; 16,4. Klostermann möchte ἁμαρτωλός mit πόρνη Jes 1,21; Jer 3,3 in Verbindung bringen, Grundmann mit Jes 1,4.

[25] Berger, Amen-Worte 62–67, versteht 9,1 als orakelhafte Heilszusage.

[26] Nicht überzeugend sind abschwächende Auslegungen. Trocmé* versteht 9,1 ironisch. Es gäbe solche unter den Jüngern, die angesichts des kommenden Reiches ihre Haut nicht riskieren wollen. Perrin* hält das Logion für Mk-R. – »Den Tod schmecken« ist eine semitische Formulierung. Belege bei Billerbeck I,751f. Zu οὐ μή vgl. Beyer, Semitische Syntax I,132f. Das Logion entstand in der palästinischen Gemeinde.

weiter, indem es das Kommen des Menschensohnes mit dem endgültigen Kommen der Gottesherrschaft verbindet. Damit wird nicht nur erneut die christologische Konzeption des markinischen Gottesreichverständnisses erkennbar, sondern auch der Menschensohn als jener gezeichnet, der über die Zulassung zum Reich Gottes entscheiden wird. Der kommende Menschensohn aber ist mit dem irdischen Menschensohn Jesus, der sich für sein Leiden und Sterben rüstet, identisch, so daß der Aufruf in die Kreuzesnachfolge durch den Ausblick auf das Ende eine bedrängende Motivation erfährt. Markus hat seinerseits die termingebundene, einige Zeitgenossen noch zu ihren Lebzeiten zum Reich Gottes zulassende Naherwartung nicht geteilt und dies durch seine Kompositionsarbeit angedeutet. Wenn er die Verklärung Jesu, die drei auserwählte Jünger zu Zeugen hat, folgen läßt, sieht er die Zusage des Amen-Wortes an diesen Drei erfüllt. Das Sehen wird in 9,9 mit Rückbezug auf die Verklärung wieder aufgegriffen. Damit hat das Sehen in 9,1 eine ambivalente Bedeutung gewonnen. Bezeichnete es ursprünglich die existentielle Teilhabe an der Ankunft des endgültigen Reiches Gottes, so läßt der Evangelist eine antezipatorische Teilhabe, die die endgültige nicht aufhebt, zu. Sie wird Petrus, Jakobus und Johannes auf dem Berg gewährt. Auch das bestätigt die christologische Färbung der markinischen Basileia-Konzeption.

Historische Beurteilung

Mit Ausnahme von 9,1 sind die Logien 8,34–38 auf Jesus zurückzuführen. Dabei sind die redaktionellen Veränderungen und die vorausliegende Grundstruktur (s. die Analyse) zu berücksichtigen. Die in 38 vorhandene und für die Sprechweise Jesu charakteristische Differenzierung zwischen seinem redenden Ich und dem kommenden Menschensohn bleibt zu beachten. Das Verhältnis Jesu zum kommenden Menschensohn ist weder als Ankündigung eines zusätzlichen Heilbringers noch als explizite Ansage der eigenen Einsetzung zum Menschensohn zu bestimmen, sondern enthält eine entscheidende »soteriologische Relation«[27]. Wer die Gemeinschaft mit dem irdischen Jesus bricht, geht des Heils im Reich Gottes verlustig. Erkennt man diese soteriologische Relation an, so fügt sich die Forderung, das Leben »um meinetwillen« dranzusetzen (35), in die Didache des irdischen Jesus ein[28].

Zusammenfassung

Markus schuf mit dieser kleinen Logiensammlung eine eindrückliche Jüngerbelehrung, die im Anschluß an die erste Leidensankündigung Jesu und den Widerstand des Petrus ihr besonderes Relief erhält. Es wird klar, daß Nachfolge Jesu Kreuzesnachfolge ist und Jüngerschaft die Bereitschaft zur Selbstpreisgabe und zum Martyrium miteinschließt. Wer Jünger ist und dies noch nicht bedachte, von dem ist ein neuer Entschluß gefordert. Auch Streben nach Reichtum und falsche Selbstsicherungen gefährden die Jüngerexistenz. Der Ausblick auf das Kommen des Menschensohnes schafft im Kontext einen Konnex zwi-

[27] Vgl. Tödt, Menschensohn 38.

[28] Nach Dautzenberg* 75 sind die Logien 36f vorstellbar in Situationen wie sie Mk 10,17–27 oder 28–31 geschildert werden.

schen der Leidens- und Auferstehungsaussage mit der Parusieerwartung[29]. Dieser Zusammenhang, der in der Spruchquelle noch nicht gegeben ist, ist innerhalb der synoptischen Tradition hier zum erstenmal gebildet. Die einzelnen christologischen Daten fügen sich zusammen. Dies aber geschieht, um die Jünger darüber zu belehren, welcher Weg ihnen vorgegeben ist. Markus erhöht die Menschensohn- durch die Sohneschristologie und verbindet diese eng mit der Reich-Gottes-Erwartung. Mit Jesus, dem Gottessohn, brach nicht bloß die Gottesherrschaft an (1,11–15), sondern er wird als der Wiederkommende auch die endgültige Basileia Gottes mit sich heraufführen. Zwischen seinem Tod und seiner Auferstehung einerseits und seiner Parusie anderseits liegt die Zeit der Verkündigung des Evangeliums, um dessentwillen der Jünger jetzt zum Leiden bereit sein soll. Das Evangelium ist jetzt nicht mehr bloß das Wort vom Reich Gottes, sondern darüber hinaus auch und vor allem die Botschaft von Jesus Christus dem Gottessohn. Terminbestimmte Naherwartung wird von Markus korrigiert. Vermutlich wollte er, daß die Gemeinde sich ungestört der Verkündigung des Evangeliums widmet. Sie bleibt aber auf das Kommende ausgerichtet.

Wirkungsgeschichte

Der Spruch von der Kreuzesnachfolge wurde fast immer auf die eigene Situation angewendet. In dieser ist die Gefahr des Martyriums nicht mehr gegeben. Dennoch bemühte man sich, dem Wort nichts von seinem Ernst zu nehmen. Die Übertragung auf das »tägliche Kreuz« fanden wir schon bei Markus vorbereitet. Gott legt Guten und Bösen ein Kreuz auf, doch nur die gelten als Träger des Kreuzes, die es willig auf sich nehmen[30]. Das Kreuz Christi ist getragen. Es geht jetzt um das je eigene Kreuz, die je eigene Anfechtung, die je der eigenen Existenz bestimmte Todesgrenze[31]. In einer sehr weit gesteckten Sinngebung identifiziert Beda das Kreuztragen mit der Kasteiung des eigenen Körpers und der compassio mit den Mitmenschen[32]. Dies scheint einer monastischen Interpretation zu entsprechen. Auch Theophylakt kennt sie, bringt aber die Selbstverleugnung mit der Kasteiung und der Trennung von der Familie zusammen[33]. Treffender umschreibt Barth die Selbstverleugnung: »Er war sich selbst der Nächste. Eben als solchen läßt er sich, in die Nachfolge gerufen, gründlich fallen.«[34]
Das Anliegen des Psyche-Wortes (35) vergleicht Beda[35] mit dem Bild von der Saat, die sterbend ihre Frucht bringt. Vielfach aber wird Psyche im Sinn der hellenistischen Seelenlehre mißverstanden. Nach Calvin erinnert Christus daran, daß die unsterbliche Seele nicht dazu geschaffen wurde, um in den we-

29 Vgl. Horstmann, Studien 54–56.
30 Calvin II,71.
31 Barth, Dogmatik IV/2,292.
32 PL 92,214f.
33 PG 123,576.
34 Dogmatik IV/2,610. – Eisler, ΙΗΣΟΥΣ II,238f, der die zelotische Jesusinterpretation wissenschaftlich begründete, verstand das geforderte Aufnehmen des Kreuzes so, daß jeder Christ das Zeichen Chi (für Christus) oder T (für den Hinrichtungspfahl) – evtl. eintätowiert – an sich tragen sollte. Dazu vgl. oben Anm. 12.
35 PL 92,215.

nigen Tagen des Lebens die Welt zu genießen, sondern um endlich einmal im Himmel zu leben[36]. Noch A. von Harnack[37] bezeichnete das Wort als eine Art Magna Charta der Botschaft vom unendlichen Wert jeder Menschenseele. Demgegenüber muß eingewendet werden, daß das Logion vom Leben redet und christlichen Rang durch die Bindung des Lebens an Jesus und das Evangelium gewinnt (s. oben die Interpretation). Dies vorausgesetzt, kann man der Auffassung zustimmen: Der Mensch kann nur er selbst in der Freiheit sein, nicht sich selbst leben zu wollen[38].

Größte Schwierigkeiten bereitete den Interpreten die Profetie in 9,1. Der Papyrus Oxyrhynchus 645,1 bildete einfach ein neues Wort: »Jeder, der diese Worte hört, wird den Tod nicht kosten.« Auch der Bezug auf die Verklärung ist im Altertum bekannt, wird aber als der ursprüngliche Sinn der Profetie angesehen[39]. Verbreiteter dürfte die Meinung gewesen sein, daß sich die Profetie in den Ereignissen von Ostern und Pfingsten erfüllte[40]. Beda setzt das in Vollmacht gekommene Reich Gottes einfach mit der Kirche gleich[41]. Zu einer differenzierteren Sicht war erst die Bibelkritik fähig. A. Loisy[42] aber fällt in das andere Extrem, wenn er glaubt, das Logion habe ursprünglich gelautet: Alle diese hier werden das Kommen des Reiches erleben.

Sogar mit dem Herbeirufen der Volksmenge, die neben der Erwähnung der Jünger an dieser Stelle auch schon früher auffiel, hat man sich beschäftigt. Erasmus spürte scharfsinnig, daß nach der Ankündigung des Leidens eine neue Krise heraufzog, wenn er paraphrasierend Jesus das Wort in den Mund legt: Multi me sequuntur pedibus magis quam imitatione (Viele folgen mir mehr mit den Füßen als durch die Nachahmung)[43]. Im Grund ist eine solche Warnung die Quintessenz der gesamten vorliegenden kurzen Jüngerparänese.

### 3. *Die Offenbarung auf dem Berg (9,2–8)*

*Literatur: Boobyer, G. H.,* St. Mark and the Transfiguration Story, Edinburgh 1942; *Riesenfeld, H.,* Jésus transfiguré, 1947 (ASNU 16); *Baltensweiler, H.,* Die Verklärung Jesu, 1959 (AThANT 33); *Carlston, C. E.,* Transfiguration and Resurrection, JBL 80 (1961) 233–240; *Sabbe, M.,* La rédaction du récit de la Transfiguration, in: La venue du Messie, 1962 (RechBib 6), 65–100; *Masson, C.,* La transfiguration de Jésus (Mc 9,2–13), RThPh 97 (1964) 1–14; *Gerber, W.,* Die Metamorphose Jesu, Mk 9,2f par, ThZ 23 (1967) 385–395; *Rivera, L. F.,* Interpretatio Transfigurationis Jesu in redactione evangelii Marci, VD 46 (1968) 99–104; *Thrall, M. E.,* Elijah and Moses in Mark's Account of the Transfiguration, NTS 16 (1969/70) 305–317; *Schmithals, W.,* Der Markusschluß, die Verklärungsgeschichte und die Aussendung der Zwölf, ZThK 69 (1972) 379–411; *Horstmann,* Studien 72–103; *Nützel, J. M.,* Die Verklärungserzählung im

[36] II,71.
[37] Bei Barth, Dogmatik III/4,441.
[38] Barth, ebd.
[39] Theophylakt: PG 123, 577; Excerpta ex Theodoto 4,3 (GCS 17/2,106).
[40] Calvin II,72.
[41] PL 92,215.
[42] Bei Klostermann 85. Zum ganzen vgl. Künzi*.
[43] Bd. 7,222.

Markusevangelium, 1973 (FzB 6); *Müller, U. B.*, Die christologische Absicht des Markusevangeliums und die Verklärungsgeschichte, ZNW 64 (1973) 159–193; *Stein, R. H.*, Is the Transfiguration (Mark 9,2–8) a Misplaced Resurrection Account? JBL 95 (1976) 79–96.

2 **Und nach sechs Tagen nimmt Jesus den Petrus und den Jakobus und den Johannes und führt sie allein beiseite auf einen hohen Berg hinauf. Und er wurde vor ihnen verwandelt.** 3 **Und seine Kleider wurden ganz glänzend weiß, wie sie kein Tuchscherer auf der Erde so weißen kann.** 4 **Und es erschien ihnen Elija mit Mose, und sie redeten mit Jesus.** 5 **Und Petrus antwortete und spricht zu Jesus: Rabbi, es ist schön, daß wir hier sind. Und wir wollen drei Hütten machen, für dich eine und für Mose eine und für Elija eine.** 6 **Denn er wußte nicht, was er antwortete. Furcht nämlich hatte ihn gepackt.** 7 **Und es entstand eine Wolke, die sie überschattete. Und eine Stimme erscholl aus der Wolke: Dieser ist mein geliebter Sohn, höret auf ihn!** 8 **Und plötzlich, als sie um sich blickten, sahen sie niemanden mehr außer Jesus allein bei ihnen.**

Analyse Weil zur Verklärungsgeschichte sehr unterschiedliche Analysen vorliegen, empfiehlt es sich, eingangs die wichtigsten zu nennen. Verbreitet ist die Meinung, die Perikope sei ursprünglich eine Ostererscheinungsgeschichte gewesen[1]. Hierfür werden verschiedene Argumente beigebracht. Der hohe Berg verweise auf den Berg von Mt 28,16. Der Wechsel vom Singular in den Plural in Vers 6 verrate, daß ehedem nur ein einziger am Geschehen teilnahm, nämlich Petrus. Die Sohneschristologie korrespondiere mit Röm 1,4; Apg 13,33. Die Zeitbestimmung »nach sechs Tagen« bezeichne den als Tag der Auferstehung begangenen siebten Tag. Es sei keine Rede mehr von einer Rückverwandlung Jesu in eine menschliche Gestalt. Darum habe Vers 8 einmal vom Verschwinden Jesu in der Wolke berichtet und der Abschluß »außer Jesus allein bei ihnen« müsse als Zutat betrachtet werden. Schließlich wüßten die äthiopische Petrus-Apokalypse und die Pistis Sophia noch um den Charakter der Ostergeschichte, weil sie die Perikope auf Tod und Auferstehung Jesu folgen lassen. Schmithals, der auch 2Petr 1,16–18 ins Spiel bringt, setzt für die Geschichte das Konzept voraus, daß der auferstandene Jesus in das irdische Leben zurückgekehrt und auf dem Berg in seine himmlische Herrlichkeit verwandelt worden sei[2]. Trotz der vielen Argumente ist die Deutung nicht zu halten. Gattungsmäßig stimmt die Verklärungsperikope mit den Erscheinungsgeschichten nicht zusammen. Diese sind ganz anders strukturiert. So gibt sich der Auferstandene in ihnen regelmäßig zu erkennen. Von einem ὤφθη (er ist erschienen), das auf

1 Bultmann, Geschichte 278–281; Müller* 157f; Schmithals* 384–397; Thrall*; Wellhausen 69; Klostermann 86.

2 Schmithals* meint, daß in einer Mk-Vorlage die Verklärungs- bzw. Ostererscheinungsgeschichte auf Mk 16,8 gefolgt sei.

Jesus zu beziehen wäre, vernehmen wir nichts. Mose und Elija spielen in den Ostergeschichten keine Rolle. Der Imperativ »Höret auf ihn« paßt zum Irdischen, nicht zum Auferstandenen. Obwohl die Geschichte erst nachösterlich möglich ist, muß ein anderer Weg gesucht werden.

Ein weiterer Vorschlag läßt die Geschichte aus zwei verschiedenen Stücken zusammengesetzt bzw. eine ursprüngliche Geschichte um sekundäre Erweiterungen bereichert sein. Im einzelnen gehen die Teilungsvorschläge nicht unerheblich auseinander. Nach Müller* erzählte der ältere jüdische Bericht (2a.b.7) von der Einsetzung des irdischen Jesus zum Messias und begriff ihn als Lehrer und Profeten der Endzeit. Die eingeschmolzene hellenistische Erzählung (2c–6.8) hatte die Epifanie Jesu als des erhöhten Menschensohns zum Inhalt. In der Verschmelzung wurde die ältere Christologie überwunden, da jetzt die Epifanie der Einsetzung zum Messias vorangehe. Hahn[3] eliminiert für einen älteren Bericht die Metamorfosis Jesu (2c) und vermutet, daß die Himmelsstimme einmal Jesus als »mein Knecht« anredete. So sei dieser als eschatologischer Profet gezeichnet gewesen. Die im hellenistischen Bereich erfolgten Veränderungen tragen die Gottessohn-Christologie ein, die Jesus von seinem Wesen her bestimmt[4]. Man wird aber weder zwischen 2c und 3 trennen, da beidemale die gleiche Sache beschrieben ist, noch 7 isolieren dürfen, da die Szene ohne die Deutung der Himmelsstimme unverständlich bleibt. Die Anrede »mein Knecht« ist in diesem Zusammenhang höchst unwahrscheinlich. Eine Anlehnung an Jes 42,1 liegt nicht vor (s. die Interpretation). – Boobyer* will die Perikope als Vorausdarstellung des Parusie-Christus verstehen, Theißen hält sie für eine ursprüngliche Himmelfahrtserzählung, die vielleicht die Tendenz verfolgen könnte, die lokale Verehrung von Epifaniestätten zurückzuweisen[5].

Die eigene Analyse hat zunächst zu fragen, ob Vers 2 bearbeitet wurde. Die Zeitangabe »nach sechs Tagen« ist ebenso auffällig wie das Beiseitenehmen der drei Jünger, das gleichfalls in 5,40 und 14,33 begegnet. Die sechs Tage sind so singulär, daß sie der Tradition zugehören müssen. Eine Anspielung auf das Tagesschema der Passionsgeschichte hätte kaum ein Leser erkennen können[6]. Die Bevorzugung der Drei ist hier traditionell, weil die Auswahl eines Vertrautenkreises zur Geschichte vortrefflich paßt, diese das Dreierschema auch sonst kennt (4f) und die Drei in 3,16f als aus dem Zwölferkollegium herausragende auch vorgegeben waren. Markus mag die Formulierung 5,40; 14,33 angepaßt haben (vgl. 10,32)[7]. Er betonte den Geheimnischarakter des Geschehens durch

3 Hoheitstitel 334–340. 310–312.

4 Auch Lohmeyer vertrat die Auffassung, daß die Metamorfose Jesu eine selbständige Überlieferung neben 9,4–8 gewesen sei, hat aber diese Analyse in seinem Kommentar zurückgenommen. Dazu vgl. Bultmann, Geschichte 280 Anm. 1 und Ergänzungsheft, ³1958, 37.

5 Wundergeschichten 104f.

6 Nützel* 87–95 plädiert für diesen Zusammenhang, ebenfalls Schreiber, Theologie des Vertrauens 119f.

7 Der Evangelist kann durchaus ein vorgegebenes Motiv – wie die Auswahl der Drei – auf andere Situationen übertragen (vgl. zu 5,40). Eine Auswahl von Vier in 13,3 spricht nicht dagegen, da diese letztlich auch vorgegeben ist (1,16–20).

das ihm geläufige κατ' ἰδίαν. In Vers 4 ist im Gegensatz zu 5 Elija vor Mose genannt. Der Evangelist hat hier umgestellt, um das Interesse an Elija anzuzeigen[8]. Für die vormarkinische Geschichte war Mose der wichtigere. Daß Markus in 5 die Umstellung unterläßt, läßt erkennen, daß er nicht immer konsequent redigiert hat. Vers 6, der die Reaktion des Petrus und der Jünger beschreibt, ist auf das Konto des Evangelisten zu setzen. 6a ist ein Tadel an Petrus und paßt gut zum Motiv des Jüngerunverständnisses. 6b mit dem Wechsel in den Plural und dem Furchtmotiv ließe sich als Bestandteil der vormarkinischen Geschichte erklären, da die Furcht zu einer überirdischen Erscheinung paßt. Ohne 6a aber hängt 6b in der Luft, so daß auch die Furcht der Jünger ihren Unverstand beleuchten soll und sich als markinisch erweist. Ist jedoch der ganze Vers 6 redaktionell, so hatte die Bemerkung des Petrus in 5 ursprünglich eine nicht so negative Bedeutung. Dies ist für die Interpretation zu berücksichtigen[9].

Für die Formbestimmung legt sich ein Vergleich mit Ex 24 nahe, ist einmal Mose als die wichtigere Person vor Elija erkannt. Wie Mose steigt Jesus auf den Berg, nimmt er drei namentlich genannte Begleiter mit (Ex 24,1 und 9). Am siebten Tag ergeht die Gottesstimme an Mose. Von hier aus erklären sich die sechs Tage, nach denen Jesus auf den Berg geht. Daß Mose dagegen sechs Tage auf dem Berg verweilt[10], ist gegenüber dem siebten Tag als Zeitpunkt der Offenbarung unerheblich. Die Wolke (Singular!) ist wie in Ex 24,16f Zeichen der Präsenz Gottes[11]. Eine wichtige Gemeinsamkeit ist ferner darin gegeben, daß die Stimme Gottes aus der Wolke erschallt. Diese Elemente würden ausreichen, die Perikope als Theofaniegeschichte zu bestimmen, wenn diese nicht in spezifischer Form eigengestaltet wäre. Die Theofanie erfolgt ja um Jesu willen. Er ist in die himmlische Erscheinung miteinbezogen, zu deren Zeugen die Jünger werden. Die über ihn ergehende Stimme setzt ihn in das Amt des Gottessohnes ein. Damit wird das Ganze zu einer Inthronisation[12]. Eine unmittelbare Einwirkung von Dan 7,13f oder 10,5ff auf den Inthronisationsakt ist nicht wahrzunehmen[13], nur sind in der Verklärungsgeschichte allgemeine apokalyptische Züge wie die strahlend weißen Gewänder wirksam geworden. Dtn 18,15, die Verheißung des mosegleichen Profeten, ist für das Verständnis der göttlichen Proklamation belangvoll.

[8] Zur Formulierung mit σύν vgl. 4,10; 8,34. – Bultmann, Geschichte 279; Hirsch, Frühgeschichte I, 95f, sind der Meinung, daß ehemals in der Geschichte nicht von Mose und Elija, sondern von zwei unbenannten himmlischen Wesen, Engeln oder Seligen, die Rede gewesen sei. Diese Hypothese vermag weder das Akhmim-Fragment der ApkPt, wo solches der Fall ist, noch Mk 9,11–13, wo Elija in einem anderen Sinn verwendet wird als in der Verklärungsperikope, zu stützen. Die andere Verwendung des Elija-Namens in 9,11–13 besagt nur, daß diese Verse eine gegenüber der Verklärungsgeschichte selbständige Tradition sind.

[9] In V 8 wird περιβλεψάμενοι Mk-R sein (das Verb 7mal im NT, davon 6mal bei Mk).

[10] Einwand von Horstmann, Studien 100.

[11] Boobyer* 79–84 möchte die Wolke auf die Parusie beziehen. In Dan 7,13; Mk 13,26 aber ist von Wolken (Plural!) die Rede.

[12] Pesch II, 70 spricht von einem christologischen Midrasch.

[13] Gegen Sabbe* 67.

Erklärung 2a

In der Exposition der Geschichte nimmt Jesus seine drei Vertrauten abseits, um sie auf einen hohen Berg zu führen. Jesus, dessen Name seit 8,27 nicht mehr erwähnt wurde, in der Geschichte aber gleich viermal fällt, ist nur im ersten Satz Subjekt der Handlung. Das Folgende ist ein Geschehen an ihm. Die sechs Tage, die den Zeitpunkt der göttlichen Offenbarung angeben[14], gewinnen im Kontext einen konkreten Sinn. Sie verweisen auf das vorausgehend berichtete Gespräch Jesu mit den Jüngern und der Volksmenge zurück, wo sein persönliches Schicksal im Mittelpunkt stand. Der hohe Berg[15] ist beliebte Stätte der Theofanie, darf nicht näher identifiziert werden und erinnert an den Gottesberg Sinai.

2b–4

Auf dem Berg wird Jesus vor den Jüngern verwandelt. Man könnte diesen Vorgang durch Analogien aus dem hellenistischen Bereich erklären, zumal das verwendete Wort die in der griechischen Mythologie beliebte Metamorfose wachruft. Die dort vorliegende Denkstruktur ist aber eine ganz andere[16]. Während im Griechischen Götter sich in Menschen verwandeln, um den Menschen begegnen zu können, wird der Mensch Jesus hier als himmlisches Wesen der verklärten Welt vorgestellt. Auch was Mose auf dem Berg geschah, ist nicht ohne weiteres vergleichbar, da das Leuchten seines Angesichtes von der Unterredung mit Gott herrührte (Ex 34,29). Ob Mose-Spekulationen des hellenistischen Judentums, nach denen Mose auf dem Berg zu einem göttlichen Menschen wurde[17], weiterwirken, ist schwer zu sagen. Die Jenseitsvorstellungen des apokalyptischen Judentums stellen die Gerechten als Verklärte vor, die leuchten wie der strahlende Himmel und wie die Sterne in alle Ewigkeit (vgl. Dan 12,3; 4Esr 7,97)[18]. Die glänzend weißen Kleider zeichnen in diesem Vorstellungsfeld ebenfalls die Himmlischen aus, die Engel (Mk 16,5; Apg 1,10; TestL 8,2; 2Makk 3,26) wie die Seligen (slavHen 22,8–10; ApkAbr 13,15). In äthHen 62,16 werden die Gewänder der Herrlichkeit, mit denen die Gerechten bekleidet werden, Kleider des Lebens genannt, die Unvergänglichkeit verleihen. Obwohl gelegentlich die Vorstellung belegt ist, daß der Messias (Num r 15 [179b])[19] oder der messianische Hohepriester (TestL 18,3f) ein besonderes Gewand erhält oder wie die Sonne leuchten wird, verbleibt Vers 3 im allgemeinen Horizont[20]. Das Besondere ist dies, daß Jesus schon jetzt in seiner himmlischen Herrlichkeit zu erkennen gegeben wird. Was an ihm sichtbar wird, ist durch ein göttliches Handeln hervorgerufen, wie es die passivische Umschreibung und der volkstümliche Vergleich, der dem »Horizont eines Dorfes«[21] ent-

[14] Horstmann, Studien 101, bringt die sechs Tage mit den apokalyptischen Weltwochen in Verbindung, die mit der gegenwärtigen Weltzeit zusammenfallen. Der siebte Tag ist dann der Zeitpunkt der Vollendung.

[15] א it steigern zu einem »sehr hohen Berg«.

[16] Vgl. J. Behm, ThWNT IV,763–765.

[17] Vgl. Philo, VitMos 2,69f; QuaestEx 2,29; J. Jeremias: ThWNT IV,856 und Anm. 40. In VitMos 1,57 verwendet Philo das Verb μεταμορφοῦν allerdings in einem abgeschwächten Sinn: Mose verwandelt sich im Reden in einen Profeten.

[18] Weitere Belege bei Billerbeck I,752; Behm: ThWNT IV,764.

[19] Bei Billerbeck I,753.

[20] Gegen Grundmann, der die glänzenden Kleider auf die messianische Priesterwürde hin auslegen möchte.

[21] Lohmeyer. – Einige Handschriften mildern den Vergleich ab oder streichen ihn.

sprungen ist, nahelegen. Der Tuchscherer oder Walker hatte Wolle zu krempeln, Tücher aufzukratzen und schmutzige Kleider zu reinigen. Zur Verwandlung Jesu tritt die Erscheinung zweier alttestamentlicher Gestalten. Die Erscheinung, die mit dem gleichen Wort beschrieben wird, das man für die Ostererscheinungen des Auferstandenen (ὤφϑη: 1Kor 15,5; Lk 24,34) und Engelserscheinungen (Lk 1,11; 22,43; Apg 7,30) verwendet, ist auf die Jünger ausgerichtet. Die erscheinenden Personen reden mit Jesus, dem Verklärten. Über den Inhalt des Gesprächs wird nichts mitgeteilt (anders Lk 9,31). Elija und Mose hatten aufgrund der biblischen Überlieferung (2Kön 2,11) bzw. des Volksglaubens, daß sie zum Himmel entrückt worden waren, am ehesten die Möglichkeit, als Gesprächspartner des Verklärten zu dienen. Im Judentum wird zwar nirgendwo eine Erzählung über die Entrückung des Mose tradiert, diese aber ist aus anderen Belegen sicher zu erheben[22]. Die Frage ist, ob noch zusätzliche Überlegungen bestimmend waren, in diesem Zusammenhang Elija und Mose zu erwähnen. Sie als Repräsentanten von Gesetz und Profeten oder des messianischen Hohenpriesters und des messianischen Profeten zu deklarieren oder auf Gemeinsamkeiten zu verweisen, daß beide eine Gottesbegegnung auf einem Berg hatten, als Lieblinge Gottes im jüdischen Volk oder als Friedensgestalten galten[23], reicht nicht aus oder wird durch den Kontext nicht nahegelegt. Von der Wiederkehr des Mose in der Endzeit wird in jüdischen Texten nur selten gesprochen[24]. Die Erwartung, daß Elija der Vorläufer der messianischen Zeit ist bzw. dem Tag Jahwes vorangeht, ist gut belegt[25]. Ein gemeinsames Auftreten von Elija und Mose in der Endzeit ist mit klaren Worten aus zeitgenössischen Dokumenten kaum zu erheben[26]. Der Gefährte des Elija ist Henoch. So wird man in Mose das Vorbild, in Elija als messianischem Vorläufer den Begleiter Christi zu sehen haben. Da Markus gegen die Chronologie den Elija voranstellt, tut er kund, daß ihm die eschatologische Komponente wichtiger ist. Jesus führt die Endzeit herauf.

5–6 Das Wort des Petrus an Jesus wird als Antwort und somit als Reaktion auf das Geschehene eingeführt. Er redet den Verklärten mit Rabbi (Mt 17,4 mit Kyrie) an und bezieht in seinen Vorschlag, wir wollen drei Hütten machen, seine beiden Mitjünger mit ein. Der Ausruf »es ist schön, daß wir hier sind«[27] – wiederum auf die Jünger zu beziehen – ist angemessen. Sie erfahren eine Antezipation der himmlischen Seligkeit. Das Angebot, die Hütten zu bauen, besagt mehr als nur den Wunsch, den erlebten Zustand festzuhalten. Man deutete es

[22] Belege und Erörterung bei G. Lohfink, Die Himmelfahrt Jesu, 1971 (StANT 26), 61–69. Vgl. Pesch II,75.

[23] Eine Übersicht über die Interpretationen bietet Nützel* 113–122.

[24] Vgl. J. Jeremias: ThWNT IV,860f.

[25] Vgl. Billerbeck IV,764–798; J. Jeremias, ThWNT II,931–943.

[26] Der von Jeremias, ThWNT IV,859 Anm. 96 beigebrachte Beleg Dtnr 3,17 wird von Grundmann überfordert. Auf wen die beiden Zeugen in Offb 11,1–14 zu deuten sind, ist umstritten. Vgl. Nützel* 116f.

[27] καλόν mit A.c.I. ist eine ausgesprochen griechische Formulierung. Vgl. Beyer, Semitische Syntax 80 (Fußnote). Das ist für die Entstehung der Geschichte zu beachten (hellenistisches Judenchristentum). Griechisch ist auch nachgestelltes pleonastisches μόνους bzw. μόνον in VV 2 und 8 (Beyer 126–128).

wiederholt auf dem Hintergrund des jüdischen Laubhüttenfestes, an dem alle Israeliten in Hütten aus grünen Zweigen wohnen mußten (Neh 8,14f) und die endzeitlich-messianische Stimmung hochschlug (vgl. Sach 14,16–19)[28]. Man erinnerte daran, daß in der Endzeit Gott mit seinem Volk zelten werde (Offb 11,3–18)[29]. Den angeblichen Hinweis auf das Laubhüttenfest nahm man konkret-historisch (s. unten). Von einem Wohnen des Messias unter seinem Volk kann man in dieser Einsamkeit aber nicht gut sprechen. So erinnern die Hütten, die Petrus errichten will, an die ewigen Zelte (Lk 16,9) oder Wohnungen (äthHen 39,7; 45,1 u.ö.), die den Auserwählten und Gerechten in der Seligkeit des Himmels zukommen sollen. Sie runden das Bild der apokalyptischen Vision ab, die nach der begreiflichen Meinung des Jüngers möglichst lange anhalten soll. Darum sollen die Hütten den himmlischen Gestalten dienen und ist es eigentlich selbstverständlich, daß die Jünger nicht einbezogen sind[30]. Die markinische Beurteilung der Reaktion des Petrus (s. oben die Analyse) faßt diese als Äußerung des Unverstands (vgl. Mk 14,40). Dieser kann nicht oberflächlich in dem Gedanken, für himmlische Gestalten auf Erden Hütten zu bauen, gesehen werden[31]. Es geht auch nicht um eine falsche Einschätzung Jesu, daß Petrus ihn Mose und Elija gleichgestellt habe[32]. Immerhin hatte er ja seinen Meister an erster Stelle genannt. Das Interesse des Markus hebt auf die Jüngerexistenz ab. So liegt der Unverstand Petri auf der Linie von 8,32f. Mit dem Festhaltenwollen der himmlischen Seligkeit wehrt der Jünger erneut der Notwendigkeit des Leidens. Die Furcht, die alle Jünger ergreift, ist hier nicht das Erschaudern vor der himmlischen Offenbarung, sondern menschlicher Kleinmut. Aus ihr geht ja der Unverstand hervor (γάϱ!).

Die Erscheinung der Wolke und die aus ihr ergehende Gottesstimme erfüllen 7–8
eine zweifache Funktion. Sie deuten die Verklärung Jesu und sind die göttliche Antwort auf Petri Reaktion. Die Wolke ist Zeichen der Gegenwart Gottes[33]. Wie die Wolke der Präsenz Gottes das Offenbarungszelt der Wüstengeneration überschattete (LXX Ex 40,35: ἐπεσκίαζεν) und die Herrlichkeit des Herrn die Wohnung erfüllte, so überschattet sie jetzt den Verklärten und die beiden himmlischen Gestalten[34]. Dieser Bezug wird durch den Anschluß an Vers 5 deutlich. Die Erscheinung der Herrlichkeit des Herrn und der Wolke »wie sie sich zur Zeit des Mose gezeigt hatte« wurde nach 2Makk 2,8 für die Endzeit erwartet. Wie nach Ex 24,16 redet Gott aus der Wolke. Die Gottesrede, die an die Jünger gerichtet ist, prädiziert Jesus als den geliebten Sohn und fordert sie auf, ihn zu hören. Der erste Teil der Rede erinnert an die Himmelsstimme von Mk 1,11, ohne mit ihr identisch zu sein. Eine direkte Abhängigkeit ist darum nicht

[28] Lohmeyer, Baltensweiler* 39–46.

[29] Boobyer* 76–79.

[30] Das ist auch ein Argument gegen das Laubhüttenfest als Hintergrund. Riesenfeld* 146–205. 256–258 erblickt in den Hütten einen jüdischen Hochzeitsritus, der in der Erwartung auf die Wohnung Gottes bzw. des Messias übertragen worden sei.

[31] Gegen Klostermann.

[32] Gegen Thrall* 315–317.

[33] Belege bei A. Oepke, ThWNT IV, 907–911.

[34] Die Jünger sind in die Überschattung nicht miteingeschlossen. 473 und $sy^s$ lesen einschränkend: »die *ihn* überschattete«.

anzunehmen. Die Form »Dieser ist« hat wie die entsprechende »Du bist« ihre ursprüngliche Heimat nicht im griechischen, sondern im orientalischen Bereich und findet im Königsritual ihre Verwendung[35]. Eine Abhängigkeit von Ps 2,7 ist nicht wahrzunehmen, doch besitzt die Aussage »geliebter Sohn«, die seine einzigartige Stellung zum Vater beschreibt, schon eine gewisse Prägung (vgl. Mk 12,6). Sie ist hier als messianische Königstitulatur aufzufassen. Die Bezeichnung des Messias als Sohn Gottes läßt sich zwar im Judentum nicht ausdrücklich belegen, war aber dort vorbereitet[36]. Mit der Gottesrede wird Jesus in sein Amt eingesetzt, inthronisiert. Der ihn umgebende Lichtglanz veranschaulicht seine Gottesnähe. Vom Gottessohntitel und der königlichen Messianologie her rückt die Szene an Röm 1,3f heran, wo von Jesu in der Auferstehung von den Toten erfolgten Einsetzung zum Gottessohn gesprochen wird. Über den Zeitpunkt der Einsetzung erfahren wir in der Verklärungsgeschichte nichts. Bei Markus, für den Jesus von Anfang an der Sohn ist, wird die Inthronisation zur Offenbarung vor den erwählten Jüngern. Die Ausrichtung auf die menschlichen Zeugen des Geschehens wird durch den Imperativ »Höret ihn« verstärkt. Der alttestamentliche Hintergrund der Geschichte ruft die Verheißung des Mose wach: »Einen Profeten wie mich wird der Herr, dein Gott, dir mitten unter deinen Volksgenossen erstehen lassen. Auf den sollt ihr hören« (Dtn 18,15; vgl. Apg 3,22). Als Gottessohn überbietet Jesus auch die Züge des erwarteten Endzeitprofeten. Der Gehorsam seinem Wort gegenüber ist umfassend gemeint. Bei Markus darf man heraushören, daß das Wort vom leidenden Menschensohn und von der Leidensbereitschaft des Jüngers im Blickpunkt steht. Plötzlich ist das himmlische Geschehnis zu Ende. Mit einem Mal sehen die Jünger nurmehr Jesus in seiner normalen menschlichen Gestalt[37].

Historische Beurteilung

Jene Interpreten, die einen historischen Kern aus der Verklärungsgeschichte herauszuschälen sich bemühen, sprechen entweder von einem Geschehnis, das Jesus betraf, einer »Himmelsvision Jesu . . ., die eine ihn selbst verwandelnde Wirkung gehabt hat«[38] (welche?), oder von einem Ereignis, das die Jünger betraf. Den Jüngern habe das Leiden Jesu begreiflich gemacht werden müssen; es habe sich um eine Wortoffenbarung gehandelt, die auf sein Leidens- und Verherrlichungsschicksal gerichtet war[39]. Baltensweiler* will das Ganze historisch an einem Laubhüttenfest festmachen, an dem Jesus um seinen messianischen Weg gerungen habe und durch eine himmlische Vision belehrt worden sei, daß seine Einstellung gegen ein zelotisch-politisches Messiasideal dem Willen Gottes entspreche. Die Geschichte wird so zu einer zweiten Versuchungserzählung[40]. Eher wird man jenen Stellungnahmen zustimmen können, nach denen die Perikope die Summe der Erfahrungen mit der Geschichte Jesu ausmacht,

[35] Vgl. E. Norden, Agnostos Theos, Darmstadt 1956 (Nachdruck), 183–188.

[36] Vgl. jetzt besonders 4Q flor 1,10f.

[37] Klostermann zitiert als Analogie Goethes Worte über seine Vision auf dem Ritt von Sesenheim: »Sobald ich mich aus diesem Traum aufrüttelte, war die Gestalt ganz hinweg«.

[38] Grundmann 180.

[39] Masson*, Rivera*.

[40] 37–90.

daß sein Wirken endzeitgeschichtliches Ereignis war[41]. So gehört die Erzählung in die neutestamentliche Christologie.

Zusammenfassung

Die Intentionen der markinischen Redaktion sind vielfältig. Zunächst ordnet der Evangelist die Geschichte in eine historische Abfolge ein. Die Auswahl der drei Jünger bestätigt die Größe der Offenbarung und nimmt die Jünger als besondere Träger der Christusoffenbarung innerhalb des Zwölferkreises. Die Akzentuierung des Elija hebt hervor, daß Jesus die Endzeit heraufführt. Petrus als Sprecher seiner Mitjünger wird als der Unverständige gezeichnet. Er artikuliert den Wunsch, die Offenbarung der himmlischen Herrlichkeit bleibend festzuhalten. Dieser menschlich sehr verständliche Wunsch widerspricht dem Beruf des Jüngers, die Kreuzesnachfolge Jesu anzutreten. Der Widerstand gegen den Leidensgedanken setzt sich fort. Der göttliche Appell, das Wort des Sohnes zu hören, gewinnt auf diesem Hintergrund seine spezifische Färbung. Die sich offenbarende Herrlichkeit des Gottessohnes gehört einer anderen Welt an, die sich nicht auf diese Erde herunterziehen läßt. Der Jünger soll sie erhoffen, darf sich aber von seiner Aufgabe, der Nachfolge, nicht abbringen lassen. Petrus ist nicht als Repräsentant eines gegen das Kreuz querulierenden Teils der Gemeinde vorgestellt[42], sondern bildet unser aller, der Christen, Aufbegehren gegen das Leid, das uns als eigenes und fremdes begegnet und in Pflicht nehmen will, ab. So wird die Offenbarung auf dem Berg zum Ruf in die Nachfolge.

Wirkungsgeschichte

Der Verklärungsgeschichte sind recht unterschiedliche Deutungen zuteil geworden. Diese lassen sich – ein wenig schematisch – in zwei Gruppen gliedern. Beide Male hält man das christologische Anliegen für das zentrale. Damit bleibt der Aussagekern der Perikope erhalten. Jedoch läßt man das eine Mal die Perikope in die Zukunft gerichtet sein, während man sie das andere Mal – wiederum ein wenig schematisch formuliert – vom Inkarnationsgedanken her versteht. Als Repräsentant der ersten Gruppe kann Beda[43] gelten. Er will bei der Verklärung die wahre Menschheit Jesu gewahrt wissen: transfiguratus Salvator non substantiam verae carnis amisit[44]. Der Sinn der Verklärung besteht darin, daß sie sowohl Christi als auch unsere zukünftige Auferstehungsherrlichkeit im voraus darstellt. Diesem übergeordneten Gedanken wird die Einzelinterpretation dienstbar gemacht. Die Repräsentanten der zweiten Gruppe sind am Anfang Theologen der Ostkirche, die von der Logoschristologie beeinflußt waren. Im Rahmen einer bestimmten Philosophie lehrt Origenes, daß der Leib Christi schon während des geschichtlichen Lebens immer mehr verklärt worden sei. Unter Berufung auf die Lehre der Philosophen meint er, daß die Materie qualitätslos sei und alle Eigenschaften aufnehmen könne, welche der

41 Vgl. Nützel* 184f.

42 Gegen eine einseitige redaktionsgeschichtliche Deutung.

43 PL 92,217–219.

44 217.

Schöpfer ihr geben will[45]. Hinwiederum ist Theophylakt[46] darum besorgt sicherzustellen, daß bei der Verklärung auf dem Berg Christus seine göttliche Eigenheit (χαρακτήρ) nicht veränderte. Sichtbar wurde, was er in seiner Eigenheit schon immer war. Argumentiert man also auf der einen Seite von der Menschheit Christi aus, so das anderemal von seiner Göttlichkeit. Neben der christologischen Interpretation ist der Alten Kirche, die die Verklärung stringent historisch versteht, das Anliegen bekannt, daß die Jünger durch dieses Erlebnis für den Kreuzestod ihres Meisters gestärkt werden sollten[47]. Im einzelnen werden die sechs Tage auf den Sabbat der Auferstehung oder der Weltvollendung oder streng historisch gedeutet, wobei man mit Lk 9,28 Schwierigkeiten hat[48]. Elija und Mose sind die Repräsentanten von Gesetz und Profeten, oder sie erscheinen, um Jesus als ihren Herrn anzuerkennen, oder um zu demonstrieren, daß Jesus entgegen dem Vorwurf der Pharisäer kein Gesetzesbrecher ist[49]. Für Beda[50] repräsentiert der in den Himmel entrückte Elija jene Menschen, die am Jüngsten Tag noch am Leben sein werden (1Thess 4,15–17), Mose dagegen die Verstorbenen. Das Versagen des Petrus besteht darin, daß er das Reich Gottes auf Erden erwartet, himmlischen Gestalten Hütten bauen will, den Herrn mit den Knechten Elija und Mose auf eine Stufe stellt[51]. Theophylakt[52] aber meint, Petrus habe für den Abstieg gefürchtet, daß der Herr dem Kreuz entgegengeht.

In der Neuzeit und besonders in der Epoche der Leben-Jesu-Forschung wird das historische Problem vordringlich. Während das Altertum den Berg zu identifizieren suchte und sich mit Kyrill von Jerusalem[53] für den Tabor entschied, stellt sich Calvin[54] die Frage, ob die Jünger nur eine Erscheinung hatten oder in Wirklichkeit an diesen Ort geführt worden seien. Er bejaht das letztere und meint, daß Gott ihnen Zeichen und Merkmale gegeben haben muß, an denen sie Elija und Mose erkannten. Im 19. Jahrhundert sucht man nach rationalistischen Erklärungen und läßt sich manches einfallen. D. Völter erkennt im Bericht das natürliche Ereignis einer Umrandung der Menschen mit Licht, wie es auf schneebedeckten Abhängen beobachtet werden könne. F. Spitta denkt an ein nächtliches Gewitter, das die Jünger als Gottesoffenbarung empfunden hätten, H. E. G. Paulus an einen Sonnenaufgang und Herbstgewölk[55]. F. Schleiermacher hat in seinen Vorlesungen über das Leben Jesu in der Verwandlung Jesu und im Glanz, der ihn umleuchtete, eine optische Erscheinung gesehen,

45 Vgl. A. v. Harnack, Lehrbuch der Dogmengeschichte I, Darmstadt 1964 (= ⁴1909), 686–689.

46 PG 123,580f. Vgl. Calvin II,74f; Barth, Dogmatik III/2,374f: Die Verklärung offenbarte in dieser Zeit – wenn auch vorübergehend –, wer Jesus »eigentlich und faktisch« war.

47 Vgl. Chrysostomos, In Mt 56,1, PG 58,550; Calvin II,74.

48 Beda, PL 92,217; Theophylakt, PG 123,580f; Calvin II,74.

49 Vgl. Chrysostomos, PG 58,550; Theophylakt, PG 123,580; Erasmus, Bd. 7,224; Calvin II,75.

50 PL 92,218.

51 Beda, PL 92,218; Calvin II, 76.

52 PG 123,581.

53 Katech. 12,16. Die Auffassung setzt sich durch. Vgl. C. Kopp, Die heiligen Stätten der Evangelien, Regensburg 1959, 302f. Gelegentlich denkt man an den Hermon (Völter).

54 II,75.

55 Bei Schweitzer, Leben-Jesu-Forschung, 619f.

auf eine nähere Erklärung aber verzichtet[56]. A. Schweitzer[57] trägt eine weitreichende Erklärung vor. Die Verklärungsgeschichte beruhe auf einem visionären Erlebnis, das in erster Linie eine Sinnestäuschung gewesen und dem Petrus widerfahren sei. Jesus sei an dem Ereignis wahrscheinlich nur als Objekt beteiligt gewesen. In der Ekstase sei den drei Intimen aufgegangen, daß Jesus der Messias ist. Das Verbot Jesu, diese Einsicht den anderen Jüngern mitzuteilen, habe Petrus in seinem Messiasbekenntnis gebrochen und damit seinen Meister auf eine neue Bahn gelenkt (s. oben S. 20). Schweitzer ordnet die Verklärung chronografisch dem Messiasbekenntnis vor.

Vor diesen teilweise recht phantastischen Rekonstruktionen hatte bereits D. F. Strauß den theologischen Charakter der Verklärungsperikope erkannt: ». . . von der messianischen Totenerweckung, mythisch in das vergangene Erdenleben Jesu zurückgetragen . . . konnte man sich veranlaßt sehen, auch den Lichtglanz des erhöhten und in den Wolken wiederkehrenden Christus schon während seiner ersten Anwesenheit, wenn auch nur vorübergehend, durch seine menschliche Hülle hindurchbrechen zu lassen.«[58] Strauß deutet die Perikope im wesentlichen von Ex 24 her[59]. So schließt sich der Kreis. Wir haben die Bedeutung der Erzählung nicht auf dem Weg ihrer historischen Rekonstruktion zu suchen, sondern in der bejahenden Annahme ihrer Glaubensaussage und in der Bereitschaft, Jesus auf dem Weg zum Kreuz zu folgen in dem Wissen, daß dieser Weg nicht im Kreuz endet.

## 4. *Die Todesschicksale des Elija und des Menschensohnes (9,9–13)*

*Literatur: Tödt,* Menschensohn 179–183; *Black, M.,* The »Son of Man«. Passion Sayings in the Gospel Tradition, ZNW 60 (1969) 1–8; *Horstmann,* Studien 106–136.

9 **Und als sie vom Berg herabstiegen, gebot er ihnen, niemandem zu erzählen, was sie gesehen hatten, bis der Menschensohn von den Toten auferstanden sei.** 10 **Und sie griffen das Wort auf und disputierten miteinander, was es heißt, von den Toten auferstehen.** 11 **Und sie fragten ihn und sprachen: Was sagen die Schriftgelehrten, Elija müsse zuerst kommen?** 12 **Er aber sagte ihnen: Kommt Elija zuerst, um alles wiederherzustellen? Wieso steht dann über den Menschensohn geschrieben, daß er vieles leiden und verachtet werden wird?** 13 **Aber ich sage euch: Und Elija ist gekommen, und sie taten an ihm, was sie wollten, wie über ihn geschrieben steht.**

[56] Bei D. F. Strauß, Das Leben Jesu, Leipzig 1864, 521f.

[57] 427–431. E. Meyer, Ursprung und Anfänge des Christentums I, Stuttgart 1921, 154–156, spricht von einer Vision des Petrus. Harnack (Anm. 45) 74 Anm. 2, meint, die Verklärungsgeschichte könne einen auf Jesus zurückgehenden Kern haben, äußert sich aber nicht näher.

[58] (Anm. 56) 517f.

[59] 516–522.

Analyse Die Interpreten kritisieren die angebliche Unausgeglichenheit der Perikope. Wellhausen spricht von einem komplizierten Anhang, Haenchen von einer keineswegs einheitlichen Überlieferung, Schweizer von einem unlogischen Zusammenhang[1]. Die Verse 9f sind als eine redaktionelle Überarbeitung des Markus zu betrachten, ebenso die Einleitung in 11a. Das Thema Auferstehung wird im Gespräch beim Abstieg in 11–13 nicht ausdrücklich behandelt. Es knüpft aber an die Verklärungsgeschichte und auch an 8,31 an, wo von der Auferstehung und vom Tod Jesu gesprochen wurde. Der Verweiszusammenhang ist also ein über die Perikope hinausgreifender, was die redaktionelle Tätigkeit des Evangelisten anzeigt. In 11–13 werden zwei einander widersprechende Thesen (vgl. 12,35–37) gegenübergestellt, um durch Jesus einer Lösung zugeführt zu werden. Diese Thesen sind nicht die wiederherstellende Aufgabe des Elija einerseits und das Leidensgeschick des Elija anderseits, sondern die wiederherstellende Aufgabe des Elija und das Leidensgeschick des Menschensohnes. Es ist darum abwegig, 12b als sekundäre Zutat herauszulösen[2]. 12b nimmt zwar, wie 8,31, auf Ps 118,22 Bezug, ist aber wegen des Wechsels von ἀποδοκιμασθῆναι zu ἐξουδενηθῇ als vormarkinisch anzusehen. Dieselbe Variation der christologisch bedeutsamen Psalmstelle bestätigt ein Vergleich von Mk 12,10 mit Apg 4,11. Die Auseinandersetzung mit den erwähnten Thesen gehört in die Gemeindekatechese bzw. in die apologetische Diskussion der Gemeinde mit Juden (oder Judenchristen?). Ein vormarkinischer Konnex von 11–13 mit 9,1 kann nicht behauptet werden[3]. Zur Frage der Naherwartung nehmen die Verse 11–13 weder positiv noch negativ Stellung. Die Debatte könnte in den hellenistisch-judenchristlichen Bereich gehören.

Erklärung 9–10 Beim Abstieg vom Berg gebietet Jesus den drei erwähnten Jüngern Schweigen über das Geschaute. Dieses Schweigegebot, das wegen seiner Befristung bis zur Auferstehung des Menschensohnes besondere Aufmerksamkeit verdient, besitzt zwar in Dan 12,4 und 9 eine entfernte sachliche Parallele[4], muß aber ganz aus dem Kontext des Markus heraus verstanden werden. Darum wäre es verfehlt, hier einfach eine Erklärung darüber zu finden, warum die Verklärungserzählung erst spät in Umlauf kam[5]. Als letzter der vom markinischen Christus ausgesprochenen Schweigebefehle hat er grundsätzliche Bedeutung auch für die anderen, die unter die gleiche zeitliche Befristung fallen[6]. Jesus, der im Anschluß an 8,31 als Menschensohn bezeichnet wird, kann vor der Vollendung seines Weges in Kreuz und Auferstehung weder richtig erfaßt noch verkündet

[1] Wellhausen 70; Haenchen, Weg 313; Schweizer 100.

[2] Gegen Lohmeyer 183 Anm. 1; Horstmann, Studien 135. – Sundwall, Zusammensetzung 57, möchte umstellen: 11.12b.12a.13. Mt 17,10–13 hat die Folge auf eigene Weise geordnet.

[3] So Bultmann, Geschichte 131f.

[4] Von Dan 12 her interpretieren das Schweigegebot Lohmeyer; Ebeling, Messiasgeheimnis 200–204.

[5] Gegen Haenchen, Weg 312.

[6] Die Absicht des Markus bestand keinesfalls darin zu sagen, die Drei sollten gegenüber ihren Mitjüngern schweigen. Damit wäre der prinzipielle Sinn von 9,9 nivelliert.

werden. Sein Wirken ist in seinem Schicksal verwahrt, das durch Leiden, Tod und Auferstehen bestimmt ist und nur von hier aus zugänglich gemacht werden kann. Darum können die unverständigen Jünger (9,6) diesen Befehl empfangen, darum kann von der Auferstehung Jesu wie von einer längst bekannten Sache gesprochen werden[7]. Durch Vers 9 ordnet Markus die Verklärungserzählung auf die Auferstehung hin, wie er Christusschicksal und Reich-Gottes-Verkündigung zusammenbindet. Was die Drei auf dem Berg schauen durften (εἶδον), läßt sie zu solchen werden, an denen sich die Verheißung von 9,1 in einem vorausgreifenden Sinn schon erfüllt hat. Nach dem Befehl Jesu verweilt der Erzähler bei der Jüngergruppe. Sie greifen das Wort auf[8], um miteinander zu disputieren, was Auferstehung von den Toten bedeute. Der Jüngerdisput kann kaum allein auf die allgemeine Totenauferstehung bezogen werden. Der Kontext verlangt eine Ausrichtung auf die Auferstehung Jesu[9], die den Jüngern als eine rätselvolle Aussage erscheint. Sie stehen erneut als die Unverständigen da. Gleichzeitig ist das Folgende vorbereitet. Die Vorläuferfrage soll im Konnex des Christusschicksals und nicht losgelöst von diesem gesehen werden.

Die Jünger wenden sich fragend an Jesus. Die Auferstehung ist ihnen ein Er- 11–13
eignis der Endzeit. Soweit begriffen sie. Wenn sie sich einen Einwand der Schriftgelehrten[10] zu eigen machen, beleuchtet das wieder ihr tief sitzendes Unvermögen zu verstehen. Sie hören immer noch nicht – trotz 9,7b – auf Jesus, sondern teilen mit Zweiflern und Gegnern kritische Fragen. Markus hat einen Gemeindedisput zu einer historischen Szene ausgestaltet. Der Einwand beruft sich auf Mal 3,23f (vgl. Sir 48,10f), wonach vor dem großen und furchtbaren Tag des Herrn der Profet Elija von Gott gesendet werden wird. Die Notwendigkeit (δεῖ) ist im Sinn der Schrifterfüllung zu interpretieren. Weil es sich um einen Gemeindedisput handelt, ist Elija von vornherein nicht als Vorläufer Jahwes, sondern des Messias aufgefaßt. Elija bzw. die von ihm erwartete Wiederherstellung von allem aber blieb aus. Die Antwort Jesu geht zunächst auf die Elijaerwartung ein und erläutert sie. Die Wiederherstellung greift dabei auf LXX Mal 3,23 zurück[11], wo sie als Versöhnung der Väter und Söhne und des Menschen mit seinem Nächsten aufgefaßt ist. Vielleicht darf man auch an Sir 48,10 denken, wo neben der Versöhnung von Vätern und Söhnen die Restituierung der Stämme Jakobs genannt ist. Bestätigt Jesus diese Elijaerwartung? 12a ist als Frage zu verstehen[12]. Die Gegenthese bringt 12b. Das Todesgeschick des Menschensohnes ist mit der Elijaerwartung nicht vereinbar. Hätte es eine allgemeine Versöhnung gegeben und wäre ein bereites Volk geschaffen wor-

7 Vgl. Wellhausen.

8 ἐκράτησαν ist wahrscheinlich ein Latinismus: (memoria) tenere. Vgl. Bl-Debr § 5,3b.

9 Horstmann, Studien 108, sieht gleichzeitig eine terminologische Angleichung von Vers 10 an 8,31.32a.

10 Nach ℵ lat war es ein Einwand der Pharisäer und Schriftgelehrten.

11 Die Anlehnung an LXX Mal 3,23 verrät ἀποκαθιστάνει.

12 Wellhausen. – Zur Elijaerwartung vgl. Volz, Eschatologie 195–197. Das Thema wird von JustDial 49, weiterbehandelt. Dort hat Elija die Funktion, den Messias zu salben.

den, wäre eine Verachtung des Menschensohnes nicht denkbar. Diese ist aber auch in der Schrift und dem in ihr verfügten göttlichen Willen verankert. Wie in 8,31 ist auf Ps 118,22 Bezug genommen (vgl. oben die Analyse)[13]. Die Gegenargumentation erfolgt vom bereits erfüllten Christusgeschick aus, das (nachträglich) durch die Schrift bestätigt wird. Dies ist im Auge zu behalten, wenn abschließend das faktische Schicksal des schon gekommenen Elija in die Gedankenkette mitaufgenommen wird. Mit einem bekräftigenden »Ich sage euch« wird die Lösung geboten. Elija ist bereits gekommen, in der Gestalt Johannes des Täufers. Weder eine Bezugnahme auf den alttestamentlichen Profeten noch auf Jesus als Elija redivivus ergäbe hier einen Sinn[14]. Die Parallelisierung des Täufergeschicks mit dem Leiden Jesu ist ein besonderes Anliegen des Markus. Er findet diese aber bereits in seinen Traditionen vor (vgl. besonders zu 6,17–29). In seinem gewaltsamen Tod erwies sich der Täufer als echter Vorläufer Jesu. Der Bericht von seinem Martyrium beschrieb eindrücklich die Willkür der Menschen, die an ihm taten, was sie wollten. Die schriftgemäße Erwartung, daß Elija alles wiederherstellen werde – eine Aufgabe, die dann der Täufer zu übernehmen gehabt hätte (evtl. angedeutet in 1,2f) –, scheiterte an der Unbußfertigkeit der Menschen. Die Jünger müssen sich weiter mit dem Leidensgedanken vertraut machen. Schwierig und umstritten ist der Verweis auf die Schrift, die – im Gegenzug zu Mal 3,23f – auch das Leiden des Elija redivivus vorausgesagt habe. Man zieht als Beleg hierfür vor allem Offb 11,3–14 heran und rechnet dabei mit einer hier verarbeiteten jüdischen Tradition[15], die dann einmal in einer jüdischen Schrift gestanden haben muß, die sich großer Achtung erfreute. Die Deutung der Stelle ist außerordentlich unsicher[16]. Von *zwei* Zeugen ist die Rede, die getötet und wieder lebendig gemacht werden, um zum Himmel aufzufahren. Letzteres ist offenkundige Angleichung an 2Kön 2,11f. Offb 11,8b läßt christlichen Einfluß vermuten. So wird man demgegenüber auf das Verfolgungslos Elijas aufmerksam machen (1Kön 19,2.10.14), das das Todesgeschick des Elija redivivus im voraus andeutete. Jezabel und Herodias in ihrem Haß gegen die Gottesmänner verstärken die Parallelität der Verfolgung. Ausgangspunkt für die christliche Argumentation ist auf jeden Fall das faktische Los des Johannes.

[13] Mit Tödt, Menschensohn 155f, der eine Anspielung auf Jes 53,3 mit Recht ablehnt. Black* 4 plädiert für Einfluß von Jes 53,3 und Ps 118,22. Der Wechsel zum geläufigeren ἐξουθενέω in א bedeutet inhaltlich kaum einen Unterschied.

[14] Für die Vorgabe des Mk erwägt das eine Schweizer 99, das andere Reploh, Markus 117.

[15] Vgl. besonders J. Jeremias, ThWNT IV, 868 und II,941–943. Jeremias bezieht sich weiter auf die koptische ApkElija, die von christlicher Seite stark überarbeitet wurde, und auf die frühchristliche Antichristtradition. Zum Fehlen dieser Elijaauffassung in der jüdischen Literatur vermutet er, daß sie aus Gründen antichristlicher Polemik getilgt worden sei (II,942).

[16] J. Jeremias, ThWNT IV,867f bezieht sie auf Mose und Elija, ihre Vorlage aber auf den Messias und Elija. Zur Problematik vgl. Nützel* 116–118 und die dort genannte Literatur.

In vielfältiger Hinsicht konnte also Markus die Perikope seinen Intentionen dienstbar machen. Die Jünger wehren sich gegen das Leidenslos und sind erfinderisch in ihren Argumenten. Ihre Argumentation bekundet ihren Ungehorsam. Wenn nach der Offenbarung auf dem Berg zur Passion des Menschensohnes zurückgelenkt wird, wird erneut veranschaulicht, welchen Weg der Sohn zu gehen sich anschickt. Der Täufer ist diesen Weg vorausgegangen und hat gerade so sein echtes Vorläufertum unter Beweis gestellt und erwiesen, daß er der erwartete Elija redivivus ist. Sein Schicksal ist vom Menschensohn geprägt, der durch Leiden in die Herrlichkeit der Auferstehung eingehen wird. Die Verklärung Jesu vor den Dreien ließ diese einen Einblick in diese Herrlichkeit tun, mag damit auch ihr menschliches Begriffsvermögen überfordert worden sein. Sie müssen schweigen, bis der Lauf des Menschensohnes vollendet ist. Denn erst dann werden sie ihn recht verkünden können. Werden sie ihn dann aber auch in der angemessenen Weise verkünden? Für die Verkündigung wird mehr Zeit als die Zeit der gegenwärtigen Generation zur Verfügung stehen, wie der Evangelist – 9,1 korrigierend – zu verstehen gibt. Jede Verkündigung hat sich die Frage vorzulegen, ob sie Jesus richtig vorträgt und vermittelt. Markus hat dabei noch nicht christologische Dogmen im Sinn. Kommt der Menschensohn, der vieles litt und verachtet wurde, in der Predigt genügend zum Zug? Oder erwehren wir uns seines unbequemen Anspruchs, indem wir sein Leiden glorifizieren? Zusammenfassung

## *5. Die verzögerte Heilung des epileptischen Knaben (9,14–29)*

*Literatur: Roloff,* Kerygma 143–152; *Kertelge,* Wunder Jesu 174–179; *Bornkamm, G.,* Πνεῦμα ἄλαλον. Eine Studie zum Markusevangelium, in: Gesammelte Aufsätze IV, München 1971, 21–36; *Schenk, W.,* Tradition und Redaktion in der Epileptiker-Perikope Mk 9,14–29, ZNW 63 (1972) 76–94; *Schenke,* Wundererzählungen 314–349; *Koch,* Bedeutung 114–126; *Achtemeier, P. J.,* Miracles and the Historical Jesus, CBQ 37 (1975) 471–491; *Schmithals, W.,* Die Heilung des Epileptischen, ThViat 13 (1975/76) 211–234; *Achinger, H.,* Zur Traditionsgeschichte der Epileptiker-Perikope Mk 9,14–29 par Mt 17,14–21 par Lk 9,37–43a, in: Fuchs, A., Probleme der Forschung, 1978 (SNTU, A 3) 114–143.

14 **Und als er zu den Jüngern kam, sah er eine große Volksmenge um sie herum und Schriftgelehrte, die mit ihnen stritten.** 15 **Und das ganze Volk, das ihn sogleich sah, erschrak und lief herbei, um ihn zu begrüßen.** 16 **Und er fragte sie: Was streitet ihr mit ihnen?** 17 **Und einer aus dem Volk antwortete ihm: Lehrer, ich brachte meinen Sohn, der einen stummen Geist hat, zu dir.** 18 **Und wenn er ihn packt, wirft er ihn auf den Boden; dann schäumt er und knirscht mit den Zähnen und wird starr. Und ich sagte deinen Jüngern, sie sollen ihn austreiben, aber sie konnten es nicht.** 19 **Und er antwortete ihnen und spricht: O ungläu-**

**biges Geschlecht, wie lange werde ich noch bei euch sein? Wie lange werde ich euch noch ertragen? Bringt ihn zu mir!** 20 **Und sie brachten ihn zu ihm. Und als der Geist ihn sah, riß er ihn sogleich hin und her, er fiel auf den Boden und wälzte sich schäumend.** 21 **Und er fragte seinen Vater: Wie lange schon widerfährt ihm dies? Er aber sprach: Von Kindheit an.** 22 **Und oft schon stieß er ihn ins Feuer oder ins Wasser, um ihn umzubringen. Aber wenn du es vermagst, hilf uns und erbarme dich unser!** 23 **Jesus aber sprach zu ihm: Wenn du es vermagst . . . Alles vermag, wer glaubt.** 24 **Sogleich schrie der Vater des Knaben auf und sagte: Ich glaube, hilf meinem Unglauben!** 25 **Als aber Jesus sah, daß das Volk herbeilief, befahl er dem unreinen Geist und sagte zu ihm: Du stummer und tauber Geist, ich befehle dir, fahre von ihm aus und kehre nicht mehr in ihn zurück!** 26 **Und er schrie, riß ihn heftig hin und her und fuhr aus. Und er war wie tot, so daß viele sagten: Er ist gestorben.** 27 **Jesus aber ergriff seine Hand und richtete ihn auf, und er stand auf.** 28 **Und als er in ein Haus eintrat, fragten ihn für sich seine Jünger: Warum konnten wir ihn nicht austreiben? Und er sprach zu ihnen: Diese Art kann nur durch Gebet ausgetrieben werden.**

Analyse Die Perikope, die in ihrer Ausführlichkeit an 5,1–20 und mit ihrer Betonung des Glaubens und dem Verhältnis eines Vaters zu seinem kranken Kind an 5,21–43 erinnert, hat unterschiedliche Analysen erfahren. Bultmann[1] sah in ihr zwei Wundergeschichten redaktionell vereinigt, von denen die eine die Gegenüberstellung des Meisters und der unfähigen Schüler zur Pointe gehabt hätte, während die andere die Paradoxie des ungläubigen Glaubens beschrieb. Eine reinliche Scheidung beider Geschichten sei jedoch nicht mehr möglich. Anlaß für diese Meinung war die Beobachtung von Doppelungen: die Krankheit werde zweimal beschrieben (18 und 21f), die Volksmenge, die nach 14 schon anwesend ist, läuft erst nach 25 zusammen. Ferner spielten die Jünger nur in 14–19 eine Rolle, während dann der Vater zur Hauptperson wird. Bornkamm hat dieser Sicht die Beobachtung von zwei angeblich verschiedenen Krankheiten hinzugefügt. Während es sich nach 17 und 25 um einen Taubstummen handle, liege nach 18ff und 26 Epilepsie vor[2]. – Andere Interpreten[3] gehen davon aus, daß der Perikope eine Heilungsgeschichte zugrundeliege (etwa 20–27), die redaktionell um die Jüngerepisoden erweitert worden sei. Demgegenüber meint Roloff*, die Geschichte vom Jüngerversagen als den ältesten Bestand erkennen zu können, die eine historische Reminiszenz aufbewahrt habe und später stark überarbeitet worden sei. – Schenk und Schenke[4] rechnen mit vergleichsweise weniger redaktioneller Überarbeitung und einer Perikope, die von Anfang an die Heilung durch Jesus und das Versagen der an-

[1] Geschichte 225f. Ähnlich Koch, Bedeutung 113–122.
[2] Geschichte 24f.
[3] Kertelge, Wunder Jesu 174–177; Sundwall, Zusammensetzung 59.
[4] Wundererzählungen 314–334.

deren in sich vereinigt habe. Schenk[5] hält dabei nicht die Jünger Jesu, sondern die Schriftgelehrten für jene, an die sich der Vater gewandt habe.
Die Analyse kann von dem allgemein anerkannten Befund ausgehen, daß das Gespräch der Jünger mit Jesus im Haus (28f) erst später an die Perikope angefügt wurde. Die hier vorliegende Akkommodation der Geschichte ist der Form und dem Inhalt nach vormarkinisch (vgl. 4,10ff; 7,17ff)[6]. Die vermeintlichen Doppelungen erweisen sich nicht alle als stichhaltig. In der Beschreibung der Krankheit liegt eine Steigerung von 18 zu 20–22 vor, der stumme Geist ist mit den epileptischen Anfällen durchaus vereinbar (s. die Interpretation). Die konditionell ausgesprochene Bitte des Vaters in 22 setzt das Versagen der Jünger voraus. Jüngerversagen und Heilung bilden eine ursprüngliche Einheit. Markinisch redaktionelle Eingriffe liegen in 14–17 vor. Die Geschichte muß schon vormarkinisch mit einer Rückkehr Jesu zu den Jüngern begonnen haben, da sich das Versagen letzterer während der Abwesenheit Jesu zutrug. Die belebte Szene aber mit der Volksmenge und den Schriftgelehrten ist dem Evangelisten zuzuschreiben. Dies vermag auch das Vokabular zu belegen[7]. Zwischen 16 und 17 liegt ein erkennbarer Bruch vor. Auf die an die Jünger gerichtete Frage antwortet der Vater des Kindes. Vormarkinisch folgte auf 14a »Und als er (bzw. Jesus) zu den Jüngern kam« gleich die Begegnung mit dem Vater. Der ursprüngliche Text ist nicht mehr rekonstruierbar. Die Klage in 19 ist als vormarkinisch anzusehen[8]. Sie stört keinesfalls den Zusammenhang und unterscheidet sich als Klage über dieses Geschlecht vom bekannten markinischen Jüngertadel. Schwierig ist die Beurteilung des Dialogs in 23f. Da hier ein Übergang von der Vollmacht des Wundertäters zur Mächtigkeit des Glaubens des Bittstellers vorzuliegen scheint, möchte man die Verse als redaktionell ansehen. Demgegenüber fügt sich das Glaubensthema gut in eine synoptische Wunderüberlieferung ein (vgl. 5,36). Die Verse heben sich auch von der privaten Belehrung in 28f ab, weil dort das Gebet, hier der Glaube zur Sprache kommt. Da aber der Glaube auch sonst ein besonderes Anliegen des Markus ausmacht (vgl. 11,20–25), ist Redaktion des Evangelisten zu vermuten[9].
Die vormarkinische Überlieferung bietet eine formgerechte Wundergeschichte, die um das Motiv des Jüngerversagens anderen Wundergeschichten gegenüber bereichert erscheint. Dadurch wird die Vollmacht des Wundertäters unterstrichen. Die Perikope dürfte in der missionarischen Predigt verwendet und in der palästinischen Judenchristenheit beheimatet sein. Vielleicht verweisen die Wasser in 22 auf den See Gennesaret. Die Akkommodation in 28f erfolgte

[5] *79.

[6] Kertelge, Wunder Jesu 177; Koch, Bedeutung 120f, halten 28f für Mk-R.

[7] ὄχλος πολύς, συζητέω, ἐπερωτάω, ἐκθαμβέω (im NT nur bei Mk) sind mk Vorzugswörter. Zu προστρέχω vgl. 10,17. οἱ μαθηταί (ohne αὐτοῦ) deutet auf eine Vorlage hin. Vgl. Kuhn, Sammlungen 167.

[8] Gegen Schenke, Wundererzählungen 322–325, der durch seine Annahme zu einer umständlichen Versumstellung gezwungen ist. Vers 20 habe ursprünglich vor V 25 gestanden (332).

[9] Vokabeln und Stil erlauben keine Entscheidung. Bei Mt 17,14ff/Lk 9,37ff fehlen die Verse Mk 9,23f. Roloff, Kerygma 146f, meint, daß den Seitenreferenten eine Sonderquelle zur Verfügung gestanden habe.

in einer Gemeinde, für die die eigene exorzistische Tätigkeit problematisch geworden ist.

Die Perikope gliedert sich in eine Überleitung (14–16), eine ausführliche Exposition, die vom Versagen der Jünger berichtet (17–19), einen Dialog zwischen Jesus und dem Vater (20–24), die Schilderung der Heilung (25–27) und einen Epilog, der im Haus spielt (28f). Die Darstellung ist lebhaft, durch zehn direkte Reden geprägt. Auffällig ist das häufige Vorkommen von δύνασθαι (4mal). Das zeigt an, daß die Fähigkeit, das Wunder zu tun, zur Debatte steht. Ein verhältnismäßig großes Personenaufgebot belebt die Szene.

Erklärung 14–16

Jesus kehrt zu den Jüngern zurück. Die singularische Lesart ἐλθὼν . . . εἶδεν ist als die schwierigere gegenüber der pluralischen vorzuziehen[10]. Markus war um einen präzisen Ausgleich nicht bemüht, denn genau müßte es heißen: Jesus und die Drei kamen zu den anderen Jüngern. Dennoch war für den Evangelisten der vorgegebene Perikopenanfang, der von der Rückkehr Jesu erzählte, sehr gelegen, und dies war wohl auch der Grund für die Einordnung der Geschichte an dieser Stelle. Die Jünger sind von Volk und Schriftgelehrten umgeben und mit letzteren im Streit befindlich[11]. Der Inhalt des Streits ist nicht angegeben, aber das Folgende legt nahe, daß ihre Unfähigkeit zu heilen Ursache des Disputs ist und den Gegnern Gelegenheit bietet, den Jüngern Vorhaltungen zu machen[12]. Die Volksmenge, die Jesus wahrnimmt, eilt ihm erschreckt entgegen, um ihn zu begrüßen. Die erschreckte Reaktion könnte unmotiviert erscheinen[13], fügt sich aber sowohl in den Kontext als auch die markinischen Intentionen völlig ein. Bei Markus rufen Wunder und Lehre Jesu das erregte Erstaunen der Menge hervor, letztlich ist dieses auf seine Person gerichtet[14]. Sein Auftreten bereitet seine im weiteren Verlauf sich ereignende Epifanie vor und knüpft an die Verklärung an, in der er als Gottessohn offenbar wurde. Mit der an die Jünger gestellten Frage nach der Ursache ihres Disputs mit den Gegnern ist die sich anschließende Szene vorbereitet.

Ein Vater bittet für seinen kranken Sohn bzw. berichtet über seine erfolglose Vorsprache bei den Jüngern. Der Kranke, der zu diesem Zeitpunkt nicht anwesend ist, wird als einer geschildert, der von einem stummen Dämon besessen ist. Während in Exorzismusgeschichten der Dämon von selbst auf Jesus zugeht, bittet hier ein anderer für den Kranken. Der Dämon ist ja zum Reden unfähig. Wenn sich in der Perikope Elemente der Exorzismus- mit solchen der Heilungsgeschichten mischen, kann dies auch in anderen Wundererzählungen

[10] Mit C Koine-Text D Θ lat. Eine vermittelnde LA bietet $sy^s$: »Als *er* kam, sahen *sie*«.

[11] συζητέω wird für den Streit der Jünger untereinander (9,10) und mit den Gegnern (8,11; 12,28) verwendet. Hier ist an einen Streit mit den Gegnern zu denken (gegen Wellhausen).

[12] Lohmeyer hält die Person Jesu für den Gegenstand des Streits.

[13] J. M. Nützel, Die Verklärungserzählung im Markusevangelium, 1973 (FzB 6), 160f, vermutet, daß V15 eine Anspielung auf Ex 34,29–35 sei. – Dit mildern das Erschrecken ab, indem sie προστρέχοντες in προσχαίροντες (sie begrüßten ihn mit Freude) umwandeln.

[14] Vgl. Tagawa, Miracles 105–107.

beobachtet werden (vgl. 1,31; 7,35), hängt aber im vorliegenden Fall mit der besonderen Krankheitsart zusammen. Die Krankheitsschilderung des Vaters läßt auf Epilepsie schließen. Die verwendeten Wörter »er schäumt und knirscht mit den Zähnen und wird starr« kommen in anderen evangeliaren Wundererzählungen nicht mehr vor, belegen aber die auch in der Antike bekannten Symptome dieser Krankheit[15]. Die Epilepsie wurde vom Volk die heilige Krankheit genannt, wahrscheinlich wegen der Größe des mit ihr verbundenen Leids oder weil man sie als von einer Gottheit geschicktes Leid ansah. Häufiger wurde sie mit der Mondgöttin in Verbindung gebracht (vgl. Mt 17,15). Im christlichen Bereich wurde die Wertung der Epilepsie als heilige Krankheit völlig aufgegeben. Sie wurde als durch Dämonen verursachte Besessenheit aufgefaßt. Offenbar weil sie bei Kindern öfter vorkam, hieß sie auch puerilis passio, galt aber bei Kindern als besonders gefährlich. Die Jünger, an die sich der Vater zunächst gewandt hatte, erwiesen sich der Krankheit gegenüber als machtlos. Die Kontrastierung der Unfähigkeit des Jüngers des Wundertäters mit dessen Vollmacht ist ein beliebtes Motiv in antiken Wundergeschichten[16]. Vielleicht zum erstenmal ist es bei Elischa und seinem Diener Gehasi (2Kön 4,29–31) anzutreffen. Besonderen Rang erhält es durch die Klage Jesu, die auf das ganze ungläubige Geschlecht gerichtet ist (vgl. 8,12; Lk 24,25). Ähnliche Rufe finden sich im Alten Testament als Profeten- oder Gottesklage. Wegen des Unglaubens kommt Dtn 32,20 LXX, wegen der bedrängenden Frage »Wie lange noch?« Num 14,27 Vers 19 besonders nahe (vgl. Jes 6,11)[17]. In den alttestamentlichen Texten folgt in der Regel auf die Klage das Drohwort (Num 14,27ff; Jes 6,11ff; Jer 5,21–6,1; Ez 12,2ff). Die Frage läßt nur noch eine kurze Zeitspanne zu (vgl. Offb 6,10). Den Gegensatz zum ungläubigen Geschlecht bildet nicht der glaubende Jesus[18], sondern der Gottessohn, der nicht mehr lang auf dieser Erde weilen wird (vgl. Mk 9,7). Jesus fordert die Umstehenden auf, den kranken Knaben zu ihm zu bringen.

Zu Jesus gebracht, wittert der Dämon seinen Bezwinger[19]. Es kommt zu einem 20–24
erneuten epileptischen Anfall, bei dem der Knabe auf den Boden geworfen wird und sich schäumend hin- und herwälzt. Die Anfrage Jesu, wie lang die Krankheit schon dauert, soll den Ernst der Lage des Kranken unterstreichen (vgl. 5,25). Er ist von Kindheit an Epileptiker. Und wenn er in der Nähe von Feuer oder Wasser einen Anfall erleidet, droht er hineinzustürzen. Die einschränkende Bitte des Vaters um Hilfe »Wenn du es vermagst« setzt die enttäuschende Erfahrung mit den Jüngern voraus. So redet man mit einem Arzt, »bei dem man nicht weiß, wie weit seine Kunst reicht« (Lohmeyer). Der Ruf um Erbarmen, in sekundären Lesarten um die Anrede Kyrie erweitert[20], respektiert

[15] Vgl. E. Lesky – A. Waszink, RAC V, 819–831.

[16] Vgl. Weinreich, Antike Heilungswunder 81–87.

[17] Noch Mt 17,17/Lk 9,41 klagt Jesus über »das ungläubige und verkehrte Geschlecht«. Das mag Einfluß von LXX Dtn 32,5 sein und ist durch Paralleleinfluß in den mk Text eingedrungen ($P^{45}$ W φ).

[18] Gegen Grundmann.

[19] Dieser Zug ist stilgerecht (zu σπαράσσω vgl. Mk 1,26).

[20] D G Θ it $sy^{s}$.

Jesu Hoheit, wird aber von diesem überhört. In der Antwort greift Jesus die Einschränkung auf und korrigiert die Haltung des Vaters, der noch nicht zum eigentlichen Glauben vorgestoßen ist[21]. Der Glaubende überwindet jede Einschränkung, weil ihm alles möglich ist. Damit ist der Satz von der Allmacht Gottes (vgl. 10,27) auf den Glaubenden übertragen (vgl. 11,23). Es entsteht die Frage, von wessen Glaube gesprochen wird. Stellt Jesus der ungläubig-zweifelnden Bitte des Vaters die Macht *seines* Glaubens entgegen oder will er den Vater zum alles schaffenden Glauben bewegen? Man wird auf beides zu achten haben. Zwar ist der Tenor der Wundergeschichte auf die hoheitliche Offenbarung Jesu abgestellt, aber daß der Glaube des Menschen sich an Jesus und *seinem* aus Gott kommenden Handeln, *seinem* Glauben entzünden soll, kann als markinische Intention angesehen werden (vgl. 11,12–14.20–22). Nicht der Vater, Jesus ist das Vorbild des Glaubens. Nur er kann den Satz von der Allmacht des Glaubenden sprechen[22]. Nur er kann diesen Glauben zusprechen. Die Reaktion des Vaters kann als der dramatische Höhepunkt der ganzen Erzählung angesehen werden. In der Begegnung mit Jesus wurde ihm die eigene Lage vor Gott unerwartet klar. Der Schwerpunkt der Geschichte ist vom kranken Sohn auf den Vater verlagert. In seinem Innern durchschaut und sich selbst erkennend, schreit er auf[23]. Der Aufschrei zeigt seine Hilflosigkeit, daß auch er auf das Erbarmen Jesu angewiesen ist, so radikal wie sein Sohn. Er erkannte im Lichte des Wortes Jesu, daß sein eigener Glaube noch kein Glaube ist und daß darum sein Unglaube der Hilfe bedarf. Er hofft, daß Jesus ihm den eigentlichen Glauben eröffnet. Denn er weiß jetzt, daß die Begegnung mit Jesus die Freiheit dieses Glaubens gewähren kann.

25–27 Nach dem Dialog kehrt die Erzählung zum Kranken zurück. Äußerer Anlaß für den jetzt gesprochenen Befehl auszufahren, an den unreinen Geist gerichtet, ist das Zusammenströmen der Volksmenge. Dies wirkt nach 14f befremdlich. Markus jedoch, der 14f einbrachte (vgl. die Analyse), wird in dem traditionellen Vers 25 die Möglichkeit gesehen haben, sein Messiasgeheimnis anzudeuten. Dann ist vorauszusetzen, daß daran gedacht ist, daß Jesus, der Vater und das Kind sich von der Menge entfernt hatten. Das Zusammenlaufen des Volkes braucht nicht eigens psychologisch motiviert zu werden, daß etwa der neue Anfall des Knaben die Neugier der Menge ausgelöst hätte[24]. Wenn im Befehl auszufahren der Geist als stummer und tauber angesprochen wird[25], liegt nicht

[21] τὸ εἰ δύνῃ greift die Rede des Vaters auf und ist nicht Anrede an diesen. Dies mißversteht die LA, die πιστεῦσαι anfügt (Koine-TextD Θ).

[22] Theißen, Wundergeschichten 140; Schenke, Wundererzählungen 326f; Roloff, Kerygma 150, schließen eine Einbeziehung des Glaubens Jesu aus. Anders G. Baumbach, Das Verständnis des Bösen in den synoptischen Evangelien, Berlin 1963, 48; Grundmann. In der Ausrichtung auf den Glauben Jesu unterscheiden sich die VV 23f von 19 und wird die andere Hand erkennbar.

[23] Koine-Text D Θ lat verstärken die Dramatik, indem sie hinzufügen »unter Tränen«.

[24] Erwogen von Theißen, Wundergeschichten 139.

[25] Nach Doudna, Greek 78, ist Nominativ mit Artikel anstelle eines Vokativs Koine-Griechisch und nicht Hinweis auf eine semitische Vorgabe.

ein anderer Krankheitsbefund vor. Der singuläre Zusatz »und fahre nicht wieder in ihn hinein« macht vielmehr klar, daß der Dämon in zeitlichen Abständen, das heißt bei den auftretenden Anfällen, jeweils seine bezwingende Macht über sein Opfer ausübt. Dieses ist nicht taub und stumm, sondern nur zeitweilig des Gebrauches seiner Sinne und Sprache beraubt (Aphasie). Dieser Befund stimmt mit der Epilepsie durchaus zusammen. Obwohl seine letzte Macht aufbietend und sein Opfer quälend[26], kann sich der Dämon dem gebieterischen Wort seines Besiegers nicht widersetzen. Er gibt den Knaben frei, der vor Erschöpfung wie tot liegenbleibt. Jesus, der ihn bei der Hand nimmt und aufrichtet, erscheint zusätzlich wie ein Totenbezwinger (ἤγειρεν . . . ἀνέστη). Damit kommt nochmals die Größe der Krankheit und die Vollmacht des Wundertäters zum Ausdruck. Schon im biblischen Judentum können schlimme Krankheit und Errettung als Befreiung aus dem Totenreich beschrieben werden (Ps 30,4; vgl. 1QH 3,19f; 5,18f; 6,24). Ist damit die völlige Wiederherstellung und Reintegration in die Gemeinschaft angezeigt, kann auf eine bestätigende Reaktion der Umstehenden verzichtet werden, wie man sie eigentlich erwartete[27].
Statt dessen schließt sich eine Sonderbelehrung der Jünger im Haus an. Diese 28–29
knüpft an deren Unvermögen, dem Knaben zu helfen, an. In der Antwort Jesu wird der Ertrag der Geschichte im Blick auf die Jünger zusammengefaßt, freilich in einer Weise, die den sekundären Charakter dieses Epilogs deutlich werden läßt. Das hier vorliegende Problem ist auch nicht das des Markus, sondern das einer Gemeinde, die im Vollzug der eigenen exorzistischen Tätigkeit an ihre Grenze gestoßen und ratlos geworden ist. Der vormarkinischen Geschichte ging es um die Vollmacht Jesu, nicht um ein Rezept für exorzistische Betätigung, Markus ging es um den Glauben. Die ernste Belehrung darüber, daß es eine Art des Dämonischen gibt, die nur durch Gebet ausgetrieben werden kann, versteht sich als konkreter Ratschlag[28]. Der Ernst der Belehrung ginge verloren, wertete man das Gebet als absolut sicheres oder magisches Mittel, dem anderen in seiner Not zu helfen. Für Markus wird es darum nicht schwer gewesen sein, die Anweisung des Gebetes mit seinem Glaubensanliegen zu verbinden. Er, der mehr Grundsätzliches und weniger unmittelbare Gemeindeprobleme aufgreift, kann auch an anderer Stelle Gebet und Glaube verbinden (11,23–25). So läßt sich in der Tat sagen, daß Gebet »Gott zugewandter Glaube« ist (Grundmann). Die überwiegende Mehrheit der Handschriften fügt zum Gebet das Fasten hinzu. Dennoch muß der einfache Text »nur durch Gebet« als ursprünglich gelten, weil eine Hinzufügung des Fastens

[26] κράξας καὶ πολλὰ σπαράξας, bezogen auf πνεῦμα, ist constructio ad sensum. Einige Handschriften gleichen aus. Vgl. Bl-Debr § 134,3.

[27] Es ist nicht auszuschließen, daß der Redaktor, der 28f einbrachte, diese Reaktion gestrichen hat.

[28] Schenke, Wundererzählungen 340, sieht das Gebet auf die sehnsüchtig erwartete Parusie gerichtet, in der sich der Menschensohn als machtvoller Sieger über die Dämonen erweisen werde. Für eine solche Ausrichtung ist in 28f aber kein Anhaltspunkt zu erkennen.

plausibler ist als dessen Auslassung. Die Erweiterung ist aufschlußreich für eine sich ausbreitende asketische Haltung[29].

Zusammenfassung

Markus hat die Geschichte, die eine historische Erinnerung an ein Jüngerversagen aufbewahrt haben dürfte[30], vielfältig eingesetzt. Daß sie eine vorübergehende Abwesenheit Jesu voraussetzt, war der Anlaß für ihre Einfügung nach der Rückkehr vom Verklärungsberg. Die turbulente Szene am Anfang verdichtet den Eindruck einer Geschehensabfolge. Der Streit mit den Schriftgelehrten lenkt bereits auf das bevorstehende Anliegen des Evangelisten, die Haltung der Jünger in den Brennpunkt treten zu lassen. Dies gelingt ihm mit der Gegenüberstellung des Jüngerunvermögens mit der Haltung des Vaters. In dessen Gespräch mit Jesus wird der Glaube als die alles vermögende Kraft bezeichnet und damit implizit das Versagen der Jünger ihrem Unglauben zugesprochen. Der Dialog in 23f schafft neben der Dramatik des Heilungsgeschehens eine neue und überbietende Dramatik, die des Ringens um den Glauben. Das Wunder wird diesem Ringen untergeordnet. Dies ist ermöglicht durch die Einheit von Vater und Kind, in der der Vater völlig die Belange seines Kindes vertritt. Glaube – und das heißt Heilung – sind erreichbar allein in völligem und vertrauensvollem Anschluß an Jesus, dessen Glaube allmächtig ist. Weil Jesu Glaube und nicht der des Vaters vorbildhaft ist, erscheint die Jüngerkritik abgeschwächt. Die Hineinnahme in den Glauben Jesu, der als allmächtiger nie zu erreichen sein wird, muß das erstrebenswerte Ziel bleiben. Von hier aus werden die Klage in 19 und die Belehrung in 28f in ein neues Licht gerückt. Die Klage des Gottessohnes hebt sich vom Glauben Jesu ab, während das erforderliche Gebet zum reineren Ausdruck des Glaubens wird. Markus hat nach alledem um den Zwiespalt im Menschen, der zwischen seinem Glauben und seinem Unglauben besteht, gewußt. Jeder Glaubende ist ein Stück weit Ungläubiger und sollte dies erkennen. Er sollte aber auch anerkennen, daß im Ungläubigen verschütteter Glaube vorhanden ist. Heilung kann nur geschenkt werden in der Preisgabe jeder falschen Selbstsicherheit und im bedingungslosen Anschluß an Jesus.

Wirkungsgeschichte

Vielfach hat man die Perikope als Kontrastgeschichte zur Verklärung Jesu empfunden. Beda[31] faßt die Gegensatzpaare zusammen: Dort auf der Höhe des Berges der Vorgeschmack des vollendeten Gottesreiches, hier in den Niederungen die Auseinandersetzung mit den ungläubigen Menschen; dort die Himmelsstimme des göttlichen Vaters, hier der Kampf gegen die Dämonen. Jesus, der auf den Berg stieg, habe sich jedoch nicht geweigert, zu den Menschen zurückzukehren. Diese Stimmung trifft die Intentionen des in diesem Zusammenhang oft zitierten Bildes Raffaels La Trasfigurazione, das wiederum die

29 In 1Kor 7,5 liegt dasselbe textkritische Problem vor. Auch hier wurde τῇ προσευχῇ um τῇ νηστείᾳ erweitert. Letzteres wurde vorangestellt.

30 Vgl. Hengel, Charisma 88 Anm. 154.

31 PL 92,221.

Verbreitung dieser Gegenüberstellungen bezeugt. Die Patristik hat sich, ausgehend von unserer Perikope, häufig mit dem Phänomen der Epilepsie beschäftigt. In der Meinung des Origenes[32], der man sich immer wieder anschließt, begegnet man dem Widerstand gegen eine medizinische Interpretation dieser Krankheit: »Ärzte mögen immerhin eine natürliche Erklärung (der Krankheit) versuchen, da nach ihrer Überzeugung hier kein unreiner Geist im Spiel ist, sondern eine Krankheitserscheinung des Körpers vorliegt. In ihrer natürlichen Erklärungsweise mögen sie behaupten, das Feuchte bewege sich im Kopf nach einer gewissen Sympathie mit dem Licht des Mondes, das selbst eine feuchte Natur habe. Wir aber glauben dem Evangelium auch darin, daß diese Krankheit in den damit Behafteten offenkundig von einem unreinen, tauben und stummen Geist gewirkt wird.« Dieser Auffasung widersetzt sich der Arzt Poseidonios im 4. Jahrhundert[33]. Mag es auch eine von unserem Standpunkt aus primitive Medizin gewesen sein, gegen die hier zu Felde gezogen wird, so deutet sich das Verhängnisvolle einer theologischen Position an, die Sekundäres und Zeitbedingtes in den Mittelpunkt der theologischen Erörterung rückt und offenkundig ihre Kompetenz überschreitet. Noch saßen die Theologen, denen diese Kompetenzüberschreitung vermutlich nicht bewußt war, am stärkeren Hebel.

Doch war es allen Generationen bewußt, daß im Mittelpunkt der Perikope der Glaube steht, und zwar der Glaube, den Jesus ermöglicht, nicht der Glaube, daß die Epilepsie durch Dämonen verursacht sei. Letzteres verdient den Namen Glaube nicht, darf aber als Wirkung unserer Perikope nicht unerwähnt bleiben. Beda beurteilt den Satz von der Allmacht des Glaubens (Vers 23) so: »Ein nicht bloß vorgetäuschter Glaube verdient, alles zu erhalten, um was er im Sinn des Heils bittet.« Die Reaktion des Vaters zeige an, daß es einen Fortschritt im Glauben gibt. »Wer nicht vollkommen glaubt, glaubt und ist gleichzeitig ein Ungläubiger.«[34] Der nüchterne katholische Systematiker wertet Vers 24 als Schriftbeleg dafür, daß der gefallene Mensch der Gnade Christi bedarf, und er tut es an der Stelle der Gnadenlehre, wo er sich mit Pelagianismus und Semipelagianismus befassen muß[35]. Calvin geht es mehr um die Psychologie des Glaubens, wenn er es als das erste Hauptstück des Glaubens ansieht, sich an die unermeßliche Macht Gottes zu halten. Der halbgläubige Vater wird ihm zum Beispiel, an dem wir alle lernen können, daß es nicht am Herrn liegt, wenn die große Fülle seiner Gaben nicht auf uns herabströmt, sondern daß es der Enge unseres Glaubens zugeschrieben werden muß, wenn die Gnade nur tropfenweise fließt. Wenn Calvin zu Vers 23 sagt: »Ohne Zweifel lehrt Christus hier, daß ihm die Fülle aller Güter vom Vater übergeben sei«, könnte man meinen, er denke an den Glauben Christi. Jedoch hat er die Allmacht Christi vor Augen,

[32] In Mt 13,6. Bei J. H. Waszink, RAC V,830f. Hier sind auch die Autoren zitiert, die die Auffassung des Origenes übernehmen. Es sind dies Chrysostomos, Athanasios, Petrus Chrysologus, Gregor von Tours, Isidor.

[33] Philostorg., h.e. 8,10.

[34] PL 92,222.

[35] M. J. Scheeben, Handbuch der katholischen Dogmatik VI, Freiburg 1957, 201.

von der man jegliche Art Hilfe ebenso erwarten dürfe wie aus Gottes Hand selbst[36]. Barth[37] konfrontiert den Unglauben der Jünger (Vers 19) mit der Freiheit des Glaubens, der von Jesus her eröffnet wird. Die Jünger seien ganz und gar draußen, obwohl sie ganz und gar drinnen sind: draußen, wenn sie auf ihren eigenen Füßen stehen wollen, drinnen, wenn sie sich aus der Gnade verstehen. Die Überwindung des Auf-eigenen-Füßen-stehen-wollens, des Menschenwerks, das heißt der falschen Religion, sei der Weg zur wahren Religion. Denn »die wahre Religion ist wie der gerechtfertigte Mensch ein Geschöpf der Gnade«[38]. Unmittelbarer am Text bleibt G. Ebeling[39], der für die Verse 23f und analoge Stellen in synoptischen Wunderberichten die Beobachtung macht, daß der absolut verwendete Glaubensbegriff eine konkrete inhaltliche Füllung entbehre und somit eine strukturelle Eigentümlichkeit expliziere. Die konkrete Füllung des Glaubensbegriffs komme jeweils nur von der konkreten Situation, auf die er bezogen ist, in unserem Falle also von dem Betroffensein durch eine Krankheit. Der Satz von der Allmacht des Glaubens bedeute nicht, daß der Glaubende in Konkurrenz zu Gott tritt, sondern daß der Glaube Gott wirken läßt, Gott gibt, was seine Sache ist. Dies werde unterstrichen dadurch, daß der Glaubende der Hilflose ist, der auf die Hilfe eines anderen angewiesen ist, der Grund zum Verzweifeln hat, aber gerade so Grund zum Glauben findet. Darum könne vom Glauben im absoluten Sinn die Rede sein. Der Glaube, um den es hier gehe, sei ein solcher, »der konkret auf den konkret begegnenden Gott bezogen ist«. Angesichts der Art und Weise, wie hier vom Glauben geredet wird, sei es unmöglich, Jesus selbst vom Glauben auszunehmen. Jesus identifiziere sich mit dem Glauben, den er erweckt. »Denn wem es um die Erweckung von Glauben zu tun ist, der wird seinen Glauben zum Einsatz bringen müssen, ohne von seinem Glauben zu reden.«[40]

## 6. *Der Zug durch Galiläa – zweite Leidensansage (9,30–32)*

*Literatur: Popkes,* Christus traditus 154–169. – Weitere Literatur s. oben S. 9f.

30 **Und sie gingen von dort weg und zogen durch Galiläa. Und er wollte nicht, daß es jemand erfährt.** 31 **Denn er lehrte seine Jünger und sagte zu ihnen: Der Menschensohn wird ausgeliefert in die Hände der Menschen, und sie werden ihn töten. Und wenn er getötet ist, wird er nach drei Tagen auferstehen.** 32 **Die Jünger aber verstanden die Rede nicht und fürchteten sich, ihn zu fragen.**

[36] II,85.
[37] Dogmatik I/2,361.
[38] 356. Vgl. Dogmatik IV/2,266f.
[39] Jesus und Glaube, ZThK 55 (1958) 64–110.
[40] 95–98. – Die Frage: Utrum in Christo fuerit fides gehört zum christologischen Repertoire der scholastischen Sentenzenkommentare. Vgl. Petrus Lombardus, Sent.lib. III dist. 26, cap. 4; Thomas, Summa theol. III qu. 7, art. 3.

Analyse

Gegenüber der Leidensansage in 8,31 stellt 9,31 eine Wiederholung dar. Es wiederholt sich auch das Unverständnis der Jüngerschaft, das dort durch die Reaktion des Petrus zum Ausdruck gelangt war. Diese Beobachtungen deuten bereits an, daß die kurze Perikope weitgehend durch Markus gestaltet worden ist. In Vers 30 vertritt Galiläa ein markinisches Anliegen, παραπορεύομαι ist Vorzugswort des Evangelisten[1]. Die Formulierung der Geheimhaltung erinnert an 5,43. Auch Vers 32 ist redaktionell. Neben der typischen unverständigen Haltung der Jüngerschaft gegenüber dem Leidensgedanken belegt dies 10,32, wo in einer ganz ähnlichen Situation von der Jüngerfurcht die Rede ist. Stammt also der Rahmen ganz von Markus, kann man dies vom Menschensohnlogion nicht behaupten[2]. Zwar stimmt dieses mit 8,31 in zahlreichen Punkten überein (Menschensohntitel, Tötung, Auferstehung nach drei Tagen), die auffälligsten Unterschiede aber sind die Auslieferung des Menschensohnes in die Hände der Menschen und das Fehlen eines Schriftbezuges. Zwischen der Auslieferung und Tötung liegt ein störender Subjektwechsel vor, der für die Selbständigkeit des Spruchs »Der Menschensohn wird ausgeliefert in die Hände der Menschen« spricht. Wegen des Wortspiels Menschensohn/Mensch dürfte das Logion ursprünglicher sein als das ähnliche in 14,41. »Ausliefern in jemands Hände«, bezogen auf ein Handeln Gottes, ist eine schon der griechischen Bibel bekannte Formel (LXX 4Kön 21,14; LXX Ps 105,41). Das Wortspiel verweist nicht unbedingt auf eine semitische Vorlage, sondern wird genau so im Griechischen empfunden[3]. Das Logion hat seine Wurzel im hellenistischen Judenchristentum. Mit der Hinzufügung der Tötung und Auferstehung gleicht Markus an 8,31 an. Es kam ihm auf eine Variation der Leidensansage in deren Wiederholung an[4].

Erklärung

Die geografische Bemerkung vom Zug durch Galiläa will in Erinnerung bringen, daß Jesus seit 8,27 dahin nicht wieder zurückgekehrt war. Von seiner Wanderung durch dieses Land soll niemand erfahren. Diese Geheimhaltung hat nicht damit zu tun, daß er mit Galiläa gebrochen hätte, sondern daß er auf dem Weg nach Jerusalem ist. Auf diesem Weg will er nicht unnötig aufgehalten werden. Zwar ist er nach 9,33 wieder in Kafarnaum, aber von einem erneuten Wirken in Galiläa kann man nicht sprechen[5]. Was dort geschieht, bleibt den Jüngern zugewandt. Die in Vers 31a gebotene Begründung der Geheimhaltung ist nicht die Jüngerbelehrung als solche, sondern ihr Inhalt. Es drängt Je-

[1] 5mal im NT, 4mal bei Mk.

[2] Gegen Hoffmann* 171–175; Strecker* 30.

[3] Für eine semitische Vorlage plädieren Popkes, Christus traditus 259; Tödt, Menschensohn 164.

[4] Nach Hahn, Hoheitstitel 48, endete die ursprüngliche Wendung mit der Tötung Jesu. – Gegen den allgemeinen Einwand, daß Mk ἀποκτείνω, ἀνίστημι sonst nicht gebrauche, ist zu sagen, daß er durchaus sich in der Bildung eigener Formen an die Tradition anschließen kann. Vgl. Hoffmann* 172 und Anm. 16.

[5] Tagawa, Miracles 33f, meint, daß Jesus nach V 33 seine galiläische Tätigkeit wieder aufnimmt. Wendling, Entstehung 124, beobachtet zutreffend, daß V 30 nicht auf einer klaren Raumvorstellung, sondern einer Idee beruht.

sus, sein Leben zu vollenden (vgl. 9,19). Das Menschensohnlogion redet von der Auslieferung oder Dahingabe und faßt damit das gesamte Leiden in den Blick, in der vormarkinischen Kurzform sogar einschließlich des Todes. Das Ausliefern in jemands Hände kann im profan-juristischen (Apg 21,11; 28,17; LXX Jer 33,24) und im theologischen Sinn (LXX 4Kön 21,14; LXX Ps 105,41) gebraucht werden. Der letztere liegt hier vor. Er hebt auf ein Handeln Gottes ab. Eine Anspielung auf Jes 53,6 oder 12 liegt nicht vor[6], weil dort das Ausliefern in *jemands Hände* fehlt. Die Besonderheit des Logions liegt gerade darin, daß der Menschensohn dahingegeben wird in die Hände der Menschen, im übrigen nicht in die Hände der Heiden, Feinde, Römer oder des Volkes wie in den angeführten Parallelen. Das einprägsame Wortspiel artikuliert das Skandalon der Passion, das darin besteht, daß Gott seinen Erwählten der brutalen Gewalt der Menschen preisgeben wird. Damit ist der für die Menschensohnlogien charakteristische Gegensatz zu den Menschen auf das höchste gesteigert. Im Alten Testament gibt Gott in seinem Zorn sein Volk den Heiden dahin. Ist die Passion des Menschensohnes als ein Handeln Gottes an ihm erfaßt, so ist das Geschehen ein eschatologisches und ein Ausweg möglich: Die Auferstehung nach drei Tagen schließt sich sinnvoll an. Die vorausgehend doppelt erwähnte Tötung greift das Schicksal der Gerechten und Profeten auf und unterstreicht die Bosheit der Menschen[7]. Die Reaktion der Jünger auf diese zweite Ansage ist fortdauerndes Unverständnis. Wenn sie sich fürchten, ihn des näheren zu fragen, wird diese knappe Formulierung ihre Leidensscheu kennzeichnen wollen. Obwohl sie eine heilige Scheu zu bewegen scheint (vgl. 4,41), möchten sie das Wort am liebsten nicht gehört haben.

Zusammenfassung

Markus gewinnt mit der zweiten Leidensansage die Möglichkeit, das Wirken Jesu noch zielstrebiger auf das Ende in Jerusalem auszurichten. Galiläa kann Jesus nicht mehr halten. Die Jünger folgen zwar ihrem Meister auf seinem Weg nach, aber ihre Haltung ist noch weit von echter Nachfolge entfernt. Echte Nachfolge ist nur dort gegeben, wo man sich bewußt auf diesen Weg einläßt. Wer die Ohren verschließt, wird künftigen Anforderungen nicht gewachsen sein.

## 7. *Wirkliche Größe erweist sich im Dienen (9,33–37)*

*Literatur: Schnackenburg, R.*, Mk 9,33–50, in: Synoptische Studien (FS A. Wikenhauser), München 1953, 184–206; *Neirynck, F.*, Die Überlieferung der Jesusworte und Mk 9,33–50, Conc 2 (1966) 74–80; *Strus, A.*, Mc 9,33–37. Problema dell'autenticità e dell'interpretazione, RivBib 20 (1972) 589–619.

[6] Mit Tödt, Menschensohn 148f. Anders Grundmann.

[7] Vgl. die Interpretation von 8,31. – ἀποκτανθείς wird von D it gestrichen. Anstelle von »nach drei Tagen« bieten Koine-Text Θ das formelhafte »am dritten Tag«.

**33 Und sie kamen nach Kafarnaum. Und als er im Haus war, fragte er
sie: Was habt ihr auf dem Weg gestritten? 34 Sie aber schwiegen. Denn
sie stritten auf dem Weg miteinander, wer der Größte sei. 35 Und er
setzte sich, rief die Zwölf und sagte zu ihnen: Wenn jemand der Erste
sein will, werde er der Letzte von allen und der Diener von al-
len. 36 Und er nahm ein Kind, stellte es in ihre Mitte, umarmte es und
sagte zu ihnen: 37 Wer eines von diesen Kindern in meinem Namen
aufnimmt, nimmt mich auf. Und wer mich aufnimmt, nimmt den auf,
der mich gesandt hat.**

Analyse

Die Perikope beginnt mit einer präzisen Ortsangabe. Was aber folgt, ist an gar keine Ortsangabe gebunden, sondern könnte überall gesagt werden. Darum wird diese von Markus stammen, der Jesus beim letzten Zug durch Galiläa an dem bekanntesten Ort eine Jüngerbelehrung halten läßt. Das Wegmotiv, das dem Evangelisten seit 8,27 wichtig ist, verweist ebenfalls auf seine Redaktion. Der Rangstreit unter den Jüngern besitzt in 10,35ff eine konkretere Parallele. Seine allgemeine Fassung wurde als eindrücklicher Hintergrund für das Herrenwort in Vers 35 gebildet. Wiederum kommt als Schöpfer am ehesten Markus in Frage. Es wirkt störend, daß Jesus, nachdem er mit den Jüngern bereits im Haus ist, diese zu sich ruft. Aber diese gebieterische Geste soll wahrscheinlich die Bedeutung des Wortes unterstreichen und fügt sich somit ein[1]. Zwar begegnet das Wort φωνέω in der Verbindung mit der Lehre Jesu nur an dieser Stelle in unserem Evangelium, jedoch bestätigt die Erwähnung der Zwölf, daß Markus Vers 35a gestaltete. Er ist es, der die Zwölf auch in andere bedeutsame Texte einbringt[2]. Das Logion selbst ist in 10,43f in ursprünglicherer Form anzutreffen (synthetischer Parallelismus). Da das Wort aber in verschiedenen Versionen umlief, ist 35b als vormarkinisch anzusehen.

Die Szene mit dem Kind dupliziert 10,13–16. Das Logion in Vers 37 läßt auch eher eine vorausgehende Abweisung des Kindes bzw. von Kindern erwarten. Seine Verbindung mit Vers 36 wirkt künstlich. Vers 36 wurde vom Evangelisten unter Einfluß von 10,16 (ἐναγκαλισάμενος) geschaffen. Das Herrenwort in 37 besitzt in seiner zweiten Hälfte eine Parallele in Mt 10,40b. Dort schließt die Rückführung auf die Sendung Jesu durch Gott logischer an, weil die Sendung *der Jünger* bzw. deren Aufnahme voransteht. Wir haben darum in 37 ein bereits zersagtes Logion vor uns, dem ein ursprüngliches Wort über die Kinder und ein anderes, Mt 10,40 vergleichbares zugrundeliegt. Die Gleichschaltung der Geringen in der Gemeinde mit den Kindern legte sich nachösterlich nahe (vgl. 9,42).

Markus hat also in dieser Perikope zwei kleine Szenen, die jeweils in einem Herrenwort gipfeln, geschaffen und miteinander verbunden. Sehr glücklich ist

[1] Kuhn, Sammlungen 34, hält die VV 34.35a für eine vorgegebene Einleitung. – Zu διαλογίζομαι vgl. 8,16f. σιωπάω kommt im NT 10mal vor, davon 5mal bei Mk.

[2] Vgl. die Analysen zu 4,10; 6,7.

ihm dies nicht gelungen. Beide Einzelszenen haben apoftegmatischen Charakter.

Erklärung 33–35 Auf ihrer Wanderung durch Galiläa kommen sie nach Kafarnaum[3]. Der Ort ist von 1,21ff; 2,1ff her bekannt, auch als der Ort des Simon Petrus. Bei dem Haus, in das sie eintreten, ist vielleicht an dessen Haus gedacht. Auf dem Weg – es ist der Weg nach Jerusalem – beobachtete Jesus einen Streit unter seinen Jüngern. Ausgerechnet auf seinem Weg zum Leiden stritten sie über die Rangordnung, wer unter ihnen der Größte sei[4]. Es ist nicht klar, auf welche Größe sich der Streit bezieht. Die spätere rabbinische Theologie hat die Bewohner des himmlischen Paradieses in sieben Klassen eingeteilt und darüber gestritten, wer zur vornehmsten Klasse gehören wird. Auch in der essenischen Qumrangemeinde nahm man für die jenseitige Welt eine feste Rangordnung an, für die die in der Gemeinde streng eingehaltene Über- und Unterordnung ein vorausgreifendes Abbild war (vgl. Mt 5,19; 11,11)[5]. Die Bitte der Zebedäus-Söhne richtet sich auf die ersten Plätze im Reich Gottes (Mk 10,37). Der Streit der Jünger auf dem Weg wird ihr konkretes gegenseitiges Verhältnis betreffen und auf ein allgemeines Problem in der Gemeinde Rücksicht nehmen. Das schließt nicht aus, daß die jenseitige Rangordnung mit einbezogen ist. Der Weg nach Jerusalem ist der Weg zur Stätte der messianischen Offenbarung, die sich unverständiger Jüngersinn ganz anders vorstellt als sie geschehen wird. Auf die Frage Jesu nach der Ursache ihres Disputs schweigen die Jünger betroffen. Er ruft die Zwölf gebieterisch heran, nachdem er sich vorher würdevoll, oder wie es einem Lehrer entspricht, gesetzt hat. Der Spruch von der wahren Größe beendet ihren Streit[6], indem er die Bedingung nennt für den, der der Größte sein will. Der Erste soll der Letzte und Diener aller sein. Bei einem Vergleich dieses Spruches mit seinen mannigfaltigen Versionen ergibt sich folgendes. Als Doppelspruch (synthetischer Parallelismus) erscheint er in Mk 10,43f; Mt 20,26f; Lk 22,26 (allerdings mit auswechselbaren Gegensatzpaaren), als einfacher Spruch in Mt 23,11; Lk 9,48 (hier in nichtkonditionaler Form). Mk 9,35 bietet mit einem Glied in der ersten (πρῶτος) und zwei Gliedern in der zweiten Hälfte (ἔσχατος/διάκονος) eine Sonderform. Der ursprüngliche Spruch stellte wahrscheinlich den Größten dem Diener und den Ersten dem Letzten gegenüber[7]. Markus radikalisiert ferner mit doppeltem »von allen« (vgl. Lk 9,48: »Denn der Geringste unter *euch* allen«). Im Polykarpbrief wird der Herr »der Diener von allen« genannt (5,2). Ist die Gegenüberstellung von Erstem und Letztem stringent, so erinnert der Diener daran, daß es für die an-

[3] C Koine-Text Θ lesen ἦλθεν.

[4] μείζων hat superlativische Bedeutung. Lk 22,24 spricht von einer Wiederholung dieses Streits im Abendmahlssaal.

[5] Vgl. Billerbeck IV, 1131f; Grundmann. Zu Qumran vgl. 1QSa 2,11–22; 1QS 2,20–23.

[6] Der Spruch fehlt mit der Einführung »und er sagt zu ihnen« in einer Reihe von Handschriften: D k. Er fehlt auch par Mt 18,1ff. Lk 9,48b rückt ihn hinter die Kinderszene.

[7] Von Hillel ist der Spruch überliefert: »Meine Erniedrigung ist meine Erhöhung, meine Erhöhung ist meine Erniedrigung« (Lev r 105c, bei Klostermann). Dieser ist eher eine Parallele zu Mt 23,12 par.

deren etwas zu tun gilt. Dies ist nicht auf den Tischdienst einzuschränken.
Eine neue Szene setzt das Bisherige fort. In welchem Sinn? Jesus ruft ein Kind 36–37
herbei, stellt es in die Mitte der Jüngerschaft und umarmt es. Die Umarmung – gelegentlich auch ein Heilgestus[8] – ist Ausdruck der Liebeszuwendung. Die Stellung der Antike zum Kind war weitgehend neutral bzw. negativ, besonders wenn es sich um Mädchen handelte. Das Griechentum erblickte im Kind meist das Unfertige und Kindische. Natürlich gab es immer die elterliche Liebe. Nach dem Alten Testament ist das Kind mutwillig und unverständig und bedarf strenger göttlicher und menschlicher Zucht (Jes 3,4; Weish 12,24; 15,14; 2Kön 2,23f; Sir 30,1–13). Von Rabbi Jochanan ist das Wort überliefert: »Seit den Tagen, da das Heiligtum zerstört wurde, ist die Profetie den Profeten genommen und den Narren und Kindern gegeben worden« (bBB 12b). Im Hellenismus kommt es zu einer Wiederentdeckung des Kindes in Dichtung und Kunst. Die Komödie behandelt Bubenstreiche, und es entstehen köstliche Genrebilder (Kind mit der Fuchsgans, Dornauszieher)[9]. Die liebende Hinwendung Jesu zu einem Kind wird freilich transparent für die Stellung, die den Kleinen und Geringen in der Gemeinde gegenüber eingenommen werden soll. Verrät der Grundbestand von 37a noch eine Aussage, die die Haltung den Kindern gegenüber betraf, so lenkt das »in meinem Namen« das Interesse auf die Niedriggestellten in der Gemeinde. Jesus identifiziert sich mit diesen Geringen, ja Gott selbst wird mit ihnen aufgenommen. Dies verdeutlicht ein Satz, der die Maxime des jüdischen Botenrechtes aufgreift, nach der der Gesandte an der Stelle dessen steht, der ihn sendet (Ber 5,5; bQid 41b). Die Umdeutung der Kinder auf die Geringen bestätigt der strukturell gleiche, aber ursprünglichere Spruch in Mt 10,40. »In meinem Namen aufnehmen« heißt darum, die Geringen um ihrer Zugehörigkeit zu Jesus willen aufnehmen (vgl. 10,41)[10].

Historische Beurteilung

Den historischen Hintergrund der Perikope geben die beiden Logien in 35 und 37 ab, die allerdings beide bei Markus in veränderter Form vorliegen. Ihre Vorform geht auf Jesus zurück. Gibt das erste einen Blick frei auf den Geist, der in der Jüngerschaft herrschen soll, so deutet das zweite nur noch die Stellung Jesu zu den sozial schwachen Kindern an.

Zusammenfassung

Markus fand den Spruch in 37 schon in seiner sekundären, auf die Gemeinde gerichteten Fassung vor (wie auch 35b). Da auch folgende Sprüche ganz konkret auf Gemeindeprobleme hingewendet sind, entsteht bereits an dieser Stelle die Frage, ob in 9,33–50 – wie vielfach angenommen – ein kleiner Gemeindekatechismus verarbeitet wurde (dazu s. unten). Der Evangelist hat sich jedenfalls wiederum um eine Historisierung des Spruchgutes bemüht, indem er zwei

[8] Vgl. Bauer, Wörterbuch 518.

[9] Vgl. A. Oepke, ThWNT V,636–653. Zur Sorge um die Waisenkinder in der rabbinischen Literatur vgl. Billerbeck I,774.

[10] Grundmann denkt an ein Aufnehmen der Kinder aufgrund des Eintretens Jesu für die Kinder. Damit ist übersehen, daß die Argumentation ganz auf der Ebene der Gemeindeanliegen verläuft.

knappe, lebhafte Szenen schuf. Dabei ordnet er den Stoff ähnlich wie in 8,31ff[11]. Auf die Leidensankündigung folgen eine Jüngerszene, die die Begriffsstutzigkeit der Jünger gegenüber dem Leidensgedanken veranschaulicht, und entsprechende Belehrungen. Die prinzipielle Bedeutung dieser Belehrung, die die wahre Größe an der Bereitschaft zu dienen sich bemessen läßt, gibt Markus dadurch zu erkennen, daß er sie als Belehrung der Zwölf vorstellt. Das Wort von dem sich erniedrigenden Dienst wird zum Leitwort für die gesamte, bis Vers 50 reichende Belehrung. Zwischen diesem und dem Spruch in 37 über die Kinder besteht insofern eine Verbindung, als der allgemein geforderte Dienst der konkreten Anweisungen bedarf. Man soll sich der Verachteten annehmen. Statt selbstsüchtig nach Vorteilen zu streben, soll der Jünger sich vergessen und dem Unterprivilegierten helfen, nicht von oben herab, sondern so, daß er ihn, wie Jesus das Kind, liebend in die Arme schließt.

Wirkungsgeschichte

In dieser so eingängigen Perikope gab es kaum etwas mißzuverstehen. Es bestand höchstens bei einer vordergründig historisch geprägten Auslegung die Gefahr zu vergessen, daß die gescholtenen Jünger nicht für sich stehen, sondern die Gemeinde jeder Zeit repräsentieren. Beda sieht die Ursache des Rangstreits in der Bevorzugung der Drei, die mit Jesus auf dem Berg waren. Die Jünger sind befallen vom desiderium gloriae[12]. Sie denken menschlich[13]. Nach Calvin hatten sie falsche Vorstellungen vom Reich Christi. In versteckter Eitelkeit geraten sie über den ersten Platz in Streit. So schnell haben sie die Leidensankündigung vergessen, als sei ihnen »poetisches Zuckerwasser gereicht worden«[14]. Das Kind, das eine spätere Tradition mit Ignatios von Antiocheia identifiziert[15], wird als Beispiel der Unschuld, Einfachheit und Bescheidenheit hingestellt[16]. Allerdings nicht ohne Kritik, da auch die Kinder schon von Geburt an ihren Stolz besäßen[17]. Da man die Evangelien synoptisch las und Mattäus dabei dominiert, wird der Gedanke des Dienens in dieser Perikope oft vergessen. H. Küng[18] greift ihn wieder auf, wenn er in Ausführungen über das kirchliche Amt als Dienst im Anschluß an Mk 9,33–35 anfragt, ob das Amt einfach durch Recht und Macht konstituiert werden könne. Da die Zwölf kritisiert werden, ist diese Assoziation berechtigt.

## *8. Der Außenseiter (9,38–41)*

*Literatur: Wilhelms, E.,* Der fremde Exorzist. Eine Studie über Mk 9,38ff, StTh 3 (1949) 162–171.

[11] Dies kann als Bestätigung für die redaktionellen Eingriffe des Markus in 8,33–35 dienen.
[12] PL 92,224.
[13] Theophylakt, PG 123,589.
[14] II,88–90.
[15] Beleg bei Lohmeyer 193 Anm. 4.
[16] Erasmus, Bd. 7,129.
[17] Calvin II,91.
[18] Die Kirche, Freiburg ²1967, 462.

38 **Johannes sagte zu ihm: Lehrer, wir sahen einen in deinem Namen Dämonen austreiben. Und wir versuchten, ihn zu hindern**[1]**, weil er uns nicht nachfolgte.** 39 **Jesus aber sprach: Hindert ihn nicht! Denn es gibt keinen, der in meinem Namen ein Wunder wirken und mich bald darauf wird beschimpfen können.** 40 **Denn wer nicht gegen uns ist, ist für uns.** 41 **Wer nämlich euch einen Becher Wasser zu trinken gibt auf den Namen hin, daß ihr zu Christus gehört – Amen, ich sage euch –, er wird seinen Lohn nicht einbüßen.**

**Analyse**

Daß hier verschiedenes Traditionsgut zusammengekommen ist, ist äußerlich am ständigen Personenwechsel zu erkennen. Johannes redet in der Wir-Form. Jesus antwortet zunächst mit einem Ich-Satz, dann einem Wir-Satz und redet in Vers 41 schließlich die Jünger an. Vers 41 schließt besser an 37 an als 38–40. Dies wird noch deutlicher, wenn man sieht, daß das Logion in 41 bei Mt 10,42 teilweise in einer älteren Form erhalten blieb: »Und wer einem von diesen Kleinen einen Becher kühlen Wassers zu trinken gibt . . .« Das Thema der Kleinen wurde ursprünglich fortgesetzt[2]. Markus dürfte die Anrede an die Jünger eingeführt haben. Die kleine Perikope 38–40 ist eine selbständige Einheit, die Markus schon so vorfand und an dieser Stelle einbrachte. Maßgeblich war für ihn vermutlich der Leitgedanke vom unverständigen Jünger[3]. Obwohl 39 und 40 zwei verschiedene Antworten auf das gestellte Problem bieten, gehörten sie schon vormarkinisch zusammen. Dafür spricht die Wir-Form der Rede in 38 und 40, die die Jünger zu einer geschlossenen Gruppe zusammenfügt. Dies ist in dieser Weise einmalig bei den Synoptikern.
Die Einheit 38–40 will ein konkretes Gemeindeproblem lösen (vgl. die Interpretation). Sie gehört der palästinischen Gemeindeüberlieferung an und dürfte sehr alt sein. Dies legen Inhalt und Struktur nahe. Vers 39 ist ein semitisch strukturierter Konditionalsatz[4]. Formmäßig ist die Perikope 38–40 ein Apoftegma, der Spruch in 40 ein Weisheitswort, der Spruch in 41 ein Verheißungswort, der durch parenthetisch eingeschobenes »Amen, ich sage euch« an Gewicht gewinnt[5].

**Erklärung 38–40**

Johannes, der diesmal als Sprecher der Jüngerschaft auftritt, berichtet von einem fremden Exorzisten, der im Namen, das heißt unter Anrufung des Namens Jesu, Dämonen austrieb. Die Jünger wollten ihn daran hindern, weil er nicht zu Jesu Nachfolgern gehörte. Die einmalige Formulierung »weil er *uns* nicht nachfolgte« (statt des erwarteten »dir«) läßt die Jüngerschaft als geschlossene Gruppe begreifen (vgl. Vers 40) und deutet an, daß eine spätere Gemein-

[1] Zur Übersetzung vgl. Bl-Debr § 326.
[2] Damit stellt sich wieder die Frage nach einer vorausliegenden übergreifenden Einheit.
[3] Auch Stichwortassoziation ἐπὶ τῷ ὀνόματί μου (VV 37 und 39) kann eingewirkt haben. Vgl. V 41.
[4] Vgl. Beyer, Semitische Syntax 213.
[5] Zur Parenthese vgl. Beyer, Semitische Syntax 193.

deproblematik zur Debatte steht[6]. Während Jesus in seinen Exorzismen und Heilungen niemals einen Namen anruft, hören wir in der Apostelgeschichte (3,6; 9,34; 16,18), aber auch in der rabbinischen Literatur davon, daß die Jünger bzw. Christen unter Anrufung des Namens Jesu Wunder wirken[7]. Es war in der Heilungspraxis üblich, sich eines wunderkräftigen Namens zu bedienen[8]. Das Problem für die Gemeinde bestand darin, daß jener Außenseiter sich nicht im Glauben zu Jesus bekannte und nicht zu ihr gehörte. Der von ihm praktizierte Namenglaube kam ihr wie eine Usurpation vor. Der gegebene Fall belegt eine bestimmte Einschätzung Jesu seitens der Nichtchristen. Man sah in ihm einen mächtigen Thaumaturgen. Die von Johannes, der nur hier als einzelner bei den Synoptikern hervortritt, geäußerte Jüngerreaktion ist intolerant. Die Intoleranz kann aber nicht als Eigenart des Johannes angesehen oder mit seinem Beinamen (vgl. 3,17) in Verbindung gebracht werden[9]. Die erste Antwort Jesu bringt eine Nützlichkeitserwägung ein. Wer sich, wenn auch nicht als gläubiger Bekenner, auf die Macht seines Namens beruft, wird ihm nicht so schnell fluchen können (vgl. 1Kor 12,1–3). Die magische Inanspruchnahme seines Namens wird nicht gutgeheißen. Aber die Gemeinde sollte bedenken, daß sie in solchen Leuten zwar keine heimlichen Bundesgenossen, aber doch Sympathisanten hat, die ihr nicht ohne weiteres feindselig gegenübertreten werden. Die Gemeinde hat also bereits die Erfahrung gemacht, daß sie angefeindet wird[10]. Das Wort hat im Rabbinischen entfernte Parallelen: »Wem man Gutes getan hat, dem tut man nicht so schnell Böses« (bBB 12b). Die zweite Antwort, die wie ein Sprichwort klingt, betrachtet offenherzig jeden als Sympathisanten, der nicht ausdrücklich als Feind auftritt. Im Wir schließt sich Jesus mit der Jüngergruppe zusammen[11]. Die Großzügigkeit, die aus diesem Wort spricht, könnte der Anlaß für die Streichung der Perikope bei Mattäus gewesen sein. Dieser kennt zwar die Problematik, beurteilt sie aber anders (Mt 7,22; 12,30 par[12]; auch Apg 19,13–17). Nützlichkeitserwägungen können

[6] Der Text von V38 ist sehr uneinheitlich überliefert. D lat lesen: »der mit uns nicht nachfolgt. Und wir versuchten, ihn zu hindern, weil er uns nicht nachfolgte«. Grundmann möchte aus dem Tempuswechsel in der zweimaligen Verneinung der Nachfolge den Schluß ziehen, daß der fremde Exorzist von den Jüngern zur Nachfolge aufgefordert worden sei, dies aber abgelehnt habe. Klostermann bevorzugt λ: »der uns nicht nachfolgt. Und wir versuchten, ihn zu hindern«. Den von uns bevorzugten Text bieten B ℵ Θ f und einige Syrer.

[7] Belege bei Billerbeck I, 36.38; P. Fiebig, Jüdische Wundergeschichten des ntl. Zeitalters, Tübingen 1911, 35f. Von jüdischer Seite werden die von Christen angebotenen Heilungen nicht angenommen. Im 2. Jh. kommt es in der Synagoge zu einem Verbot des Gebrauchs des Jesusnamens.

[8] Belege bei Bultmann, Geschichte 238. Jüdische Thaumaturgen verwenden etwa den Namen Salomos.

[9] Gegen Klostermann.

[10] Wilhelms* denkt an eine verfolgte Gemeinde.

[11] Koine-Text D lat verändern das Wir in die Anrede. Vgl. Lk 9,50b.

[12] E. Schweizer, Das Evangelium nach Matthäus, [13]1973 (NTD 2), 186f, bemüht sich um einen Ausgleich zwischen Mk 9,40 und Mt 12,30 par. Dort handle es sich um den Anschluß an die Jüngergruppe, hier um das Bekenntnis zu Jesus. So könnten die gegensätzlichen Aussagen nebeneinander bestehen. Es gab aber offenkundig unterschiedliche Wertungen des gleichen Problems in verschiedenen Gemeinden. Vgl. Mk 9,40 mit Apg 19,13–17 und Mt 7,22.

auch hier eine Rolle gespielt haben. Ein christlicher Papyrus, der das Wort zitiert, führt es fort mit dem Satz: »Wer heute fern ist, wird euch morgen nahe sein.«[13] Vergleichbar dem Wort ist eine dem Caesar nachgesagte Äußerung: »Wir haben dich sagen hören, nicht alle als Gegner zu betrachten, die nicht mit uns sind, vielmehr als die Deinen anzusehen, die nicht gegen uns sind.«[14] Die gesamte Perikope besitzt Ähnlichkeit mit der Geschichte von Eldad und Medad (Num 11,24–30), obwohl keine direkte Einflußnahme zu erkennen ist.

Die Verheißung, die jedem gilt, der den Zwölfen einen Becher Wasser reicht, 41
wird im Anschluß an die Geschichte vom Außenseiter zu einem Beispiel für einen draußen befindlichen Sympathisanten. Die Jünger sind, besonders in ihrer missionarischen Arbeit, auf solche Hilfen angewiesen. Die Verheißung wird begründet mit dem Wissen von ihrer Zugehörigkeit zu Christus. Letzteres wird in einer an Paulus erinnernden Weise ausgedrückt (vgl. Röm 8,9; 1Kor 1,12; 3,23; 2Kor 10,7). Vom Lohn (μισθός) ist bei Markus nur hier die Rede (vgl. jedoch 10,29f). Die allgemeine Ausrichtung auf die Jüngerschaft gewinnt das Logion erst an dieser Stelle (vgl. Mt 10,42). Ob es ursprünglich den meinte, der einem Kind ein Glas Wasser reicht, ist nicht mehr auszumachen, aber als wahrscheinlich anzunehmen[15].

Historische Beurteilung

Die historische Beurteilung der Erzählung vom Außenseiter hängt davon ab, ob man es als möglich ansieht, daß man sich schon zu Lebzeiten Jesu außerhalb seiner Jüngerschaft auf seinen Namen zum Zweck wundertätiger Machtausübung berufen konnte. Der einmalige Auftritt des Johannes könnte dafür sprechen. Dann aber hätte Jesus schon zur Zeit seines Wirkens vor allem als der große Exorzist gegolten. Vermutlich haben wir hier doch ein späteres Urteil vor uns. Die gebotenen Lösungen des Problems in 39f spiegeln jedenfalls die Gemeindeerfahrungen wider. Ein ursprünglich auf die Kinder bezogenes Wort aber, das in sehr veränderter Gestalt in 41 vorliegt, wird auf Jesus zurückgehen.

Zusammenfassung

Markus verfolgt mit der Perikope vor allem zwei Anliegen. Einmal bietet das Verhalten des Johannes nach 8,33–37 ein weiteres Beispiel für ein unverständiges, korrekturbedürftiges Verhalten der Jüngerschaft. Die Jünger streiten nicht bloß um den ersten Rang, sie pochen auch auf ihre Privilegien. Die Leser sollen sich in ihnen wiedererkennen. Zum anderen erfährt die Beurteilung der exorzistischen Tätigkeit durch Vers 41 eine Relativierung. Den fremden Exorzisten laßt gewähren! Die nachdrückliche Verheißung gilt dem, der den unscheinbaren Dienst tut. Nicht auf das Sensationelle kommt es an, sondern auf die im Verborgenen geübte Liebe, dem Dürstenden ein Glas Wasser anzubieten.

13 POxy 1224.
14 Cicero, Pro Q.Ligario 32.
15 So Bultmann, Geschichte 152. Zur Diskussion vgl. W. G. Kümmel, Verheißung und Erfüllung, $^{3}$1956 (AThANT 6), 86f.

Wirkungsgeschichte

Mit dem großzügigen Urteil über den Außenseiter hatten die Ausleger ihre Schwierigkeiten. Im Grunde war man nicht bereit, diese Großherzigkeit zu teilen. Man stellt Mt 7,22 gegen Mk 9,39f[16]. Beda kommt so zu dem Schluß: haeretici et mali catholici detestari et prohibere debemus. Theophylakt[17], der die Spannung zu Mt 12,30 bemerkt, bezieht letzteres auf das Verhältnis zu den Dämonen, Mk 9,40 auf das Verhältnis zu den Menschen. Calvin[18], nach dessen Meinung jener Mann das Amt ohne jeden Auftrag, aber mit Erfolg ausübte, wertet Vers 40 als ein Sprichwort, das den Sinn habe: »Wir sollen keinen Krieg anfangen, bevor wir nicht dazu gereizt werden.« Der Mann gelte als einer, der in der Mitte zwischen Freund und Feind steht. Allein der Humanist Erasmus gibt interpretierend den Rat: »Nicht darauf ist zu achten, ob er uns nachfolgt, sondern ob er unseren Namen verkündet.«[19] A. Loisy[20], der in der Szene kein historisches Ereignis, sondern ein Problem der frühen Kirchengeschichte aufgearbeitet sieht, glaubt, in dem fremden Exorzisten Paulus wiedererkennen zu können, der Johannes gegenübergestellt wird. Dieser repräsentiere die judaisierende Gruppe in der Gemeinde. Weil der Herrenbruder Jakobus, der erst nachösterlich zum Glauben kommt, nicht in den Kreis der Jünger Jesu eingeschleust werden konnte, sei es zu dem einmaligen Auftritt des Johannes gekommen[21]. Ebenso richte sich Vers 41 an die Judenchristen, die aufgefordert würden, die Heidenmissionare und die Christen aus der Heidenwelt aufzunehmen. Man ist für diese frühe Zeit (1912) erstaunt über die angewandte Methode, die redaktionsgeschichtliche Ansätze, aber auch deren fragwürdige Konsequenzen, vorausnimmt.

## 9. *Wehret den Ärgernissen (9,42–50)*

*Literatur: Vaganay, L.,* »Car chacun doit être salé au feu« (Mc 9,49), in: Mémorial J. Chaine, Lyon 1950, 367–373; *Cullmann, O.,* Que signifie le sel dans la parabole de Jésus?, RHPhR 37 (1957) 36–43; *Baarda, T. J.,* Mark IX. 49, NTS 5 (1958/59) 318–321; *Zimmermann, H.,* »Mit Feuer gesalzen werden«, TThQ 137 (1959) 28–39; *Derrett, J. D. M.,* Law in the NT. Si scandalizaverit te manus tua, abscinde illam (Mk 9,42) and Comparative Legal History, RIDA 20 (1972) 11–36; *ders.,* Salted with Fire (Mk 9,42–50), Theol 76 (1973) 364–368.

42 **Und wer einem von diesen Kleinen, die glauben, Ärgernis gibt, für den wäre es viel besser, wenn ihm ein Eselsmühlstein umgehängt und er in das Meer geworfen würde.** 43 **Und wenn dir deine Hand ein Ärgernis gibt, haue sie ab! Es ist besser für dich, verstümmelt in das Leben**

[16] Euthymios Zigabenos: PG 129,823; Beda: PL 92,225.
[17] PG 123,592.
[18] II,117f.
[19] Bd. 7,230.
[20] L'Évangile selon Marc, Paris 1912, 279–281.
[21] Loisy, ebd. 277f, bringt auch Mk 9,37 mit Paulus, der sich den Geringsten der Apostel (1Kor 15,9) genannt habe, in Verbindung.

**einzugehen, als mit zwei Händen in die Gehenna, in das unauslöschliche Feuer, zu kommen.** 45 **Und wenn dir dein Fuß ein Ärgernis gibt, haue ihn ab! Es ist besser für dich, lahm in das Leben einzugehen, als mit zwei Füßen in die Gehenna geworfen zu werden.** 47 **Und wenn dir dein Auge ein Ärgernis gibt, reiße es aus! Es ist besser für dich, mit einem Auge in das Reich Gottes einzugehen, als mit zwei Augen in die Gehenna geworfen zu werden,** 48 **wo ihr Wurm nicht verendet und das Feuer nicht erlischt.** 49 **Denn jeder wird mit Feuer gesalzen werden.** 50 **Gut ist das Salz. Wenn aber das Salz schal geworden ist, womit würzt ihr es? Habt Salz in euch und bewahrt Frieden untereinander!**

Analyse

Sprüche verschiedener Art wurden aneinandergereiht. Einige lassen sich zusammenordnen. Vers 42 setzt das Thema der Kleinen von 37 und 41 fort. Die Verse 43, 45 und 47 – 44 und 46 sind aus dem Text zu streichen – gehören strukturell zusammen und wiederholen fast rhythmisch das Thema vom Ärgernis. Die Verse 49f sind Bildwörter vom Salz. Untereinander sind diese einzelnen Gruppen stichwortartig und das heißt nach formalen Gesichtspunkten verbunden. Vers 42 besitzt mit dem Begriff Skandalon das mit dem Folgenden verbindende Stichwort. Das Bindeglied zwischen den Ärgernissprüchen und den Bildwörtern vom Salz sind die Verse 48f. Vers 48 – ein Zitat von Jes 66,24 – liefert das Stichwort »Feuer«, das in 49 aufgegriffen wird. Vermutlich stammen beide vom Redaktor, der die Spruchketten verknüpfte. Die Bildwörter vom Salz in 50 besaßen wahrscheinlich einmal eine andere Reihenfolge. Die Parallele Mt 5,13 läßt noch erkennen, daß der Frage ein auf die Jünger bezogener Satz voraufging. Dieser folgt jetzt bei Markus: »Habt Salz in euch.«[1] Die Antwort auf die Frage (vgl. Mt 5,13b; Lk 14,35) wurde weggebrochen. Dafür lesen wir jetzt die Aufforderung zum Frieden. Diese wie die allgemeine Bemerkung »gut ist das Salz« sind gleichfalls redaktionell. Die Vorgabe lautete also: »Habt Salz in euch. Wenn aber das Salz schal geworden ist, womit würzt ihr es? Es taugt zu nichts mehr . . .«[2] – Sind Markus diese redaktionellen Eingriffe zuzutrauen? Die Frage ist zu bejahen. In der Aufforderung zum Frieden greift nämlich der Evangelist den Ausgangspunkt des Jüngerstreites wieder auf (33f) und schafft somit eine zusammenfassende Inklusion.

Mt 5,29f überliefert die Logien vom Ärgernis als Doppelspruch und zieht in Mt 18,8f die Vorgabe der markinischen Dreiheit zu einer Zweiheit zusammen. Da Mt 5,29f auch inhaltlich älter wirkt (vgl. die Interpretation), ist der Doppelspruch als ursprünglicher anzusehen. Markus aber war die Dreierspruchkette schon vorgegeben. Formal lassen sich die hier versammelten Logien als Mahn-

[1] Mk ist hier ursprünglicher als Mt 5,13: »Ihr seid das Salz der Erde«. Vgl. Dibelius, Formgeschichte 248.

[2] Ob Mt 5,13b oder Lk 14,35 älter ist, braucht hier nicht entschieden zu werden.

worte bestimmen. Charakteristisch ist, daß sie mit einer Drohung verbunden sind[3].

Die textliche Überlieferung dieses Abschnittes ist sehr uneinheitlich. Zahlreiche Varianten aber erklären sich aus dem Bestreben, die schon parallel strukturierten Sprüche in 43.45 und 47 noch weiter zu parallelisieren. So wiederholen die sekundären Verse 44 und 46 nur das Jesajazitat von Vers 48. Damit war eine nahezu vollständige Rhythmik der Verse 43f, 45f und 47f, die den Bedürfnissen des Vorlesens entsprach, erreicht.

Erklärung
42 Der Spruch vom Ärgernisgeben nimmt die Kleinen unter besonderen Schutz. Da die Erläuterung »die glauben« nach einhelliger Meinung erst später hinzutrat, entsteht die Frage, wer diese Kleinen sind. Stammt die Bezeichnung von den Gegnern Jesu, die seine Jünger verächtlich machen wollten[4]? Ist der Name gleichbedeutend mit den geistig Armen von Mt 5,1? Sollte mit dieser Jüngerbezeichnung etwas Besonderes zum Ausdruck gebracht werden[5]? Handelt es sich überhaupt von Haus aus um einen Jüngernamen? Als Bezeichnung für einen Rabbischüler ist der Name nicht zu belegen[6]. Am nächsten liegt es, an die Kinder zu denken. Sie dürfen nicht zum Bösen verführt werden. Durch den Zusatz »die glauben« erhält der Spruch eine neue Bedeutung[7]. Jetzt sind die Geringen und Unterprivilegierten in der Gemeinde gemeint, die nicht zum Abfall vom Glauben verleitet werden dürfen[8]. Dies kann durch das schlechte Beispiel des sozial angesehenen und begüterten Gemeindemitglieds geschehen. Das Wort οἱ πιστεύοντες hat schon technischen Sinn gewonnen, wie unser »die Gläubigen« (vgl. Eph 1,19; 2Thess 1,10; Apg 19,18). Der Ärgernisgeber wird gewarnt, indem ihm eine schlimme Strafe in Aussicht gestellt wird. Mit einem umgehängten Eselsmühlstein ins Meer geworfen, wäre erträglicher als das, was ihn erwartet. Das schockierende Bild will die Gedankenlosen wachrütteln. Der Eselsmühlstein ist der obere Stein in größeren Mühlen, der von einem Esel gedreht wurde und ein Einschüttloch für das Korn besaß. Er kommt auch in jüdischen Sprichwörtern vor[9]. Das Ertränken im Meer, der Katapontismos, ist keine jüdische Hinrichtungsart. Die Sache aber, die Mt 18,6 farbiger darstellt, war bekannt.

43.45.47–48 Die Trias der Ärgernissprüche spricht von einem Ärgernis anderer Art, nicht von dem, das man anderen bereitet, sondern von dem, das durch die eigene Be-

[3] Vgl. Bultmann, Geschichte 81. Dibelius, Formgeschichte 247, spricht vom ausgeführten Gebot mit Drohung. Stilistisch unterscheiden sich noch einmal VV 42 (relativische Einleitung), 43,45,47 (konditionale Einleitung) und 50 (Imperativ/Frage/Drohung. Letztere wurde nicht aufgenommen).

[4] Jeremias, Theologie I,113.

[5] Vgl. die Übersicht bei O. Michel, ThWNT IV,652–656. Lk 17,2 gibt für die Gewinnung des ursprünglichen Sinns der Kleinen kaum etwas her, weil der angehängte ἵνα-Satz in 2b sekundär sein wird. 1Cl 46,8 identifiziert die Kleinen mit den Erwählten.

[6] O. Michel, ThWNT IV,652.

[7] Zahlreiche Handschriften fügen hinzu »die *an mich* glauben« (B Koine-Text Θ lat sy). Das wird Einfluß von par Mt 18,6 sein.

[8] Diese Bedeutung hat σκανδαλίζειν hier wie in Mk 4,17.

[9] bQid 29b: »Ein Mühlstein um den Hals, und er soll sich mit der Thora beschäftigen?« Vgl. Offb 18,21.

gierde entsteht. Wenn diese mit zwei aktiven Gliedern (Hand, Fuß) und einem rezeptiven Organ (Auge) des menschlichen Körpers verbunden wird, ist die jüdische Vorstellung vorausgesetzt, nach der die menschlichen Triebe in den Organen sitzen. Die Rede von stolzen, unersättlichen Augen (Sir 6,17; 27,20) oder Händen, die unschuldiges Blut vergießen (Sir 6,18), ist freilich auch für uns noch möglich. Die böse Begierde ist auszuräumen, so energisch, wie wenn man sich des anstößigen Körperteils entledigte. Die Alternative lautet: Entweder unter Opfer und Verzicht zum Leben bzw. in das Reich Gottes gelangen – beide Begriffe sind austauschbar – oder als Sünder der ewigen Strafe verfallen. Die Alternative ist nach par Mt 5,29f, wo die ursprünglichere Fassung der Logien erhalten blieb, eine andere. Dort heißt es sinngemäß, es sei besser, kostbare Glieder – Mt 5,29f erwähnt das rechte Auge und die rechte Hand als die vornehmeren – zu verlieren, als physisch integer der Gehenna zu verfallen[10]. Wenn in der markinischen Version das (ewige) Leben[11] bzw. das Reich Gottes genannt werden, sind diese das positive Ziel, das der Mensch durch seine sittliche Anstrengung erreichen oder nicht verfehlen soll. Mattäus schließt dieses natürlich nicht aus, läßt aber mit seiner negativen Formulierung dem Gedanken Raum, daß die Aufnahme in das Reich Gottes ein göttliches Geschenk ist. Ort der Strafe ist die Gehenna oder – im Anschluß an Jes 66,24 – das unauslöschliche Feuer (vgl. die Täuferpredigt Mt 3,12 par). Der Name Gehenna rührt her vom Tal der Söhne Hinnoms südlich von Jerusalem, das schon Jos 15,8; 18,16 verzeichnet ist (heute das Wadi er-rababi). Zur Zeit der Könige Ahas und Manasse geriet es in Verruf, weil man dort dem Moloch Kinder opferte, Söhne und Töchter »durch das Feuer führte« (2Kön 23,10; vgl. 16,3; 21,6). Der Profet Jeremia verfluchte es (Jer 7,32ff; 19,6). Im Anschluß an diese Vorgeschichte entwickelte sich im apokalyptischen Judentum die Erwartung, daß in dieser »verfluchten Schlucht« (äthHen 27,1) das endzeitliche Strafgericht stattfinden und das höllische Feuer aufbrechen wird: »Und ich sah ein tiefes Tal mit loderndem Feuer. Und sie brachten die Könige und die Mächtigen und warfen sie in dieses tiefe Tal« (äthHen 54,1f). Die Spruchtrias wird abgeschlossen mit einem Zitat aus Jes 66,24, das sich schon beim Profeten auf das Gericht im Hinnomtal bezieht. Der nicht sterbende Wurm und das nicht erlöschende Feuer meinen praktisch die Vernichtung. Der Wurm steht für die Verwesung, die – wie das Feuer – vom Menschen empfunden wird. Bei Tritoje-

[10] Mt 5,29f hat auch die semitische Struktur des Spruches besser erhalten. Bei Mk 9,43.45.47 ist der Dativ σοι in den typisch griechischen Acc. c.Inf. σε εἰσελθεῖν umgewandelt. Vgl. Beyer, Semitische Syntax 80 Anm. – Entferntere Parallelen sind im Jüdischen: »Es ist mir besser, ich werde in dieser Welt beschämt, die eine vergängliche Welt ist, als daß ich vor meinen gerechten Vätern in der zukünftigen Welt beschämt werde. Es ist mir besser, daß ich in dieser Welt im erlöschenden Feuer brenne, als daß ich in der zukünftigen Welt im verzehrenden Feuer gebrannt werde« (Tg Jerusch I Gen 38,25). Im Griechischen: »Jeden ungehorsamen Körperteil . . . wirf weg, denn es ist besser, ohne den Körperteil besonnen als mit ihm verderblich zu leben« (Sextus Empiricus, bei Klostermann).

[11] In V 45 fügen D lat sekundär, aber sinngemäß richtig αἰώνιον hinzu. Vgl. Mk 10,17 und 30.

saja ist das Gericht Gottes erstmalig nicht als einmaliger Akt gefaßt, sondern als ewiger Zustand, als ewige Verdammnis. Es ergeht dort über jene, die sich gegen Gott empört haben, und besitzt als Entsprechung die ewige Anbetung im Tempel des Sionsberges (66,20–23). Die Vorstellung von Wurm und Feuer setzt sich im Judentum durch, und Markus kann auf sie zurückgreifen (vgl. Sir 7,17; Jdt 16,21)[12]. – Dieser sehr ernste Text ist vor einem dreifachen Mißverständnis zu bewahren: 1. Die von den menschlichen Körperteilen ausgehenden Ärgernisse sind nicht auf den sexuellen Trieb einzuschränken (so schon Just Apol I 15,1–4). Das gilt auch für das Auge. Wir lernten oben die mordenden Hände und die stolzen und unersättlichen Augen kennen. 2. Die harten Imperative lehren nicht die Verachtung des Leibes. Sie sind keinesfalls wörtlich zu nehmen – obwohl man sie später so auffassen konnte –, sondern sind grell gemalte Bildworte, die sich einprägen und zum entschlossenen Handeln gegen das Böse aufrufen wollen. 3. Die Sprüche bieten Regeln für das Diesseits, nicht Aufklärung über das Jenseits. Gott kann äußerste Warnungen und letzte Verheißungen aussprechen. Die einen sollen uns in der Versuchung stark machen, die anderen in der Anfechtung trösten[13].

49–50 Eine allgemeine Aussage kündet an, daß jeder mit Feuer gesalzen werden soll. Beide Bilder, Feuer und Salz, können auf verschiedenste Weise verwendet werden. Darum ist es nicht möglich, den Sinn dieser Ankündigung, die zudem überleitende Funktion hat, sicher zu bestimmen. Klar ist, daß das Feuer nicht mehr das unauslöschliche Höllenfeuer sein kann. Das Salz ist im Griechischen Symbol der Gastfreundschaft. Vor allem hat es erhaltende, würzende und säubernde Kraft, es bewahrt vor der Fäulnis. Darum gebrauchte man es im Alten Testament für das Opfer, sowohl für das Speiseopfer (Lev 2,13) als auch für das Räucherwerk (Ex 30,35). In Lev 2,13c ist geboten, daß man bei allen Opfergaben Salz darbringen solle[14]. Dem Feuer schrieb man neben der vernichtenden auch reinigende Kraft zu (vgl. Num 31,22f). Wahrscheinlich spielt das Bildwort auf Prüfungen und Opfer an, die dem Jünger in seinem irdischen Leben auferlegt werden. Sie sollen ihn läutern und seine Jüngerexistenz festigen[15]. Diese Ankündigung schließt sich an die Spruchtrias sinnvoll an. Wer sich nicht in Zucht nimmt, wird von Gott in Zucht genommen werden. Wird die Bedeutung des Salzes in Vers 50 nochmals gewendet? Wir haben zunächst – entgegen Mt 5,13 – eine profane Aussage vor uns: Das Salz ist gut, wird aber wertlos, wenn es seine Kraft verloren hat und schal geworden ist. Erst durch den Impe-

12 Weitere Belege bei Billerbeck II,19f.

13 Vgl. Schweizer.

14 »Jedes Opfer soll mit Salz gesalzen werden« ist eine Textvariante zu V 49 (D it). In Koine-Text lat verbindet sie sich mit »Jeder wird mit Feuer gesalzen werden« und ist Ausdruck der Ratlosigkeit der Ausleger.

15 Vgl. Jgn Mg 10,2: »In ihm (Jesus Christus) sollt ihr gesalzen werden, damit keiner unter euch (durch Fäulnis) verderbe, da ihr nach dem Geruch werdet überführt werden«. – Es bestehen noch andere Interpretationsvorschläge: das Fegefeuer (Wellhausen), die Not der Endzeit oder der heilige Geist (Schweizer), das Feuer der Liebe und das Salz der Treue (Vaganay*). Baarda* hilft sich mit einer vermuteten Fehlübersetzung aus dem Aramäischen. Die richtige Übersetzung sollte lauten: Denn jeder wird mit Feuer getauft werden.

rativ »Habt Salz in euch!« wird das Bild auf eine dahinter liegende Realität übertragen. Man könnte dabei an das Wort Jesu denken, das die Jünger empfangen haben und aus dessen Kraft sie leben sollen. Auch die Thora wurde mit dem Salz verglichen[16]. Es kann auch weiter die Opferbereitschaft im Blick sein, die den Jünger vor der Fäulnis des Egoismus bewahrt[17]. Die Aufforderung, auf den Frieden untereinander zu achten, ergäbe sich dann aus der Fähigkeit zum Verzicht. Auf jeden Fall ist damit zum Jüngerstreit von 9,33ff und zu der diesen Abschnitt beherrschenden Mahnung zum selbstlosen Dienen zurückgelenkt. Der Friede bewährt sich in diesem Dienst.

Zusammenfassung

Für die historische Rekonstruktion ergibt sich aus der Analyse und Interpretation, daß Markus die Logien 9,42–50, deren Grundbestand auf Jesus zurückgeht, wiederum in einer mehr zersagten, weiterentwickelten Form überliefert hat. Der Evangelist hat mit dieser Spruchfolge die mit 9,33ff anhebende Jüngerbelehrung weiter ausgebaut. Wegen der Uneinheitlichkeit des Materials läßt sie sich nicht unter ein einheitliches Thema stellen. Die Grundintention nach der zweiten Leidensansage aber ist klar. Die Jünger sollen in der Nachfolge Jesu zum entschlossenen Kampf gegen das Böse bereit sein, das Ärgernis unter allen Umständen meiden und Verzicht und Opfer auf sich nehmen. Dies geschieht nicht so sehr um einer auf die eigene Person gerichteten Askese willen, sondern damit die Jüngergemeinschaft gestärkt wird. Diese ist von Rangstreit, Privilegiensucht, Ärgernissen, Verachtung der Minderbemittelten bedroht. Den Frieden bewahren als abschließendes Gebot heißt dann, alle diese Bedrohungen überwinden helfen (vgl. Hebr 12,14–17). Dies geschieht in der Kraft jenes Geistes, der dienen will, des Geistes Jesu.

Vormarkinische Sammlung?

Verschiedene Autoren vertreten die Auffassung, daß der Evangelist in 9,33–50 einen kleinen »Gemeindekatechismus« verarbeitet habe. Dieser wurde recht unterschiedlich ausgegrenzt[18]. Es läßt sich jedoch angesichts der Unterschiedlichkeit der eingebrachten Traditionen kaum ein Thema, das alles umgreift, als formkritisches Prinzip ausfindig machen. Stichwortassoziationen reichen für einen postulierten Katechismus nicht aus. Unsere Analyse ergab folgende kleine Vorlagen: eine Trias von Sprüchen, die sich auf die Kinder bzw. die Kleinen bezieht (37,41,42), eine Trias von Skandalonsprüchen (43,45,47) und das Bildwort vom Salz mit Imperativ, Frage und Antwort (50; vgl. die Analyse). Markus verklammerte dies zu einer durch Einzelszenen belebten Unterweisung der Jüngerschaft auf dem Weg nach Jerusalem.

[16] Belege bei Billerbeck II,23.

[17] Wieder sind die Auffassungen weitgespannt. Schweizer nennt folgende: Bereitschaft zum Opfer, Botschaft der Jünger, gesunder Menschenverstand (Kol 4,6), Liebestätigkeit, Weisheit in der Endzeit, Tischgemeinschaft, Friedenssymbol.

[18] Bultmann, Geschichte 160f, denkt an eine Logiensammlung, welche die Sprüche in 35,37,41–50 enthalten habe. Hirsch, Frühgeschichte I,106, läßt die Vorlage mit der Szene 33f beginnen. Ihr seien 36f, 42 und 50 gefolgt. Zurückhaltend ist Kuhn, Sammlungen 32–36. Es lasse sich positiv nicht nachweisen, daß 33–50 eine Art Gemeindekatechismus zugrunde liegt.

Wirkungsgeschichte

Das Wort vom Ärgernisgeben (42) wurde als Trostwort oder Drohung aufgefaßt, je nachdem, an wen man es gerichtet sah. Die immanente Traditionsgeschichte setzte sich in der Interpretationsgeschichte fort. Es sei den Frommen zum Trost hinzugefügt worden, »damit sie nicht verdrießlich werden, wenn die Welt sie verachtet«. Gott übersieht nicht die Jünger Christi, auch wenn die Welt sich über ihre Niedrigkeit lustig macht[19]. Beda hingegen bezieht das Logion auf den Rangstreit der Zwölf. Ihnen habe die scharfe Drohung gegolten. Denn wären sie in diesem Streit verblieben, würden sie jenen, die sie zum Glauben brachten, zum Ärgernis und zum Verderben werden[20]. Die Trias der Ärgernissprüche (43–47), besonders der Spruch vom Auge, konnte auf die sexuelle Begierde eingeschränkt werden. Justin[21] zitiert letzteren in Verbindung mit Mt 5,28; 18,9; 5,32 und 19,11f und deutet damit die verengte Sicht an, die allerdings in Mt 5,28f schon vorgegeben war. Rigoristische Askese führte dazu, daß man die bildliche Redeweise wörtlich nahm, wie der Fall des Origenes beweist. Die Handlungsweise des Origenes, der sich selbst entmannte, traf nach dem Bericht des Euseb teils auf größte Bewunderung, teils auf Ablehnung. Euseb spricht von unreifem jugendlichem Sinn[22]. Immerhin wird hier schon sehr früh eine Akzentuierung des sechsten Gebotes erkennbar, die in der späteren Moraltheologie weiterwirkt. Die Bildwörter vom Salz waren – wie nicht anders zu erwarten – für die verschiedensten Deutungen offen. Für Vers 49 scheint man aber den Bezug des Salzes auf die Weisheit und den heiligen Geist, für Vers 50 dagegen auf das Wort der Verkündigung bevorzugt zu haben. Die abschließende Aufforderung zum Frieden interpretiert Loisy, der den gesamten Abschnitt (9,33–50) auf dem Hintergrund einer eingetragenen Auseinandersetzung zwischen Juden- und Heidenchristentum deutet (s. oben S. 62), auf die zu erlangende Versöhnung zwischen diesen beiden Gruppen[23]. Loisy bietet damit ein klassisches Beispiel für die eine Zeitlang beliebte paulinische Interpretation des Markusevangeliums.

## *10. Streit um die Ehescheidung (10,1–12)*

*Literatur: Delling, G.,* Das Logion Mk X 11 (und seine Abwandlungen) im NT, NT 1 (1956) 263–274; *Turner, N.,* The Translation of μοιχᾶται ἐπ' αὐτήν, BiTr 7 (1956) 151–152; *Dupont, J.,* Mariage et divorce dans l'Evangile, Löwen 1959; *Baltensweiler, H.,* Die Ehe im NT, Zürich 1967, 43–81; *Vattioni, F.,* A propos de Marc 10,6, ScEs 20 (1968) 433–436; *Greeven, H.,* Ehe nach dem NT, NTS 15 (1968/69) 365–388; *Bammel, E.,* Markus 10,11f und das jüdische Eherecht, ZNW 61 (1970) 95–101; *Berger, K.,* Hartherzigkeit und Gottes Gesetz. Die Vorgeschichte des antijüdischen Vorwurfs in Mc 10,5, ZNW 61 (1970) 1–47; *Schaller, B.,* Die Sprüche über Ehescheidung und Wiederheirat in der synoptischen Überlieferung, in: Der Ruf Jesu und die Antwort der Ge-

[19] Calvin II,93.

[20] PL 92,226.

[21] Apol I, 15,1–4.

[22] Euseb, h.e. VI, 8,1–6.

[23] 286.

meinde (FS J. Jeremias), Göttingen 1970, 226–246; *Berger*, Gesetzesauslegung I, 508–575; *Sweet, J. P. M.*, A Saying, A Parable, A Miracle (Mk 10,11–12), Theol 76 (1973) 125–133; *Helmsoet, B.*, Créé à l'image de Dieu: la question du divorce dans Mark X, Miscellanea Neotestamentica II, 1978 (NT. S 48) 49–57 .

1 **Und er bricht von dort auf und kommt in das Gebiet von Judäa jen-**
**seits des Jordan. Und wieder versammeln sich Volksscharen bei ihm,**
**und wie er es gewohnt war, lehrte er sie.** 2 **Und Pharisäer traten heran**
**und fragten ihn, ob es dem Mann erlaubt ist, die Frau zu entlassen –, um**
**ihn zu versuchen.** 3 **Er aber antwortete ihnen und sprach: Was gebot**
**euch Mose?** 4 **Sie aber sprachen: Mose erlaubte, eine Scheidungsur-**
**kunde zu schreiben und zu entlassen.** 5 **Jesus aber sprach zu ihnen:**
**Hinsichtlich eures verhärteten Herzens schrieb Mose dieses Gebot nie-**
**der.** 6 **Von Schöpfungsbeginn an aber erschuf er sie als Mann und**
**Frau.** 7 **Deshalb wird der Mensch seinen Vater und die Mutter verlas-**
**sen,** 8 **und die zwei werden ein Fleisch sein, so daß sie nicht mehr zwei**
**sind, sondern ein Fleisch.** 9 **Was also Gott zusammengefügt hat, darf**
**der Mensch nicht trennen.** 10 **Und im Haus fragten ihn die Jünger**
**wieder danach.** 11 **Und er sagt ihnen: Wer seine Frau entläßt und eine**
**andere heiratet, begeht an ihr Ehebruch.** 12 **Und wenn sie, nachdem**
**sie ihren Mann entlassen hat, einen anderen heiratet, begeht sie Ehe-**
**bruch.**

Analyse

Die Perikope hebt mit einer Notiz an, die eine – wie noch zu zeigen ist – ziemlich ungenaue geografische Angabe mit einer allgemeinen Schilderung der Lehrtätigkeit Jesu verbindet (1). Sie ist selbständig und die folgende Perikope von ihr unabhängig. Darum kennzeichnet man sie am besten als kleinen Sammelbericht[1]. Markus ist als ihr Verfasser anzusehen. Dies ist in in erster Linie aus ihrer theologischen Intention abzuleiten – Jesus nähert sich Jerusalem –, die nur im Makrotext sinnvoll ist[2]. Die Perikope 2–12 zerfällt deutlich in zwei Teile, die Volks- (2–9) und die Jüngerbelehrung (10–12). Während die erste im Streit mit den Pharisäern anhand eines Schriftbeweises das mosaische Ehescheidungsgebot überwindet, bietet die zweite konkrete Regeln. Ihre traditionsgeschichtliche Selbständigkeit wird durch Lk 16,18 bestätigt, wo der erste Satz der Jüngerbelehrung isoliert überliefert ist. Dieser geht auf den Bestand der Überlieferung der Spruchquelle zurück (vgl. Mt 5,28). Markus fand Volks- und Jüngerbelehrung schon verbunden – vermutlich in einer kleinen Sammlung (dazu s. unten S. 105) – vor[3]. Das Schema der im Haus stattfindenden

[1] Schmidt, Rahmen 238.

[2] ἐκεῖθεν, διδάσκω sind Vorzugswörter in mk Editorial sentences (Gaston). Zu ἀναστάς vgl. 1,35; 7,24; zu Ἰουδαία und πέραν τοῦ Ἰορδάνου 3,7f.

[3] Anders Schweizer 109; Bultmann, Geschichte 25. Wendling, Entstehung 126–128, betrachtet die gesamte Perikope als redaktionell.

Sonderlehre für die Jüngerschaft ist in der Gemeindekatechese vorgeprägt. Das Kernstück der Perikope, nämlich 2–9, hat der Evangelist ohne erwähnenswerte Eingriffe übernommen. Dasselbe gilt für 10–12. Die Schriftargumentation 3–8 läßt sich aus 2–9 nicht herauslösen, um die angebliche Urform eines Gespräches zu gewinnen, das aus 2 und 9 bestanden habe[4]. Vers 9 ist ohne das vorausgegangene Schriftargument ganz unverständlich. Vers 12 dagegen ist eine aus Vers 11 abgeleitete, auf veränderte Rechtsverhältnisse übertragene sekundäre Zutat. Wie sich Vers 11 zu Lk 16,18 oder Mt 5,28 verhält, welche überlieferte Form des Satzes die älteste sein könnte, muß in der Interpretation geprüft werden.

Formal ist das Kernstück 2–9 ein Streitgespräch[5]. Die Gegner kommen mit einer Frage, werden durch eine Gegenfrage zunächst aufgehalten, um dann die eigentliche Antwort zu empfangen. Diese liegt in Vers 9 vor. Wie sie darauf reagieren, ist für den Erzähler uninteressant, weil die Gemeinde belehrt werden soll. Es ist zuzugeben, daß das Streitgespräch einen künstlich konstruierten Eindruck macht. Die gegnerische Frage, prinzipiell auf ein Ja oder Nein ausgerichtet, bereitet die radikale Antwort Jesu schon vor (anders Mt 19,3)[6]. Die Gegenfrage Jesu nach der Vorschrift des Mose legt den Pharisäern die gewünschte Antwort in den Mund. Mit anderen Worten, wir werden hier mit einer Debatte konfrontiert, die sich mit der schon bekannten Lösung Jesu auseinandersetzt. Die Debatte führt die Gemeinde mit jüdischen Kontrahenten, möglicherweise zusätzlich auch mit zweifelnden Gemeindemitgliedern. Das Streitgespräch entstand in einer judenchristlich bestimmten Gemeinde. Da die Schrift nach der griechischen Bibelübersetzung (LXX) zitiert wird, ist für hellenistisches Judenchristentum zu plädieren. – Das grundsätzlich gehaltene Logion in Vers 11 ist von Haus aus kein Rechtssatz, der einen Rechtskasus regeln will. In Verbindung mit Vers 12 erscheint er zwar als ein solcher, aber seine Form – konditionaler Relativsatz – ist in zahlreichen Herrenlogien anzutreffen. Delling spricht von einer konkret formulierten grundsätzlichen Äußerung[7]. Sie besitzt ein höheres Alter als das Streitgespräch. Dieses liefert nachträglich die schriftgelehrte Begründung für die prinzipiell getroffene Entscheidung, die auf Jesus zurückzuführen ist.

Erklärung Ein einführender Sammelbericht hat überleitende Funktion. Jesus bricht von
1 dort, nämlich Kafarnaum (9,33), auf und wandert weiter. 10,32 wird das Ziel genau angegeben: Jerusalem. Zunächst wendet er sich aber in das Gebiet von Judäa jenseits des Jordan. Diese Angabe hat zu Spekulationen Anlaß gegeben.

[4] So Berger, Gesetzesauslegung 552, der auch V1 zu diesem Urbestand hinzunimmt.

[5] Bultmann, Geschichte 25, spricht von einem Apoftegma.

[6] Mt 19,3ff bietet keine ältere Form des Streitgespräches, sondern rejudaisiert die Mk-Vorlage.

[7] Delling* 263, der zahlreiche Beispiele für andere Logien von der gleichen Struktur aufzählt: Mk 3,29.35; 4,25; 8,34 usw. Schaller* 245f betont, daß für einen Rechtssatz die Strafandrohung fehlt, möchte aber V11 als Gemeindeordnung begreifen.

Manche Abschreiber änderten um: in das Gebiet von Judäa und jenseits des Jordan, würden aber damit eine höchst umständliche Reiseroute beschreiben, da man von Galiläa aus zunächst nach Judäa kommt[8]. Andere lasen: in das Gebiet von Judäa durch Transjordanien, und hatten wohl den jüdischen Pilgerweg, der um Samaria herumführte, im Sinn[9]. Dies ist aber eine offenkundige Erleichterung des schwierigen Textes. So wird man – wenn diese geografische Bezeichnung auch unsicher ist – unter Judäa jenseits des Jordan[10] einen Aufenthalt im transjordanischen Gebiet angezeigt sehen, das zu Judäa gehörig gedacht ist. Markus denkt an keine neue Epoche des Wirkens Jesu, sondern daran, daß er Galiläa in Richtung Jerusalem endgültig verlassen hat. Auch unterwegs betätigt sich Jesus, wie es seiner Gewohnheit entspricht, als Lehrer des Volkes. Was er im folgenden sagt, ist für alle von Belang, wenngleich die Jüngerschaft besondere Informationen empfängt.

Im Volksgewühl treten Pharisäer an Jesus heran[11]. Ihre als versucherisch cha- 2–4
rakterisierte Frage, ob es dem Mann erlaubt sei, seine Frau zu entlassen, ist dann richtig eingeschätzt, wenn man die Meinung Jesu in dieser Sache bereits als bekannt voraussetzt. Hierin erweist sich das Verwerfliche der Fragestellung und die einbezogene spätere Gemeindediskussion. Weil im zeitgenössischen offiziellen Judentum nahezu jede Ehe legal zu lösen möglich gewesen ist (s. Exkurs 11) und Ehescheidung im Gesetz vorgesehen war, soll Jesus zum Widerspruch gegen das Gesetz herausgefordert werden. Darin ist das Versucherische der Anfrage zu sehen (vgl. 12,15). Entlassen umfaßt den gesamten Vorgang der Scheidung[12]. Der Gefragte pariert mit einer Gegenfrage. Auffällig ist, daß in ihr nicht von Erlaubnis, sondern von Gebot die Rede ist. Das ist nicht psychologisch zu verstehen: die Pharisäer fragen nach dem, was ihnen zukommt; Jesus fragt nach Gottes Gebot[13]. Vielmehr ist so der Wille Gottes, den Jesus gleich verkünden wird, in scharfem Gegensatz zu dem gestellt, was Mose vorschrieb. »Die widergöttliche Menschensatzung der Juden besteht im Scheidungsgebot selbst.«[14] Der antijudaistische Charakter der Kontroverse ist offenkundig. Wenn Jesus Mose für die Fragesteller reklamiert – was gebot Mose euch? –, bestätigt das diese Sicht. Die Pharisäer verharren auf ihrem Standpunkt, wenn sie erwidern, daß Mose den Scheidebrief auszustellen und die Frau zu entlassen *erlaubte*. Sie denken an Dtn 24,1–4, wo in der griechischen Bibel der gleiche Term: βιβλίον ἀποστασίου (Scheidungsurkunde) wie bei

[8] ℵ B sa bo. Hirsch, Frühgeschichte I, 109, vergleicht mit einer Fahrt von Berlin ins Rheinland und Oldenburg.

[9] Koine-Text.

[10] D G Θ. Vgl. Mt 19,1 und Marxsen, Evangelist 46f. Hirsch, Frühgeschichte I,108, möchte Judäa als den Machtbereich des römischen Prokurators verstehen und Samaria miteinbezogen wissen. Doch vgl. 1,5; 3,7; 13,14.

[11] προσελθόντες φαρισαῖοι fehlt in D $sy^s$ und bei einigen Lateinern. Dies ist als Verschreibung, keinesfalls als ursprünglich anzusehen. Gegen Baltensweiler* 44.

[12] Vgl. LXX 1Esr 9,36: καὶ ἀπέλυσαν αὐτὰς σὺν τέκνοις.

[13] So Schweizer.

[14] Berger, Gesetzesauslegung 541. Nach B. setzt die LXX bereits voraus, daß Dtn 24,1ff als Gebot aufzufassen bzw. das dort Gesagte bei gegebenen Umständen mit Sicherheit zu erwarten ist (514).

Markus begegnet. Hier wird die Scheidung davon abhängig gemacht, daß der Ehemann an seiner Frau kein Gefallen mehr findet, weil er an ihr »etwas Schandbares« (*erwath dabar*) entdeckt. Diese reichlich verschwommene Begründung wurde schon in den frührabbinischen Schulen von Hillel und Schammaj recht unterschiedlich, einerseits großzügig, anderseits streng, ausgelegt. Nach den mischnischen Vorschriften mußte der Scheidebrief vor allem die Erklärung des Ehemanns enthalten, daß seine bisherige Frau hiermit frei und jedermann zur anderweitigen Verehelichung erlaubt sei. Mit der Aushändigung der Urkunde war die Ehe geschieden und konnte durch Zurückholen der Urkunde nicht mehr wiederhergestellt werden[15].

5–9 In seiner Stellungnahme bestätigt Jesus die von den Pharisäern zitierte Vorschrift des Mose, bringt sie aber mit der Hartherzigkeit der Juden in Verbindung. Die σκληροκαρδία – ein alttestamentlicher Term – bezeichnet in der griechischen Bibel das durch fortgesetzten Ungehorsam gegenüber den göttlichen Weisungen fühllos gewordene menschliche Herz[16]. War die Vorschrift des Mose, die den Scheidebrief betrifft, eine Konzession an das verstockte Israel, oder wurde sie gegeben, um die Hartherzigkeit zu wirken und aufzudekken[17]? Die Abwertung mosaischer Gebote erfolgte bereits im Judentum[18]. Sie ist verknüpft mit einer Hochschätzung des Dekalogs und der Vorstellung, daß die Juden, die das goldene Kalb angebetet hatten, nach der ersten Gesetzgebung eine zweite von minderem Rang erhalten hätten. Diese Unterscheidung, die eine partielle Gesetzeskritik ermöglichte, erfolgte vor allem im Anschluß an Ez 20,25 und die hieran anschließende Auslegungstradition: »Auch gab ich ihnen Gesetze, die für sie nicht gut waren, und Anordnungen, die es ihnen unmöglich machten, am Leben zu bleiben.« In diesem Milieu dürfte sich Mk 10,5 bewegen. Die Hartherzigkeit, die das Scheidungsgebot im Auge hat, ist darum dessen Ausgangspunkt, wie auch umgekehrt das Gebot die Hartherzigkeit fortwährend unter Beweis stellt. Positiv leitet Jesus den Willen Gottes aus der Schöpfungsordnung ab. Das formelhafte »von Beginn der Schöpfung«, das vor allem in der Weisheitsliteratur begegnet[19], kennzeichnet die beiden folgenden Schriftargumente aus Gen 1,27 und 2,24 über Schriftzitate hinaus als Äußerungen des in die Schöpfung hineinverfügten Gotteswillens. Es ist darum abwegig zu sagen, hier werde Mose mit Mose geschlagen. Es steht nicht Schrift-

[15] Vgl. Billerbeck I,303–312. B. 311 bringt das Beispiel eines Scheidebriefes. Er endet mit den Worten: »Siehe, du bist erlaubt jedermann, und dies soll dir meinerseits sein als Schriftstück der Verstoßung und das Dokument der Scheidung und der Brief der Entlassung nach dem Gesetz Moses und Israels«. Es folgt die Unterschrift von zwei Zeugen.

[16] Vgl. Dtn 10,16; Jer 4,4; Sir 16,10. Im NT kommt das Wort außer an dieser Stelle nur noch im kanonischen Mk-Schluß 16,14 vor.

[17] Greeven* 377f möchte dem Akkusativ πρὸς τὴν σκληροκαρδίαν finale Bedeutung zuweisen. Das dürfte hier nicht geraten sein. πρός bezeichnet vielmehr einfach die Beziehung: »im Hinblick auf, hinsichtlich«. Die nähere Bestimmung der Beziehung ergibt sich aus dem Texthintergrund.

[18] Das hat Berger, Hartherzigkeit, aufgewiesen. Vgl. Berger, Gesetzesauslegung 268f. 541f.

[19] Vgl. Berger, Gesetzesauslegung 545; auch Mk 13,19. Vattioni* lehnt zu Recht die Auffassung ab, die Wendung beziehe sich auf den Anfang (des Buches) der Genesis.

wort gegen Schriftwort[20], sondern der ursprüngliche Gedanke Gottes gegen das sekundär hinzugetretene Gebot. Der ursprüngliche Zustand soll wiederhergestellt werden. Nun hat Gen 1,27 »Als Mann und Frau erschuf er sie« von Haus aus nichts mit einem Ehescheidungsverbot zu tun, sondern erzählt davon, daß Gott bei der Erschaffung des Menschen die beiden Geschlechter begründete. Es gab in der zeitgenössischen jüdischen Theologie nicht bloß gleichfalls das Bestreben, Schöpfung und Gesetz in Einklang zu bringen[21], sondern wir haben in der Qumranliteratur auch einen Beleg für eine analoge Verwendung von Gen 1,27. In Dam 4,21 wird die Genesisstelle angeführt gegen die als Unzucht angeprangerte Sitte, zu Lebzeiten zwei Frauen zu nehmen. Die Übereinstimmung ist darum besonders groß, weil Gen 1,27 als »die Grundlage der Schöpfung« bezeichnet und wie bei Markus eine Reihe von Schriftstellen zitiert wird. Der Unterschied besteht darin, daß bei Markus das Verbot der Ehescheidung, in Dam 4,21 die Forderung der Einehe auf Lebenszeit bzw. das Verbot der Polygamie begründet werden soll, ferner darin, daß es in Qumran um eine Radikalisierung des Gesetzes, bei Markus um eine Stellungnahme gegen das Gesetz Dtn 24,1ff geht. Die Jesusüberlieferung wurde mit Hilfe einer qumranischen bzw. qumrannahen Tradition aufgearbeitet[22]. Wie Gen 1,27 hat Gen 2,24, das zweite Schriftargument, im alttestamentlichen Text keinen Bezug zur Ehescheidung. Dort wird im Anschluß an die Erschaffung der Eva aus der Rippe des Adam erklärt, daß – aufgrund dieser besonderen Schöpfungsweise – der *Mann* Vater und Mutter verläßt und sich an seine Frau bindet. Der Drang der Geschlechter zueinander findet so eine ätiologische Deutung. Für Markus ist Gen 1,27, die Erschaffung des Menschen als Mann und Frau, der Grund dafür, daß der *Mensch* Vater und Mutter verläßt. Seine Argumentation ist nur von der griechischen Bibel (LXX) her möglich, die hebräisches »Mann« (*isch*) mit »Mensch« (ἄνθρωπος) wiedergibt, und statt »sie werden ein Fleisch sein« sagt, »*die zwei* werden ein Fleisch sein«. Es kommt auf die Verbindung von zwei von Gott füreinander bestimmte Menschen an. Beide – das ist ein dem Alten Testament gegenüber neuer Gesichtspunkt – verlassen das Elternhaus, um den Schöpfungsauftrag zu erfüllen[23]. Die Kombination der beiden Schriftstellen Gen 1,27 und 2,24 ergibt, daß das zweite Zitat, das sich auf die Erschaffung Evas aus dem Mann zurückbezieht, als Argument nicht ausreichte. Es hätte zwar die eheliche und geschlechtliche Verbindung von Mann und Frau begründen können, aber nicht den Ausschluß der Ehescheidung. Im Licht von Gen 2,24 muß Gen 1,27 so verstanden werden, daß Gott sie als einen Mann und eine Frau erschuf[24] und die bei der Schöpfung verfügte konkrete Zusammenführung zweier Menschen als untrennbare Gemeinschaft konzipiert hatte.

[20] Gegen Klostermann. Einzelne Handschriften ergänzen als Subjekt ὁ θεός: Koine-Text D Θ lat sy.

[21] Vgl. Berger, Gesetzesauslegung 543–546.

[22] Vgl. G. Jeremias, Der Lehrer der Gerechtigkeit, 1963 (StUNT 2), 97f; Braun, Radikalismus II,111 Anm. 3.

[23] Für Mk 10,7 ist der Satz »und er wird seiner Frau anhangen« zu streichen. Koine-Text D Θ lesen ihn. Er kam durch LXX- oder Paralleleinfluß (Mt 19,5) in den Text.

[24] Auch das stimmt mit Dam 4,21 überein.

»Die zwei werden ein Fleisch« hebt nicht ab auf die neugewonnene Verwandtschaft, sondern auf die leiblich-geschlechtliche Verbindung der Eheleute. Diese erfährt in der Schöpfungsordnung eine höchst positive Wertung, umfaßt aber mehr als die leibliche Gemeinschaft, nämlich die personale Bindung. Eine grundsätzliche Schlußfolgerung faßt die Schriftargumentation zusammen. Das von Gott Verbundene soll der Mensch nicht trennen. Mit dem Gegensatz Gott – Mensch wird damit rückwirkend die Mose-Vorschrift des Scheidebriefes als Menschensatzung abgestempelt. Das griechische Wort συνέζευξεν – wörtlich: unter ein Joch spannen – könnte, wie schon das Heraustreten aus dem Familienverband, die Schwere des Entschlusses zu einer Ehe, aber noch mehr die jetzt anstehende gemeinsame Lebensbewältigung andeuten. Gott wird ausdrücklich als der Verbindende herausgestellt. Das bestätigt im nachhinein die Interpretation der Schriftargumente. Vielleicht steht dahinter die rabbinische Vorstellung, daß Gott selber nicht bloß die Paradiesesehe, sondern jede einzelne Ehe stiftet[25]. Auf das der jüdischen Theologie gleichfalls bekannte Konzept, daß Adam im Ursprung ein androgyner Mensch gewesen wäre und die Ehe somit den Urzustand wieder einbringe, ist zu verzichten[26]. Das Verbot der Ehescheidung wird gerade nicht aus einem naturhaften Vorgang, sondern dem Willen des frei verfügenden Gottes abgeleitet.

10–12 Im Haus erhalten die Jünger auf ihre Anfrage hin, die allerdings nur ganz allgemein formuliert ist, eine Sonderbelehrung. Im Gegensatz zur vorausgegangenen schrifttheologischen Begründung führt Jesus in weitgehender Parallelisierung zwei Regelsätze an, von denen der erste auf den Ehemann, der zweite auf die Ehefrau bezogen ist. Charakteristisch ist, daß die beiden Regeln im Licht des sechsten Gebotes »Du sollst nicht ehebrechen!« (Ex 20,13; Dtn 5,17) gegeben werden. Nicht von Trennung, sondern von Entlassung der Frau durch den Mann und umgekehrt wird gesprochen. Von Entlassung der Frau durch den Mann redete auch Dtn 24,1. Ehebruch ist dann gegeben, wenn der Mann seine Frau entläßt und eine andere heiratet. Bedeutet dies eine Erleichterung im Vergleich mit Vers 9? Man hat das behauptet und gesagt, Vers 9 verbiete die Trennung der Ehepartner, während Vers 11 nicht die Trennung, sondern die Wiederverheiratung untersage[27]. Zu beachten aber bleibt der theologische Ausgangspunkt. Wer vom sechsten (7.) Gebot aus argumentiert, mußte das Verhältnis mit einem neuen Partner miteinbeziehen. Auch wird praktisch die Entlassung in der Regel zum Zweck der Wiederverheiratung erfolgt sein. Im übrigen belastet Vers 11 die jüdische Scheidungspraxis zusätzlich, weil er diese als Verstoß gegen ein Gebot des Dekalogs erkennen läßt. Unklar ist, auf wen sich das unbestimmte »er begeht Ehebruch an bzw. mit ihr« (ἐπ᾽ αὐτήν) bezieht. Soll die Schuld der ersten Frau gegenüber betont sein[28]? Oder soll her-

[25] Vgl. Billerbeck I,803 und Baltensweiler* 50.

[26] Belege für diese Vorstellung bei Billerbeck I,801f. Sie spielt auch in der Gnosis eine Rolle. Vgl. Naassenerevangelium: Hippolyt, ref.omn.haer. V 7,15 (bei Aland, Synopsis 336).

[27] Vgl. Schaller* 240–244.

[28] Berger, Gesetzesauslegung 559; Klostermann; Delling* 270f.

ausgestellt sein, daß der Mann mit einer zweiten Frau buhlte und so schuldig wurde? Wegen der einmaligen Formulierung ist das letztere zu vermuten[29]. Es liegt nicht die abstrakte Vorstellung eines Ehebandes zugrunde, das verletzt wurde, sondern man erblickt die zerstörende Kraft, die die eheliche Gemeinschaft vernichtet, im ungeordneten Geschlechtstrieb[30]. Während par Mt 5,32; Lk 16,18 als zweiten Fall eines Ehebruches das Beispiel bringen, daß ein Mann eine entlassene Frau heiratet, führt allein Markus die Entlassung des Mannes durch die Frau und ihre Wiederverheiratung an. In diesem Punkt ist seine Tradition sicher sekundär. Sehr umstritten aber ist, ob Mk 10,11 bzw. Lk 16,18 oder Mt 5,32 die ältere Form des Logions bewahrt hat. Mattäus nimmt – auch bei Wegfall der sog. Unzuchtsklausel – mehr auf die Privilegien des Mannes Rücksicht und wirkt jüdischer. Wahrscheinlich aber liegt hier nicht die ursprüngliche Fassung, sondern Rejudaisierung vor (vgl. Mt 5,37). Dem Ursprungssinn sind wir in Lk 16,18 am nächsten[31]. Die gewissermaßen gleichberechtigte Behandlung der Frau in Mk 10,12 bereitete Schwierigkeiten. Diese führten zu bemerkenswerten Textvarianten:

1. Und wenn sie, nachdem sie ihren Mann entlassen hat, einen anderen heiratet (ℵ B);
2. Und wenn sie ihren Mann entläßt und von einem anderen geheiratet wird (Koine-Text)[32];
3. Und wenn sie von ihrem Mann fortläuft (ἐξέλθῃ ἀπὸ τοῦ ἀνδρος) und einen anderen heiratet (D it)[33].

Wir haben es hier nicht mit dem Kirchenrecht der jeweiligen Kirchenprovinz zu tun, sondern mit Versuchen, die nach Variante 1 zu kühn erscheinende Stellung der Frau abzubauen. Variante 1 ist zu bevorzugen. Sie entspricht Rechtsverhältnissen, die mit der palästinisch-jüdischen Rechtsauffassung von der Ehe nicht in Einklang zu bringen sind, sich aber mit dem griechisch-römischen und jüdisch-ägyptischen Scheidungsrecht vereinbaren lassen[34]. In diesen außerpalästinischen, wahrscheinlich römischen Verhältnissen, war es notwendig, eine Regelung für das geschilderte Verhalten der Frau vorzusehen. Auch sie wird im Fall der Wiederverheiratung schuldig und zur Ehebrecherin. Variante 3, die

[29] Den Semitismus hat Schaller* 240–244 nachgewiesen. Turner* vermutet, daß LXX Jer 5,8 eingewirkt hat: Jeder buhlte mit der Frau (ἐπὶ τὴν γυναῖκα) seines Nächsten.

[30] Vgl. Berger, Gesetzesauslegung 560.

[31] Anders Greeven* 382–385. Zurückhaltend urteilt Berger, Gesetzesauslegung 569f: »Die Frage, welche Fassung möglicherweise Jesus näherstehe, ist vielleicht zugunsten von Mt 5,32 zu beantworten«. B. hält dabei die Unzuchtsklausel für ursprünglich (567). Auf eine Diskussion dieses interessanten, aber nicht mehr markinischen Problems muß hier verzichtet werden.

[32] Bevorzugt von Greeven* 383 Anm. 4, der zu Unrecht Variante 1 auf die vom Mann entlassene Frau beziehen möchte.

[33] Bevorzugt von Kuhn, Sammlungen 161, weil in den Varianten 1 und 2 V 12 mit 11 parallel gestaltet worden sei.

[34] Bammel* hat den Versuch unternommen, Variante 1 als »nicht unbedingt unpalästinisch« (101) nachzuweisen. Von den von ihm beigebrachten Belegen sind zwei Elephantine-Papyri am überzeugendsten, die wiederum auf jüdisch-ägyptische Rechtsverhältnisse verweisen. Vgl. Berger, Gesetzesauslegung 558 Anm. 2, auch 1Kor 7,10 und 13. Zum nichtsemitischen Stil von Mk 10,12 vgl. Beyer, Semitische Syntax 145 und 267.

den Satz wieder jüdischen Verhältnissen annähert, könnte auf die apokalyptische Vorstellung Rücksicht nehmen, daß ihren Männern davonlaufende Ehefrauen die totale Unordnung mit einleiten, die in der Endzeit herrschen soll[35]. Die Verse 11f promulgieren zwar noch kein kirchliches Eherecht. Sie nähern sich aber der kasuistischen Art einer Behandlung von Eheproblemen, die in den frühchristlichen Gemeinden auftauchten und für die man Lösungen bereitstellen mußte. Diesen Eindruck vermittelt insbesondere die Tatsache, daß Vers 12 eine Ableitung aus 11 ist.

Historische Beurteilung

Die historische Frage ist schon durch Analyse und Interpretation geklärt worden. Während 1–9 die Gemeindediskussion widerspiegelt, ist das Logion in Vers 11 – in seiner Lk 16,18 vorliegenden Fassung – als jesuanisch anzusprechen. Jesus ging es nicht um Ehegesetze, sondern um verschärfte sittliche Weisungen, wie sie in der Bergpredigt anzutreffen sind. Die Radikalität seiner Auffassung zeigt Mt 5,28.

Zusammenfassung

Markus benutzt die Perikope – wie auch die folgende –, um Jesus auch auf seiner Wanderung nach Jerusalem als beständig Wirkenden zu schildern. Die Jüngerbelehrung am Ende, die den Schwerpunkt besitzt, fügt sich in den zweiten Teil des Evangeliums, in dem die Ausrichtung auf die Jüngerschaft dominiert, gut ein. Vielleicht begriff der Evangelist die Anfrage der Jünger als Äußerung ihres Unverständnisses und der Notwendigkeit, daß sie auf Belehrung angewiesen sind. Als in besonderer Weise Belehrte sind sie in der Lage, das Wort des Herrn verbindlich an die Gemeinden weiterzugeben.

## 11. Exkurs: Ehescheidung und Wiederverheiratung

*Ehescheidung und Wiederverheiratung*[36] erfahren im Judentum einerseits und in der griechisch-römischen Kultur anderseits unterschiedliche Beurteilungen. Von der juridischen Behandlung ist die sittliche Bewertung zu trennen. Im Judentum zur Zeit Jesu war die Grundlage für die Ehescheidung Dtn 24,1ff. Da die Ehe als sachenrechtliche Größe angesehen wurde und die Frau als Besitz des Mannes galt, lagen Initiative und Durchführung im Fall einer Ehescheidung beim Mann. Die dominierende Stellung des Mannes kommt bereits bei der üblichen Trauformel zum Ausdruck, die allein vom Mann gesprochen wurde und lautete: Sei mir ausgesondert (Qid 2,1). Wir können davon ausgehen, daß zur Zeit des Neuen Testaments die simultane Bigamie in Palästina kaum vorgekommen sein dürfte, die sukzessive nach erfolgter Scheidung war um so häufiger. Der Zweck des bei der Ehescheidung der Frau ausgehändigten Scheidebriefes (get, vom babylonischen gittu, Urkunde, Quittung) war, die Frau freizugeben und sie bei Wiederverheiratung vor dem Vorwurf des Ehebruchs zu bewahren. Wenn es auch in

[35] Vgl. ApkEsr 3,12.

[36] Vgl. G. Delling, RAC IV,707–719; B. Kötting, RAC III,1016–1024; Billerbeck I,303–320; F. Hauck – S. Schulz, ThWNT VI,579–595; Moore, Judaism II,119–140. Reiche Literaturangaben bei Berger, Gesetzesauslegung 558 Anm. 2.

der mischnischen Periode keine Ehe gab, die legal nicht vom Mann hätte gelöst werden können, existierten divergierende Interpretationen des in Dtn 24,1 angegebenen Scheidungsgrundes: weil der Mann an der Frau etwas Schandbares (erwath dabar) entdeckt. Die Susannageschichte (Vers 63) und Sifre Dtn 26 beziehen den unklaren Ausdruck auf Ehebruch der Frau[37]. Die Schule Schammajs faßt den Begriff eng und bringt ihn mit einer »schandbaren Sache«, das heißt mit Unzuchtsünden, in Verbindung. Die Schule Hillels faßt ihn weit und kann unter erwath dabar so geringfügige Dinge wie das Anbrennenlassen der Suppe verstehen. Dabei bleibt zu beachten, daß das Kochen zu den wichtigsten Frauenpflichten gehörte. Die Vernachlässigung der Küchenaufgabe konnte passiver Widerstand der Frau sein. Ähnlich weitherzig deuten Tg Jerushalmi 1 und Tg Onkelos: wenn er an ihr die Übertretung eines Gebotes findet[38]. Die juridische Regelung der Ehescheidung wurde in Israel als Vorzug gegenüber anderen Völkern gewertet. Die enge Verknüpfung des juridischen mit dem religiösen Bereich muß dabei im Auge behalten werden. Wiederverheiratungsbeschränkungen gab es für Priester, denen die Ehe mit einer Witwe untersagt war. Dies galt jedoch nicht, wenn es sich um die Witwe eines Priesters handelte. Die Vorschrift zielte auf die Reinerhaltung des Blutes in den priesterlichen Familien ab. Gelegentlich hören wir davon, daß die Ehefrau einen Einfluß auf die Ehescheidung ausübt. Nach Ed 2,3 wird der Frau in einer auf Chanina zurückgehenden Überlieferung gestattet, den Scheidebrief zu schreiben, den allerdings der Mann unterschreiben muß[39]. In gewissen Fällen konnte der Mann gerichtlich gezwungen werden, die Scheidungsurkunde auszustellen, wenn er an bestimmten Krankheiten litt, ein üblen Geruch verbreitendes Gewerbe ausübte, wenn er der Frau für längere Zeit den Unterhalt verweigert oder ihr auf mehrere Monate das Betreten des Elternhauses verboten hatte usw. Die Scheidung von einer Jüdin um einer nichtjüdischen Frau willen wurde als Unrecht angesehen, dagegen wird die Trennung von einer Nichtjüdin nachdrücklich gefordert (vgl. Esr 10,10f). Wenn Salome ihrem Gatten einen Scheidebrief schrieb (JosAnt 15,259ff: »Was den Gesetzen der Juden zuwider war«) oder Herodias sich ähnlich emanzipiert verhielt (Ant 18,136ff), hat das als Ausnahme zu gelten. Mit der Scheidung ist normalerweise die Auszahlung der kethuba (Eheverschreibung) verknüpft. Bei bestimmten Verstößen der Frau unterbleibt sie, auch bei Unfruchtbarkeit. Eine hohe Ehemoral treffen wir in Qumran an. In Dam 4,21 werden jene gegeißelt, die »zwei Frauen zu ihren Lebzeiten nahmen«. Die ihnen gegenüber erhobene (aus Gen 1,27; 7,9 und Dtn 17,17 abgeleitete) Forderung macht sehr wahrscheinlich die Einehe auf Lebenszeit zum Maßstab. Dies schließt ein Verbot von Scheidung und Wiederverheiratung mit ein. Auch im hellenistischen Judentum ist eine Auffassung nachweisbar, nach der trotz formaler Scheidung die Wiederverheiratung mit Ehebruch auf eine Stufe gestellt wurde (Philo, SpecLeg 3,30f)[40].

Im griechisch-römischen Raum war die Eheordnung monogam. Das Konkubinen- und Hetärenwesen ist davon unberührt. Ehescheidung war in verschiedenen Formen möglich. In der griechischen Kolonie Thurii am Tarentinischen Meerbusen hatte die Frau einmal das Recht, ἀπολύειν τὸν ἄνδρα und mit einem anderen zusammenzuwohnen (DiodSic XII 18,1). Nach attischem Recht gab es für die Eheleute entweder das Fortschicken durch den Mann (ἀποπέμπειν) oder das Verlassen seitens der Frau (ἀπολείπειν). Ersteres ist an keine behördliche Mitwirkung gebunden, es sei denn, daß der

[37] Vgl. Berger, Gesetzesauslegung 515f.
[38] Ebd.
[39] Vgl. Bammel* 99f.
[40] Vgl. Berger, Gesetzesauslegung 518–520. 557–559.

Mann die pflichtgemäße Auszahlung der Mitgift ohne Grund verweigert. Auf Verkuppelung der Frau stand die Todesstrafe. Gelegentlich hören wir von bei der Ehescheidung fungierenden Zeugen. In Athen war der Gatte genötigt, sich von einer beim Ehebruch ertappten Frau zu trennen. Andernfalls verfiel er der Atimie. »Die Verlassene« war ein beliebter Komödientitel. In Rom existierten die Ehescheidungsformen der diffarreatio (Trennung einer religiös geschlossenen Ehe) und remancipatio, durch die die Frau aus der Gewalt des Mannes entlassen wurde. Mindestens in der spätrepublikanischen Zeit konnte die Scheidung auch durch die Frau vollzogen werden, oder man trennte sich in gegenseitigem Einverständnis. Für die einseitige Scheidung genügte eine mündliche Erklärung (repudium), die durch Boten überbracht werden konnte. Diese Lockerung führte zum viel beklagten weitgehenden Zerfall der Einehe. Geschiedene Frauen sollten sich nach dem Willen der Gesetzgebung möglichst bald und unter Wahrung festgelegter Fristen wieder verheiraten. Neben diesen Auflösungserscheinungen vernehmen wir Stimmen, welche die eheliche Treue preisen. Bezeichnend ist, daß sie sich auf die Treue der Frau beschränken. In der Literatur werden rühmend zahlreiche Beispiele von Frauen genannt, die sich nach erlangter Witwenschaft weigerten, sich noch einmal zu verehelichen. Daraus kann man schließen, daß den Römern oder bestimmten Kreisen unter ihnen eine zweite Ehe der Frau als unschicklich galt. Bestätigt wird diese Einstellung durch nicht wenige – römische und griechische – Grabinschriften, welche die Treue einer univira bzw. μόνανδρος über den Tod hinaus ehrend festhalten. Daß den Männern irgendwelche Einschränkungen gemacht werden, hören wir nicht.

Wirkungsgeschichte

Bei der Einblendung der Wirkungsgeschichte der Perikope ist von vornherein zu bedenken, daß die Frage der Ehescheidung nur einen, und dazu auch noch negativ gefaßten Aspekt der Ehe ausmacht. Positive Ehebelehrungen sind darum in diesem Kontext kaum zu erwarten. Exegetisch beurteilen Theophylakt und Calvin[41] das Versucherische der Pharisäeranfrage zutreffend, wenn sie sagen: Verneinte Jesus ihre Frage, konnten sie ihn des Gesetzbruches zeihen, bejahte er sie, konnten sie behaupten, er sei eher ein Kuppler als ein Profet Gottes. Die Institution des mosaischen Scheidungsbriefes wird erschreckend nüchtern beurteilt, wenn Beda und Erasmus[42] feststellen, Mose erlaubte die Entzweiung lieber als die Möglichkeit, daß die ungeliebte Frau Gefahr lief, getötet oder vergiftet zu werden oder ein erbärmliches Leben führen zu müssen, nachdem eine andere, die reicher, schöner oder jünger ist, auf den Plan getreten war. Die Schriftargumentation in Gen 1,27 wird auf die Einehe hin ausgelegt (masculum et feminam, non feminas)[43], die in Gen 2,24 auf das eine Fleisch: »Wer sich also von seiner Frau scheide, schneide gewissermaßen eine Hälfte von sich ab.«[44] Zu dem einen Fleisch kann hinzugefügt werden: Castitas juncta spiritui unius efficitur spiritus[45]. Einerseits wird das Entlassen der Frau religionis causa zugestanden[46], anderseits das Verlassen des Vaters nicht als selbstverständlich hingenommen, da es der Ehrerbietung widersprechen könnte, die Gott den Kindern befohlen hat[47]. Brisanz gewinnt die Diskussion dort,

41 Theophylakt, PG 123,596; Calvin II,121.
42 Beda, PL 92,230; Erasmus, Bd. 7,133.
43 Beda: PL 92,230. B. bezieht ἀπὸ δὲ ἀρχῆς κτίσεως auf den Beginn des Buches Genesis.
44 Calvin II,122.
45 Beda, ebd.
46 Beda, ebd.
47 Calvin, ebd.

wo das Ehescheidungsproblem direkt angesprochen wird. Calvin, der nachdrücklich die Unauflöslichkeit der Ehe verficht – auch von einer aussätzigen Frau trenne man sich nicht! –, kommt auf die Mitwirkung der staatlichen Obrigkeit bei der Ehescheidung zu sprechen. Die staatlichen Gebote stellen uns zu Rechtsstreitigkeiten einen weit größeren Raum zur Verfügung als das Gebot der Liebe, weil sonst dem einzelnen kein Recht werden könne. Da wir aber den Anweisungen der Liebe folgen sollen, müßten wir zusehen, die eigenen Fehler nicht mit dem Mantel der Gesetze zuzudecken, um so die Schuld nur zu verdoppeln. Politische Gesetze böten nicht immer eine Regel für ein christliches Leben, noch viel weniger könnten die Gewohnheiten dazu dienen[48]. Nicht vom Standpunkt Recht oder Liebe beurteilt Schweizer[49] die Problematik, sondern vom Standpunkt menschlicher Schuld und göttlicher Barmherzigkeit. Scheidung könne Zeichen der Buße sein als Eingeständnis der Schuld, daß Gottes Wille nicht gelungen sei, und könne freimachen zu neuer Barmherzigkeit Gottes. Ein äußeres Weiterführen einer zerbrochenen Ehe könne eine solche Schulderkenntnis gerade verwischen. Schweizer beurteilt diese extreme Position als äußerste Möglichkeit. Anders urteilt Barth[50], der die theologischen Voraussetzungen der Unauflöslichkeit der Ehe abklärt und es ablehnt, diese als abstraktes Verbot zu sehen. Am Anfang stünden das gekommene Reich Gottes, der erfüllte Bund, die erschienene Gnade. Wer dieses Geschenk von Jesus annimmt, indem er sich zu seinen Worten bekennt, für den ergäbe sich die Unmöglichkeit der Scheidung als der offenbare ursprüngliche Sinn von Gen 2,18ff. Prinzipiell ist hier ausgeprochen, daß die Einzelweisung nur vom Ganzen her ihren Sinn empfängt, wie das christliche Leben als ganzes sich zu bewähren hat.

## *11. Die Kinder und das Reich Gottes (10,13–16)*

*Literatur: Jeremias, J.,* Mc 10,13–16 parr und die Übung der Kindertaufe in der Urkirche, ZNW 40 (1941) 243–245; *Cullmann, O.,* Die Tauflehre des NT, 1948 (AThANT 12) 65–73; *Neuhäusler, E.,* Anspruch und Antwort Gottes, Düsseldorf 1962, 134–140; *Best, E.,* Mark 10: 13–16: The child as model recipient, Biblical Studies (FS W. Barclay), London 1976.

13 **Und sie brachten Kinder zu ihm, daß er sie berühre. Die Jünger aber fuhren sie an.** 14 **Jesus aber, der es sah, wurde unwillig und sprach zu ihnen: Laßt die Kinder zu mir kommen, hindert sie nicht, denn solchen gehört das Reich Gottes.** 15 **Amen ich sage euch, wer das Reich Gottes nicht annimmt wie ein Kind, wird nicht in es hineinkommen.** 16 **Und er schloß sie in die Arme, legte ihnen die Hände auf und segnete sie.**

[48] Ebd. 123–125.
[49] 111.
[50] Dogmatik III/4,230.

Analyse Die Perikope besitzt eine Parallele in 9,36f. Wir entschieden uns dort zu der Auffassung, daß Markus die rahmende Szene gebildet hat. Hier haben wir das Original vor uns. Aber auch dieses hat der Evangelist nicht ohne Eingriff übernommen. Vers 15 enthält die paränetische Anwendung des Geschilderten. Ohne ihn erscheint die Erzählung geschlossener und ist der Form nach als biografisches Apoftegma anzusprechen. Es nimmt Stellung zur Rolle des Kindes und gehört wahrscheinlich zur judenchristlichen Tradition Palästinas. Die an die Jünger gerichtete Warnung des Verses 15, sich das Kind zum Vorbild zu nehmen, paßt vorzüglich in den weiteren Kontext und stimmt auch mit den markinischen Intentionen zusammen. Vers 15, der in par Mt 19,13–15 fehlt, ist aber kaum in seiner ursprünglichen Fassung überliefert. Die Formulierung »das Reich Gottes annehmen« ist einmalig neben par Lk 18,17, die Wiederholung εἰς αὐτήν wirkt störend. Die alte Fassung haben wir in Mt 18,3 vor uns. Wiederum traf Markus ein Herrenwort in einer mehr zersagten Form an. Oder sollte er es bei der Einfügung abgewandelt haben? Bei der Einfügung wurde in Vers 14 »denn solchen gehört das Reich Gottes« an die Stelle des unmittelbaren »denn diesen . . .« (τοιούτων statt τούτων) gesetzt. Die Abwandlung bereitet die Anwendung des Ganzen, die Vers 15 liefert, vor[1].

Erklärung
13 Die Exposition berichtet zunächst davon, daß man Kinder zu Jesus bringt, mit dem Wunsch, er solle sie berühren. Mit dem Berühren ist nicht der aus Heilungsgeschichten bekannte Gestus gemeint, sondern auf den durch Handauflegung gespendeten Segen angespielt. Die Berührung soll die Segenskraft auf die Kinder überströmen lassen. Damit ist ein für die Bewohner des Landes bekanntes Bild gezeichnet. Ähnliches wird sich vor manchem Rabbi wiederholt haben, Eltern pflegten ihre Kinder zu segnen. Die abweisende, fast empörte Reaktion der Jünger wird nicht näher begründet, wie auch nicht gesagt wird, wer die Kinder brachte und gegen wen sich demnach der Jüngerzorn richtet[2]. Daß es die Eltern waren – was am nächsten liegt –, ist dem Erzähler nicht erwähnenswert. Jedenfalls ist das geschilderte Gebahren der Jünger herrschsüchtig und wenig liebevoll. Gegenüber Kindern konnte man es sich leisten[3], sie standen innerhalb der Rangordnung der Gesellschaft ziemlich unten. Die Bedeutung der Kinder für Jesus war in unserem Evangelium neben 9,36f schon dadurch angezeigt worden, daß er zwei Kindern Hilfe gewährt hatte (5,35–43; 7,24–30).

14–16 Nur an dieser Stelle hören wir vom Unwillen Jesu (sonst der Jünger: 10,41; 14,4). Mt 19,14; Lk 18,16 haben diesen menschlichen Zug gestrichen, vermutlich erschien er ihnen unziemlich. Die Jünger dürfen es den Kindern nicht wehren, zu ihm zu kommen. Man sah hier eine spezielle Gemeindeproblematik eingefangen. Weil das Verb »hindern« (κωλύειν) in Apg 8,36; 10,47; 11,17 im

[1] Damit ist der in den Kommentaren immer wieder erhobene Vorwurf, man dürfe V 15 nicht von 14 her interpretieren, in das rechte Licht gerückt.

[2] Wenn Koine-Text D W hinzufügen: »sie fuhren die an, die sie brachten«, bedeutet das keine zusätzliche Information.

[3] par Lk 18,15 spricht von Säuglingen.

Kontext der Taufspendung vorkommt und die Taufbewerber in der frühen Kirche geprüft wurden, ob ein Hindernis gegen sie vorliege, glaubte man, daß in der Zeit, in der die Tradition fixiert wurde, die Frage der Kindertaufe aktuell gewesen sei[4]. Die Antwort Jesu insinuiere die Zulassung der Kinder zur Taufe. Jedoch ist das Problem für diese frühe Zeit nicht zu erwarten. In 9,39 kam das Verbum ebenfalls vor. Wie dort will die Stellungnahme Jesu das Festhalten der Jünger an Vorurteilen und Privilegien zurechtweisen. Wenn den Kindern vorbehaltlos das Reich Gottes zugesagt wird, erinnert das an die erste Seligpreisung der Jüngerunterweisungsrede nach Lk 6,20 par. Das Reich Gottes ist Gnade, ist ein Geschenk, das Gott den Menschen machen will. Nach verbreitetem zeitgenössischem Urteil hatte das Kind, das des Gesetzes unkundig war, noch keine Verdienste in der Thora und vor Gott[5]. Wenn gerade den Kindern das Reich verheißen wird, wendet sich Jesus gegen das theologische Verdienstdenken einer patriarchalisch orientierten Gesellschaft und erklärt die Fähigkeit des Kindes für bedeutsam, Gott vertrauensvoll Vater zu nennen und sich von ihm beschenken zu lassen. So ist der Sinn der dem Markus vorgegebenen Tradition zu beschreiben. In der markinischen Ebene kommt ein anderes Anliegen zur Geltung. Nicht mehr das unmittelbare Verhältnis zu den Kindern ist maßgeblich, vielmehr wird die Kinderszene transparent für die Jünger. Diese Veränderung bringt der Amen-Satz ein, der den Empfang des Reiches Gottes von der Forderung abhängig macht, wie ein Kind zu werden. Wie ein Kind werden aber heißt jetzt, klein werden vor Gott und den Menschen, das Über-andere-herrschen-wollen beiseite legen, zum Abbau eigener Privilegien bereit sein. Diese markinische Sinngebung ergibt sich aus dem Duktus der Jüngerbelehrungen und -tadel des näheren Kontextes (9,33–37; 9,38ff; 10,35ff)[6]. Die einzigartige Formulierung vom Annehmen des Reiches Gottes legt es nahe, dieses Reich hier als eine präsentische Größe anzusehen. Man geht zwar in das zukünftige Reich ein, aber seine Annahme geht dem offenbar voraus. Die Basileia ist auch schon Gegenwart. Markus hat diesen Gegenwartsbezug christologisch verstanden. Im Wirken Jesu kann man die Basileia bereits jetzt erfahren. Ein Bild hierfür bildet die Abschlußszene, in der Jesus die Kinder in seine Arme nimmt und sie segnet[7]. Dies ist die Erfüllung des zunächst verwehrten Wunsches der Leute (13), hintergründig aber die Bestätigung auf die in 14f gegebenen Verheißungen.

[4] Cullmann*, Jeremias*.

[5] Vgl. Billerbeck I,786; Jub 23,26.

[6] Die Auskünfte zu V 15 sind sehr divergierend. Jeremias* 244f bezieht die Annahme des Reiches Gottes unmittelbar auf die Taufe (= Proselyt werden, übertreten). Wie ein Kind werden, ist dann Taufvoraussetzung. Nach Klostermann bedeutet die Wendung Einfalt des Herzens, nach Taylor zielt sie auf die Einfachheit und Natürlichkeit des Kindes ab. Das Kindsein vor Gott betont Joseph und Asenet 12,13–14; 13,13; 11,12.

[7] Statt ἐναγκαλισάμενος lesen D it sy[s] προσκαλεσάμενος (er rief sie herbei). Das paßt zwar zur Situation der nicht zugelassenen Kinder, schwächt aber die Reaktion Jesu ab.

Historische Beurteilung

Unter historischem Aspekt läßt sich das Logion in Vers 15 nicht mehr als unmittelbares Jesuswort auffassen. Vers 14 aber (vgl. die Analyse) und eine analoge Szene reichen in das Leben Jesu zurück[8]. Dafür sprechen verschiedene Beobachtungen. Das Verhältnis zu den Kindern war kein aktuelles Gemeindeproblem, wie die Übertragung dieser und entsprechender Szenen auf die Kleinen und Geringen in der Gemeinde bestätigt. Jesu Eintreten für die Kinder als Vorstoß gegen ein verhärtetes Denken ist Bestandteil seiner Rede von Gott. Gottes Geben läßt sich nicht berechnen, sondern übertrifft immer die Erwartung des Menschen.

Zusammenfassung

Für Markus wird die Perikope wichtig als Aufweis dafür, wie der Jesusjünger sich selbst verstehen muß. Er soll frei werden von egoistischen Voreingenommenheiten und vor Gott sein wie ein Kind. So wird er seinen Mitmenschen mit Liebe begegnen können. Gleichzeitig vermag der Evangelist mit Hilfe der Perikope sein Reich-Gottes-Verständnis beiläufig zu verdeutlichen. Obwohl zukünftig, wirkt es schon mächtig in die Gegenwart hinein. Dies ist möglich, weil Jesus das Reich nicht bloß verkündet, sondern auch in der Gegenwart den Menschen nahebringt. Nicht jedem ist dies begreiflich, sondern nur jenen, denen es gegeben wird (4,11), die werden wie ein Kind.

Wirkungsgeschichte

Zwei Gesichtspunkte sind erwähnenswert. Einmal sah man die Perikope weitgehend in ihrer Transparenz für die Jüngerschaft, in der die Haltung des Kindes zum Vorbild wird. Obwohl zumeist an die Lauterkeit und Unschuld als kindliche Eigenschaften gedacht wurde[9], können auch andere Einzelheiten angeführt werden. Nach Beda sind Kinder vorbildlich, weil sie nicht im Zorn verharren, Verletzungen nicht nachtragen, schönen Frauen nicht nachschauen, nicht anders reden, als sie denken[10]. Zum andern wird insbesondere in der reformatorischen Exegese die Perikope wiederholt mit der Frage der Kindertaufe verknüpft. Haenchen[11] macht darauf aufmerksam, daß Vers 15 sich in der Taufliturgie finde. Calvin[12] benützt die Erzählung nachdrücklich als Argument für die Kindertaufe gegen die Auffassung der Wiedertäufer, die diese ablehnten, weil die Kinder das in der Taufe angedeutete Geheimnis noch nicht fassen könnten. »Wir dagegen erklären, daß die Taufe als das Unterpfand und Abbild der unverdienten Erlösung der Sünder und zugleich der Annahme bei Gott an Kindes statt den kleinen Kindern auf keinen Fall verweigert werden darf.« Ähnlich schließt Bengel aus dem Verhalten Jesu: »Wenn sie die Taufe erbeten

[8] Ein Einfluß von 2Kön 4,27 kann nicht festgestellt werden. Gegen Bultmann, Geschichte 32.

[9] Theophylakt: PG 123,597. Schon Herm m 2,1; s 9,29,3 wird von der Perikope beeinflußt sein.

[10] PL 92,230f. In der Gnosis wurde die Perikope anders erzählt (Jesus sah kleine Kinder saugen) und zu merkwürdigen anthropologischen Spekulationen benutzt: Tho 22; vgl. Act Phil 140.

[11] Weg 347.

[12] II,130.

hätten, hätte er ihnen ohne Zweifel die Taufe gewährt.«[13] Barth, der die Kindertaufe ablehnt, setzt sich vor allem mit der oben angeführten Meinung Cullmanns kritisch auseinander (»ein etwas dünner Faden«)[14]. Die Antwort lautet, daß die Perikope von dieser Fragestellung freizuhalten ist.

## 12. *Der Reiche und das Reich Gottes (10,17–27)*

*Literatur: Zimmerli, W.*, Die Frage des Reichen nach dem ewigen Leben, EvTh 19 (1959) 90–97; *Walter, N.*, Zur Analyse von Mc 10,17–31, ZNW 53 (1962) 206–218; *Légasse, S.*, Jésus a-t-il annoncé la conversion finale d'Israel? (à propos de Marc X 23–27), NTS 10 (1963/64) 480–487; *Kuhn*, Sammlungen 146–151; *Berger*, Gesetzesauslegung I, 362–460; *Fischer, K. M.*, Asketische Radikalisierung der Nachfolge Jesu (Mk 10,17–31), Theol. Versuche 4 (1972) 11–25; *Thomas, K. J.*, Liturgical Citations in the Synoptics, NTS 22 (1975/76) 205–214.

17 **Und als er sich auf den Weg machte, lief einer herzu, beugte vor ihm das Knie und fragte ihn: Guter Lehrer, was soll ich tun, damit ich das ewige Leben erbe?** 18 **Jesus aber sprach zu ihm: Was nennst du mich gut? Keiner ist gut außer Gott allein.** 19 **Die Gebote kennst du: Du sollst nicht töten, du sollst nicht ehebrechen, du sollst nicht stehlen, du sollst kein falsches Zeugnis geben, du sollst nicht berauben, ehre deinen Vater und die Mutter!** 20 **Er aber sagte zu ihm: Lehrer, dies alles habe ich von meiner Jugend an beobachtet.** 21 **Jesus aber blickte ihn an, küßte ihn**[1] **und sprach zu ihm: Eins fehlt dir noch. Geh, was du hast, verkaufe und gib es Armen, und du wirst einen Schatz im Himmel haben. Und komm, folge mir nach!** 22 **Er aber wurde bei dem Wort verdrießlich und ging traurig weg, denn er hatte einen reichen Besitz.** 23 **Und Jesus blickte um sich und sagte seinen Jüngern: Wie schwer werden die Begüterten in das Reich Gottes hineinkommen.** 24 **Die Jünger aber erschraken über seine Worte. Jesus aber antwortete erneut und sagt ihnen: Kinder, wie schwer ist es, in das Reich Gottes hineinzukommen.** 25 **Leichter ist es, daß ein Kamel durch ein Nadelöhr hindurchgeht, als daß ein Reicher in das Reich Gottes hineinkommt.** 26 **Sie aber gerieten völlig außer sich und sagten zueinander: Ja, wer kann dann gerettet werden**[2]**?** 27 **Jesus blickte sie an und sagt: Bei den Menschen ist es unmöglich, aber nicht bei Gott. Denn alles ist bei Gott möglich.**

[13] Bei Barth, Dogmatik IV/4,200.

[14] Ebd. und 193f.

[1] ἠγάπησεν bezeichnet eine konkrete Äußerung der Liebe (küssen, umarmen, liebkosen).

[2] Zur Übersetzung vgl. Bl-Debr § 442,8.

Analyse Der Abschnitt setzt sich aus zwei Teilen zusammen: die Erzählung von der Begegnung mit dem reichen Mann (17–22) und die anschließende Jüngerbelehrung (23–27). In der Aufeinanderfolge von öffentlichem Geschehen und Instruktion der Jünger stimmt der Abschnitt mit 10,1–12 überein. Wie dort ist davon auszugehen, daß der Jüngerteil erst sekundär angehängt wurde. Die Erzählung vom reichen Mann ist in sich geschlossen und abgerundet. Es könnte auffallen, daß dieser Mann erst im letzten Satz als begütert vorgestellt wird. Manche Interpreten meinen darum, daß der Gedanke des Reichtums in der Geschichte ursprünglich keine Rolle spielte, sondern von 23ff her eingetragen worden sei[3]. Die Struktur der Geschichte selbst macht diese Auffassung höchst fraglich. Ohne den Reichtum und die Frage nach irdischem Besitz im Hintergrund bliebe die Erzählung farblos. Die zitierten Gebote – mag ihre genaue Überlieferung auch unsicher sein – entstammen der zweiten Tafel, sind also auf das Verhältnis zum Mitmenschen bezogen. Die Forderung, irdischen Besitz preiszugeben, ist gerade in diesem Kontext sinnvoll. Daß sie überraschend kommt, gehört zur Pointe des Ganzen. Der Form nach ist 17–22 als Apoftegma zu bestimmen. Das apoftegmatische Wort findet sich in 21. Weil es auch einen Ruf in die Nachfolge enthält, rückt die Perikope in die Nähe der Berufungsgeschichten. Markus hat den Beginn der Perikope gestaltet, wie das Wegmotiv zu erkennen gibt. Vormarkinisch mag die Erzählung begonnen haben: Es lief einer herzu usw. Die Perikope hat der Evangelist der hellenistisch-judenchristlichen Tradition entnommen. Dies legen die zitierten Dekaloggebote nahe, die mit ähnlicher Zielsetzung (soziale Reihe) auch im hellenistischen Judentum vorkommen. Weil aber gerade an dieser Stelle die vorliegende Überlieferung ausbaufähig und sehr flexibel war, darf man nicht ausschließen, daß die Heimat der Tradition das Judenchristentum Palästinas war.

Die Jüngerbelehrung (23–27) ist keine Einheit. Das Erschrecken der Jünger wird wiederholt (24a und 26), gleichfalls das bedrohliche Jesuslogion vom Hineinkommen in das Reich Gottes (23 und 24b). 24b aber weitet die bestehenden Schwierigkeiten von den Begüterten auf alle aus. Weil die den Reichtum betreffenden Worte die Geschichte vom reichen Mann fortsetzen, sind sie als der ältere Bestand anzusehen (23 und 25). 26f ist nur schwer zu beurteilen. Die Verse lassen sich als Reaktion auf 25 ebenso gut verstehen wie auf 24b[4]. Auf jeden Fall ist – von Markus – das Erschrecken der Jünger in 26 gegenüber 24 gesteigert worden. Das war um der Dramatik willen erforderlich. Besser aber ist, 24 und 26f der Redaktion des Evangelisten zuzuschreiben. Verwendete Voka-

[3] Walter* 206–214. Berger, Gesetzesauslegung 397f, erblickt den Perikopenschluß in V21a. 2Sam 15,4–6 vermag das kaum zu rechtfertigen.

[4] Légasse* hält 24b.25–27 (ohne πλούσιον in 25) für den ältesten Bestand und möchte das Ganze auf das Schicksal Israels beziehen. Der Gedanke an Israel aber ist in den Text eingetragen. Bultmann, Geschichte 20f, stellt folgende Alternative auf: Entweder ist V24 ursprünglich. Dann wäre in 25 das ἢ πλούσιον – εἰσελθεῖν als falscher Zusatz zu streichen. Oder V24 ist sekundär. Da Mt und Lk den Zusatz lasen, sei die zweite Lösung vorzuziehen. Wahrscheinlich haben die Unstimmigkeiten im Text dazu geführt, daß manche Handschriften das Logion von Kamel und Nadelöhr nach V23 bringen.

beln[5] und Inhalt können dies empfehlen, wenn auch nicht absolut sicherstellen. Das Interesse an der Jüngerschaft und an der allmächtigen Gnade Gottes (vgl. 9,23) sind dem Markus eigen. Bildeten demnach 23 und 25 den vormarkinischen Abschluß der Geschichte vom reichen Mann, bedeutet dies eine bemerkenswerte ausdrückliche Verlagerung ihrer Anliegen. In der Geschichte wird der Fall eines einzelnen behandelt. In 23 und 25 wird der Fall des reichen Mannes auf alle übertragen, indem alle vor dem Besitz gewarnt werden. Hinter dieser erweiterten Überlieferung steht eine asketisch geprägte Gemeinde, die das Armutsideal ernstnimmt.

Erzählerisch ist die Perikope vom reichen Mann in mancherlei Hinsicht auffallend. Sie zeichnet sich durch liebenswerte Kleinmalerei aus (von Partizipien übernommen). Sechs Wörter, die Markus sonst nicht verwendet, trifft man hier an[6]. Lebhaft wechseln Rede und Gegenrede miteinander ab. Wir hören von zwei Reaktionen des Mannes, einer vorläufigen, die ihn im besten Licht erscheinen läßt, und einer endgültigen, die ihn zum negativen Beispiel macht.

Auf dem Weg nach Jerusalem tritt ein nicht näher gekennzeichneter Mann an Erklärung
Jesus heran[7] mit einer Frage, die viele beschäftigt haben dürfte. Die Kniebeuge 17
(vgl. 1,40) bekundet den großen Respekt vor Jesus[8]. Die Anrede »guter Lehrer« ist im Jüdischen ungewöhnlich[9]. Erzählerisch ist sie in Verbindung mit der endgültigen Antwort zu sehen, die der Mann empfangen wird. Er rechnet damit, gnädig davonzukommen. Die Anrede ist darum mehr als eine captatio benevolentiae, sie ist der Vorausgriff auf den sich anbahnenden Konflikt. Und die Frage nach dem ewigen Leben ist mehr als die Erwartung des Tempelpilgers, der im Tempeltor nach seiner Würde befragt und zur Rechenschaft vor Gott gerufen wurde (vgl. Ps 15)[10]. Wer aber so fragt, bekundet oder gibt wenigstens vor, daß er mit sich ins Gericht zu gehen vorhat. Galt der Tempel als Ort des Lebens, so setzt das ewige Leben den Glauben an die Auferstehung der Toten voraus. Dieser sich erst im Zusammenhang mit der Apokalyptik im Judentum ausbreitende Glaube hatte gleichzeitig dazu geführt, daß nicht mehr die Bindung an das Volk Heil garantierte, sondern der einzelne zu sittlicher Entscheidung und Bewährung herausgefordert war. Die Bereitschaft, etwas tun zu wollen, ist auf das Gesetz gerichtet, das es zu tun galt, impliziert aber das Wissen darum, daß das Gesetz der Auslegung bedarf. Unterschiedliche Interpretationen der Thora im einzelnen bis hin zum Thorarigorismus Qumrans, der dort als der verbindliche Heilsweg angesehen wurde, mögen dazu beigetragen ha-

[5] θαμβέομαι, ἐκπλήσσομαι, πρὸς ἑαυτούς können als mk Vorzugswörter gelten. Zur Schwierigkeit der Vokabelstatistik in diesem Fall vgl. Kuhn, Sammlungen 171f. In V 23 könnte περιβλεψάμενος von Mk eingefügt sein.

[6] κληρονομέω, ἀποστερέω, θησαυρός, δεῦρο, στυγνάζω, κτῆμα.

[7] Lk 18,18 charakterisiert ihn als ἄρχων, Mt 19,20 als Jüngling.

[8] Berger, Gesetzesauslegung 429, rechnet die Kniebeuge zum Stil jüdischer Bekehrungsgeschichten.

[9] Im Griechischen ist die – allerdings meist absolute – Anrede »Bester, Guter« bekannt.

[10] Zimmerli* deutet auf dem Hintergrund der liturgischen Tempeltorbefragung.

ben, daß bei nicht wenigen Frommen im Land in Sachen des Heils Verwirrung herrschte.

18–19 Jesus befremdet zunächst in seiner Antwort damit, daß er das Prädikat gut von sich weg- und allein Gott zuweist. Vom gütigen Gott redete das rabbinische, noch mehr – im Anschluß an die griechische Philosophie – das hellenistische Judentum[11]. Weil unmittelbar folgend Gottes Gebote zitiert werden, könnte man daran denken, daß die sich in seinen Geboten abprägende Güte Gottes nachgeahmt und zur Mimesis Gottes aufgerufen werden soll[12]. Dualistisch wird man das Wort nicht deuten können, daß dem guten Gott die bösen Menschen gegenübergestellt sein sollen. Dann rückte die Äußerung in die Nähe der Gnosis[13]. Wichtiger als die Bestimmung eines möglichen Hintergrundes ist die Absicht des Erzählers, der mit dieser Zurückweisung nicht die Frage nach dem ewigen Leben ablehnen, sondern die Haltung des Mannes korrigieren will. Wer um die genannte Frage besorgt ist, kann die Antwort nur von Gott erwarten. Eine Antwort daneben oder darüber hinaus gibt es nicht[14]. Dieser Aspekt hat auch christologische Relevanz, weil Jesus nichts anderes verkündet als den Willen Gottes. Nicht eine menschliche oder göttliche Qualität Jesu ist tangiert, sondern seine ausschließliche Ausrichtung nach dem Willen Gottes[15]. Dieser ist zunächst in den Geboten des Dekalogs zu erfahren. Dabei ist – etwa im Gegensatz zum rabbinischen Judentum – nicht bloß die Konzentration auf den Dekalog wichtig, sondern darüber hinaus auch auf die Gebote der zweiten Tafel (vgl. Röm 13,9). Entfernt von aller Kasuistik wird auf das Grundgesetz Israels verwiesen und werden die gegenüber den Mitmenschen bestehenden Pflichten eingeschärft. Die Zitierung des fünften bis achten Gebotes erfolgt in einem Teil der textlichen Überlieferung nach der masoretischen Ordnung (als 5. Gebot: Du sollst nicht morden), in einem anderen nach der Ordnung der Septuaginta (als 5. Gebot: Du sollst nicht ehebrechen). Eine sichere Entscheidung für den Markustext ist kaum möglich[16]. Als sicher aber kann gelten, daß anschließend ein Gebot, das so nicht im Dekalog zu finden ist (Du sollst nicht berauben)[17], und das vierte Gebot angeführt werden. Diese Unregelmäßigkeiten deuten nicht darauf hin, daß nach dem Gedächtnis zitiert wird, sondern daß der Erzähler in einer bestimmten interpretationsgeschichtlichen Tradition steht. Ähnliche Konzentrate des Sittenkodex mit stark sozialem Einschlag kannte auch das

[11] Belege bei Billerbeck I,809 und Bauer, Wörterbuch 5. Ferner LXX Ps 117,1; 1Chr 16,34; 2Chr 5,13.

[12] Vgl. Hengel, Charisma 33 Anm. 51, und Berger, Gesetzesauslegung 400.

[13] Lohmeyer läßt das Wort »in den Dualismus einer asketischen Gnosis« hinüberspielen.

[14] Schlatter 191 hat etwas Richtiges gesehen, wenn er meint, die Frage des Mannes stamme »aus der Flucht vor Gott«. Die Formulierung freilich ist überspitzt.

[15] Taylor, der die Aussage qualitativ versteht, bringt sie mit dem Inkarnationsgedanken in Verbindung. Daß die Antwort Verständnisschwierigkeiten bereitete, kann schon Mt 19,16f lehren.

[16] Entsprechend der Masora zitieren B sy$^s$ bo sah, entsprechend LXX Koine-Text Θ lat. D k setzen dabei anstelle des Mordverbots μὴ πορνεύσῃς. ℵ* zitiert von den beiden umstrittenen Geboten nur »Du sollst nicht töten«, λ nur »Du sollst nicht ehebrechen«.

[17] Ausgelassen von B* W sy$^s$. Dies erklärt sich als Einfluß von Mt und Lk.

hellenistische Judentum[18]. Daraus ergibt sich, daß das vierte Gebot auf die sozialen Verpflichtungen hin auszulegen ist, die den Eltern gegenüber bestehen. »Du sollst nicht berauben« kann man als Zusammenfassung des neunten und zehnten Gebotes verstehen, besser jedoch ist im Sinn von Sir 4,1 (wo das gleiche Wort vorkommt) und Dtn 24,14 zu interpretieren. Der Lebensunterhalt bzw. Lohn des Armen darf nicht zurückgehalten werden. Diese soziale Verpflichtung paßt vortrefflich zur Unterweisung des reichen Mannes.

Was der Mann von Jesus bis hierher zu hören bekam, war ihm bekannt. Er 20–22
kann zufrieden feststellen, daß er die genannten Gebote beobachtet hat (anders Mt 19,20). Blick und liebevolle Geste Jesu bereiten das Folgende vor. Sie sind nicht Anerkennung dessen, was der Mann »geleistet« hat, sondern Einladung. Den gesamten Besitz zu verkaufen, um den Erlös den Armen zu geben, lautet die überraschende, radikale neue Forderung. Sie ist verbunden mit dem Ruf in die Nachfolge. Beides übertrifft die Beobachtung der Gebote, auf die sich die erste Auskunft beschränkt hatte, beträchtlich, ist nicht ihr Ersatz oder ihre Ergänzung, sondern für diesen Menschen die Eröffnung des Willens Gottes. Die Lösung vom irdischen Besitz verschafft einen himmlischen Schatz. Diese rein jüdische Vorstellung geht davon aus, daß Almosen und gute Werke in der himmlischen Welt eine entsprechende Vergeltung erfahren werden[19]. Soteriologische Bedeutung aber hat primär die Nachfolge Jesu, der der Besitzverzicht unter- oder vorgeordnet ist. Mit ihr ist darum die Frage des Mannes, was zu tun sei, letztlich beantwortet. Die radikale Antwort Jesu ist von bekannten ähnlichen Forderungen im Judentum, in dem die Armenpflege immer eine besondere Rolle gespielt hat, abzugrenzen[20]. Der Besitzverzicht in der Qumrangemeinde entsprang einem bestimmten Verständnis von Heiligkeit und kam der Gemeindekasse zugute. Der von Jesus gerufene Mann soll das Seine verschenken. Das hellenistische Judentum scheint eine Bekehrungsvorstellung gekannt zu haben, die mit der Preisgabe des Vermögens gekoppelt war[21]. Nachfolge Jesu bedeutet personalen Anschluß an den, der selbst arm war und seinen Trost nicht von dieser Welt erwartet und darum zum Kreuz geht[22]. Die Antwort Jesu birgt ferner das Problem, ob die radikale Forderung allen gilt oder ob es eine doppelte Moral gibt. So lautet der Vorwurf gegenüber jenen, die die rigorosen Weisungen nur an die engere Gefolgschaft Jesu gerichtet sehen. Im

[18] Vgl. Berger, Gesetzesauslegung 418–421, der von einer Gattung der sozialen Reihe spricht.

[19] äthHen 38,2 spricht von den Werken, die beim Herrn aufbewahrt sind, 4Esr 7,77 von einem Schatz guter Werke, Pea 1,1 von einem Kapital für die zukünftige Welt. Vgl. Billerbeck I,429–431.

[20] Zur Beurteilung von Armut und Reichtum im Judentum vgl. Billerbeck I,817–828.

[21] Vgl. Berger, Gesetzesauslegung 30, der besonders auf das TestIjob verweist. Auch aus der griechischen Welt sind Beispiele von radikaler Lösung vom Besitz überliefert. Diogenes entschließt sich bei der Beobachtung einer Maus zur völligen Armut, Krates sagt sich mit einer Sklavenfreilassungsformel vom Sklavendienst gegenüber seinem Vermögen los usw. Vgl. Hengel, Charisma 31f.

[22] Intentionsmäßig ist für Mk in den Nachfolgegedanken 8,34 miteinzubeziehen. Koine-Text W φ sy fügen in V21 hinzu: »folge mir nach, und *nimm das* (bzw. dein) *Kreuz auf*«.

konkreten Fall ist nur dieser eine gerufen. Die anschließende Jüngerbelehrung wird Folgerungen für alle ziehen. Der Mann lehnt die Einladung ab. Das Geforderte ist ihm zu schwer. Dies bringt er nicht wörtlich zum Ausdruck, sondern einfach damit, daß er sich von Jesus abwendet. An die Stelle von Worten treten die Gefühle von Verdruß und Trauer, die erzählerisch den tragischen Ausgang des Konfliktes signalisieren. Das ewige Leben ist für ihn von der Stellung zum Besitz abhängig gemacht. Die abschließend gelieferte Begründung, daß er reichen Besitz gehabt hätte[23], stellt ein Problem in den Raum, das jetzt weiter diskutiert wird.

23–27 Nachdem der reiche Mann gegangen ist, wendet sich Jesus den Jüngern zu. Sein klagendes Wort zieht gleichsam das Fazit aus dem Erlebten. Die Frage nach dem ewigen Leben, das mit dem Reich Gottes identisch ist (vgl. 9,43–47), bleibt weiter bestimmend. Allgemein wird die Gefährlichkeit des Reichtums festgestellt[24]. In seiner Allgemeinheit schwächt das Wort zwar ab, hat aber nur überleitenden Charakter. Das Erschrecken der Jünger führt zu einer Wiederholung der Aussage, die aber die Schwierigkeit, in das Reich Gottes zu gelangen, auf alle ausdehnt[25]. Wenn die Jünger mit »Kinder« angeredet werden (nur hier bei Markus)[26], wird dies besagen wollen, daß auch und gerade sie betroffen sind. Der Evangelist bereitet die folgende Petrusszene in seinem Sinn vor, indem er auch denen, die nicht reich sind, das Angewiesensein auf Gott vorhält. Die sprichwortartige Sentenz vom Kamel und Nadelöhr drückt plastisch und einprägsam die Unmöglichkeit aus, die für den Reichen besteht, in das Reich Gottes zu kommen. Den Sprichwortcharakter bestätigen zahlreiche unbedeutende Varianten in der Textüberlieferung, die für eine mündliche Verwendung des Spruches kennzeichnend sein dürften[27], und Analogien in der Umwelt. Den Rabbinen ist die Redewendung vom Elefanten und Nadelöhr bekannt, Lukian bezeugt die Gegenüberstellung von Ameise und Kamel[28]. Die Variante, die aus dem Kamel ein Schiffstau (κάμιλος) macht, löst das Paradoxon auf[29]. Wieder reagieren die Jünger mit Entsetzen und stellen die berechtigte Frage, wer überhaupt gerettet werden kann. Die Frage ist letztlich auf das gleiche Ziel gerichtet wie die des reichen Mannes in Vers 17, nur setzt sie jetzt die Erfahrung der Ablehnung des Reichen voraus. Weil das Entsetzen der Jünger sich in gleicher Weise auf die allgemeine Sentenz in Vers 24b wie auf das harte Wort vom Nadelöhr in 25 bezieht, wird der Reiche zum Exempel, das auf ähnliche Fälle übertragen werden kann. Es gibt auch andere Hindernisse neben dem Reichtum, die den Eintritt in das Reich Gottes unmöglich machen. Irdische

[23] Wenn b k ClemAlex ergänzen »reichen Besitz *und Äcker*«, wird das V 29 vorbereiten wollen.

[24] Vgl. 1Tim 6,17; Ps 62,11; Spr 15,16f; Sir 31,3–11.

[25] C Koine-Text D Θ gleichen mit dem Zusatz »für die, die auf Besitz ihr Vertrauen setzen« mit V 23 aus.

[26] Vgl. Mk 2,5.

[27] Statt διὰ τρυμελιᾶς ῥαφίδος lesen ℵ* διὰ τρήματος ῥ., ClemAlex διὰ τρυπήματος βελόνης. Vgl. Lk 18,25.

[28] ep. Sat. 1,19. Das rabbinische Material bei Billerbeck I,828.

[29] 13 38 georg.

Mächte stellen sich der Erreichung dieses Zieles energisch entgegen. Es liegt am Menschen, daß er das Kleine vor Gott wirklich klein werden läßt. Letztlich und eigentlich liegt es an Gott, der das Menschenunmögliche möglich macht. Mit dieser Antwort, die sich an alttestamentliche Formulierungen und vielleicht besonders an die Einsicht des Ijob anlehnt (Ijob 42,2; vgl. Gen 18,14; Sach 8,6), nimmt Jesus den Jüngern die Angst vor der Zukunft, von der ihr Fragen bewegt war. So mündet die Sorge des Menschen um das Heil aus in das totale Verwiesensein auf Gottes Gnade. Dem, der Jesus nachfolgt, soll sie zugänglich werden.

Historische Beurteilung und Zusammenfassung

Für die historische Einstufung der Perikope ist von Vers 25 auszugehen, der ein authentisches Jesuswort darstellt. Die provozierende Sprache und die kritische Einstellung gegenüber dem Reichtum befürworten dies. Jesus hat auch sonst den Mammonismus angeprangert[30]. Das Urteil, daß 17–22 in typisierender Form die echten Jesusworte zu Besitz und Reichtum erläutert, dürfte zutreffen[31]. Jedoch paßt die Radikalität des Nachfolgegedankens zu Jesu Verständnis vom Jüngertum[32]. Markus macht die Überlieferung zu einer Episode auf dem Weg nach Jerusalem. Die Abkehr des reichen Mannes findet im Makrotext in 4,19 eine Erhellung. Der Evangelist freilich hebt die Perikope aus dem unmittelbaren Bezug zum Besitz heraus, schwächt damit die Gefährlichkeit des Reichtums keinesfalls ab, macht aber auf die umfassende Bedrohung der Jüngerexistenz aufmerksam. Das Versagen des reichen Mannes steht für ihn für viele erdenkliche Fälle des Jüngerabfalls. Über alles aber stellt er die Gnade Gottes, welche die menschliche Schwäche aufhebt und gerade dort wirksam wird, wo Kraft und Verstand des Menschen am Ende sind. Da ein sachlicher Bezug zu 9,23 besteht, wird man sagen können, daß die Allmacht Gottes sich dem Glauben zur Rettung des Menschen eröffnet.

Wirkungsgeschichte

Daß Jesus das Prädikat »gut« von sich wies, hat die Ausleger stets beschäftigt. Von Theophylakt bis Scheeben wird die gleiche Antwort gegeben, daß Jesus auf Gott verwiesen habe und der Reiche nur dann Jesus berechtigterweise hätte gut nennen können, wenn er seine Gottheit erkannt und anerkannt hätte[33]. Das Verhältnis der ersten Antwort Jesu, die auf die Gebote verweist, zur zweiten, die zu Besitzverzicht und Nachfolge aufruft, wird unterschiedlich bestimmt. Es überwiegt die Vorstellung, daß die zweite Antwort aus der ersten hervorgeht und der Reiche infolgedessen die Gebote gar nicht erfüllt habe und durch Jesus des Irrtums überführt worden sei. Schon im Nazoräerevangelium, wo übrigens zwei Reiche auftreten, hält Jesus dem Mann, dem die radikale Auskunft nicht gefiel, vor: »Wie kannst du sagen, Gesetz und Profeten habe ich erfüllt? Steht

[30] Vgl. Jeremias, Theologie I,214.
[31] Vgl. Braun, Radikalismus II,75 Anm. 1.
[32] Zum Grundsätzlichen vgl. Hengel, Charisma, passim.
[33] Theophylakt, PG 123,600; Beda, PL 92,231; Calvin II,133; M. J. Scheeben, Handbuch der katholischen Dogmatik II, Freiburg $^{3}$1948, 318.

doch im Gesetz geschrieben: Liebe deinen Nächsten wie dich selbst.«[34] – Das Halten der Gebote sei die Bedingung für das Eingehen zum Leben. Seine Erfüllung finde der Gehorsam gegen die Gebote des Gesetzes erst in der Nachfolge[35]. Ganz paulinisch interpretiert Calvin: Christus decke auf, daß der reiche Mann von törichtem Selbstruhm und Heuchelei gefangen und von der vollkommenen Erfüllung des Gesetzes, zu der nach dem Apostel keiner befähigt ist, weit abgeirrt sei. Seine Sünde bestehe in seiner Begierde, die das Gesetz ausdrücklich verurteile, und seiner falschen Selbsteinschätzung[36]. Obwohl auch Barth geneigt ist, die Antwort des Reichen in Vers 20 zu beargwöhnen, hat er mit scharfem Blick erkannt, daß der Nachfolgegedanke etwas ganz Neues einträgt und ist so dem Evangelisten am nächsten: »Die jedenfalls für uns Abendländer auffälligste unter diesen großen Linien ist die, auf der Jesus nach der evangelischen Überlieferung offenbar an viele Menschen als konkrete Gestalt ihres Glaubens in der Nachfolge dies gefordert hat, daß sie sich von der allgemeinen Bindung an die Autorität, Geltung und Zuverlässigkeit des Besitzes nicht nur innerlich, sondern auch äußerlich, im Wagnis und in der Verbindlichkeit einer bestimmten Tat loszusagen hätten.« Es gehe weder um die Realisierung eines Ideals oder eines Prinzips der Armut noch um die Grundlegung einer neuen Gesellschaft, die kein Privateigentum mehr kenne, sondern viel einschneidender um bestimmte Anrufe an bestimmte Menschen[37].

Hält man diese klare Forderung Jesu aufrecht, so wird die Verschiebung deutlich, die unter dem Einfluß philosophischen Gedankengutes im Verhältnis zu Besitz und Reichtum festzustellen ist. Die Weichen sind bereits in Clemens' von Alexandreia programmatischer Schrift »Welcher Reiche wird gerettet werden?«, die in Form einer Predigt über unsere Perikope abgefaßt ist, gestellt[38]. Der Reichtum wird echt stoisch zu einem Adiaphoron erklärt, einem neutralen Ding, von dessen rechtem Gebrauch alles abhängt. Dialektisch unterscheidet später Beda[39] zwischen Geld besitzen und Geld lieben, zwischen Besitzenden, die nicht lieben, und Nichtbesitzenden, die lieben; zwischen Besitzenden, die lieben, und Nichtbesitzenden, die nicht lieben, und kann lakonisch bemerken: Facilius enim sacculus contemnitur quam voluntas. Nachdrücklich aber wird die soziale Verpflichtung des Besitzenden herausgestellt. Clemens kann dabei so weit gehen und sagen: »Alle Dinge sind daher gemeinsames Eigentum, und die Reichen sollen für sich nicht mehr in Anspruch nehmen als die anderen.«[40] Auch der Unterschied zu griechischen Besitzverächtern kommt

[34] Fragment 16 bei E. Hennecke – W. Schneemelcher, Ntl. Apokryphen I, Tübingen ³1959, 97. Nach Theophylakt: PG 123,600 ertappte Christus den Mann in einer schlimmen φιλαργυρία.

[35] B. Häring, Das Gesetz Christi, Freiburg ⁵1959, 273. Ganz ähnlich schon Beda, PL 92,231.

[36] II,132–135.

[37] Dogmatik IV/2,620. Vgl. II/2,681–701.

[38] Die Schrift entstand in Alexandreia, der seinerzeit reichsten Stadt des römischen Imperiums, um gebildete und wohlhabende Kreise anzusprechen. Zum Ganzen vgl. M. Hengel, Eigentum und Reichtum in der frühen Kirche, Stuttgart 1973, bes. 79–82. Der Text findet sich in GCS 17/2,159–191.

[39] PL 92,232. Vgl. Calvin II,138.

[40] Clemens Alex., paed. II,120,3f (GCS ed. Stählin Bd. 1,229).

heraus. Krates habe seine Kostbarkeiten ins Meer geworfen, der Jünger soll den Armen schenken[41]. In Theorie und Praxis bleibt die Forderung Jesu ein Stachel im Fleisch.

## 13. *Überraschender Ausgleich (10,28–31)*

*Literatur: Berger,* Gesetzesauslegung I,421–427; *Satake, A.,* Das Leiden der Jünger »um meinetwillen«, ZNW 67 (1976) 4–19; *Theissen, G.,* »Wir haben alles verlassen«: Mc X 28, NT 19 (1977) 161–196; *Fürst, H.,* Verlust der Familie – Gewinn einer neuen Familie (Mk 10,29 Parr.), Studia Historico-Ecclesiastica (FS L.G. Spätling), 1977 (BPAA 19); (weitere Literatur s. oben S. 83).

28 **Petrus begann zu ihm zu sprechen: Siehe, wir haben alles verlassen und sind dir nachgefolgt.** 29 **Jesus sprach: Amen, ich sage euch, es gibt keinen, der Haus oder Brüder oder Schwestern oder Mutter oder Vater oder Kinder oder Äcker um meinetwillen und um des Evangeliums willen verlassen hat,** 30 **ohne daß er Hundertfaches empfangen wird: jetzt in dieser Zeit Häuser und Brüder und Schwestern und Mütter und Kinder und Äcker – unter Verfolgungen – und im kommenden Äon ewiges Leben.** 31 **Viele Erste aber werden Letzte sein und Letzte Erste.**

Die knappe Episode ist als selbständige Einheit aufzufassen. Sie bringt ein neues Thema ein, das des Jüngerlohnes. Mit dem Vorausgehenden ist sie mehr assoziativ verknüpft, vor allem über die Stichworte der Nachfolge und des ewigen Lebens. Da Nachfolge und Jüngerfrage markinische Anliegen sind, ist damit zu rechnen, daß der Evangelist die Einheit an diese Stelle gesetzt hat. Er hat auch Vers 31 mit ihr verbunden, einen apokalyptisch gefärbten isolierten Spruch, der außer par Mt 19,30 auch in Mt 20,16; Lk 13,30 begegnet, also beliebig eingesetzt werden konnte. Die Antwort Jesu auf die Petrusfrage in 29f macht einen stark erweiterten Eindruck (vgl. Mt 19,29; Lk 18,29f). Ursprünglich dürfte sie geschlossen haben mit: ohne daß er Hundertfaches empfangen wird. Das Anschließende ist sekundäre Explikation, die sich in der Aufzählung an 29 anschließt (nur den Vater ausläßt) und in ihrer Gegenüberstellung von »dieser Zeit« und »kommendem Äon« als vormarkinisch zu gelten hat. Markus hat die Parenthese »unter Verfolgungen« eingetragen, die intentionsmäßig mit Vers 31 korrespondiert. Daneben ist ihm der Hinweis auf das Evangelium (wie in 8,35) zuzuschreiben. Die Seitenreferenten lassen diesen vermissen. Vielleicht hat er auch die Einführung geringfügig geändert[1]. Will man das Lo- Analyse

[41] Calvin II,135. – Origenes, c.Cels. 6,16, widerlegt den Vorwurf des Celsus, daß Mk 10,25 aus Plato genommen sei: »Unmöglich ist es, daß ein hervorragend guter Mensch zugleich auch hervorragend reich sei« (vgl. Plato, Leg 5,12).

[1] ἤϱξατο (bei Mk 26mal; Mt 9mal; Lk 19mal; Joh 1mal) und die Stellung Prädikat/Subjekt sprechen dafür.

gion in 29f auf seine Urform zurückbringen, so ist einmal die positive Wendung Mt 19,29 »Und jeder, der verlassen hat . . .« gegenüber der negativen »Es gibt keinen, der verlassen hat . . .« und das andere Mal die Bestimmung »um meinetwillen« gegenüber »um des Reiches Gottes willen« (Lk 18,29) vorzuziehen. Lukas hat in Anpassung an den Kontext (18,24f) geändert[2]. Die lange Aufzählung von sieben Dingen, die man verläßt, wäre auf eine geringere Zahl, vielleicht zwei (vgl. Mt 10,37a), zu reduzieren. Eine sichere Entscheidung läßt sich hier nicht mehr fällen. Die vormarkinische Einheit entlehnt der Evangelist hellenistisch-judenchristlicher Tradition (s. die Interpretation). Ihre Urform ist aber palästinisch. Sie wird als Gemeindebelehrung gedient haben.

Erklärung 28–30

Petrus macht sich wieder einmal zum Wortführer der Jüngerschaft. Seine Feststellung, sie hätten alles verlassen[3], um Jesus nachzufolgen, klingt im Kontext noch selbstbewußter, da sie sich vom Versagen des reichen Mannes abhebt. Sie läßt Nachfolge als etwas Schweres, mit Opfern Verbundenes erscheinen, wenngleich die Bemerkung, sie hätten *alles* verlassen, idealistische Überzeichnung ist (Lk 18,28: τὰ ἴδια). Da Petrus nicht ausdrücklich nach dem Lohn fragt (wie bei Mt 19,27), wirkt die Antwort Jesu stärker als eine Belehrung. Jesus antwortet mit einer Verheißung. Irdischer Verzicht bringt reichen Lohn. Dieses Lohnschema ist bereits dem Judentum bekannt, dürfte aber vor allem in der Apokalyptik ausgeprägt worden sein. So werden in 4Esr 7,89–91 die Mühsale und Gefahren, die man um des Gesetzes willen erleidet, mit der siebenfachen Glorie in der himmlischen Welt verglichen[4]. Von der Apokalyptik dürfte das hellenistische Judentum die Vorstellung übernommen haben. Philo kommt unserer Stelle besonders nahe: »Diese haben Kinder, Eltern und Geschwister, Nachbarschaft und Freundschaft hinter sich gelassen, um an Stelle des irdischen das ewige Erbe zu finden« (SacrAC 129). Was das Jesuslogion von diesen Parallelen abhebt, ist die Motivierung. Der Jünger leidet um Jesu willen, in seiner Nachfolge, in Treue zu ihm, in Erinnerung an die Unbill, die man in seiner Gefolgschaft schon zu seinen Lebzeiten zu ertragen hatte[5], und nachösterlich in der Erinnerung an sein Kreuz. Und er leidet um des Evangeliums willen, das Jesus in der Situation nach Kreuz und Auferstehung vertritt. Die Trennung von den Verwandten kann mannigfaltige Gründe haben. Vor allem ist die Verständnislosigkeit der Familie gegenüber dem Entschluß, Jünger Jesu zu werden, in Betracht zu ziehen[6]. Es fällt auf, daß bei Markus (wie bei Mt 19,20 im Gegensatz zu Lk 18,29) das Verlassen der Frau nicht erwähnt wird[7]. Die Heilszusage ist im Unterschied zur Leidensverpflichtung nicht direkt mit Jesus ver-

[2] Mit Walter*, ZNW 53 (1962) 215 Anm. 40; Satake* 9. Anders Bultmann, Geschichte 115f.

[3] Innerhalb des Evangeliums weist das Verbum auf 1,18.20 zurück.

[4] Weiteres Material bei Satake* 7.11–13. Zum Rabbinischen vgl. Billerbeck I,829.

[5] Dies betont zu Recht Satake* 14.

[6] Zur Verzichtbereitschaft mancher Rabbinen vgl. K. H. Rengstorf, ThWNT IV,451.

[7] Vielleicht ist das Rücksichtnahme auf ein Wissen, das auch 1Kor 9,5 bezeugt.

bunden. Gott ist es, der – nach einer biblischen Wendung – hundertfach (vgl. 2Sam 24,3; 1Chr 21,3) vergelten wird. Bezeichnete dieses Hundertfache ursprünglich die jenseitige Seligkeit (s. die Analyse), so wird nunmehr eine diesseitige und eine jenseitige Vergeltung unterschieden[8]. Hinter dem »Hundertfach« hat man sich einen Doppelpunkt zu denken. In diesem Leben von Gott Lohn für erduldetes Leiden zu erhalten, entspricht weisheitlicher Mentalität (vgl. das Schicksal des Ijob[9]). Praktisch wird uns mit der Rückerstattung von Häusern und Familie in diesem Leben ein Spiegel der Gemeinde vorgehalten, die sich als Bruderschaft versteht und in der man zu teilen bereit ist. Das Gemeindebild erinnert an Apg 2,44; 4,32–37. Der irdische Zustand ist aber beileibe noch kein vollkommener, da die Gemeinde Verfolgungen ausgeliefert oder zumindest vor ihnen niemals sicher ist (vgl. Mk 4,17). Im kommenden Äon tritt als Lohn das ewige Leben hinzu. Diese »doppelte Eschatologie« ist höchst bemerkenswert. Das apokalyptische Zweiäonenschema (teilweise hellenisiert: diese *Zeit*/kommender *Äon*), das bei Markus nur hier anzutreffen ist, läßt bereits etwas für diese Zeit erwarten. Die Erwartung oder Verheißung ist gleichzeitig Verpflichtung für die Gemeinde, die den ihr übertragenen Bruderschaftsgedanken verwirklichen muß.

Im Kontext des Jüngerlohns bringt das abschließende Logion eine Überra- 31
schung. Für sich betrachtet, kündet es die mit dem göttlichen Gericht sich vollziehende Umwertung der Werte[10] an. Dann werden die wirklichen Maßstäbe zutage treten. Der Rollenwechsel der Ersten und Letzten läßt sich auf Herrschende und Beherrschte, Könige und Sklaven, beziehen. Das Wörtchen »viele Erste« schließt dabei ein Pauschalurteil aus. Es gibt auch bleibende Erste und Letzte. Im Anschluß an 29f ist der Rollentausch, der mit dem Gericht zu erwarten ist, auf die Gemeinde zu beziehen. Die Verheißung des Lohnes darf nicht als eine ungeschützte Aussage genommen werden. Man kann den Lohn niemals berechnen. Gott wahrt sich auch hier seine Freiheit. Damit wird das Wort zur Warnung an die Ersten in der Gemeinde, sich nicht über andere zu erheben und herrschen zu wollen.

### Historische Beurteilung

Es läßt sich fragen, ob innerhalb der stilisierten Szene das Logion 29f auf Jesus zurückgeführt werden kann. Als seine Grundform eruierten wir: Und jeder, der Vater oder Mutter (Schwestern oder Brüder?) um meinetwillen verläßt,

[8] Der Text wurde teilweise tiefgreifend verändert. So lesen D it in V30: »ohne daß er Hundertfaches empfangen wird. Wer aber Haus oder Schwestern usw. unter Verfolgungen verlassen hat, wird im kommenden Äon ewiges Leben empfangen.« – Nach Clemens von Alexandreia lauten 29f: »Wer das Eigentum und Eltern und Brüder und Besitz um meinet- und des Evangeliums willen verläßt, wird Hundertfaches empfangen.« Wenn Clemens anschließend die Frage stellt, wozu man in dieser Zeit Äcker, Besitz usw. brauche, ist das bereits eigenwillig interpretierende Paraphrase des Textes. Zu Clemens' Text vgl. Wellhausen (der allerdings diesen Text für den ältesten hält), Taylor 435.

[9] Der Gedanke lebt fort in TestIjob 4 und 44ff und Pesiq 126b. Vgl. Berger, Gesetzesauslegung 422–426; Billerbeck I,829.

[10] Im Thomasevangelium wird das Wort auf Greis und Säugling bezogen und gnostisch interpretiert (Logion 4). Es ist auch in POxy 654 nr. 3 anzutreffen (bei Aland, Synopsis 343).

wird Hundertfaches dafür empfangen[11]. Obwohl vergleichbare Logien in der Umwelt nachgewiesen werden können, spricht für die Authentizität, daß die Erfahrung des Familienzwistes für die Jüngerschaft des irdischen Jesus und für diesen selber in den Traditionen auch an anderer Stelle nachwirkt. Der hohe Anspruch der Nachfolge, den das Wort enthält, läßt sich mit dem Bild vom irdischen Jesus vereinbaren. Für das große Alter zeugt, daß der Heilsgedanke ganz an Gott gebunden erscheint.

Zusammenfassung

Markus verwendet die kleine Perikope als weiterführende Jüngerbelehrung. Nachdem in 23–27 die Jüngerschaft im Zusammenhang mit dem Fall des Reichen über Bedingungen für den Eintritt in das Reich Gottes unterrichtet worden war, wird jetzt noch konkreter auf ihre Situation der Nachfolge eingegangen. Sie sind schon in diese Nachfolge eingetreten und sollen sich bewußt werden, daß die von ihnen geleisteten Verzichte nicht um ihrer selbst willen erfolgten, sondern dazu verhelfen sollen, eine neue Gemeinschaft, Gemeinde als Bruderschaft, aufzubauen (vgl. 3,33–35). Dann werden sie den Verfolgungen, denen sie ausgeliefert sein werden, begegnen können. Das schlimmste Hindernis für den Bestand und das Gedeihen der Gemeinde wäre der Hochmut, daß sich Gemeindemitglieder, die Führungspositionen haben oder besser gestellt sind, als Erste und die anderen als Letzte betrachten. Obwohl alle von der Erwartung der Gnade Gottes leben sollen, müssen sie die göttliche Freiheit beachten, die gerade für jene einen überraschenden Ausgleich schaffen kann, die sich als etwas Besseres dünken.

Wirkungsgeschichte

Das Hauptaugenmerk der Ausleger richtete sich auf den für diese Zeit verheißenen hundertfachen Lohn, den man oft als nicht unproblematisch empfand. Die Chiliasten nahmen diese Verheißung für ihre Auffassung von einem dem kommenden Äon vorausgehenden Millenium in Anspruch[12]. Beda tritt diesem Irrtum entgegen und sagt, die Verheißung dürfe nicht wörtlich verstanden werden, wie eine auf die verlassene Frau bezogene hundertfache Rückerstattung am deutlichsten zeigen könne[13]. So bringt man in der Regel den irdischen Lohn mit den geistlichen Gütern in Zusammenhang: dulciores sunt affectus spiritus quam naturae[14]. Daneben aber bleibt der Gedanke an die beglückende Solidarität in der großen Gemeinschaft der Kirche erhalten. Mk 10,30a wird in einem Atemzug mit Apg 4,32; 2Kor 6,10 genannt[15]. Theophylakt erinnert daran, daß sich viele Frauen um den Lebensunterhalt der Apostel gekümmert hätten[16]. In der reformatorischen Exegese wird die Frage des Petrus kritisiert. Er habe den Sieg gefordert, bevor er den Kriegsdienst ausführte. Calvin nimmt

[11] Taylor 434f bemüht sich um die Authentie des Logions in seiner bei Mk vorliegenden Gestalt.

[12] Vgl. Taylor 435.

[13] PL 92,233.

[14] Erasmus, Bd. 7,236; vgl. Calvin II,142; B. Häring, Das Gesetz Christi, Freiburg [5]1959, 340f, der den irdischen Lohn als Anfang einer künftigen beseligenden Lebensweise versteht.

[15] Beda, PL 92,234.

[16] PG 123,604.

ihn aber mit dem Hinweis in Schutz, daß gerade einfache und arme Leute sich schwerer von Frau und Kindern trennnten als solche, die der Ehrgeiz treibt[17]. Nach Barth[18] hat Petrus mit seiner Frage ebenso versagt wie der Reiche. Wie jener traurig fortgegangen war, zeige dieser an, daß er Jesus traurig nachgefolgt sei. In seiner Antwort nehme Jesus die Schwäche des Jüngers auf sich. Diese Erwägungen zeigen teilweise, daß historisierende und psychologisierende Eintragungen die Intentionen des Textes verlassen.

## 14. *Der Zug nach Jerusalem – dritte Leidensansage (10,32–34)*

*Literatur:* Vgl. die Literaturangaben oben S. 9f. – *McKinnis, R.*, An Analysis of Mark X 32–34, NT 18 (1976) 81–100.

32 **Sie aber waren auf dem Weg nach Jerusalem. Und Jesus zog ihnen voran, und sie erschraken. Die aber nachfolgten, fürchteten sich. Und wieder nahm er die Zwölf und begann zu ihnen über das zu reden, was ihm widerfahren werde:** 33 **Seht, wir ziehen nach Jerusalem hinauf. Und der Menschensohn wird den Hohenpriestern und Schriftgelehrten ausgeliefert werden. Und sie werden ihn zum Tod verurteilen und ihn den Heiden ausliefern** 34 **und ihn verspotten und ihn anspucken und ihn auspeitschen und töten. Und nach drei Tagen wird er auferstehen.**

Zum drittenmal, nach 8,31 und 9,31, fügt Markus eine Leidensansage in den Analyse
Gang der Ereignisse ein. Nahezu unbestritten ist, daß er die Einleitung hierzu (31 und den Jerusalem-Satz in 32) geschaffen hat. Das Wegmotiv, die Ausrichtung auf Jerusalem, der Nachfolgegedanke, die Bevorzugung der Zwölf an bedeutsamer Stelle, die Jüngerfurcht sind markinische Anliegen. Ist auch die Leidensansage selbst markinisch oder baut sie auf einer vorgegebenen Ankündigung auf? Für letzteres hat man vor allem den antijüdischen Charakter und die gleichzeitige jüdische Perspektive (Auslieferung an die Heiden) in Anspruch genommen[1]. J. Jeremias brachte gar das Passionssummarium mit einem alten Passionsbericht in Zusammenhang, weil beide die Ereignisse von der Verhaftung bis zum Tod Jesu umspannen würden[2]. Zur Beurteilung ist davon auszugehen, daß die dritte Leidensansage zahlreiche Züge mit den ersten beiden gemeinsam hat: das Menschensohnprädikat, die Tötung, die Auferstehung nach drei Tagen. Die Auslieferung (in die Hände der Menschen) formulierte eine vorgegebene Formel (vgl. zu 9,31). Die Aufzählung der Passionsdetails in 10,33f stimmt zwar bezüglich der Ereignisfolge nicht genau mit dem markinischen Leidensbericht überein, die Übereinstimmung in der Wortwahl jedoch

[17] II,140.
[18] Dogmatik II/2,698–700.

[1] Tödt, Menschensohn 159.
[2] Abendmahlsworte 88f.

ist frappierend[3]. Wenn Markus im Vergleich mit 8,31 nur die Hohenpriester und Schriftgelehrten erwähnt, so sind damit jene Stellen in der Passionsgeschichte zu vergleichen, in denen die Ältesten gleichfalls nicht genannt werden[4]. Darum empfiehlt sich die Annahme, daß der Evangelist selber diese ausführlichste Leidensansage formulierte[5], der er besondere Bedeutung beigemessen haben muß. Die antijudaistische Intention ist ihm zuzutrauen. Mit der Ereigniskette von Verhaftung bis Tod Jesu sind jene Geschehnisse zusammengefaßt, die sich innerhalb der Passion in der Öffentlichkeit abspielten. Eine traditionsgeschichtliche Verbindung zu einer alten Passionsdarstellung besteht darum nicht.

Erklärung Nicht ohne Absicht wird auch die dritte Leidensansage (vgl. 8,27ff; 9,30f) unter das Wegmotiv gestellt. Als Ziel des Weges wird – sowohl in der einleitenden Bemerkung als auch im Mund Jesu – Jerusalem angegeben, der Ort seines Leidens. Der vorangehende Jesus, der aus eigenem Entschluß dieses Ziel anstrebt, und die hinter ihm herziehende Gefolgschaft setzen den Gedanken der Nachfolge ins Bild und verdeutlichen, daß Nachfolge Jesu Gang zum Leiden ist. Zwar ist das Vorausgehen des Lehrers und das Hinterhergehen der Schüler eine aus dem Rabbinischen sehr geläufige Sache, sie gewinnt aber unter dem Aspekt der Leidensansage hier ihr eigenes Relief[6]. Das gleiche gilt für das Hinaufgehen nach Jerusalem, das sonst der geläufige Ausdruck für die Pilgerreise in die hochgelegene Hauptstadt, in diesem Zusammenhang aber ein Wort ist, das die Ausrichtung des Schicksals Jesu und der Nachfolge seiner Jüngerschaft zum Ausdruck bringt. Wenn Jesus die Zwölf aus der Gruppe der Nachfolgenden herausruft, ist zu verstehen gegeben, daß der Zug eine größere Zahl von Leuten umfaßt. Markus wird auch eine Anzahl von Frauen miteinbezogen haben (vgl. 15,41; 10,52)[7]. Die Zwölf werden eigens erwähnt, weil ihnen als den künftigen Trägern der Botschaft Jesu die Voraussage des Todes- und Auferstehungsschicksals ihres Meisters vor allem gilt. Die Reaktionen von Schrecken und Furcht (vgl. 9,32; 4,41; 10,24) zeichnen weniger ein psychologisches Verhalten als vielmehr den Rahmen, in den das Jesuswort, dem Offenbarungsqualität zukommt, hineingestellt ist. Mit einer biblischen Wendung zusammenfassend eingeführt (»was ihm widerfahren werde«)[8], werden in 33f der Sinn

[3] κατακρίνω 14,64; ἐμπαίζω 15,20.31; ἐμπτύω 14,65; 15,19. Der Wechsel von μαστιγόω zu φραγελλόω (15,15) fällt demgegenüber nicht ins Gewicht.

[4] Nur die Hohenpriester und Schriftgelehrten werden angeführt in 11,18; 14,1; 15,3.10.31. Hohepriester, Älteste und Schriftgelehrte stehen beieinander in 8,31; 11,27; 14,43.53; 15,1.

[5] Ebenso Hahn, Hoheitstitel 47; Strecker, ZThK 64 (1967) 31; J. Lambrecht, Die Redaktion der Markus-Apokalypse, 1967 (AnBib 28), 20–23. McKinnis* dagegen hält die Leidensansage für vorgegeben und für einen Christushymnus, der in der Eucharistiefeier seinen Sitz im Leben habe.

[6] Vgl. Billerbeck I,528; G. Kittel, ThWNT I,213; A. Schulz, Nachfolgen und Nachahmen, 1962 (StANT 6), 28–31.

[7] D läßt »Die aber nachfolgten, fürchteten sich« weg. Damit wird der Gedanke der größeren Gefolgschaft unterdrückt. Diese ist zwar nur unscharf gezeichnet, aber in 10,52; 11,9 deutlich vorausgesetzt. Mithin wird bereits der Einzug in Jerusalem vorbereitet.

[8] Vgl. 1Makk 4,26; Est 6,13; Lk 24,14.

und das Ziel des Jerusalemzuges, den sie schon angetreten haben, entfaltet. Der Menschensohn zieht mit seiner Gefolgschaft hinauf – ἀναβαίνομεν faßt alle zusammen –, um sich ausliefern zu lassen. Der Wechsel vom Passiv zum Aktiv verdient Beachtung. Hinter der Auslieferung an die Hohenpriester und Schriftgelehrten, die für Markus beiden wichtigen Fraktionen des Synhedrions, verbirgt sich das Handeln Gottes (passivum divinum), der das Todesschicksal Jesu verfügte. Wenn sie ihn den Heiden ausliefern, ist das dennoch ein von ihnen zu verantwortendes Tun. Das schuldhafte Vorgehen der Menschen und Gottes Vorauswissen fügen sich ineinander, ohne daß sich die Freiheit Gottes und die Freiheit des Menschen gegenseitig aufheben würden. Es ist eine antijudaistische Tendenz, wenn der jüdischen Instanz die eigentliche Initiative und Schuld im Vergleich mit den Heiden (= Römern) zugeschrieben wird[9]. Diese Instanz wird auch das Todesurteil fällen[10]. Das damit ausgesprochene historische Problem kann erst in der Passionsgeschichte behandelt werden (14,64). Die einzelnen schmachvollen Stationen des Leidensweges Jesu enden in der gewaltsamen Tötung. Wiederum ist im Gegensatz zum Leidensbericht nicht auf die besondere Art dieses Todes, die Kreuzigung, rekurriert[11]. Der Todesansage fehlt jeder Schriftbezug. Darin stimmt sie mit 9,31 überein. Das Anspeien ist keine Anspielung auf Jes 50,6, sondern eine zur Hinrichtung gehörige Folter[12]. Jenseits des Todes aber steht die Auferstehung nach drei Tagen[13].

Zusammenfassung

Markus hat dieser dritten Leidensankündigung besonderes Gewicht verliehen. Ihre christologische Bedeutung erblickte er darin, daß Jesus sich freiwillig auf den Todesweg nach Jerusalem macht. Er sieht sein Ende bis in die Einzelheiten voraus und kann sich dennoch von seinem Entschluß nicht abbringen lassen. Die vom Vater verfügte Auslieferung in den Tod nimmt er gehorsam an. Gleichzeitig ist diese präzise Ansage ebenso bedeutungsvoll für die Jüngerschaft. Da sie schon näher an Jerusalem herangekommen sind, sollen sie wissen, was dort auf Jesus und sie wartet, um sich entscheiden zu können. Sie gehen zwar ihrem Meister auf dem Weg nach, aber zur bewußten Nachfolge sind sie noch nicht fähig. Die große Stunde der Offenbarung steht ihnen noch bevor. Vor allem die Zwölf, die mit ihm sein sollen (3,14), sind zur Verantwortung gerufen.

9 Noch klarer formuliert diesen Gedanken Mt 20,19: εἰς τό.

10 Der ungewöhnliche Dativ κατακρινοῦσιν αὐτὸν θανάτῳ ist vielleicht Latinismus: Capite damnare. Vgl. Bl-Debr § 195,2. Zu erwarten wäre der Genitiv. Vgl. die LA in D*.

11 Vgl. Mt 20,19.

12 Vgl. Seneca, dial. XII 13,7: »Aristides wurde von den Athenern zur Hinrichtung geführt . . . wie einer, dem man ins Gesicht spuckt«.

13 Koine-Text Θ ändern in das formelhafte »am dritten Tag«.

## 15. *Streit in der Jüngerschaft um die ersten Plätze (10,35–45)*

*Literatur: Jeremias, J.*, Das Lösegeld für viele (Mk 10,45), Jud 3 (1947) 249–264; *Wolff, H. W.*, Jesaja 53 im Urchristentum, Berlin ³1952; *Lohse, E.*, Märtyrer und Gottesknecht, 1955 (FRLANT 64), 117–122; *Delling, G.*, Βάπτισμα βαπτισθῆναι, NT 2 (1958) 92–115; *Tyson, J. B.*, The Blindness of Disciples in Mark, JBL (1961) 261–268; *Braumann, G.*, Leidenskelch und Todestaufe (Mc 10,38f), ZNW 56 (1965) 178–183; *Feuillet, A.*, La coupe et le baptême de la passion, RB 74 (1967) 356–391; *Thyen*, Sündenvergebung 154–163; *Kuhn*, Sammlungen 151–160; *Patsch, H.*, Abendmahl und historischer Jesus, 1972 (CThM A 1); *Roloff, J.*, Anfänge der soteriologischen Deutung des Todes Jesu (Mk X 45 und Lk XXII 27), NTS 19 (1972/73) 38–64; *Kertelge*, Der dienende Menschensohn (Mk 10,45), in: Jesus und der Menschensohn (FS A. Vögtle), Freiburg 1975, 225–239; *Moulder, W. J.*, The Old Testament Background and the Interpretation of Mark X.45, NTS 24 (1977/78) 120–127.

35 **Und Jakobus und Johannes, die Söhne des Zebedäus, treten an ihn**
**heran und sagen ihm: Lehrer, wir wollen, daß du uns tust, um was wir**
**dich bitten.** 36 **Er aber sprach zu ihnen: Was wollt ihr, daß ich es euch**
**tue?** 37 **Sie aber sprachen zu ihm: Gib uns, daß der eine von uns zu dei-**
**ner Rechten und der andere zur Linken sitzen wird in deiner Herrlich-**
**keit!** 38 **Jesus aber sprach zu ihnen: Ihr wißt nicht, worum ihr bittet.**
**Könnt ihr den Becher trinken, den ich trinke, oder mit der Taufe, mit**
**der ich getauft werde, getauft werden?** 39 **Sie aber sprachen zu ihm:**
**Wir können es. Jesus aber sprach zu ihnen: Den Becher, den ich trinke,**
**werdet ihr trinken, und mit der Taufe, mit der ich getauft werde, werdet**
**ihr getauft werden.** 40 **Aber das Sitzen zu meiner Rechten oder Linken**
**zu gewähren, ist nicht meine Sache, sondern für die, denen es bereitet**
**worden ist.** 41 **Und als die Zehn das hörten, begannen sie, sich über Ja-**
**kobus und Johannes zu erregen.** 42 **Und Jesus rief sie heran und sagt**
**ihnen: Ihr wißt, daß die, welche die Völker zu beherrschen scheinen,**
**sie unterdrücken, und ihre Großen die Gewalt gegen sie gebrau-**
**chen.** 43 **Nicht so aber ist es unter euch. Sondern wer unter euch der**
**Größte werden will, werde euer Diener.** 44 **Und wer unter euch der Er-**
**ste sein will, werde der Sklave von allen.** 45 **Denn auch der Menschen-**
**sohn ist nicht gekommen, um bedient zu werden, sondern um zu die-**
**nen und sein Leben zu geben als Lösepreis für viele.**

Analyse Die Perikope zerfällt in zwei Teile: das Gespräch mit den Söhnen des Zebedäus (35–40) und eine anschließende Belehrung der Zwölf (41–45). Die Ausrichtung auf die Zwölf bindet die Perikope stärker an die vorangehende Leidensansage, deutet aber bereits auf einen redaktionellen Eingriff hin. Gespräch und Jüngerbelehrung waren schon vormarkinisch verknüpft. Dies läßt sich zwar gerade in diesem Fall nicht beweisen, legt sich aber durch den ähnlichen Befund in 10,1–12 und 17–27 nahe. Der markinische Eingriff konzentriert sich auf die

Nahtstelle 41f. Vers 41 ist wegen der Bevorzugung der Zwölf (= die Zehn plus Jakobus und Johannes) ganz markinisch[1]. In Vers 42 wird das gebieterische »und er rief sie heran« vom Evangelisten stammen, so daß die Überleitung vormarkinisch gelautet haben könnte: Und Jesus sagt zu ihnen (bzw. seinen Jüngern).

Schwieriger ist die vorausliegende Traditionsgeschichte zu bestimmen. Wenden wir uns zunächst dem Zebedäidengespräch zu. Fast alle Kommentatoren stellen fest, daß die beiden Brüder von Jesus auf ihre Anfrage zwei verschiedene Antworten bekommen. Die erste mit dem Hinweis auf Becher und Taufe scheint ihnen die Erfüllung ihres Wunsches unter einer bestimmten Bedingung in Aussicht zu stellen (38 bzw. 38f), in der zweiten dagegen sagt Jesus, daß für ihr Anliegen nur Gott zuständig ist (40). Bultmann möchte für eine ältere Perikopenfassung 38f als sekundäres vaticinium ex eventu streichen[2]. Braumann urteilt ähnlich, hält aber 38f für eine selbständige Tradition, die sekundär mit dem Apoftegma 35–37.40 verbunden worden sei. Diese Auffassung kann auf sich beruhen, da 38f als isolierte Einheit nicht lebensfähig ist und keinen rechten Sinn ergibt[3]. Vers 40 aber als Antwort auf die feierlich eingeleitete Anfrage 35–37 befriedigt nicht recht. Hätte diese Auskunft, die das Anliegen der Brüder ad calendas Graecas verschiebt, ausgereicht, um die Geschichte weiterzuerzählen? Hinzu kommt ein Weiteres. Von Vers 37 zu 40 wechselt die Erzählung im Gebrauch des griechischen Wortes für »links« (ἐξ ἀριστερῶν, ἐξ εὐωνύμων, wörtlich: die glückverheißende Seite, ein Eufemismus, der den Volksglauben, daß die linke Seite Unglück bedeutet, übergeht[4]. Man wird den Wechsel als Indiz für einen anderen Erzähler nehmen dürfen. M.a.W. die älteste Geschichte umfaßte 35–38, ein biografisches Apoftegma, das im Blick auf eine geschichtliche Erfahrung, den Martertod der Zebedäiden, nachträglich um 39f erweitert wurde, vielleicht durch denselben Redaktor, der auch die Jüngerbelehrung einbrachte. Stimmt diese Hypothese, wäre anzunehmen, daß die Frage ehemals von nicht näher bezeichneten Jüngern gestellt und erst zusammen mit der genannten geschichtlichen Erfahrung mit Jakobus und Johannes verknüpft wurde.

Die Jüngerbelehrung umfaßt den parallel strukturierten Doppelspruch vom Größten und Ersten (vgl. 9,35) mit einem vorgeschalteten ironischen Vergleich mit den Herrschern und Großen dieser Welt und ein viel besprochenes Menschensohnlogion. Der Vergleich mit der parallelen Überlieferung in Lk 22,24–27 lehrt, daß zumindest Mk 10,42–44 als vorgegebene Einheit zu betrachten ist, zu der freilich auch ein abschließendes Wort, in dem Jesus auf sich Bezug nimmt, gehörte. Da sich weder Lk 22 aus Mk 10 ableiten läßt noch um-

1 ἤρξαντο mit Infinitiv ist mk Stil.

2 Geschichte 23.

3 Die Deutung Braumanns* auf die Sakramente von Eucharistie und Taufe überzeugt nicht. Dibelius, Formgeschichte 57, streicht die VV38–40, läßt also 41 auf 37 folgen. Das scheitert daran, daß in 41ff ein anderes Thema (Gemeindeordnung) als in 35–37 (himmlische Hierarchie) behandelt wird.

4 Auch ἀριστερός ist im Grunde genommen schon ein Eufemismus, wurde aber offenbar nicht mehr als solcher empfunden.

gekehrt, hält man am besten beide für Ausformungen einer vorausliegenden Tradition. Bei Lukas erscheint diese in eine hellenisierende Gestalt gebracht[5]. Stellt man Mk 10,45 Lk 22,27 gegenüber, ergeben sich für Markus als auffälligste Veränderungen der Menschensohntitel, die Zusammenfassung seines Wirkens mit »ist gekommen« und die Lebenshingabe als Lösepreis für viele. Obwohl diese drei Veränderungen gleichzeitig eingetragen worden sein dürften, läßt sich kein entsprechendes Menschensohnlogion eruieren. Nur an dieser Stelle sind Menschensohn und Heilstod miteinander verbunden. 45c aber – sein Leben hinzugeben als Lösegeld für viele – ist ein eigenständiger Traditionssplitter. Dies bestätigt 1Tim 2,6 (»der sich selbst hingab als Lösepreis für alle«). Wir haben es vermutlich mit einem Glaubenssatz zu tun, der bei Markus in einer älteren und semitisierenden Form erhalten ist, während er in 1Tim 2,6 gleichsam »ins Griechische« übersetzt erscheint[6]. Die Ursprünge der Deutung des Todes Jesu als Heilstod liegen im semitisch-palästinischen Bereich (vgl. die Interpretation)[7]. Der Dienst des Menschensohnes und der von den Ersten in der Gemeinde geforderte Dienst halten 43f und 45 zusammen. Die Erinnerung an die Lebenshingabe Jesu als Lösepreis für viele ließ sich insofern gut einfügen, als Gemeindedienst, Tischdienst, Sühnetod Jesu einen gemeinsamen Hintergrund besitzen: die Eucharistie feiernde Gemeinde. Hier ist auch die Vorstellung vom Heilstod Jesu verwurzelt.

Strukturell ist die Perikope in ihren beiden Teilen – Gespräch mit den Zebedäiden und Jüngerbelehrung – durch Repetitionen bzw. Parallelismen ausgezeichnet. Im ersten Teil sind es die Korrespondenz von Bitte und Gegenfrage in 35f, die Wiederholungen vom Trinken und Getauftwerden in 38f, vom Sitzen zur Rechten und Linken in 37 und 40. Im zweiten Teil sind sowohl 42 als auch 43f synthetische Parallelismen. In der Verbindung der beiden Teile wird das »wir wollen« der Bitte in 35 durch das zweifache »Wer sein bzw. werden will« in der Belehrung von 43f wieder aufgegriffen und somit zur eigentlichen Antwort. Auch besteht eine Korrespondenz zwischen dem »ihr wißt nicht« von 38 und dem »ihr wißt« in 42. Der erste Teil wirkt durch den ständigen Wechsel von Rede und Gegenrede recht lebhaft, während der zweite einen Monolog Jesu darstellt. Beide Teile deuten ihre unterschiedliche Herkunft dadurch an, daß im ersten die Sätze mit δέ, im zweiten mit καί verbunden werden[8]. Den ersten Teil gliedern wir in Bitte (35–37) und Antwort (38–40).

[5] Vgl. H. Schürmann, Jesu Abschiedsrede Lk 22,21–38, 1957 (NTA 20/5), 63–99.

[6] Vgl. δοῦναι τὴν ψυχὴν αὐτοῦ/δοὺς ἑαυτόν; ὑπὲρ πολλῶν/ὑπὲρ πάντων.

[7] Kertelge* 234 plädiert neuerdings wieder für die hellenistisch-judenchristliche Gemeinde als Entstehungsort der Deutung. Thyen, Sündenvergebung 154–163, hält den ganzen V 45 für ein isoliert überliefertes Logion, mit dessen Hilfe Hellenisten gegen eine urgemeindliche Messianologie polemisiert hätten, die das Heil jenseits der Geschichte vom apokalyptischen Menschensohn erwartet habe. Roloff* 59 meint, daß V 45c eine formelhafte Abbreviatur des eucharistischen Brot- und Becherwortes sein könne. Für Entstehung im palästinischen Bereich sprechen sich aus Jeremias*; Lohse* 118f; Hahn, Hoheitstitel 57–59.

[8] Unter traditionsgeschichtlichem Aspekt ist damit zu rechnen, daß ein Redaktor sich der Struktur der Vorlage anpaßt.

Die beiden Zebedäussöhne Jakobus und Johannes (vgl. 1,19f; 3,17) treten vor, um an Jesus eine persönliche Bitte zu richten. Diese wird stufenweise vorbereitet. Ihre erste allgemeine Formulierung läßt nur darauf schließen, daß die beiden Brüder viel von Jesus erwarten (zur Formulierung vgl. 6,22). Als Zeitpunkt ist von Markus wie in 9,33ff für den Streit, wer der Größte sei, der Anschluß an eine Leidensankündigung gewählt. Die Absicht ist deutlich: das Mißverständnis der Jünger vergrößert sich, je näher Jerusalem, der Ort der Offenbarung, heranrückt. Die Nähe Jerusalems bildet den Hintergrund für das vorgetragene Verlangen, in seiner Herrlichkeit zur Rechten und Linken Jesu – man kann hinzufügen: auf Thronen – sitzen zu dürfen. Worauf richtet sich der Ehrgeiz der Jünger? In Herrlichkeit wird sich der Menschensohn nach 8,38; 13,26 bei seiner Parusie zum Gericht offenbaren. Nur daran kann gedacht sein, nicht an die Errichtung eines messianischen Reiches in Israel[9]. Ist damit die nachösterliche Perspektive angezeigt, liegt für den Evangelisten das Verwerfliche der Bitte darin, daß sie die Offenbarung in Jerusalem, auf die Jesus mit seinen Jüngern zugeht, das heißt, das Kreuz, überspringen und außer acht lassen möchte. Die Vermutung, daß sich hinter dieser gerade von den Zebedäiden vorgetragenen Bitte ein in das Evangelium eingetragener Hegemonialanspruch der Jerusalemer Bischöfe verberge, ist höchst vage. Außerdem verbindet die spätere Tradition diesen Bischofsstuhl nicht mit dem Brüderpaar Jakobus und Johannes[10]. Die Frage aber, ob es bevorzugte Jünger gibt, bleibt gestellt[11]. Erklärung 35–37

Jesus hält den ehrgeizigen Brüdern vor, daß sie die Tragweite ihrer Bitte gar nicht verstehen[12]. Ihre Erfüllung setzt voraus, daß sie denselben Becher trinken wie er und mit derselben Taufe getauft werden wie er. Dieses Doppelbild besitzt Analogien im jüdischen Bereich nur für seinen ersten Teil. Weil aber Becher und Taufe die gleiche Sache bezeichnen müssen, empfiehlt es sich, vom ersten auszugehen. Im Alten Testament ist der Becher, den Gott dem einzelnen, dem Volk oder den Völkern reicht, und den diese leeren müssen, Bild für das Geschick, im guten wie im bösen Sinn. Hier kann es sich nur um letzteres handeln. Der Becher, der auch Becher seines Grimmes heißt (Jes 51,17), mit Zornwein gefüllt ist (Jer 25,15), bedeutet Unheil und Unglück und umschreibt gleichzeitig das göttliche Gericht, das über die Frevler hereinbricht: »Ja, in der Hand des Herrn ist ein Becher; herben, gärenden Wein reicht er dar. Ihn müssen alle Frevler der Erde trinken, müssen ihn samt der Hefe schlürfen« (Ps 75,9; vgl. Jer 51,7; 49,12; Klgl 4,21; Ez 23,31f; Hab 2,16). Später wird das Bild in Anspruch genommen für Leiden und Tod des Märtyrers: Von seinem Martertod sagt Jesaja nach MartJs 5,13: »Denn mir allein hat Gott den Becher ge- 38–40

9 Gegen Lohmeyer, der sich allerdings auf par Mt 20,21 beruft. Jedoch ist ἐν τῇ βασιλείᾳ σου nicht ursprünglich wie auch die Einführung der Mutter als Bittstellerin. – Die Plätze zur Rechten und Linken sind die Ehrenplätze. Der Zweitgrößte sitzt zur Rechten, der Drittgrößte zur Linken, vgl. Billerbeck I,835f.

10 Diese These trägt neuerdings wieder Tyson* vor. Die von Euseb, h.e. IV,5,3 tradierte Jerusalemer Bischofsliste nennt 15 Namen, an erster Stelle den Herrenbruder Jakobus.

11 Vgl. Schlatter 199.

12 Zu οὐκ οἴδατε vgl. 4,13; 9,6; 14,40.

mischt.« Ähnlich spricht Polykarp: »Ich preise dich, daß du mich dieses Tages und dieser Stunde gewürdigt hast, Anteil zu empfangen in der Zahl der Märtyrer am Becher des Christus usw.« (MartPol 14,2)[13]. Mit dem Bildwort vom Becher spielt darum Jesus nicht nur auf seine Leiden und seinen Tod an, sondern deutet diese auch als göttliches Gericht, das er – dann für die Frevler – übernimmt. Auch die Taufe ist metaforisch zu verstehen[14]. Die Metafer baut auf jenen alttestamentlichen Aussagen auf, die Leiden, Verfolgung und Ungemach mit einer Wasserflut vergleichen, in der der Mensch unterzugehen droht: »Mich umfingen die Fesseln des Todes, mich erschreckten die Fluten des Verderbens« (2Sam 22,5; vgl. Ps 42,8; 69,2f; Jes 43,2; 1QH 3,13–18)[15]. Wie partizipieren die Jünger an diesem Becher und dieser Taufe? Geschieht dies durch die Sakramente von Eucharistie und Taufe, für die dann das Doppelbild stehen müßte[16]? Diese von Röm 6,1ff beeinflußte Exegese übersieht, daß bei Markus die Taufe unmittelbar für den Tod und das Leiden steht, während Paulus vom Taufsakrament ausgeht und dieses unter Bezug auf den Tod Jesu soteriologisch deutet. Becher und Taufe übernehmen die Jünger, wenn sie bereit sind, in der Nachfolge Drangsal und Tod zu ertragen. Die Frage, ob es bevorzugte Jünger gibt, ist damit beantwortet. Der Vorzug bemißt sich nach ganz anderen Maßstäben, als die Zwei es sich ausgedacht haben, nämlich nach dem Maß des Leidens. Als Frage zunächst in den Raum gestellt (Vers 38), wird den Zebedäiden die Teilnahme an Becher und Taufe Jesu angesagt, nachdem diese in einem der Selbstgefälligkeit nicht entbehrenden Ton ihr Können bekräftigt haben. Diese Konkretisierung versteht sich am besten aus dem Wissen, daß die beiden Brüder inzwischen den Martertod gestorben sind. Es ist nicht vorausgesetzt, daß es ein gleichzeitiges Martyrium gewesen sei. Die historische Frage nach dem Martertod des Johannes – der des Jakobus wird in Apg 12,2 bezeugt – wird durch später aufkommende Überlieferungen sehr schwer beantwortbar, ist aber heute einer Lösung im angedeuteten Sinn eher zugänglich, nachdem sich die Auffassung durchsetzt, daß »der Jünger, den Jesus liebte« des vierten Evangeliums nicht der Zebedäide gewesen sei (vgl. Joh 21,22f)[17]. Daß nicht die Er-

[13] Bei Eirenaios kommt dann erstmalig die Vorstellung von einer Bluttaufe auf. Vgl. Lohmeyer 222 Anm. 5.

[14] Vgl. Schweizer; O. Cullmann, Die Tauflehre des NT, 1948 (AThANT 12), 13ff. Vgl. W. G. Kümmel, Verheißung und Erfüllung, ³1956 (AThANT 6), 62 Anm. 166.

[15] Den Einwand, daß βάπτισμα eine christliche Wortschöpfung sei, die immer im technischen Sinn verwendet würde, hat Delling* 97–99 entkräftet und auf analoge Wortbildungen im Koine-Griechisch aufmerksam gemacht. Vgl. auch Lk 12,50; Jes 21,4 LXX: καὶ ἡ ἀνομία με βαπτίζει.

[16] Zur sakramentalen Deutung vgl. Feuillet*, Lohmeyer. Braumann* meint, daß die isoliert zu betrachtenden VV 38f einen Streit in der Gemeinde widerspiegeln, der die Berechtigung der christlichen Taufe und die Eucharistiefeier sub una, das heißt, ohne eucharistischen Becher, betrifft.

[17] Vgl. R. Schnackenburg, Das Johannesevangelium III, 1975 (HThK), 449–463. Über das Schicksal des Zebedäiden Johannes entstanden divergierende Traditionen. Nach der einen sei er in hohem Alter eines natürlichen Todes gestorben. Nach Tertullian, De praescr. haer. 36, sei er in siedendes Öl getaucht worden, habe aber keinen Schaden gelitten und sei auf eine Insel verbannt worden. Einzelne Nachrichten haben die Erinnerung an einen Martertod des Zebedäiden Johannes aufbewahrt: Philippos von Side im 5. Jh. mit Berufung auf Papias, Georgios Hamartolos im 9.

wartung eines besonderen Lohnes, sondern die Bereitschaft zur Kreuzesnachfolge den Jünger beherrschen soll, besagt das abschließende Wort. Die Ehrenplätze gehören jenen, für die sie – von Gott – bereitet sind[18].
Neben der Antwort Jesu hören wir von einer Reaktion der Jünger, näherhin der 41–44
Zehn, auf das Anliegen der Söhne des Zebedäus. Damit ist angezeigt, daß das Ganze sich im Kreis der Zwölf zugetragen hat (vgl. 10,32). Die Reaktion wird mit einem griechischen Wort umschrieben, das den Ärger, der sich durch Wort und Tat zu erkennen gibt, bezeichnet[19]. Sie wird zum Anlaß für eine Sonderbelehrung der Zwölf, die Jesus hoheitsvoll herbeiruft. Das Gebaren der Herrscher und Großen dieser Welt dient zum Vergleich. Dieser geschieht nicht ohne Ironie, wenn davon gesprochen wird, daß sie die Völker zu beherrschen scheinen. Wer die Dinge durchschaut, weiß, daß Gott der eigentliche Herrscher ist. Die Großen dieser Erde mißbrauchen ihre Macht und wenden sie auch gegen ihre Untergebenen an[20]. Die Adressaten des Markus haben die Despotie des Nero erlebt. Für die Gemeinschaft der Jünger gilt ein anderes Gesetz. Gegenüber dem Gespräch mit den Zebedäiden hat sich der Fragehorizont verschoben. Nicht mehr Sonderauszeichnungen in der himmlischen Welt stehen zur Debatte, sondern die Ordnung in der Gemeinde. Wer in ihr nach Rang und Vorsitz strebt, soll seinen Dienst wie ein Diener und Sklave tun, sich nicht von Ehrgeiz, sondern von Dienstbereitschaft leiten lassen. Man wird sich zu vergegenwärtigen haben, daß die sozialen Spannungen zwischen Freien und Sklaven in die Gemeinde hineinwirkten. Wie in 9,35 ist im zweiten Glied des Doppelspruches der Dienst auf alle bezogen[21]. Diakonos ist noch keine Amtsbezeichnung, sondern hebt ab auf die Dienste in der Leitung, Verkündigung, Armenfürsorge, aber auch bei Tisch in den Gemeindeversammlungen (vgl. 1Kor
16,15; 2Kor 4,5; Röm 15,25; 16,1; Kol 1,7.25)[22]. Begründung für die gefor- 45
derte Haltung sind Dienst und Sühnetod des Menschensohnes. Mit diesen beiden Daten wird – wie auch in den übrigen »Gekommen-Sätzen« – das gesamte Leben Jesu unter einem bestimmten Aspekt zusammengefaßt. Sind die Ablehnung, sich bedienen zu lassen, und der Dienst noch imitabel, so hat sein Sterben einmalige soteriologische Bedeutung, nimmt aber den Jünger auch in

Jh., das syrische Martyrologium von 411 (für den 27. Dezember). Der Kalender von Karthago von 505 nennt ebenfalls für den 27. Dezember Johannes den Täufer und den Apostel Jakobus. Ist das eine Verwechslung des Täufers mit dem Zebedäiden? Vgl. Haenchen, Weg 365f; Taylor 442. Nach Pesch II,159 reichte der Martertod eines der beiden Zebedäiden zur Weiterbildung von 39f aus.

18 par Mt 20,23 ergänzt ὑπὸ τοῦ πατρός μου. Noch schroffer wäre die Zurückweisung, wenn die LA »anderen ist es bereitet« (ἄλλοις statt ἀλλ' οἷς) zuträfe: 225 it sy$^s$. »Bereiten« (ἑτοιμάζω) ist das geläufige Wort für Gottes zeitlich vorausgreifendes Walten. So hat er schon nach LXX Ex 23,20 Israel das Land bereitet. Vor allem bereitet er nach der apokalyptischen Literatur und im Anschluß daran das Heil der zukünftigen Welt, das vielfältig umschrieben werden kann: äthHen 25,7; Mt 25,34.41; Lk 2,31; Hebr 11,16.

19 Passow s.v. ἀγανακτέω. Vgl. Mk 14,4; 10,14.

20 κατακυριεύω wird in 1Petr 5,3 in der Mahnung an die Presbyter verwendet. Vgl. LXX Ps 10,5.10.

21 Vgl. das oben zu 9,35 Gesagte.

22 Nach Qid 32b bedient Rabbi Gamaliel II. bei Tisch. Er begründet dies mit dem Beispiel Abrahams Gen 18,8.

Pflicht. Trotz der Verquickung des paränetischen mit dem soteriologischen Aspekt ist die christologische Aussage einheitlich, insofern die Todeshingabe den Lebensdienst fortsetzt und aus ihm hervorgeht. Das Wort ist ohne den Hintergrund von Jes 53,10–12 nicht verstehbar. Obwohl weder der Jesajatext zitiert noch das Schicksal des Gottesknechtes insgesamt auf Jesus übertragen ist, wird die Vorstellung vom stellvertretenden Sühnetod für die Vielen in freier Form von dort entlehnt. Gegenüber Jes 53, wo das Sühneleiden des Knechtes als ein Handeln Gottes dargestellt ist (und auch gegenüber 2Makk 7,37f; 4Makk 6,28f; 17,20–22), betont das Menschensohnwort die freiwillige Hingabe des Lebens. λύτρον bedeutet in der Gräzität und LXX den Lösepreis für schuldverwirktes Leben, der für einen Sklaven, einen Kriegsgefangenen, zur Lösung einer Bürgschaft gezahlt wird[23]. Der Menschensohn zahlt mit seinem Leben für und anstelle der Vielen, die dem Verderben anheimgegeben sind, und wird somit zu ihrem Retter. Daß damit die Befreiung von der Sündenschuld gemeint ist, sollte nicht bestritten werden[24]. Wem der Lösepreis gezahlt wird, wird nicht gesagt, so sehr steht die Freiwilligkeit des Sterbens im Vordergrund. Unsicher bleibt, wann die rettende Auslösung der Vielen sich auswirkt, ob im eschatologischen Gericht oder auch bereits in der Gegenwart[25]. Man wird beides zu beachten haben. Dies entspricht im übrigen der Nach- und Wirkungsgeschichte von Jes 53. Der unbestimmte Begriff »die Vielen« umfaßt eine Allgemeinheit, die – wie in den Schriften von Qumran – eine abgegrenzte Gemeinschaft, das neue Gottesvolk, die Gemeinde, bezeichnet, aber auch im universalen Sinn gedeutet und auf die Völkerwelt ausgedehnt werden kann. Die universale Ausrichtung legt sich wegen der Abhängigkeit von Jes 53 nahe. Sie wird durch 1Tim 2,6 (ὑπὲρ πάντων) gestützt.

Historische Beurteilung und Zusammenfassung

Für eine historische Rekonstruktion wäre von Lk 12,50, nicht dem Gespräch mit den Zebedäiden, auszugehen[26]. Dieses zeichnet einen typischen Jüngerstreit, der – wie wir glaubten – später konkretisiert wurde. Die soteriologische Deutung des Todes Jesu verweist auf die Abendmahlstradition. Darum ist dort auf die historische Fragestellung zurückzukommen. – Markus beendet mit dieser Perikope einen Evangelienabschnitt, der durch die drei Leidensankündigungen (8,31; 9,31; 10,33f) bestimmt ist. Sie markieren den Weg nach Jerusalem. Der Ausblick auf den Sühnetod für die Vielen bildet einen wirkungsvollen

[23] Vgl. F. Büchsel, ThWNT IV,341. λύτρον ist nicht Äquivalent zu *ašm*.

[24] Thyen, Sündenvergebung 159–163, sieht den Tod Jesu als das das rechte Bundesverhältnis restituierende Opfer interpretiert.

[25] In Weish 5,1ff wird Jes 53 – allerdings bei Ausklammerung des Sühnegedankens – mit dem eschatologischen Gericht in Verbindung gebracht. In 4Makk 6,28f; 17,20–22, wo gleichfalls Jes 53,4f.12 nachwirken dürfte, ist an eine Versöhnung des Volkes in der Gegenwart gedacht, die durch den Sühnetod der Märtyrer bewirkt wird.

[26] Jeremias, Theologie I,233, vermutet im Anschluß an C. H. Dodd, T. W. Manson, daß Jesus ein mit seiner Passion einsetzendes Kollektivleiden der Jünger erwartet habe. Vgl. Kümmel (Anm. 14). Zum historischen Problem von Lk 12,49f vgl. A. Vögtle, Todesankündigungen und Todesverständnis Jesu, in: K. Kertelge (Hrsg.), Der Tod Jesu – Deutungen im NT, 1976 (QD 74), 51–113, hier 80–88.

Abschluß. Der Zug Jesu und seiner Jünger nähert sich der Stadt. Aber die Zwölf verlieren sich in ehrgeizigen Streitigkeiten. Der Evangelist hat diesen Aspekt noch gesteigert. In der Verquickung von Zebedäidengespräch und Jüngerbelehrung, die Markus allerdings schon vorgegeben war, wird das mahnende Wort in 43–45 zur letzten Antwort auf das unerleuchtete Ansinnen der beiden Brüder. Die Gemeindemitglieder und ihre Ersten haben sich durch den Dienst und die Lebenshingabe des Menschensohnes bestimmen zu lassen. Den Platz zur Rechten und Linken des Menschensohnes werden in der Stunde der Offenbarung andere einnehmen. Diese verläuft anders als erwartet. Es werden zwei Verbrecher sein, die mit ihren Kreuzen das Kreuz Jesu einrahmen. Zwar ist 15,27 keine unmittelbare Antwort auf die ungeklärte Auskunft von 10,40. Im Gesamtzusammenhang des Evangeliums aber besteht eine Brücke.

Vormarkinische Sammlung

Wir haben in diesem Teil des Evangeliums drei Perikopen kennengelernt, in denen eine selbständige Erzählung durch eine Jüngerbelehrung weitergeführt und ausgelegt worden war: die Ehebelehrung, die Geschichte vom reichen Mann und die Zebedäidenanfrage (10,1–12.17–27.35–45). Es entsteht die Frage, ob Markus diese drei Perikopen bereits zu einer kleinen Sammlung vereinigt vorfand[27]. Verschiedene Beobachtungen können für diese Möglichkeit sprechen. Vor allem ist es die Erkenntnis, daß die Auslegung der Tradition, die in der Jüngerbelehrung erfolgt, auf konkrete Gemeindeprobleme ausgerichtet ist, die Unauflöslichkeit der Ehe, das Verhältnis zu Besitz und Reichtum, die Rangordnung in der Gemeinde. Markus packt konkrete Gemeindefragen nicht in dieser direkten Form an. Hinzu kommen formale Beobachtungen[28]. Trifft die Annahme einer vormarkinischen Sammlung zu, so zeigt diese, daß man sich in Fragen des christlich Unterscheidenden ein praktisches Regelkompendium geschaffen hatte. Denn in den angesprochenen Problemen geht die Gemeinde eigene Wege. Markus löst die Sammlung auf und ordnet sie seinen Zielen, vor allem dem Gedanken der Nachfolge Jesu auf dem Weg nach Jerusalem, unter.

Wirkungsgeschichte

Schwerpunkt des Gesprächs mit den Zebedäiden blieb die Ankündigung Jesu, daß sie seinen Becher trinken und mit seiner Taufe getauft werden sollen. Die Interpreten gingen zwei Wege. Die einen sehen das Martyrium oder Leiden um Christi willen angezeigt. Dies wird im Hinblick auf die Ehrenplätze paränetisch ausgemünzt. Wer erhöht werden will, erniedrige sich. Die Krone gebührt dem Märtyrer[29]. Das historische Problem eines Johannes-Martyriums kommt kaum in den Blick, zumal man unter Martyrium nicht unbedingt neben Leiden auch den Leidenstod mit einschloß. Die andere Interpretation deutet nicht martyrologisch, sondern geht von einer Teilhabe am Leiden Christi aus, die jedem offen steht. Die Teilhabe gewinnt man über die Sakramente von Eucharistie

[27] Vgl. Kuhn, Sammlungen 36–38.168–191.

[28] Folgende Beobachtungen sind erwähnenswert: in den Perikopen dominiert das Wechselgespräch. Die Jüngerbelehrung greift jeweils auf alte Tradition zurück. Hellenistisch-judenchristlicher Einfluß ist spürbar. In diesem Raum ist die Sammlung anzusiedeln. – Grundmann 208 vereinigt die Perikopen von der Kindersegnung und vom reichen Mann zu einer kleinen Sammlung, in der der Gesichtspunkt: wie kommt man in das Reich Gottes? maßgeblich gewesen sei.

[29] Vgl. Beda, PL 92,235; Theophylakt, PG 123,608.

und Taufe. Sonderbarerweise erscheint diese Textauffassung zuerst in einem (christlich?) gnostischen Dokument, wo sie zusätzlich in gnostische Mentalität übersetzt wurde[30]. Die Auslegung lebt bei Calvin wieder auf, wenn auch in nichtsakramentaler Form: Die Jünger mußten dem Bild des Meisters ähnlich werden. Dies sei nicht bloß über Gewalt und blutigen Tod möglich. Die Gläubigen seien ihr Leben lang wie Schafe, die zur Schlachtbank geführt werden[31]. Offenbar von Paulus beeinflußt, deutet Barth die Verse 38f auf die Teilhabe am Sterben Jesu, die den Jüngern gewährt wird, wenn sie geistigerweise in und mit Christus sterben[32]. Die Frage nach den Ehrenplätzen kann so ausgeklammert werden.

Innerhalb der Jüngerbelehrung benutzt Calvin[33] Vers 42 zu einer interessanten Kontroverse mit den Wiedertäufern. Diese betrachteten den Vers offenbar als Beleg dafür, daß Könige und öffentliche Beamte aus der Gemeinde Gottes auszuscheiden seien. Sie übersehen, daß hier ein Vergleich gezogen wird »nicht zwischen Christen und Nichtchristen, sondern zwischen Ämtern«. Der Unterschied in den Ämtern besteht nach Barth[34] darin, daß im Gegensatz zu allen anderen menschlichen Gemeinschaften in der christlichen Gemeinde keine Scheidung zwischen Bürde und Würde bestehe. Nur in und mit den Bürden des Dienstes gebe es, in diesen beschlossen und verborgen, auch Würde. J. Ratzinger[35] fragt, wie es dazu gekommen sei, daß mit der konstantinischen Wende, welche die Identifikation der Kirche mit der geschlossenen Gesellschaft des christlichen Abendlandes brachte, die Nachfolger der Apostel, denen gesagt worden war, sie sollten es nicht den weltlichen Großen nachzumachen versuchen, es plötzlich für richtig hielten, die Fürsten dieser Gesellschaft zu sein. Er erblickt darin eine Rückkehr zu Vorchristlich-Heidnischem. Nach Theophylakt ist die große Seele bereit, alles zu ertragen und allen zu dienen. Der Lebensdienst des Menschensohnes (Vers 45) wird in Altertum und Mittelalter auf die Inkarnation bezogen[36]. Jeder Dienst hat nach Pannenberg stellvertretenden Charakter und so ergebe sich ein Zusammenhang zwischen Leben und Tod des Menschensohnes[37]. Barth betont den paränetischen Charakter des Logions. Jesus mache seine Forderung mit der Tat seines Lebens wahr, entkleide sie des Charakters einer Forderung und lasse sie zum Angebot der Gnade Gottes werden[38]. Der Gedanke eines stellvertretenden Sühnetodes wurde von jenen abgelehnt, die das Individuum als das Grundphänomen der Ethik und die Gemeinschaft als sekundäre Zusammensetzung von Individuen betrachteten (A. Ritschl, vgl. die Sozinianer)[39]. Demgegenüber weist Pannenberg auf das Bewußtsein des sozialen Verflochtenseins in Israel hin, das zwar seit Ezechiel zu-

30 Vgl. die sog. Naassenerpredigt 19, wo Mk 10,38 mit Joh 6,53 kombiniert erscheint, bei Hippolyt, ref.omn.haer. V 8,11.

31 II,152.

32 Dogmatik IV/4,17.

33 II,154.

34 Dogmatik IV/2,782.

35 Das neue Volk Gottes, Düsseldorf 1969, 273.

36 Beda, PL 92,235; Theophylakt, PG 123,608; Calvin II,156.

37 W. Pannenberg, Grundzüge der Christologie, Gütersloh ³1969, 265.

38 Dogmatik III/2,257.

39 Vgl. Pannenberg, a.a.O. 271f.

rückgetreten, aber in unserer Zeit neu verständlich geworden sei. Die Bedeutung des stellvertretenden Todes Jesu sieht er darin, daß niemand mehr allein sterben müsse, von aller Gemeinschaft ausgeschlossen, vor allem nicht mehr als ein von der Gemeinschaft mit Gott und seinem zukünftigen Heil Geschiedener. »Auch wer vom Staat als Verbrecher verurteilt wird, . . . ist nicht mehr gänzlich verlassen. Die Gesellschaft hat keine letzte Gewalt mehr über das Selbstbewußtsein der Individuen. Wer mit Jesus verbunden ist, stirbt zwar, aber er stirbt in der Hoffnung auf das an Jesus schon erschienene Leben der Auferstehung von den Toten.«[40]

## V. Das Wirken Jesu in Jerusalem (10,46–13,37)

Wenn die einleitende Perikope von der Heilung des Blinden von Jericho mit der Bemerkung endet, dieser sei Jesus auf seinem Weg nach Jerusalem nachgefolgt, ist exemplarisch auf die Nachfolge und das Jüngertum verwiesen. Somit bringt Markus auch am Beginn dieses Abschnittes sein Interesse an der Jüngerexistenz zum Ausdruck. Jesus zieht in Jerusalem ein, von Volksscharen jubelnd begrüßt. Die Verfluchung des Feigenbaums und der flammende Protest gegen die Profanierung des Tempels sind wie dunkle Schatten, die das drohende Gericht vorausankünden. Ein Gespräch über den Glauben belehrt darüber, worauf es ankommt. Im weiteren Verlauf wird Jesus mit verschiedenen Gruppen von Gegnern konfrontiert, mit Sanhedristen, Pharisäern und Herodianern, Sadduzäern, die ihm verfängliche Fragen stellen und denen er schneidend antwortet. Der verständige Schriftgelehrte und die arme Witwe stehen am Schluß und belehren darüber, daß Israel sich zwar ausgeschlossen hat, dem einzelnen aber nach wie vor der Weg zum neuen Gottesvolk und zum Reich Gottes offensteht. In einer Sonderbelehrung werden im 13. Kapitel vier Jünger über das Ende Jerusalems und die endgeschichtliche Katastrophe unterrichtet. Alle werden zur Wachsamkeit ermuntert (13,37). Im Mittelpunkt der Rede steht die Parusie des Menschensohnes, die die letztgültige Offenbarung bedeuten und das Messiasgeheimnis letztendlich aufheben wird. Der gesamte Abschnitt, wenn auch aus recht unterschiedlichem Stoff zusammengefügt, wird durch den Ort Jerusalem, näherhin den Tempel, dem gegenüber Jesus auch seine Jünger belehrt, zusammengehalten. So hat der Weg Jesu von Galiläa nach Jerusalem, den das Evangelium zeichnet, nicht bloß Bedeutung für diesen, sondern auch für das Schicksal des Gottesvolkes.

[40] 270–277 (270). Vgl. Barth, Dogmatik IV/1,253 (der Richter als der an unserer Stelle Gerichtete).

## 1. *Der blinde Bartimäus wird durch seinen Glauben geheilt (10,46–52)*

*Literatur: Reploh,* Markus 222–226; *Burger,* Davidssohn 42–46.59–63; *Kertelge,* Wunder Jesu 179–182; *Robbins, V. K.,* The Healing of the Blind Bartimaeus (10,46–52) in the Marcan Theology, JBL 92 (1973) 224–243; *Berger, K.,* Die königlichen Messiastraditionen des NT, NTS 20 (1973/74) 1–44; *Schenke,* Wundererzählungen 350–369; *Koch,* Bedeutung 126–132; *Johnson, E.S.Jr.,* Mark 10: 46–52: Blind Bartimaeus, CBR 40 (1978) 191–211.

46 **Und sie kommen nach Jericho. Und als er aus Jericho hinauszog und**
**seine Jünger und eine zahlreiche Volksmenge, saß der Sohn des Ti-**
**mäus, Bartimäus, ein blinder Bettler, am Weg.** 47 **Und als er hörte, daß**
**es Jesus, der Nazarener, ist, begann er zu schreien und zu sprechen:**
**Sohn Davids, Jesus, erbarme dich meiner!** 48 **Und viele fuhren ihn an,**
**daß er schweige. Er aber schrie um so mehr: Sohn Davids, erbarme dich**
**meiner!** 49 **Und Jesus blieb stehen und sagte: Ruft ihn! Und sie rufen**
**den Blinden und sagen ihm: Fasse Mut, stehe auf, er ruft dich.** 50 **Er**
**aber warf seinen Mantel ab, sprang auf und kam zu Jesus.** 51 **Und Jesus**
**antwortete ihm und sprach: Was willst du, daß ich es dir tue? Der**
**Blinde aber sprach zu ihm: Rabbuni, daß ich wieder sehe.** 52 **Und Jesus**
**sprach zu ihm: Gehe, dein Glaube hat dich gerettet. Und sofort sah er**
**wieder. Und er folgte ihm auf dem Weg nach.**

Analyse

Die Wundergeschichte ist mit dem Namen des Geheilten und der Angabe des Ortes der Heilung überliefert. Beides hat als ursprünglich zu gelten[1]. Mattäus und Lukas streichen den Namen Bartimäus, der ihnen nichts mehr sagt und der schon bei Markus sekundär im Sinn von »Sohn des Timäus« interpretiert wird. Die Verlegung der Heilung vom Weg nach Jericho nach dem Weg von Jericho nach Jerusalem und die Erwähnung der Jünger und einer zahlreichen Volksmenge in 46 sind markinisch. Der Evangelist bereitet den Einzug in Jerusalem vor. Das heißt, die Perikope dürfte einmal so begonnen haben: »Und sie kommen nach Jericho. Und Bartimäus, ein blinder Bettler, saß am Weg.« Die Anrede »Sohn Davids« hingegen ist vormarkinisch[2]. Das Davidssohn-Prädikat kann weder als markinisches Anliegen noch als Vorbereitung der Einzugsperikope angesprochen werden. Dort fehlt es (vgl. 11,10). Ob es in die vormarkinische Überlieferung später eindrang, weil es in einer angeblichen Spannung zur Anrede Rabbuni in 51 steht, ist nicht sicher zu entscheiden, jedoch wenig wahrscheinlich. Auch Vers 48 läßt sich nicht als markinische Redaktion begreifen[3]. Mit dem markinischen Schweigegebot hat die Aufforderung der Vielen, der Bettler möge schweigen, nichts zu tun. Vielmehr ist sie ein Hindernis auf

[1] Gegen Bultmann, Geschichte 228.
[2] Anders Schenke, Wundererzählungen 359f.
[3] So Schenke, Wundererzählungen 358.

dem Weg des Glaubens, das der Blinde freilich überwindet. Das Erschwernismotiv ist durchaus passend[4]. Nimmt man wahr, daß es in der Geschichte mehr um den Glauben des Bartimäus als um das an ihm gewirkte Wunder geht, wird verständlich, daß spezifische Elemente einer Wundergeschichte wie Schilderung des Schicksals des Blinden, Heilungsgestus oder Heilungswort fehlen. An die Stelle des letzteren ist die Bestätigung des Glaubens in 52a getreten. Sie ersetzt auch die Reaktion der Volksmenge. Es ist nicht notwendig, die umständliche Umformung einer Wundergeschichte anzunehmen. Die Perikope wurde von Anfang an so erzählt, daß Bartimäus und sein Glaube – nicht Jesus – im Mittelpunkt steht, obwohl dessen Name sechsmal vorkommt, wie sie auch perspektivisch vom Standpunkt des Bettlers aus berichtet[5]. Die abschließende Bemerkung, daß der Geheilte Jesus auf dem Weg nachgefolgt sei, verrät wiederum das markinische Interesse am Nachfolgegedanken, aus dem heraus sie entstand. Der angedeutete Perspektivenwechsel war der Anlaß dafür, daß man die Geschichte nicht als Wundergeschichte, sondern als Personallegende verstand[6]. Für eine solche aber ist das persönliche Element zu blaß. Es liegt hier eine veränderte und spezifisch christliche Form einer Wundergeschichte vor, die man wegen der Betonung des Glaubens Glaubensgeschichte nennen könnte[7]. Ihr Milieu ist das palästinische Judenchristentum[8].

Auf ihrem Zug nach Jerusalem erreichen Jesus und die Jüngerschaft Jericho[9], Erklärung
die 250m unter dem Meeresspiegel gelegene Palmenstadt in einer Oase der 46
Jordansenke. Das neutestamentliche Jericho, südwestlich des altbiblischen Jericho gelegen, verdankt seine Entstehung der Bautätigkeit des Herodes, der dort seine luxuriöse Winterresidenz errichtet hatte, um die sich die Stadt gruppierte. Die römischen Prokuratoren hatten eine Besatzung in die Stadt hineingelegt, die Herodes auch mit einem Hippodrom und einem Amfitheater ausstattete. Ohne sich in der Stadt aufzuhalten[10], begegnet der Zug Jesu dem blinden Bettler Bartimäus beim Verlassen Jerichos[11]. Die Jesus begleitende Volksmenge wird nicht näher charakterisiert, so daß unklar bleibt, ob Markus neben den Anhängern auch an zufällig denselben Weg ziehende Festpilger denkt. Der Name Bartimäus wird für die des Aramäischen unkundigen Leser zutreffend als Patronym erklärt. Das gräzisierte Timäus mag Abkürzung von Timotheus

[4] Vgl. Theißen, Wundergeschichten 146.

[5] Es sind verschiedene Versuche gemacht worden, eine ursprüngliche Geschichte herauszuschälen. Roloff, Kerygma 123–125, rechnet dazu 46b.47.51f (ohne ἐν τῇ ὁδῷ); Burger, Davidssohn 42–46, dagegen 46b.47a.50–52. Schenke, Wundererzählungen 356f, hält dafür, daß Mk bei der Gestaltung von 52 ein ursprüngliches Heilungswort verdrängt habe.

[6] Koch, Bedeutung 129, im Anschluß an Dibelius, Formgeschichte (1. Aufl.) 25. In der 2. Aufl. zählt Dibelius, Formgeschichte 49, die Perikope zu den Paradigmen.

[7] Schille, Wundertradition 26f, stuft die Perikope als Gemeindegründungstradition von Jericho ein.

[8] Dafür sprechen der Name des Geheilten, Jericho, die Anrede Rabbuni.

[9] Vgl. Abel, Géographie II,357–360.

[10] Anders Lk 18,35–19,10.

[11] Das seltene Wort προσαίτης, das der Volkssprache zugehören dürfte, ersetzen D Θ 565 durch ἐπαιτῶν.

oder Timai sein. Eine symbolische Deutung des Namens wird heute zu Recht nicht mehr vertreten[12].

47–50 Der blinde Bettler erfährt, daß Jesus, der Nazarener (vgl. 1,24)[13], vorüberzieht. Es ist vorausgesetzt, daß er um das Wirken Jesu Bescheid weiß. Er ruft ihn laut als Davidssohn an und bittet um Erbarmen. Der Titel Davidssohn, der messianologisch und nicht genealogisch zu interpretieren ist, hat in diesem Zusammenhang Befremden ausgelöst. Weil man vom davidischen Messias die Befreiung des Volkes und ein auf ganz Israel gerichtetes Heilswirken, aber keine Krankenheilungen erwartete, wertete man die Anrufung als bereits in Gebetsform gekleidete christliche Wendung[14]. Die Anrufung des Erbarmens des Davidssohnes besitzt aber eine breitere Tradition (vgl. Mt 15,22; 17,15) und im jüdischen Bereich ist sie gegenüber dem König in der Salomo-Überlieferung belegt. Der als Davidssohn prädizierte König ist mit Weisheit, Lehrautorität und Vollmacht über die Dämonen ausgestattet[15]. An diese königlich-messianische Vorstellungsreihe lehnt sich die Anrufung Jesu als Davidssohn an, mit der Bartimäus seinen Glauben bekennt. Nicht näher bezeichnete Leute gebieten ihm Schweigen. Wer meint, sie wollten die Kundgabe der Davidssohnwürde Jesu unterbinden, interpretiert vom markinischen Messiasgeheimnis aus, das hier gerade nicht vorhanden ist[16]. Niemals geht dieses vom Volk oder von den Jüngern aus. Vielmehr wehrt man die lästigen Rufe des Bittstellers ab. So wird dessen Glaube auf die Probe gestellt. In seinem Hilferuf nicht nachlassend, gelingt es ihm, den Zug Jesu zum Stehen zu bringen. Auf dessen Befehl ruft man ihn. Die Aufmunterung »fasse Mut« darf nicht psychologisch als Stimmungswechsel der Menge aufgefaßt werden. Sie bereitet das Heilungswunder vor (vgl. 6,50). In großer Erregung folgt Bartimäus dem Ruf. Der Text besitzt eine erwähnenswerte Variante. Danach habe der Bettler, bevor er zu Jesus kam, seinen Mantel umgeworfen (ἐπιβαλών)[17]. Verschiedene Interpreten[18] erblicken hier orientalisches Kolorit. Ein Bettler hat seinen Mantel vor sich ausgebreitet, um milde Gaben in diesen einzusammeln. Nach dem vorliegenden Text jedoch wirft Bartimäus seinen Mantel, den er demnach anhat, weg (ἀποβαλών), um zu Jesus zu eilen. Es dürfte übertrieben sein, letzteres als hellenistische Umgestaltung des biblischen Details anzusehen, da das Wegwerfen des Kleides Ausdruck höchster Erregung ist. Auch hierfür gibt es eine biblische Parallele (2Kön 7,15).

12 Die früher gelegentlich behauptete Ableitung aus »Sohn des Blinden« (Barsemía) oder »Sohn des Unreinen« ist falsch.

13 ℵ C Koine-Text lesen: Jesus der Nazoräer. Dies ist auf Paralleleinfluß zurückzuführen. Mk kennt diesen Namen nicht (vgl. 14,67; 16,6).

14 Vgl. Hahn, Hoheitstitel 263f.

15 Vgl. Berger* 3–9. Besonders nahe kommt TestSal 20,1. Dort wird der König von einem Mann um Hilfe angerufen: »Erbarme dich meiner, König Salomo, du Davidssohn«. Nach JosAnt 9,64, schreit eine Frau zum König Hadad: »Erbarme dich meiner, o Herr«. – Burger, Davidssohn 62, glaubt, der Erbarmungsruf richtet sich an den Gottessohn. Schenke, Wundererzählungen 359, hält Davidssohn für eine Niedrigkeitsbezeichnung.

16 Gegen Burger, Davidssohn 61.

17 sy[s] 565.

18 Erstmals Lohmeyer.

Die Reaktion Jesu wird als seine Antwort dargestellt. Damit ist seine persönliche Hinwendung zum Bettler angezeigt. Die Frage nach dem Begehr des Bittstellers erinnert an 10,36 und soll die königliche Vollmacht des Gebetenen, der den Blinden wie zu einer Audienz herbeirufen ließ, unterstreichen. So klar die Bitte in dieser Situation ist, so verlangt sie doch Unerhörtes. Die aramäische Anrede Rabbuni, die nicht übersetzt wird und eine Steigerung von »Rabbi« ist (»mein Gebieter«)[19], hat für nichtjüdische Ohren etwas Hoheitsvolles (nur noch Joh 20,16). Anstelle eines Heilungsgestus steht die Feststellung Jesu, daß der Glaube den Blinden gerettet hat. Die schon aus 5,34 bekannte Formel (vgl. Lk 7,50; 17,19) hat hier insofern noch mehr Gewicht, als bei der blutflüssigen Frau die Berührung Jesu vorausging, während beim Blinden alles auf den Glauben abgestellt ist. Die zugesagte Rettung ist darum mehr als das Wiedersehen-können, das eine Reminiszenz von Jes 42,18 sein wird. Er hat nicht bloß das Augenlicht gewonnen, sondern auch durch seinen Glauben Zugang zu Jesus, der ihn zu retten vermag, erhalten. Markus hat diesen im Glauben vollzogenen persönlichen Anschluß weiter ausgebaut. Der einstige Blinde wird zum Nachfolger Jesu. Dem Wort ἀκολουθεῖν ist seine volle Bedeutung zu belassen. Als Nachfolger ist er Jünger. Der Weg, den er mit Jesus einschlägt, ist der Weg zur Passion. 51–52

Die historische Beurteilung der Perikope fiel sehr unterschiedlich aus. Während sie Bultmann[20] als späte Bildung einstuft, spricht etwa Hirsch von ausgezeichnet beobachteter geschichtlicher Wirklichkeit[21]. Die Ausformung der Perikope zu einer christlichen Glaubensgeschichte läßt ihre Inanspruchnahme für theologische und katechetische Zwecke erkennen. Das schließt keinesfalls aus, daß sie die historische Erinnerung an die Heilung eines blinden Mannes namens Bartimäus auf dem Weg nach Jericho aufbewahrt hat. Bartimäus und sein Schicksal war den Urhebern der Überlieferung noch bekannt. Das Zurücktreten des Namens bei den Seitenreferenten ist mit dem Schwinden der geschichtlichen Erinnerung zu verbinden[22]. Historische Beurteilung

Für Markus war die Erzählung mit ihrer Bindung an Jericho ausgezeichnet geeignet, die Überleitung von der Wanderschaft Jesu zu deren Ziel, Jerusalem, herzustellen. Seinen Stempel drückt er ihr auf mit dem Thema Nachfolge. Der Blinde »am Wege« bot hierfür einen willkommenen Anknüpfungspunkt. Die Einbeziehung der Jüngerschaft, das Wegmotiv und die Nachfolge erheben die Erzählung zu einer Jüngergeschichte in dem Sinn, daß diese nunmehr einen Zusammenfassung

[19] Vgl. Dalman, Jesus-Jeschua 12. Zahlreiche Handschriften ändern die befremdliche Anrede. D it: Kyrie Rabbi; 1241 k q: Rabbi; 409: Kyrie.

[20] Geschichte 228. Vgl. Burger, Davidssohn 42–46.

[21] Frühgeschichte I,117. Vgl. E. Stauffer, Messias oder Menschensohn?, NT 1 (1956) 81–102, hier 84, der allerdings das historische Detail erheblich überschätzt, und Schenke, Wundererzählungen 363.

[22] Die Schematisierung der Perikope geht am weitesten bei Mt 20,29–34; 9,27–31, der diese zweimal überliefert und von der Heilung zweier Blinder redet.

wesentlichen Aspekt der Jüngerexistenz darstellt. War ihr das Glaubensthema schon vormarkinisch inhärent, so wird der geheilte Blinde zum vorbildlichen Jünger. Dies ist er nicht bloß durch seinen unerschütterlichen Glauben, sondern jetzt vor allem auch durch seine Bereitschaft, Jesus auf dem Weg nach Jerusalem nachzufolgen. Hat der Evangelist die öffentliche Proklamation der Davidssohnwürde übersehen, oder ist ihm an dieser Stelle am »Messiasgeheimnis« nicht mehr gelegen[23]? Gewiß ist der Davidssohntitel für ihn noch nicht der letzte Ausdruck der Jesus-Offenbarung (vgl. 12,35–37), aber er betrachtet ihn als deren gültige Ausprägung. Markus geht dort mit seinem Geheimnismotiv sorgloser um, wo gesichert ist, daß die messianische Offenbarung Jesu nicht isoliert betrachtet werden kann, sondern in ihrer Beziehung zum Kreuz gesehen wird. Das ist hier der Fall. Der Bettler von Jericho ist für Markus wirklich ein Glaubender, weil er die richtige Orientierung für seinen Glauben gewann. Sie liegt im Kreuz, das man Jesus und seinen Nachfolgern bereitet (8,34).

Wirkungsgeschichte

Bis zum Aufkommen der kritischen Exegese sind die Interpreten darum bemüht, die divergierenden Aussagen der drei Synoptiker zu harmonisieren. Auf der Grundlage der Harmonisierung wird eine allegorisierende Deutung vorgetragen, die über ein Jahrtausend verbreitet gewesen sein dürfte und als klassisches Beispiel mittelalterlicher Auslegung gelten kann[24]. Jericho, etymologisch mit (hebräisch) »Mond« in Verbindung gebracht, ist der Typos dieser Erde. Der Blinde am Weg vertritt das unerlöste Menschengeschlecht. Die Harmonisierung macht es möglich, Bartimäus, der (nach Lukas) vor Jericho sitzt, mit Israel, und die zwei Blinden, die (nach Mt 20,29ff) nach Jericho auf Jesus warten, mit der Heidenwelt zu identifizieren. Jesus begibt sich – als der inkarnierte Gottessohn – nach Jericho. Die Leute, die den Blinden am Schreien hindern, sind jene vom Christentum ablenkenden Kräfte, die zu heidnischer Philosophie und jüdischem Gesetz verführen wollen. Jesus heilt die Blindheit: »Alle jene sehen, die glauben, was das Evangelium lehrt«[25], und führt den Geheilten nach Jerusalem, in die himmlische Welt. In veränderter Form lebt die Allegorese in der Leben-Jesu-Forschung weiter. Volkmar meint, in Bartimäus das verblendete Judenchristentum zu erkennen, das in Jesus nur den Davidssohn (und nicht den Gottessohn) sieht[26]. Mit scharfem Blick erkennt Pannenberg die christologischen Zusammenhänge, wenn er die dem Notleidenden gewährte Hilfe als königliche Pflicht Jesu bestimmt[27].

[23] Burkill, Revelation 192, hält die öffentlich kundgetane Messianität Jesu für eine vorübergehende Inspiration, für eine Gelegenheit, die allerdings nicht ergriffen worden sei.

[24] Vgl. Beda, PL 92,236f; Theophylakt, PG 123,609; Erasmus, Bd. 7,240–242.

[25] Erasmus 242.

[26] Bei D. F. Strauß, Das Leben Jesu, Leipzig 1864, 428.

[27] Grundzüge der Christologie, Gütersloh $^{3}$1969, 241.

## 2. *Die Auffindung des Reittiers und der Einzug in Jerusalem (11,1–11)*

*Literatur: Smit Sibinga, J.*, Het Ezeltje aan de weg in Marcus 11,4, VoxTh 27 (1956/57) 5–12; *Kuhn, H. W.*, Das Reittier Jesu in der Einzugsgeschichte des Markusevangeliums, ZNW 50 (1959) 82–91; *Lohse, E.*, Hosanna, NT 6 (1963) 113–119; *Burger*, Davidssohn 46–52.63f; *Patsch, H.*, Der Einzug in Jerusalem. Ein historischer Versuch, ZThK 68 (1971) 1–26; *Crossan, J. D.*, Redaction and Citation in Mark 11,9–10 and 11,17, BR 17 (1972) 33–50; *Sibler, W.*, Untersuchungen zur Traditions- und Redaktionsgeschichte von Mk 11,1–11 (Liz. Diss.) Münster 1972; *Jeremias, J.*, ΙΕΡΟΥΣΑΛΗΜ/ΙΕΡΟΣΟΛΥΜΑ, ZNW 65 (1974) 273–276; *Schenk*, Passionsbericht 166–175; *Stock, K.*, Gliederung und Zusammenhang in Mk 11–12, Bib 59 (1978) 481–515.

1 **Und als sie in die Nähe von Jerusalem kommen, von Betfage und Be-**
**tanien am Ölberg, sendet er zwei seiner Jünger aus** 2 **und sagt ihnen:**
**Gehet in das Dorf vor euch, und sogleich, wenn ihr hineinkommt, wer-**
**det ihr ein Füllen finden, auf dem noch kein Mensch gesessen hat. Bin-**
**det es los und bringt es!** 3 **Und wenn jemand zu euch spricht: Was**
**macht ihr da? sprecht: Der Herr bedarf seiner und schickt es sofort wie-**
**der hierher.** 4 **Und sie gingen weg und fanden ein Füllen, angebunden**
**an einer Tür draußen an der Straße. Und sie binden es los.** 5 **Und einige**
**der dort Stehenden sagten ihnen: Was macht ihr, bindet das Füllen**
**los?** 6 **Sie aber redeten zu ihnen, wie Jesus ihnen gesagt hatte. Und sie**
**erlaubten es ihnen.** 7 **Und sie bringen das Füllen zu Jesus und legen auf**
**es ihre Kleider. Und er setzte sich darauf.** 8 **Und viele breiteten ihre**
**Kleider auf den Weg, andere aber Büschel, die sie von den Feldern abge-**
**rissen hatten.** 9 **Und die Vorangehenden und die Nachfolgenden rie-**
**fen: Hosanna! Gepriesen, der kommt im Namen des Herrn!** 10 **Geprie-**
**sen die kommende Königsherrschaft unseres Vaters David! Hosanna in**
**den Höhen!** 11 **Und er kam nach Jerusalem hinein in den Tempel und**
**blickte sich ringsum alles an. Und als schon die Abendstunde herein-**
**brach, ging er mit den Zwölfen nach Betanien hinaus.**

Vorliegende Analysen zur Perikope weichen erheblich voneinander ab. Man Analyse
kann davon ausgehen, daß von zwei Geschehnissen berichtet wird, die allerdings ineinander verzahnt sind: von der Bereitstellung des Reittiers und dem Einzug in Jerusalem. Die Auffindung des Reittiers mit der Aussendung von zwei Jüngern und der Ansage eines Zeichens besitzt in 14,12–16 eine erstaunliche Parallele. Dibelius[1] sieht allerdings zwischen 11,2–7 und 14,12–16 einen Unterschied darin, daß Findungslegende und letztes Abendmahl in einer gewissen Spannung zueinander stehen, während die Einzugsgeschichte die geradlinige Fortsetzung ihrer Findungslegende sei. Darum betrachtet er 11,1–10

[1] Formgeschichte 119.

als eine Einheit. Demgegenüber sieht Schenk* in 11,1–11 zwei ehemals selbständige Erzählungen verschmolzen: eine apokalyptisch-eschatologisch geprägte Einzugsgeschichte, die in 4a, 1a, 8a, 9f, 11ac zu finden sei und an Betanien hänge, und eine weitere Einzugslegende, die das wundersam aufgefundene Reittier in den Mittelpunkt stellt, mit Betfage verbunden und zu der 15a zu rechnen sei. Gegen die Einheit von 11,1–11 und für eine Erweiterung um 2–7 sprechen vor allem folgende Beobachtungen: das Reittier spielt in 8–11 keine Rolle mehr, in 7 und 8 werden die Kleider der Leute bzw. Jünger verschieden verwendet, in 3 und 9 hat das Kyrios-Prädikat verschiedene Bedeutungen. Die Erweiterung empfing ihre Inspirationen von Sach 9,9; Gen 49,11. Da der Einzugsbericht in 1.8–11 schon messianisch geprägt war, lag es nahe, das Motiv vom Friedensfürst, der auf einem Esel reitet, heranzuziehen. Der Form nach entspricht die Auffindung des Reittieres weitgehend einem Schema, das dem Alten Testament bekannt ist (vgl. 1Sam 10,2–10; 1Kön 17,8–16, wo auch die Botenformel enthalten ist)[2]. Die Zusatzgeschichte ist wegen der Rücksichtnahme auf die Septuaginta (πῶλος) und des christologischen Kyrios-Prädikats der hellenistisch-judenchristlichen Gemeinde zuzuordnen.

Der Einzugsbericht 1.8–11, der sich somit herausschält, gibt seine messianische Ausrichtung nicht bloß durch die Akklamation der Leute, sondern auch durch das Ausbreiten der Kleider auf dem Weg zu erkennen (vgl. 2Kön 9,13). Von hier aus wird die Frage, ob 10 ein Zusatz ist, relativiert. Da anzunehmen ist, daß die älteste Tradition der Erzählung im palästinischen Bereich wurzelt, Vers 10 aber mit der Rede vom Vater David unjüdisch ist, muß dies vermutet werden[3]. Er mag bei der Verflechtung mit der Auffindungsgeschichte hinzugetreten sein, bei der vielleicht auch die Übereinstimmung des Zitats von LXX Ps 117,26 mit der griechischen Bibel erfolgte. Da die uns erreichbare älteste Vorlage der Perikope nicht erkennen läßt, daß Jesus geritten ist, verdient das für den Versuch einer historischen Rekonstruktion Beachtung. Die Perikope wird von Bultmann unter die Geschichtserzählungen und Legenden[4], von Dibelius[5] unter die Kultlegenden (die vom heiligen Wort des Alten Testaments bestimmt seien) gezählt. Wir möchten von einer Christusgeschichte sprechen, einer neuen christlichen Form, die im Rückgriff auf das Alte Testament und in biografischer Form Jesus als den Messias verkündet.

Markus hat die Perikope schon in erweiterter Gestalt vorgefunden[6]. Die auf ihn zurückgehenden wichtigen Eingriffe sind am Anfang und Ende der Erzählung zu suchen. Am Beginn fällt die dreifache Ortsangabe auf. »Am Ölberg« erläutert die Lage von Betanien. Jerusalem geht mit höchster Wahrscheinlichkeit auf den Evangelisten zurück. Da er das Ziel dieses Weges bereits in 10,32 wörtlich angekündigt hatte, ist es ihm wichtig, daß jetzt die Hauptstadt erreicht ist.

[2] Vgl. Dormeyer, Passion 92–94.

[3] Auch »Hosanna in den Höhen« ist ohne jüdische Parallele. Schenk, Passionsbericht 172, sieht 9a.10 als Einheit an; Suhl, Funktion 52, hält V10 für vorgegeben, 9a für Mk-R. Treffend bezeichnet Klostermann V10 als Kommentar zum Psalmwort in V9.

[4] Geschichte 281.

[5] Formgeschichte 119.

[6] Anders Suhl, Funktion 52.

Der vormarkinische Bericht erwähnt Jerusalem in 11a. Das nur hier in den Evangelien erwähnte Betfage (ebenfalls par Mt 21,1; Lk 19,29) ist ursprünglicher Bestandteil der alten Einzugserzählung. »Betanien am Ölberg« ist entweder Markus zuzutrauen, der hier wie auch im folgenden wiederholt diesen Ort als Stützpunkt Jesu erwähnt. Oder die Ortsangabe stammt vom vormarkinischen Redaktor, der die Erweiterung mit dem Reittier schuf. Er mag dann die eschatologische Bedeutung des Ölbergs gekannt haben. Die geografische Unstimmigkeit, daß Betfage vor Betanien genannt wird, bleibt bei jedem Lösungsversuch bestehen[7]. Am Schluß schafft der Evangelist mit Vers 11 ab εἰς τὸ ἱερόν eine Klammer zum Folgenden[8].

Entsprechend der Analyse gliedert sich die Perikope in zwei Abschnitte: die Bereitstellung des Reittieres (1b–7) und den Einzug in die Stadt (8–11a). 1a und 11b sind geografische Rahmenbemerkungen, die mit ihrer Bewegung in die Stadt hinein und aus ihr hinaus korrespondieren. 1b–7 zerfällt in Auftrag (1b–3) und Erfüllung (4–7), die sorgfältig aufeinander abgestimmt sind: die Auftragswörter werden im Erfüllungsbericht wiederholt. Das will besagen, daß alles genau so geschieht, wie Jesus es vorausbestimmt. 8–11a bieten die Begrüßungsgesten (8) und den Begrüßungsruf (9f), der parallel strukturiert und vom Hosannaruf eingefaßt ist.

Erklärung 1

Das Ziel der Reise ist erreicht. Unter den drei Ortsbezeichnungen, die den Einzugsbericht einleiten, wird Jerusalem an erster Stelle genannt. Von den in der Antike üblichen Schreibweisen für die Stadt, Ἱεροσόλυμα und Ἱερουσαλήμ, verwendet Markus immer die erste. Während die zweite Dignität und sakralen Klang besitzt, ist die erste (hellenisierte) Form die auch bei Nichtjuden übliche profane Bezeichnung der Stadt[9]. Die Wahl des Markus wird kein Zufall sein, denn Jerusalem, das nur in 3,8 neutral erwähnt wird, ist für ihn der Sitz der Gegner Jesu (3,22; 7,1), wo diese ihn töten werden (10,32; 15,41). Es geschieht auch nicht ohne Absicht, wenn Jesus nach dem ersten Besuch der Stadt sich zurückzieht (11,11). Über Betfage (etymologisch = Feigenhaus) wissen wir we-

[7] Nach Hirsch, Frühgeschichte I,118, ist Betfage die älteste Ortsangabe, nach Burger, Davidssohn 63, Betanien. Schenk, Passionsbericht 169, verbindet Betfage mit der einen, Betanien mit der anderen von ihm vermuteten Geschichte. Schweizer 124 deutet an, daß er mit einem Einzug in Betanien (statt in Jerusalem) rechnet.

[8] Von stilistischen Überarbeitungen, die durch Markus erfolgt sein können, kann hier abgesehen werden. Die Konstatierung eines mk Vorzugswortes berechtigt jedoch keinesfalls zu der Annahme, daß ein Satz oder Halbsatz auf den Evangelisten zurückgeht. Kein Autor kann Vorzugswörter in diesem Sinn für sich reklamieren, besonders dann nicht, wenn es sich um gängige Vokabeln handelt. Das ist gegen Schenks Analyse zu sagen. Um nur ein Beispiel zu nennen: Es überzeugt nicht, wenn Schenk, Passionsbericht 172, in V 8 πολλοί für Mk-R hält, weil dies ein mk Vorzugswort ist. Auch das präsentische Tempus ist kein absoluter Gradmesser für einen Erzähler. Da nach Schenk der Erzähler von 2–7 im Präsens erzählt haben muß, hat er Schwierigkeiten mit V 4, die ziemlich gewaltsam gelöst werden (171). – Für die mk Redaktion in V 11 sprechen die hier beginnende Tageszählung und die Erwähnung der Zwölf.

[9] Die Form entstand über eine Angleichung von Ἱερουσαλήμ an ἱερός und den Volksnamen Σόλυμοι, verbunden mit der Anfügung eines auslautenden Vokals.

nig Sicheres. War es ein Dorf oder Landgut? Nach Dalman[10] handelt es sich um einen außerhalb Jerusalems liegenden Bezirk, der an der Grenze des Heiligtums, das heißt vor der Ostmauer der Stadt, begann. Die Halachah rechnet ihn bereits zu Jerusalem[11]. Betanien – seine Etymologie ist unsicher – dagegen lag 15 Stadien (= 2,775 km) von der Stadt entfernt östlich des Ölbergs, so daß es von der Stadt aus nicht mehr gesehen werden konnte. Im übrigen befand es sich nicht an der Jerusalemer Pilgerstraße[12]. Wenn die Lage Betaniens am Ölberg[13] eigens erwähnt wird, geschieht das um der Bedeutung dieses Berges willen, der schon im Alten Testament als Stätte des Gebetes galt (Ez 11,23; 2Sam 15,32). Nach Sach 14,4 wird Jahwe sich am Gerichtstag auf dem Ölberg offenbaren und den Berg spalten. Josefus berichtet von einem aus Ägypten stammenden Messiasprätendenten, der wenige Jahre nach Jesu Tod vorgab, sich auf dem Ölberg zu erkennen zu geben[14]. Wir werden vermuten dürfen, daß die Erwartung, der Messias werde sich, von der Wüste kommend, auf dem Ölberg offenbaren, den Zeitgenossen bekannt war. Von einem Punkt außerhalb der drei genannten Orte sendet Jesus zwei seiner Jünger aus.

2–7 Der geheimnisvolle Auftrag an die beiden Jünger versteht sich von Sach 9,9 und Gen 49,11 her. Zwar wird das alttestamentliche Schriftwort nicht zitiert (wie Mt 21,5), steht aber deutlich im Hintergrund. Nach Sach 9,9 reitet der messianische Friedenskönig, der Streitwagen, Rosse und Kriegsbogen vernichtet und für die Völker den Frieden bringen wird, auf einem Esel, dem Fohlen einer Eselin. Das angebundene Reittier ist eine Reminiszenz an Gen 49,11, dem Jakobsegen über Juda, aus dem jener hervorgehen soll, dem der Herrscherstab gehören wird[15]. Vor diesem Hintergrund verliert der Einwand, ein Eselritt sei nichts Besonderes in Israel, seine Bedeutung. Verschiedene rabbinische Äußerungen, mögen sie teilweise auch jünger sein, lassen vermuten, daß der Esel als das messianische Reittier angesehen wurde: »Wer einen Esel im

[10] Orte und Wege Jesu 270. Euseb, Onomastikon (GCS 11/1,58) spricht von einem Dorf am Ölberg. D lat 700 streichen Betfage zu Unrecht aus dem Text. Lohmeyer 228 bevorzugt diese Lesart. Zur Textgeschichte vgl. Schmidt, Rahmen 295–298.

[11] Billerbeck I,839f.

[12] Der Name Betanien ist vermutlich von einem Eigennamen abzuleiten. Vgl. Dalman, Orte und Wege, 266 Anm. 4; Billerbeck I,855. Nach Euseb, Onomastikon (GCS 11/1,58) ist Betanien beim zweiten Meilenstein von Aelia (= lateinischer Name für Jerusalem) auf der Höhe des Ölbergs gelegen.

[13] Der Ölberg ist ein dreizipfliger Berg (812 m) östlich Jerusalems und des Kidrontales. Zur Zeit Jesu trug er seinen Namen noch zu Recht, da die auf ihm wachsenden Ölbäume einen wichtigen Teil des Besitzes der alten Stadt ausmachten. Heute befinden sich auf ihm Friedhöfe, Gärten und Gebäude.

[14] Der Ägypter wollte vom Ölberg aus die Mauern der Stadt zusammenstürzen lassen, wurde aber von den Soldaten des Prokurators Felix verjagt. Vgl. JosAnt 20,169; Bell 2,262.

[15] Gen 49,11: »Er bindet am Weinstock sein Reittier fest, seinen Esel am Rebstock«. Mk 11,4 hat den Weinstock nicht übernommen. Geschah dies wegen des kriegerischen Charakters des in Gen 49,11 vorausgesetzten Bildes? JustApol 32,6, erwähnt bereits den Weinstock in unserem Zusammenhang. Zur messianischen Deutung von Sach 9,9 und Gen 49,11 in der rabbinischen Exegese vgl. Billerbeck I,842–844. bSanh 98a: »Wenn sie (= Israel) Verdienste haben, kommt er mit den Wolken des Himmels. Wenn sie keine Verdienste haben, kommt er arm und reitend auf einem Esel« für die Mk-Interpretation auszuwerten, erscheint recht fragwürdig. Dann bedeutete der Einzug auf einem Esel eine symbolische Demonstration der Unwürdigkeit der Juden.

Traum sieht, hoffe auf das messianische Heil« (bBer 56b)[16]. Wenn unser Text das neutrale Wort πῶλος wählt, das eigentlich jedes Jungtier und theoretisch sowohl einen jungen Esel als auch ein junges Pferd bezeichnen könnte, versteht sich das durch Anlehnungen an den Septuagintatext der genannten Bibelstelle[17]. Das ausersehene Eselfüllen ist für die Aufgabe, den Messias zu tragen, auch darum geeignet, weil noch kein Mensch auf ihm ritt. Die Unberührtheit ist im Judentum und in der Antike die Voraussetzung für den Gebrauch von Tieren im religiösen und kultischen Bereich. So dürfen etwa nach 1Sam 6,7 nur Milchkühe, auf die noch kein Joch gekommen ist, den Wagen der Bundeslade ziehen (vgl. Dtn 21,3; Num 19,2; Lk 23,53; Horaz, epod. 9,22; Ovid, metam. 3,11)[18]. Jesus initiiert mit der Jüngerbeauftragung die Erfüllung dessen, was in der Schrift über den Messias gesagt ist, und bekundet so, daß er schon beim Eintritt in die Stadt sich ganz an das hält, was Gottes Wille ist. Die nähere Bestimmung des Dorfes, in dem das Füllen auf Jesus wartet, war dem Erzähler nicht wichtig. Wichtig ist ihm aber die genaue Übereinstimmung von Auftrag und Erfüllung. Sie zeigt sich besonders in dem vorausgesagten Zwischenfall, daß Leute, die zufällig beim angebundenen Esel stehen, ihren Einwand erheben werden. Der Hinweis auf den Herrn, der des Tieres bedarf, geht bei Markus keinesfalls auf den Eigentümer[19], sondern auf Jesus. Kyrios ist christologisches Prädikat, das die Vollmacht zu erkennen geben soll, mit der er über die Dinge verfügt. Vielleicht ist im gleichzeitigen paradoxen Gegensatz hierzu die Armut dieses Herrn eingebracht. Man hat vermutet, daß diese einmalige Selbstbezeichnung Jesu die Erinnerung aufbewahre, daß man Jesus mit »Herr« (= Mar) anredete[20]. Unbeschadet dieser Möglichkeit ist das Wort zu einem Hoheitstitel gesteigert. Die angekündigte Rücksendung des Füllens nach erfolgtem Gebrauch schließt in ängstlicher Form den Vorwurf aus, es sei fremdes Gut unrechtmäßig angeeignet worden[21]. Die Jünger finden das Tier an einer Tür draußen auf der Straße angebunden. Die Ortsschilderung läßt auf die Winzigkeit des Fleckens schließen, nicht auf den Raum vor dem Eingang des Tores[22]. Zu Jesus gebracht, legt man (legen die zwei Jünger?) Kleider als Schmuck auf das Tier, das von ihm bestiegen wird. Dies und die folgende Szene erinnert an eine Königsinthronisation in Israel (vgl. 1Kön 1,38–40; 2Kön 9,13).

Jetzt hören wir von einer Menge, die Jesus begrüßt. Sie kommen nicht aus der 8–11
Stadt heraus, um gemäß dem antiken Brauch der Einholung eines Herrschers ihn willkommen zu heißen (vgl. Joh 12,13), sondern es sind solche, die mit ihm aus Galiläa heraufgezogen sind. Das Ausbreiten der Kleider auf dem Weg – für

[16] Vgl. Kuhn* 89; O. Michel, ThWNT V,284 (weitere Belege).

[17] Der Streit darum, ob Jesus doch auf einem jungen Pferd geritten sei, ist darum überflüssig.

[18] Zusätzlich wird LXX Sach 9,9 eingewirkt haben, wo von einem πῶλος νέος gesprochen wird.

[19] Nach Taylor sei der Eigentümer ein Anhänger Jesu gewesen.

[20] Hahn, Hoheitstitel 87f. Vermutlich hängt Kyrios mit dem königlich-messianischen Hintergrund zusammen.

[21] Läßt man mit einigen Textzeugen (A W bo syr), Mt 21,3 und Klostermann πάλιν weg, erhält V 3c einen ganz anderen Sinn.

[22] Gegen Wellhausen.

Markus ist es der Weg Jesu zur Passion – steht in einer gewissen Spannung zum Abreißen der Laubbüschel. Ist ersteres eigentlich nur auf dem kurzen Weg zum Thron bzw. die Thronstufen hinauf und nicht auf freiem Feld möglich (vgl. 2Kön 9,13), so geschieht letzteres vor der Stadt[23]. Das Ausbreiten der Kleider gehört zur Stilisierung eines Königsrituals. Die Geschichte findet eine Fortsetzung in der Kreuzigung Jesu als dem König der Juden. Auf diesem Hintergrund ist sie in unserem Evangelium zu lesen. Der Jesus begleitende und in die Mitte nehmende Zug ruft ihm Hosanna zu und begrüßt ihn mit den Worten aus LXX Ps 117,26a. Beides gehört vermutlich zusammen, da σῶσον δή (= Rette doch!) in LXX Ps 117,25a dem hebräischen Festesruf entspricht. Dieser fand im jüdischen Bereich zahlreiche liturgische Verwendung. Er war ein kultischer Bittruf, der auf jüdischen Festen verwendet wurde, vor allem dem Laubhüttenfest[24]. Der Laubhüttenfeststrauß, bei dessen Schütteln man den feierlichen Hosanna-Ruf ausstieß, wurde sogar nach diesem benannt. Bemerkenswert ist, daß er auch als Ruf um Erbarmen an den König begegnet (2Sam 14,4; 2Kön 6,26). Sollte er bei Jesu Einzug in Jerusalem als eschatologischer Hilferuf aufgefaßt sein? Allerdings spricht seine Wiederholung am Schluß der Akklamation nicht dafür. Das verkürzte »Hosanna in den Höhen« ist entweder Bittruf an Gott (Hilf doch, du in den Höhen) oder Aufforderung an die Engel, in den Ruf miteinzustimmen (Ruft Hosanna, ihr in den Höhen). Die verkürzte Form verrät, daß der Ruf einfach als Ausdruck festlicher Stimmung genommen wurde. Als solcher ging er auch in die christliche Liturgie ein (Did 10,6). LXX Ps 117,26 gehört in den Rahmen der Tempeltorliturgie. Dieses Segenswort wurde von den Priestern aus dem Innern des Tempelbezirks den Einziehenden zugerufen. Jesus aber wird als in die Stadt Einziehender mit diesem Wort begrüßt. Es gilt auch nicht der Menge der Pilger, sondern ihm allein. Weil Mt 23,39 par die eschatologische Verwendung des Psalmverses verbürgt, kann mit dieser auch hier gerechnet werden[25]. Vollends Klarheit über die Bedeutung des Einzugs bringt die Erwähnung der mit Jesus ankommenden Königsherrschaft unseres Vaters David. Sie wurde zwar im Judentum sehnsüchtig erwartet, von ihrem Kommen wie auch vom Vater David zu reden, ist jedoch unjüdisch. Davids Herrschaft sollte wieder aufgerichtet werden, als Väter galten die Patriarchen. Wir haben es mit einer christlichen Bildung zu tun, die die messianische Davidssohnschaft Jesu zur Voraussetzung hat. Als Erfüllung der messianischen Verheißungen betritt dieser seine Stadt. Er kommt jedoch nicht, um politische

[23] Zum königlichen Ritus des Kleiderausbreitens vgl. Billerbeck I,844 und ActPil 1,3. Einzelne Textzeugen (Koine-Text D Θ lat) lesen in Übereinstimmung mit Mt 21,8: »Andere aber hieben Büschel von den Bäumen ab und streuten sie auf den Weg.« στιβάς ist das Laubbüschel, der Wedel. Wellhausen denkt überflüssigerweise an wohlriechende Kräuter.

[24] Der Hosannaruf ist jedem Israeliten aus dem Hallel bekannt (Ps 118,25), das Ps 113–118 umfaßte und bei Wallfahrtsfesten nach dem Morgengebet gelesen wurde. Vgl. noch J. J. Petuchowski, Hoshiah-na in Ps 118,25. A Prayer for Rain, VT 5 (1955) 266–271.

[25] Vgl. Billerbeck I,849f. Die messianologische Deutung des Psalmverses im Judentum ist umstritten. Zur Problematik vgl. Burger, Davidssohn 49f.

Erwartungen zu realisieren. Daß Jesus hier bei Markus nicht direkt der Davidssohntitel gegeben wird (wie Mt 21,9), sollte nicht zu Spekulationen Anlaß geben[26]. Das Fehlen des Königstitels aber ist kein Zufall (vgl. Lk 19,38; Joh 12,13). Dieser bleibt für die Passionsgeschichte aufgespart, in der sich Jesu wahre Königswürde enthüllt. Sein Einzug in die Stadt bleibt ohne Reaktion von seiten der Bevölkerung und endet bei Markus merkwürdig unbemerkt (anders Mt 21,10f). Er spielt sich ganz im Kreis der Anhängerschaft Jesu ab. Auch das ist Vorbereitung auf die eigentliche Auseinandersetzung um seine Königswürde, die in seinem Prozeß geschieht. Wie Jesus in Jerusalem ist, im Tempelbezirk, ist er wieder allein mit den Zwölfen. Das Heiligtum – ἱερόν bezeichnet den gesamten Tempelraum mit seinen Gebäuden und Höfen – ist der Zielpunkt des Einzugs, leitet aber schon zum folgenden Geschehnis des Tempelprotestes über. Wenn Jesus, sich alles betrachtend, umschaut, ist dies darum selbstverständlich nicht die Besichtigung eines Touristen, sondern zielt ab auf die Beobachtung des unwürdigen Tempelbetriebs. Für den Evangelisten ist es von Bedeutung, daß die Jerusalem-Ereignisse die Zwölf zu Zeugen haben, da sie sein Wort und Werk weitertragen sollen. Zur Abendzeit zieht sich Jesus mit den Seinen aus dem feindseligen Jerusalem nach Betanien zurück. An dieser Stelle beginnt eine Tageszählung, die in 11,12.19f fortgeführt wird, dann abzusterben scheint, um im Passionsbericht wieder aufzuleben. Die Ereignisse erscheinen so stärker aneinander gebunden.

Historische Beurteilung

Die historische Rekonstruktion wird durch die Stilisierung der Geschichte im Sinn von Sach 9,9 und der Königsmessianologie erschwert. Gegen einen messianischen Einzug wendet man ein, daß das Ausbleiben einer Reaktion der jüdischen und römischen Behörden unverständlich bliebe[27]. Jedoch wissen wir nicht, in welchem Ausmaß ein solches Ereignis die Behörden zum Vorgehen gegen Jesus mitveranlaßt haben könnte. Kam Jesus einfach als Festpilger oder mit besonderer Absicht – etwa der, sich in der Hauptstadt durchzusetzen – und dann einige Zeit vor dem Fest nach Jerusalem? Weil wir kaum annehmen können, daß er zum ersten Mal während seines Wirkens die Stadt betrat[28], ist ersteres wahrscheinlicher. Die Daten in den Evangelien, die einen längeren Jerusalemaufenthalt voraussetzen, sind mit früheren Aufenthalten Jesu in der Metropole zu verbinden. Zwischen einem Ereignis, bei dem Jesus – wegen einer Wundertat – jubelnd gefeiert wurde, und dem Eselritt in die Stadt unterscheiden zu wollen, dürfte kaum gerechtfertigt sein[29]. Als historischer Hintergrund

[26] Die Struktur von V 10 ist parallele Angleichung an 9b. Hahn, Hoheitstitel 265f, erblickt in der Formulierung von V 10 die Vorläufigkeit des messianischen Amtes, bezeichnet aber die Formulierung als Ableitung aus der schon geläufigen Bezeichnung Jesu als Davidssohn. Schweizer sieht einen Gegensatz zum Ruf des Bartimäus, der verstanden habe, daß der Sohn Davids mit seinem Reich schon da ist.

[27] Klostermann 112.

[28] Hirsch, Frühgeschichte 121, meint irrtümlich, Jesus habe gemäß Mk 11,11 den Tempel so betrachtet, wie jeder Festpilger das tue, der zum ersten Mal den Tempel sieht.

[29] Das ist die Lösung von Patsch* 21–26.

des Einzugsberichtes ist Jesu Eintreffen in der Metropole mit seinen Jüngern und einer Gruppe von Festpilgern anzunehmen, mit dem letztere voll Jubel die Erwartung des nunmehr kommenden Gottesreiches verknüpft haben dürften[30].

Zusammenfassung

Markus hatte die Einzugsgeschichte durch die Geschichte vom blinden Bartimäus vorbereitet. Der königliche Davidssohn betritt Jerusalem. Mag die Akklamation in Vers 10 auch nicht verbaliter Jesus als Davidssohn preisen, der Ruf des Blinden von Jericho hatte ihn schon so benannt. Die Königsherrschaft Davids, die mit Jesus ankommt, wäre für die Stadt bestimmt. Aber Jerusalem wird als die ihm feindselige Stadt gezeichnet. Die ihm vor der Stadt bereitete Begrüßung scheint hinter deren Mauern nicht wahrgenommen worden zu sein. So wird angedeutet, daß ihm als dem Davididen die Stadt zwar zugehört, diese sich jedoch verweigert. Das Schicksal, das sie ihm bereithält, kündigt sich an. Auffällig bleibt, daß von einer Reaktion Jesu auf die ihm dargebrachte Begrüßung von seiten der Jünger und des ihn begleitenden Volkes nicht berichtet wird. Soll das heißen, daß für den Evangelisten die Huldigung keine volle Gültigkeit besaß? Wiederum wird man auf das Folgende verweisen müssen. Die königliche Herrschaft Davids kommt Jesus gewiß zu, die Art seines Königtums kann aber jetzt noch von keinem erfaßt werden. Der titulus crucis wird sie proklamieren. Der Weg Jesu endet im Tempel. Der Jerusalemer Tempel, der von hier ab erwähnt wird, wird bei Markus stets negativ qualifiziert. Der Tempel ist der Ort, an dem sich das Gericht über das alte Gottesvolk zu erkennen geben wird (13,1f; 14,58; 15,38).

Wirkungsgeschichte

Die Wirkungsgeschichte der Einzugsperikope ist von zwei Extremen gekennzeichnet. Auf der einen Seite wurde sie durch Jahrhunderte allegorisch ausgedeutet. Auf der anderen knüpft in der Neuzeit R. Eisler mit seiner zelotischen Jesusinterpretation an sie an. Zwischen den beiden Extremen bleibt, von der Leben-Jesu-Forschung angeregt, das historische Interesse gerade an dieser Erzählung bis in die Gegenwart wach. Die allegorische Deutung[31] verwandelt die Perikope in ein θέατρον der Heilsgeschichte: Die Aussendung der zwei Jünger versinnbildet die Mission. Esel und Füllen – Mt 21,1–11 wird mit Mk 11,1ff kombiniert –, die πρὸς θύραν (= außerhalb der Kirche) warten, sind Judentum und Völkerwelt. Sie werden zu Jesus gebracht. Bei der Begrüßung wiederum stellen die Vorausgehenden die Israeliten und die Nachfolgenden die Heiden dar, die gläubig wurden. Jesus, der die Profetie erfüllt, kommt als Dominus et Rex omnium, als Sacerdos in aeternum. Man wird sagen können, daß diese das Ereignis völlig aus seinem geschichtlichen Rahmen hebende Deutung

[30] Abwegig ist die Meinung Carringtons 231, der Eselritt in die Hauptstadt, der auf einem bislang nicht benutzten Tier erfolgte, entspreche einem Volksbrauch oder Ritual. Der Reiter werde zum König des Festes. Hierfür fehlen jegliche Belege.

[31] Vgl. Theophylakt, PG 123,609.612; Beda, PL 92,239–241; Erasmus, Bd. 7,242f.

die Voraussetzung für den kultischen Nachvollzug in der Palmprozession schuf, wie sie bis in die Neuzeit in der Liturgie gefeiert wird. Mit Nachdruck wendet sich Calvin[32] gegen die Allegorie, die von ihm in Kürze referiert wird. Er hebt darauf ab, daß es geringe, ungebildete Menschen gewesen seien, die Jesus als Erlöser begrüßt hätten. Für das Verständnis macht ihm die Diskrepanz zwischen äußerer Armut Jesu und königlichem Anspruch zu schaffen. Den Sinn entdeckt er in der (von Jesus beabsichtigten) Erfüllung dessen, was der Profet Sacharja geweissagt hatte[33].

In der zelotischen Interpretation der Perikope durch Eisler[34] nimmt der Akklamationsruf des Volkes die wichtigste Stelle ein. Die Unsicherheit der Kirchenväter bei der Deutung von Hosanna wird zum Anlaß genommen für die Überlegung, ob nicht über das griechische αἶνος (= Lob) eine Ableitung vom hebräischen *ăz* (= Kraft) möglich sei. Der Ruf hätte dann gelautet: Kraft dem Sohn Davids! Dabei wird Mk 11,9f zugunsten von Lk 19,38 zurückgestellt. Durch Zusammenstreichung von Lk 19,38 gewinnt Eisler dann den mutmaßlichen ursprünglichen Ruf: Gepriesen der König, der kommt in Friede und Herrlichkeit. Auf jeden Fall sei Jesus durch die Volksakklamation wirklich zum (politischen) König von Israel ausgerufen worden, wie in der republikanischen Zeit der Imperatortitel dem siegreichen Feldherrn durch Akklamation der Truppe verliehen werden konnte. Als weiterer Beleg dient das hebräische Josippon, wonach der in Jerusalem einziehende König Agrippa II. mit dem Ruf: »Rette uns, König! Wir wollen den Römern nicht mehr hörig sein« begrüßt worden sei. Die entscheidenden Daten muß Eisler aus der Phantasie ergänzen, nämlich daß Jesus mit einer großen Schar von bewaffneten Freischärlern in die Hauptstadt gekommen sei und in dieser die politische Königsherrschaft auszuüben versucht habe. – Im Konzept der konsequenten Eschatologie A. Schweitzers[35] bricht Jesus nach Jerusalem auf, um dort zu sterben, die eschatologische Drangsal zu übernehmen und damit das Reich Gottes herbeizuzwingen. Der ihm beim Einzug bereitete Jubel sei nicht messianisch zu verstehen, weil das Volk die Absichten Jesu nicht kannte. Es habe ihn als Profeten und Elija begrüßt. Was am Einzug messianisch sei, gehe auf Jesus zurück, der die Weissagung von Sacharja insgeheim habe in Erfüllung gehen lassen. Die Leben-Jesu-Forschung hat dem Jerusalemzug Jesu zwei Bedeutungen zugeschrieben. Und Schweitzer bemerkt etwas ironisch, daß man sie demnach in zwei Gruppen teilen könne[36]. Die einen lassen ihn nach Jerusalem ziehen, weil er dort wirken und die Entscheidung herbeiführen wollte, die anderen, weil er dort sterben wollte. In offenkundiger Anlehnung an diese Tradition, freilich mit anderem Vorzeichen, glaubt auch W. Pannenberg[37], daß mit dem Gang in die Haupt-

32 II,171–174.

33 Die Majestät dieses Jerusalemeinzugs versteht sich nach Theophylakt, PG 123,609 aus seiner Ausrichtung auf die Passion. Er rechnet damit, daß Jesus wiederholt (πολλάκις) in Jerusalem gewesen sei.

34 ΙΗΣΟΥΣ 469–475.

35 Leben-Jesu-Forschung 437–443.

36 Ebd. 437 Anm. 1.

37 Grundzüge der Christologie, Gütersloh $^{3}$1969, 60.

stadt die Absicht, eine Entscheidung herbeizuzwingen, verbunden gewesen sei. Der Tod als Abschluß seines Wirkens ist für Pannenberg die Herausforderung Gottes durch Jesus. Der Historiker muß kritisch fragen, ob die Quellen die Rekonstruktion einer bestimmten Absicht ermöglichen. Man wird sagen können, daß Jesus aufgrund der ihm entgegenbrandenden zunehmenden Feindschaft schon längere Zeit vor dem Ende mit dem Schlimmsten rechnete. Der tödliche Zugriff der Gegner zeichnete sich erst und überraschend schnell in der Hauptstadt ab.

### 3. *Der Fluch über den unfruchtbaren Feigenbaum (11,12–14)*

*Literatur: Smith, C. W. F.*, No Time for Figs, JBL 79 (1960) 315–327; *Robin, A. de Q.*, The Cursing of the Fig Tree in Marc XI, NTS 8 (1961/62) 276–281; *Bartsch, H.-W.*, Die »Verfluchung« des Feigenbaums, ZNW 53 (1962) 256–260; *Münderlein, G.*, Die Verfluchung des Feigenbaumes, NTS 10 (1963/64) 89–104; *Cortes, E.*, El secamiento de la higuera segun Mc 11,12–14.20, EstFr 69 (1968) 41–68; *Schenk*, Passionsbericht 158–166; *Romaniuk, K.*, »Car ce n'était pas la saison des figues . . .«, ZNW 66 (1975) 275–278; *Giesen, H.*, Der verdorrte Feigenbaum – Eine symbolische Aussage?, BZ 20 (1976) 95–111.

12 **Und als sie am folgenden Tag von Betanien weggingen, hungerte ihn.** 13 **Und als er von weitem einen Feigenbaum, der Blätter hatte, sah, kam er, ob er an ihm etwas fände. Und er trat heran, fand aber nichts an ihm außer Blätter. Es war nämlich nicht die Zeit der Feigen.** 14 **Und er antwortete und sprach zu ihm: In Ewigkeit soll keiner mehr von dir eine Frucht essen. Und seine Jünger hörten es.**

Analyse Den Anschluß nach vorn bildet Markus mit dem Weggang von Betanien. Orts- und Zeitangabe kennzeichnen seine Redaktion[1]. Verständnisschwierigkeiten bietet die gewiß fremdartige Perikope dem, der sie von einer vorwiegend historischen Warte aus beurteilt. Nimmt man jedoch ihre vom Alten Testament her bezogene symbolische Sinngebung wahr, werden Fragen wie diese: Wie konnte Jesus hungern, da er in Betanien Gastfreundschaft genoß? Warum hungerte ihn und nicht auch seine Jünger? Wie kann Jesus mit dem Baum wie mit einer menschlichen Person umgehen? überflüssig. Bartsch und Schenk versuchen neuerdings, die vormarkinische Fassung auf die Verse 13 und 14a zu beschränken[2]. Das heißt, nicht werde Jesus in seinem Hunger enttäuscht, sondern er spreche angesichts eines Feigenbaumes ein apokalyptisches Wort, daß das Ende der Welt noch vor dem Hervortreten der Feigen (Bartsch[3]: in etwa

[1] τῇ ἐπαύριον kann als hapax legomenon bei Mk für die Annahme von Tradition nicht ausreichen. Gegen Schenk, Passionsbericht 161f.

[2] Schenk, Passionsbericht 161f, nimmt Teile von 12 hinzu und streicht in 13 ἀπὸ μακρόθεν – ἐν αὐτῇ als Mk-R.

[3] *258.

acht Wochen) eintreffen werde. Die Redaktion habe aus dieser Ansage intensivster Naherwartung aus begreiflichen Gründen eine Verfluchung des Feigenbaums gemacht, der ursprünglich nur Anlaß für ein profetisches Wort gewesen sei. Nun scheint für diese Ansicht zu sprechen, daß die Wirkung des Fluches erst in Vers 20 berichtet wird, also augenscheinlich auch sekundär ist. Zutreffender aber ist es, daß der Evangelist in einer auch sonst von ihm bekannten Art (sandwich-agreement) die Perikope auseinandernahm und um die Geschichte vom Tempelprotest herum anordnete, um das Glaubensgespräch 11,21ff anschließen zu können. Die Bemerkung, daß Jesus am Baum nur Blätter und keine Feigen findet, wäre für das vermutete apokalyptische Logion höchst umständlich. Sie ist die geradlinige Fortsetzung seines Hungers und leitet konsequent das Fluchwort ein[4]. Mt 21,18f hat mit scharfem Blick die ursprüngliche Folge wiederhergestellt. Der Begründungssatz »Es war nämlich nicht die Zeit der Feigen«, der den Eindruck einer pedantischen Glosse machen könnte, ist Markus zuzuschreiben[5]. Die abschließende Beurteilung, daß seine Jünger das Wort hörten, ist als Überleitung zu Vers 21 gleichfalls markinisch. In der älteren Exegese waren zwei Auskünfte über die Entstehung der Perikope beliebt. Die eine wähnte einen verdorrten Feigenbaum auf dem Weg von Betanien nach Jerusalem, der als Ätiologie seiner selbst Anlaß für das Aufkommen einer solchen Erzählung in frommen Jerusalemer Christenkreisen gegeben habe[6]. Die andere sieht die Geschichte aus dem verwandten Gleichnis Lk 13,6–9 (und evtl. Mk 13,28a.33) herausgesponnen[7]. Muß die erste Auskunft als reine Vermutung gelten, so ist der zweiten entgegenzuhalten, daß die Unterschiede zwischen Lk 13 und Mk 11 so erheblich sind, daß literarische Abhängigkeit ausgeschlossen bleibt[8]. Den Hintergrund der Geschichte bilden vielmehr alttestamentlich-profetische Texte, die die Erzählung von einem Strafwunder entstehen ließen[9], die von Anfang an symbolisch auf Israel gemünzt war. Markus verbindet sie, ohne ihren grundsätzlichen Sinn zu verändern, enger mit Jerusalem und dem Tempel. Gleichzeitig nimmt er sie zum Anlaß für ein Glaubensgespräch. Beides steht in einem Zusammenhang zueinander.

Erklärung

Beim Gang am Morgen von Betanien in die Stadt überkommt Jesus der Hunger. Der Bericht will nicht (vergleichbar 2,23ff) von einem Versuch, physischen Hunger zu stillen, erzählen, sondern gewinnt hintergründige Bedeu-

4 Jeremias, Theologie I,132f, scheint mit einem isolierten apokalyptischen Logion ohne erzählerischen Rahmen zu rechnen.

5 Lohmeyer 234 hält eine spätere Glosse für möglich.

6 Erstmals E. Schwartz, Der verfluchte Feigenbaum, ZNW 5 (1904) 80–84. Neuerdings Taylor 459.

7 Wendling, Entstehung 150f. Ebenfalls Taylor 459, der beide Auskünfte kombiniert.

8 Vgl. Schenk, Passionsbericht 160.

9 Andere Formbestimmungen sind Naturwunder (Schenk, Passionsbericht 161), Gleichnishandlung (Cortes*: parabola en acción), Symbolhandlung (Münderlein 97). Strafwunder gibt es in den Evangelien sonst nicht, aber in der Apostelgeschichte (5,9–11). Die rabbinische Überlieferung kennt deren viele. Vgl. Billerbeck I,859.

tung. Der in seinem Blätterschmuck prangende Feigenbaum, von dem Jesus Früchte erwartet, enttäuscht. Die Symbolik des Feigenbaums und seiner Früchte ist vom Alten Testament her vorgegeben. Hos 9,10 heißt Israel »eine Frühfrucht am Feigenbaum im ersten Trieb«. In einer Vision schaut Jeremia zwei Körbe, den einen voller sehr guter Feigen, den anderen mit schlechten Feigen, so schlecht, daß man sie nicht essen kann (24,1–10; vgl. 29,17). Die einen versinnbildlichen die treu gebliebenen Exulanten, die anderen die Treulosen in der Heimat. Mich 7,1ff kommt in seiner Klage, die vom Vergleich Israels mit einem Feigenbaum ausgeht, unserem Text am nächsten: »Weh mir, denn ich ward wie ein Sammler im Herbst, wie ein Nachleser in der Nachernte. Da ist keine Traube zum Essen, keine Frühfeige, nach der mein Gaumen verlangt« (vgl. Jer 8,13). Die Enttäuschung des Profeten rührt daher, daß die Frommen und Redlichen aus dem Land verschwunden sind und die Menschen alle bösen Taten verüben. Die vorgeprägte Symbolik, die Jesu Handlung auf eine über sie hinausweisende Sinngebung festlegt, empfiehlt es, seine Enttäuschung in ähnlicher Weise zu deuten, mag diese auch nicht genau umschrieben sein. Im letzten ist es die Ablehnung seines Wortes durch Israel[10]. Ob der Blätterschmuck eine weiterreichende Bedeutung verträgt, etwa als Hinweis auf die dem Volk geschenkte Erwählung zu dienen, mag dahingestellt bleiben. Vielleicht sind die Blätter auch nur erwähnt, damit man an ihnen die Wirkung des Fluches erkennt. Setzt die Geschichte eine Erfahrung mit Israel, die über die Wirkungszeit Jesu hinausweist, ins Bild, gibt der eingeschobene Begründungssatz Rätsel auf. Die Zeit der Feigen umfaßt in Galiläa nach JosBell 3,519, zehn Monate im Jahr. Im rauhen Klima Jerusalems ist sie entsprechend kürzer anzusetzen. Der Feigenbaum treibt 40–50 Tage vor der Fruchtreife Blätter. Mit Frühfeigen kann man ab Ende Mai, mit Spätfeigen ab Mitte August rechnen. Sollte sich die Geschichte ehemals zur Feigenzeit zugetragen und Markus mit der Bemerkung »Es war nämlich nicht die Zeit der Feigen« beabsichtigt haben, ihre Verlegung in die Frühjahrszeit zu rechtfertigen[11], hätte er ihr die Pointe genommen. Diese botanische Akribie entspräche kaum seinem Interesse. Im Frühjahr aber gab es vereinzelte Winterfeigen oder schon unreife Feigen an den Bäumen, die gern gegessen wurden[12]. Die rabbinische Überlieferung vergleicht das Gesetz mit einem Feigenbaum, weil man an diesem, wann immer man ihn durchsucht, Früchte findet (bEr 54a). So wird der Begründungssatz unterstreichen wollen, daß Israel seinen Kairos, die Zeit seiner eschatologischen Heimsuchung, verpaßt hat[13]. Jesu Wort ist als Antwort, das heißt als Reaktion auf die

[10] Lohmeyer 235 lehnt eine symbolische Interpretation ab und gelangt zu einer naturalistischen Deutung: »Es ist die naive . . . Anschauung, daß, weil die Natur um des Menschen willen geschaffen ist, sie mit dieser Bestimmung auch die Kraft und Möglichkeit eigenen Lebens verliert« (234). J. W. Doeve, Purification du temple et Dessèchement du Figuier, NTS 1 (1954/55) 297–308, interpretiert von Jer 7,20 aus (303–306).

[11] Das ist die Lösung von Smith*, der die Perikope mit dem Laubhüttenfest in Verbindung bringen möchte.

[12] Letztere sind die Bikkurim oder Phaggim. Vgl. Schmidt, Rahmen 299. Zum Hintergrund vgl. Billerbeck I,856–858.

[13] Romaniuk* faßt den Begründungssatz als Frage auf. Schreiber, Theologie des Vertrauens

enttäuschende Unfruchtbarkeit des Feigenbaumes gekennzeichnet. Weil er ihm die Frucht versagte, soll er in Zukunft für immer keinem mehr Frucht geben dürfen[14]. Des Sinnes seines Daseins beraubt, wird der verdorrte Feigenbaum zum Ausdruck der Verwerfung Israels bzw. zum Sinnbild dafür, daß Israel aufgehört hat, Gottes erwähltes Volk zu sein. Damit ist kein Urteil über den einzelnen Israeliten gefällt, aber im heilsgeschichtlichen Sinn ein Schlußstrich unter die Geschichte Gottes mit seinem Volk gezogen. Zwar vertagt Markus die Wahrnehmung der Wirkung des Fluchwortes, aber es besteht kein Zweifel, daß diese den eigentlichen Abschluß der Geschichte bildet[15]. Das geschilderte Tun übersteigt die von den alttestamentlichen Profeten bekannten symbolischen Handlungen, da die symbolische Wirkung als wunderbare Tat geschildert ist. Wenn auf die das Wort vernehmenden Jünger eigens aufmerksam gemacht wird, will das die Überleitung zu 11,20ff sicherstellen.

Zusammenfassung

Im Markusevangelium ist die Verfluchung des Feigenbaumes die einzige mit dem Wirken Jesu in Jerusalem verbundene Wundergeschichte. Der Evangelist hat die symbolische, auf Israel ausgerichtete Bedeutung der Erzählung wohl wahrgenommen. Mit ihrer Stellung zwischen dem Einzug in Jerusalem und der Säuberung des Tempels und vor dem Gleichnis von den bösen Winzern bindet er sie an Stadt und Tempel. Wenn er in 11,20ff das Thema Glaube an sie anknüpft, verliert darum die Erzählung für ihn nicht die geschilderte Symbolik, sondern sie wird für einen anderen Zusammenhang transparent. Für Markus ist klar, daß Israel aufgehört hat, seine Rolle als erwähltes Gottesvolk zu spielen. Dies zeichnet sich im Leben Jesu ab. Die Bedeutung Israels, die inzwischen der Vergangenheit angehört, konzentriert sich in Jerusalem und seinem Heiligtum. Über eine endzeitliche Bedeutung des alten Gottesvolks wie Paulus (vgl. Röm 9–11) spekuliert er nicht.

Wirkungsgeschichte

Der symbolische Bezug des Feigenbaums auf Israel war den Interpreten zu allen Zeiten bekannt. Theophylakt[16] bezeichnet den Baum als τύπον τῆς Ἰουδαίων Συναγωγῆς. Beda[17] sieht im Kontrast von Blätterschmuck und Fruchtlosigkeit Israel dargestellt, das die Worte der Schrift besaß, aber keine Werke. D. F. Strauß[18], der das Wunder als Strafwunder bezeichnet, arbeitet – wie es dem Programm seines Jesusbuches entspricht – die alttestamentliche Symbolik der Perikope heraus. Er sieht sie treffend an den Schluß des Evangeliums ge-

135–137, hebt auf den unerwarteten Moment für den Feigenbaum ab, Schlatter 211 auf Mk 10,27; 14,36.

[14] Zum Optativ, der nur noch in Apg 8,20 eine Parallele hat, vgl. Bl-Debr § 384. Das Fluchwort ist semitisch geprägt. Vgl. Bartsch* 258. εἰς τὸν αἰῶνα begegnet in Fluch- und Segenssprüchen: Dtn 13,16f; 15,17; 12,28; Ex 29,9 (s. Konkordanz).

[15] Man darf mit Lohmeyer 234, Schenk, Passionsbericht 165, keinen Gegensatz zwischen dem Nicht-mehr-essen vom Baum und seinem Verdorren konstruieren, um V 20 abzutrennen. Das Fluchwort ist auf die Wahrnehmung seiner Wirkung angewiesen. Cortes* möchte mit Hinweis auf Ez 19,10–14; Hos 9,10–15 statt von Fluch von Klage sprechen.

[16] PG 123,613.616.

[17] PL 92,244f. Beda nennt das Geschehnis eine Gleichnishandlung (in parabolis facere).

[18] Das Leben Jesu, Leipzig 1864, 513–516.

stellt, weil hier Israels Abkehr offenkundig wurde. Das von Markus angeschlossene Glaubensgespräch sei geeignet, den Sinn der Geschichte zu verdunkeln. Ursprünglich hätten Worte wie Lk 13,1ff den Kontext der Erzählung gebildet. A. Schweitzer[19] möchte über die Gerichtsandrohung hinaus der Geschichte einen Sinn unterschieben, der den naheschatologisch-apokalyptischen Tenor der Predigt des historischen Jesus anzeigt. Im Anschluß an die apokalyptische Vorstellung (sBar 29), daß auf der neuen Erde ein übernatürlich großer Fruchtbarkeitszustand herrschen werde, habe Jesus eine Teilnahme der Natur an der kommenden Verklärung erwartet. Die Verfluchung des Feigenbaumes schließe dessen Überführung in diesen Fruchtbarkeitszustand aus und bedeute, daß dieser im neuen Äon seine verdorrten Äste zum Himmel strecken werde, weil er den Menschensohn betrog. Die konsequente Eschatologie treibt Schweitzer zu dieser etwas absonderlichen Interpretation, da er im Fluchurteil keinen Sinn erblicken kann, wenn das Ende der Welt unmittelbar bevorsteht. Neben der symbolischen Israel-Deutung gibt es die Auslegung, die die Handlung als Demonstration der Macht Jesu versteht[20], und eine weitere, die das Strafwunder als Warnung für die Heuchler (im Sinn von Mt 7,17–20) begreifen möchte[21]. Obwohl die letztgenannte Meinung sicherlich abwegig ist, kann sie darüber belehren, daß sich eine selbstgefällige oder selbstsichere Darstellung der Strafsanktion gegen Israel verbietet und der christliche Ausleger stets sein eigenes Angewiesensein auf die Gnade bedenken sollte.

### 4. *Jesu Protest gegen den Tempelkult (11,15–19)*

*Literatur: Roth, C.,* The Cleansing of the Temple and Zechariah XIV 21, NT 4 (1960) 174–181; *Hamilton, N. Q.,* Temple Cleansing and Temple Bank, JBL 83 (1964) 365–372; *Suhl,* Funktion 142f; *Trocmé, E.,* L'Expulsion des marchands du temple, NTS 15 (1968/69) 1–22; *Roloff,* Kerygma 89–110; *Schenk,* Passionsbericht 151–158.

15 **Und sie kommen nach Jerusalem. Und als er in den Tempel eintrat, begann er, die Verkäufer und Käufer im Tempel hinauszutreiben. Und die Tische der Geldwechsler und die Stühle der Taubenverkäufer stieß er um.** 16 **Und er ließ nicht zu, daß jemand ein Gerät durch den Tempel trug.** 17 **Und er lehrte und sprach zu ihnen: Ist nicht geschrieben, mein Haus wird Haus des Gebetes für alle Völker heißen? Ihr aber habt es zu einer Räuberhöhle gemacht.** 18 **Und die Hohenpriester und Schriftgelehrten hörten davon und sannen darauf, wie sie ihn verderben würden. Denn sie fürchteten ihn. Das Volk nämlich geriet außer sich über seine Lehre.** 19 **Und als es Abend wurde, gingen sie aus der Stadt hinaus.**

19 Leben-Jesu-Forschung 310f.

20 Calvin II,184. Calvin kennt den Bezug auf Israel nicht.

21 Beda, a.a.O.; Calvin, a.a.O. – Der Begründungssatz in V13b macht den Auslegern nicht unerhebliche Schwierigkeiten. Walafried Strabo, PL 114,892 erklärt ihn lakonisch: non erat tempus Judaeorum ut crederent.

Die ungleiche Verteilung der erzählerischen Gewichte verrät die redaktionelle Überarbeitung der Perikope. Die Handlung Jesu ist mit äußerster Knappheit beschrieben. Von ihr abgehoben ist seine Lehre. Relativ viel Raum ist der Reaktion der Hierarchen gewidmet, obwohl das, was wir darüber erfahren, allgemein gehalten ist. Man wird die Hand des Markus vor allem im zweiten Teil zu suchen und anzunehmen haben, daß er den Handlungsteil in dieser Komprimierung vorfand. Die geografischen Rahmenbemerkungen, die wiederum die Bewegungen in die Stadt hinein und aus ihr heraus anzeigen, sind ihm zuzuweisen. Für Vers 19 wird dies durch das Tagesschema zusätzlich bestätigt. Für Vers 15a legt es der Wechsel vom Plural, den Vers 19 wieder aufgreift, zum Singular nahe. Die vormarkinische Perikope begann demnach: Und als er in den Tempel eintrat usw.[1]. In Vers 17 finden wir eine typisch markinische Anreihungsformel: καὶ ἐδίδασκεν καὶ ἔλεγεν αὐτοῖς. Sie läßt vermuten, daß das gesamte Schriftargument des Verses 17 markinisch ist. Zudem sprengt die Ankündigung eines Bethauses für alle Völker die Situation[2]. Ob das Schriftargument ein Jesuswort verdrängte – etwa in der Art von 14,58 –, ist eine nicht beantwortbare Frage und eher zu verneinen[3]. In Vers 18 treten die Hohenpriester zum erstenmal im Evangelium handelnd auf den Plan. Daß man Jesus fürchtet, hören wir nur hier. Darum ist 18a als traditionell anzusehen. Markus mag die Schriftgelehrten als die von ihm herausgestellten Gegner Jesu hinzugefügt haben. Der zweite Begründungssatz, zu dem 1,22 und 6,2 zu vergleichen ist, stammt wiederum vom Evangelisten. Schält sich somit 15bc.16.18a als die vormarkinische Geschichte heraus, bleibt die wiederholt geäußerte Vermutung anzuführen, daß die verhältnismäßig knappe Erzählung durch 11,27–33, die Vollmachtsfrage der Hierarchen, fortgeführt worden sei und nur deren Auftakt bilde[4]. Obwohl die Frage in 11,28 diesen Anschluß zu empfehlen scheint, ist 11,27ff dem Evangelisten als isolierte Einheit zugekommen. Der gelehrt wirkende Argumentationsstil der Perikope, deren Dialog auf die Tempelhandlung keinen Bezug nimmt, befürwortet ihre Selbständigkeit (s. dort). Der Todesbeschluß in Vers 18, der zur Tradition der Tempelszene gehört, stellt vielmehr eine Verbindung zur Passionsgeschichte her (vgl. 14,1.11.55). Die gegenwärtige Gestalt der Perikope definiert Bultmann[5] als ideale Szene, da Vers 17 sie über die Bedeutung einer einmaligen Tat hinaushebt. Für die vormarkinische Tradition trifft diese Definition nicht zu. Sie rückt in die Nähe der profetischen Gleichnishandlung, deckt sich aber nicht vollständig mit ihr. Wie der Inhalt ausweist, ist der Überlieferungsort der Erzählung die judenchristliche Gemeinde Palästinas. Eine Einflußnahme von Sach 14,21b »Und keinen Analyse

[1] Schenk, Passionsbericht 153, rechnet mit stilistischen Eingriffen des Mk in V15b.

[2] Trocmé* 14f hält Bericht und Deutewort für zwei vorgegebene, selbständige Überlieferungen, die sekundär verbunden worden seien.

[3] Vermutung von Schweizer 127.

[4] Befürwortet von Suhl, Funktion 142; Roloff, Kerygma 91f; abgelehnt von Bultmann, Geschichte 36; Schenk, Passionsbericht 153f. Kritisch auch Dibelius, Formgeschichte 42 Anm. 1.

[5] A.a.O. Dibelius, Formgeschichte 40, reiht die Perikope in die Paradigmen ein.

Krämer wird es mehr geben im Tempel des Herrn der Heerscharen an jenem Tag« (oder Mal 3,1; Hos 9,15) auf die Perikope ist nicht festzustellen[6]. Dennoch bleibt ein Vergleich mit den Profetenstellen nützlich.
Aufbaumäßig ist die Perikope der vorangehenden verwandt: auf ein Tun Jesu folgt sein interpretierendes Wort. Weil der Evangelist durch sein sandwich-agreement die Verbindung der beiden Geschichten noch verstärkte, darf man annehmen, daß sie sich in seinem Sinn gegenseitig interpretieren, was besonders für die Verse 14 und 17 gilt. Ihre besondere Färbung erhält die Perikope durch das große Personenaufgebot von Kaufleuten, Volk, Jüngerschaft, Gegnern, die alle im Tempel sich versammeln. Die Jünger haben freilich neben Jesus nur die Rolle von Statisten oder Begleitern.

Erklärung
15–16

Mit Betreten der Stadt geht Jesus in den Tempel. Von Betanien am Ölberg führte der Weg direkt in den Tempelbezirk. Das unvermittelte Vorgehen Jesu gegen den Tempelbetrieb knüpft an Vers 11 an. Der Tempelmarkt diente zur Bereitstellung der für die Opfer notwendigen Tiere und Substanzen. Nur über den Erwerb der für das Opfer geeigneten Tiere war der Pilger und Fromme in der Lage, die richtigen Opfer darzubringen. Der Markt, der insbesondere vor den großen Festen geblüht haben dürfte, fand im äußeren Vorhof (Vorhof der Heiden) statt, der mit seinen 475 x 300 m ein riesiges Areal darstellte und die anderen Höfe und das Tempelhaus umfaßte[7]. Der Verkauf war nicht bloß durch die Tempelbehörde geduldet, sondern auch teilweise von ihr in Regie genommen[8]. Als Beispiel für das geschäftige Treiben werden die Taubenverkäufer und Geldwechsler genannt. Dalman[9] vermutet als Verkaufsstätte für die Tauben die am Südende des Heidenvorhofs gelegene sogenannte Basilika des Herodes. Für die Entrichtung der Tempelsteuer mußte der Israelit tyrische oder althebräische Währung zur Verfügung haben. Man wich auf diese Münzen aus, um heidnisches Geld nicht in Anspruch nehmen zu müssen (vgl. Mk 12,16). Der Name der Geldwechsler (κολλυβιστής) verweist auf den Halbschekel (κόλλυβος), den man zu entrichten hatte (vgl. Ex 30,11–16). Beim Geldwechsel nahm man nach rabbinischen Zeugnissen einen Aufpreis von 2,1 bzw. 4,2%[10]. Grobe Mißstände, die beim Tempelmarkt aufgetreten wären, sind uns nicht überliefert[11]. Die Tempelaktion bleibt auf Jesus konzentriert, um seine Vollmacht zu unterstreichen. Die Jünger oder irgendwelche Helfershelfer sind in die Protesthandlung nicht miteinbezogen. Beabsichtigt sie die Wiederherstellung des korrumpierten Tempelkultes? Ist sie Ausdruck der Erwartung, daß ein neuer Tempel entstehen soll, wie es apokalyptischer Hoffnung entspricht (vgl. äthHen 90,28–30; PsSal 17,30f)? Die seltsam anschauli-

[6] Anders Klostermann 117; Schweizer 127.
[7] Vgl. Billerbeck I,850–852. Der Markt spielte sich auch in der Nähe des Tempels am Ölberg ab.
[8] Nach Billerbeck I,852 galt dies für Trankopferwein und teilweise für Geflügelopfer.
[9] Wege und Orte 309f. bSchab 15a erwähnt Kaufhallen auf dem Tempelberg.
[10] Billerbeck I,764.
[11] Einen Fall von Wucher zitiert Lohmeyer 236 Anm. 4. Rabbi Simeon ben Gamaliel aber geht dagegen vor.

che Bemerkung, daß Jesus nicht duldete, daß jemand ein Gerät durch den Tempel trug, kann gegen dessen Profanierung gerichtet sein. Wir haben hinlänglich Zeugnisse dafür, daß man den Tempelbezirk als Abkürzungsweg vom Ölberg zur Weststadt benutzte[12]. Weder Geschäftshaus noch Straße darf der Tempel sein, wäre dann der Protest der Verse 15f[13]. Jedoch dürfte nicht auf das Tragen von gewöhnlichen Lasten, sondern von Kultgeräten abgehoben sein. Die Verwendung des Wortes σκεῦος empfiehlt diese Deutung[14]. Trifft dies zu, betrachtete bereits der vormarkinische Bericht das Vorgehen Jesu gegen den Tempel nicht als dessen Säuberung, sondern als Ausdruck der Abschaffung seines Kultes[15].

Der Evangelist hat durch ein als Jesuswort eingebrachtes Schriftwort die Kritik 17
des Tempels und seines Kultes verschärft. Das Schriftwort ist ein Doppelzitat aus Jes 56,7 (wörtlich nach LXX zitiert): »Mein Haus wird Haus des Gebetes für alle Völker heißen« und Jer 7,11 (in Anlehnung an LXX zitiert): »Ist denn in euren Augen dieses Haus, über das mein Name ausgerufen ist, eine Räuberhöhle geworden?« Die freie Ausgestaltung des zweiten Zitats legt den Nachdruck auf dieses, wie das Ganze zu einer einheitlichen Aussage wird, die die positive und negative Funktion des Tempels umschreibt. Im antithetischen Parallelismus stehen Gebetshaus für alle Völker und Räuberhöhle, göttliche Zielsetzung und menschliches Versagen einander gegenüber. Ist die positive Bestimmung verspielt oder als Verheißung eines neuen Tempels, an dem die Heidenvölker Anteil erhalten werden, zu verstehen? Auf einen Gegensatz von Gebetshaus und Opferstätte – letztere wäre dann minderbewertet – sollte man nicht abheben[16], da die Formulierung aus Tritojesaja vorgegeben ist und sich dort aus der Erfahrung des Exils versteht. Dem Tempel von Jerusalem aber gibt Markus keine Chance mehr. Ebenso wenig rechnet er mit seinem Neubau. So wird man das Gebetshaus für alle Völker als eine von seinen Inhabern verhinderte Bestimmung und/oder als Ankündigung eines geistigen Tempels zu verstehen haben, der die Gemeinde meint. Der Vorwurf, aus dem Tempel eine Räuberhöhle gemacht zu haben, greift über die Situation hinaus und redet über

[12] Billerbeck II,27.

[13] Vgl. Schlatter 212.

[14] Schenk, Passionsbericht 156, verweist auf die LXX, wo in einem Drittel der über 300 Stellen σκεῦος das Tempelgerät bezeichnet.

[15] Schenk, Passionsbericht 155, benutzt eine Geschichte, die von Baba ben Buta überliefert ist (bei Billerbeck I,852), als Kontrasterzählung. Dieser ließ 3000 Stück Kleinvieh auf dem Tempelberg aufstellen, um den Kult zu fördern. Konträr hierzu stelle sich die Austreibung der Tiere als kulthindernd bzw. kultunterbindend dar. Der Vergleich ist hilfreich, aber nicht zwingend. Läßt sich für die mk Sicht Klarheit gewinnen, bleibt die historische Rekonstruktion um so schwieriger.

[16] Gegen Lohmeyer, Grundmann, Schweizer. Lohmeyer spricht von der Sicht des galiläischen Laien, der fernab vom Mittelpunkt des jüdischen Kultes lebt. Schweizer sieht mit dem Wort alle Gesetzlichkeit überwunden.

[17] Jeremias, Theologie I,145: »die Priester haben den Tempel zum Schlupfwinkel gemacht, von dem aus sie wie Räube immer wieder zu neuen Raubzügen ausziehen«. Grundmann erwägt eine Anspielung auf die Zeloten: »den Heiden ist die Möglichkeit der Anbetung entzogen und den Zeloten, die Räuber genannt werden, wird Unterschlupf und Schutz im Tempel gewährt«. Die Gleichsetzung von Räuber und Zelot ist überdies fragwürdig.

die Händler die verantwortlichen Führer des zeitgenössischen Judentums an. Er ist einer der schwersten Vorwürfe gegen das Judentum im Evangelium. Seine Bildhaftigkeit bedarf keiner konkreten Auslegung[17].

18–19 Die Hohenpriester als die maßgebliche Jerusalemer Instanz und die Schriftgelehrten als die für Markus wichtigen Gegner Jesu hören von dem Vorgang im Tempel. Gleichzeitig erscheinen sie indirekt als die Adressaten des Vorwurfs. Ihre Reaktion ist die Verschwörung gegen ihn. Daß sie noch nicht gegen ihn vorgehen, wird die Bemerkung, sie fürchteten ihn, begründen wollen. Damit ist auch Jesu hoheitsvolles Auftreten nochmals unterstrichen. Die hinreißende Wirkung, die seine Lehre beim Volk auslöst, gibt zu verstehen, daß Jesus in Jerusalem eine ähnliche Aufmerksamkeit erregt wie am Anfang in Galiläa (vgl. 1,22). So wird die Volksmenge für ihn zum vorläufigen Schutzwall gegen die Hierarchen. Die Bewunderung aber ist noch kein Glaube. Wenn sich Jesus am Abend wieder aus der Hauptstadt zurückzieht, ist die Distanz gegen Jerusalem erneut zum Ausdruck gebracht.

Historische Beurteilung

An der Historizität eines dem geschilderten entsprechenden Auftretens Jesu im Tempel ist nicht zu zweifeln. Die Einwände – ein einzelner hätte das riesige Tempelareal nicht säubern können, das Ausbleiben eines Eingriffes seitens der Tempelbehörde oder der römischen Wache sei unverständlich – übersehen die Stilisierung der Geschichte[18]. Die Tat Jesu wird sich auf einen Teil des Tempelbezirks beschränkt haben. Chronologisch gehört der Vorgang an das Ende des Wirkens Jesu (anders Joh 2,13–22). Die Tötungsabsicht der Hierarchen unterstützt diese Auffassung. Schwierig ist die Ermittlung der Intentionen, die Jesus mit diesem Akt verband, da uns ein mit dem Bericht vermitteltes authentisches Deutewort nicht zur Verfügung steht. Mk 11,17; Joh 2,17.19 sind sekundär; Mk 14,58 steht in einem anderen Zusammenhang. Als Ausdruck, den Tempelkult erneuern zu wollen, kann der Akt nicht gedeutet werden, da er sich im äußeren Vorhof und nicht im inneren Tempelbezirk abspielte. Nimmt man den Ort der Handlung (Vorhof der Heiden) zum Ausgangspunkt einer Interpretation[19] – Jesus bereite das eschatologische Kommen der Heidenvölker zum Sionsberg vor –, ist man vermutlich von Mk 11,17 bestimmt, der markinischen Deutung des Vorgangs. Wahrscheinlich war der Auftritt Jesu im Tempel ein leidenschaftlicher Protest gegen die bestehende Tempelpraxis, für die man nicht auf einen aktuellen Anlaß hinzuweisen braucht[20]. Im Kontext seiner

[18] Für unhistorisch halten das Geschilderte Klostermann 117; Haenchen, Weg 386f; letzterer sieht ein gewaltsames Vorgehen Jesu als unüberbrückbaren Gegensatz zum »Jesus der Gleichnisse und Sprüche«. Dies dürfte zu subjektiv geurteilt sein.

[19] Vgl. Hahn, Hoheitstitel 171.

[20] V. Eppstein, The Historicity of the Gospel Account of the Cleansing of the Temple, ZNW 55 (1964) 42–58, meint, der Hohepriester Kajafas erst habe den Tempelmarkt in den äußeren Tempelvorhof hereingeholt, um dem Handel auf dem Ölberg Konkurrenz zu machen. – Roth* will der Handlung Jesu eine antizelotische Note verleihen, indem er Jesus gegen die zelotische Interpretation von Sach 14,21 (»Und keinen *Kanaanäer* wird es mehr geben im Tempel des Herrn . . .«) Stellung beziehen läßt. Trocmé* 16–20 dagegen betrachtet die Handlungsweise Jesu als einen zelotischen Akt, ohne daß man Jesus zum Zeloten machen dürfe.

Reich-Gottes-Predigt wird dieser Protest zum flammenden Aufruf zur Umkehr in der Hauptstadt angesichts des kommenden Reiches Gottes. Darüber hinaus liegt es nahe zu vermuten, daß der Eingriff in den Tempelbetrieb zeichenhaft auf den eschatologischen neuen Tempel verweisen sollte, der mit dem Gottesreich kommen wird[21].

Zusammenfassung

Markus hat den polemischen Akzent der Überlieferung verschärft. Er tat dies auf zweifache Weise: einmal durch die Verzahnung der Perikope mit der Geschichte von der Verfluchung des Feigenbaums, das andere Mal durch die Schriftreflexion in Vers 17. Der Tempel und mit ihm Jerusalem und Israel haben aufgehört, ihre heilsgeschichtliche Rolle zu spielen. Der Eingriff Jesu im Tempel war für Markus letztlich auf die Abschaffung des alten Kultes gerichtet. An seine Stelle tritt etwas Neues. Mit dem Ausblick auf alle Völker wird dieses Neue mehr angedeutet als präzise umschrieben. Der Evangelist wird weitere Aussagen in dieser Richtung folgen lassen. Das Neue ist im Tod Jesu begründet, den die Hierarchen im Anschluß an seinen Auftritt im Tempelbezirk planen. Ohne es selbst zu wollen, werden sie zu Vollstreckern des Gerichts, das über sie ergehen wird.

Wirkungsgeschichte

Bei der Betrachtung der Auslegungen dieser Perikope von der Patristik bis zur Leben-Jesu-Forschung fällt besonders auf, daß der Text historisch gelesen bzw. daraufhin befragt wird, was er für die historische Rekonstruktion abwirft. Eine Reflexion über die Theologie des Evangelisten gibt es nicht. Weil neben dem synoptischen Bericht Joh 2,13–22 steht, dürfte es für alle Interpreten bis zur Neuzeit klar gewesen sein, daß Jesus zweimal den Tempel gesäubert hat. Einig ist man sich auch darüber, daß die Aktion gegen einen unwürdig gewordenen Tempel gerichtet war. Gegenüber der Einsicht, daß die Aktion letztlich auf die Abschaffung des Kultes hätte gerichtet sein können bzw. daß die Erzählung diese Intention verfolgt, ist man gelegentlich etwas ängstlich. So bemerkt Beda[1] zu Vers 16: »Es sei ferne, daß der Herr die gottgeweihten Gefäße aus dem Tempel hinauswarf«, findet aber dann zu Vers 17a die eindeutige Glossierung: »Für alle Völker, nicht bloß für das eine jüdische Volk; nicht bloß an dem einen Ort in der Stadt Jerusalem, sondern auf dem ganzen Erdkreis; und nicht durch Stiere, Böcke und Rinder, sondern durch das Gebet.«[2] Dieses auf die Abschaffung des alttestamentlichen Tempelkultes gerichtete Verständnis hat als die gängige Meinung wenigstens der alten Markusinterpreten zu gelten. Der weitreichenden Konsequenz der Aktion entspricht die Würde des Handelnden. Nach Calvin trat Jesus als »König und oberster Priester« auf[3]. Neben dieser ge-

[21] J. Jeremias, Jesus als Weltvollender (Göttingen 1930) 35–44, möchte Tempelerneuerung und Inthronisation des Messias als apokalyptische Motivverknüpfung aufweisen und für die historische Rekonstruktion auswerten. Dagegen mit Recht schon Volz, Eschatologie 217.

[1] PL 92,246.

[2] Ebd. 247. Vgl. Erasmus, Bd. 7,245.

[3] II,179.

zielt theologischen Deutung wirkt die moralisierende Interpretation dünn, für die die Geschichte ein Beispiel dafür ist, daß man sich im Gotteshaus ehrfürchtig zu benehmen habe. Sie ist heute noch in Moraltheologien anzutreffen[4]. Die zelotische Interpretation der Perikope[5] sah in ihr die Erinnerung aufbewahrt, daß Jesus den Tempel gewaltsam besetzt habe. Interessanter ist, daß Eisler den Akt als Aufhebung der Opferthora versteht und als ein Vorgehen gegen das kapitalistische Wesen der Tempelbank. Der Tempel sei die Nationaldepositenbank des Landes gewesen und die Geldwechsler hätten die Schuldeintreibungen für die Reichen zu besorgen gehabt. Damit würde die Aktion in die Nähe der im Jahre 66 n. Chr. stattfindenden Revolte des Zelotenführers Menahem rücken, der die Schuldverschreibungen der Geldwechsler zu vernichten trachtete[6]. Eisler erblickt in diesem Tun Jesu erste Maßnahmen als König von Israel, die dazu führen sollten, daß der Tempel »aus einem blutdurchrieselten Schlachthof in ein reines Bethaus aller Welt verwandelt werden sollte«[7] und daß alle Bankleute und Händler ihr Gewerbe aufzugeben hätten. Sieht man von der unhaltbaren These ab, daß Jesus reale politische Macht angestrebt oder zeitweilig ausgeübt habe, bleibt die zelotische Interpretation ein Dorn im Fleisch. Allerdings benutzt auch Eisler sekundäre theologische Aussagen des Evangelisten (das AT-Zitat) zur historischen Rekonstruktion. So schwierig es ist, den Tempelprotest Jesu historisch zu rekonstruieren, so kann man gewiß sagen, daß man ohne Wahrung des religiösen Kerns an dem Anliegen Jesu vorbeigeht.

## 5. *Bergestürzender Glaube und Vergebungsbereitschaft (11,20–25)*

*Literatur: Berger,* Amen-Worte 46–48.

20 **Und als sie am Morgen vorbeikamen, sahen sie den Feigenbaum, der von den Wurzeln an verdorrt war.** 21 **Und Petrus erinnerte sich und sagt ihm: Rabbi, sieh', der Feigenbaum, den du verflucht hast, ist verdorrt.** 22 **Und Jesus antwortete und sagt zu ihm: Habt Glauben Gottes!** 23 **Amen, ich sage euch: Wer zu diesem Berg spricht: Hebe und stürze dich ins Meer! und in seinem Herzen nicht zweifelt, sondern glaubt, daß das, was er sagt, geschieht, dem wird es zuteil werden.** 24 **Deshalb sage ich euch: Bei allem, um was ihr betet und bittet, glaubt, daß ihr es empfangt, und es wird auch euch zuteil wer-**

[4] B. Häring, Das Gesetz Christi, Freiburg [5]1959, 711. Vgl. Theophylakt, PG 123,616.

[5] Eisler, ΙΗΣΟΥΣ II,491–499.

[6] JosBell 2,427. Diese Aktion des Menahem findet allerdings nicht im Tempel statt, sondern im Archiv, das sich in der Unterstadt befand. Dort wurden die Schuldverschreibungen aufbewahrt. Zur Revolte des Menahem vgl. M. Hengel, War Jesus Revolutionär?, 1970 (CwH 110), 13.

[7] 496.

**den.** 25 **Und wenn ihr euch hinstellt, um zu beten, vergebt, wenn ihr gegen jemanden etwas habt, damit auch euer Vater in den Himmeln euch eure Verfehlungen vergibt**[1].

Der Evangelist hat die Exposition der Perikope 20–22a geschaffen. Er benutzt den ursprünglichen Abschluß der Geschichte von der Verfluchung des Feigenbaumes – etwa: καὶ ἐξηράνθη ἡ συκῆ ἐκ ῥιζῶν (vgl. Mt 21,19) –, um einen Anschluß für eine Jüngerbelehrung zu gewinnen, die er durch eine Petrusfrage eingeleitet sein läßt[2]. Die drei Jesusworte 23–25 sind von Haus aus isoliert überlieferte Sprüche, wie ihr Vorkommen an verschiedenen Stellen in den synoptischen Evangelien beweist. Vermutlich jedoch waren sie dem Markus schon verbunden vorgegeben. Dies legt ihre einander angeglichene Struktur nahe wie die Verbindung mit »deshalb sage ich euch«. Die markinische Verbindungspartikel ist γάρ[3]. Schwierig ist der die Jesusrede einleitende Imperativ »Habt Glauben Gottes« zu beurteilen. Entweder ist er markinisch oder er war bereits – was wahrscheinlicher ist – vormarkinisch Einleitung des Doppelspruches 23f. Da anzunehmen ist, daß das Logion bei Lk 17,6/Mt 17,20 in einer ursprünglicheren Form bewahrt blieb, könnte ἔχετε πίστιν θεοῦ Umwandlung von »wenn ihr Glauben hättet« sein. Lk 17,6 spricht statt von einem Berg von einem Maulbeerfeigenbaum, der sich entwurzeln und ins Meer stürzen soll, und leitet wie Mt 17,20 ein: »Wenn ihr Glauben hättet wie ein Senfkorn«. In Lk 17,6 dürfte die älteste Version erhalten sein. Die Redewendung »Berge entwurzeln bzw. ausreißen« war sprichwörtlich und weniger originell[4]. Bei Mk 11,23/Mt 17,20 erscheint der Spruch an diese Redewendung angeglichen. – Auch Vers 24 ist eine weiterentwickelte Form. Die Erläuterung des Glaubens durch einen ὅτι-Satz und abschließendes ἔσται ὑμῖν sind Angleichung an Vers 23. Die ursprüngliche Fassung wird man sich wie Mt 21,22 vorzustellen haben[5]. – Vers 25 besitzt in Mt 6,14 seine klarere Form. Mit ὅταν στήκετε προσευχόμενοι schuf der vormarkinische Redaktor den Anschluß an 24. Der aufzuhebende Zwist mit dem andern erinnert an Mt 5,23f, ohne daß an Abhängigkeit gedacht werden könnte. Ist die Analyse zutreffend, so existierte bereits vormarkinisch diese kleine Spruchsammlung 22c–25, die von Glaube, Gebet und Verzeihen handelte[6]. Wiederum wurde deutlich, daß das Logiengut in einer stärker zersagten Form auf unseren Evangelisten gekommen ist. Analyse

[1] V26, den einzelne Handschriften (Koine-Text Θ) – teilweise mit Varianten (D lat) – bieten, ist aus dem Text zu streichen. Er lautet: »Wenn aber ihr nicht vergebt, wird euer Vater in den Himmeln eure Verfehlungen nicht vergeben«. Das Eindringen des Verses erklärt sich durch Paralleleinfluß von Mt 6,14f.

[2] παραπορεύομαι kommt außer Mt 27,39 im NT nur bei Mk vor. Das Tagesschema ist bereits als Mk-R erkannt. Zur Anamnesis des Petrus vgl. 14,72.

[3] διὰ τοῦτο ist in 6,14; 12,24 traditionell. – Auch Roloff, Kerygma 169 hält VV 23–25 für eine vormk Einheit.

[4] Vgl. Billerbeck I,759; 1Kor 13,2. Tho 48 und 106 bringt den Spruch ». . . wenn ihr sagt (bzw. sie sagen): Berg fall um!, so wird er umfallen« in einem gänzlich anderen Zusammenhang.

[5] Analogien zu diesem Spruch begegnen in Joh 14,13f; 15,7; 16,23b; Herm s 6,3,6.

[6] Für die Spruchsammlung kann ein »catechetical interest« geltend gemacht werden. Vgl. Taylor 465.

Erklärung
20–21 War innerhalb des markinischen Tagesschemas der zweite Tag des Jerusalemaufenthaltes Jesu mit der Feigenbaum-Episode und der Aktion im Tempel ausgefüllt – zwei Ereignisse, die einander ergänzen und erklären –, so hebt der dritte Tag, von dessen Ende freilich in diesem und auch in den beiden folgenden Kapiteln nicht mehr geredet wird, damit an, daß die Feigenbaum-Episode nochmals aufgegriffen wird. Am Morgen sehen sie im Vorübergehen beim Gang in die Stadt den inzwischen verdorrten Baum. Die Beschreibung macht die symbolische Bedeutung kenntlich. Der Zustand des Baumes konnte nur an seinem verdorrten Laubwerk erkannt werden. Daß er von der Wurzel an verdorrt gewesen sei, kann nur als Symbol für das unfruchtbar gewordene Jerusalem begriffen werden. Eine Belehrung über den Glauben lenkt zwar auf ein anderes Thema[7], knüpft aber insofern an, als der verweigerte Glaube die Ursache für den Zustand Israels ist. Die Erinnerung des Petrus will erzählerisch die Fortsetzung ermöglichen. Mit 20f schuf Markus die Exposition für die Jüngerlehre.

22–23 Der Imperativ: »Habt Gottesglauben!«, mit dem die Belehrung anhebt, kann als eine Art Zusammenfassung des Ganzen aufgefaßt werden. Die seltene Formulierung πίστις θεοῦ (anders Röm 3,3; vgl. 1Thess 1,8; Hebr 6,1; Joh 14,1) will nicht wie Hebr 6,1 den Glauben an Gott als die Grundlage der christlichen Existenz in Erinnerung rufen, sondern verlangt eine bestimmte Ausprägung dieses Glaubens. Der Glaube ist aufgefaßt als zu Gott gewendetes Vertrauen. Der Genitiv ist als objektiver anzusprechen, wenngleich die Verbindung mit dem Gebet, die im folgenden hergestellt wird, andeutet, daß der Mensch von den Geschenken Gottes lebt. Der Spruch vom Berge versetzenden Glauben wird mit »Amen, ich sage euch« eingeführt. Das Amen verstärkt die Unfehlbarkeit der Zusage. Der Zweifel im Herzen ist das Gegenteil des Gott zugewendeten Vertrauens (vgl. Jak 1,6). Isoliert betrachtet, könnte der Spruch den Eindruck erwecken, als könnte der Mensch aus eigener Kraft, auf dem Weg über Willenstraining und Autosuggestion das Unmögliche wirken (anders Lk 17,6; Mt 17,20). Nur in Verbindung mit der πίστις θεοῦ erscheint die Zusage sinnvoll und wird ein charismatischer Glaube erkennbar, der unüberwindlich wirkende Hindernisse aus dem Weg räumen kann. Weil sich das Wort an ein von Jesus gewirktes Wunder anschließt, wird Jesus wiederum als der Glaubende faßbar (vgl. 9,23). Versteht man den Hinweis auf diesen Berg konkret, so wäre dieser mit dem Ölberg und das Meer mit dem vom Ölberg aus sichtbaren Toten Meer gleichzusetzen. Es handelt sich aber um eine bildhafte Aussage, die an keinen Ort und keine Zeit gebunden ist. Darum ist auch die Deutung, die mit Berufung auf Sach 4,6f das Wort auf den Tempelberg beziehen und als Ankündigung des Gerichtes über den Tempel, das auf einen Wink der Gerechten oder der Engel geschieht, verstehen möchte, abzulehnen[8].

[7] Das Urteil von Lohmeyer 238, die Sprüche Jesu hätten mit der geschilderten Situation kaum etwas gemein, ist darum korrekturbedürftig.

[8] Die Deutung tragen Rawlinson 242f und Berger, Amen-Worte 46–48, vor. Berger beruft sich auf LXX Ps 45,3; Jer 51,25; Offb 8,8.

Ins Allgemeine gewendet, wiederholt Vers 24, was der Spruch vom Berge stürzenden Glauben bildhaft-konkret formuliert. Neu ist, daß der Glaube jetzt mit dem Bittgebet verknüpft ist und daß dieses Bittgebet von einer Gemeinschaft gesprochen wird. Die Wirksamkeit des gemeinsamen Gebetes ist auch dem Judentum bekannt. »Das Gebet der Gesamtheit (Gemeinde) kommt niemals leer zurück« (vgl. Mt 18,19), lautet ein rabbinischer Spruch[9]. Die unbedingte Zusage der Erhörung darf nicht mißverstanden werden, etwa im Sinn der Erhörung törichter Wünsche. Ist der Glaube Gott zugewendetes Vertrauen, so ist das Gebet Ausdruck dieses Glaubens. Im Gebet lernt der Betende den Willen Gottes erkennen, bejahen und um seine Erfüllung bitten (vgl. Mt 6,10b par). Grammatisch hat die Aoristform ἐλάβετε Korrekturen im Text oder das Urteil ausgelöst: Es sei an einen Glauben gedacht, der weiß, daß Gott schenkt, bevor der Mensch auch nur darum bittet[10]. Dagegen ist zu sagen, daß der Aorist gewisse futurische Bedeutung haben kann, wenn er nämlich nach einer futurischen Bedingung steht (Bl-Debr § 333,2). Vielleicht darf man »*auch* euch wird es zuteil werden« als Einbeziehung in den Glauben Jesu verstehen[11]. Das letzte Logion schärft ein, daß der Betende auf die Vergebung Gottes angewiesen ist (vgl. Sir 28,2). Das Stehen war gängige Gebetshaltung. Voraussetzung für Gottes Vergeben ist die Bereitschaft, sich mit den Mitmenschen auszusöhnen. Damit wird ein Zweifaches klargestellt: Einmal darf das Gebet nicht im Zorn mißbraucht werden. Das andere Mal schließt die Beziehung zu Gott stets die Beziehung zum Menschen mit ein. Das Gebet ist fruchtlos bei einem gestörten Verhältnis zum Nachbarn oder Bruder. Für die Gemeindezusammenkünfte ist diese Regel von grundlegender Bedeutung. Es verdient Beachtung, daß Jesus bei Markus nur hier von »eurem Vater im Himmel« redet. Im Gebet soll die Jüngerschaft Gott als Vater erfahren. Da der Evangelist das Sohnesprädikat favorisiert, darf die Eröffnung des Vatergedankens als Einbeziehung in das Sohnesverhältnis Jesu gesehen werden. 24–25

Historische Beurteilung und Zusammenfassung

Für die drei Sprüche in den Versen 23–25 wird man voraussetzen dürfen, daß ihre Urform (vgl. die Analyse) auf Jesus zurückgeführt werden kann. Vers 23 basiert auf einem hyperbolischen Bildwort (vgl. Lk 17,6), wie Jesus es liebte. Es stellt die Kraft eines charakteristischen Glaubens heraus[12]. Sekundär zog es die sprichwortartige Wendung vom Bergeversetzen an sich.

Für den Evangelisten war der Glaube ein bedeutsames Thema. Er benutzt die kleine Spruchsammlung als Kontrast zur Feigenbaum- und Tempelperikope, die beide mit dem über Israel hereinbrechenden Gericht zu tun haben. Bestehen im göttlichen Gericht kann nur der Glaube, der sich ganz auf Gott verläßt. Im vertrauensvollen gemeinsamen Gebet soll die Gemeinde diesen Glauben immer wieder aktualisieren. Dabei ist es notwendig, daß sie nicht bloß an Gott,

[9] Bei Billerbeck I,794.

[10] Schweizer. Koine-Text liest λαμβάνετε, D Θ λήμψεσθε.

[11] Vgl. Grundmann.

[12] Schnackenburg II,141.

sondern auch an Jesus, der ihnen dieses neue Gottesverhältnis eröffnete, und an den Bruder denken, gegen den der eine oder andere zu Recht oder zu Unrecht etwas hat. Gott fordert Vergebung, indem er Vergebung gewährt. Die Versöhnungsbereitschaft ist ein Grundgesetz für die christliche Gemeinde.

### 6. *Das Dilemma des Unglaubens – die Vollmachtsfrage (11,27–33)*

*Literatur: Daube, D.*, The NT and Rabbinic Judaism, London 1956, 217–223; *Shae, G. S.*, The Question of the Authority of Jesus, NT 16 (1974) 1–29.

27 **Und sie kommen wieder nach Jerusalem. Und als er im Tempel auf- und abgeht, kommen die Hohenpriester und die Schriftgelehrten und die Ältesten zu ihm.** 28 **Und sie sagten ihm: In welcher Vollmacht tust du dieses? Oder wer hat dir diese Vollmacht gegeben, daß du dieses tust?** 29 **Jesus aber sprach zu ihnen: Ich werde euch eine Sache fragen, und wenn ihr mir antwortet, werde auch ich euch sagen, in welcher Vollmacht ich dieses tue.** 30 **War die Taufe des Johannes vom Himmel oder von Menschen? Antwortet mir!** 31 **Sie überlegten unter sich und sprachen: Wenn wir sagen: Vom Himmel, wird er sagen: Warum habt ihr ihm dann nicht geglaubt?** 32 **Sagen wir dagegen: Von Menschen –. Sie fürchteten das Volk. Denn alle hielten den Johannes für einen wirklichen Profeten.** 33 **Und sie antworteten Jesus und sagen: Wir wissen es nicht. Und Jesus sagt ihnen: Ich sage euch dann auch nicht, in welcher Vollmacht ich dieses tue.**

Analyse Bei der Analyse der Perikope geht man am besten von der Bestimmung ihrer Form aus. Dabei entdeckt man nämlich einen auffallenden Bruch. Die Verse 28–30 entsprechen ganz der Form eines rabbinischen Schul- oder Streitgesprächs. Auf die Frage der Kontrahenten antwortet Jesus mit einer Gegenfrage. In den rabbinischen Gesprächen ist bei der Gegenfrage in der Regel vorausgesetzt, daß sie einen Gegenstand aufgreift, dem die Kontrahenten zustimmen. Aus dem reichhaltigen von Billerbeck bereitgestellten Vergleichsmaterial sei ein instruktives rabbinisches Beispiel zitiert: »Der Tyrann Rufus[1], der Frevler, fragte den Rabbi Aqiba: Was ist denn für ein Unterschied zwischen dem einen Tag (dem Sabbat) und den übrigen Tagen? Rabbi Aqiba antwortete: Was ist denn für ein Unterschied zwischen dem einen Mann (Rufus) und anderen Männern? Rufus entgegnete: Mein Herr (= der Kaiser) wollte es so! Rabbi Aqiba sprach: Auch betreffs des Sabbats wollte es mein Herr (= Gott) so!«[2] – Der Vergleich lehrt, daß die Verse 28–30 eine Fortsetzung erheischen, bei der

[1] Statthalter von Judäa 132 n. Chr.
[2] Sanh 65b. Bei Billerbeck I,861.

der Rückgriff auf Johannes positiv weitergeführt wird, etwa in der von Shae[3] vorgeschlagenen Art: Und sie antworteten ihm: Vom Himmel. Jesus antwortete ihnen und sprach: So ist auch meine Vollmacht vom Himmel. – Obwohl diese Rekonstruktion rein hypothetisch ist, zeigt sie immerhin an, daß der ursprüngliche Schluß der Perikope verloren ging und ersetzt wurde. Ursprünglich könnten die Fragesteller Täuferschüler gewesen sein, die Jesus gegenüber Zweifel hatten und durch den Vergleich mit Johannes gewonnen werden sollten[4]. Auf der zweiten Stufe, durch den Anschluß der Verse 31–33, gewinnt die Perikope einen anderen Charakter. Jetzt geht es um die Auseinandersetzung mit solchen, die die Taufe des Johannes innerlich ablehnen und nur äußerlich, mit Rücksicht auf das Volk, dies nicht sagen wollen, es geht um einen Streit zwischen Gemeinde und Synagoge. Dieser soll den Unglauben der jüdischen Kontrahenten gegenüber der Vollmacht Jesu aufdecken. Als Kontrahenten Jesu werden jetzt die Gegner eingeführt (27b), mit welcher Vollständigkeit, läßt sich nicht mehr sicher bestimmen. Vormarkinisch begann demnach nach unserer Vermutung die Erzählung so: Und es traten die Hohenpriester und . . . (?) an ihn heran und sagten zu ihm usw.[5]. Die Überlieferung ist hinsichtlich ihrer ersten und zweiten Traditionsstufe im palästinischen Judenchristentum verwurzelt[6]. Das weisen nicht bloß das Thema, sondern auch Semitismen in beiden Traditionsstufen aus[7]. Die erste Stufe erinnert mit ihrer hohen Wertschätzung Johannes' des Täufers an die Überlieferung der Spruchquelle (vgl. Mt 11,11), die zweite mit ihrem polemischen Akzent der Vollmachtsfrage an Apg 4,7. – Markus hat vor allem am Beginn der Perikope eingegriffen. Mit Vers 27a erreicht er den Anschluß an die Tempelszene. Daß nach seiner Zählung inzwischen ein Tag verstrichen ist, hat er offenbar bewußt in Kauf genommen. Auch die Bemerkung vom erneuten Kommen nach Jerusalem setzt den Streit vom vorausgehenden ab[8]. In Vers 32 geht der Begründungssatz, der

[3] *14.

[4] Shae* 18. – Es ist selbstverständlich, daß das unbestimmte ταῦτα in der Anfrage auf der alten Traditionsstufe nichts mit dem Tempelprotest Jesu zu tun hatte. Bultmann, Geschichte 18 Anm. 2, möchte es – allerdings zurückhaltend – ursprünglich auf die Tauftätigkeit Jesu bzw. seiner Gemeinde beziehen. Dies wird zu prüfen sein. Auf der zweiten vormk Traditionsstufe ist ein evtl. Bezug auf die Tauftätigkeit auf jeden Fall aufgegeben und die Ausrichtung auf die gesamte Tätigkeit Jesu das Wahrscheinliche. Ein vormk Bezug des ταῦτα auf die Tempelszene ist abzulehnen. Dieser wird vorgeschlagen von Shae* 20–24, erwogen von Schweizer 130. Beide Perikopen sind strukturell zu verschieden voneinander. Auch Joh 2,13–22, wo auf die Tempelszene eine Zeichenforderung folgt, kann den Zusammenhang nicht belegen. Dieser ist dort gleichfalls sekundär.

[5] Verschiedene Autoren möchten auch die Doppelfrage in V 28 traditionsgeschichtlich zerlegen. Shae* 11 hält die zweite Frage für älter, Hirsch, Frühgeschichte I,128; Wendling, Zusammensetzung 151f, die erste.

[6] Für die zweite Traditionsschicht bestreitet das Bultmann, Geschichte 19, mit Hinweis auf πιστεύειν zu Unrecht. Er möchte die VV 31f einem Hellenisten bzw. vielleicht Mk zuweisen. Dagegen schon Lohmeyer 242 Anm. 5.

[7] Als Semitismen sind vermutlich anzusprechen: Imperativ anstelle eines bedingenden Satzes in V 29, die Umschreibung des Gottesnamens mit οὐρανός in 30f, die Ersetzung der Apodosis durch Erzählung in 32. Vgl. Beyer, Semitische Syntax I,252.97; Bl-Debr § 470,3.

[8] Auf mk Stil weisen hin πάλιν, περιπατεῖν als mk Vorzugswörter, der Gen. absol. Ähnlich Burkill, Revelation 200 Anm. 23. Shae* 4 hält 27b für traditionell. Nach Bultmann, Geschichte 18, hat Mk die drei Gegnergruppen in 27 eingesetzt.

den Täufer einen Profeten nennt, höchstwahrscheinlich auf das Konto des Evangelisten. Dieses Urteil fügt sich vortrefflich in sein Täuferbild (s. Interpretation).

Handelnde Personen sind Jesus und die Gegner. Die Jünger bzw. die Zwölf (vgl. 11,11) bleiben im Hintergrund. Johannes der Täufer und das Volk kommen in der Rede vor. Kernpunkt ist das Gespräch. Dieses wird – und das macht den besonderen Charakter der Perikope aus – von einem beratenden Gespräch der Gegner untereinander unterbrochen (31f). Die Beratung führt in ein Dilemma. Die letzte Ursache für das Dilemma ist der Unglaube der Gegner, den diese in ihrem Selbstgespräch zugestehen (31b). Darin liegt die Pointe der ganzen Erzählung, daß die Gegner die Ausweglosigkeit ihrer Situation unfreiwillig selber demonstrieren.

Erklärung 27–28 Nach der Jüngerbelehrung beim verdorrten Feigenbaum betreten sie die Stadt und wiederum den Tempelbezirk. Jesu Auf- und Abgehen (περιπατεῖν) im Tempel schließt nach dem markinischen Gebrauch des Verbs nicht ein, daß er wie ein Peripatetiker gelehrt habe[9]. Es ist der Anknüpfungspunkt für die Hohenpriester, Schriftgelehrten und Ältesten, sich – ein Tag nach Jesu Tempelprotest! – an ihn zu wenden. Die vollständige Aufzählung der Fraktionen des Synhedrions (vgl. 8,31), dem über den Tempelhauptmann die Tempelpolizei unterstand (vgl. Apg 4,1), gibt dem Auftritt offiziellen Rang und stellt eine Brücke zur Passionsgeschichte her. Markus wird an eine Abordnung der Behörde – nicht einen Auftritt des gesamten Hohen Rates – gedacht haben. Ob der Tempelmarkt inzwischen wieder aufgenommen war oder bis zum Zusammentreffen mit den Synhedristen eingestellt blieb, wird nicht gesagt. Man möchte letzteres im Sinn des Evangelisten vermuten[10]. Daß er keinen ausdrücklichen Bezug zu Jesu Tempelprotest herstellt, ist für die Anfrage der Gegner nicht ohne Belang. Diese zerfällt in zwei Teile. Die erste Frage erkundigt sich nach der Art der Vollmacht, in der Jesus dies tut. Das unbestimmte ταῦτα gibt Rätsel auf, ist aber im Kontext des Evangeliums über die Tempelszene hinausgreifend auf sein Wirken und Lehren insgesamt zu beziehen. Von seiner Vollmacht war im Zusammenhang mit seiner Lehre (1,22.27) und seines vollmächtigen Wirkens gesprochen worden (2,10). Diese Vollmacht hatte er den Zwölfen übertragen (3,13; 6,7). Da Jesu Vollmacht offenkundig die der Schriftgelehrten übertrifft, soll er zu einem Bekenntnis seines Sendungsbewußtseins herausgefordert werden. Und zweitens soll er jenen benennen, der ihm diese besondere Vollmacht gab. Gefragt ist nicht das rabbinische Schulhaupt[11], dem er sich verpflichtet weiß, da er offenkundig keine Ordination empfangen hat. Ist der theologische Charakter der Fragestellung erkannt, kann

[9] Vermutung von Grundmann. Mt 21,23 und Lk 20,1 bemerken ausdrücklich, daß Jesus im Tempel gelehrt habe.

[10] Haenchen, Weg 393, möchte dies durch die Präsensformen bestätigt sehen. Präsentische Perikopeneinleitungen sind allerdings stilgemäß.

[11] Daube* 217–219 sieht die Frage auf die Ordinationsvollmacht (*r^e šuth*) gerichtet.

sie nur auf Gott als den Urheber seiner Vollmacht abheben oder ihn als falschen Profeten entlarven wollen. Darum trifft auch der Versuch, Jesus in die Rechtskategorien des dissentierenden Lehrers, dem die Todesstrafe angedroht werden konnte, einzuordnen, nicht die Situation[12]. Behauptete er aber eine göttliche Bevollmächtigung, so müßte er dies belegen, was längst geschah, nur vom Unglauben nicht wahrgenommen wurde.

Die Gegenfrage Jesu wird man nur dann einen »Akt äußerster politischer Ver- 29–30
wegenheit« (Lohmeyer) nennen können, wenn man sie in den politisch-historischen Rahmen einordnet. Im theologischen Schulbereich erfüllt sie die Funktion, die Fronten abzuklären und eine Lösung vorzubereiten. Die Feststellung, daß Jesus sich auf einen Punkt (ἕνα λόγον) konzentrieren will, spitzt die Auseinandersetzung zu und deutet gleichzeitig an, daß sich der Fragende seiner Sache sicher ist. Der Rückgriff auf die Johannestaufe zeigt Jesus in voller Übereinstimmung mit dieser, denn für ihn kommt nur ihre Ableitung vom Himmel in Frage. »Himmel« (eigentlich pluralisch) ist in der rabbinischen Theologie sehr häufig verwendete Umschreibung des Gottesnamens, den auszusprechen man sich scheute[13]. Die Übereinstimmung mit der Johannestaufe ist gleichzeitig eine Übereinstimmung mit dem Täufer, doch bleibt die Herausstellung der Taufe zu beachten. Es ist hier kein historisches Schülerverhältnis Jesu zu Johannes in Erinnerung gerufen, sondern die Übernahme der Taufe durch ihn. Man wird auch nicht sagen können, daß die Johannestaufe der sachliche Grund der Vollmacht Jesu sei[14]. Die Anerkennung der Täuferbewegung erfolgte dadurch, daß man sich von ihm taufen ließ. Für die Gegner wird vorausgesetzt, daß sie sich weigerten, sich taufen zu lassen. Es wird vom christlichen Standpunkt aus argumentiert, nach dem der Täufer der Vorläufer Jesu ist, der durch die Übernahme der Taufe die Vorläuferrolle des Johannes auf gewisse Weise bestätigte.

Die Gegenfrage Jesu bringt die Synhedristen in arge Bedrängnis. Die einge- 31–33
schaltete Beratung, die sie miteinander halten, will ihre Ratlosigkeit demonstrieren. Gleichzeitig geht es dem Erzähler darum, zu verstehen zu geben, daß sie ihr Urteil nicht nach ihrer Überzeugung, sondern aus taktischen Überlegungen abzugeben vorhaben. Sein polemischer Standpunkt ist eklatant. Gestehen sie die göttliche Bevollmächtigung des Johannes zur Taufe zu, überführen sie sich selbst des Ungehorsams gegen Gott, da sie die Taufe nicht empfingen. In diesem Sinn muß die Verweigerung des Glaubens interpretiert werden. Weil der Täufer aber den Weg Jesu vorzubereiten hatte, leitete ihr dem Täufer verweigerter Glaube nur ihre Ablehnung Jesu ein. Diese unfreiwillige Selbst-

[12] Billerbeck I,859–861. Der Vorschlag wertet die Perikope als unreflektierten historischen Bericht. Billerbeck schränkt ein, daß der Vorschlag nur zuträfe, wenn man Jesus seitens der Hierarchen die Autorität eines selbständigen (ordinierten) Lehrers zuerkannt hätte.

[13] Belege bei Billerbeck I,862–865. D setzt den Plural ein.

[14] Gegen W. Feneberg, Der Markusprolog, 1974 (StANT 26), 170f. Shae* 27 leitet die Bevollmächtigung Jesu aus der bei der Taufe erfolgenden Geistausrüstung ab. Das ist richtig, doch ist die Geistausrüstung nicht Folge der Taufe, sondern von ihr zu trennen. Darum ist eine Parallelisierung des »vom Himmel« in 11,30f und 1,11 unzulässig.

bezichtigung ist der Kernpunkt der Perikope. Bezeichnen sie die Johannestaufe als menschliche Institution, geraten sie in Konflikt mit dem Volk. Auch das möchten sie vermeiden. So stehen sie als Opportunisten da. In einer Begleitbemerkung erfahren wir, daß das Volk den Täufer für einen echten Profeten hielt[15]. Die schon wiederholt zu beobachtende Parallelisierung des Täufers mit Jesus wird fortgesetzt. Auch für Jesus wird gesagt, daß die Sympathien des Volkes ihn vor den Hierarchen in Schutz nehmen (11,18; 14,2). Auch Jesus wird vom Volk für einen Profeten gehalten (8,28; 6,14f). Mit der Charakterisierung des Johannes als echten Profeten stellt Markus dessen Bedeutung klar heraus, gewinnt aber zugleich ein Mittel, bei aller Parallelisierung den Täufer eindeutig von Jesus abzusetzen. Jesus wäre mit der Kategorie des Profeten unzulänglich gekennzeichnet. Da die Synhedristen in ein Dilemma verstrickt sind, geben sie sich mit dem Eingeständnis, die Frage Jesu nicht beantworten zu können, geschlagen. Daraufhin braucht auch Jesus nach den Regeln, nach denen er angetreten ist, ihre Frage nach seiner Vollmacht nicht zu beantworten. Der Leser des Evangeliums ist darüber ohnehin im Bild.

Historische Beurteilung

Die historische Fragestellung kann sich nur auf die oben vermutete Urgestalt der Perikope beziehen. Ihre jetzige Form trägt zu deutlich die Züge der Auseinandersetzung von Kirche und Synagoge. Manche Autoren werten den Rückgriff auf die Johannestaufe als Begründung für die Vollmacht Jesu als Signum dafür, daß eine historische Situation des Lebens Jesu eingefangen sei[16]. Stimmt die Vermutung, daß die ursprünglichen Fragesteller Johannesjünger gewesen sind, so liegt allerdings die Annahme näher, daß die eingebrachte Diskussion 28–30 die Auseinandersetzung zwischen Täufer- und Jesusgemeinde – allerdings auf einer frühen Stufe – widerspiegelt. Die Betonung der Johannestaufe könnte Anlaß geben zur These, daß die Anfrage (ταῦτα) sich auf die inzwischen in der christlichen Gemeinde geübte eigene Taufe richtete. Die Täufergemeinde hätte dann daran begreiflicherweise Anstoß genommen.

Zusammenfassung

Eingefügt zwischen Feigenbaumperikope und Winzergleichnis unterstreicht für Markus die Erzählung von der Anfrage der Synhedristen den Unglauben der Juden. Das vorausgegangene Glaubensgespräch bildet den positiven Kontrast. Das Wirksamwerden der Mitglieder der obersten Gerichtsbehörde, das in 8,31 angekündigt worden war, leitet zum Prozeß gegen Jesus über. Die Vollmachtsfrage versteht der Evangelist in einem umfassenden Sinn. Vielleicht war das auch ein Grund dafür, daß er sie ohne weiteres unbeantwortet übernehmen konnte. Er hatte früher schon öfter von der Exousia Jesu gesprochen.

15 Sinngemäß gehört das betont vorangestellte ὄντως in den ὅτι-Satz. Zahlreiche Handschriften haben verbessert, durch Umstellung (Koine-Text 33) oder Auslassung (ℵ* Θ c k sy[s]) des ὄντως. D und lat lesen: ὅτι ἀληθῶς. – ἔχειν im Sinn von »halten für« könnte Latinismus sein, ist aber auch im Papyrus-Griechisch belegt. Vgl. Taylor. – Lk 20,6 hat die Überlegung der Hierarchen zugunsten des Volkes erheblich gesteigert.

16 Shae* 14f; Lohmeyer 243. Vgl. Schmidt, Rahmen 294f.

Der übergreifende Charakter der Perikope wird durch die Parallelisierung von Täufer und Jesus, die das ganze Evangelium durchzieht, verstärkt. Der Täufer, der hier zum letzten Mal im Evangelium erwähnt wird, erhält seine Rolle als Vorläufer Jesu bestätigt, weil sich der Unglaube Jesus gegenüber schon seiner Taufe gegenüber im voraus ankündigte. So ist er der Wegbereiter, der auch den Weg in die Passion für Jesus weist.

### *7. Den Weinberg erhalten andere Pächter (12,1–12)*

*Literatur: Michaelis,* Gleichnisse 113–125; *Barnard, L. W.,* The Testimonium Concerning the Stone in the NT and in the Epistle of Barnabas, StEv 3 (1964) 303–306; *Kümmel, W. G.,* Das Gleichnis von den bösen Weingärtnern, in: Heilsgeschehen und Geschichte, 1965 (MTSt 3), 207–217; *Jeremias,* Gleichnisse 67–75; *Hengel, M.,* Das Gleichnis von den Weingärtnern Mc 12,1–12 im Lichte der Zenonpapyri und der rabbinischen Gleichnisse, ZNW 59 (1968) 1–39; *Via, D. O.,* Die Gleichnisse Jesu, München 1970, 128–132; *Crossan, J. D.,* The Parable of the Husbandmen, JBL 90 (1971) 451–465; *Newell, J. E. und R. R.,* The Parable of the Wicked Tenants, NT 14 (1972) 226–237; *Blank, J.,* Die Sendung des Sohnes, in: NT und Kirche (FS R. Schnackenburg), Freiburg 1974, 11–14; *Dehandschutter, B.,* La parabole des vignerons homicides (Mc XII 1–12) et l'Evangile selon Thomas, in: *Sabbe, M.,* L'Evangile selon Marc, 1974 (BEThL 34), 203–219; *Derrett, J. D. M.,* Allegory and the Wicked Vinedressers, JTS 25 (1974) 426–432; *Robinson, J. A. T.,* The Parable of the Wicked Husbandmen: A Text of Synoptic Relationship, NTS 21 (1974/75) 443–461; *Snodgrass, K. R.,* The Parable of the Wicked Husbandmen: Is the Gospel of Thomas Version the Original?, NTS 21 (1974/75) 142–144; *Hubaut, M.,* La parabole des vignerons homicides, 1976 (CRB 16); *Weder, H.,* Die Gleichnisse Jesu als Metaphern, 1978 (FRLANT 120) 147–162; *Klauck,* Allegorie 286–316.

1 **Und er begann, zu ihnen in Gleichnissen zu reden: Ein Mann pflanzte**
**einen Weinberg und umgab ihn mit einem Zaun und grub eine Kelter**
**und baute einen Turm und verpachtete ihn an Winzer und reiste**
**ab.** 2 **Und als es Zeit war, schickte er einen Knecht zu den Winzern,**
**um von den Winzern von den Früchten des Weinbergs (Anteil) zu emp-**
**fangen.** 3 **Und sie ergriffen, verprügelten ihn und schickten (ihn) leer**
**fort.** 4 **Und wieder schickte er zu ihnen einen anderen Knecht. Und**
**ihn schlugen sie auf den Kopf und beschimpften sie.** 5 **Und er schickte**
**einen anderen, und ihn töteten sie, und viele andere: die einen verprü-**
**gelten, die anderen aber töteten sie.** 6 **Noch einen hatte er, einen ge-**
**liebten Sohn. Ihn schickte er zuletzt zu ihnen, indem er sagte: Meinen**
**Sohn werden sie achten.** 7 **Jene Winzer aber sprachen zueinander:**
**Dieser ist der Erbe. Kommt, laßt uns ihn töten, und unser wird das Erbe**
**sein.** 8 **Und sie ergriffen und töteten ihn und warfen ihn aus dem**
**Weinberg hinaus.** 9 **Was wird der Herr des Weinbergs tun? Er wird**
**kommen und die Winzer vernichten und den Weinberg anderen ge-**

**ben.** 10 **Habt ihr nicht diese Schriftstelle gelesen: Der Stein, den die Bauleute verworfen haben, dieser wurde zum Haupteckstein.** 11 **Durch den Herrn ist das geschehen, und es ist wunderbar in unseren Augen?** 12 **Und sie suchten, ihn zu ergreifen. Und sie fürchteten das Volk. Denn sie erkannten, daß er das Gleichnis gegen sie gesprochen hatte. Und sie verließen ihn und gingen fort.**

Analyse Die Rahmung der Gleichnisrede (1a und 12) ist dem Evangelisten zuzuschreiben. Die unbestimmte Angabe der Adressaten in 1a knüpft an 11,27 an. Waren aber vormarkinisch keine Adressaten genannt, ist die Zuweisung von Vers 12 an Markus das Nächstliegende[1]. Das Schriftargument in 10f ist von der Gleichnisgeschichte abgehoben. Dies geschieht nicht durch einen Neueinsatz wie bei Mt 21,42; Lk 20,17; Tho 66, ist aber durch den Wechsel der Erzählform (Bildrede/direktes Zitat) angezeigt. Auch legt die selbständige Verwendung des Schriftzitats in Apg 4,11; 1Petr 2,7; Barn 6,2–4 nahe, daß es sekundär an das Gleichnis angefügt wurde[2]. Weil die Anreihungsformel in 10a auch in Mk 2,25; 12,26 dem Evangelisten vorgegeben ist, wird dieser das Zitat bereits in Verbindung mit dem Gleichnis vorgefunden haben[3]. Ob Markus in die Gleichnisgeschichte unmittelbar eingegriffen hat, ist umstritten. Da sich in dieser aber keine eindeutigen Markinismen nachweisen lassen, schreibt man Veränderungen besser der vorausliegenden erzählerischen Überlieferung zu[4]. Lassen sich solche Veränderungen nachweisen? Zum Vergleich bietet sich jetzt neben Mt 21,33ff; Lk 20,9ff auch das Thomasevangelium (Logion 65) an[5]. Die ausführlichere Schilderung der Anlage des Weinbergs, die Jes 5,1f aufgreift, fehlt bei Lukas und Thomas. Letztere aber haben gekürzt, Lukas, weil er das christologische Anliegen akzentuiert, Thomas vermutlich, weil er an einer heilsgeschichtlichen Dimension nicht interessiert ist. Die dreifache Sendung eines Knechtes (bei Mattäus gänzlich aufgelöst) ist bei Markus um die Sendung weiterer Knechte erweitert. Lukas scheint hier die älteste Erzählform bewahrt zu haben, sie erweist sich aber als stilistische Glättung und Systematisierung.

[1] Vokabelstatistisch läßt sich das nicht zwingend nachweisen, es spricht aber auch nicht zwingend dagegen. In V 1 sind ἐν παραβολαῖς und λαλεῖν mk Vorzugswörter. In V 12 deutet der Begründungssatz mk Stil an. Hirsch, Frühgeschichte I,129f, möchte vor allem 12c nicht entbehren; setzt aber eine unannehmbare Quellenhypothese voraus.

[2] Anders Blank* 18, der die VV 10f zum ursprünglichen Bestand des Gleichnisses zählt.

[3] M. Black, The Christological Use of the OT in the NT, NTS 18 (1971/72) 1–14 (11ff), glaubt an ein Wortspiel im Semitischen (Stein/Sohn; *'bn/bn*). Dies käme als Klammer von Zitat und Gleichnis nur in Frage, wenn man mit deren semitischer Grundform rechnen könnte.

[4] Mit den meisten mk Eingriffen rechnet Suhl, Funktion 138–142. Nach ihm sind die VV 9–11, 5b und Teile von 1 redaktionell. Vgl. jedoch die stilistischen Beobachtungen bei Kümmel* 211 Anm. 21 und 209 Anm. 12.

[5] Der Vergleich der synoptischen Überlieferung des Gleichnisses mit Tho 65 hat manche Autoren veranlaßt, Tho die traditionsgeschichtliche Priorität in zahlreichen Punkten einzuräumen: Jeremias, Gleichnisse 68–70; Crossan*, Robinson*. Für den sekundären Charakter von Tho 65 plädieren mit Recht W. Schrage, Das Verhältnis des Thomas-Evangeliums zur synoptischen Tradition und zu den koptischen Evangelienübersetzungen, 1964 (BZNW 29), 137–145; Snodgrass*, Dehandschutter*.

Ähnliches gilt für Thomas, der mit dem Satz »Vielleicht haben sie ihn nicht erkannt« ein gnostisches Motiv eingebracht haben dürfte[6]. Da die Tötung des dritten Knechtes bzw. eines Teiles der letztgesandten Knechte die Steigerung der Erzählung, die in der Tötung des Sohnes liegt, aufhebt, ist Mk 12,5 als sekundär zu betrachten[7]. Die dritte Sendung war ehemals die des Sohnes[8], der bei Markus einmal (in der Rede des Herrn) mein Sohn, das andere Mal geliebter Sohn heißt. Diese Abweichung, die Mt 21,37 ausgeglichen hat, läßt vermuten, daß Anpassung an Mk 1,11; 9,7 (die Anrede Jesu durch Gott) vorliegt. Da hier eine textübergreifende Intention erkennbar wird, werden wir mit einem markinischen Eingriff – dem einzigen im Gleichnis – zu rechnen haben. Die Tötung des Sohnes wird bei Markus unreflektierter erzählt; Lukas und Mattäus haben sie den geschichtlichen Umständen des Todes Jesu angeglichen, der außerhalb des Tores (= des Weinbergs) erfolgte. Die abschließende Frage, die erneut auf Jes 5,5 Rücksicht nimmt, und die vom Erzähler selbst gegebene Antwort fassen die Quintessenz der Geschichte zusammen und sind darum zu ihrem Grundbestand zu zählen. Mt 21,41; Lk 20,16 haben hier geändert, indem sie die Adressaten Antwort geben lassen, während Thomas mit einem Weckruf endet. Es ergibt sich, daß unser Evangelist gegenüber den drei Seitenreferenten die relativ ursprünglichste Erzählform des Gleichnisses aufbewahrte, die sich durch Streichung des Verses 5 und des υἱὸς ἀγαπητός noch auf eine vorausliegende Erzählgestalt zurückverfolgen läßt.

Die Bestimmung der Form der Geschichte erfolgte keinesfalls einheitlich. Blank[9] spricht von einer Form der profetischen Gerichtsrede, die sich mit der Gleichnisrede verschränkt habe und Gerichtsgleichnis genannt werden könne, bezieht allerdings die Verse 10f in seine Bestimmung mit ein. Das Hauptproblem besteht darin, ob die Erzählung wirklichkeitsgetreue Verhältnisse widerspiegelt, wie man es von einer Parabel erwartet, oder ob sie ein künstliches Gebilde ist, das gänzlich von der Sache geformt wurde. Während Jülicher, der die Allegoriediskussion einleitete, wegen der allegorischen Züge in der Erzählung als erster und nachdrücklich letzteres vertrat[10], bemühen sich andere um die Realistik der Geschichte (s. die Interpretation). Unbeschadet dieser Bemühungen wird man die schon erwähnte Anlehnung an Jes 5 (vielleicht auch Jer 7,25ff) und das deuteronomistische Schema vom gewaltsamen Geschick der Profeten (Sendung, Tötung, Gericht) sehen müssen, das in der Abfolge Knecht – Sohn für eine Allegorisierung präformiert war. Ist man dennoch geneigt, von einem Gerichtsgleichnis zu sprechen, so bleibt zu beachten, daß die Erzählung mit Israel als Weinberg und Gott als Weinbergsbesitzer von vornherein allego-

6 Hengel* 5f spricht von sekundären Expansionen der Tradition, die auf einer späteren Überlieferungsstufe wieder zurückgenommen worden seien.

7 Kümmel* 211 stellt fest, daß V 5 der einzige des Textes sei, in dem sich (zufällig?) keine Semitismen nachweisen ließen.

8 Hirsch, Frühgeschichte I,129, raubt dem Gleichnis die Spitze, wenn er die VV 6–8 für sekundär ansieht.

9 *18.

10 Jülicher, Gleichnisreden II,385–406. Vgl. Hahn, Hoheitstitel 316 Anm. 1.

risierende Züge enthielt, die auch den Sohn des Weinbergsbesitzers berühren. Das Thema des Gleichnisses war von Anfang an das Gericht über Israel[11]. Wurzelt seine Überlieferung im palästinisch- oder hellenistisch-judenchristlichen Bereich? Das Fehlen des Präexistenzgedankens, der Sühnetodvorstellung und das Geschichtsschema könnten für ersteres sprechen. Entscheidend ist die Fassung des Sohnesnamens. Dieser allein verweist durchaus noch nicht in den Hellenismus, aber seine Verbindung mit der Idee, daß der Sohn der Erbe der Erwählung und Verheißungen Israels ist und durch ihn die Christen aus Heiden und Juden zu Erben werden, ist in der hellenistisch-judenchristlichen Gemeinde vorgeprägt[12]. Dort ist das allegorisierende Gerichtsgleichnis zu beheimaten.

Erklärung Die Erläuterungen, die zur Aufhellung der *Bildhälfte* vorgebracht wurden, verfolgen die Absicht nachzuweisen, daß das Geschilderte im Rahmen der zeitgenössischen palästinischen Verhältnisse denkbar und möglich sei[13]. Der Weinbergsbesitzer sei als reicher Ausländer zu denken. Weite Teile Galiläas, der Meggidoebene und des Jordangrabens waren von der Perserzeit an Großgrundbesitz, teilweise in königlicher Hand, mit dem verdiente Beamte oder Freunde belehnt wurden. Die aufsässige Haltung der Winzer gebe die revolutionäre Stimmung der galiläischen Bauern gegen die landfremden Herren wieder, wie sie der in Galiläa beheimatete Zelotismus entfacht hatte. Bei der Verpachtung eines neuangelegten Weinbergs sei die rechtliche Lage besonders schwierig gewesen. Der im Ausland lebende Herr konnte die Wahrung seiner Rechte nur durch die Entsendung von Boten sichern. Die töricht erscheinende Sendung des Sohnes nach der wiederholten Mißhandlung der Knechte wird damit erklärt, daß der Sohn über ganz andere Rechtsvollmachten verfügte als die Knechte. Staatliche Rechtshilfe bei offensichtlicher Rechtsverletzung sei keinesfalls so selbstverständlich gewesen wie in unseren rechtsstaatlichen Verhältnissen[14]. Der Gedanke der Winzer beim Erscheinen des Sohnes, sie könnten durch seine Tötung sich in den Besitz des Weinberges bringen, basiere einmal auf der Vermutung, der Weinbergsbesitzer sei inzwischen verstorben und der Sohn komme, um (als Alleinerbe)[15] sein Gut zu übernehmen, zum anderen auf dem Rechtsusus, daß jedermann sich herrenlos gewordenes Gut binnen einer bestimmten Frist aneignen konnte. Trotz dieser beachtlichen Versuche, die

[11] Die Auffassung von Jeremias, Gleichnisse 74, das Gleichnis wollte die Frohbotschaft an die Armen rechtfertigen, kann nicht überzeugen.

[12] Vgl. Gal 4,7; Röm 8,17 und Steck, Israel 272. Anders Blank* 19f.

[13] Jeremias, Gleichnisse 72–74, Derrett*, Hengel*; E. Bammel, Das Gleichnis von den bösen Winzern (Mk 12,1–9) und das jüdische Erbrecht; RIDA 3e Série, 6 (1959) 11–17.

[14] Als Gegenbeispiel kann auf Cicero, ad Attic. 5,21; 6,1, verwiesen werden. Hier hören wir davon, daß Marcus Brutus eine ihm von der Korporation von Salamis verweigerte Schuldbegleichung mit Hilfe einer Truppe, die ihm der Statthalter von Cilicia zur Verfügung stellt, erzwingt. Vgl. C. H. Dodd, The Parables of the Kingdom, London 1935, 127 Anm. 1.

[15] Während Jeremias, Gleichnisse 73 Anm. 2, ἀγαπητόν in V 6 zum ältesten Gleichnisbestand zählt, spricht Hengel* 30 mit Recht von einer Zutat des Evangelisten.

zeitgenössischen Verhältnisse zu rekonstruieren, bleiben ernste Bedenken gegen die Interpretation, die bei der vermeintlichen Realistik der Geschichte einsetzt. Davon, daß die Winzer sich ausgebeutet vorkommen, ist in der Geschichte nichts zu spüren. Die Tötung des Sohnes übersteigt das Maß dessen, was im Rahmen der gegebenen Verhältnisse plausibel erscheint. Nimmt man die Anlehnung an Jes 5, den Sendungsgedanken, das heilsgeschichtliche Nacheinander von Knechten und Sohn, die Vorstellung vom Sohn als Erben zusammen, so empfiehlt es sich dringend, bei der Erklärung von den alttestamentlichen Vorgaben auszugehen. – Erzählerisch entspricht die Geschichte den Regeln eines volkstümlichen Erzählers[16]. Vor allem erkennt man dies in der Handlungssteigerung zum Ende hin, in der Beachtung der Regel-de-tri (dreifache Aussendung), in den konträren Personpaaren (Herr/Knechte; Knechte/Sohn). Das Tempus wechselt von der Vergangenheits- in die Zukunftsform mit Vers 9 (Strafandrohung). Die Vergangenheit ist die Form der Parabel, die einen besonderen Fall berichtet.

Einleitend wird die Rede Jesu als ein Reden in Gleichnissen gekennzeichnet. Es 1–5
ist die Redeweise, die nach Markus für die »Draußenstehenden« bestimmt ist (4,11). In Anlehnung an LXX Jes 5,1f erzählt das Gleichnis von der Anlage eines Weinbergs. Zaun (vgl. Ps 80,13), Kelter und Turm (vgl. Num 22,24; Spr 24,31) sind für die Anlage notwendig und drücken noch keine besondere Fürsorge aus. Das Umgraben und Entfernen der Steine geht der Anpflanzung voraus (Jes 5,2), wird aber hier nicht erwähnt. Weinberge im heutigen Sinn gab es in Israel nicht, sondern Wein- bzw. Obstgärten, die gleichzeitig mit Fruchtbäumen und Getreide bepflanzt wurden. Nach der Anlage wird der Weinberg, der als großes Anwesen zu denken ist, an ein Weinbauernkollektiv verpachtet. Die gebräuchlichste Pachtform war die, daß ein bestimmter Teil des Ernteertrags an den Grundherrn abzuführen war. Eine andere war die Ablieferung eines festen Quantums von Wein, Getreide, Öl, wieder eine andere ein festgelegter Pachtzins, der in Geld zu zahlen war[17]. Da die Pächter als Kleinbauern (coloni) vorzustellen sind, kommt nur die erste Form in Frage[18]. Nach der Übergabe reist der Grundherr ab. Die Analogie zu anderen – auch talmudischen – Gleichnissen empfiehlt die Vorstellung, daß er ins Ausland geht[19]. Wichtiger als der kulturgeschichtliche Hintergrund ist der durch Jes 5 angezeigte Bezug zu Israel. Hinter dem Weinbergsbesitzer wird Gott erkennbar, der mit der Erwählung des Volkes die Heilsinitiative ergreift. Die Sendung des ersten Knechtes erfolgt nicht zu einem zwischen dem Herrn und den Pächtern vereinbarten Zeitpunkt – wie es der Artikel nahelegen könnte –, sondern zur Zeit der ersten Ernte des neuen Weinbergs. Doch der Knecht empfängt an Stelle der erwarteten Früchte Schmach und Prügel. Die Sendung des zweiten und dritten Knechtes bedeutet eine doppelte Steigerung. Einmal dokumentiert

16 Vgl. Hengel* 32 Anm. 104.
17 Vgl. Billerbeck I,839f.
18 Anders Michaelis, Gleichnisse 118.
19 Belege bei Hengel* 21f, der Kümmel* 208 Anm. 10 in diesem Punkt überzeugend widerlegt.

sie die zunehmende Geduld und Langmut des Herrn, zum anderen steigert sich die Widerspenstigkeit der Winzer. Den ersten Knecht schlagen sie, den zweiten verwunden sie am Kopf (nicht machen sie ihn kahlköpfig, was freilich auch eine große Unehre wäre)[20], den dritten töten sie. Einzelne Textzeugen fügen zur Kopfverwundung sekundär die Steinigung hinzu[21]. Die summarische Sendung einer Vielzahl von Knechten bringt keine Steigerung mehr, da sie teils geschlagen, teils getötet werden. Spätestens an dieser Stelle wird deutlich, daß die Knechte die Profeten sind, die von Gott gesendet wurden und deren Schicksal die Ablehnung und der gewaltsame Tod war. Die Bezeichnung der Profeten als Knechte im Alten Testament (Jer 7,25; 25,4; Am 3,7; Sach 1,6; 1QpHab 2,9; 7,5) bereitete die Allegorie vor[22]. Eine gute Illustration ihres Schicksals bietet Jer 7,25f: »Vom Tag an, da ihre Väter auszogen aus dem Land Ägypten bis zu diesem Tag, sandte ich euch alle meine Knechte, die Profeten. Täglich, immer wieder, geschah die Sendung. Doch sie hörten nicht auf mich und gaben mir kein Gehör. Sie zeigten sich halsstarrig und trieben es ärger als ihre Väter.« Die fortgesetzte Sendung der Gottesboten trotz des großen Undanks stellt die gütige Fürsorge Gottes unter Beweis[23]. Gegenüber Jes 5 besteht der Unterschied, daß dort der Weinberg keine Früchte bringt, sondern nur Herlinge. Ähnliches gilt für ein rabbinisches Gleichnis, in dem die Winzer den Weingarten verwildern lassen, so daß der Herr (ein König) nur Dornen und Disteln vorfindet[24]. In unserem Gleichnis bringt der Weinberg zwar Früchte, doch werden diese nicht abgeliefert. Dies läßt aber nicht den Schluß zu, daß hier nur eine bestimmte Gruppe in Israel (die Hierarchen, die Sanhedristen o.ä.) und nicht das ganze Volk kritisiert wird. Es soll zu verstehen gegeben werden, daß der Weinberg (die Erwählung) kein sicherer Dauerbesitz, sondern nur zu Lehen gegeben ist[25]. Gegenüber dem Lehensherrn besteht bzw. bestand dauernde Verantwortung für das gesamte Volk.

6–9 Nach der Tötung aller Knechte bleibt dem Weinbergsbesitzer nur noch der eigene Sohn. Die Sendung des Sohnes, die die Profetengeschicke abschließt, kennzeichnet diesen als den letzten Boten vor dem Gericht. Als Letzter ist der Sohn, obwohl er mit den Gottesboten vor ihm in einer Reihe steht, der mit eschatologischer Vollmacht Ausgestattete. Als zu seinem geliebten Sohn bekannte sich Gott zu Jesus bei der Taufe und Verklärung. Aber sie hörten nicht auf ihn (vgl. 9,7). Profeten- und Christusgeschick sind auch in Mt 23,32ff verknüpft, der weiterreichende Zusammenhang aber von Profetenrede und Sohn, Vergangenheit und eschatologischer Zeit und die Kennzeichnung des Sohnes als Erben bestimmt auch Hebr 1,1f (κληρονόμον πάντων). Der Sendungsge-

[20] Vgl. Jülicher, Gleichnisreden II,389.

[21] C Koine-Text Θ. Vgl. Mt 21,35.

[22] Vgl. Gnilka, Verstockung 69.

[23] Darum stellt es die Gleichsetzung Knechte = Profeten nicht in Frage, wenn man darauf hinweisen könnte, daß die Aufgabe der Profeten die Verkündigung und nicht das Einsammeln von Früchten war.

[24] Lev r 23 (121d) bei Billerbeck I,873. Das Gleichnis kann vermutlich als die nächste rabbinische Parallele zu unserem Gleichnis gelten.

[25] Mit Blank* 15; Lohmeyer 248. Anders Jeremias, Gleichnisse 166f. – Die Profeten sind zum gesamten Volk gesendet.

danke verbindet sich in unserem Gleichnis mit einem Wortfeld, das über das Profetengeschick hinausgreift. In einem Selbstgespräch rechnet der Herr des Weinbergs, der die Initiative in der Hand behält, damit, daß man seinem Sohn Achtung entgegenbringen wird. Die Reaktion der Winzer beim Auftauchen des Sohnes ist der Mordplan. Dieser wird in Anlehnung an ein ähnliches Ansinnen der Brüder in der Josefsgeschichte formuliert (Gen 37,20)[26]. Wenn die Tötung des Sohnes den Winzern den Besitz des Weinbergs bringen soll, besagt dies, daß sie im Sohn den Erben der Verheißungen Israels erkennen, der das Erbe auch den Heiden zukommen lassen will. Mit der Gewalttat meinen sie, ihre Privilegien festschreiben zu können. Zum Mord fügen sie die Schändung des Leichnams hinzu, den sie aus dem Weinberg hinauswerfen und dem sie damit eine ehrenhafte Bestattung verweigern. Mt 21,39; Lk 20,15 vertauschen die Reihenfolge: erst Entfernung des Sohnes aus dem Weinberg, dann Tötung. Damit ist auf die in der Antike übliche Hinrichtung vor der Stadt Rücksicht genommen, die auch auf Jesus Anwendung fand und theologisch ausgewertet werden konnte (Hebr 13,12f). In beiden Fällen aber steht die Ruchlosigkeit der Winzer im Vordergrund. Die abschließende Frage, was der Herr mit den Winzern tun wird, beantwortet der Gleichniserzähler selbst[27]. Die Angleichung an Jes 5,5 hat dies nahegelegt: »Und nun will ich euch wissen lassen, was ich mit meinem Weinberg tun will.« Der Blick wendet sich von der Vergangenheit in die Zukunft. Die jetzt erst erfolgende Rückkehr des Herrn, der in unbegreiflicher Langmut bis zu diesem Zeitpunkt wartete, bringt den Winzern schlimme Strafe und schafft Ordnung im Weinberg. Ein Gerichtshandeln Gottes ist umschrieben, das aber nicht das endgültige Gericht meinen kann, sondern ein Gericht in Aussicht stellt, das die Erwählung Israels aufkündigt. Sollte die Zerstörung Jerusalems im Blick sein? Entscheidend bleibt jedoch die Ablösung des alten Gottesvolks, das seine Privilegien verliert. Die Geschichte des Weinbergs geht weiter mit anderen, mit einem neuen Gottesvolk, das aus Juden und Heiden besteht und in der Sendung und Tötung des Sohnes begründet ist. Das Gleichnis faßt somit die gesamte Heilsgeschichte von der Erwählung bis zur Verwerfung Israels und der Konstituierung eines neuen Volkes Gottes zusammen. Dabei betont es die Heilsinitiative Gottes gegenüber dem Volk, der von Anfang bis zum Schluß das Heft in der Hand behält. Diese heilsgeschichtliche Ausrichtung macht es begreiflich, daß das Schicksal Jesu nur allgemein und in seiner auf Israel gerichteten Einordnung in das Profetengeschick gezeichnet wird[28].

[26] Lk 20,14 glättet: »Laßt ihn uns töten, *damit* das Erbe unser wird.« Bei Mk liegt wahrscheinlich ein Semitismus vor. Vgl. Beyer, Semitische Syntax 253f.

[27] Die Lesart τί οὖν (was also) würde noch besser herausstellen, daß V 9 das Fazit aus dem Gleichnis ziehen will. Sie wird geboten von ℵ C Koine-Text D Θ.

[28] Die existential-literaturwissenschaftliche Interpretation Vias*, der das Gleichnis als ästhetisches Objekt, das heißt, losgelöst vom Kontext und als nahezu zeitlose Größe versteht, vermag die Implikation der Geschichte auf die Zeitgenossen nicht wahrzunehmen. Sie wird zur Darstellung eines Menschen, der so viel wie möglich zu besitzen versucht, ohne Rücksicht auf die anderen, und als Ergebnis seine eigene Vernichtung heraufführt. Oder

10–12 Die christologische Dimension wird in einer weiterführenden Schriftreflexion eingeholt. Sie betrifft Ps 118,22f, eine Stelle, die im Neuen Testament immer auf Christus bezogen (Apg 4,11; 1Petr 2,4) und hier nach dem LXX-Text zitiert wird. Die Anrede verleiht dem Zitat die Färbung der polemischen Auseinandersetzung. Das Zitat hat den Charakter eines Sprichwortes. Der Stein, den die Bauleute als ungeeignet verwarfen, hat die wichtigste Funktion im Bau als Eck- bzw. Schlußstein erhalten[29]. Als Sprichwort kann der Satz auf verschiedene Situationen angewendet werden. Auf Christus bezogen, kann das Zitat nur seinen Tod und seine in der Auferstehung erfolgte Erhöhung umschreiben[30]. Dabei liegt das Bild vom himmlischen Heiligtum zugrunde, in dem Christus herrscht. Da das Bild vom Stein wiederholt im Alten Testament vorkommt, könnten andere Stellen, insbesondere die den Menschensohn betreffenden Worte Dan 2,34; 7,14 auf den Christusbezug des Psalmzitats eingewirkt haben (vgl. Sach 4,7). Mit dem Gleichnis kommt dieses darin überein, daß wie dort die Berufung neuer Winzer hier die Restituierung Christi als Handeln Gottes aufgefaßt ist, während seine Tötung bzw. Verwerfung die Schuld der Menschen ist. Im Zitat bezeichnen die Bauleute noch nicht die Schriftgelehrten, sondern allgemein die Menschen. Erst durch den markinischen Kontext wird der Bezug auf die Sanhedristen (11,27) hergestellt[31]. Diese suchen Jesus erneut zu ergreifen, da sie die gegen sie gerichtete, unerhörte Anklage verstanden haben[32]. Wiederum ist es die Rücksicht auf das Volk, die sie am Vorgehen gegen ihn hindert. So entfernen sie sich schweigend.

Historische Beurteilung

Die Gründe, die oben Anlaß dafür waren, das Gleichnis der hellenistisch-judenchristlichen Gemeinde zuzuweisen, verbieten es, es auf Jesus zurückzuführen. Hengel* hat es das schärfste Gerichtsgleichnis der synoptischen Tradition genannt[33]. Die Schärfe der Auseinandersetzung, verbunden mit der Absicht, eine Übersicht über die Heilsgeschichte zu geben, lassen es als Aussage verste-

sie beschreibt allgemein den Unglauben, in dem der Mensch jede Begrenzung verwirft, die ihm der Wille Gottes auferlegt (131f). Die Gleichnisse werden zum Mittel moralischer, durch literaturwissenschaftlichen Vergleich aufbereiteter Belehrung. So sollen die bösen Winzer Shakespeares Macbeth gleichen oder einer Figur bei J. Conrad, die »alle Luft, alle Erde, alle Menschen . . . zu verschlingen wünschte«. Für die theologische Interpretation trägt diese Art literaturwissenschaftlicher Betrachtung nicht viel bei. Dies muß bei aller Anerkenntnis des Bemühens um Aktualisierung gesagt werden.

29 Die technische Verwendung von κεφαλὴ γωνίας im NT läßt beide Bedeutungen zu. Vgl. J. Jeremias, ThWNT I,793. In unserem Fall besteht kein nennenswerter Unterschied.

30 In der rabbinischen Theologie kann das Psalmwort auf Abraham oder David angewendet werden. Seine messianologische Deutung ist erst im mittelalterlichen Buch Raschi nachweisbar. Vgl. Billerbeck I,875f.

31 Im Rabbinischen werden die Gelehrten öfter »die Aufbauenden« genannt. Vgl. Billerbeck I,876. Suhl, Funktion 141f, ist zuzustimmen, daß »Stein« in Mk 12,10 noch kein christologisches Prädikat ist, wie das dann in der patristischen Literatur der Fall ist. Vgl. B. Lindars, NTApologetics, London 1961, 169ff.

32 Subjekt von ἔγνωσαν sind die Sanhedristen, nicht das Volk. Letzteres erwägt Hirsch, Frühgeschichte I,130. Mt 21,45; Lk 20,19 verdeutlichen den Text.

33 33. – Für Gemeindebildung plädieren Blank*, Kümmel*, Lohmeyer, Schweizer; für

hen, mit der die Gemeinde ihre Trennung vom Judentum rechtfertigt und Anklage erhebt.

Zusammenfassung

Markus interpretiert Gleichnis und Schriftzitat vor allem durch den Kontext. Er gibt der Überlieferung einen treffenden Ort beim letzten Jerusalemaufenthalt Jesu. Zu ihren Adressaten macht er die Mitglieder des Sanhedrin, die über Jesus den Todesbeschluß fassen werden (vgl. 8,31)! So wird die Tradition zu einer indirekten Aufforderung an die Sanhedristen, ihr Werk auszuführen. Die Bindung an die Passionsgeschichte verstärkt Vers 12. Treten bei Markus die Führer des Volkes auch mehr in den Vordergrund, so wird gleichzeitig das theologische Urteil über Gesamtisrael aufrechterhalten, ja verschärft. Letzteres leisten die vorangestellten Perikopen vom Tempelprotest und von der Verfluchung des Feigenbaumes. Der Leser ist auf das Urteil über Israel vorbereitet. Bei der Übergabe des Weinbergs an »andere« wird der Evangelist überwiegend an die Heidenchristen gedacht haben, doch hat er den Juden keinesfalls die Türe verschlossen. Mit der näheren Bezeichnung des Sohnes des Weinbergsbesitzers als geliebten Sohn spannt er Verbindungslinien zur Taufe und Verklärung Jesu und ruft so in Erinnerung, worin die Sendung dieses Sohnes bestand. Die weitere Geschichte des Weinbergs läßt er offen. Daß aber auch für das neue Gottesvolk der Weinberg keinen absolut sicheren Besitz darstellt, gibt der Evangelist in der prinzipiellen Ausrichtung seines Evangeliums, und damit auch der Nachfolge auf das Kreuz deutlich genug zu verstehen.

Wirkungsgeschichte

Der allegorische Charakter der Perikope war stets bewußt geblieben und wurde sogar noch ausgebaut (Zaun = Gesetz, das die Vermischung mit den Heidenvölkern verhinderte, Turm = Tempel usw.)[34]. Der Zusammenhang mit Jes 5 wurde gleichfalls regelmäßig wahrgenommen, aber auch der mit anderen Bibelstellen (Jer 5,4; Jes 2,21; 60,21). Für Beda[35] ist der Weinbergsbesitzer so selbstverständlich mit Gott identisch, daß er Schwierigkeiten bei dem Gedanken hat, daß Gott, der die Erde erfüllt, sich von seinem Weinberg entfernen konnte. Die Antwort lautet, daß die Winzer die Gelegenheit gewinnen sollten, sich frei zu entscheiden. In der wiederholten Sendung der Profeten erblickt man den Ausdruck einer sich steigernden Güte Gottes (lenis . . . lenissimus Dominus)[36]. Das Gleichnis ist gegen die Hierarchen des jüdischen Volkes gerichtet. Das angedrohte Gericht ist durch die Römer vollzogen worden. Die Apostel haben als die neueingesetzten Winzer den Weinberg übernommen[37]. Die Einsetzung Christi zur κεφαλὴ γωνίας zeichnet seine Bestimmung zum Herrn der Kirche, in der durch diesen Eckstein Heiden und Juden zusammen-

ein Jesus-Gleichnis Jeremias, Gleichnisse 67–75, Michaelis, Gleichnisse 113–125, Hengel*, Crossan*, Pesch II,221f, Newell*. Entscheidend für das Urteil ist nicht der Allegoriestreit (vgl. Suhl, Funktion 139), sondern die theologische Konzeption.

34 Theophylakt, PG 123,621; Calvin II,193f.

35 PL 92,249.

36 Erasmus, Bd. 7,248.

37 Theophylakt, PG 123,621.624; Erasmus, a.a.O.; Calvin, a.a.O.

geschlossen wurden[38]. Nach Calvin[39] besteht die Intention des Gleichnisses zusätzlich darin, den Anstoß des Kreuzes zu mildern. Dabei führt er wie alle Interpreten vor ihm dieses selbstverständlich auf Jesus zurück. Unter diesem Aspekt wertet man die Geschichte bis in unser Jahrhundert als einen Beleg für das Selbstbewußtsein des historischen Jesus[40]. Die neuere systematische Theologie arbeitet die Nähe der im Gleichnis enthaltenen Christologie zum Profetengeschick heraus[41]. Für Barth ist die Ruchlosigkeit der Winzer Ausdruck dafür, daß die göttliche Offenbarung den menschlichen Widerstand herausfordert. Im Kontext der Gnadenlehre wird das Zusammenspiel von Gottes Zorn und Gnade einerseits und menschlicher Zeit und ihrer Begrenzung anderseits reflektiert[42].

## 8. *Die Steuerfrage (12,13–17)*

*Literatur: Bell, H. J. – Skeat, T. T.,* Fragments of an Unknown Gospel, London 1935, 43–59; *Stauffer, E.,* Die Botschaft Jesu – damals und heute, 1959 (DTb 333), 95–118.

13 **Und sie schicken einige von den Pharisäern und Herodianern zu ihm, damit sie ihn bei einem Wort fingen.** 14 **Und zu ihm gekommen, sagen sie ihm: Lehrer, wir wissen, daß du wahrhaftig bist und dich um niemanden scherst. Denn du blickst nicht auf die Person der Menschen, sondern lehrst in Wahrheit den Weg Gottes. Ist es erlaubt, dem Kaiser Steuer zu zahlen oder nicht? Sollen wir sie zahlen oder nicht zahlen?** 15 **Er aber erkannte ihre Heuchelei und sprach zu ihnen: Was versucht ihr mich? Reicht mir einen Denar, daß ich ihn sehe!** 16 **Sie aber reichten einen hin. Und er sagt zu ihnen: Wessen Bild ist dies und die Aufschrift? Sie aber sprachen zu ihm: Des Kaisers.** 17 **Jesus aber sprach zu ihnen: Was des Kaisers ist, gebt dem Kaiser, und was Gottes ist, Gott! Und sie erstaunten über ihn.**

Analyse In den Beginn der Perikope hat der Evangelist eingegriffen, auf welche Weise, läßt sich nur vermuten. Den Eingriff erkennt man daran, daß – betrachtete man die Perikope getrennt vom Kontext – unklar bliebe, wer die Pharisäer und Herodianer zu Jesus geschickt hat[1]. Erst im (vom Evangelisten beabsichtigten) Rückgriff auf 11,27 wird klar, daß es die Sanhedristen waren. So wird man annehmen dürfen, daß Vers 13 ganz von Markus gebildet wurde, oder – was

[38] Theophylakt, PG 123,624.

[39] A.a.O. 192.

[40] Belege bei Kümmel* 207 Anm. 1. Interessant ist in diesem Zusammenhang das Bemühen von Blank* 19–39, das in die gleiche Richtung geht.

[41] W. Pannenberg, Grundzüge der Christologie, Göttingen [3]1969, 253.

[42] Dogmatik I/2, [4]1948, 67.

[1] Mt 22,15f und Lk 20,19f haben hier verdeutlicht.

wahrscheinlicher ist –, daß der Eingang analog zu 12,18.28 lautete: Und es kommen zu ihm Pharisäer (und Herodianer?), damit sie ihn bei einem Wort fingen. Die Herodianer könnten vorgegeben sein[2]. Dann hätte sie Markus von hier nach 3,6 übertragen. Von Vers 14 haben manche Interpreten den Eindruck, daß er überladen sei. In der Tat ließe sich der Begründungssatz: Denn du blickst nicht auf die Person der Menschen, sondern lehrst in Wahrheit den Weg Gottes, entbehren. Er könnte von Markus eingesetzt sein[3], freilich läßt sich auch dies nicht sicher entscheiden. – Der Form nach kann die Perikope nicht als Streitgespräch angesehen werden. Eine gegenteilige Auffassung der Kontrahenten wird am Anfang nicht zu verstehen gegeben (wie 12,18ff). Frage, Gegenfrage mit Demonstration und endgültige Antwort weisen die Perikope als Schulgespräch mit apoftegmatischem Charakter aus[4]. Das apoftegmatische Wort steht am Schluß in Vers 17. Das Thema der Steuerfrage legt nahe, die Überlieferung der palästinisch-judenchristlichen Gemeinde zuzuordnen.

Die Liaison von Pharisäern und Herodianern ist bereits von 3,6 her bekannt, auch deren für Jesus gefährliche Absichten. Diese werden jetzt noch dadurch verschärft, daß die Sanhedristen die Absender sind. Nur sie, die auch die Adressaten des Winzergleichnisses gewesen sind, können sich hinter dem unbestimmten ἀποστέλλουσιν verbergen. Die Delegation soll Jesus in der Rede zu fangen versuchen, offenkundig, um einen Anklagepunkt gegen ihn zu gewinnen[5]. Die Verbindung von Pharisäern und Herodianern läßt sich kaum damit erklären, daß Römerfeinde und -freunde im Angriff gegen ihn vereint auftreten sollen[6]. Die Stellung der Herodianer zu Rom kann nicht als ungetrübt freundlich bezeichnet werden[7]. Eher wird die Brisanz der Lage gekennzeichnet, in die man Jesus hineinbringt: die religiös und politisch Mächtigen greifen ihn an. Mit einer captatio benevolentiae heben sie an, die Jesus kaum zu einer unumwundenen Stellungnahme ermutigen soll, sondern heuchlerisch gedacht ist[8]. Sie erkennen ihn mit ihren Worten als wahrhaftig an, das heißt – wie das Folgende erläutert –, daß er ein zuverlässiger, die Wahrheit vermittelnder Lehrer sei, und spenden ihn somit höchstes Lob. Der Weg Gottes entspricht der jüdischen Halachah, den Weisungen, die das praktische Leben des Frommen aus dem Geist des Gesetzes regeln wollen. Die Nicht-Rücksichtnahme auf die äußere Person unterstreicht die Zuverlässigkeit des Lehrers. Die Vorrede führt

Erklärung 13–14

[2] Hat Markus die latinisierte Form Ἡρῳδιανοί statt Ἡρῳδιαῖοι gebildet? Lohmeyer 251; Hirsch, Frühgeschichte I,130, betrachten die Herodianer als Zutat.

[3] Annahme von Wendling, Entstehung 152; Hirsch, a.a.O.

[4] Bultmann, Geschichte 25, spricht von einem ausgezeichnet geformten Apoftegma; Lohmeyer 250 von einem »Lehrgespräch nach rabbinischer Art«.

[5] Bei Lk 20,20–26 in Verbindung mit 23,2 kommt dieser Konnex deutlich heraus. ἀγρεύω ist dem LXX- und Papyrusgriechisch vertraut (eigentlich = jagen). Vgl. Preisigke-Kießling s.v. und Hatch-Redpath, Konkordanz. Das Wort ist hapax legomenon im NT.

[6] Argument seit Wellhausen.

[7] Zu den Herodianern vgl. das oben zu 3,6 Ausgeführte.

[8] Anders Klostermann. G λ φ it erweitern den Text in der Anfrage und fügen unter anderem – sachlich richtig – ἐν δόλῳ (mit List) ein.

zur Kernfrage hin, ob die kaiserliche Steuer zu zahlen erlaubt sei. Sie wurde in Judäa seit der Abdankung des unfähigen Herodessohns Archelaos und der Bestellung des römischen Statthalters Coponius im Jahre 6 n. Chr. erhoben und machte den Juden ihre Unfreiheit bewußt. Darüber hinaus stellte sie ein theologisches Problem dar, das die in dieser Zeit ins Leben tretende und durch Judas den Galiläer begründete zelotische Bewegung in besonderer Weise zu dem ihren machte. Josefus schildert es so: Zur Amtszeit des Coponius habe der genannte Judas die Bewohner Galiläas zum Aufruhr aufgerufen, »indem er es für einen Frevel erklärte, wenn sie bei der Steuerzahlung an die Römer blieben und nach Gott irgendwelche sterbliche Herrscher anerkennen würden«[9]. Die Steuer, von Markus κῆνσος (Latinismus = census) genannt, in einer Textvariante zutreffend als ἐπικεφάλαιον[10] (Kopfsteuer) charakterisiert, von Lukas und Josefus als φόρος (Tribut) bezeichnet, verstand sich als eine für alle capita gleich hoch festgesetzte persönliche Steuer, die unmittelbar in den kaiserlichen Fiskus floß[11]. Die Pharisäer hatten sich dahingehend entschieden, daß sie die Steuer zahlten, mag sie auch von ihnen als eine von Gott dem Volk auferlegte Last betrachtet worden sein. Sowohl ein einfaches Ja als auch ein einfaches Nein hätte Jesus in seiner Antwort in Schwierigkeiten gebracht, da eine glatte Bejahung die theologische Problematik übergangen, eine Verneinung ihn als Aufrührer hingestellt hätte. Wir haben es mit einer der spannungsreichsten Fragen in den Evangelien zu tun[12].

15–17 Jesus durchschaut die Heuchelei der Fragesteller, ihre Verstellung (vgl. 7,6) und sagt es ihnen ins Gesicht. Nur hier spricht er selbst vom πειράζειν (versuchen), während sonst der Erzähler das Versucherische einer Anfrage anzeigt (8,11; 10,2). Bevor er eine Antwort erteilt, fordert Jesus, daß ihm ein Denar gereicht wird. Die Antwort wird durch eine Demonstration – wie das in jüdischen Schulgesprächen durchaus üblich ist[13] – vorbereitet. Er selbst hat kein Geld bei sich (vgl. 6,8). Darf man daraus seine grundsätzliche Verachtung des Geldes erschließen, wie sie auch einzelnen Rabbinen später nachgesagt worden ist[14]? So wird im Talmud Rabbi Menachem bar Simai ein Heiliger genannt, »weil er nie eine Münze betrachtet hat«[15]. Die Demonstration verfolgt einen anderen Zweck, nämlich die Gegner zu überführen, daß sie sich der kaiserlichen Münze bedienen. Ihr Verhalten wäre noch fragwürdiger, wenn der Gedanke bewußt in die Erzählung aufgenommen wäre, daß das Ganze im Tempelbezirk, auf geheiligtem Boden, sich zuträgt[16]. Der Evangelist dürfte dies

[9] Bell. 2,118.

[10] D Θ 565 k.

[11] Vgl. Schürer I,511f.

[12] Im Papyrus Egerton, einer aus dem 2. Jh. stammenden Traditionsgestalt der Perikope, ist die Anfrage der nicht näher bezeichneten Fragesteller so gehalten, daß sie deren Meinung vorwegnimmt: Ist es erlaubt, den Königen das zu zahlen, was der Obrigkeit zusteht (τὰ ἀνήκοντα) oder nicht? In der Antwort geht Jesus auch nicht auf die Frage ein, sondern zitiert Jes 29,13. Zum Ganzen vgl. Bell-Skeat*.

[13] Nach Tho 100 unterbleibt die Demonstration.

[14] Annahme von Eisler, ΙΗΣΟΥΣ II,195f.

[15] bPes 104a. Ähnliches wird im Talmud Jeruschalmi dem Rabbi Nahum nachgesagt. Vgl. Eisler, a.a.O.; Lohmeyer 252 Anm. 3.

[16] Die Juden legten größten Wert darauf, daß kaiserliche Embleme nicht in den Tempel ge-

voraussetzen (vgl. 14,49), freilich nicht die vormarkinische Geschichte. Nach 11,27; 12,41; 13,1 befindet sich Jesus die ganze Zeit über im Tempel. Der Denar, der den Wert eines Tagesverdienstes hatte (Mt 20,2), war die vorgeschriebene reichseinheitliche Steuermünze[17]. Da die Antwort Jesu impliziert, daß die Münze das Bild des regierenden Kaisers trägt, läßt sich diese beschreiben. Kaiser Tiberius (14–37 n. Chr.) betrieb eine konservative Münzpolitik und ließ nur drei Denarformen ausprägen, von denen zwei sehr selten blieben. Die dritte, wie jeder Denar eine Silbermünze, zeigt auf der einen Seite das Brustbild des Kaisers mit dem Lorbeerkranz (Symbol seiner göttlichen Würde). Die Umschrift lautet: Tiberius Caesar Divi Augusti Filius Augustus (Kaiser Tiberius, des göttlichen Augustus anbetungswürdiger Sohn). Auf der Rückseite wird die Titulatur fortgesetzt: Pontifex Maximus (= oberster Priester), und sieht man die Kaiserinmutter Livia, sitzend auf einem Götterthron, in der Rechten das olympische Langzepter, in der Linken den Ölzweig, der sie charakterisiert als Inkarnation des himmlischen Friedens[18]. Die Münze gibt sich als Machtsymbol zu erkennen. Die Gegner weisen prompt einen Denar vor, und auf Jesu Aufforderung hin betrachten sie diesen und teilen Bild und Aufschrift mit. Das Nächstliegende ist natürlich, daß sie das Geldstück bei sich trugen, nicht daß man es erst hätte holen müssen. Haben sie aber das Geld des Kaisers bei sich, so erkennen sie faktisch den Kaiser als Landesherren an. Die Antwort Jesu – in ihrer Bedeutung durch die Nennung des Jesusnamens signalisiert – ist bis heute Gegenstand lebhafter Meinungsverschiedenheiten. Auf der äußeren Rechten deutet man sie antizelotisch: »Er sprach sich damit gegen die Revolution aus.«[19] Auf der äußeren Linken verleiht man ihr einen zelotischen Akzent: »Dieses Wort ist wie ein Streitkolben, der die Krone von des Kaisers Haupt schlägt.«[20] Zu beachten bleibt das Nebeneinander von Kaiser und Gott, das keinesfalls als Balance aufzufassen ist. Es ist nicht gesagt, daß die Zahlung der Steuer als Rückerstattung dessen aufgefaßt ist, was dem Kaiser gehört. Das verwendete Verbum (ἀποδίδωμι) ist technischer Ausdruck für jederlei Schuld- und Steuerzahlung[21]. Es ist noch weniger zu verstehen gegeben, daß nur der Nutznießer des Systems Steuern zu zahlen hätte, wer vom Kaiser nichts empfangen hat, aber nicht[22]. Vielmehr wird die Steuer bejaht und die kaiserliche Autorität anerkannt, dieser aber gleichzeitig die Grenze gewiesen, die mit der göttlichen Autorität gesetzt ist. Der Nachdruck liegt entschieden auf Gott, dem jeder hörig zu sein hat[23]. Im eschatologischen Horizont der Botschaft wird man die Vergänglichkeit irdischer Herrschaft der bleibenden Dauer

bracht wurden.

17 Nach bBQ 113a gibt man dem Steuereinnehmer einen Denar, und er gibt den Rest heraus. Mt 22,19 umschreibt: τὸ νόμισμα τοῦ κῆνσου.

18 Vgl. Stauffer* 100f.

19 Jeremias, Theologie I,220.

20 Dieses Wort H. Ibsens aus »Kaiser und Galiläer« übernimmt Stauffer* 108.

21 Vgl. Preisigke-Kießling s.v.; G. Bornkamm, Jesus von Nazareth, [5]1960 (UB 19), 112. Anders Lohmeyer, Grundmann.

22 So Stauffer* 110.

23 In dieser Überlegenheit über den Staat sieht Braun, Radikalismus II,83 Anm. 2, ein essenisches Element. Ähnlich schon Eisler, ΙΗΣΟΥΣ II, 197.

der Gottesherrschaft gegenübergestellt sehen. So ist die Antwort Jesu keine praktische Regel, die für jede Frage, die in der Beziehung des Menschen zur staatlichen und göttlichen Macht auftaucht, flugs eine Antwort lieferte. Gott hat aber stets die höheren Ansprüche. Wo die imperiale zur göttlichen Macht in Konkurrenz treten sollte, kann die Entscheidung nur zugunsten Gottes getroffen werden. Die Auskunft unterscheidet sich in gleicher Weise vom zelotischen Standpunkt der Auflehnung wie vom apokalyptischen des politischen Desinteresses oder dem der Duldung. Sie bürdet dem Menschen die Verantwortung der Entscheidung auf, wo es gilt, die berechtigte staatliche Forderung anzuerkennen oder die verletzte göttliche Autorität zur Geltung zu bringen. Die Reaktion der Gegner ist Erstaunen, das sich geschlagen geben muß, aber in feindseliger Distanz verharrt.

Historische Beurteilung und Zusammenfassung

Für die historische Beurteilung ist auszugehen vom apoftegmatischen Wort in Vers 17. Daß wir es hier mit einem authentischen Jesuswort zu tun haben, ist daraus zu erschließen, daß Jesuslogien wiederholt zu apoftegmatischen Geschichten geführt haben (vgl. 2,17a.19a.27). Es könnte einmal gegen national-politische Hoffnungen, die auf ein irdisches Gottesreich gerichtet waren, gesprochen sein[24]. Aber auch die überlieferte Szene von der Steuermünze, die dann nur stilisiert worden wäre, paßt durchaus in das Wirken Jesu hinein[25]. – Markus benutzt die Perikope für Jesu Lehre im Tempel (vgl. 14,49). Wenn die in Kapitel 12 eingebrachten Traditionen die verschiedenen Gegner Jesu – Pharisäer und Herodianer, Sadduzäer (18), Schriftgelehrte (28 und 35) – Revue passieren lassen, dürfte der Evangelist damit die Absicht verfolgen zu verdeutlichen, daß alle diese verschiedenen Kontrahenten nicht in der Lage waren, Jesus einer Schuld oder Inkorrektheit zu überführen. Er ist darum unschuldig verurteilt worden. Die Verbindung zum Prozeß stellt Markus auch dadurch her, daß er Pharisäer und Herodianer von den Sanhedristen abgesendet sein läßt. Unabhängig davon, ob Vers 14b (Begründungssatz, vgl. die Analyse) markinisch ist oder nicht, akzentuiert dieser Jesu Lehrautorität. Den Weg Gottes, den er in Wahrheit lehrt, geht dieser Lehrer seinen Nachfolgern selber voraus, wie er ihm von Johannes bereitet wurde (vgl. 1,3). Dieser Weg führt zum Kreuz. In dieser Perspektive gewinnt die Perikope hintergründige Bedeutung. Die imperiale Macht, der Jesus entschieden die göttliche Autorität gegenüberstellt, die er aber auch verteidigt, hat ihn letztlich durch ihren Vertreter in Judäa, Pilatus, zum Tod gebracht. Der Christ kann daraus lernen, daß keine Macht der Welt, sondern allein Gott ihm Sicherheit zu geben vermag.

Wirkungsgeschichte

Selten ist im Lauf der Auslegungsgeschichte der Perikope die Nuancierung und Brisanz des Wortes Jesu gesehen und herausgestellt worden. Vielleicht erschien dies zu gefährlich. Im Grund genommen ist das schon bei Justin (+ ca.

[24] Vgl. Schweizer 133.
[25] Vgl. Bultmann, Geschichte 25.

165) vorliegende Verständnis, das das Logion im Sinn vorbehaltloser Pflichterfüllung gegen die staatliche Gewalt begreift und von deren letzter Begrenzung nichts mehr verlauten läßt, in Zukunft weithin das herrschende. Die Christen werden als loyale Staatsbürger empfohlen: »Daher beten wir allein Gott an, euch aber dienen wir freudig in den übrigen Dingen, (euch) Könige und Fürsten bekennen und für euch beten wir . . .«[26] – Fast mutet es naiv an, wenn Theophylakt eine Zweiteilung analog der Leib-Seele-Dichotomie vornimmt: dem Kaiser ist das Leibliche, Gott das Geistige (Gebete, Nachtwachen usw.) zu geben[27]. Bei den Reformatoren wird diese Sicht zugunsten der staatlichen Autorität eher noch verstärkt. Die Vorstellung vom Gottesgnadentum der fürstlichen Gewalt bahnt sich an. So weitet Calvin die Lehre, die die Perikope gibt, auf alle Untertanverhältnisse aus (Beruf, Gesellschaft, Familie) und will nur gewahrt wissen, daß Gott den obersten Platz behält. »Wer die staatliche Ordnung umstürzen will, ist auch Aufrührer gegen Gott; denn der Gehorsam gegen Fürsten und Obrigkeit ist nicht zu trennen von dem Dienst und der Furcht gegen Gott.« Wenn Gottes Recht mit dem des Fürsten in Konflikt gerät, »dann geht der Gehorsam nicht weiter als bis zur Kirchentür«[28]. Praktisch läuft dieser Rat für den Konfliktfall auf ein Sakristeichristentum hinaus. Eine kritischere Position, die dem Anliegen der Perikope eher entspricht, deutet sich an, wenn das Bild des Kaisers auf der Münze zur Gottebenbildlichkeit des Menschen in Parallele gesetzt wird. Sie vermag zu verdeutlichen, daß der Mensch primär Eigentum Gottes ist[29]. Der angedeutete Trend aber bleibt führend bis in unser Jahrhundert. Im Umgang von einem Prediger im Ersten Weltkrieg mit unserem Text wird das Bild des Kaisers auf dem Denar zum Bild des friedfertigsten Herrschers des friedfertigsten Volkes, »das im Herzen aller deutschen Soldaten lebt, teuer wie das Bild von Vater und Mutter, im verklärenden Schein deutscher Mannestreue«[30]. Bedenkt man die Wirkungsgeschichte, so erscheint das berühmte Wort des Historikers L. von Ranke in einem anderen Licht: »Von allen herrlichen Worten, die von Jesus Christus vernommen worden sind, ist keines wichtiger, folgenreicher als die Weisung, dem Kaiser zu geben, was des Kaisers, und Gott, was Gottes ist.«[31] Die unbewältigte Aufgabe kann nur darin bestehen, den Christen zum verantwortungsbewußten, aber in seinem Gottesglauben mündigen Glied seines Staates zu erziehen. Wird diese Aufgabe in friedlichen Zeiten nicht geleistet, haben Tyrannen und Freibeuter immer wieder ein leichtes Spiel.

[26] Apol 1,17.
[27] PG 123,625.
[28] II,204.
[29] Beda, PL 92,253. Erasmus, Bd. 7,249.
[30] Bei H. Misalla, »Gott mit uns«. Die deutsche katholische Kriegspredigt 1914–1918, München 1968, 107.
[31] Zitiert bei Stauffer* 190 Anm. 1 und Wellhausen. Letzterer nennt das Zitat »etwas profan und recht verkehrt«.

## 9. *Die Frage nach der Auferstehung der Toten (12,18–27)*

*Literatur: Suhl,* Funktion 67–72; *Dreyfus, F.,* L'argument scripturaire de Jésus en faveur de la résurrection des morts, RB 66 (1959) 213–224.

18 **Und Sadduzäer kommen zu ihm, die sagen, es gebe keine Auferste-**
**hung. Und sie fragten ihn und sprechen:** 19 **Lehrer, Mose hat uns ge-**
**schrieben, wenn jemands Bruder stirbt und er läßt eine Frau zurück,**
**aber er hinterläßt kein Kind, soll sein Bruder die Frau nehmen und sei-**
**nem Bruder Nachkommenschaft erwecken.** 20 **Es waren sieben Brü-**
**der. Der erste nahm eine Frau und starb, ohne Nachkommenschaft zu**
**hinterlassen.** 21 **Und der zweite nahm sie und starb, ohne Nachkom-**
**menschaft zurückzulassen. Und der dritte ebenso.** 22 **Und die sieben**
**hinterließen keine Nachkommenschaft. Als letzte von allen starb auch**
**die Frau.** 23 **Wessen wird die Frau bei der Auferstehung sein, wenn sie**
**auferstehen sollen? Denn die sieben hatten sie zur Frau.** 24 **Jesus**
**sprach zu ihnen: Irrt ihr darum nicht, die ihr weder die Schriften noch**
**die Macht Gottes kennt?** 25 **Denn wenn sie von den Toten auferste-**
**hen, heiraten sie weder noch werden sie geheiratet, sondern sie sind wie**
**Engel in den Himmeln.** 26 **Habt ihr aber über die Toten, daß sie aufer-**
**weckt werden, nicht im Buch des Mose bei der Stelle vom Dornbusch**
**gelesen, wie Gott zu ihm sprach: Ich bin der Gott Abrahams und der**
**Gott Isaaks und der Gott Jakobs?** 27 **Nicht ist er ein Gott der Toten,**
**sondern der Lebenden. Ihr irrt sehr.**

Analyse Im einleitenden Satz könnte die Bemerkung: die sagen, es gebe keine Auferstehung, Erläuterung des Markus sein. Eine ähnliche Erläuterung jüdischer Verhältnisse fanden wir in 7,3f. Sicherlich ist der Begründungssatz in 23b dem Evangelisten zuzuschreiben. Im Anschluß an die Frage in 23a wirkt er wie eine nachgetragene Notiz. Jesus gibt zwei Antworten. Die erste geht unmittelbar auf den von den Gegnern aufgestellten Kasus ein (24f). Die zweite (26f) verteidigt die Totenauferstehung in einem grundsätzlichen Sinn und beruft sich dabei auf die Schrift. Mit περὶ δὲ τῶν νεκρῶν wird sie wie etwas Neues eingeführt. Auffällig ist auch der Wechsel von ἀναστῶσιν (25) zu ἐγείρονται (26). Wir werden annehmen dürfen, daß die Verse 26f einen – allerdings schon vormarkinischen – Nachtrag darstellen, der zwischen 25 und dem Schlußsätzchen »ihr irrt sehr« eingefügt wurde. Letzteres korrespondiert mit dem Vorwurf in 24, könnte aber auch vom Redaktor stammen. Da erst die Verse 26f den Schriftbeleg liefern, während die erste Antwort keine Schriftstelle zitiert, ist der Hinweis auf die Schriften in 24 ebenfalls sekundär und zusammen mit 26f in die Perikope gekommen[1]. Trifft die Analyse zu, so ist die älteste Fassung der

[1] Vgl. Hirsch, Frühgeschichte I,134f; Wendling, Entstehung 153. Ob ἐν τῇ ἀναστάσει in V 23 sekundär ist, muß offen bleiben. Textlich umstritten ist ὅταν ἀναστῶσιν. Es fehlt in ℵ

Überlieferung in 18–25 der judenchristlich-palästinischen Gemeinde zuzuweisen. Dafür sprechen der vorgelegte bizarre Kasus, der jüdischer Schuldiskussion entspricht, und das Auftreten der Sadduzäer. Die Verse 26f traten wahrscheinlich erst in der hellenistisch-judenchristlichen Tradition hinzu (LXX-Text). Die Griechen lehnten gleichfalls die Auferstehung der Toten ab, wenn auch aus ganz anderen Gründen als die Sadduzäer. Darum wird auch ihnen gegenüber die prinzipielle Auseinandersetzung um die Auferstehungsfrage verständlich. Der Form nach haben wir es mit einem Streitgespräch zu tun. Meinung prallt auf Gegenmeinung, eine Frage auf eine die Fragesteller korrigierende und kritisierende Antwort. Diese hat keinen apoftegmatischen Charakter.

Die Perikope ist übersichtlich in zwei Teile gegliedert. Der erste (18–23) ist der Fangfrage der Sadduzäer gewidmet, die zunächst nur kurz charakterisiert werden, dann das Mosegebot zitieren, einen Kasus aufstellen und schließlich die Frage formulieren. Die Antwort Jesu im zweiten Teil (24–27) – wie schon erwähnt eine Doppelantwort – ist vom Vorwurf des Irrtums gerahmt. Daß der Vorwurf der gewünschten Auskunft vorausgeht, stimmt mit 12,15 überein. Den Einsatz des zweiten Teils in 24 signalisiert der Jesusname, der nur hier gesetzt ist. Der Perikopenanfang ist präsentisch gehalten. Im Text erscheinen mehrere Begriffe, die nur er innerhalb unseres Evangeliums bietet: die Sadduzäer, irren, die Macht Gottes, das Buch Mose, die Lebenden. Auch die Zitierungsweise ἐπὶ τοῦ βάτου (= bei der Stelle vom Dornbusch) ist einmalig[2].

Erklärung 18–23

Die Sadduzäer[3], die allein hier bei Markus auf den Plan treten, werden in dem für die folgende Diskussion wichtigen Punkt gekennzeichnet: sie leugnen die Totenauferstehung. Diese Auffassung basierte auf dem ihnen eigenen Schrift- und Gesetzesverständnis, wonach sie die sogenannte Überlieferung der Väter, die zum schriftlichen Gesetz hinzugetretene Tradition, ablehnten. Bekanntlich spricht das Alte Testament, abgesehen von ganz späten Stellen (Jes 26,19; Dan 12,1–3; Ps 73,24?), nicht von einer Fortexistenz des Menschen nach dem Tod, die den Namen Leben verdient. Im Talmud ist uns ein sadduzäisches Streitgespräch mit Rabbi Gamaliel II. (um 90 n. Chr.) überliefert, in dem es diesem nicht gelingt, die Sadduzäer davon zu überzeugen, daß sich ein zureichender Schriftgrund für die Totenauferstehung finden lasse[4]. Diese sadduzäische Einstellung bestätigen Apg 23,8 und Josefus, der sie den Epikureern nahe stellt. »Die Lehre der Sadduzäer läßt die Seele mit dem Körper zugrunde gehen und

BC D k r sy^p, wird gelesen von Koine-Text Θ lat sy^s. Wegen des mit ihm gegebenen ironischen Tons, der völlig zur Situation paßt, muß es im Text bleiben. Lohmeyer 256 lehnt den sekundären Charakter der VV 26f ab.

[2] Diese Beobachtungen sind für die Frage relevant, ob in Mk 12 eine vorgegebene Quelle mehrerer Perikopen – gewöhnlich die Jerusalemer Streitgespräche genannt – eingearbeitet wurde, zu der man gewöhnlich die Sadduzäer-Perikope rechnet. Zu dieser Frage s. unten S. 172.

[3] Vgl. R. Meyer, ThWNT VII,35–54; A. Oepke, ThWNT I,368–370. S. auch den Exkurs »Sadduzäer« im Mattäus-Kommentar dieser Kommentarreihe.

[4] Bei Meyer, ThWNT VII,47.

erkennt keine anderen Vorschriften an als das Gesetz« (Ant 18,16f; vgl. Bell 2,165). Die Leugner der Auferstehung heißen in Weish 1,16f Frevler, in äth Hen 102,6 Sünder; nach Sanh 10,1 haben sie keinen Anteil an der kommenden Welt. Auf diesem Hintergrund ist die folgende Auseinandersetzung zu sehen. Er läßt auch erkennen, daß die Sadduzäer, meist Angehörige der Priesterklasse und des Laienadels, eine eigene schriftgelehrte Schule hatten, die in religiöser Hinsicht von geringerem Einfluß war als die pharisäischen Schulen[5]. Die mit Jesus streitenden Sadduzäer nehmen das Gebot der Schwagerehe zum Ausgangspunkt ihrer Argumentation. Nach Dtn 25,5–10 wird der Israelit verpflichtet, die Frau eines verstorbenen Bruders für den Fall, daß dieser keinen männlichen Erben hinterließ, zu heiraten, damit der Name des Bruders »nicht aus Israel ausgelöscht« und das Haus seines Bruders aufgebaut werde. Dtn 25 setzt das Zusammenwohnen der Brüder, das heißt den Sippenverband, voraus, läßt aber auch mit seiner Weisung für den Mann, der die Schwagerehe verweigert, erkennen, daß diese Eheform nicht mehr absolut bindend war. Gen 38,8; Rut 4,5 und 10 bestätigen die Praxis, die auch aus dem Rechtsleben anderer Völker bekannt ist. Unsere Perikope zitiert den alttestamentlichen Gesetzestext in freier und verkürzter Form[6] und läßt die hinterbliebene Frau in den Vordergrund treten. So wird der Zweck der Schwagerehe verschwiegen und statt vom Sohn vom Kind gesprochen, das der Verstorbene nicht hinterließ. Die Sadduzäer gebrauchen den Gesetzestext als Schriftbeleg dafür, daß Mose die Totenauferstehung nicht kennt, und veranschaulichen dies an einem konstruierten Fall. Darum ist es ohne Belang, daß die Schwagerehe zur Zeit Jesu in Israel wegen der veränderten Verhältnisse kaum noch praktiziert worden sein dürfte. Schriftgelehrte Diskussionen können auch sonst recht theoretisch verlaufen. Der konstruierte Fall der sieben Brüder, der diese das Gebot der Schwagerehe wörtlichst erfüllen läßt, entbehrt nicht der Ironie, da am Ende das gewünschte Ziel doch nicht erreicht ist. Alle sieben sterben kinderlos[7]. Die Siebenzahl spielt in volkstümlicher Erzählweise auch sonst eine Rolle. Entfernt erinnert der Fall an Sara, die Tochter Raguels, die sieben Männer überlebte (Tob 3,8; 6,14; vgl. auch Jes 4,1)[8]. Die Frage am Ende (wenn sie auferstehen) hat einen skeptischen Unterton, der den Sadduzäern angemessen ist. Wenn sie fragen, wem die Frau in der kommenden Welt gehören soll, ist die Vorstellung vorausgesetzt, daß in der kommenden Welt geheiratet wird und Kinder gezeugt werden, dort gewissermaßen das diesseitige Leben in neuer Form fortgesetzt wird. Diese Vorstellung dürfte volkstümlicher und auch pharisäischer Erwartung wenigstens teilweise entsprechen, obwohl die Erwartungen in die-

[5] Vgl. Bultmann, Geschichte 25.

[6] Wenn das Zitat sich mehr an Gen 38,8 als an Dtn 25,5f (LXX) anzulehnen scheint, ist das Zufall. Der Grundgedanke der atl. Texte bleibt, daß dem Bruder Nachkommenschaft (σπέρμα) erweckt wird.

[7] Man wird darum mit Rawlinson 261 sagen können, daß die Nachkommenschaft die Auferstehung ersetzen sollte.

[8] Eine ähnliche groteske Geschichte wird im palästinischen Talmud erzählt. Danach ehelicht einer in Schwagerehe die zwölf Frauen seiner zwölf verstorbenen Brüder. Vgl. Billerbeck I,887.

ser Hinsicht recht differenziert waren[9]. Wenn die Pharisäer eine ähnliche Frage wie die hier vorliegende diskutiert haben sollten, entschieden sie sich dafür, daß eine Frau, die in ihrem Leben zwei Männer hatte, in der kommenden Welt dem ersten gehören soll[10].

Jesus erkennt in der Fragestellung der Sadduzäer deren Irrtum[11]. Ihre Kenn- 24–25
zeichnung als Irrende kommt mit jüdischen Urteilen über Auferstehungsleugner überein und macht fast den Eindruck einer Titulatur[12]. Darum ist es abwegig, hier schon eine Verteidigung der Auferstehung Jesu seitens der Gemeinde angezeigt zu sehen[13]. Ihr Irrtum offenbart ihre Unkenntnis sowohl der Schriften als auch der Macht Gottes. Die Schriften verweisen auf das in Vers 26 nachgelieferte Schriftargument, die Macht Gottes wird gerade darin erkannt, daß sie den Tod bezwingt und Tote zum Leben erweckt. Gibt man zu, daß ursprünglich nur von der Macht Gottes die Rede war (vgl. die Analyse), wird der Kontrast zwischen der Engherzigkeit der Sadduzäer und der Weite der Antwort Jesu noch deutlicher. Der Vergleich der Auferstandenen mit den Engeln in den Himmeln geht unmittelbar auf die sadduzäische Anfrage ein, da Engel kein eheliches Leben kennen (vgl. äthHen 15,7: »Darum schuf ich für euch keine Frauen«). Die Engelgleichheit der Auferstandenen in der künftigen Welt stimmt mit der Gedankenwelt der Apokalyptik überein: Die Auferstandenen »wohnen in den Höhen jener Welt und sind den Engeln gleich und gleich den Sternen« (sBar 51,10; vgl. äthHen 104,6: »Ihr sollt Genossen der himmlischen Heerscharen werden«)[14]. Für die Sadduzäer bedeutete diese Unterweisung eine zweifache Korrektur, da sie auch die Existenz der Engel ablehnten. Gott schafft Neues und noch nicht Erfahrenes. Mehr als auf eine konkrete Belehrung wird man auf diesen Gedanken zu achten haben.

Antwortete Jesus zunächst auf die Frage nach dem Wie des Lebens der Aufer- 26–27
standenen, so bestätigt er jetzt mit einem Schriftbeleg die Übereinstimmung der Thora mit dem Auferstehungsglauben. Mose wird durch Mose, auf den sich die Sadduzäer beriefen, widerlegt. Unter den von den Rabbinen benutzten Schriftstellen für die Auferstehung findet sich Ex 3,6a, das hier verkürzt nach

[9] In der rabbinischen Literatur werden die Verhältnisse in der zukünftigen Welt von den Verhältnissen in den Tagen des Messias und diese nochmals von den Verhältnissen in der himmlischen Welt der Seelen unterschieden. Nach Billerbeck I,888 liegt ein ausdrückliches Zeugnis für das eheliche Leben der Auferstandenen nicht vor. Billerbeck rechnet dennoch damit, daß man es für selbstverständlich gehalten habe, daß in der zukünftigen Welt der eheliche Umgang in Geltung bleibt. Vgl. Haenchen, Weg 411.

[10] Vgl. Lohmeyer 256 Anm. 2. Der Beleg erscheint allerdings nicht sicher, wird freilich von zahlreichen Kommentatoren wiederholt.

[11] διὰ τοῦτο ist mit Klostermann auf das Vorausgehende zu beziehen.

[12] Vgl. Weish 1,16f; äthHen 102,6 und Suhl, Funktion 69. Zum Vorwurf vgl. Joh 5,37f.

[13] Anders Suhl, Funktion 70f, der gleichzeitig meint, die VV 24f setzen das Gesetz außer Kraft. Diese Problematik aber steht hier nicht zur Debatte.

[14] Das Wort Rabs (+ 247): »In der zukünftigen Welt gibt es nicht Essen und Trinken, nicht Zeugung und Fortpflanzung, nicht Handel, noch Wandel, . . . sondern die Gerechten sitzen da mit den Kronen auf ihren Häuptern und laben sich an dem Glanz der Schekhina« (bBer 17a), bezieht sich nach Billerbeck I,210 auf die himmlische Welt der Seelen.

der griechischen Bibel zitiert wird, nicht[15]. Zitiert wird mit Berufung auf den Thoraabschnitt, die Parasche, wie sie im Synagogen- (und auch im christlichen?) Gottesdienst zur Verlesung kam[16]. Gott offenbarte sich dem Mose, als dieser die Schafe und Ziegen seines Schwiegervaters am Berg Horeb weidete, mit den Worten: »Ich bin der Gott deines Vaters, der Gott Abrahams, der Gott Isaaks und der Gott Jakobs.« Im alttestamentlichen Kontext ist aus dieser Stelle die Totenauferstehung nicht herauszuhören. Wenn sich Jahwe vor Mose nach den (verstorbenen und in Hebron beigesetzten) Patriarchen benennt, erinnert er an seinen mit diesen geschlossenen Bund. Die Benutzung des Gotteswortes als Beleg für die Totenauferstehung wird davon ausgehen, daß Gott sich nicht den Namen von Toten beilegt. Wenn er sich ihnen zugesagt hat, so bedeutet das in dieser Sicht des Glaubens, daß die göttliche Zusage durch nichts, auch nicht durch den Tod, aufgelöst werden kann[17]. Man könnte aufgrund dieses Schriftverständnisses meinen, die Patriarchen seien bereits zur Auferweckung der Toten gelangt. Ist Auferstehung nur der »Übergang von dem irdischen zu einem transzendenten Leben«[18]? Vermutlich steht ein eschatologisches Konzept im Hintergrund, nach dem die Seelen der verstorbenen Gerechten im Totenreich einen Vorgeschmack der endgültigen Seligkeit verkosten (vgl. Lk 16,22–31), die sie bei ihrer Auferweckung voll in Besitz nehmen sollen (vgl. Mt 8,11 par)[19]. Die Patriarchen leben bei Gott und sind für diese Auferstehung bestimmt. So wird den Sadduzäern am Schluß nochmals ihr umfassender Irrtum entgegengehalten[20].

Historische Beurteilung

Die historische Beurteilung der Perikope fiel gegensätzlich aus. Während es für Suhl auf der Hand liegt, daß sie bereits die Auferstehung Jesu verteidige und darum keine Erinnerung an ein Gespräch Jesu aufbewahrt habe, ist für Lohmeyer gerade das Fehlen des urchristlichen Auferstehungsgedankens in ihr Grund zur Annahme, daß sie in das Wirken Jesu zurückreicht und »ein ausgezeichnetes Beispiel des Rabbinentums Jesu« biete[21]. In der Tat ist – betrachtet man die Geschichte für sich – kein Rekurs auf die Auferstehung Jesu zu beob-

15 Vgl. Billerbeck I,892–895. Daneben berief man sich auf Vernunftgründe (Billerbeck I,895–897).

16 Eine ähnliche Zitierungsweise finden wir in slavHen 1,1: »Es ist beim Dornbusch von einem Sprechen die Rede.« – Das Buch Exodus gliederte man in elf Paraschen.

17 Vgl. Schweizer.

18 Lohmeyer, Grundmann.

19 Lk 20,38 verdeutlicht: »Denn alle leben ihm«. Rawlinson 262 meint: »It is the same doctrine of the communion of saints which was implied in the Transfiguration.« Daß die frührabbinische und apokalyptische Eschatologie hellenistische Jenseitsvorstellungen auf ihre Weise apperzipiert hatte, hat P. Hoffmann, Die Toten in Christus, ²1969 (NTA 2), besonders 95–174, gezeigt.

20 Suhl, Funktion 71f, vermutet, daß die VV 26f auf ein konkretes Gemeindeproblem eingehen würden. Die von Naherwartung erfüllte Gemeinde sei durch unvorhergesehene Todesfälle in Verwirrung geraten. Aber auch dies dürfte eine Übertragung paulinischer Probleme auf Markus sein. Vgl. oben Anm. 13. – Dreyfus* betont, daß das Gottesprädikat »Gott der Väter« im Judentum regelmäßig mit einer Heilszusage verbunden sei.

21 Suhl, Funktion 70; Lohmeyer 257. Vom Rabbinentum Jesu zu sprechen, ist freilich keine glückliche Formulierung. Eher kann man hier den Juden Jesus bewahrt sehen.

achten. Nach Bultmann ist es auch unwahrscheinlich, daß die Sadduzäer gerade den Auferstehungsglauben der Gemeinde zum Angriffspunkt gewählt haben sollten[22]. Der Kern der Überlieferung (18–25) kann als historische Reminiszenz angesehen werden[23].

Für Markus ist der Streit mit den Sadduzäern eine Möglichkeit zu zeigen, daß auch diese jüdische Gruppe Jesus nicht zu überwinden vermochte. Darüber hinaus rückt im Makrotext des Evangeliums die Leugnung der Totenauferstehung zwangsläufig in bezug zur Auferstehung Jesu (9,9f.31; 8,31; 10,34; 14,28; 16,6) und wird auch zu deren Leugnung. Einen theologischen Zusammenhang zwischen Jesu Auferstehung und der aller Toten stellt der Evangelist allerdings nicht ausdrücklich her. Die aus dem hellenistischen Bereich bekannte Ablehnung des Gedankens einer leiblichen Auferweckung wird für ihn der Anlaß gewesen sein, das sadduzäische Streitgespräch zu überliefern. In unserem eigenen Bemühen, Auferstehung zu begreifen, werden wir uns mit der Auskunft über das Wie nicht zufrieden geben können. Der apokalyptische Vergleich mit den Engeln befriedigt ebensowenig wie die volkstümliche Vorstellung einer ungebrochenen Fortsetzung irdischer Verhältnisse im Jenseits. Wir werden unser Augenmerk vielmehr allein auf die Dynamis Gottes zu richten haben. Seine Schöpfermacht vermag Leben aus dem Tod und aus dem Nichts zu erwecken. Der Tod des Menschen widerspricht der Schöpfung und dem Schöpfer, da er die Menschen von Gott wegführt[24]. Als der Lebendige ist Gott ein Gott der Lebenden. An Christus hat er bewiesen, daß seine Zusage über die Grenzen des Todes hinausgreift.

Zusammenfassung

Die Lehre der Sadduzäer ist den Alten bis in Details hinein bekannt[25]. Die Vorstellung, daß die Auferstandenen wie die Engel sein werden, wird verschieden gedeutet. Nicht selten macht sich dabei eine ehe- und sexualfeindliche Einstellung bemerkbar. So meint Theophylakt[26], hier hätten wir die Ehe, die gestiftet wurde um der Fortpflanzung willen und um den Untergang des Menschengeschlechtes zu verhindern. Im jenseitigen Leben gebe es die Ehe nicht mehr, da die Menschen nicht mehr stürben. Unterschwellig wird der Ehezweck auf die Zeugung von Kindern eingeschränkt. Noch im Theol. Wörterbuch zum NT schreibt A. Oepke[27], Jesus nehme der Frau »den Fluch ihrer Geschlechtlichkeit« und stelle sie (im jenseitigen Leben) als gleichberechtigtes Gotteskind dem Manne an die Seite. Calvin[28] dagegen interpretiert den Satz so, daß der Mensch von aller Schwachheit seines Leibes befreit und den Bedürfnissen dieses vergänglichen, hinfälligen Lebens nicht mehr unterworfen sein wird. Nicht

Wirkungsgeschichte

[22] Geschichte 25.
[23] Anders Schweizer 135, der 26f als eventuelles Jesuswort ansieht.
[24] Vgl. Lohmeyer 256f.
[25] Vgl. Theophylakt, PG 123,625.
[26] Ebd. 625.628.
[27] I,785.
[28] II,208. Ganz ähnlich formuliert Barth, Dogmatik III,2,356. P. Althaus, Die christliche Wahrheit, Gütersloh [8]1969, 317, wertet Mk 12,25 als Argument für die Existenz der Engel.

besage er, daß die Kinder Gottes nach der Auferstehung den Engeln gleich sein werden. Richtig erkennt Calvin, daß Christus hier nur von der Auferstehung der Gläubigen, nicht der der Gottlosen, redet[29]. Die neuere systematische Theologie schließt daraus zutreffend, daß schon für Jesus der Auferstehungsgedanke Heilscharakter besitzt im Gegensatz zu einem naturhaften Vorgang[30]. Während Beda Ex 3,6 als Schriftbeleg für die Auferstehung zu wenig klar ist – darum zitiert er Dan 12,2 –, nimmt Calvin die in dem Wort enthaltene Verheißung wahr. »Da Gott also das Heil allen verheißt, denen er versichert, daß er ihr Gott sei, . . . muß es auch für die schon Verstorbenen eine Hoffnung auf das Leben geben.«[31] Dieselbe Einsicht trägt in der Gegenwart P. Althaus vor: Wen Gott einmal in seine Gemeinschaft gerufen habe, den stelle er damit für immer vor sich zu ewigem Leben[32].

## *10. Die Frage nach dem Hauptgebot (12,28–34)*

*Literatur: Bornkamm, G.,* Das Doppelgebot der Liebe, in: Ntl. Studien für R. Bultmann, ²1957 (BZNW 21), 85–93; *Grundmann, W.,* Das Doppelgebot der Liebe, ZZ 11 (1957) 449–455; *Suhl,* Funktion 87–89; *Burchard, C.,* Das doppelte Liebesgebot in der frühen christlichen Überlieferung, in: Der Ruf Jesu und die Antwort der Gemeinde (FS J. Jeremias), Göttingen 1970, 39–62; *Berger,* Gesetzesauslegung I, 183–202; *Diezinger, W.,* Zum Liebesgebot Mk. XII 28–34, NT 20 (1978) 81–83; *Merklein, H.,* Die Gottesherrschaft als Handlungsprinzip, 1978 (FzB 34) 100–104 .

28 **Und ein Schriftgelehrter, der sie streiten gehört und gesehen hatte, daß er ihnen trefflich geantwortet hatte, trat heran und fragte ihn: Welches ist von allem das erste Gebot?** 29 **Jesus antwortete: Das erste ist: Höre, Israel, der Herr, unser Gott, ist *ein* Herr.** 30 **Und du sollst den Herrn, deinen Gott, lieben aus deinem ganzen Herzen und aus deiner ganzen Seele und aus deinem ganzen Denken und aus deiner ganzen Kraft!** 31 **Das zweite (ist) dies: Du sollst deinen Nächsten lieben wie dich selbst! Größer als diese ist kein anderes Gebot.** 32 **Und der Schriftgelehrte sprach zu ihm: Trefflich, Lehrer, der Wahrheit entsprechend hast du gesagt: Einer ist er, und es gibt keinen anderen außer ihm.** 33 **Und ihn lieben aus ganzem Herzen und aus ganzer Erkenntnis und aus ganzer Kraft und den Nächsten lieben wie sich selbst, ist weit mehr als alle Brand- und Schlachtopfer.** 34 **Und Jesus, der sah, daß er verständig geantwortet hatte, sprach zu ihm: Du bist nicht fern vom Reich Gottes. Und keiner wagte es mehr, ihn zu fragen.**

[29] A.a.O.

[30] W. Pannenberg, Grundzüge der Christologie, Göttingen ³1969, 74.

[31] Beda, PL 92,255; Calvin II,210.

[32] (Anm. 28) 660.

Man wird davon ausgehen können, daß dem Evangelisten die Perikope in ihrer vorliegenden Gestalt – von geringfügigen Zusätzen abgesehen – vorgegeben war[1]. Die sie bestimmende Intention ist die Werbung um das Judentum mit Hilfe der Schriftargumentation, wie sie in der Übereinstimmung des Schriftgelehrten mit Jesus (32–34a) zum Ausdruck kommt. Diese Intention aber kann kaum als spezifisch markinisch angesprochen werden. Markus bemühte sich nur um die Verklammerung der Perikope nach vorwärts und rückwärts. Die Verklammerung nach vorn schuf er mit Hilfe von Vers 28a. Kennzeichnend für seinen Stil ist die Häufung der Partizipien (vgl. 5,25–27)[2]. Den Perikopenbeginn darf man sich ursprünglich so vorstellen: Es trat ein Schriftgelehrter an ihn heran und fragte ihn. Die Klammer nach rückwärts bildet die allgemeine Bemerkung in 34c: Und keiner wagte es mehr, ihn zu fragen. Diese Bemerkung ist nach dem positiven Verlauf des Gesprächs mit dem Schriftgelehrten unerwartet. Sie eignet sich aber als Überleitung vom größeren Abschnitt 12,13–34 zum Folgenden, da jetzt tatsächlich keine Frage mehr von Außenstehenden an Jesus gerichtet wird. Diese Verankerung von 34c im Makrotext befürwortet die Annahme markinischer Redaktion. Da manche Autoren 34c einer vormarkinischen »Streitgesprächsammlung« zuweisen möchten, ist später auf das Problem noch einmal kurz zurückzukommen. Hat die Perikope vormarkinisch eine Erweiterung erfahren? *Berger*[3] ist der Meinung, daß die ursprüngliche Fassung der Geschichte nur die Verse 28–30 enthielt. Die Frage des Schriftgelehrten lasse als Antwort nur ein Gebot, nicht aber die Zitierung zweier Gebote zu. Diese stammten aus zwei formgeschichtlich verschiedenen Bereichen. Dem ist entgegenzuhalten, daß die vermutete Kurzfassung zwar in einem jüdischen Missionsmilieu plausibel erscheinen könnte (Akzentuierung des monotheistischen Gedankens), nicht aber im christlichen Bereich. Die Überlieferung von Dtn 6,4f allein wäre hier kaum als tradierenswert erachtet worden. Gerade ihre enge Bindung an Lev 19,18 macht das Spezifische aus. Der Vergleich mit den Seitenreferenten Mt 22,34–40; Lk 10,25–28 hat zur Vermutung Anlaß gegeben, daß die Perikope ehemals bis Vers 31 gereicht habe und 32–34 einen nachgereichten Kommentar darstellten, denn Mattäus und Lukas lassen eine Wiederholung des Doppelgebotes durch den Gesprächspartner vermissen[4]. Da Mattäus aber aus dem Lehr- ein Streitgespräch macht, in dem der Schriftgelehrte als Kontrahent Jesu mit versucherischer Absicht an diesen seine Frage richtet, mußte dessen positive Reaktion wegfallen. Auf der anderen Seite gibt Lukas noch zu erkennen, daß er um die positive Reaktion des Gesetzeslehrers weiß. Denn nach ihm zitiert dieser auf eine entsprechende Anfrage Jesu das

Analyse

1 Anders Suhl, Funktion 89, der die Gesamtgestaltung der Perikope durch Mk für nicht ausgeschlossen hält. Wendling, Entstehung 153, hält 32–34a für Mk-R.

2 συζητέω ist mk Vorzugswort.

3 Gesetzesauslegung 183–188.

4 Vgl. Hirsch, Frühgeschichte I,135–137; Wendling a.a.O.; Berger, Gesetzesauslegung 185. Letzterer rechnet mit einer doppelten Anreicherung des Textes. Erst sei 31, dann 32–34 angefügt worden. Bornkamm* 92 hält dafür, daß Mt und Lk je eine eigene Variante unseres Mk-Textes vor sich hatten.

Doppelgebot, mag Lukas die Tradition auch in einen ganz anderen Zusammenhang gestellt haben. Es ist darum für die vorgegebene Einheit der markinischen Perikope zu plädieren, die ihre Sinnspitze in der Übereinstimmung Jesu mit dem Schriftgelehrten besitzt. Formmäßig ist sie ein Lehr- oder Schulgespräch. Ihre Entstehung ist im hellenistischen Judenchristentum anzusiedeln. Der Nachweis hierfür ist in der Interpretation zu führen.

Erklärung

28 Der Schriftgelehrte, der an Jesus herantritt, wird als Zeuge der vorangegangenen Gespräche vorgestellt[5]. Das Gehörte beeindruckt ihn und bewegt ihn nunmehr, eine Frage an Jesus – nicht, um ihn zu versuchen, wie nach Mt 22,35 – zu stellen. Die Frage nach dem wichtigsten Gebot wird in ähnlicher Weise von einem Heiden, der Proselyt werden will, an die beiden rabbinischen Schulhäupter Schammaj und Hillel gerichtet[6]. Bezeichnend ist, daß Schammaj die Frage ablehnt, während der aus der Diaspora stammende Hillel zu antworten bereit ist. Die Rabbinen unterschieden zwar innerhalb der 613 die Thora bildenden Einzelgebote leichte und schwere, forderten aber für alle die Befolgung. Auf diesem Hintergrund wird die Zurückweisung, das Gesetz in einem obersten Gebot zusammenzufassen, bei Schammaj verständlich. Eine aus der katechetischen Unterweisung des Diasporajudentums herrührende Frage ist auf den jüdischen Schriftgelehrten übertragen. Dieser fragt nicht nach dem ersten Gebot im Gesetz (wie Mt 22,36), sondern von allem[7]. Er möchte wissen, ob sich die Quintessenz dessen, was den Willen Gottes ausmacht, aussagen läßt.

29–31 Jesus zitiert in seiner Antwort zunächst Dtn 6,4f, das Bekenntnis zum einen Gott mit dem Gebot der Gottesliebe. »Höre, Israel«, in alten Zeiten vielleicht der Eröffnungsruf der Kultversammlung, unterstreicht im Alten Testament den Gedanken der Einzigkeit Jahwes entweder in dem Sinn, daß Gott nur einer ist im Gegensatz zu den vielen Götzen der Heidenvölker oder daß nur ein Jahwe ist im Gegensatz zur Vielheit auseinander strebender Jahwekultorte und -traditionen[8]. Die Liebe zu Jahwe war die Reaktion auf die Liebe, die Gott seinem Volk in dessen gnädiger Führung geschenkt hatte und verstand sich im Buch Deuteronomium analog zur Sohnesliebe, beim Profeten Hosea analog zur Gattenliebe. Bei der Rezitation dieses Textes – nach dessen Anfangswort Sch$^e$ma (Höre) genannt –, die jeder männliche Israelit zur Zeit Jesu morgens und abends zu vollziehen hatte, gedachte man dankbar der Erwählung des Volkes[9]. Man trug den Text auch aufgeschrieben in den Kapseln der Gebetsriemen (Tefillin). In der hellenistisch-jüdischen Propagandaliteratur wird die Einzigkeit Gottes als das Fundament des Judentums herausgestellt: »Zu allererst zeigte er (unser Gesetzgeber), daß Gott einzig ist, und daß sich seine Macht in allem of-

[5] Mit ℵ* C D Θ ist ἰδών statt εἰδώς zu lesen.

[6] Vgl. Billerbeck I,357.

[7] Ganz anders lautet die Frage bei Lk 10,25.

[8] Daneben sind noch andere Interpretationen vorgeschlagen worden. Vgl. G. v. Rad, Deuteronomium, 1964 (ATD 8), 45f.

[9] Die Rezitation des Schema wurde in rabbinischen Kreisen Übernahme der Gottesherrschaft genannt. Rawlinson 263 vermutet einen Zusammenhang mit Mk 12,34.

fenbart.«[10] Wenn Markus (anders die Seitenreferenten) mit der Zitierung von Dtn 6,4 auf die Einzigkeit Gottes abhebt, wird erneut der hellenistische Hintergrund erkennbar. Eine bemerkenswerte Akzentverschiebung kündigte sich in der Wiedergabe von Dtn 6,5 an. Während der hebräische Text von Herz, Seele, Kraft spricht, die LXX in Anlehnung daran von καρδία, ψυχή, δύναμις, bietet Markus eine Viererreihe, die an Stelle von δύναμις zwei aus dem rationalen bzw. psychologischen Bereich stammende Begriffe verwendet[11]. Die διάνοια kann zwar nicht wie bei Philo als das Göttliche in uns, das Organ der Gotteserkenntnis, aufgefaßt werden, hebt aber auf die Verstandeskraft ab. ἰσχύς wurde zu einem psychologischen Term, der die Gesamtkraft der Seele bezeichnet[12]. Den einen Gott mit allen dem Menschen gegebenen Kräften und Fähigkeiten zu lieben, ist die oberste Zusammenfassung des Willens Gottes. Daneben rückt Jesus ein zweites Gebot, die Nächstenliebe. Zwar ist dieses bei Markus dem ersten nicht gleichgeschaltet wie bei Mt 22,39 (ὁμοία αὐτῇ)[13], aber das Nebeneinander beider bereitet die Gleichwertung vor. Mit dieser prinzipiellen Rückführung auf zwei Fundamentalgebote lassen sich rabbinische Summierungen der Thora nicht vergleichen. Hillel führt die Goldene Regel als Summe des Gesetzes an, Rabbi Aqiba nennt Lev 19,18 einen großen allgemeinen Grundsatz in der Thora. In der Mischna werden die Rechtssachen, die Kultangelegenheiten, die Bestimmungen über Rein und Unrein als die Hauptsachen des Gesetzes herausgestellt (Chag 1,8)[14]. Dagegen können im hellenistischen Judentum Gottesverehrung und Nächstenliebe als die beiden Kefalaia akzentuiert werden: »Und es gibt sozusagen zwei Grundlehren, denen die zahllosen Einzellehren und -sätze untergeordnet sind: in bezug auf Gott das Gebot der Gottesverehrung und Frömmigkeit, in bezug auf die Menschen das der Nächstenliebe und Gerechtigkeit« (Philo, SpecLeg 2,63)[15]. Ähnliche Weisungen finden wir in den Zwölf-Patriarchen-Testamenten: »Liebt nur den Herrn und euren Nächsten, habt Mitleid mit den Schwachen und den Armen« (TestIss 5,2)[16]. Gottes- und Nächstenliebe erscheinen wie eine komprimierte Erläuterung der beiden Tafeln des Dekalogs.

Mit gut griechisch empfundenen Wendungen (καλῶς, ἐπ' ἀληθείας) pflichtet 32–34
der Schriftgelehrte Jesus bei. Variierend und verkürzend wiederholt er Jesu Antwort. Dabei betont auch er zunächst die Einzigkeit Gottes (in Anlehnung

[10] epAr 132. Weitere Belege: JosAnt 3,91; Philo, Virt 34; Gig 64. Vgl. Berger, Gesetzesauslegung 190; Bornkamm* 88 Anm. 14; Billerbeck IV,190f. Die Einzigkeit Gottes lebt als Kernstück christlicher Katechese vor Heiden fort: »Vor allem glaube zuerst, daß Gott einer ist« (Herm m 1,1).

[11] Zur Überlieferung des LXX-Textes vgl. G. Dautzenberg, Sein Leben bewahren, 1966 (StANT 14), 120–122.

[12] Vgl. Bornkamm* 89; Berger, Gesetzesauslegung 179; auch LXX 4Kön 23,25. Im Rabbinentum bezog man das dritte Substantiv auf das Vermögen, die Güter, das Geld. Vgl. Billerbeck I,905–907.

[13] Die Mt-Version wurde in einigen Handschriften sekundär in den Mk-Text eingetragen.

[14] Bei Billerbeck I,907f.

[15] Vgl. Philo, Virt 51; Berger, Gesetzesauslegung 136–142.

[16] Vgl. TestIss 7,6; Dan 5,3. Schweizer 138 meldet gegenüber den Test XII-Belegen Bedenken an und hält christliche Interpolation für nicht ausgeschlossen.

an LXX Dtn 4,35; Ex 8,6; Jes 45,21). An zweiter Stelle sind Gottes- und Nächstenliebe zusammengefaßt. Ihre Gleichwertigkeit kommt damit noch stärker zum Ausdruck. Das Zitat von Dtn 6,5 ist vom griechischen Bibeltext schon ziemlich weit entfernt, kehrt aber wieder zu einer Dreiergruppe (Herz, Erkenntnis, Kraft) zurück. Bezeichnend ist die Einführung eines neuen Begriffs (σύνεσις ersetzt ψυχή und διάνοια in Vers 30), der wieder das Verstandesmäßige herausstellt[17]. Als weiterführender Kommentar aber erweist sich die Stellungnahme des Schriftgelehrten durch einen Zusatz, der der Gottes- und Nächstenliebe einen höheren Wert als allen Brand- und Schlachtopfern einräumt. Damit ist das Kultwesen des Tempels nicht für abgeschafft erklärt, aber erheblich relativiert. Diese Kultkritik ist im Alten Testament vorbereitet (1Sam 15,22; Ps 51,20f; 40,7; Spr 21,3; 16,7) und wird besonders von den Profeten vorgebracht: »Denn nicht Schlachtopfer will ich, sondern Liebe, nicht Brandopfer, sondern Gotteserkenntnis« (Hos 6,6; vgl. Jes 1,11)[18]. Zur Zeit Jesu wacht sie in der Tempelopposition Qumrans wieder auf, sie ist aber auch im hellenistischen Judentum nachweisbar[19]. Rabbinische Äußerungen in dieser Hinsicht sind – trotz des Wegfalls des Tempeldienstes im Jahre 70 – wesentlich milder[20]. Bei Markus gewinnt die Feststellung Relief dadurch, daß sie ein jüdischer Theologe auf dem Tempelplatz, der Stätte des Opfers, macht. Jesus bemerkt die Verständigkeit bzw. Vernünftigkeit (νουνεχῶς) der Antwort und zollt dem Schriftgelehrten hohes Lob. Wenn er ihm bescheinigt, er sei nicht mehr fern vom Reich Gottes, ist Jesus als der autoritative Lehrer gekennzeichnet, der zu solchem Urteil berechtigt ist[21]. Das Reich Gottes erscheint als gegenwärtige Größe, für die bei Markus ihr christologischer Bezug mit zu bedenken ist (vgl. 4,11). Man möchte einen Aufruf zur Nachfolge erwarten. Dieser fehlt aber nicht zufällig, weil die Übereinstimmung von Jesu Auffassung und Fundamentalsätzen jüdischen Glaubens das Kernanliegen des Gesprächs ausmacht. Es gibt kein wesentliches Hindernis für den Juden, sich Jesus anzuschließen. In der Betonung des Vernunftgemäßen dieser Übereinstimmung, die wiederholt sichtbar wurde, erweist sich die hellenistische Färbung der Debatte. Die Überleitungsbemerkung, daß keiner mehr Jesus zu fragen wagte, wird nicht besagen wollen, daß ein Höhepunkt erreicht ist, nach dem nichts mehr zu fragen ist[22]. Vielmehr besitzt sie polemischen Charakter. Ein Schrift-

[17] D Θ it 565 ersetzen συνέσεως in Anlehnung an LXX durch δυνάμεως.

[18] Von den atl. Parallelen sind LXX 1Kön 15,22 und Hos 6,6 die nächsten.

[19] 1QS 9,3–5 wertet das »Hebopfer der Lippen« und vollkommenen Wandel »mehr als Brandopferfleisch und mehr als des Schlachtopfers Fett«. epAr 234 erklärt »Gott ehren, aber nicht mit Opfergaben und Schlachtopfern, sondern durch Reinheit der Seele und des frommen Glaubens« für den höchsten Ruhm, wendet sich allerdings gegen das heidnische Opferwesen.

[20] Ab 1,2: »Auf drei Dingen steht die Welt, auf der Thora, dem Opferdienst und den Liebeserweisungen«.

[21] Berger, Gesetzesauslegung 185, glaubt in Weish 6,17–20 eine Parallele zu erkennen, wo die Aufnahme der rechten Belehrung in die Nähe Gottes führt. Vgl. auch Apg 26,27–29.

[22] Bornkamm* 90. Daube, NT and Rabbinic Judaism 167, zieht 34c zum Folgenden. Die Bemerkung sei die Einleitung einer Belehrung, die ohne Anfrage erfolgt. Daube erblickt hierin eine Übereinstimmung mit der Pascha-Haggada.

gelehrter überführt mit seiner Haltung seine Zunftkollegen und die Sadduzäer und Herodianer. Sie müssen sich durch das Lob, das Jesus ihm gewährt, geschlagen geben. Wenn die Juden keinen Zugang zu Jesus finden und in der großen Mehrheit ihn ablehnen, liegt das nicht an diesem. Die Voraussetzungen seiner Lehre könnte jeder Jude akzeptieren.

Historische Beurteilung

Die Verankerung der Perikope in der hellenistisch-judenchristlichen Gemeinde macht es unwahrscheinlich, daß sie eine Episode aus dem Leben des irdischen Jesus überliefert[23]. Davon unabhängig bliebe die Frage zu stellen, ob die Zusammenordnung von Dtn 6,5 und Lev 19,18, die ja nicht völlig dasselbe ist wie die Zueinanderordnung von Gottesverehrung und Nächstenliebe bei Philo, auf Jesus zurückgeht[24]. Sicher entspricht die praktische Orientierung der Gottes- an der Nächstenliebe dem Geist seiner Predigt, sicher müßte man den Gedanken der Vernunftgemäßheit, den die markinische Perikope mit dieser Orientierung verbindet, für Jesus ausklammern. Man betritt aber sichereren Grund, wenn man darauf abhebt, daß der Begriff des Nächsten, der im Judentum eingeschränkt worden war, von Jesus neu interpretiert wurde. Dazu vgl. Lk 10,30–37.

Zusammenfassung

In der Sicht des Markus wird der Sonderfall, den der gute Schriftgelehrte darstellt, in seiner Besonderheit unterstrichen. Eingebettet in Erzählungen, die von der Auseinandersetzung mit feindseligen Kontrahenten (vgl. 12,35.38) handeln, zeigt die Perikope, wie der eine mit seiner verständnisvollen Haltung seine ablehnenden Kollegen beschämt. Vor allem gewinnen seine kultkritischen Worte im Makrotext des Evangeliums an Schärfe. Sie werden nicht nur auf dem Tempelplatz, sondern auch nachdem Jesus diesen von Verkäufern und Geldwechslern gesäubert hat, gesprochen. Die positive Bedeutung der Gottes- und Nächstenliebe als der Quintessenz der ethischen Unterweisung Jesu hat der Evangelist durch die Stellung der Perikope am Ende der Gespräche akzentuiert. Wer Gott aus allen seinen Kräften liebt und den Nächsten wie sich selbst, ist dem Reich Gottes, das mit Jesus Wirklichkeit zu werden beginnt, nahe. Er bedarf der Brand- und Schlachtopfer als Weg zu Gott nicht mehr, sondern muß sich die Frage stellen, wer denn dieser Jesus ist. Durchaus passend wird diese Frage in der folgenden Perikope aufgegriffen.

Wirkungsgeschichte

Von Anfang an behält das Doppelgebot der Gottes- und Nächstenliebe die führende Rolle in der christlichen Ethik. Die Didache beginnt mit seiner Zitierung die Beschreibung des Weges des Lebens (1,2). Dasselbe schärft Justin ein, wobei er in Apol 1,16,6 ἀγαπήσεις durch προσκυνήσεις καὶ . . . λατρεύσεις ersetzt und die Einzigkeit Gottes betont[25]. In umgekehrter Richtung betont Cal-

[23] Anders Schweizer 137, der auf V34 abstellt, aber die hellenistische Mentalität der Perikope zu wenig beachtet.

[24] Positiv urteilen Bornkamm, 86, Suhl, Funktion 88, negativ Burchard* 61.

[25] Vgl. JustDial 93,2. Justin bietet in der Formulierung des Gebotes der Gottesliebe nur zwei Glieder (»aus deinem ganzen Herzen und aus deiner ganzen Kraft«).

vin, daß Gott von uns hier statt Anbetung oder Verehrung Liebe verlangt, um uns zu sagen, daß ihm nur ein freiwilliger Dienst gefällt[26]. Noch tiefer dringt F. Gogarten in die Zusammenhänge ein. Die Forderung Gottes fordere so, daß der Mensch dabei empfängt. Die geforderte Ganzhingabe an Gott sei dem Menschen nicht möglich. »Das vermag er nur zu leisten, wenn ihm von Gott widerfährt, was dieser von ihm fordert.«[27] Für P. Althaus ist es belangvoll, daß das Neue Testament das israelische Sch$^{e}$ma ausdrücklich aufgreift, denn: »Die Wurzel und Kraft dieses Satzes ist der Selbsterweis des in Israels Geschichte handelnden Gottes in seiner alleinigen gottheitlichen Wirklichkeit.«[28] Das Verhältnis von Gottes- und Nächstenliebe wird unterschiedlich bestimmt. Theophylakt[29] leitet die Nächsten- aus der Gottesliebe ab, betont aber dabei einseitig letztere. Seine Behauptung: Wer Gott liebt, liebe auch seine Geschöpfe, wird man bejahen können, weil sie die ganze Reichweite der Gottesliebe bewußt machen kann. Wenn er aber weiter folgert: Wer den Nächsten mit seinen Fehlern, Mängeln und Schwächen liebt, würde umso mehr Gott lieben, ist das keinesfalls zwingend in einer Zeit, in der die Frage nach Gott nicht mehr so selbstverständlich mit Ja beantwortet wird wie vor 900 Jahren. In der reformatorischen Theologie findet immer wieder das ὡς σεαυτόν besondere Beachtung. Calvin empfindet es offenbar als etwas störend, denn er meint dazu: »Denn da jeder sich selber der Nächste ist, wird es nur da eine wirklich starke Liebe zum Nächsten geben, wo die Liebe zu Gott beherrschend ist. Denn die Liebe, mit der die Kinder der Welt einander begegnen, ist käuflich.«[30] S. Kierkegaard leitet aus dem Gebot der Nächstenliebe die rechte Selbstliebe ab[31]. Nachdrücklich wendet sich K. Barth gegen die Versuche, die Selbstliebe zum Kanon der Erklärung der Stelle zu machen. Vielmehr sei es so: Gottesliebe ist von dem gefordert, der Gott schon gehört. In der Liebe zu Gott ist der Mensch nicht allein gelassen, denn Liebe zum Nächsten gibt es nur in der Liebe zu Gott. Nur darum verdient die Liebe Gottes wirkliche Liebe genannt zu werden[32].

## *11. Die Frage nach der Sohnschaft des Messias (12,35–37)*

*Literatur: Gagg, R. P.,* Jesus und die Davidssohnfrage, ThZ 7 (1951) 18–30; *Suhl,* Funktion 89–94; *Burger,* Davidssohn 52–59.64–70; *Schneider, G.,* Zur Vorgeschichte des christologischen Prädikats »Sohn Davids«, TThZ 80 (1971) 247–253; *ders.,* Die Davidssohnfrage (Mk 12,35–37), Bib 53 (1972) 65–90; *Neugebauer, F.,* Die Davidssohnfrage (Mark 12,35–7 parr) und der Menschensohn, NTS 21 (1974/75) 81–108; *Dulling, D. C.,* Solomon, Exorcism and the Son of David, HThR 68 (1975) 235–252.

[26] II,214.

[27] Der Mensch zwischen Gott und Welt, Stuttgart ³1956, 426f.

[28] Die christliche Wahrheit, Gütersloh ⁸1969, 269f.

[29] PG 123,629. In Barn 19,5 wird das Gebot der Nächstenliebe verknüpft mit der Forderung: »Du sollst kein Kind durch Abtreibung töten, auch nicht anderseits ein schon geborenes umbringen.«

[30] II,215.

[31] Zitiert bei Barth, Dogmatik I/2,426f.

[32] Ebd. 423–427. Vgl. 419–507.

35 **Und Jesus antwortete und sprach, als er im Tempel lehrte: Wie sagen die Schriftgelehrten, daß der Christus der Sohn Davids ist?** 36 **Er, David, hat im heiligen Geist gesagt: Es sprach der Herr zu meinem Herrn: Setze dich zu meiner Rechten, bis ich deine Feinde unter deine Füße lege.** 37 **Er, David, nennt ihn Herrn. Inwiefern ist er dann sein Sohn[1]? Und die große Volksmenge hörte ihn gern.**

Den Rahmen der Perikope führt man am besten wieder auf den Evangelisten zurück. Vers 35a erweist sich als markinisch durch die Erwähnung der Lehre Jesu und des Tempels. Der Aufenthalt im Tempel hält den gesamten Abschnitt 11,27–13,1 zusammen. Vers 37b bringt erneut die Volksmenge ein und leitet damit zum Folgenden über[2]. Vielleicht besaß die Frage in Ves 35b ursprünglich keine nähere Subjektbezeichnung (vgl. Lk 20,41), so daß Markus die Schriftgelehrten eingeführt hätte. Dies würde eine Klammer zwischen 12,28 und 38 bedeuten, wo jeweils Schriftgelehrte genannt sind. Die Überlieferung ist im hellenistischen Judenchristentum zu beheimaten[3]. Die Relativierung der Davidssohnschaft des Messias ist im palästinischen Judenchristentum, wo man Geneaologien schuf, um sie abzusichern, schwer unterzubringen, zumal sie der Kyrioswürde gegenübergestellt wird. Diese wird aus Ps 110,1 abgeleitet, eine Stelle, die als christologisches Schriftzitat auf die Erhöhung Jesu bezogen ist. Mag es sich bei der Davidssohnfrage auch um ein Problem der jüdischen Messiasdogmatik handeln, so wird dieses doch eindeutig im christlichen (und nicht vorchristlichen) Kontext erörtert. Eine Ableitung des Kyriosprädikats von hebräischem adonaj (Ps 110,1) oder aramäischem mar ist recht unwahrscheinlich[4]. Die Argumentation basiert auf dem griechischen Bibeltext. Formmäßig ist die Perikope als haggadische Antinomiefrage definiert worden, bei der Schriftstelle gegen Schriftstelle gesetzt wird[5]. Allerdings wird in unserem Fall eine Schriftstelle mit einer Auffassung der Schriftgelehrten konfrontiert. Letztere ließe sich freilich aus der Schrift erheben. Vielleicht spricht man darum besser einfach nur von einer Streitfrage[6].

Analyse

Die kleine Perikope, von einer Ein- und Ausleitung gerahmt, gewinnt ihre Eigenheit als Monolog Jesu. Dieser macht zunächst in bezug auf die Meinung von der Davidssohnschaft des Messias einen Selbsteinwand, der auf die Auffassung der Schriftgelehrten zurückgeht (vgl. 9,11), zitiert dann als Gegenargument Ps

[1] Zur Übersetzung des καί vgl. Beyer, Semitische Syntax 95.

[2] Zu πολὺς ὄχλος vgl. 8,1; 5,21.24; 6,34; 9,14; zu ἤκουεν ἡδέως 6,20.

[3] Vgl. Hahn, Hoheitstitel 113–115; Schneider, Davidssohnfrage 86.

[4] Gegen Schweizer 139.

[5] Jeremias, Theologie I,247; Daube, NT and Rabbinic Judaism 163. Kritisch dazu Bultmann, Geschichte, Ergänzungsheft zu S. 146. Auch scheint in der Haggada die Frageform zu fehlen. Vgl. dazu etwa die haggadische Auslegung von Lev im Midrasch Wajikra Rabba (ed. J. Fürst): A. Wünsche, Bibliotheca Rabbinica 22., 24. und 26. Lieferg., Hildesheim 1967 (Nachdruck), 117–121.

[6] Mt 22,41–46 macht aus der Streitfrage ein Streitgespräch, in dem Pharisäer mit Jesus diskutieren.

110,1 und schließt mit einer Frage ab. Die Schwierigkeit des Textes besteht in der Schlußfrage, die alles offen zu lassen scheint.

Erklärung Nachdem Jesus alle seine Gegner zum Schweigen gebracht hat, nimmt er noch einmal im Tempelbezirk das Wort, um zu lehren. Die Adressaten seiner Lehre sind die Volksmenge, wie Vers 37b andeutet. Die Meinung, der Messias sei Davids Sohn, war im zeitgenössischen Judentum keinesfalls eine auf die Schriftgelehrten beschränkte. Sie hat ihre Wurzeln im Alten Testament (1Sam 7,12ff; Jes 11,1; Jer 23,5; Ez 34,23; 37,24; Ps 89,20ff) und wird uns für die Zeit Jesu neuerdings durch die Qumranhandschriften bestätigt (1Qflor 1,11; 1QPB 3f). Der Name »Sohn Davids« für den Messias taucht allerdings erst in PsSal 17,21 auf. In diesem Psalm, der wahrscheinlich in pharisäischen Kreisen entstand, wird der Messias als glanzvoller Erneuerer des königlichen Thrones und der israelitischen Religion geschildert. Mit unserer Perikope kommt der Text darin überein, daß »Sohn Davids« ohne Artikel, das heißt, wohl nicht als christologischer Titel verwendet ist[7]. Während man vor allem seitens der Pharisäer aufgrund der Erfahrungen mit der Hasmonäer-Dynastie die Davidssohnschaft streng genealogisch auffaßte, konnte man im Fall des Bar-Kochba (132–134 n. Chr.), der kein Davidide war und dennoch von Rabbi Aqiba zum Messias ausgerufen wurde, in diesem Punkt großzügiger verfahren. Die Davidssohnfrage wird bei Markus nicht abstrakt, sondern hinsichtlich des Christus Jesus gestellt. Gegen die Auffassung der Schriftgelehrten steht Psalm 110,1[8]. David, der als Verfasser des Psalms galt, hat ihn unter Einwirkung des heiligen Geistes der Profetie gesprochen[9]. Er schaute in die Zukunft und weissagte die Inthronisation des Christus zur Rechten Gottes. Psalm 110,1 ist einer der meist zitierten alttestamentlichen Schriftstellen im Neuen Testament und wird auch in Apg 2,34f; 1Kor 15,25; Hebr 1,13 auf den erhöhten Herrn bezogen. »Mein Herr« – hier Bezeichnung des Christus durch David – war auch Anrede des Königs. Die messianologische Verwendung des Psalms im zeitgenössischen Judentum konnte bis jetzt nicht nachgewiesen werden. Ihre Befürworter berufen sich darauf, daß das Judentum wegen antichristlicher Polemik die messianologische Deutung fallen gelassen habe[10]. Wie dem auch sei, mit dem Schriftargument besaß die christliche Gemeinde ein Mittel, den christlichen Rang ihres Messias- bzw. Christusbekenntnisses zu profilieren und die Davidssohnschaft zu relativieren. Daß die Davidssohnschaft zurückgewiesen werde, etwa mit dem Hinweis darauf, daß Jesus kein Davidide gewesen sei, ist eine nicht haltbare Meinung[11]. Sie kann sich nur auf spätere christologische Entwicklungen

[7] Vgl. Schneider, Davidssohnfrage 82f.

[8] ℵ Koine-Text Θ ersetzen ὑποκάτω durch ὑποπόδιον und gleichen damit vollständig an den LXX-Text an.

[9] Im Rabbinischen ist die Formel »im heiligen Geist« bekannt. Vgl. Billerbeck II,30f und LXX 2Kön 23,2, wo David spricht: »Der Geist des Herrn redete in mir.«

[10] Vgl. Billerbeck IV,452–465. Negative Argumente sind das Fehlen von Ps 110 als christologisches Testimonium in Qumran und JustDial 83,1, wo bezeugt ist, daß die Juden den Psalm auf Hiskia beziehen.

[11] Burger, Davidssohn 56; Suhl, Funktion 91. Für die nichtdavidische Abkunft Jesu beruft

berufen[12]. Die Konfrontation zweier Schriftstellen in der Haggadafrage legt nahe, daß die Gültigkeiten der konfrontierten Meinungen auf verschiedenen Ebenen liegen bzw. die zweite die erste zeitlich ablöst[13]. Darf man dies auf unsere Perikope übertragen, bedeutete das eine Parallele zu Röm 1,3f, wo in einer Art Zweistufenchristologie die irdische und die erhöhte Seinsweise Jesu nebeneinandergestellt werden. Ist er dort das eine Mal Davidide, das andere Mal Gottessohn, so in unserer Perikope das eine Mal Davidssohn und das andere Mal Christus und Kyrios (vgl. Apg 2,25f). In der Frage am Ende ist der Christustitel (= αὐτόν) zum Kyrios gezogen und damit vom Davidssohn abgesetzt[14]. David bestätigt somit das christliche Bekenntnis. Mit der allgemeinen Feststellung, daß Jesus vom Volk gern gehört wurde, schließt die Perikope ab.

Zusammenfassung

Markus[15] hat die Davidssohnschaft Jesu mit seinem Jerusalemaufenthalt in Verbindung bringen können. Beim Zug von Jericho nach Jerusalem begrüßt ihn der blinde Bettler als Davidssohn (10,48), beim Betreten der Stadt preist das Volk die kommende Königsherrschaft Davids (11,10). Im Tempel greift Jesus die Frage auf. Die vorgegebene Relativierung der Davidssohnschaft hebt der Evangelist nicht auf. Jedoch wird man vermuten dürfen, daß für ihn die Frage nach der Sohnschaft des Christus erst beantwortet ist mit der Feststellung, daß Jesus Gottes Sohn ist[16]. Dies ist zwar im unmittelbaren Kontext nicht angezeigt, aber durch die Betonung dieses Titels am Anfang und Schluß und in der Mitte des Evangeliums hinreichend begründet. Nicht politische Rücksichtnahmen haben den Evangelisten bewogen, die Davidssohnschaft in die entspre-

man sich auf Joh 7,41f. Hier werden aber Abkunftsorte, Galiläa und Bethlehem, einander gegenübergestellt. Der Verdacht der nichtdavidischen Abstammung ist nur indirekt mit Galiläa verbunden. Vgl. Neugebauer* 86 Anm. 5; Pesch II,252f.

12 Vgl. Barn 12,10: »Da sie nun sagen werden, der Christus sei Davids Sohn, profezeit David selbst, den Irrtum der Sünder fürchtend und begreifend: Es sprach der Herr zu meinem Herrn usw.« Vgl. PsClHom 18,13. Gegen eine ähnliche in die Nähe des Doketismus abrükkende Christologie wendet sich IgnEph 18,2; 20,2; Tr 9,1; Sm 1,1, wo jeweils die Abkunft Jesu aus Davids Geschlecht ausgesagt ist.

13 Vgl. den oben Anm. 5 zitierten Midrasch.

14 Dies hat Hahn, Hoheitstitel 113, gesehen. πόθεν kann allerdings nicht mit »in welchem Sinn, unter welchem Gesichtspunkt« übersetzt werden. So Hahn, Hoheitstitel 261; Neugebauer* 86; Schweizer. Die Auskunft der Lexika läßt das nicht zu. Nach Passow s.v. trägt das Wort den Ausdruck der Verwunderung oder Befremdung. πόθεν relativiert die Davidssohnschaft stärker als πῶς in V 35. Lohmeyer 265 glaubt, daß die abschließende Frage auf den Menschensohn zielt; Bultmann, Geschichte 145f, denkt an den Menschen- oder Gottessohn.

15 Die historische Frage wurde mit der Ableitung der Perikope aus dem hellenistisch-judenchristlichen Bereich entschieden. Wrede hielt die Überlieferung für jesuanisch, weil nichts darauf hinweisen würde, daß Jesus sich als Messias weiß. Doch dieser Eindruck ist unzutreffend. Vgl. das Referat bei Burger, Davidssohn 52f.

16 Neugebauer* 89–95 behauptet für Mk den Kontrast von Davidssohn/Menschensohn, weil Ps 110,1 in 14,62 wieder aufgegriffen wurde. Doch ist der Menschensohntitel für Mk einer unter anderen. Ist der Gottessohn für den Evangelisten führend, so rückt 12,35–37 in größere Nähe zu Röm 1,3f. Man wird aber kaum den dort vorliegenden Credosatz zum Angelpunkt des gesamten Evangeliums machen können, wie Burger, Davidssohn 67–70, will. Dafür ist die Abkunft aus David zu wenig zentral.

chende Relation zu bringen, sondern theologische[17]. Nach Robinson ist für Markus die Bestimmung der Geschichte nicht einfach ein Produkt der immanenten geschichtlichen Überlieferung[18]. Anders ausgedrückt: Wer Jesus ist, erfährt man nicht als Schultheorie, sondern im Glauben und in der Nachfolge des Gekreuzigten.

Vormarkinische Sammlung?

Seit M. Albertz ist wiederholt behauptet worden, im 12. Kapitel sei eine vormarkinische Sammlung von Jerusalemer Streitgesprächen verarbeitet worden[19]. Die Frage aber wurde kaum je wieder gründlich geprüft. Albertz erblickte die Sammlung in den Abschnitten 11,15–17.27–33; 12,13–40, rechnete also Jesu Tempelprotest als Ein- und die Warnung vor den Schriftgelehrten als Ausleitung zur Vorgabe hinzu. Seine Hauptargumente waren die angebliche innere Geschlossenheit der Sammlung und ihr Verhältnis zum Kontext. Da jedoch 11,15–19 und 12,38–40 offenkundig etwas anderes sind und auch 11,27–33 aus der Reihe fällt, spricht Grundmann, der sich neben anderen Albertz' These anschließt, davon, daß der Stamm der Streitgesprächssammlung in 12,13–34 zu suchen sei[20]. Unsere Untersuchungen ergaben, daß die in 12,13ff eingebrachten Perikopen formmäßig durchaus nicht einheitlich sind. Die Steuerfrage erwies sich als Apoftegma, die Sadduzäerfrage als Streit-, die Frage nach dem Hauptgebot als Schulgespräch. Da die formgeschichtliche Analyse für die Ermittlung eines gemeinsamen Sitzes im Leben als eines zusammenbindenden Prinzips für eine Sammlung von hoher Bedeutung ist, wird man der These kritisch begegnen müssen. Zumal sich auch die verbindenden Elemente weitgehend als Markus-Redaktion herausstellten, ist es besser, die Perikopen in Mk 12 vom Evangelisten zusammengefügt sein zu lassen. Neuerdings versucht D. Daube[21] für 12,13–37 ein übergreifendes Prinzip zur Geltung zu bringen, läßt es dabei aber offen, ob erst Markus oder schon ein vormarkinischer Redaktor dieses Prinzip auf die Zuordnung der Perikopen anwandte. Es sei ein Viererschema, das aus der Pascha-Haggada stamme, im hellenistischen Judentum Ägyptens entstanden und von dort nach Palästina herübergekommen sei. Daube nennt darum den Markus-Abschnitt einen judenchristlichen Seder. In dieser Pascha-Haggada werden vier rituell vorgeschriebene Fragen an den Hausvater gerichtet. Die erste ist eine Weisheits- oder Halachahfrage, die zweite eine höhnisch gestellte Vulgärfrage, die dritte betrifft die Paschaordnung insgesamt. Bei der vierten, einer Frage, die auf Belehrung abzielt, übernimmt der Hausvater selbst die Rolle des Fragers. Äußerlich betrachtet, könnte es gelingen, die vier Frageweisen in Mk 12,13–37 wiederzuentdecken, wobei die Hohnfrage in 12,19ff und die von Jesus selbst gestellte Frage in 12,35 in die Augen sticht. Jedoch bleiben Schwierigkeiten. In der Haggada richten sich die Fragen auf die Paschaordnung, bei Markus auf gänzlich andere Probleme. Die markinischen Perikopen sind teils palästinisch-, teils hellenistisch-judenchristlicher Herkunft. Ihre Verwendung in einer christlichen Paschafeier ist kaum vorstellbar.

[17] Gegen S. G. F. Brandon, The Fall of Jerusalem and the Christian Church, London 1951, 189f, für den die Davidssohnschaft politisch verdächtig ist. Mk wollte den Verdacht unterdrücken. Ps 110,1 als Gegenargument erscheint allerdings hierfür höchst ungeeignet.

[18] Geschichtsverständnis 65.

[19] Vgl. die Forschungsübersicht bei Kuhn, Sammlungen 39–43.

[20] Grundmann 9. Literatur bei Kuhn, Sammlungen 40 Anm. 179.

[21] NT and Rabbinic Judaism 158–169.

## 12. *Kritik der falschen Schriftgelehrten (12,38–40)*

*Literatur: Rengstorf, K. H.*, Die ΣΤΟΛΑΙ der Schriftgelehrten. Eine Erläuterung zu Mk 12,38, in: Abraham unser Vater (FS O. Michel), Leiden-Köln 1963, 383–404.

38 **Und in seiner Lehre sagte er: Hütet euch vor den Schriftgelehrten, die es lieben, in Talaren einherzugehen und auf den Marktplätzen gegrüßt zu werden** 39 **und die ersten Stühle in den Synagogen und die ersten Plätze bei den Gastmählern (einzunehmen).** 40 **Sie fressen die Häuser der Witwen auf und zum Schein beten sie lange. Diese werden ein um so schlimmeres Gerichtsurteil empfangen.**

Analyse

Der Spruch in 38f erscheint als gegen die Pharisäer gerichteter Wehruf in Lk 11,43, ist dort aber auf die ersten Stühle in den Synagogen und die Begrüßungen auf den Marktplätzen beschränkt. Mt 23,6 bietet eine Beschreibung der Pharisäer (ohne Wehe), die von den vier Gliedern des Markus nur das erste, das Einhergehen in Talaren, ausläßt, die übrigen drei aber in umgekehrter Reihenfolge bringt. Daraus ergibt sich, daß die markinische Überlieferung des Spruches als die zersagteste zu gelten hat. Keinesfalls sind Lk 11,43; Mt 23,6 von Mk 12,38f abhängig (anders Lk 20,46). Der Spruch in 40 war ursprünglich selbständig und nicht mit 38f verbunden. Dies erkennt man aus dem grammatisch ungeschickten Anschluß und dem ganz anderen Inhalt. In Mt 23,14 ist der Spruch – vermutlich sekundär – zu einem Weheruf geworden. Seine Zugehörigkeit zum Mattäustext ist strittig. Die Ankündigung des Gerichts in Mk 12,40b steht in Spannung zum einleitenden »Hütet euch«. Sie läßt darauf schließen, daß die Sprüche ehemals an die Adresse der Kritisierten (wie Lk 11,43) gerichtet waren. Diese waren vermutlich die Pharisäer. Die Einführung des βλέπετε und die damit vollzogene Umwandlung eines Drohwortes (Weherufes?) in eine Warnung vor den Genannten könnte durch den Evangelisten erfolgt sein. Dafür spricht auch die Erwähnung der Schriftgelehrten. Auf jeden Fall geht die Einleitungsbemerkung in 38a auf sein Konto. Er betont die Lehre Jesu und faßt sich in ihrer Wiedergabe kurz[1]. Die Heimat der Sprüche ist das palästinische Judenchristentum, das in eine schwere, unversöhnlich wirkende Auseinandersetzung mit dem Judentum geraten war[2].

Erklärung

Die Lehre Jesu und die Erwähnung der Schriftgelehrten bildet eine stichwortartige Assoziation zum Vorausgehenden (12,35). Die Lehre zerfällt in die einleitende Warnung, die Beschreibung der Schriftgelehrten, die die Warnung begründet, und eine abschließende Gerichtsandrohung. Die erste Kritik richtet

[1] Dibelius, Formgeschichte 238; Wendling, Entstehung 153, vermuten, daß Mk nur ein Exzerpt aus einem umfangreicheren Stoff bietet.

[2] Lohmeyer 264 Anm. 1 sieht in der Erwähnung der Synagogen einen Hinweis auf Entstehung außerhalb Jerusalems.

sich gegen die Ehrsucht, die sich im Streben nach öffentlicher Anerkennung äußert. Sie dokumentieren ihre Würde im Tragen feierlicher Talare und fordern den ehrerbietigen Gruß auf den Plätzen und die Ehrensitze bei Gottesdienst und Festmahl. Es ist umstritten, ob die Schriftgelehrten einen sie kennzeichnenden Talar (tallith) benutzten. Während Billerbeck das Besondere in den Schaufäden (cicith) erblickt, mit denen die Gewandzipfel versehen waren, denkt Rengstorf an das sabbatliche Festkleid, das sich nur der Reiche leisten konnte[3]. Jedenfalls dürfte es die für die Schriftgelehrten typische Geste gegeben haben, sich in das Gewand einzuhüllen. Diese Geste erfolgte beim Beten, Rechtsspruch und Lösen von Gelübden[4]. Den ersten Stuhl in der Synagoge vermutet man als einen für angesehene oder offizielle Persönlichkeiten reservierten Platz gegenüber dem Thoraschrein. Nach der Tosefta besaßen die Gelehrten eigene Stühle und saßen nicht beim Volk[5]. Der Ehrenplatz beim Gastmahl ist neben dem Hausherrn oder Gastgeber an der Tafel zu suchen. Da im Rabbinischen in späterer Zeit die Rangordnung bei Tisch nach dem Alter der Gäste geregelt wurde, darf man vermuten, daß zur Zeit Jesu die Gäste nach ihrem Ansehen plaziert wurden. Gegen das Drängeln nach dem Ehrenplatz wendet sich auch das kleine Gleichnis Lk 14,7–10 (vgl. Joh 5,44)[6]. Beißender ist die zweite Kritik, die die Habsucht der Schriftgelehrten geißelt. Die Witwen (und Waisen) besaßen im Judentum besonderen Rechtsschutz. Schon Ex 22,21b mahnt: »Eine Witwe oder Waise sollt ihr nie bedrängen. Bedrückst du sie und rufen sie zu mir um Hilfe, so werde ich ihr Rufen hören« (vgl. Jes 1,7.23; 10,2)[7]. Auch in zeitgenössischen Schriften wird die Ausbeutung aus frommem Vorwand scharf verurteilt: »Der Armen Güter fressen sie, und sie behaupten, sie täten dies nur aus Gerechtigkeit. In Wirklichkeit verderben sie« (AscMos 7,3–10)[8]. Die Kritik Jesu hält sich völlig im Rahmen der jüdischen Einstellung. »Die Häuser fressen« ist gleichbedeutend mit der widerrechtlichen Aneignung von Hab und Gut (vgl. das lateinische patrimonium devorare). Sicher liegt

[3] Billerbeck II,31–33; Rengstorf* 398–404. An den Philosophenmantel ist nicht zu denken. Das Kleid, das man am Sabbat trug, sollte gewaschen und gereinigt sein. Vgl. Jub 31,1; Dam 11,3. Im AT kann στολή das königliche (2Chr 18,9; Est 6,8) oder priesterliche Kleid (Ex 28,2; JosAnt 3,151; 11,80) bezeichnen. Nach Passow s.v. ist es das gute Kleid zum Ausgehen, der Staatsanzug oder Prunkhabit. sy[s]. liest ἐν στοαῖς (in den Säulenhallen). Lohmeyer 263 Anm. 2 zieht dies gegenüber ἐν στολαῖς vor, weil sich im folgenden auch nur Ortsbezeichnungen finden. Mt 23,5 kritisiert, daß sie ihre Gebetsriemen weit- und ihre Gewandquasten großmachen.

[4] bNed 77b Bar: »Rabbi Gamaliel stieg von seinem Esel, hüllte sich ein, setzte sich nieder und löste ihm sein Gelübde.« Weitere Beispiele bei Billerbeck II,33.

[5] TosMeg 4,21 bei Billerbeck I,915f. Vgl. Lohmeyer 264 Anm. 1. Nach Herm m 11,12 strebt der Pseudoprofet nach dem ersten Stuhl in der Gemeindeversammlung und läßt sich gern bezahlen.

[6] Vgl. Billerbeck I,914f.

[7] »Witwen und Waisen« als stehende Redewendung wird dazu geführt haben, daß einige Handschriften καὶ ὀρφανῶν (D it) hinzufügen. Vgl. Jak 1,27.

[8] Es ist umstritten, auf wen sich die Kritik von AscMos 7 bezieht. Vgl. C. Clemen, Die Himmelfahrt Moses, in: G. Kautzsch, Die Apokryphen und Pseudepigraphen des AT II, Tübingen 1900, 315. Doch dürften entweder die Sadduzäer oder die Pharisäer getroffen sein. Weitere Beispiele ähnlicher Kritik bei Billerbeck II,33; auch PsSal 4,2ff.

übertreibende, polemische Charakterisierung vor. Auf welchem Weg sie den Besitz der Witwen an sich ziehen, ist des näheren nicht zu verstehen gegeben. Boten sie ihren Rechtsbeistand an und verlangten dafür unverschämte Bezahlung? Noch korrupter wäre das Verhalten, wenn man das scheinheilige lange Gebet mit dem ausbeuterischen Tun verknüpft[9]. Wahrscheinlich aber liegt ein neuer Vorwurf vor, der ähnlich in Mt 6,7 bezeichnenderweise den Heiden gilt. Von Rabbi Aqiba (+ ca. 135) sagte man, wenn er mit der Gemeinde betete, machte er es kurz; wenn er für sich allein betete, dauerte es lang[10]. Hier wird nicht das lange Beten verurteilt, sondern daß es nur zum Schein geschieht. Letztlich wären sie Ungläubige, die sich mit dem Mantel der Heuchelei umhüllen. Das schlimme Urteil, das sie empfangen werden, bezieht sich auf das eschatologische Gericht und steht im Kontrast zum Empfang des ewigen Lebens (vgl. Mk 10,30).

Historische Beurteilung und Zusammenfassung

Obwohl sich die Sprüche in ihrer vorliegenden Form nicht auf Jesus zurückführen lassen, kann das in ihnen enthaltene Anliegen – von Polemik befreit bzw. ins Positive gewendet – mit seiner Botschaft in Einklang gebracht werden, wie Lk 14,7–10; Mt 6,5f zeigen. Für Markus bedeuten die Sprüche, daß die Trennung der Gemeinde vom offiziellen Judentum vollzogen ist. Darum mag ihm das hier dargebotene undifferenzierte Urteil nicht ungelegen gekommen sein. Den redaktionellen Gegensatz zu den falschen Schriftgelehrten wird man nicht so sehr in der großen Volksmenge, die Jesus gern hörte (12,37b) zu sehen haben[11], sondern in der armen Witwe, von der wir im folgenden hören.

## 13. *Das Lob der armen Witwe (12,41–44)*

*Literatur: Sperber, D.,* Mark 12,42 and Its Metrological Background. A Study in Ancient Syriac Versions, NT 9 (1967) 178–190.

**41 Und er setzte sich gegenüber der Schatzkammer und sah, wie die Volksmenge Geld in die Schatzkammer einlegt. Und viele Reiche legten viel ein. 42 Und eine arme Witwe kam und legte zwei Lepta, das ist ein Quadrans, ein. 43 Und er rief seine Jünger herbei und sprach zu ihnen: Amen ich sage euch: Diese arme Witwe hat mehr als alle von denen, die in die Schatzkammer (Geld) einlegten, eingelegt. 44 Denn alle legten aus ihrem Überfluß ein. Sie aber legte aus ihrem Mangel alles, was sie hatte, ein, ihren ganzen Lebensunterhalt.**

[9] Dies ist offenkundig die Meinung von D lat sy, die das koordinierende καί weglassen.

[10] TBer 3,5 bei Billerbeck I,402. Weitere Beispiele von Urteilen über kurzes und langes Beten bei Billerbeck I,403f.

[11] So schon Lohmeyer 265.

Analyse Die Perikope hat im Lauf ihrer Überlieferung geringfügige Erweiterungen erfahren, die teils vormarkinisch sind, teils auf den Evangelisten zurückgehen. Sicher stammt von letzterem die Einführung der Jüngerschaft in Vers 43 mit der Einleitung: Und er rief seine Jünger herbei[1]. Ursprünglich richtete sich das Wort Jesu an die Umstehenden bzw. das Volk. In Vers 41a könnte die Erwähnung der Schatzkammer (καθίσας κατέναντι τοῦ γαζοφυλακίου) sekundär sein[2], da diese in 41b gleich wieder genannt wird und hier unentbehrlich ist. So würden sich auch einige Schwierigkeiten, die über die Ortslage entstanden sind, beheben (s. Interpretation). In Vers 42 erfolgte die Erklärung der Münze für griechisch-römische Hörer erst später, wohl durch Markus. Und schließlich wird man die letzte Bemerkung in 44c »ihren ganzen Lebensunterhalt« als erzählerische Ausweitung anzusehen haben, die die eindrucksvolle Antithese Überfluß/Mangel etwas verunklart hat. In der älteren Exegese betrachtete man die Perikope wiederholt als ein in Geschichte umgesetztes ehemaliges Gleichnis[3]. Man glaubte, so vermeintliche Unwahrscheinlichkeiten der Erzählung, daß Jesus sieht, wer die Frau ist, wieviel sie opfert, verständlich machen zu können. Jedoch beschränkt sich der Erzähler auf den für ihn wesentlichen Gegensatz von den vielen Reichen und der armen Witwe und läßt Plausibilitätsgründe als uninteressante Details beiseite. Man wird die Geschichte, die in ihrem Anliegen Parallelen in verschiedenen Kulturen besitzt, als ideale Szene einzustufen haben[4]. Ihre Entstehung ist im palästinischen wie im hellenistischen Judenchristentum denkbar. Könnte für letzteres der relativ gute griechische Stil sprechen, so für ersteres der Inhalt[5].

Erklärung 41–42 Jesus setzt sich dem γαζοφυλάκιον (persisches Lehnwort γάζα = Schatz) gegenüber. Das Wort[6] kann sowohl die Schatzkammer, die sich im inneren Bezirk des Tempels, der nur für Juden zugänglich war, näherhin im Vorhof der Frauen, befand, bezeichnen, als auch den Opferkasten. In der Schatzkammer waren dreizehn posaunenförmige Opferkästen aufgestellt, von denen einer für freiwillige Gaben bestimmt war. Die freiwilligen Gaben dienten insbesondere für die Entrichtung der Brandopfer, die als Ganzopfer nahezu ausschließlich Gott zugute kommen sollten[7]. Nach 2Makk 3,6 war die Schatzkammer zur Zeit Seleukus IV. voll unermeßlicher Reichtümer. Nach JosBell 6,282 wurde auch die Schatzkammer samt den darin aufgespeicherten Geldern, Kleidern und Kleinodien beim Tempelbrand im Jahre 70 n. Chr. ein Raub der Flammen. Die Darstellung bei Markus ist ungenau. Während sich Jesus der *Schatzkammer*

[1] προσκαλεσάμενος ist mk Lieblingswendung.

[2] Zur Formulierung vgl. Mk 13,3: κατέναντι τοῦ ἱεροῦ.

[3] Wendling, Entstehung 154f; Lohmeyer 267 spricht zwar von Paradigma, gibt aber durch den Hinweis auf Lk 16,19–31 zu erkennen, was er darunter versteht.

[4] Bultmann, Geschichte 32. Hirsch, Frühgeschichte I,137, redet von Wanderanekdote.

[5] Zum Stil vgl. Lohmeyer 265 Anm. 2. Auffällig sind verschiedene Wörter, die bei Mk nur hier vorkommen: ὑστέρησις, περισσεύω, πλείων, βίος, von den Münznamen abgesehen.

[6] Vgl. Billerbeck II,37–45.

[7] Vgl. Schürer II,75.

gegenüber niedersetzt, wirft die Menge Geld in den *Opferkasten*. Zur doppelten Verwendung von γαζοφυλάκιον vgl. die Analyse. Auch das Sitzen Jesu im heiligen Bezirk bereitet Schwierigkeiten. Vermutlich war es nicht statthaft[8]. Wie es einem Beobachter möglich sein konnte festzustellen, wieviel die einzelnen einlegten, interessiert den Bericht nicht. Billerbeck[9] meint, daß ein Priester die Gabe in Empfang nahm und der Opfernde dabei ihre Größe bekanntgab, so daß ein Beobachter dies zu hören vermochte. Viele Reiche spenden viel. Wenn dies öffentlich geschah, mag es in manchen Fällen mit Selbstgefälligkeit erfolgt sein. χαλκός muß sich darum allgemein auf das Geld, nicht bloß das Kupfergeld, beziehen. Das Lepton, das der jüdischen Perutha entspricht, ist die kleinste Kupfermünze. Die Witwe opfert zwei Lepta und gibt damit ihre bittere Armut preis. Da sie ein Lepton hätte zurückbehalten können, soll wohl ihre Großmut gekennzeichnet sein[10]. Die Gleichstellung mit dem Quadrans übersetzt die Münzenangabe in das römische Münzsystem (1 Quadrans = 1/2 Semis = 1/4 As)[11].

Die Deutung des Geschehens durch Jesus bietet Markus als Belehrung der Jün- 43–44
ger, die gebieterisch herangerufen werden. Die Einleitung der Belehrung mit »Amen ich sage euch« gibt kund, daß Jesus in der Lage ist, den Wert der menschlichen Handlung gültig abzuschätzen. Auch in der Apokalyptik ist der Visionär zu ähnlichem bevollmächtigt, leitet aber dort seinen Spruch mit »ich schwöre« ein (äthHen 98,6; 103,1f; 104,1)[12]. Im Urteil Jesu übertraf die Witwe mit ihrer armseligen Gabe alle Reichen, weil jene aus Überfluß spendeten, diese aus Mangel gab. Ihre Hingabe ist größer und echter. Nicht die innere Freiheit von Besitz wertet die Tat – das wäre griechisch empfunden –, sondern die Liebe zu Gott, die sich in ihr ausdrückt. Was sie gab, war alles, was sie gerade besaß, ihr ganzer Lebensunterhalt, der im Horizont des Armen sich ohnehin nur auf den anstehenden Tag erstreckt. Eine immer wieder zitierte parallele rabbinische Geschichte[13] erzählt von einer armen Frau, die wegen der Armseligkeit ihres Opfers, eine Handvoll Mehl, vom Priester verhöhnt wird. Diesen belehrt Gott im Traum: »Verachte sie nicht, denn sie ist wie eine, die sich selbst dargebracht hat.« Die Parallele vermag den psychologischen Hintergrund der Situation des Armen zu erhellen. Ansonsten urteilt das rabbinische Judentum wie Jesus in unserer Geschichte. Das Sprichwort »Je nach dem Kamel die Last«[14] wollte sicherstellen, daß die Wohltätigkeit der Leistungsfähigkeit des Wohltäters entsprechen soll. Daneben betonte man, daß nicht die Größe der

[8] Nach Billerbeck II,33 gibt es zwar keinen ausdrücklichen älteren Beleg dafür, daß man das Sitzen im Heiligtum beanstandete, einige Handschriften jedoch ändern »er setzte sich« in »er stand« (ἑστώς) ab: W Θ φ $sy^s$ Origenes. Bildete das Paschafest eine Ausnahme der Regel? Vgl. Pes 5,10.

[9] II,43f.

[10] Lohmeyer 266 vermutet, daß ein rabbinisches Gebot vorschrieb, das Opfer dürfe nicht weniger als zwei Lepta ausmachen. Die Vermutung trifft nicht zu. Vgl. Billerbeck II,45.

[11] Zu den Münzsystemen vgl. Sperber*, der eine übersichtliche Tabelle bietet, und Schürer II,75f.

[12] Vgl. Berger, Amen-Worte 48f.

[13] Lev r 3 (107a). Alle Belege bei Billerbeck II,45f.

[14] bKeth 67a.

Gabe, sondern die Echtheit der Gesinnung vor Gott entscheidend ist: »Ob einer viel gibt oder wenig, nur soll der Mensch seine Gedanken auf Gott gerichtet haben.«[15] Es ist darum berechtigt zu sagen, die markinische Perikope biete ein schönes Beispiel für »jüdische Humanität« (Lohmeyer)[16]. Bemerkenswert ist, daß in der Geschichte das Tempelopfer uneingeschränkt bejaht wird.

Historische Beurteilung und Zusammenfassung

Wiederum läßt sich sagen, daß die Geschichte zwar nicht in das Leben Jesu zurückgeführt werden kann, daß das aber, was sie enthält, mit seiner Predigt übereinstimmt (vgl. Mk 10,23–26; Lk 12,14f). Für Markus ist bedeutsam, daß er sie als Jüngerbelehrung faßt. In den von ihm angesprochenen Gemeinden wird die Zahl der Armen größer gewesen sein als die der Reichen. Die Armen sind auch in der christlichen Gemeinde in Gefahr, zurückgestellt oder verachtet zu werden. Wenn die Witwe den Jüngern als Vorbild vor Augen geführt wird, ist zu bedenken, daß sie in zweifacher Hinsicht in der damaligen Gesellschaft sozial benachteiligt war: als alleinstehende Frau und als Vertreterin des Armenstandes. Die Wertschätzung der Armen bei Gott soll die Gemeinde anspornen, nicht bloß das Beispiel der Witwe nachzuahmen, sondern gerade auch denen beizustehen, die so alleingelassen sind wie diese.

Wirkungsgeschichte

Der Perikope blieb eine relativ geringe Wirkungsgeschichte vorbehalten. Entsprechend ihrem Tenor benutzte man sie paränetisch und betonte man die Notwendigkeit der rechten Gesinnung beim Opfer: non perpendit quantum . . ., sed ex quanto[17]. Wenn die gering Bemittelten sich selber darbringen, »wird ihre äußerlich geringe, wertlose Gabe genausoviel gelten, als wenn sie alle Schätze des Krösus opferten«. Die arme Witwe hat das wichtigste Opfer gebracht, das von uns gefordert wird, nämlich sich selbst verleugnet[18]. Neben der Paränese war eine allegorische Auslegung bekannt, bei der die Frau die vidua pauper Ecclesia darstellt, deren Bräutigam von ihr ging und die der Synagoge, die durch die justitia legis gerechtgesprochen werden will, gegenübergestellt wird. Liegt hier auch unerlaubte Eisegese vor, bleibt das an die Kirche gerichtete Wort beherzigenswert: mundi divitias abierit[19].

[15] Men 13,11.

[16] Auch das Griechentum kennt ähnliche Gedanken. Vgl. Xenophon, memor. 1,3,3: »Wer von wenigem geringe Opfer darbringt, soll nicht weniger geachtet werden als die, welche von Vielem und Großem viel und reichlich opfern.« Wenn die buddhistische Tradition eine der Perikope von der armen Witwe verwandte Geschichte kennt, ist kein Abhängigkeitsverhältnis zu vermuten. Vielmehr spricht die Verwandtschaft für parallele Strukturen in verschiedenen Religionen. Gegen Bultmann, Geschichte 32; Hirsch, Frühgeschichte I,137. Zur Sache im AT vgl. 1Chr 29,9.17.

[17] Beda, PL 92,258.

[18] Calvin II,252f.

[19] Beda, a.a.O. Theophylakt, PG 123,631, bietet eine Allegorese, in der die Selbstverleugnung als Mittel zum Eingang in das himmlische γαζοφυλάκιον nahegelegt werden soll.

## 14. *Die eschatologische Mahnrede Jesu (13,1–37)*

*Literatur: Feuillet, A.*, Le discours de Jésus sur la ruine du temple d'après Marc XIII et Luc XXI,5–36, RB 55 (1948) 481–502. 56 (1949) 61–92; *Harder, G.*, Das eschatologische Geschichtsbild in der sogenannten kleinen Apokalypse Markus 13, ThViat 4 (1952) 71–107; *Cranfield, C. E. B.*, St. Mark 13, SJTh 6 (1953) 189–196.287–303. 7 (1954) 284–303; *Beasley-Murray, G. R.*, A Commentary on Mark Thirteen, London 1957; *Conzelmann, H.*, Geschichte und Eschaton nach Mc 13, ZNW 50 (1959) 210–221; *Marxsen*, Evangelist 101–140; *Perrot, C.*, Essai sur le discours eschatologique, RSR 47 (1959) 481–514; *Schoeps, H.-J.*, Ebionitische Apokalyptik im NT, ZNW 51 (1960) 101–111; *Hartman, L.*, Prophecy Interpreted, Lund 1966; *Lambrecht, J.*, Die Logia-Quellen von Markus 13, Bib 47 (1966) 321–360; *Walter, N.*, Tempelzerstörung und synoptische Apokalypse, ZNW 57 (1966) 38–49; *Lambrecht, J.*, Die Redaktion der Markus-Apokalypse, 1967 (AnBib 28); *Schreiber*, Theologie des Vertrauens 126–157; *Pesch, R.*, Naherwartungen. Tradition und Redaktion in Mk 13, Düsseldorf 1968; *Flükkiger, F.*, Die Redaktion der Zukunftsrede in Mk 13, ThZ 26 (1970) 395–409; *Gaston, L.*, No Stone on Another, 1970 (NT.S 23); *Grayston, K.*, The Study of Mark XIII, BJRL 56 (1974) 371–387; *Rousseau, F.*, La structure de Marc 13, Bib 56 (1975) 157–172; *Hahn, F.*, Die Rede von der Parusie des Menschensohnes Markus 13, in: Jesus und der Menschensohn (FS A. Vögtle), Freiburg 1975, 240–266; *Dupont, J.*, La ruine du temple et la fin des temps dans le disccurs de Marc 13, 1977 (LeDiv 95) 207–269.

Markus 13 ist neben der Gleichnisrede in Kapitel 4 die zweite größere Rede Jesu im Evangelium. Doch unterscheidet sich diese deutlich vom Gleichniskapitel. War Kapitel 4 durch ständige Neueinsätze klar in Perikopen untergliedert, so beginnt Jesus nach einem Eingangsszenarium in 13,5 eine Rede, die ohne szenische Bemerkung bis 13,37 läuft und bereits so ihre kompositorische Geschlossenheit andeutet. Ihre künstliche Zusammensetzung gibt sie schon dem oberflächlichen Betrachter durch den beständigen Wechsel von der Anrede in einen erzählenden Stil zu erkennen. Das Material, aus dem sie zusammengefügt ist, sind apokalyptisch gefärbte Vorausankündigungen, die in der zeitgenössischen apokalyptischen Literatur weitgehend ihre Parallelen haben, Herrenlogien, mögen sie auf Jesus zurückgeführt werden können oder ihm in den Mund gelegt worden sein, die beiden Gleichnisse vom Feigenbaum und vom Türhüter. 21 imperativische stehen neben 27 futurischen Verbformen, was das paränetische Anliegen im Kontext der Endzeiterwartung anzeigt. Zwar wird apokalyptisches Gut von christlichen Überlieferungen her aufgearbeitet, dennoch bleibt das kräftige Eindringen jener Mentalität bemerkenswert. Die Bestimmung ihres gegenseitigen Verhältnisses steht in Verbindung mit zahlreichen Fragen, die die Interpreten stets beschäftigt haben und denen auch wir unsere Aufmerksamkeit schenken müssen. Warum wird die Tempelzerstörung zur Endzeiterwartung in Beziehung gesetzt, während doch in der Rede von jener nicht mehr (oder nur mit unklaren Worten in Vers 14?) gesprochen wird? Lassen sich die Irrlehren, vor denen gewarnt wird, konkret bestimmen? Was meint Markus, wenn er zur Wachsamkeit aufruft, und wie ist sein eschatologischer Standort zu umreißen? Sind die innerweltlichen Geschehnisse, die angesagt werden, auf erlebte oder beschreibbare zeitgeschichtliche Erfahrungen bezogen? Weil die Auseinandersetzung mit apokalyptischem Denken zur Geschichtsbetrachtung anregt, ist insbesondere die Frage nach dem Geschichtsverständnis des Evangelisten zu stellen.

Will man einen Überblick gewinnen, so sind die Signale und Hinweise zu beachten, welche die Redaktion in die Rede eingebaut hat. Das Interesse an der Zeit kommt schon in der eingangs gestellten Jüngerfrage (4) zur Geltung. »Noch nicht das Ende« (7), »Anfang der Wehen« (8), »bis ans Ende« (13) sind Bemerkungen, die diese Linie fortsetzen und den Abschnitt 5b–13 verklammern. Mit τότε in 14 ist ebenso ein Neueinsatz markiert wie mit »in jenen Tagen nach jener Drangsal« in 24. Werden in 5b–27 zeitlich aufeinanderfolgende Ereignisse beschrieben, so geht es in 28–37 um die Frage nach dem Wann, auf die die beiden Gleichnisse antworten, das Wort von jenem Tag und der Stunde aber berechenbare Auskünfte verweigert (32). Schälen sich somit schon in groben Umrissen eine Dreigliederung 5b–23; 24–27; 28–37 und der Abschnitt, der von der Parusie des Menschensohnes handelt, als die beherrschende Mitte heraus, vermögen weitere Indizien diese Unterteilung zu bestätigen. Die Warnungen vor Verführern (5b.6 und 21f) bilden eine Inklusion, die den ersten Teil zusammenbindet (βλέπετε am Anfang in 5b und am Schluß in 23). In 9 signalisiert βλέπετε δὲ ὑμεῖς ἑαυτούς eine Untergliederung. Der dritte Teil wird mit dem Imperativ μάθετε eingeleitet und mit γρηγορεῖτε abgeschlossen. Der doppelte Imperativ am Beginn von 33 empfiehlt, hier innerhalb dieses Abschnittes eine gedankliche Pause einzulegen. Somit ergibt sich für die Gliederung folgendes Bild: 1) 5b–8.9–13.14–23; 2) 24–27; 3) 28–32.33–37[1]. – Markus hat die Rede als Sonderbelehrung von vier ausgewählten Jüngern konzipiert. In der Apokalyptik waren Geheimbelehrungen üblich. Da Jesus seinem Tod entgegengeht, ließe sich die Rede mit dem Vermächtnis, das der Patriarch vor seinem Tod in der Testamente-Literatur seinen Söhnen übergibt, vergleichen. Man hat aber auf die Eigenstruktur zu achten. Die Aufrufe auf dem Hintergrund der Endzeiterwartung legen es nahe, von eschatologischer Mahnrede zu sprechen. Die Offenbarung des Menschensohnes bei seiner Parusie muß in Verbindung mit dem markinischen Messiasgeheimnis gesehen werden. Die Behandlung eschatologischer Fragen am Schluß mag katechetischer Gepflogenheit entsprechen, für das Evangelium aber bleibt die Vorordnung der Rede vor die Passionsgeschichte zu beachten. Im Blick auf diese ist die evangeliare Perspektive gegeben.

[1] Vgl. Lambrecht, Redaktion 286, der die Teile 1 und 3 in a b c b' a' strukturiert sieht, und Pesch, Naherwartungen 74–82, der eine umfangreiche Übersicht über abweichende Gliederungsvorschläge bietet.

## a) Die Eröffnungsszene (13,1–4)

*Literatur: Dupont, J.*, Il n'en sera pas laissé pierre sur pierre (Marc 13,2; Luc 19,44), Bib 52 (1971) 301–320. – Weitere Literatur s. oben S. 179.

**1 Und als er aus dem Tempel hinausgeht, sagt einer seiner Jünger zu ihm: Lehrer, siehe, was für Steine und was für Bauten! 2 Und Jesus sagte ihm: Du siehst diese großen Bauten? Kein Stein wird hier auf dem anderen bleiben, der nicht zerstört werden wird. 3 Und als er auf dem Ölberg, dem Tempel gegenüber, saß, fragte ihn für sich allein Petrus und Jakobus und Johannes und Andreas: 4 Sage uns, wann wird das sein, und was ist das Zeichen, wann dieses alles sich vollenden wird?**

Analyse

Über die weitgehende markinische Gestaltung der Eröffnungsszene der eschatologischen Rede ist sich ein großer Teil der Forschung im klaren. Der Hauptstreitpunkt ist die Bestimmung des Verhältnisses der Ansage der Tempelzerstörung (1f) zur Ölbergszene (3f). Zahlreiche Forscher sprechen von einer redaktionellen Naht bzw. nehmen an, daß die in 1f überlieferte Begebenheit schon vormarkinisch existierte[2]. In 1f weisen der einführende Genitivus absolutus und die Anrede »Lehrer« auf markinische Eingriffe hin. Es läßt sich aber kaum bestreiten, daß eine Spannung besteht zwischen dem einzelnen namenlosen Jünger in 1 und der Vierergruppe in 3. Die Ansage der Tempelzerstörung wäre als Einzelwort kaum überlieferungsfähig gewesen. In ihrer Anpassung an den vorausgehenden Hinweis des Namenlosen aber ergibt sich ein kleines Apoftegma, das selbständig tradiert worden sein dürfte[3]. Markus hat nicht bloß das Apoftegma in den Makrotext eingebracht, sondern vermutlich auch – wie er die Anrede »Lehrer« einfügt – aus dem Namenlosen (εἷς, vgl. 10,17) einen Jünger gemacht[4]. Die Profetie gewinnt durch die doppelte Verneinung οὐ μή an Eindeutigkeit. Als solche besitzt sie zwar in der profetischen, intertestamentarischen und rabbinischen Literatur manche Analogien, aber keine literarischen Vorbilder. Auch Mk 14,58 oder Lk 19,44 kommen dafür nicht in Betracht[5]. Die Profetie konnte auf vielfältige Weise formuliert werden (vgl. Lk 23,28–31; Mt 23,38 par). Durch die erste Frage in Vers 4 ist die Ansage der

[2] Schmidt, Rahmen 290; Marxsen, Evangelist 113; Bultmann, Geschichte 36; Haenchen, Weg 437. Vgl. die Gliederung bei Schnackenburg II,187f oder in der Synopse von Aland. Für gänzlich mk halten 1f Lambrecht, Redaktion 69–79; Pesch, Naherwartungen 83–96.

[3] Die Szene setzt als Ort des Geschehens den Tempel voraus. Vielleicht begann sie einmal mit: καὶ λέγει αὐτῷ εἷς ἐν τῷ ἱερῷ. Zu beachten ist, daß sowohl Mt 24,1–3 als auch Lk 21,5–7 die mk Personenangaben verändern und je auf ihre Weise in Übereinstimmung bringen. Beide Seitenreferenten bemerkten die Inkonzinnität in ihrer Vorlage.

[4] Nach Pesch, Naherwartungen 84, ist nur hier bei Mk von einem einzelnen namenlosen Jünger die Rede.

[5] Pesch, Naherwartungen 91, erblickt in καταλυθῇ einen Anklang an Mk 14,58. Vgl. jedoch Pesch II,269. Jedoch besteht dort der Bezug auf das Tempelhaus, hier auf die Steine. Dupont, Bib 52 (1971) 312f sieht 13,2b in Abhängigkeit von Lk 19,44 und beruft sich hierfür auch darauf, daß Lukas Doubletten vermeiden würde.

Tempelzerstörung mit dem Folgenden verklammert, so daß man 3f nicht von 1f trennen sollte. 3f dagegen ist vollständig markinisch. Die Szene ist mit dem sitzenden Jesus dem Eingang der Gleichnisrede 4,1 angeglichen. Das Absonderungsmotiv (κατ' ἰδίαν) ist typisch für Markus. Dieselbe Vierergruppe taucht auch in 1,16–20.29 auf. Die ungewöhnliche Reihung der Namen hat ihre Parallele in 3,16–18[6]. Die zweite Frage in 4b weist keine besonderen markinischen Eigentümlichkeiten auf. Da sie aber die erste Frage fortsetzt, kann sie nur vom Evangelisten stammen[7].

Erklärung 1–2

Jesus verläßt den Tempel, in dem er sich seit 11,27 aufgehalten hat. Daß er aus dem Heiligtum hinausgeht, gewinnt auf dem Hintergrund der vorausgegangenen Gerichts- und Drohworte (besonders 11,12–19; 12,1–12) weiterreichende Bedeutung. Er überläßt den Tempel von nun an sich selbst. Die Bemerkung eines namenlosen Jüngers lenkt die Aufmerksamkeit auf die Großartigkeit und Pracht der Steine und Tempelbauten. Sie korrespondiert mit rabbinischen Äußerungen, die den Stolz der Juden über den Jerusalemer Tempel bezeugen: »Wer nicht das Heiligtum in seiner Bauausführung gesehen hat, hat niemals einen Prachtbau gesehen.« Die übereinander gelagerten Steinschichten, die teils vor- und teils zurücktraten, boten einen Anblick, den man mit Meereswogen verglich[8]. Jesus greift in seiner Antwort zunächst die Bemerkung des Jüngers in Frageform auf, beschränkt sie aber auf die Tempelbauten, die er als große, gewaltige (μεγάλας) bezeichnet. Über die Steine spricht er ein profetisches Wort, das die vollständige Zerstörung des Tempels ankündigt. Kein Stein wird auf dem anderen gelassen, jeder wird zerstört (eigentlich: aus dem Bauwerk herausgelöst) werden[9], verbunden mit zweifachem οὐ μή, das sind Wendungen, die keinen Zweifel über die restlose Vernichtung des Heiligtums aufkommen lassen[10]. Die Ankündigung der Tempelzerstörung als Gerichtsansage hat ihre Parallelen bei den Profeten, die allerdings andere Formulierungen wählten: »Der Tempelberg wird zur Waldeshöhe werden« (Jer 26,18; Mich 3,12). »Ich lasse es diesem Haus wie Silo ergehen« (Jer 26,6)[11]. Dem Verständnis am nächsten kommt der Rat des Huschai an Abschalom, der die widerspenstigen Städte betrifft: »Wir schleifen diese Stadt zu Tal, so daß auch nicht der kleinste Stein von ihr übrig bleibt« (2Sam 17,13). Der Vergleich lehrt, daß die Profetie Jesu die Schleifung des Tempels ankündigt. In der Vision des Apokalyptikers

[6] Lohmeyer 267 vermutet, daß der Name Andreas sekundär hinzugetreten sei. Dann ergäbe sich die Dreiergruppe von 5,37; 9,2; 14,33.

[7] Hirsch, Frühgeschichte I,139, wollte die beiden Fragen zwei verschiedenen Traditionsstufen zuweisen. Lambrecht, Redaktion 87, vermutet für V 4b Abhängigkeit von Dan 12,7. Zu κατέναντι vgl. Mk 12,41; zu μέλλῃ 10,32 (τὰ μέλλοντα); ὅταν hat Mk 21mal.

[8] bBB 4a bei Billerbeck I,944.

[9] Vgl. Bauer, Wörterbuch s.v.

[10] D it bringen die Profetie als Amen-Wort. Das ist Einfluß von Mt 24,2. ὧδε ist mit ℵ B D Θ it sy zu lesen. D W it Cyprian fügen hinzu: »Und in drei Tagen wird ein anderer ohne Hände aufgerichtet werden.« Hier hat Mk 14,58 abgefärbt. Zu dieser Lesart vgl. Beasley-Murray* 23.

[11] Vgl. 1Kön 9,7f. Im Buch Daniel ist mit Ausnahme von 9,2.26(?) nicht von Tempelzerstörung, sondern von -entweihung die Rede. Dan 9,2 nimmt ausdrücklich auf den Profeten Jeremia Bezug.

muß der alte Tempel weichen, um einem neuen und herrlicheren Platz zu machen[12]. Hier fehlt das feindselige Moment in der Tempelzerstörung, das die Schärfe des Ausdrucks bei Markus deutlich anzeigt. Darum war schon in der vormarkinischen Tradition die Ankündigung keine neutrale Voraussage. Erst recht ist sie das nicht für den Evangelisten[13].

Der gegenüber dem Tempel auf dem Ölberg sitzende Jesus dokumentiert Of- 3–4
fenbarungsautorität und Distanz zum Jerusalemer Heiligtum. Dem Redaktor muß bekannt gewesen sein, daß man vom Ölberg aus einen einmaligen Blick auf den Tempelbezirk besitzt. Der Ölberg ist nach Sach 14,4 Stätte des göttlichen Gerichts. Wenige Jahre nach Jesu Tod gab ein aus Ägypten stammender Messiasprätendent vor, vom Ölberg aus die Mauern Jerusalems zusammenstürzen zu lassen[14]. Die vier Jünger, die Jesus jetzt nurmehr umgeben, sind die gleichen, die als Erste von ihm berufen worden waren. Warum statt der Drei hier diese Vier genannt werden, ist kaum sicher zu sagen. Jedenfalls hat die Jüngerauswahl mit dem Offenbarungsgedanken zu tun. Über die Jünger empfangen die Adressaten des Evangeliums Kunde von etwas, was ihnen bislang nicht oder nicht richtig bekannt war. Vielleicht sind es Vier, weil es sich um eine die Endzeit betreffende Offenbarung handelt, während den Dreien Geschehnisse vorbehalten sind, die den irdischen Jesus betreffen[15]. Die erste Jüngerfrage geht auf den Zeitpunkt der Zerstörung des Tempels. Die zweite greift die erste auf und präzisiert sie, aber in welchem Sinn? Bringt sie die Endvollendung, die mit συντελεῖσθαι angesprochen ist, notwendig mit der Tempelzerstörung in Verbindung (Marxsen)[16]? Ist das Ende des Tempels als Einleitung des Endes überhaupt gesehen (Grundmann)? Lohmeyer beobachtete etwas Richtiges, wenn er die Verknüpfung von Tempelzerstörung und Allvollendung als künstlich bezeichnete. Mit dieser Verknüpfung ist auf ein konkretes Problem verwiesen, nämlich dies, wie sich Tempelzerstörung und Endvollendung zueinander verhalten. Wenn nach einem Zeichen für die Endvollendung gefragt ist, bedeutet dies in Verbindung mit dem Untergang des Heiligtums, ob letzterer als dieses Zeichen aufzufassen ist oder nicht. Offenkundig hatten unter den Adressaten des Evangelisten einige die Tempelzerstörung als besagtes Zeichen genommen. Zu der damit gegebenen Erwartung der Parusie für die nächste Zukunft will die eschatologische Rede Stellung beziehen[17].

[12] »Dann stand ich auf, um zu sehen, wie man das alte Haus einwickelte. Man schaffte alle Säulen hinaus . . . Ich sah, wie der Herr der Schafe ein neues Haus brachte, größer und höher als jenes erste. Er stellte es am Ort des ersten auf, das eingewickelt worden war usw.« (äthHen 90,28f). – Flückiger* 405f behauptet, daß Mk 13,2 ursprünglich auch eine Ansage des Wiederaufbaus des Tempels enthalten habe, die in Verbindung mit 2Sam 7,5f zu sehen sei.

[13] Pesch, Naherwartungen 95, bestreitet den Drohcharakter der Profetie. Pesch II,271 spricht zutreffend von einer Voraussage der Zerstörung des ganzen Tempels, nicht bloß des Tempelhauses.

[14] JosAnt 20,169; Bell 2,262.

[15] Vermutung von Masson, Rome 101.

[16] 114.

[17] Die Frage nach dem Wann des Endes ist in der Apokalyptik gang und gäbe. Vgl. 4Esr 4,33; 6,7–12; sBar 21,18f; 81,2f. Im Buch Daniel ist sie verknüpft mit der Entweihung des Tempels: 8,13; 12,6–12. Sie lebt fort im Rabbinat als Frage nach dem Kommen des Messias. Vgl. Billerbeck I,949.

Historische Beurteilung und Zusammenfassung

Die in Vers 2 enthaltene Profetie läßt sich schwerlich auf Jesus zurückführen. Zu deutlich schildert sie den Zustand, den das Tempelgelände nach dem Römisch-Jüdischen Krieg bot. Auch vermißt man die ausdrückliche Begründung der in ihr ausgesprochenen Drohung. – Markus hat mit dem Vorspann 1–4 eine geeignete Überleitung von Jesu Tempelaufenthalt zur eschatologischen Mahnrede geschaffen und mit der gezielten Fragestellung der vier Jünger den zu einem bedrängenden Problem gewordenen eschatologischen Standort der Gemeinde zum Ausgangspunkt gemacht. Der Leser ist auf die zu erwartende Antwort gespannt. Schon jetzt ist darauf aufmerksam zu machen, daß die Differenzierung in der Doppelfrage zwischen ταῦτα und ταῦτα πάντα in der Rede aufgegriffen werden wird (29f). Auf den Zusammenhang wird zu achten sein.

## 12. Exkurs: Tempelzerstörung und Jüdischer Krieg

*Tempelzerstörung und Jüdischer Krieg*[18] bilden für die jüdische wie für die christliche Erinnerung einen untrennbaren Zusammenhang. Die Fremdherrschaft der Römer als negative Erfahrung wurde den Juden immer wieder durch Eingriffe der Besatzungsmacht im Tempel bewußt gemacht. Beispiele sind die Entweihung des Tempels durch Pompeius 63 v. Chr., die Plünderung durch Crassus 54 v. Chr., der Versuch einer Entweihung durch Caligula 39/40 n. Chr., eine erneute Plünderung durch Florus, dem letzten Statthalter. Die beständige Anwesenheit einer römischen Truppe auf der Tempelburg Antonia bedeutete für diese den fortwährenden Zustand kultischer Unreinheit. Hinzu kommt, daß hier lange Zeit der hohepriesterliche Festornat aufbewahrt wurde. Die Bezogenheit der Freiheitsbewegung auf das Heiligtum war in der Makkabäerzeit bereits durch die Einführung des Tempelweihfestes (Chanukka) bestätigt worden. Der Zorn der Eiferer richtete sich gleichzeitig gegen den den Römern gegenüber loyal gesinnten sadduzäischen Priesteradel, der infolge seines (eigenen) Thoraverständnisses eigene Auffassungen in Reinheitsfragen entwickelt hatte. Die Zeloten strebten danach, der Alleinherrschaft Gottes zum Durchbruch zu verhelfen und damit den ersten Schritt zur Herbeiführung des Gottesreiches zu tun. Hand in Hand damit ging der Versuch, die Reinheit Israels mit allen Mitteln wiederherzustellen. Der eschatologische Charakter des von 66–70 währenden Krieges, der das Heil einleiten sollte, ist damit schon angezeigt. Im Verlauf des Krieges und besonders in dessen Endphase rückt der Tempel eindeutig in den Mittelpunkt. Begann es mit der Erstürmung der Antonia, so verschanzten sich am Ende die Freiheitskämpfer im inneren Bezirk des Tempels und gaben mit dessen Fall den Kampf auf. Josefus[19] berichtet von Unheilszeichen, die das Ende angekündigt haben sollen, und bemüht sich, die Römer von der Schuld der Tempelzerstörung zu entlasten. Wir erfahren aber auch, daß die durch zelotische Profeten bei den Juden gefestigte Hoffnung auf ein unmittelbares Eingreifen Gottes gleichsam im letzten Augenblick nochmals entflammt wurde. Je größer die Not, desto näher ist das helfende Einschreiten von oben, lautete die apokalyptische Erwartung. Unmittelbar vor der Einnahme des Heiligtums rief ein Profet, den Josefus einen falschen Profeten nennt, dem

[18] Vgl. M. Hengel, Die Zeloten, 1961 (AGSU 1), 211–234.277–293; W. R. Farmer, Maccabees, Zealots and Josephus, New York 1957; H. Windisch, Der messianische Krieg und das Urchristentum, Tübingen 1909.

[19] Bell 6,288–309.

Volk als Befehl Gottes zu, sie sollten zum Tempel hinaufsteigen, dort würden sie das Zeichen der Erlösung empfangen[20]. Über den Untergang des Tempels im Feuer erfahren wir dies: »Hier geschah es nun, daß einer von den Soldaten, ohne einen Befehl abzuwarten und ohne vor solch einem Unternehmen zurückzuschrecken, aus einem übermenschlichen Antrieb heraus ein Stück aus dem lodernden Brande ergriff; er ließ sich von einem anderen Soldaten emporheben und schleuderte das Feuer zum goldenen Fenster hinein . . . Als nun die Flamme emporschoß, erhoben die Juden ein Geschrei, das diesem schrecklichen Unglück durchaus entsprach. Sie liefen zusammen, um dem Feuer zu wehren, und nahmen dabei weder Rücksicht auf ihr eigenes Leben noch sparten sie ihre Kräfte, schwand doch jetzt gerade das dahin, wofür sie vorher all ihre Wachsamkeit aufgeboten hatten.«[21] Nach der endgültigen Eroberung befahl Vespasian, den Tempel, die Stadt und den größeren Teil der Ringmauer zu schleifen[22]. In der syrischen Baruch-Apokalypse besitzen wir ein nicht lang nach dem Jahr 70 verfaßtes Dokument, das dafür Zeugnis ablegt, daß die eschatologische Hoffnung nicht unterging. In bestimmten Kreisen hat sich die Erwartung des göttlichen Endgerichts durchgehalten und wurde die Tempelzerstörung als Herausforderung Gottes angesehen, letztgültig einzugreifen und sich zu offenbaren. Nach der Schilderung der Zerstörung von Stadt und Tempel lesen wir hier die bange Frage: »Wie lang bleibt dies für uns bestehen (81,3)?« und die zuversichtlichen Sätze: »Doch wissen sollt ihr, daß unser Schöpfer uns ganz sicher rächt an allen unseren Feinden nach dem, was sie uns angetan! Sodann, daß dieses Ende, das der Höchste bringt, sehr nahe ist, desgleichen seine Gnade, die erscheinen soll, und daß nicht fern das Ende seines Gerichts« (82,2; vgl. 83,1). Die Stimmung, die Markus anspricht, dürfte zwar nicht dem jüdischen Charakter der Hoffnung, wohl aber der durch die Tempelzerstörung ausgelösten Naherwartung des Endes entsprochen haben.

## b) Warnung vor Verführern und Anfang der Wehen (13,5–8)

*Literatur:* S. oben S. 179.

**5 Jesus aber begann, zu ihnen zu sprechen: Gebt acht, daß euch nicht jemand irreführt! 6 Viele werden in meinem Namen kommen und sagen: Ich bin es. Und sie werden viele irreführen. 7 Wenn ihr aber von Kriegen und Kriegsgerüchten hört, erschreckt nicht! Es muß geschehen, (ist) jedoch noch nicht das Ende. 8 Denn Volk wird gegen Volk aufstehen und Reich gegen Reich. Erdbeben werden an verschiedenen Orten sein, Hungersnöte werden sein. Anfang der Wehen dies!**

Analyse

Es wechseln die Anrede (5b.7) mit dem erzählenden Stil (6.8). Zwei Zeitangaben sind eingeschoben (7b.8c). Betrachtet man die Verse für sich, so setzt Vers 6 wegen des Hinweises auf »meinen (= Jesu) Namen« ein christliches Publikum voraus, die Verse 7f könnten in jeder Apokalypse stehen, die Zeitangaben

[20] Bell 6,285f.

[21] Bell 6,252f (Übs. nach O. Michel – O. Bauernfeind). Interessant ist auch die Schilderung der Tempelzerstörung bei DioCassius 66,6. Text bei Hengel (Anm. 18) 228.

[22] Bell 7,1–4.

freilich bedürfen einer eigenen Betrachtung. Im einzelnen ist Vers 5 als Markus-Redaktion anzusehen. Der Evangelist hat die Ansage des folgenden Verses in einem Imperativ vorausgenommen und der gesamten Rede damit von vornherein einen paränetischen Akzent verliehen, der sich fortsetzt und gegen Ende der Rede hin noch verstärkt[1]. In Vers 6 stehen »in meinem Namen« und das Offenbarungswort »Ich bin es« in einer gewissen Spannung zueinander. Streicht man ersteres, gewinnt das Offenbarungswort eine andere Bedeutung. »In meinem Namen« ist markinisch und gesetzt worden, um der Warnung eine spezifisch christliche Note zu geben[2]. In Vers 7 spricht zwar die persönliche Anrede, die in der jüdischen Apokalyptik nicht beheimatet ist, für Markus, das Kriegsmotiv aber ist typisch apokalyptisch, zumal die Wendung »Kriege und Kriegsgerüchte« gut biblisch ist[3]. Der Evangelist hat vermutlich eine Ansage in eine Anrede umgewandelt, um eine unmittelbare Erinnerung an den jüdischen Krieg zu ermöglichen[4]. So konnte er auch die erste Zeitangabe, die negativ gehalten ist, gut einbringen. In Vers 8 ist bis auf die positive und in ihrer Formulierung ungewöhnliche Zeitangabe alles traditionell. Die beiden zeitlichen Bestimmungen korrespondieren miteinander und stammen von einer Hand. Wir werden somit schon hier auf einen zusammenhängenden vormarkinischen Text gestoßen, auf dessen Fortsetzung zu achten ist. Zu ihm gehören die Ansage von Verführern, Krieg und weltweiten Katastrofen in 6–8, die Markus aufgriff, einpaßte, mit Imperativen und Zeitbestimmungen versah[5]. Gliederungsmäßig lassen sich die Verse 5b.6 von 7f trennen. Die einen handeln von Verführung und bilden mit 21f eine Inklusion, die anderen haben Krieg, Aufstand usw. zum Thema. Die Inklusion bestätigt erneut, daß die gesamte Rede als Einheit konzipiert und zu betrachten ist. Wenn wir sie um einer besseren Übersicht willen in Teilabschnitten behandeln, darf dies nicht vergessen werden.

Erklärung 5–6

Für das grundsätzliche Verständnis der gesamten Rede bleibt von vornherein zu beachten, daß sie als Ganze Antwort auf die Frage der Jünger sein will. Wenn Jesus auf die Frage nach dem Wann und nach dem Zeichen zunächst vor Verführern warnt, ist die Intention in eine bestimmte Richtung gelenkt: Nicht eschatologische Neugier soll die Adressaten beherrschen, sondern eschatologische Wachsamkeit. Viele Verführer – so wird vorausgesagt – werden mit Erfolg auftreten und viele verführen. Das von ihnen in Anspruch genommene »ich bin es« zielt auf die alttestamentliche Offenbarungsformel ab und soll die Ver-

[1] Der Jesusname markiert den Redebeginn. Die Wendung mit ἤρξατο kann als mk gelten. βλέπετε wiederholt sich in den VV 9.23 und 33.

[2] Pesch, Naherwartungen 108–112, hält umgekehrt »Ich bin es« für redaktionell und »in meinem Namen« für traditionell. Anders Pesch II,277.

[3] Zum Wort ἀκοή = Gerücht vgl. Dan 11,44 Θ; 1Kön 2,24; 2Kön 13,30; 3Kön 2,28; 10,7.

[4] Auffällig ist das Vorkommen von θροεῖσθαι in V 7 und dem ganz ähnlich apokalyptisch gestimmten 2Thess 2,2.

[5] Lambrecht, Redaktion 113f, rechnet mit keinem vorgegebenen zusammenhängenden profetischen oder apokalyptischen Text, sondern damit, daß Mk selbst dieses Material zusammengetragen habe.

führer als die legitimen messianischen Heilbringer ausweisen[6]. Nimmt man die Offenbarungsformel und den mit ihr gesetzten Anspruch für sich, läßt sich an zeitgenössische Messiasprätendenten und Profeten wie Johannes von Gischala, Theudas oder den Ägypter denken, die vor dem Jahre 70 aufgetreten sind[7]. Durch die Formel »in meinem Namen« jedoch wird die Ansage in die christliche Gemeinde hinein gewendet und mit wirklichen oder möglichen Verführern in Verbindung gebracht, die unter Berufung auf Jesus vorgeben werden oder vorgeben können, daß das endzeitliche Heil schon präsent ist. Jesus, der wiederkehrende Menschensohn, wird anders kommen, und die Verführer sind durch die Art ihres Auftretens schon entlarvt[8]. Jesu Wiederkunft ereignet sich nicht mehr in geschichtlichen Dimensionen, sondern in solchen, die die Geschichte durchbrechen und beenden werden.

Kriege und Kriegsgerüchte werden die Gemeinde beunruhigen, doch sie soll 7–8
sich dadurch nicht erschrecken lassen. Der Krieg gehört zu den Drangsalen der Apokalyptik[9], doch wird er an deren Anfang gerückt. Damit ist sowohl eine Verbindung zum Jüdischen Krieg und zu der Tempelzerstörung als auch zu den messianischen Verführern hergestellt. Von einer messianischen Revolte, die das Heil mit Gewalt herbeizuzwingen sucht, ist nichts zu erwarten. Auffällig bleibt, daß man von Kriegen hören wird, das heißt doch, noch nicht unmittelbar in sie verwickelt sein wird. Wenn primär auf die Ereignisse der Jahre 66–70 in Palästina abgehoben ist, wäre damit die räumliche Distanz der Adressaten zu diesen Geschehnissen angedeutet. Mit einer an Dan 2,28 erinnernden Wendung wird die Notwendigkeit dieser schrecklichen Geschehnisse erklärt[10], Gott hatte sie in seinem Geschichtsplan vorgesehen, und darum war ihr Eintreffen unabänderlich. Aber sie dürfen nicht – und damit wird direkt auf die Jüngeranfrage eingegangen – als Zeichen für das Ende gewertet werden[11]. Zum Krieg werden weltweite kriegerische Auseinandersetzungen, Erdbeben und Hungersnöte, die eine Folgeerscheinung beider sind, hinzutreten. Die Erdbeben sind kaum symbolisch als Bild für die Verwirrung des Krieges, sondern wörtlich zu nehmen[12]. Die genannten Schrecknisse sind bereits fester Bestandteil

[6] Beasley-Murray* 31 unterschätzt die Aussage, wenn er sie als Identifikationsformel nimmt.

[7] Diese Verweise finden sich bei Taylor; Haenchen, Weg 438f; Marxsen, Evangelist 116, der sogar Flavius Josephus als vom Text tangierten Messiasprätendenten erwägt. Nach Conzelmann* 218 rechnet Mk mit Prätendenten, die sich als der wiedergekommene Jesus ausgeben werden.

[8] Es ist interessant, daß Mt 24,5 die Markusvorlage christologisch (»Ich bin der Christus«), Lk 21,8 aber auf die Parusie hin entfaltet (»Ich bin es. Und: die Zeit ist nahe herangekommen«). Wenn die Seitenreferenten die Verführer mit diesen Worten auftreten lassen, haben sie jeweils einen Ansatz aufgegriffen, der bei Mk enthalten ist. Zum apokalyptischen Motiv der Verführung vgl. AssMos 7,3; sBar 70,5. Im christlichen Bereich lebt es fort ApkPt 1; JustDial 82,1f. Vgl. auch 2Petr 3,3.

[9] Vgl. äthHen 99,4; sBar 48,30ff; 70,2ff; Sib 2,153ff; bSanh 97a; bMeg 17b.

[10] Pesch, Naherwartungen 121, spricht von einem Zitat. Lambrecht, Redaktion 108, warnt vor einer Überschätzung des danielischen Einflusses. Zur Formulierung vgl. Offb 1,1; 1QpHab 2,6ff.

[11] τέλος ist das Ende der Geschichte. Vgl. Dan 12,4.9.13 und Billerbeck I,949f.

[12] Gegen Pesch, Naherwartungen 123. LXX Jer 29,3; Nah 3,2 wird die symbolische Verwendung von σεισμός klar zu verstehen gegeben: ἀπὸ σεισμοῦ τῶν ἁρμάτων; φωνὴ σεισμοῦ τροχῶν καὶ ἵππου διώκοντος.

der profetischen und apokalyptischen Unheilspredigt. Besonders nahe kommt bzw. als Vorbild diente Jes 19,2 LXX: »Ägypter werden gegen Ägypter sich erheben, und der Mensch wird seinen Bruder bekriegen und der Mensch seinen Nächsten, eine Stadt die andere und ein Gesetz das andere« (vgl. Mk 13,12; Jer 27,41–28,6 LXX; 4Esr 13,31f). In 4Esr 6,22–24 werden Hunger und Krieg nebeneinander als endzeitliches Unheil verheißen[13]. Weil sich nunmehr die Szene des Jüdischen Krieges zu einer weltweiten Unheilsszene weitet – was im übrigen durch den Plural »Kriege und Kriegsgerüchte« vorgezeichnet war –, haben sich die Interpreten immer wieder bemüht, entsprechende zeitgeschichtliche Ereignisse ausfindig zu machen: die Hungersnot unter Kaiser Claudius (vgl. Apg 11,28), die Erdbeben von Pompeji (63 n. Chr.) und Kleinasien (61 n. Chr.). Letzteres schildert Plinius, nat. hist. 2,84, so: »Gleichzeitig mit dem Erd- trat ein Seebeben auf . . . und vernichtete in einer Nacht zwölf Städte Asiens. Siebenundfünfzigmal drang im gleichen Jahr die schreckliche Kunde vom Punischen Krieg nach Rom.«[14] So berechtigt diese Hinweise sind, für Markus treten sie in den Hintergrund gegenüber der Feststellung, daß alle diese Schrecknisse der Anfang der Wehen sind. Das schon im Alten Testament meist im Sinn des Unheils verwendete Bild von den Geburtswehen (Jes 26,17; 66,8; Jer 22,23; Hos 13,13; Mich 4,9f) verfestigt sich in der rabbinischen Theologie zur Wendung von den Wehen des Messias[15]. Diese bezeichnet die dem Ende vorausgehende Unheilszeit, aus der die messianische Heilszeit nach Art einer schmerzlichen Geburt hervortreten soll. »Anfang der Wehen« ist eine neugeschaffene Formulierung, die die geschilderten Ereignisse zwar vom Ende her interpretiert, aber noch nicht mit diesem identifiziert. Nimmt man die beiden Zeitaussagen in 7b und 8c zusammen, so werden gleichzeitig eschatologische Distanz und Erwartung deutlich. Was geschieht, berechtigt nicht zur Auffassung, in den letzten Tagen zu leben, aber zu der nicht aufzugebenden Hoffnung, die Nähe des Endes zu erwarten. Ein in der Geschichte aufweisbares Zeichen wird verweigert. Die Gemeinde soll sich im Schutz Gottes geborgen wissen: δεῖ γενέσθαι.

13 Vgl. sBar 25,1ff; 70,2ff; Sib 2,153ff; bSanh 97a. Das Material ist gesammelt und besprochen bei Hartman* 1–101.

14 Vgl. Tacitus, ann. 14,27 (Erdbeben in Laodikeia und Puteoli); Seneca, nat. quaest. 6,1 (Erdbeben in Pompeji und Herculaneum); 6,30: montes a montibus recessisse. In Offb 6,5f erscheint der Hunger als Reiter auf schwarzem Pferd. Der Koine-Text spricht von den »Anfängen (Plural) der Wehen«. Koine-Text Θ q sy fügen zu den genannten Schrecknissen noch καὶ ταραχαί (»und Getümmel«) hinzu.

15 Vgl. Billerbeck I,950; Beasley-Murray* 38. Das Bild bezeugt Rabbi Eliezer um 90 n. Chr.

c) Ausharren bis ans Ende (13,9–13)

*Literatur:* S. oben S. 179.

9 **Gebt vielmehr acht auf euch selbst! Sie werden euch an Synhedrien ausliefern und in Synagogen prügeln. Ihr werdet um meinetwillen vor Statthalter und Könige gestellt werden ihnen zum Zeugnis.** 10 **Und allen Völkern muß zuerst das Evangelium verkündet werden.** 11 **Und wenn sie euch abführen und ausliefern, sorgt nicht im voraus, was ihr reden werdet. Sondern was euch in jener Stunde gegeben wird, das redet! Denn nicht ihr seid es, die reden, sondern der heilige Geist.** 12 **Und Bruder wird den Bruder in den Tod ausliefern und der Vater das Kind. Und Kinder werden sich gegen Eltern erheben und sie töten.** 13 **Und ihr werdet von allen gehaßt werden um meines Namens willen. Wer aber ausharrt bis ans Ende, dieser wird gerettet werden.**

Wiederum ist der Wechsel von der Anrede (9.11.13) zum Erzählstil (10.12) charakteristisch. Der einleitende Imperativ ist auf das Konto des Evangelisten zu setzen, der mit βλέπετε – wie wir schon wissen – gedankliche Zäsuren markiert. Die an die Jünger gerichtete Ankündigung von Verfolgungen in 9b wird durch die Zusage des Beistandes, den der Geist gewährt, sinnvoll fortgesetzt (11). Wir werden hier einen ursprünglichen Zusammenhang erkennen können, der auf eine ältere Verfolgungstradition schließen läßt[1]. Vers 10, der die weltweite Verkündigung zur Pflicht macht, wurde vom Evangelisten dazwischengeschaltet. Umstritten ist, ob er den Vers bildete oder übernahm. Die Terminologie ist gut markinisch. Die apokalyptische Prägung (δεῖ) spricht nicht gegen, sondern für Markus (vgl. 13,7)[2]. In 8,35; 10,29 konnten wir ermitteln, daß er ἕνεκεν ἐμοῦ um die Ausrichtung auf das Evangelium erweiterte, wobei für ihn die absolute Verwendung des Begriffs Evangelium kennzeichnend ist. Von hier aus war nach ἕνεκεν ἐμοῦ in Vers 9 eine Erwähnung des Evangeliums zu erwarten. Ob der Abschluß von Vers 9 »ihnen zum Zeugnis« gleichfalls markinisch ist, ist nicht sicher zu entscheiden. Weil die Formel in 1,44 und 6,11 traditionell ist, ist dies auch für 13,9 das Wahrscheinlichere. Die Ankündigung des tödlichen Familienzwistes in 12 setzt Vers 7 fort. Die Assoziation von Völker- und Familienzerrissenheit war von Jes 19,2 her vorgegeben[3]. Auf die Verbindung der Verse 7 und 12 ist für die Rekonstruktion einer vormarkinischen Quelle zu achten. Vers 13a paßt zur Verfolgungstradition von 9b.11, Vers 13b schließt sich an die Vorlage von 12 an. Wir werden die bei- Analyse

[1] Pesch, Naherwartungen 126–135.

[2] Vgl. Schnackenburg, »Das Evangelium« 312f. F. Hahn, Das Verständnis der Mission im NT, 1963 (WMANT 13), 59–63, hält V 10 für vormarkinisch und macht insbesondere seine streng apokalyptische Art geltend. Pesch, Naherwartungen 130, schließt V 10 als vorgegebene Parole (ohne πρῶτον) nicht aus. Für eine alte Bestimmung ist J. Jeremias, Jesu Verheißung für die Völker, Göttingen [2]1959, 19f.

[3] Schon Wendling, Entstehung 156.

den Teilverse diesen Vorgaben (13a vielleicht mit Umstellung zwischen 9b und 11) zuzuweisen haben. Markus hat demnach im vorliegenden Redeabschnitt mosaikartig zwei Quellen zueinandergefügt und sie in 9a und 10 mit eigenen interpretierenden Zusätzen versehen. Durch diese Kompositions- und Redaktionstätigkeit wurde das Vorgegebene, wie jetzt zu zeigen ist, nicht unerheblich verändert.

Erklärung
9 Der einleitende Imperativ, sie sollten auf sich selbst achtgeben (vgl. 2Joh 8), faßt die Ausführungen dieses Teilabschnittes zusammen, der für die Jünger Leid und Verfolgung ankündigt. Die apokalyptische Neugier, um Zeiten und Fristen wissen zu wollen, wird erneut abgebogen. Weitaus wichtiger ist es, sich als Jünger zu bewähren. Die an die Jüngerschaft gestellten Anforderungen werden groß sein. Mit dem Wort ausliefern (παραδιδόναι) ist das Stichwort gegeben. In seiner Anwendung auf Jesus oder den Täufer ist es uns schon bekannt, nur hier wird es für die Jünger gebraucht. Als Term der Gerichtssprache bedeutet es praktisch so viel wie jemandem den Prozeß machen[4]. Obwohl eine Beziehung zum Schicksal Jesu (9,31; 10,33) direkt nicht hergestellt ist, wird sie durch den Makrotext des Gesamtwerks angedeutet. Die Auslieferung an die Synhedrien, die Lokalgerichte in den einzelnen Städten, setzt Nachstellungen von seiten der Juden voraus. Die Prügelstrafe (vgl. 12,3.5) lag in der Kompetenz dieser Gerichte. Wenn sie in den Synagogen durchgeführt wird, dient das der Abschreckung. Statthalter und Könige, vor die die Jesusanhänger gleichfalls gestellt werden, bezeichnen heidnische Instanzen. Die Formulierung zeigt an, daß die christliche noch der Gerichtsbarkeit der jüdischen Gemeinde unterworfen und nicht von ihr getrennt ist[5]. Dieser Hintergrund legt für die Entstehung des Logions Palästina nahe[6]. Der Name Jesu, zu dem sie sich bekennen, ist Ursache des Vorgehens gegen die Jünger. Das mit der Verfolgung und Verteidigung abgelegte Zeugnis ist ein objektiv vorliegendes, das die Gegner schuldig macht. An den positiven Vorgang der Zeugnisabgabe war zunächst nicht gedacht[7]. Dieser Aspekt wird erst durch den Evangelisten im folgenden eingebracht.

10–11 Die Einsicht in die Notwendigkeit, daß das Evangelium allen Völkern verkündet werden muß, lehrt die Gemeinde, die eigene Situation in der Verfolgung zu verstehen. In diesem Sinn besagt der δεῖ-Satz ein Zweifaches: das den Jüngern abverlangte Zeugnis darf als Verkündigung des Evangeliums betrachtet werden. Es ist in dieser Weise von Gott verfügt worden. Ist aber die Bedeutung des Verses erschöpft, wenn man ihn nur als Interpretation des (ἕνεκεν ἐμοῦ) εἰς μαρτύριον αὐτοῖς auffaßt[8]? Die Einbeziehung der gesamten Völkerwelt er-

[4] Vgl. Popkes, Christus traditus 147f.

[5] Ob die Erwähnung der Statthalter und Könige schon die Heidenmission als etwas Selbstverständliches miteinschließt, wie Pesch, Naherwartungen 127f, meint, kann nicht als sicher gelten.

[6] Allzu kühne Rekonstruktionen sollte man lieber unterlassen. So erblickt Marxsen, Evangelist 118, in V 9 einen Hinweis darauf, daß die Christen in die Spannungen, wie sie zwischen den Zeloten und den Gemäßigten, Johannes von Gischala und Josefus, bestanden, hineingerissen worden sind.

[7] Vgl. H. Strathmann, ThWNT IV,508–510.

fordert mehr. Zwar wird die missionarische Verkündigung durch das Zeugnis der Jünger vor Gericht geleistet, aber die Universalität ist damit noch nicht sicher erreicht. Erst so erhält das »Zuerst« die ihm zustehende Beachtung. Ist die weltweite Evangeliumsverkündigung eine Bedingung für den Eintritt des Endes, so ist diese eine sich erfüllende, noch keine erfüllte. Nur so können Spannung und Einsatzbereitschaft, um die es Markus geht, ernsthaft vermittelt werden[9]. Zu beachten ist, daß das δεῖ nicht (wie 8,31; 9,11) auf einer Schriftaussage beruht, sondern gut apokalyptisch auf das Geschichtswalten Gottes abzielt. Das apokalyptische Verständnis aber ist dadurch wesentlich gewandelt, daß ein geschichtlicher und letztlich in die Verantwortung der Gemeinde gelegter Vorgang zu den dem Ende notwendig vorangehenden Geschehnissen gemacht wird. Die Argumentation geht nicht von der Parusie des Menschensohnes aus, sondern von dem, was durch Jesus Christus in der Geschichte Wirklichkeit geworden ist und durch das Evangelium in der Welt bekanntgemacht werden soll[10]. Das als Evangeliumsverkündigung gedeutete Zeugnis, das von den verfolgten Jüngern vor der Welt abgelegt wird, geschieht im heiligen Geist. Der Märtyrer ist besonderer Träger des Geistes. Darum ist es unnötig, wenn sie sich vorher Sorge machen, wie sie sich verteidigen sollen[11]. Die Stunde ihres Redens ist die Stunde der Anfechtung. Daß Gott den Seinen beisteht, war schon dem Alten Testament bekannt: »Ich will deine und seine Rede lenken und euch eingeben, was ihr tun sollt« (Ex 4,15).

Das Auslieferungsmotiv wird weiter entfaltet. Der tödliche Familienhader 12–13
kommt zur Bedrängnis des Jüngers hinzu. Die Auflösung der Familie und die gegenseitige Bekämpfung der Familienmitglieder gehören zu den profetischen Schilderungen der Unheilszeit. In der apokalyptischen Literatur sind sie Ausdruck der Verderbtheit der letzten Zeit. Da die Familie archaisch als Hort der Gottesverehrung gedacht ist, zerbricht mit ihr auch diese. Vorbild für den Text ist LXX Mich 7,6: »Darum wird der Sohn den Vater entehren, und die Tochter gegen ihre Mutter sich erheben (ἐπαναστήσεται), die Schwiegertochter gegen ihre Schwiegermutter. Feinde des Mannes sind alle Männer in seinem Haus.« Auch Tötung (äthHen 100,1–3) und Auslieferung (sBar 70,3f) gehören zur Tradition[12]. Markus verändert die verbreitete Unheilserwartung, indem er sie

[8] So erstmals Lohmeyer. Vgl. Lambrecht, Redaktion 126f, der diese These strukturell absichern möchte.

[9] Marxsen, Evangelist 120, sieht die Bedingung erfüllt und die Parusie sich beschleunigend nahen. Pesch, Naherwartungen 129–131, redet von erfüllter Voraussetzung und einem freigegebenen Blick auf das Ende. W. G. Kümmel, Verheißung und Erfüllung, ³1956 (AThANT 6), 77 und Anm. 220, wehrt sich gegen eine Einschränkung des Begriffs πάντα τὰ ἔθνη. Beasley-Murray* 43f diskutiert eine Umstellung der Interpunktion, nach der mit σταθήσεσθε in V 9 ein neuer Satz beginnen soll, der V 10 mit umfaßt.

[10] Vgl. Tödt, Menschensohn 175f; Lohmeyer; Jeremias (Anm. 2) möchten V 10 im Sinn von Offb 14,6 interpretieren, wenigstens für ein isoliertes Verständnis des Satzes. Wenn dieser Mk-R ist, entfällt diese Vermutung ohnehin.

[11] Einzelne Textzeugen haben diesen Gedanken verstärkt, indem sie μηδὲ (προ)μελέτατε hinzufügen (Θ Koine-Text).

[12] Das Vergleichsmaterial ist oft zusammengestellt worden. Vgl. Billerbeck I,951; Popkes, Christus traditus 145 Anm. 399.

auf die Jüngerschaft überträgt. Der Familienzwist erfährt eine neue Begründung. Der Jesusbekenner wird von seinen eigenen Verwandten verfolgt und angefeindet werden[13]. Die Skala der Anfechtungen erreicht am Schluß des Abschnittes ihren Höhepunkt, dem aber ein tröstlicher Ausblick angeschlossen wird. Als Erklärung dafür, daß die Jünger von allen gehaßt sein werden, wird wiederum nur der Name Jesu, das Bekenntnis zu ihm, genannt. Der universale Haß erscheint übertrieben, gewinnt freilich in der Notwendigkeit, das Evangelium weltweit bekanntzumachen, einen gewissen Ausgleich (Vers 10). Vielleicht sind hier konkrete Erinnerungen aufbewahrt, die örtlich beschränkt sind und wiederum auf Palästina verweisen. Spricht Markus römische Adressaten an, so gewann das Logion auf dem Hintergrund der neronischen Verfolgung neue Aktualität. Was diese Situation abverlangt, ist Durchhalten bis zum Ende. Der Begriff τέλος ist doppelsinnig. In der Vorlage bezeichnete er sicher den Tod. Im markinischen Kontext (vgl. 7b) besagt er darüber hinaus, daß für den einzelnen das ersehnte Ende der Welt durchaus schon im gewaltsamen Tod gegeben sein kann. Frei vom apokalyptischen Schwärmertum hat man sich auf die Realitäten einzustellen. Die in Aussicht gestellte Rettung meint nicht allein die Befreiung aus der physischen Not, sondern mehr: die endgültige Errettung durch Gott. Daß man dieses Verständnis auch schon für die Vorlage vermuten darf, legt 4Esr 6,25 nahe: »Wer aber übrig bleibt aus all dem, was ich dir vorausgesagt habe, der wird gerettet werden und mein Heil erblicken sowie das Ende meiner Welt.«[14]

**Historische Beurteilung und Zusammenfassung**

Die in der kleinen Verfolgungstradition zusammengestellten Logien werden wir nicht auf Jesus zurückführen können, sondern einem christlichen Profeten zuschreiben, der im Auftrag des erhöhten Herrn die bedrängte Gemeinde aufmuntern wollte. – Für Markus gewinnt dieser Teil der Rede erhöhte Bedeutung, insofern die Paränese in den Dienst der eschatologischen Erwartung gestellt und dieser übergeordnet wird. Es gelingt dem Evangelisten, Traditionen verschiedener Herkunft auf ein einheitliches Thema, das ihn auch sonst bewegt, auszurichten: die gelebte Jüngerschaft. Diese erfährt ihre eigentliche Bewährung in der Anfechtung und im Leid. Mag auch die Verbindung mit dem Jesusschicksal nicht ausdrücklich zur Sprache kommen, wird der Zusammenhang mit der Nachfolge doch herausgestellt, nämlich durch Jesus als den Ermahnenden und das Los des Ausgeliefertwerdens, das seinen Weg geprägt hat. Die vielfältigen Möglichkeiten dieser Auslieferung werden kenntlich gemacht, aber nicht bloß als passives Erdulden vorgestellt, sondern auch als positive Weise der universalen Evangeliumsverkündigung, die auf die Vollendung ausblickt und diese näherrücken läßt. Gerade die Verknüpfung der Leiden mit der

[13] Pesch, Naherwartungen 134, möchte den Bruder als Glaubensbruder verstehen. Anders Pesch II,286. Zum Fortleben der Erwartung der allgemeinen Verderbtheit in der frühchristlichen Zeit vgl. Did 16,3–5; Barn 4,9.

[14] Vgl. Mk 8,35; Lambrecht, Redaktion 141, der Einfluß von Mich 7,6f annimmt.

eschatologischen Existenz dürfte eine wichtige Einsicht dieses Abschnittes markinischer Theologie darstellen.

### d) Die letzte und größte Drangsal (13,14–23)

*Literatur: Rigaux, B.*, ΒΔΕΛΥΓΜΑ ΤΗΣ ΕΡΗΜΩΣΕΩΣ. Mc 13,14; Mt 24,15, Bib 40 (1959) 675–683; *Sowers, S.*, The Circumstances and Recollection of the Pella Flight, ThZ 26 (1970) 305–320; *Gunther, J. J.*, The Fate of the Jerusalem Church, ThZ 29 (1973) 81–84. – Weitere Literatur s. oben S. 179.

14 **Wenn ihr aber den Greuel der Verwüstung dort stehen seht, wo er nicht soll – wer es liest, erfasse es! –, dann sollen die in Judäa in die Berge fliehen.** 15 **Wer aber auf dem Dach ist, steige nicht herab und gehe nicht hinein, um etwas aus seinem Haus zu holen.** 16 **Und wer auf dem Feld ist, soll sich nicht nach rückwärts umwenden, um seinen Mantel zu holen.** 17 **Wehe aber den Schwangeren und Stillenden in jenen Tagen!** 18 **Betet aber, daß es nicht im Winter geschieht.** 19 **Denn jene Tage werden eine Drangsal sein, wie eine solche seit Anfang der Schöpfung, die Gott schuf, bis jetzt nicht gewesen ist und nicht mehr sein wird.** 20 **Und wenn der Herr die Tage nicht abgekürzt hätte, würde kein Fleisch gerettet werden. Aber wegen der Auserwählten, die er erwählte, hat er die Tage abgekürzt.** 21 **Und wenn euch dann jemand sagt: Siehe, hier ist der Christus! Siehe, dort! glaubt nicht.** 22 **Denn falsche Christusse und falsche Profeten werden sich erheben und Zeichen und Wunder gewähren, um – wenn möglich – die Auserwählten irrezuführen.** 23 **Ihr aber gebet acht! Ich habe euch alles vorhergesagt.**

Wiederum wird man für die Entstehung dieses Abschnittes davon auszugehen haben, daß er sich aus Bestandteilen verschiedener Art zusammensetzt. Äußerlich läßt sich das am Wechsel von Imperativen und schildernden Sätzen, von persönlich und unpersönlich geformten Aufrufen (z. B. φευγέτωσαν – προσεύχεσθε in 14 und 18), von θεός zu κύριος in 19f, an dem in Vers 23b unerwartet auftretenden redenden Ich erkennen. In Vers 14 ist wegen des Wechsels von der persönlichen Anrede ἴδητε zum unpersönlichen φευγέτωσαν zu vermuten, daß der Evangelist eingriff und mit »wenn ihr seht« sowohl die persönliche Anrede als auch eine steigernde Angleichung an Vers 7 (»wenn ihr hört«) schuf[1]. Die ungewöhnliche und rätselhafte Ortsangabe »wo er nicht soll« hat wahrscheinlich eine klarere Bestimmung verdrängt. Anlaß hierfür wird gewesen sein, daß im vorliegenden Konzept der Rede mit Vers 14 eine

Analyse

[1] Vgl. Lambrecht, Redaktion 147.

neue Etappe eingeleitet wird. Diese ist durch das Auftreten einer Person gekennzeichnet, die gegenüber der Vorlage ebenfalls neu eingeführt worden ist. Dies erkennt man daran, daß βδέλυγμα (Neutrum!) als männliche Person (ἑστηκότα) gedeutet wird. In der Vorlage dürfte der Satz so begonnen haben: Wenn der Greuel der Verwüstung im Tempel steht bzw. aufgestellt wird . . .[2] Die Ermahnung zum aufmerksamen Lesen gehört der Tradition zu. Bei Markus hat sie nichts Vergleichbares[3]. Die Flucht von Judäa in die Berge wurde mit Hinweis auf das Bergland Judäa als Tautologie und ἐν τῇ Ἰουδαίᾳ als Zusatz angesehen. Die Schwierigkeit wird beseitigt, wenn man sieht, daß vor einer Flucht in die befestigte Stadt gewarnt sein soll und die Berge das klassische Zufluchtsland sind[4]. Die Verse 15f gehören einer anderen Überlieferung an. Sie bilden einen Parallelismus, der einmal städtische, das andere Mal ländliche Verhältnisse berücksichtigt, und stehen bei Lk 17,31 auch an einem anderen Platz. Die Verse 17–20 schließen sich gut an 14 an. In Vers 18 könnte προσεύχεσθε προσευχέσθωσαν verdrängt haben[5]. Den pleonastischen Relativsatz in Vers 19 »die Gott schuf« werden wir wiederum dem Markus-Redaktor zuschreiben dürfen, der die Souveränität Gottes im Endgeschehen unterstreichen wollte. So erklärt sich der Wechsel von θεός zu κύριος in Vers 20. Vers 20b ist vormarkinisch, wie die Erwähnung der Erwählten (vgl. 13,22.27) nahelegt[6]. Der Evangelist könnte, wiederum um die Aktivität Gottes zu akzentuieren, den Relativsatz »die er erwählte« eingeschoben haben. Vers 21 ist aus einer anderen Überlieferung eingebracht (vgl. Mt 24,26f/Lk 17,23f). Bei Markus erscheint das Logion in einer verkürzten Form. Vers 22 erinnert an Vers 6 und gehört zu der umfangreicheren apokalyptischen Vorgabe. Da er mit Vers 6 eine von Markus geschaffene Inklusion bildet, wird er in der Vorgabe einen anderen Platz gehabt haben, den man am besten nach dem genannten Vers sucht. Das als christliche Prägung aufzufassende Wort Pseudochristusse berechtigt nicht zwingend zu der Annahme, daß es hier von Markus stammt (vgl. 1Joh 2,18: Antichristusse). Da die Pseudochristusse – wie wir noch sehen werden – in einer gewissen Spannung zu Vers 14 stehen, sind sie besser der Vorlage zuzu-

[2] Vgl. Walter* 43. – Völlig anders urteilt Taylor 512. Er hält Mk 13,14 für eine aus politischen Gründen erfolgte Verschleierung einer Aussage, die in Lk 21,20 unverhüllt vorliege. Beasley-Murray* 70 rekonstruiert ein zugrunde liegendes Jesuswort: Wenn ihr das Zeichen des Greuels seht, flieht in die Berge. Beide Auffassungen sind nicht haltbar.

[3] Grundmann 266 wertet die Bemerkung als Hinweis auf eine vorgegebene schriftliche Quelle.

[4] Vgl. Wellhausen. Für eine Einfügung von Judäa lassen sich keine plausiblen Gründe angeben. Nach Pesch, Naherwartungen 146.234; Schreiber, Theologie des Vertrauens 143f, ist Judäa symbolisch (= das Judentum) zu verstehen. Nach Klostermann könnte Judäa Zusatz aus der Zeit der Übertragung des Evangeliums in außerpalästinische Gebiete sein. So schon Hauck. Die Separierung von Judentum als panische Flucht in Szene gesetzt erscheint höchst unwahrscheinlich. Pesch II,292 korrigiert seine Auffassung und hält jetzt die Aufforderung zur Flucht für eine Weisung der Jerusalemer Gemeinde (die ihre Flucht nach Pella vorbereitet) an »die judenchristlichen Gemeinden Judäas (im Umkreis Jerusalems)«. Vgl. Sowers*, Günther*.

[5] Vermutung von Pesch, Naherwartungen 150.

[6] Anders Wendling, Entstehung 158f; Pesch, Naherwartungen 153f.

rechnen[7]. Vers 23 ist nach verbreiteter Auffassung markinisch[8]. Mit ihm ist in der Gesamtrede eine Zäsur angezeigt.
Gliederungsmäßig benennt Vers 14 das entscheidende Ereignis, das die folgenden Geschehnisse auslöst. Diese werden in 15–18 beschrieben. In 19f hören wir von der Größe der Drangsal, aber auch davon, daß Gott an seine Auserwählten gedacht hat. In 21f ist nochmals von zahlreichen Verführern die Rede, während in 23 der Redende sich ganz persönlich an seine Adressaten wendet.

Die in Vers 7 genannten Ereignisse wurden ausdrücklich als solche, die das Erklärung
Ende einleiten, abgelehnt. Das Ereignis, von dem wir jetzt hören, berührt die 14
Adressaten unmittelbar, denn sie werden zur Flucht aufgerufen. Wir werden darum in diesem das Zeichen für die nahende Vollendung, nach dem die Jünger in Vers 4 gefragt hatten, zu erblicken haben. Was aber ist mit ihm konkret gemeint? Im vorliegenden Vers ist nahezu jedes Wort umstritten. Die Flucht, zu der das Ereignis die Leser zwingt, legt nahe, daß es ein zukünftiges ist. Da ihm der entscheidende Charakter des Zeichens zukommt, ist sein noch in der Zukunft liegendes Eintreffen unausweichlich. Mit βδέλυγμα wird im Alten Testament ein Gegenstand des Abscheus bezeichnet, in Sonderheit das Götzenbild, das mit Händen gemacht ist[9]. Der Ausdruck »Greuel der Verwüstung«, gleichbedeutend mit Greuel, der Verwüstung, Verödung hervorruft, kommt in diesem Sinn in Dan 11,31; 12,11; 9,27; 1Makk 1,54; 6,7 vor und bezeichnet in 1Makk den um die Mitte des zweiten vorchristlichen Jahrhunderts von den Syrern im Tempel aufgerichteten Götzenopferaltar. Die markinische Vorlage kann durch die Erinnerung an das Vorhaben des Kaisers Caligula, im Tempel ein Kaiserbild aufstellen zu lassen, inspiriert worden sein, wenn sie einen ähnlichen Greuel für die letzte Zeit ankündigt[10]. Die Flucht aus Judäa in die Berge warnte dort vor dem Gedanken, in der befestigten Stadt Jerusalem Zuflucht zu finden. Die Bedrohung der Hauptstadt weist in die Zeit des ausgebrochenen Jüdischen Krieges. Bei Markus ist der Hinweis auf den Tempel, auf dessen Zerstörung er bereits zurückblickt (Vers 2), verwischt (vgl. die Analyse). Das zur Person gewordene Scheusal, das sich an einem bewußt rätselhaft umschriebenen heiligen Ort unmißverständlich zu erkennen geben wird, ist der Antichrist[11]. Die Flucht in die Berge war in vielfältigen Bedrohungen letzter Aus-

[7] Pesch, Naherwartungen 116, hält ψευδόχριστοι für Mk-R. Ob εἰ δυνατόν mk ist, bleibe dahingestellt.
[8] Vgl. Lambrecht, Redaktion 171f.
[9] Vgl. W. Foerster, ThWNT I,598–600.
[10] Das Vorhaben kam wegen des Todes des Kaisers 41 n. Chr. nicht zur Durchführung, beunruhigte aber das Volk außerordentlich.
[11] Mit Grundmann, Klostermann, Schmid. In 2Thess 2,3–10; Did 16,4 liegt eine analoge Erwartung vor. Verschiedene Handschriften haben den personalen Charakter des Greuels wieder zurückgenommen, indem sie ἑστηκός (D) bzw. ἑστός (A E F) lesen. Der Greuel der Verwüstung wurde vielfach historisch gedeutet und auf die Taten der Zeloten im Tempel während der Belagerung, die Schändung des Tempels durch das Aufstellen römischer Standarten (vgl. JosBell 6,316) oder die bereits erfolgte Tempelzerstörung bezogen. Damit nimmt man aber dem Abschnitt 13,14–23 seine Brisanz und kann den nahtlosen zeitlichen Übergang in V 24 kaum befriedigend erklären. Vgl. die Übersichten bei Beasley-Murray* 59–72; Lambrecht, Redaktion 145–154. Interessant ist der Vorschlag Marxsens, Evan-

weg[12]. Gewährte sie (gemäß der Vorlage) vor den römischen Heeren Sicherheit, so bleibt sie auch beim Auftreten des Scheusals angezeigt, wiewohl ein Entrinnen jetzt ungleich schwieriger erscheint. Die Größe der Bedrohung will die im Evangelium einmalige Aufforderung zu verständnisvollem Lesen bewußt machen[13]. Für Markus ist mit dem Antichrist die letzte Zeit angebrochen. Weil dieser noch aussteht, ist somit eine Auffassung korrigiert, die die Zerstörung des Tempels als Anbruch der letzten Zeit und Zeichen des Endes wertete. So sind die in 14ff beschriebenen Ereignisse von denen in 5–13 abgehoben.

15–18 Bei der Offenbarung des Antichrist, die in Judäa erfolgen wird, ist panikartige Flucht geboten. Die beiden Bilder vom Mann auf dem Dach und auf dem Feld sind gut geeignet, die Schrecken, die das Ereignis auslösen wird, zu beschreiben. Waren sie ursprünglich auf die Ankunft des Reiches Gottes bzw. die Parusie des Menschensohnes bezogen, so dienen sie bei Markus dazu, die Bedrohung, die das Auftreten des Scheusals für jeden bedeuten wird, zu illustrieren (vgl. Lk 17,31). Das flache Dach diente als Aufenthaltsort (1Sam 9,25), Ort des Gebetes (Apg 10,9), als Versteck (Jos 2,6), Vorratsraum[14]. Die Flucht über die Außentreppe soll nicht durch den Versuch aufgehalten werden, noch einmal in das Haus hineinzugehen, um irgendetwas mitzunehmen. Dies könnte doch nicht mehr helfen[15]. Der auf dem Feld arbeitende Mann, der seinen Mantel am Wegrand abgelegt hat, soll sich um dessentwillen nicht zurückwenden. Die Erinnerung an Lots Frau wird allerdings nicht durch letzteres hergestellt, sondern durch den weiteren Kontext bei Lk 17,31f. Die Rückwendung bleibt bei Markus auf den Mantel ausgerichtet und zielt nicht auf eine im Rücken liegende Stadt ab[16]. Panik ergreift auch die auf dem Lande Wohnenden. Von jeder allgemeinen Katastrofe sind schon immer die Frauen in besonderem Maß betroffen gewesen, die gerade ein Kind tragen oder einen Säugling zu stillen haben (vgl. Lk 23,29). So berichtet Josefus vom Parthereinfall in Palästina unter Hyrkan: »Es gab aber wohl niemand, der, wäre er zugegen gewesen, kein Mitleid gefühlt hätte, als die Frauen ihre kleinen Kinder an sich drückten und unter Weinen und Schluchzen ihr Vaterland und ihre gefangenen Verwandten verließen, um einer ungewissen Zukunft entgegenzugehen« (Ant 14,354)[17]. Die Erfahrung der Kriegsnot wird auf die endzeitlichen Schrecknisse übertragen. Dasselbe gilt

gelist 123–125, für den die mit dem Auftreten des Antichrist verbundene Tempelzerstörung noch in der Zukunft liegt. Er scheitert aber an der zeitlichen Einordnung der Abfassung des Evangeliums. Vgl. zu 16,7. Rigaux* 678–680 vermutet einen Einfluß von Dan 9,27 (der Verwüster) auf Mk 13,14.

12 Gen 19,17; Jer 4,29; Ez 7,16; 1Makk 2,28.

13 Keinesfalls ist zur Lektüre des Buches Daniel aufgerufen, wie es Mt 24,15 empfehlen könnte. Vgl. die Interpretationsvorschläge bei Lambrecht, Redaktion 146.

14 Vgl. Billerbeck I,952.

15 Koine-Text D Θ ergänzen: »er steige nicht *in das Haus* herab«.

16 Pesch, Naherwartungen 148, möchte das Bild so auf städtische Verhältnisse beziehen. Letztere treffen für V15 zu. In V16 ist ein ländliches Milieu angesprochen. Beide Verse richten sich somit an alle, die Stadt- und Landbevölkerung. Pesch II,293 korrigiert seine alte Auffassung.

17 In der Apokalyptik begegnet auch das Schreckensmotiv, daß Frauen Frühgeburten haben (4Esr 6,21).

für das Anliegen, es möge nicht im Winter, das heißt für den Orientalen in der kalten Regenzeit geschehen. Die Bitte schließt die Flucht auf grundlosen Wegen mit ein, reicht aber darüber hinaus[18]. Als bekanntes Motiv berechtigt sie nicht (für die Vorlage) zu historischen Rekonstruktionen[19]. Nach einem Tanchuma-Text ließ Gott sich erbarmen und die Israeliten nicht in der Kälte, sondern im Sommer in die Verbannung ziehen[20]. Die Aufforderung, im Gebet um Milderung zu bitten, gibt zu verstehen, daß Gott sich auch »in jenen Tagen« der letzten Not seine Freiheit wahrt.

Die Anschaulichkeit wandelt sich zu abstrakten und theologischen Aussagen. 19–20
Die Drangsal, deren unermeßliche Größe herausgestellt sein will, ist nicht die um des Wortes willen (vgl. 4,17), sondern die allgemeine, die jeden im Land in der Zeit des Scheusals anfallen wird. Gegenwart, Vergangenheit und Zukunft haben nichts dergleichen aufzuweisen. Die Dreigliedrigkeit macht das Besondere aus, die einzelnen Elemente sind formelhaft. Schon von den ägyptischen Plagen hieß es, daß sie ein Geschrei auslösten »so groß, wie es keines noch gegeben hat oder geben wird« (Ex 11,6)[21]. In der Apokalyptik gelten »die zweite Heimsuchung« und »der zweite Zorn« als Schrecknisse, »wie solche nie bei ihnen waren von Urzeit bis auf jene Stunde« (AssMos 8,1). Die Formulierung in Vers 19 lehnt sich an Dan 12,1 LXX an. Dort fehlt allerdings der Ausblick in die Zukunft. Die Wendung »bis jetzt« legt den Ton auf die Gegenwart (in der Vorlage) des Jüdischen Krieges, dessen Grauen ähnlich umschrieben werden konnte[22]. Die Erwähnung Gottes des Schöpfers weist auf die lenkende Macht, die die Führung der Geschichte von Anfang an in der Hand behält. Diese – »der Herr« bezeichnet hier Gott – hat im vorhinein (Präteritum!) beschlossen, die Tage abzukürzen. Diese Verkürzung beabsichtigt die Rettung der Menschen, nicht ist sie (wie äthHen 80,2) Ausdruck allgemeiner Unordnung[23]. Anlehnung an Jes 54,7: »Nur für eine kleine Weile habe ich dich verlassen, doch voller Erbarmen hole ich dich zurück« liegt nicht vor[24], jedoch ist das Erbarmen das Motiv für Gottes Entschluß. Ohne diesen ginge jeder Mensch im Land (= alles Fleisch; vgl. Jer 12,12) zugrunde. Die Rettung übergreift allerdings die Befreiung aus physischer Not[25]. Die Drangsal ist auch Bedrohung des Glaubens und Gottvertrauens (vgl. 13,13b). Die Erwählten, die in der Apokalyptik mit den Gerechten gleichgesetzt werden (äthHen 38,2; 39,6f) sind für Markus, der dieses Wort

[18] Einzelne Handschriften ergänzen in Anlehnung an Mt 24,20: »daß *eure Flucht* (Koine-Text) nicht im Winter *oder am Sabbat* (L) geschehe«.

[19] Grundmann sieht in der Angabe des Winters einen Hinweis auf Caligula, dessen Vorhaben, ein Kaiserbild im Tempel aufzustellen, im Herbst 39/40 n. Chr. entschieden werden sollte.

[20] Bei Billerbeck I,952.

[21] Vgl. Ex 9,18.24; 10,6.14; Joel 2,2; 1Makk 9,27; Jer 30,7; Offb 16,18 und Rigaux* 680f.

[22] JosBell 1,1, beginnt seine Schrift mit den Worten: »Der Krieg der Juden gegen die Römer erweist sich als der größte im Vergleich nicht nur mit den Kriegen unserer Zeit, sondern auch mit all denen, von denen wir Kunde überkommen haben, sei es, daß Städte gegen Städte oder Völker gegen Völker losbrachen.«

[23] Das Motiv von der Verkürzung der Zeit zur Rettung der Menschen lebt fort in der rabbinischen Literatur. Vgl. Billerbeck I,953.

[24] Erwogen von Beasley-Murray* 81 in Anlehnung an F. Busch.

[25] Gegen Lambrecht, Redaktion 165.

nur in der eschatologischen Rede bietet, die Gemeinde[26]. Das aktive Erwählen Gottes ist im Relativsatz unterstrichen. Dies bedeutet für die Gemeinde Trost, aber keine absolute Sicherheit. Die Bewährung wird dem einzelnen nicht abgenommen.

21–23 Mit der Warnung vor Verführern wird nochmals der Gedanke von Vers 6 aufgegriffen. Bezog sich aber dort die Warnung auf die Gegenwart, so hier auf die Zukunft. Die Bedrängnisse der letzten Zeit werden um so intensiver nach dem wiederkehrenden Jesus – nur er kann mit Christus gemeint sein – Ausschau halten lassen und dem Wirken von Verführern entgegenkommen. Seine Parusie aber wird sich nicht im Verborgenen ereignen, wie die erste Ankunft des Messias im Judentum gelegentlich als eine verborgene erwartet wurde (vgl. Joh 1,26; JustDial 49)[27]. Darum verdienen diese Ansagen, mögen sie auch willkommen sein, keinen Glauben. Schlimmer wird die Tätigkeit von Lügenprofeten und -christussen sein, die mit Zeichen und Wundern aufwarten werden. In Dtn 13,2–4, worauf angespielt sein wird, sind σημεῖα καὶ τέρατα die Begleiterscheinung des Lügenprofeten und Traumdeuters, mit denen dieser seine göttliche Beauftragung vortäuscht. Während σημεῖα auf die folgende Zeit verweisen, sind τέρατα besonders staunenerregende Wunder. Markus hat diese Formel begreiflicherweise für das Wunderwirken Jesu vermieden[28]. Pseudoprofeten sind dem griechischen Alten Testament bekannt, Pseudochristusse stellen eine christliche Wortbildung dar[29]. Man wird zwischen beiden Gruppen keinen wesentlichen Unterschied aufrichten, vor allem erstere nicht zu Wegbereitern der letzteren machen, wie das (im Singular) Offb 12f der Fall ist (vgl. Offb 13,13). Der Höhepunkt des Schreckens, den der Antichrist bedeutet, wird durch Vers 22 nicht abgeschwächt, da das Wirken der Lügenprofeten und -christusse im Gefolge des Scheusals erfolgt und diesem der Christusname nicht beigelegt wird. Dies ist auch in anderen Schriften der Fall, wo er »Mensch der Gesetzlosigkeit« (2Thess 2,3), »Weltverführer« (Did 16,4) genannt oder auch anders umschrieben werden kann: regnabit quem non sperant (4Esr 5,6)[30]. Lohmeyer vermutete, daß sich die Tätigkeit des Scheusals auf Judäa beschränkt, während die Verführer von 21f die übrige Welt heimsuchen[31]. Eine solche säuberliche Trennung dürfte kaum intendiert sein. Wichtiger ist, daß die Erwählten sich wiederum des göttlichen Schutzes erfreuen dürfen. Mit einer persönlichen Anrede schließt dieser Redeteil. Die erneut aufgegriffene Warnung »Gebet acht« interpretiert den Begriff der Erwählten. Sie gibt zu verstehen, daß die göttliche Vorsorge die Prüfung des Jüngers nicht ausschließt. Diesem wurde von Jesus die ganze Zukunft (πάντα) erschlossen, nicht zur

[26] Das Verb ἐκλέγεσθαι bietet Mk nur in 13,20. Den Erwählungsgedanken hielt man früher für einen paulinisierenden Einschub. Vgl. Klostermann.

[27] Die vermeintliche Wiederkunft im Verborgenen hat Mt 24,26 besser bewahrt: in der Wüste – in den Gemächern.

[28] Vgl. Kertelge, Wunder Jesu 28f.

[29] Vgl. LXX Jer 33,7f.11.16; 34,9; Sach 13,2. Die Masora spricht von Profeten. In Mk 13,22 streichen D i k ψευδόχριστοι. Mit dem ägyptischen und dem Koine-Text ist δώσουσιν statt ποιήσουσιν zu lesen.

[30] Vgl. Bousset-Gressmann, Religion 255.

[31] 277.

Wissensbefriedung, sondern um sich wappnen zu können. »Ich habe es vorhergesagt« kennzeichnet die Rede als wahre im Gegensatz zu der der falschen Profeten[32].

Historische Beurteilung und Zusammenfassung

Unter den vorliegenden Logien darf man die Verse 15f durchaus Jesus zusprechen. Sie fügen sich in seine Reich-Gottes-Predigt ein[33]. – Markus baut aus verschiedenem Material einen Redeabschnitt, mit dem er die dem Ende unmittelbar vorausgreifende Zeit schildert. Diese Zeit ist von der Gegenwart, der die Verse 5–13 gewidmet sind, abgesetzt. Das Auftreten des Antichrist, nicht die Zerstörung des Tempels, wird das Zeichen sein, an dem man das nahende Ende unübersehbar wird erkennen können. Zwei Dinge werden in dieser letzten und höchsten Not notwendig sein: das vertrauende Wissen darum, daß Gott auch dann Lenker der Geschichte bleibt, wie er Schöpfer der Welt war, und daß er seine Gemeinde nicht vergessen wird. Und die unbedingte Festigkeit gegenüber jeder teuflischen Verführung wird gefordert sein. Wenn es uns auch nicht leicht fallen mag, die Sprache der apokalyptisch gefärbten Bilder zu bejahen, ist ihr Grundanliegen, Gott den Herrn in einer Welt, die zum Chaos werden kann, nicht aus dem Auge zu verlieren und anzuerkennen, das Bleibende. Dieser Glaube gibt Festigkeit, dem abgründigen Bösen zu widerstehen.

### e) Die Ankunft des Menschensohnes und die Sammlung der Auserwählten (13,24–27)

*Literatur: Vögtle, A.*, Das NT und die Zukunft des Kosmos, Düsseldorf 1970, 67–71. – Weitere Literatur s. oben S. 179.

24 **Aber in jenen Tagen nach jener Drangsal wird die Sonne verfinstert werden, und der Mond wird seinen Schein nicht geben.** 25 **Und die Sterne werden vom Himmel fallen, und die Kräfte in den Himmeln werden ins Wanken gebracht werden.** 26 **Und dann werden sie den Menschensohn auf Wolken mit großer Macht und Herrlichkeit kommen sehen.** 27 **Und dann wird er die Engel aussenden und seine Auserwählten aus den vier Winden zusammenbringen, vom Saum der Erde bis zum Saum des Himmels.**

Analyse

Diesen Redeteil übernahm Markus aus seiner Vorlage, ohne sichere Spuren seines Eingreifens erkennen zu lassen. Von den beiden Zeitangaben in Vers 24 wird er jedoch eine gebildet haben, da diese in einer gewissen Spannung zueinander stehen. Einmal geschieht das Geschilderte in jenen Tagen, womit an Vers

[32] Das seltene Verb προείρηκα ist bei Mk hapax legomenon.
[33] Vgl. Lohmeyer 276.

19 angeknüpft wird, das andere Mal wird mit »nach jener Drangsal« vom Vorausgehenden abgehoben. Obwohl sich kein eindeutiger Entscheid herbeiführen läßt, spricht mehr für die erste Zeitbestimmung als redaktionelle Bildung, da mit dieser der Auftritt des Antichrist und die Parusie des Menschensohnes enger aneinandergeknüpft werden[1]. Mit dem Antichrist kommt der Stein der letzten Geschehnisse unaufhaltsam ins Rollen. Weitere vermutete redaktionelle Veränderungen erscheinen fragwürdig[2]. Der gesamte Redeteil ist entsprechend seinem Inhalt im futurischen Erzählstil gehalten. Es fehlt jeder Imperativ (anders Lk 21,28).

Erklärung 24–25

Mit »aber« (ἀλλά) wird die große Wende eingeleitet. »Der Himmel greift ein in den irdischen Jammer« (Wellhausen). Die zweifache Zeitbestimmung bindet an das Vorausgehende und trennt gleichzeitig davon ab. Die Zeit des letzten Geschlechts ist auch in 1QpHab 7,1f von der Vollendung der Zeit abgesetzt. Was sich jetzt ereignet, macht dem Unwesen des Scheusals ein Ende. Die Drangsal ist vorüber. Die geschilderten Veränderungen an Sonne, Mond und Sternen gehören zum apokalyptischen Repertoire: »Alle Leuchten werden von großer Furcht erschüttert und die ganze Erde wird erschrecken, zittern und zagen« (äthHen 102,2)[3]. Der markinische Text lehnt sich an Jes 13,10 an: »Die Sterne und Sternbilder am Himmel lassen ihr Licht nicht mehr leuchten. Die Sonne ist dunkel, schon wenn sie aufgeht; der Mond läßt sein Licht nicht mehr scheinen.« Auch LXX Jes 34,4 klingt an: »Alle Sterne fallen wie Blätter vom Weinstock und wie Laub vom Feigenbaum« (vgl. Joel 2,10–3,4; 4,15f)[4]. Im Alten Testament sind diese Erscheinungen Begleitumstände des Zorngerichtes Gottes, des Tages Jahwes. Das Gericht ergeht nach den Jesaja-Stellen über Babel und Edom. Vor diesem biblischen Hintergrund erfüllen die Bilder die Funktion, das Gericht an den Frevlern zu veranschaulichen. Sie werden dem Chaos übergeben, das über die Schöpfung hereinbricht. Es ist darum nicht zutreffend zu sagen, daß nach Markus nur die Rettung der Auserwählten im Blickpunkt steht. Der gegen die Sünder sich wendende Gerichtszorn wird nicht detailliert beschrieben, sondern metaforisch eingekleidet[5]. Es ist aber die Frage, ob man die Aussagen nur auf der Ebene kosmologischer Metafern interpretieren darf und ob mit ihnen nicht auch etwas über das Schicksal der Welt ausgesagt ist. Ihre Sprache liegt in der Mitte von Metaforik und Realistik. Sie betreffen darum nicht bloß das Strafgericht, sondern darüber hinaus auch die durchgrei-

[1] Ähnlich Schweizer 150, anders Masson, Rome 105; Pesch, Naherwartungen 157.

[2] Nach Pesch, Naherwartungen 169f, hat Mk in V 26 ursprüngliches ἔρχεται ὁ υἱὸς τοῦ ἀνθρώπου in ὄψονται τὸν υ.τ.ἀ. unter eventuellem Einfluß von 14,62 geändert. Vgl. aber Dan 7,13: ἐθεώρουν . . . καὶ ἰδού. Lambrecht, Redaktion 191–193 hält den ganzen Abschnitt für Bildung des Mk, der »eine authentische Jesuslehre« aufgegriffen habe. Diese Auskunft ist recht vage.

[3] Weitere Belege bei Billerbeck I,955.

[4] Lambrecht, Redaktion 177f, glaubt, daß Joel stärker als Jesaja abgefärbt habe, da Joel auch vom Erscheinen des Herrn sprechen würde.

[5] Carrington 280–283; Pesch, Naherwartungen 158–166; Vögtle*. Anders Lohmeyer, der die VV 24–27 ein Fragment nennt.

fende Veränderung und Verwandlung des Kosmos[6]. Das Schwanken und Erschüttertwerden der Himmelskräfte (25b) fassen 24.25a zusammen. Ein personales Verständnis der δυνάμεις, daß sich hinter ihnen Engelmächte verbergen würden, ist nicht angezeigt[7].

Der Höhepunkt des Enddramas ist die Erscheinung des Menschensohnes. Auch 26–27
hier wird man auf die Besonderheit der Sprache zu achten haben, die real Erwartetes metaforisch einkleidet. Für Markus und seine Leser ist klar, daß der kommende Menschensohn Jesus ist[8]. Die Wolken, auf denen er erscheint, kennzeichnen ihn als himmlisches, gottzugehöriges Wesen[9]. Die große Macht und Herrlichkeit (vielleicht Anlehnung an Ps 8,6), die ihn umgeben, unterstreichen noch seine Hoheit, die sich lichtvoll vom Dunkel und Chaos abhebt. Das Ziel seines Kommens bleibt eigenartig in der Schwebe. Wichtig ist nur, daß sie ihn kommen sehen. Die unpersönliche Redeweise, die Evidenz beinhaltet, läßt darauf schließen, daß die Gegner, Frevler und Sünder angesprochen sind[10]. Für sie kommt der Menschensohn zum Gericht. Und es kann in aller Kürze gesagt werden, daß sich das Gericht an ihnen vollzieht, indem sie ihn sehen. Das Sehen des Richters, das vernichtet, ist bereits in der Apokalyptik vorgegeben: »An jenem Tag erheben sich alle Könige, Mächtige, Hohe und die anderen Erdbesitzer. Und *sie werden sehen* und erkennen, wie er (= der Menschensohn) auf dem Thron seiner Herrlichkeit sitzt . . . Ihr Antlitz wird von Scham erfüllt, und Finsternis wird auf sie gehäuft werden« (äthHen 62,3.10). Obwohl sich die markinische Formulierung an LXX Dan 7,13 anlehnt, wird deutlich, daß der Vorstellungsbereich der zitierten Henochstelle entspricht. Das Menschensohnbild »ist nicht aus Dn 7 unmittelbar übernommen, sondern eher durch den Bezug auf diese Schriftstelle sanktioniert worden«[11]. Der letzte Akt – wiederum mit »und dann« abgehoben – ist die Aussendung der Engel (vgl. Mk 8,38) und die Einsammlung der Auserwählten von den vier Winden. Im Hintergrund steht der Gedanke der Zerstreuung des Gottesvolkes über die ganze Erde und seiner Zusammenführung in der Endzeit, der bei Markus auf die christliche Gemeinde übertragen ist. Nach Sach 2,10 sind die Israeliten in die vier Winde des Himmels zerstreut, nach LXX Dtn 30,4 wird der Herr die Zerstreuten (ἡ διασπορά σου) von einem Saum des Himmels bis zum anderen wieder zusammenbringen. Diese Aufgabe ist nunmehr dem Menschensohn

[6] Vgl. Hahn* 264–266. Es ist auch zu beachten, daß die Apokalyptik im Gegensatz zu den atl. Profeten am Ergehen des Kosmos interessiert ist. Vgl. Offb 8,12; 12,4; 21,5.

[7] Gegen Grundmann. Vgl. Billerbeck I,956.

[8] Ob dies auch für die mk Vorlage gilt, hängt damit zusammen, ob diese christlich oder jüdisch ist. Dazu s. unten S. 211f.

[9] Vgl. Jes 19,1; Ps 18,12; Ex 34,5 und A. Oepke, ThWNT IV,904–912. Die Auswechslung der Präpositionen ἐν, ἐπί (Mk 14,62 μετά) und des Plurals mit dem Singular in verschiedenen Handschriften hängt mit dem Einfluß von Mt 24,30; Lk 21,27 und der beiden Versionen des griechischen Daniel zusammen. Sachlich ist sie kaum von Belang.

[10] Vgl. Pesch, Naherwartungen 166–168; Lambrecht, Redaktion 180.

[11] Tödt, Menschensohn 32. Es ist darum unzutreffend, wenn man von Dan 7,13 her interpretiert. Carrington 283–285 macht die Dan-Stelle zum Ausgangspunkt der Erklärung und versteht den Menschensohn Jesus als Symbol: »in some way he represents or even embodies the Kingdom of God«.

übertragen, dessen Auserwählte die Gemeindemitglieder sind[12]. Hatte sie Gott (Vers 20: der Herr) auserwählt, so gehören sie dem Menschensohn. Die vier Winde oder Ecken der Erde entsprechen dem antiken biblischen (LXX Ez 37,9; Offb 7,1) und griechischen Weltbild[13]. Die kontaminierte Formel »vom Saum des Himmels bis zum Saum der Erde« ist vielfältig gedeutet, auf die höchste Höhe der Erde und des Himmels, auf Galiläa, auf den Bereich der Lebenden und Toten bezogen oder als Aussage interpretiert worden, die schlechterdings keinen der in Frage Kommenden auslassen möchte[14]. Das Bild bleibt auf die bis zur Parusie Übrigbleibenden beschränkt, deren Entrückung zum Menschensohn mit der Formel vermutlich angedeutet sein soll. Die Totenauferstehung wird nicht eigens erwähnt. Die endzeitliche Gemeinschaft mit dem Menschensohn schildert auch äthHen 62,13f: »Die Gerechten und Auserwählten werden an jenem Tag gerettet und schauen dann nicht mehr der Sünder und Ungerechten Antlitz. Der Herr der Geister wohnt dann über ihnen und sie essen mit dem Menschensohn, legen sich nieder und stehen auf für alle Ewigkeit.« Mit dem Menschensohn Jesus sein und leben zu können, ist der eschatologische Ausblick, den unser Evangelium mit anderen neutestamentlichen Schriften teilt (vgl. 1Thess 4,17; Lk 23,43; Offb 20,4)[15].

Zusammenfassung

Markus will den zeitlichen Konnex zwischen Parusie des Antichrist und Parusie des Menschensohnes herausgestellt wissen (erste Zeitangabe in Vers 24). Die Erscheinung des Antichrist ist ja für ihn das Zeichen, das die Vollendung anzeigt. Im Gesamtrahmen des Evangeliums gewinnt der Abschnitt noch besondere Nuancen. Das für die Frevler bedrohliche Kommen des Menschensohn-Richters ist in die Passionsgeschichte eingeblendet (14,62). Damit ist jedes Mißverständnis über diesen Menschensohn ausgeschlossen. Er ist kein supranaturales Wesen, sondern mit Jesus von Nazaret identisch, der zum Kreuzestod verurteilt wurde. Die Jünger dürfen zwar hoffen, daß sie zu den Auserwählten des Menschensohnes gehören, sollen sich aber dieser Wahl nicht sicher sein. Die Einschränkung bietet die Jüngerbelehrung in 8,38, welche die Vision vom kommenden Menschensohn bereits aufgegriffen hatte. In einem bösen und ehebrecherischen Geschlecht sich der Worte Jesu zu schämen, ist die Versuchung, welcher der Jünger zu widerstehen hat, will nicht auch er dem Gericht verfallen. So lenkt der endzeitliche Ausblick zurück in die Gegenwart, die vom Kreuz des Menschensohnes bestimmt ist und das Eintreten für ihn und seine Worte einfordert.

[12] Mit dem ägyptischen und dem Koine-Text ist τοὺς ἐκλεκτοὺς αὐτοῦ zu lesen.

[13] Vgl. Plinius, nat. hist. 2,47: veteres quattuor . . . mundi partes. Auch Lk 13,29.

[14] In der Reihenfolge der erwähnten Meinungen: Lohmeyer mit Hinweis auf AssMos 10,9: »Und Gott wird dich erhöhen, läßt dich am Sternenhimmel schweben, an seiner Wohnstatt«; Marxsen, Evangelist 126; Beasley-Murray* 92; Pesch, Naherwartungen 174. Die Formel ist zusammengezogen aus »vom Saum des Himmels bis zum Saum des Himmels« (LXX Dtn 4,32) und »vom Saum der Erde bis zum Saum der Erde« (LXX Jer 12,12). Vgl. Billerbeck I,960; Bauer, Wörterbuch 67.

[15] Beachtenswert sind die Ausgestaltungen des Enddramas: in frühpatristischen Darstellungen Did 16,6–8; 10,5; Barn 15,5.

## f) Wann kommt das Ende? (13,28–32)

*Literatur: Kümmel, W. G.,* Verheißung und Erfüllung, ³1956 (AThANT 6), 15–18. 47–57.84–97; *Jeremias,* Gleichnisse 119f; *Dupont, J.,* La parabole du figuier qui bourgeonne (Mc 13,28–29 et par), RB 75 (1968) 526–548; *Winandy, J.,* Le logion de l'ignorance (Mc XIII,32; Mt XXIV,36), RB 75 (1968) 63–79; *Klauck,* Allegorie 316–325. – Weitere Literatur s. oben S. 179.

28 **Vom Feigenbaum aber lernt das Gleichnis: Wenn sein Zweig schon weich wird und die Blätter herauswachsen, erkennt ihr, daß der Sommer nahe ist.** 29 **So erkennet auch ihr, wenn ihr dies geschehen seht, daß es nahe vor der Türe ist!** 30 **Amen, ich sage euch, dieses Geschlecht wird nicht vergehen, bis alles geschieht.** 31 **Der Himmel und die Erde werden vergehen, meine Worte aber werden nicht vergehen.** 32 **Was aber jenen Tag und die Stunde betrifft, so kennt sie keiner, weder die Engel im Himmel, noch der Sohn, sondern nur der Vater.**

Dieser Redeteil setzt sich aus recht unterschiedlichem Überlieferungsmaterial zusammen. Auf ein Gleichnis, das in persönlicher Anrede den Jüngern als Lehre vorgehalten und gedeutet wird (28f), folgt ein profetisches Wort, das durch die Amen-Einleitung gleichfalls die Vier unmittelbar anspricht (30). Die Verse 31f sind zwei isoliert tradierbare Logien, von denen das erste christologischen Inhalts und mit Vers 30 durch das Stichwort παρέρχεσθαι verbunden ist. Vers 32 nimmt wieder zur eschatologischen Problematik Stellung, hebt sich aber in seiner Zurückhaltung von Vers 30, der von Naherwartung erfüllt ist, spürbar ab. Weil so Unterschiedliches zusammengebracht wurde, ist mit redaktionellen Eingriffen sicher zu rechnen. Die Frage ist dabei, ob vielleicht das eine oder andere Wort bereits zur vormarkinischen Vorlage gehörte, deren Bestandteile sich im vorausgehenden Redestück heraushoben. Analyse

Die imperativische Einleitung des Gleichnisses »Lernet« hat in der Gleichnisüberlieferung nichts Vergleichbares. Sie fügt sich aber in die von Imperativen durchsetzte Redekomposition gut ein, so daß wir 28a dem Evangelisten werden zuschreiben dürfen[1]. In Vers 29 stellt der ὅταν-Satz (vgl. 13,7.14), der sich am einleitenden ὅταν in 28 etwas stößt, ein übergreifendes Element der gesamten Rede dar. Diese Intention wird noch deutlicher, wenn man die Korrespondenz von »wenn ihr *dies* geschehen seht« mit der einleitenden Jüngerfrage »Wann wird *dies* sein?« (4a) wahrnimmt. Wir werden zu fragen haben, worauf sich das Wörtchen »dies« bezieht. Der Imperativ »so sollt auch ihr erkennen« dupliziert den Imperativ »lernet« in 28. Dies bestätigt die redaktionelle Bildung von 28a, spricht aber dafür, daß der Grundbestand von 29 traditionell ist[2]. Der ὅταν-

[1] Mit Pesch, Naherwartungen 176; Lambrecht, Redaktion 194.
[2] Vgl. Lohmeyer 280. Pesch II,308.

Satz verdrängte etwas anderes (einen Hinweis auf bestimmte Ereignisse im Leben Jesu oder der späteren Zeit?). Das kleine Gleichnis ist alt und aus palästinischer Tradition. Die Bemerkung »vor der Tür« ist spätere Zutat, da sie als Bild für ein nahes Ereignis hellenistischem Empfinden entspricht und die Verknüpfung mit dem folgenden Gleichnis vom Türhüter vorbereitet[3]. – Das Amen-Wort in Vers 30 ist zusammen mit Vers 32a als Abschluß der vormarkinischen Apokalypse angesehen, aber auch als Bildung des Evangelisten definiert worden[4]. Kann sich die erste These darauf berufen, daß das Logion wegen des unbestimmten »dies alles« in sich betrachtet unverständlich und auf einen Zusammenhang angewiesen ist, so kann die zweite geltend machen, daß »dies alles« im größeren Verweiszusammenhang auf die Jüngerfrage in 4b zurücklenkt und auf einen Eingriff des Evangelisten schließen läßt. In Mt 5,18 haben wir eine ähnliche Zusage: »bis alles geschehen ist«. Weil dort auch vom Vergehen von Himmel und Erde die Rede ist, liegt die Annahme nahe, daß 30 und 31 schon vormarkinisch zusammengehörten (Vers 30 nur mit πάντα)[5]. Vers 31 ist der ältere Bestandteil, der im Judentum – bezogen auf das Gesetz – Parallelen besitzt und auf Jesus zurückgehen kann, der vielleicht seine Worte dem Gesetz gegenüberstellte. Vers 30 hängt, wie das vergleichbare Wort in 9,1, mit der Problematik der Parusieverzögerung zusammen, ist aber wegen der größeren eingeräumten Zeitspanne (einige von den hier Stehenden – dieses Geschlecht) als jünger anzusehen[6]. In Verbindung mit Vers 31 kündet Vers 30 – als Aussage eines christlichen Apokalyptikers – vom gewissen nahen Ende in dieser Generation. Bildeten 30f einmal den Abschluß der vormarkinischen Apokalypse, so wäre diese in ihrer dem Evangelisten vorliegenden Gestalt bereits als christliche anzusehen. Wahrscheinlicher ist die isolierte Tradierung von 30f. – Wer Vers 32 für einen ursprünglich jüdischen Satz und den Abschluß der vormarkinischen, für jüdisch geltenden Apokalypse ansieht, muß die Wendung, die vom Sohn und Vater spricht, als eine christliche Erweiterung betrachten. Es bliebe ein unbefriedigender Satztorso übrig, es sei denn, man meint, »außer Gott« habe einmal am Ende gestanden[7]. Weil dies zu hypothetisch ist, ist es besser, den dreigeteilten Satz (Engel – Sohn – Vater) für ursprünglich zu erklären, zumal die Gegenüberstellung Sohn – Vater genuin christlich ist. Nur die

[3] Ist die Verbindung vom Feigenbaum- und Türhütergleichnis vormk, wie Wendling, Entstehung 161–164, vermutet, geht die Zutat auf eine vormk Redaktion, andernfalls auf Mk-R zurück. Zum Bild von der Tür vgl. J. Jeremias, ThWNT III,174; Bauer, Wörterbuch 723.

[4] Zum einen vgl. Bultmann, Geschichte 130; zum anderen Lambrecht, Redaktion 202–211, der Einwirkung von Mt 23,36; 5,18 und Mk 9,1 (sic!) annimmt; Schreiber, Theologie des Vertrauens 140f; Pesch, Naherwartungen 181–188.

[5] Zur Schwierigkeit, V 30 für Mk-R zu halten, vgl. Schweizer 152. Hahn* 251–263 rechnet die VV 28–31 noch zur vormk Apokalypse, aber auch damit, daß der Sinn von ταῦτα und ταῦτα πάντα in 29 und 30 sich bei Mk verschoben habe. Wegen der offenkundigen Abstimmung von 29f und 4 in diesem Punkt ist mk Arrangement wahrscheinlicher.

[6] Vgl. A. Vögtle, Exegetische Erwägungen über das Wissen und Selbstbewußtsein Jesu, in: Gott in Welt I (FS K. Rahner), Freiburg 1964, 608–667 (644ff); Grässer, Parusieverzögerung 128–131. Vögtle möchte Mk 9,1 aus 13,30 ableiten.

[7] So Pesch, Naherwartungen 194. Zurückhaltend Pesch II,310.

Stunde verrät sich (ohne ἐκείνης) neben jenem Tag als nachklappender Satzteil[8]. Er stammt von Markus, der auf die Nachtwachen des folgenden Gleichnisses in 35b vorbereiten wollte. War es Markus, der die verschiedenen Traditionen 28f, 30f und 32 verband, so machte er unterschiedliche Standpunkte bezüglich des Eintritts der Parusie seinem eigenen Standpunkt dienstbar. Wie er das tat, ist nunmehr zu zeigen.

Die Frage nach dem Wann wird zunächst durch ein kleines Gleichnis beantwortet. Von der Beobachtung des Feigenbaumes gilt es zu lernen. Sein Blätteransatz ist ein untrügliches Zeichen für den nahen Sommer. Dies wird verständlich, wenn man weiß, daß der Feigenbaum im Gegensatz zu anderen Bäumen in Palästina, die immer grünen, im Winter sein Laub abwirft, und daß die Zeitspanne zwischen Winter und Sommer, der Frühling, dortzulande sehr kurz ist. Darum ist nicht von einem besonderen Feigenbaum, etwa dem von 11,12–14, die Rede[9]. Auch die Rabbinen benutzten die Veränderungen am Feigenbaum zur Bemessung der Jahreszeiten[10]. Die durch die Naturveränderungen angezeigte Nähe des Sommers wird transparent für zeichenhafte Vorboten, die eine andere Nähe andeuten. So hören es die Jünger, denen nach Mk 4,34 jede Parabelrede aufgelöst wird. Jesus mag einmal mit dem Vergleich auf jene Ereignisse in seinem Wirken verwiesen haben, die das nahe Reich Gottes oder die hereinbrechende Krisis signalisierten[11]. Markus stellt mit »wenn ihr dies geschehen seht« den konkreten Bezug zur Rede her. Klar ist bei dieser Andeutung, daß sie nicht die Ereignisse der Verse 24–27 miteinbezieht. Faßt sie den Geschehensablauf von 6–13,6–23 oder 14–23 ins Auge? Da sich die Formulierung (ὅταν ἴδητε) an Vers 14 anlehnt, wird man letzteres vorziehen[12]. Das Auftreten des Antichrist wird das Ende definitiv ankündigen. Ist alles Vorausliegende und auch schon die Gegenwart Erfassende der Anfang der Wehen (Vers 8c), so wird erst jenes Ereignis das Ende unmittelbar einleiten. Dann steht es vor der Tür und mit ihm auch der Menschensohn. In der Wendung ἐγγύς ἐστιν ἐπὶ θύραις sind Gericht, Heil und Richter zusammengeschlossen[13]. Wie schon die alttestamentlichen Profeten die Nähe des Tages des Herrn ausriefen, so wird hier

Erklärung 28–29

[8] Gute Beobachtung von Pesch, Naherwartungen 191, und Lambrecht, Redaktion 237f.

[9] So Wellhausen und andere Vertreter der älteren Exegese. Vgl. Beasley-Murray* 97f. Neuerdings Schreiber, Theologie des Vertrauens 134–140, der das Gleichnis als Gerichtsansage an Juden und Judenchristen versteht. B[3] D Θ lesen in 28 γινώσκεται. Dies unterstreicht, daß das Verb hier eine Bedeutung hat, die »feststellen« nahekommt. Die präsentische Erzählform kennzeichnet die Geschichte als Gleichnis im engeren Sinn, das heißt als eine semper, ubique et ab omnibus zu machende Erfahrung.

[10] Vgl. Carrington 291f, der ein Wort Rabbi Simeons, des Sohnes Gamaliels, zitiert: »Vom Blätteransatz bis zu den grünen Feigen sind 50 Tage. Von den grünen Feigen bis zum Abfall der Knospen sind 50 Tage, und von dieser Zeit bis zu den reifen Früchten 50 Tage.«

[11] Man bezieht das Gleichnis entweder auf das kommende Heil (Jeremias, Gleichnisse 119f) oder die kommende Gottesherrschaft (Kümmel* 15).

[12] Gerade in diesem Punkt weichen die Meinungen erheblich voneinander ab. Vgl. Hahn* 253; Marxsen, Evangelist 127; Pesch, Naherwartungen 179f. Grässer, Parusieverzögerung 165, wertet das Gleichnis als Rechtfertigung des Verzuges der Parusie.

[13] Zum Bild vgl. Jak 5,9; Offb 3,20; Gen 4,7.

mit ἐγγύς in umfassender Weise auf Ende und Gericht hingelenkt[14].

30–31 Neben das Gleichnis tritt die unverhüllte Rede. Dieses alles soll noch zu Lebzeiten dieses Geschlechtes geschehen. Eine feierliche Amen-Einleitung bekräftigt diese Zusage. »Dieses alles« kann in Anlehnung an die Jüngerfrage in Vers 4b und in Abhebung von ταῦτα in 29 nur die Gesamtheit der in der bisherigen Rede geschilderten Vorkommnisse, also auch die Parusie des Menschensohnes, meinen. Für sich genommen, bezeugt das Wort eine intensive Naherwartung. Denn die altbiblische Wendung »dieses Geschlecht« muß auf die Zeitgenossen bezogen werden[15]. Gleichzeitig schwingt ein negatives Urteil über diese in dem Begriff mit, wie Mk 8,12.38 (»dieses ehebrecherische und sündige Geschlecht«) bestätigt (vgl. 9,19). Gegenüber 9,1 ist die Erwartung etwas gedämpft, jedoch könnte man die in Aussicht gestellte Zeitspanne kaum über 30–40 Jahre hinaus bemessen. Wenn der Evangelist dieses Wort aufgreift, lehnt er die darin enthaltene Naherwartung nicht ab. Da er aber die Zusage von 9,1 mit Hilfe der Verklärungsgeschichte in andere Bahnen lenkte, ist ähnliches auch jetzt zu erwarten. Wichtiger als die Berechnung des Endes, die mit dem Logion ohne Zweifel gegeben ist, ist die eschatologische Bewährung des Christen. Wichtiger ist, das festzuhalten, was man jetzt schon hat: die Worte Jesu. Vormarkinisch mag Vers 31 einen ganz anderen Klang besessen haben, falls die Verknüpfung mit Vers 30 zutrifft (vgl. die Analyse). Im Evangelium hebt er auf die bleibende Bedeutung der Worte Jesu in einem umfassenden Sinn ab[16]. Er darf also weder auf Vers 30, den unmittelbaren Kontext[17] oder die eschatologische Rede beschränkt werden. Jesu Worte sind es, die Himmel und Erde überdauern, wie sie den Maßstab im Gericht des Menschensohnes darstellen (8,38). Mag der Ton auch nicht darauf liegen, so bezeugt die Aussage in Übereinstimmung mit apokalyptischer Mentalität das erwartete Vergehen von Himmel und Erde[18]. Gewisse Vorbilder besitzt das Logion im jüdisch-alttestamentlichen Bereich, wo das Gesetz in ähnlicher Form gepriesen werden kann (Bar 4,1; Weish 18,4).

32 Das letzte Wort trägt den Akzent. Es bedeutet zugleich eine Einschränkung der zeitgebundenen Zusage des Verses 30. Tag und Stunde zielen auf die Parusie des Menschensohnes. Nicht wird Vers 30 präzisiert, als seien innerhalb dieser Generation Tag und Stunde unbekannt. Vielmehr wird die ungewisse neben die gewisse Aussage gestellt[19]. Der Tag ist in Anlehnung an den alttestamentli-

[14] Vgl. Joel 1,15; 2,1; Obd 1,15; Zef 1,7.14; Jes 13,6.

[15] Mit Kümmel* 54, der sich mit Recht gegen abschwächende Interpretationen im Sinn von dieses Volk oder diese Art wehrt. Vgl. Beasley-Murray* 99f. Grässer, Parusieverzögerung 128, nennt das Logion »eines der ältesten Trostworte infolge der ausgebliebenen Parusie«. Hartman* 224–226 möchte V 30 auf die Zerstörung des Tempels beziehen.

[16] Taylor 521 beobachtet, daß das emfatische οὐ μή c. fut. bei Mk keine Parallele habe.

[17] Pesch, Naherwartungen 189f, schreibt Vers 31 die Funktion zu, als Waage zwischen 30 und 32 zu dienen und beiden Worten Nachdruck zu verleihen.

[18] Vgl. Kümmel* 84f.

[19] Anders Beasley-Murray* 108. Schreiber, Theologie des Vertrauens 129–133, wiederum meint, daß die Parusie an den Rand des Interesses rücke und die Frage von V 4 radikal zurückgewiesen werde.

chen Tag des Herrn der Gerichtstag. Die Stunde weist auf die vier Nachtwachen von 35 voraus, die als Bild einen größeren Zeitraum umschreiben. Das Wort wird in einer Situation drängender Parusieerwartung als deren Korrektur entstanden sein und kann kaum auf Jesus zurückgeführt werden[20]. Darum beinhaltet das Nichtwissen des Sohnes kein christologisches Problem. Dieses rechtfertigt vielmehr die Tatsache, daß man in der Gemeinde keine genaue Auskunft über den Zeitpunkt geben kann. Später wurde das Nichtwissen des Sohnes als problematisch empfunden. Man hat gelegentlich in der Textüberlieferung den Sohn gestrichen[21]. Für die Sohneschristologie ist charakteristisch, daß in ihr Sohn und Vater zusammen genannt werden (Mt 11,27). Das Nichtwissen der Engel in wichtigen Dingen ist auch dem Judentum geläufig (vgl. 4Esr 4,52, auch 1Petr 1,12; Eph 3,10)[22], ebenso wie der Gedanke, daß Gott sich die Zeit der endgültigen Offenbarung vorbehalten hat (Sach 14,7; PsSal 17,23; sBar 21,8). Für die markinische Gemeinde kommt es darauf an, allein in dem gläubigen Bewußtsein Vertrauen zu fassen, daß Gott der Herr der Geschichte bleibt und auch in deren Endphase die Dinge ordnet. Die damit gegebene Zurückweisung des Berechnens von Terminen läßt sich zutreffend als antiapokalyptisch bezeichnen.

Zusammenfassung

Die eingangs gestellte Frage nach dem Wann beantwortet der Evangelist also, indem er unterschiedliche Traditionen neu arrangiert. Wichtig ist, daß er dabei auch auf authentisches Jesusgut zurückgreift wie das Gleichnis vom Feigenbaum und das Logion in Vers 31. Seine Antwort besagt, daß es in der Gegenwart nur Anzeichen für die Nähe des Endes gibt, die man aufmerksam registrieren soll. Es ist der Anfang der Wehen. Das Zeichen für das Ende, das Auftreten des Antichrist, steht noch aus, wenngleich die bitteren Erfahrungen der Gegenwart, insbesondere die des Jüdischen Krieges mit der Tempelzerstörung, einen Vorgeschmack für diese letzte und größte Drangsal bieten können. Darum gilt es, bereit zu sein und die Dinge vom Ende her zu beurteilen. Im Spannungsverhältnis von Naherwartung und Ungewißheit soll man nicht in apokalyptische Aufregung verfallen, sondern allein auf die Worte Jesu bauen und sich auf die Führung des Vaters verlassen. Dies aber bedeutet, wie das Folgende lehrt, sich in der Gegenwart zu bewähren.

### g) Aufruf zur Wachsamkeit an Jünger und Gemeinde (13,33–37)

*Literatur: Michaelis,* Gleichnisse 81–86; *Strobel, A.,* Untersuchungen zum eschatologischen Verzögerungsproblem, 1961 (NT.S 2) 222–233; *Jeremias,* Gleichnisse 50–52; *Dupont, J.,* La parabole du maître qui rentre dans la nuit (Mc 13,34–36), in: Mélanges

[20] Schwierigkeiten bereitet auch der absolute Sohnestitel, der christologischer Reflexion verdankt ist.

[21] Dies geschieht in der Minuskel 983. Lk streicht das Wort und bringt es in veränderter Form in Apg 1,7.

[22] Weitere Belege bei Billerbeck II,47. B liest singularisch: weder ein Engel.

bibliques B. Rigaux, Gembloux 1970, 89–116; *Weiser, A.*, Die Knechtsgleichnisse der synoptischen Evangelien, 1971 (StANT 29) 131–153; *Weder, H.*, Die Gleichnisse Jesu als Metaphern, 1978 (FRLANT 120) 162–168; *Klauck*, Allegorie 326–338.

33 **Gebt acht, wachet! Denn ihr wißt nicht, wann die Zeit da ist.** 34 **(Es verhält sich) wie mit einem Mann, der außer Landes ging, sein Haus verließ und seinen Knechten Vollmacht gab, jedem einzelnen sein Werk. Und dem Türhüter befahl er, daß er wache.** 35 **Wachet also, denn ihr wißt nicht, wann der Herr des Hauses kommt, ob abends oder zur Mitternacht oder beim Hahnenschrei oder morgens,** 36 **daß er nicht plötzlich kommt und euch schlafend findet.** 37 **Was ich aber euch sage, sage ich allen: Wachet!**

Analyse Mit Hilfe eines kleinen Gleichnisses schuf Markus den Schlußabschnitt der Rede. Deutlich geben sich die das Ganze prägenden Imperative βλέπετε (33), γρηγορεῖτε οὖν (35), γρηγορεῖτε (37) als redaktionell zu erkennen. Sie wollen den paränetischen Tenor der Rede am Ende bekräftigen. Das seltene Wort ἀγρυπνεῖτε (33) könnte die alte Einleitung des Gleichnisses gewesen sein. Die Begründung in 33 erklärt sich als von Markus geschaffenes Verbindungsstück zwischen 32 und der ähnlich lautenden Begründung in 34: »Denn ihr wißt nicht . . .« Ihm ist auch der ganze Vers 37, der den Schlußpunkt setzt und das Auditorium ausweitet, zuzuschreiben. – Das Gleichnis dürfte vormarkinisch überarbeitet worden sein. In seiner bei Markus vorliegenden Fassung stehen zwei, zum Teil fragmentarische Bildreihen nebeneinander: einmal der außer Landes reisende Mann, der seinen Knechten Vollmacht überträgt (vgl. Mt 25,14), weil er offenkundig vorhat, für längere Zeit fortzubleiben, und zum anderen der Mann, der sein Haus verläßt und dem Türhüter zu wachen aufträgt, damit er ihm bei der Rückkehr die Tür öffnet (vgl. Lk 12,36–38, wo aus dem Türhüter eine Vielzahl von Knechten geworden ist[1]). Die Nachtwachen sind zum Gleichnisbestand zu zählen (Lk 12,38), jedoch wird die Einführung der vier römischen Nachtwachen markinisch sein[2]. Auch die seltene Bezeichnung »der Herr des Hauses« (35) paßt zum Gleichnis vom Türhüter. Wiederum können wir feststellen, daß synoptische Wortüberlieferung in zersagter Form auf Markus gekommen ist. Gattungsgemäß ist die Tradition eine Parabel (Vergangenheitstempus), die von einem besonderen Fall erzählt.

[1] Dupont, La parabole 102–107, und Jeremias, Gleichnisse 50f, rechnen mit einer Grundparabel für Mk 13,34ff und Lk 12,36–38. Ähnlich Michaelis, Gleichnisse 82, der aber auch ein Gleichnispaar für möglich hält. Lambrecht, Redaktion 243–251, und Logia-Quellen 350, glaubt, daß in Mk 13,34ff Elemente aus vier verschiedenen Gleichnissen zusammengeflickt wurden. Pesch, Naherwartungen 195–202, plädiert für beträchtliche (VV 35f und in V 34 τὴν ἐξουσίαν), Weiser* 131–144 für gemäßigte Mk-R. Letzterem ist zuzustimmen, daß die VV 35f weitgehend traditionelle Bestandteile enthalten.

[2] Wahrscheinlich ist schon vormk die Anrede in die VV 35f eingedrungen. Anders Weiser* 139–144 (vgl. Lk 12,36ff).

Innerhalb des Schlußteils haben wir einen parallelen Aufbau, der die Intentionen des Markus hervortreten läßt. Es ergibt sich folgendes Bild:

| | |
|---|---|
| Gebt acht, wachet (33a) | – Wachet also (35a) |
| denn ihr wißt nicht, wann (33b) | – denn ihr wißt nicht wann (35b) |
| daß er wache (34c) | – daß ihr nicht schlaft (36b)[3]. |

Das Nichtwissen der Zeit der Parusie ist stark unterstrichen. Aus ihm ergibt sich die Notwendigkeit, wachsam zu sein.

Wie die Rede eingeleitet worden war, so beginnt ihr letzter Abschnitt mit »gebt Erklärung
acht«. Es verdichtet sich die Absicht der eschatologischen Paränese. Das seltene 33
Wort ἀγρυπνεῖτε, das mit γρηγορεῖτε synonym ist, ist ein Term der Weisheitsliteratur[4]. Da es eigentlich »nicht schlafen« bedeutet, kann es im Alten Testament mit φυλάσσω (Wache halten: LXX Esr 8,59; Ps 126,1) oder mit dem Bild von der Tür verbunden werden (Spr 8,34; Hld 5,2). Ob es bei Markus bereits auf ein kultisches Wachen in der Gemeinde abhebt, erscheint zweifelhaft[5]. Wachsam zu sein, ist notwendig, weil der Zeitpunkt der Parusie unbekannt ist[6], wie das Gleichnis vom Türhüter erläutert. Was mit Wachen gemeint ist, umschrieb Lohmeyer so: »Nicht im Schlummern noch Träumen noch Schwärmen verläuft des Frommen Leben, sondern in der immer wachen und nüchternen Anstrengung des menschlichen Herzens.«[7]

Die Pointe des Gleichnisses ist die unberechenbare Rückkehr des Hausherrn, 34–37
die den Türhüter zwingt, die ganze Zeit über wachsam zu sein. Man darf dabei nicht die Einschränkung machen, daß es die Aufgabe des Pförtners sei, für die Sicherheit des Hauses zu sorgen[8]. Dabei spielt der Vergleich mit dem Dieb in der Nacht eine Rolle (Lk 12,39). Diesem Türhüter ist aufgetragen, auf seinen Herrn zu warten. Die dabei vorausgesetzten Verhältnisse lassen an das Anwesen eines reichen Mannes – nicht an eine dörfliche Gemeinschaft und deren Nachtwächter – denken, in dessen Umfriedung der Pförtner ein Torhäuschen hat[9]. Schreibt man das ursprüngliche Gleichnis, in dem nur der Herr und der Türhüter vorkommen, Jesus zu – wogegen kein zwingender Einwand spricht –, so bezog es sich auf die bevorstehende Endkatastrofe. Als Adressaten passen am besten die Verantwortlichen im Judentum[10]. Man muß aber zugeben, daß das Gleichnis gut geeignet war, in ein Parusiegleichnis umgewandelt zu werden. Ein solches ist es bei Markus geworden. Jetzt geht der Herr außer Landes, was

[3] Vgl. Lambrecht, Redaktion 284.

[4] LXX Ijob 21,32; Spr 8,34; Hld 5,2; Weish 6,15; Sir 36,16. Im NT Lk 21,36; Eph 6,18; Hebr 13,17. Paulus verwendet das Substantiv ἀγρυπνία für durchwachte Nächte in 2Kor 6,5; 11,27. Zahlreiche Handschriften fügen in Mk 13,33 hinzu »und betet«. Vermutlich ist dies Anlehnung an 14,38.

[5] Das ist die These von Strobel* 223f.

[6] Dieser Kairos ist nicht mit dem von Mk 1,15 identisch. Der letztere ist ja schon erfüllt.

[7] Schweizer bestimmt die Wachsamkeit als jene »Haltung, in der der Mensch stets dem kommenden Herrn verantwortlich gegenübersteht und sich durch nichts von der steten Bereitschaft für ihn abhalten läßt«.

[8] Strobel* 226.

[9] Vgl. Billerbeck II,47f.

[10] Jeremias, Gleichnisse 52, denkt an die Schriftgelehrten.

den Verzug seiner Rückkehr miteinschließt. Man hat darauf aufmerksam gemacht, daß in der Traumanalyse ein auf Reisen gehender Mensch den Tod bedeutet[11]. Die Allegorese verdichtet sich durch den Eintrag zahlreicher Knechte, die besondere Vollmachten und Aufgaben (»jedem sein Werk«) übertragen bekommen. Hinter ihnen werden die Gemeinde und die in ihr Verantwortlichen erkennbar. Der Türhüter gewinnt jetzt mit seinem Auftrag zu wachen eine Art Sonderstellung (vgl. Hebr 13,17). Es führt aber zu weit, bei ihm an Petrus zu denken[12]. Knecht und Vollmacht sind zwar in der Realität, aber nicht innerhalb einer christlichen Allegorese ein Widerspruch, da der Herr über jede verliehene Vollmacht Rechenschaft einfordern wird. Vers 35 durchbricht die Erzählung. Der Erzähler tritt an die Rampe und redet die Gemeinde direkt an. Der Zeitpunkt der Wiederkunft ihres Herrn ist ungewiß. Vielleicht ist dabei das Haus schon Bild für die Gemeinde[13]. Das Kommen in der Nacht paßt zur Aufgabe des Türhüters, spielt aber jetzt innerhalb der Allegorese auch auf die verbreitete Erwartung an, daß die Parusie in nächtlicher Stunde erfolgen wird. Im Gegensatz zu den Juden, die nur drei kannten, unterschieden die Römer vier Nachtwachen. Ihre vollständige Aufzählung unterstreicht den Eindruck der Ungewißheit, hängt aber mit der schon erfahrenen Verzögerung der Parusie zusammen. Die Möglichkeit, daß der wiederkehrende Herr seine Knechte schlafend antrifft, wird zur Warnung angedeutet. Da er plötzlich und unerwartet kommen wird, ist es geboten, stets bereit zu sein. Weil es jederzeit geschehen kann, ist Stetsbereitschaft erforderlich. Im letzten Vers meldet sich das Ich des Redenden wieder ausdrücklich zu Wort. Über den Kreis der vier Vertrauten hinaus werden alle – sie sind die Gemeinde – zur Wachsamkeit aufgerufen[14]. Von einer Reaktion der Jünger hören wir nichts, auch nichts davon, wohin sich Jesus danach begeben hat. Die Passionsgeschichte schließt nahtlos an. Mit ihr beginnen die Leiden und Verfolgungen, die in der Rede angekündigt wurden.

Zusammenfassung

Mit dem eindringlichen Appell zur eschatologischen Wachsamkeit angesichts des ungewissen Zeitpunktes faßt Markus das Grundanliegen der gesamten Rede in deren Schlußabschnitt zusammen. Die Gemeinde sieht dem Tag des Menschensohnes entgegen, aber sie soll nicht untätig auf ihn harren. Sich vom Ende bestimmen lassen, heißt weder den Tag fieberhaft herbeisehnen noch seinen Termin berechnen. Vielmehr bedeutet es, die Zeitgeschehnisse aufmerksam zu verfolgen, die vom Herrn übertragenen Vollmachten auszuüben und der Rechenschaft bewußt zu bleiben, die er einverlangen wird. Im Querverweis des Evangeliums steht die den Knechten übertragene Vollmacht im Zusam-

[11] Carrington 294.

[12] Schreiber, Theologie des Vertrauens 92, der das Gleichnis existential auslegt. Das mag hilfreich sein; wenn es aber mit dem Anspruch geschieht, die mk Intention zu treffen, ist es verfehlt.

[13] Lohmeyer.

[14] D it nehmen die Ausweitung wieder zurück: »ich aber sage euch«. Unverständlich ist die Korrektur von k: »Was ich aber einem gesagt habe, sage ich euch allen.«

menhang mit der ἐξουσία, die Jesus den Zwölfen übertrug und mit der sie sein Werk fortsetzen (3,15; 6,7). Dieses gleiche Werk ist jetzt der Gemeinde anvertraut. Das negative Beispiel der schlafenden Jünger im Ölgarten, die zu Wachsamkeit und Gebet ermuntert werden müssen (14,37–39), veranschaulicht das Anliegen des Gleichnisses vom Türhüter. Endzeiterwartung und Passionsbereitschaft können nicht getrennt werden. Der einst mit den Wolken kommende Menschensohn geht zuvor den Weg zum Kreuz.

Vormarkinische Apokalypse

Die Einzelanalysen ließen einen zusammenhängenden Text erkennen, der sich wie folgt darstellt (die Sternchen zeigen an, daß der Vers redaktionell erweitert bzw. bearbeitet wurde): Warnung vor Verführern (6*.22); Ansage von Krieg, Aufstand, Erdbeben, Hunger (7*.8*) und Familienzwist (12); Ermunterung, bis zum Ende auszuharren (13b); Ansage der Schändung des Tempels und der Bedrohung Jerusalems (14*) in Verbindung mit unermeßlichen Drangsalen (17.18*.19*.20*); Ankündigung der Parusie des Menschensohnes (24*.25–27). Die Annahme einer apokalyptischen Quellenschrift ist alt und schon sehr oft vorgetragen worden. Die Ergebnisse ihrer Rekonstruktion sind unterschiedlich, jedoch werden die hier genannten Verse meist zur Quelle gezählt[15]. Nach unserer Analyse ist ihr formales Kennzeichen der erzählerische Stil, der die direkte Anrede vermeidet (besonders deutlich in 14: Wer es liest, erfasse es). Ob die Vorlage umfangreicher war, das heißt, ob der Redaktor bestimmte Teile nicht übernahm, ist ungewiß. Zwar sind die verwendeten Topoi Allgemeingut der Apokalyptik, die Art ihrer Zusammenordnung aber läßt darauf schließen, daß der Verfasser eine kriegerische Bedrohung Judäas und Jerusalems vor Augen hat, die er als Auftakt für die Parusie des Menschensohnes wertet. Darum sind als ihr »Sitz im Leben« Judäa und die Zeit unmittelbar vor Ausbruch des Jüdischen Krieges oder die schon beginnenden Kriegswirren und nicht die von Caligula geplante Schändung des Tempels[16] anzunehmen. Letztere, die inzwischen bereits knapp drei Jahrzehnte zurücklag, kann aber nachgewirkt haben. Es empfiehlt sich nicht, die Schrift als Flugblatt zu kennzeichnen, weil zeitgenössische Parallelen fehlen. Wegen allzu großer Unsicherheiten sollte man sie auch nicht mit der Flucht der Jerusalemer Christengemeinde nach Pella im Ostjordanland in Verbindung bringen[17]. Wir haben es mit einer kleineren Apokalypse zu tun, die über das für nah ge-

[15] Vgl. Hartman* 235; Pesch, Naherwartungen 207; Pesch II,266; Bultmann, Geschichte 129. Hartman* 235–252 möchte die Apokalypse als Daniel-Midrasch verstehen und auf Jesus zurückführen. Beides ist abzulehnen. Die Interpretation hat gezeigt, daß Dan keinesfalls das einzige atl. Buch ist, das in Mk 13 zitiert wird. Zur Andersartigkeit der eschatologischen Verkündigung Jesu vgl. besonders Kümmel, Verheißung und Erfüllung 88–97; N. Perrin, The Kingdom of God in the Teaching of Jesus, London 1963, 130–134. Zu früheren Rekonstruktionsversuchen vgl. Taylor 498f. Klostermann 132 möchte zur Vorlage die VV 30–32a hinzunehmen (mit Fragezeichen), Hahn* 258 betrachtet 28–31 als Bestandteil der Quelle. Kümmel, a.a.O., Harder*, Lambrecht, Logia-Quellen, passim, lehnen eine zusammenhängende Vorlage ab, nach letzterem schöpfte Mk aus der Spruchquelle ($Q^{mk}$) und dem AT, aus denen er mosaikartig Logien zusammengesetzt habe. Gaston* 8ff rechnet mit einer vormk Entwicklung der Quelle, deren Kern die VV 14–19 darstellen sollen. Zu neueren Untersuchungen vgl. J. Gnilka, Markus 13 in der Diskussion, BZ 13 (1969) 129–134; F. Neirynck, Markus 13 – eine anti-apokalyptische Rede, EThL 45 (1969) 154–164.

[16] Diese These begründete G. Hölscher, Der Ursprung der Apokalypse Markus 13, ThBl 12 (1933) 193–202. Übernommen von Sundwall, Zusammensetzung 76–78; Pesch, Naherwartungen 216–218.

[17] Vgl. H. J. Schoeps, Theologie und Ge-

glaubte Ende belehren will. Damit stellt sich die Frage, ob ihr Autor Jude oder Judenchrist war. Es stimmt, daß sich keine spezifisch christlichen Züge ermitteln lassen. Im Gegensatz zu bekannten jüdisch-apokalyptischen Vorstellungen fehlen aber die glanzvolle Erneuerung des Tempels, die sinnlich irdische Ausmalung des Schicksals der Gerechten und Sünder; der Triumph über die Frevler ist mit großer Zurückhaltung gezeichnet; die herrscherliche Stellung Israels über die Heiden tritt gar nicht in den Blick[18]. So dürfte Markus doch das Dokument eines Judenchristen aufgegriffen haben, der der jüdischen Apokalyptik eng verbunden war. Der Evangelist arbeitet die Vorlage mit Hilfe synoptischer Traditionen auf, entapokalyptisiert sie und läßt mit seiner Deutung des Verses 14 räumliche Distanz von Jerusalem erkennen. Er setzt die Naherwartung ein, sowohl um die Gemeinde vor falschen und angespannten Erwartungen des Endes für die nächste Zeit zu befreien als auch um ihren Glaubenseinsatz und ihre Wachsamkeit zu mobilisieren. Auf letzterem liegt der Akzent. Weil sich kaum sagen läßt, daß sich diese eschatologische Perspektive von der des Gesamtevangeliums unterscheidet (vgl. 8,34–9,1; 14,62), kann man Mk 13 nicht als Nachtrag aus aktuellem Anlaß ansehen[19]. Dies setzte wohl auch die Entstehung des Evangeliums in Palästina voraus, die abzulehnen ist.

Wirkungsgeschichte

Die Frage der Naherwartung wird bis zum Aufkommen der kritischen Bibelwissenschaft praktisch nicht diskutiert. Man umgeht sie auf zweifache Weise. Die eine Möglichkeit, die sich in der alten griechischen Kirche findet, periodisiert den Text. Die Zeit des Jüdischen Krieges wird von den endzeitlichen Geschehnissen völlig getrennt, so daß sich – wie es der Erfahrung entspricht – Jahrhunderte einschalten lassen. So bezieht Theophylakt[20] den gesamten Komplex der Verse 6–20 auf die Zerstörung Jerusalems und äußert dabei Beobachtungen, die bis in die Gegenwart hinein wiederholt wurden, wenn er etwa sagt: Vers 7 gehe auf den Jüdischen Krieg zurück; die in Vers 10 genannte Bedingung sei zur Zeit des Markus bereits erfüllt gewesen (mit Hinweis auf die Missionsarbeit des Paulus); Vers 14 meine die Tempelzerstörung; die ἐκλεκτοί seien die Judenchristen. Vergangenheit und Zukunft sieht er durch die Verse 21–24 getrennt. Denn in 21 werde der Antichrist der in weiter Ferne liegenden Endzeit angekündigt, in dessen Tagen (24a) das Gericht des Menschensohnes hereinbrechen wird. Das Feigenbaumgleichnis verweise auf den Antichrist. Von größerer Bedeutung war die in der westlichen Kirche verbreitete Interpretation, nach der sich in Markus 13 Gegenwart und Zukunft ineinanderschieben würden. Nach dieser Sicht der Dinge betreffen die in 6–23 aufgezählten Ereignise sowohl den Jüdischen Krieg als auch Heimsuchungen und Verfolgungen, die seitdem über die Kirche kamen und bis zum Ende immer wieder neu über sie kommen werden[21]. Bereits im Verständnis der im Tempel

schichte des Judenchristentums, Tübingen 1949, 269f; Pesch II,266.

[18] Zur Charakterisierung vgl. Jeremias, Theologie I,127.

[19] These von Pesch, Naherwartungen 240, die dieser mit Hilfe einer arithmetisch aufgefaßten Struktur des Evangeliums zu unterbauen versuchte (68–73). Letzteres ist sehr problematisch. Gegen die These vgl. D.-A. Koch, Zum Verhältnis von Christologie und Eschatologie im Markusevangelium, in: Jesus Christus in Historie und Theologie (FS H. Conzelmann), Tübingen 1975, 395–408. Vgl. jetzt auch Pesch II,266f.

[20] PG 123,633–641.

[21] Vgl. Beda, PL 92,259–265; Calvin

und auf dem Ölberg spielenden Eingangsszene wird die umfassende Zusammenschau der Abläufe vorbereitet. Tempel und Ölberg symbolisieren Synagoge und Kirche. Der Auszug Jesu aus dem Tempel wird hintergründig gedeutet. Die Frage der Jünger, die Tempelzerstörung und Weltende miteinander verknüpft, entspringe dem Unverstand und Unglauben. Sie sehnten das vollendete Reich Gottes herbei, weil sie sich vor Leiden und Mühsal scheuten. Sie wollten »am Start des Wettlaufs bereits die Siegespalme haben«. So gewinnt die ganze Rede die Bedeutung, die Jüngerschaft und mit ihr die Kirche auf den bevorstehenden Kampf, der damals wie heute zu erwarten ist, vorzubereiten. Sie will über den Ausgang des Kampfes belehren und somit auch Trost und Zuversicht geben. »Denn je härter der Kampf der Versuchung, um so mehr brauchen wache Kämpfer Klarheit über den Ausgang, um den Kampf zu überstehen.«[22] In offenkundiger Anlehnung an Calvin, nur mehr ins Christologische gewendet, versteht auch K. Barth die Rede als Vorbereitung auf die zu erwartenden Leiden und Kämpfe. Sie sei »eine ins Kosmische projizierte Wiederholung der drei Weissagungen vom Leiden und von der Auferstehung Jesu«. Mit der anschließenden Passionsgeschichte würden die angekündigten Drangsale sich zu erfüllen beginnen[23].

Eine neue Epoche des Verständnisses von Mk 13 setzt im vergangenen Jahrhundert ein mit der Auffassung, daß hier eine vormarkinische apokalyptische Quelle verarbeitet wurde. Als Begründer dieser These gilt T. Colani[24]. Seitdem ist diese Quelle zu wiederholten Malen rekonstruiert worden. Man bestimmte sie als Flugblatt, jüdische oder judenchristliche Apokalypse und setzte ihren Umfang recht unterschiedlich fest[25]. Der »Greuel der Verwüstung« aber wurde immer zu ihr gezählt, nur in seiner Erklärung ging man erheblich auseinander. Dies gilt im übrigen schon für die vorkritische Auslegung[26]. Colani[27] verstand ihn als Entweihung des Tempels. Weizsäcker folgte ihm und empfand so eine Diskrepanz zwischen Vers 14 und der Ansage der Tempelzerstörung in 2, was ihm die Annahme einer Quelle bestätigte. Keim sah die Stelle von Daniel beeinflußt und deutete sie auf eine heidnische Tempelentweihung, wie sie Antiochus durchgeführt und Caligula geplant hatte. Eine andere Deutung erblickte im βδέλυγμα die Schändung des Tempels, die durch die Zeloten während des Jüdischen Krieges erfolgt sei, als diese sich verwundet in den inneren Bezirk des Tempels zurückzogen und den heiligen Boden mit ihrem Blut be-

II,254–279; Erasmus, Bd. 7, 253–257. F. Schleiermacher, Predigten III, Berlin 1843, 805–816 (Predigt vom Jahre 1834 zu Mk 13,14–37), überträgt den Text völlig in die Gegenwart und kümmert sich um seine historische Dimension überhaupt nicht.

22 Calvin II,254–259.

23 Dogmatik III,2,602f.

24 Jésus Christ et les croyances messianiques de son temps (Straßburg [2]1864).

25 Vgl. Kümmel, Verheißung und Erfüllung 88–97. Im übrigen kennt schon Beda die Deutung des V 14, die die Flucht aus Judäa mit der Flucht der Judenchristen nach Pella in Verbindung bringt. Vgl. PL 92,261: oraculo admoniti seien sie geflohen.

26 Bereits Beda, PL 92,261 zählt folgende Deutungen des βδέλυγμα auf: Antichrist; das Bild des Kaisers, das Pilatus aufrichten ließ; das Reiterstandbild Hadrians.

27 Die verschiedenen Deutungen des βδέλυγμα sind Beasley-Murray* 59–69 entnommen.

netzten. Die Erklärung des βδέλυγμα war stets der Gradmesser für die Bestimmung der Abfassungszeit der Quelle. Man brachte ihre Entstehung mit den Unruhen unter Caligula (Hölscher), aber auch mit der Errichtung des Kaiserstandbildes auf dem Gelände des zerstörten Tempels unter Hadrian in Verbindung (Baur). Daneben hielt sich immer die Interpretation, die Vers 14 als Ankündigung des Antichrist auffaßte. Erbaulich gemeint und exgetisch abwegig ist ein Verständnis, das den Greuel an heiliger Stätte metaforisch nimmt und auf das innerkirchliche Heidentum (J. Ratzinger)[28] oder die Abwendung der Christen von Gott bezieht (F. Schleiermacher)[29].

Das Naherwartungslogion in Vers 30 wurde (und wird) von den Interpreten heruntergespielt. Man beschränkte es auf die Zerstörung Jerusalems[30] oder verstand »dieses Geschlecht« als Ausdruck für das Geschlecht der Juden, der Christen oder der Menschen überhaupt[31]. Während manche Erklärer die Naherwartung als historisches Phänomen in der Urkirche auf sich beruhen lassen, bemüht man sich heute gerade auch in der systematischen Theologie um einen hermeneutischen Verstehensansatz. Für den Exegeten weniger überzeugend ist der Verweis auf eine verkürzte perspektivische Schau, in der Gegenwärtiges und Zukünftiges zusammengesehen werden. Der Vergleich mit dem Weitblick auf einem Berggipfel hilft auch nicht viel weiter[32]. Aus einem in sich abgewogenen Konzept heraus möchte W. Pannenberg Vers 30 zusammen mit anderen Naherwartungslogien insofern als erfüllt betrachten, als die eschatologische Wirklichkeit der Totenauferstehung an Jesus schon erschienen sei und so Jesu Naherwartung eine schon erfüllte Enderwartung neu begründet habe[33]. Damit ist aber die sehr wahrscheinlich nachösterliche Entstehung des Verses 30 zu wenig berücksichtigt. P. Althaus wehrt sich gegen eine dogmatische Interpretation von Mk 13, bezeichnet die Naherwartung der Gemeinde als Irrtum, hält sie aber nicht bloß für eine Beschränkung des Blicks. Sie sei vielmehr »die vergängliche und zerbrechliche Form, in der sich die dem Glauben zu allen Zeiten wesentliche eschatologische Beurteilung der Welt und sein Wissen um die jederzeit aktuelle Möglichkeit des letzten Tages ausdrückt«. Althaus spricht von wesentlicher Nähe, ihrer Notwendigkeit und Unaufschiebbarkeit, meint, daß jede geschichtliche Zeit wie die Geschichte als ganze letzte Zeit sei, hält aber manche Epochen für dem Ende näher stehend (wie die Sterbezeiten einer Kultur). Volle Zustimmung verdient er, wenn er die Auffassung C. Stanges zurückweist, der Vers 10 als Zeitbremse und naiv-optimistisch ausgelegt hatte: die Erde sei reif für das Ende, »wenn der Kampf des Christentums mit den großen Weltreligionen zum Sieg des Christentums geführt hat«. Vielmehr mache Vers 10 die Verantwortung des Christentums für die Evangelisation bewußt[34].

[28] Das neue Volk Gottes, Düsseldorf 1969, 325.

[29] (Anm. 21) 805f.

[30] Calvin II,277; M. Schmaus, Von den letzten Dingen, Münster 1948, 157.

[31] Vgl. Beda, PL 92,264; Theophylakt, PG 123,641.

[32] Vgl. Schmaus, a.a.O. 153. Barth, Dogmatik III/2,602f, bezieht V 29 und 30 auf die dem Ende vorausgehenden Ereignisse.

[33] Grundzüge der Christologie, Gütersloh ³1969, 232.

Auch H. Küng[35] lehnt apologetische Tendenzen bei der Erörterung der Naherwartungsstellen ab. Er macht auf einen wichtigen Unterschied in diesem Punkt aufmerksam, der zwischen der Apokalyptik und den Evangelien besteht. Die erstere frage auf die Gottesherrschaft hin und sei besorgt um den genauen Zeitpunkt ihres Eintreffens. Die letzteren fragen von der Gottesherrschaft her auf die Situation des Menschen und der Welt hin. Weil die Gottesherrschaft bereits in die Gegenwart hereinbricht, solle sich der Mensch nicht um apokalyptische Berechnungen kümmern, sondern um seine Umkehr und das Tun des Willens Gottes. Treffsicher beurteilt J. Moltmann Mk 13 vom christlichen Traditionsgut aus, das hier eingearbeitet wurde. Die christliche Eschatologie spreche nicht von einer Weltgeschichte und einer Zeit, die Christus ans Licht bringt, vielmehr von der Zukunft Christi, die den Menschen und die Welt ans Licht bringt. »Die Wiederkunft Christi kommt nicht ›von selbst‹ wie das Jahr 1965, sondern kommt von ihm selbst, wann Gott und wie er gemäß seiner Verheißung will.« Das christliche Geschichtsbewußtsein sei nicht das Wissen um einen göttlichen Geschichtsplan, sondern sei ein Sendungsbewußtsein im Wissen um den göttlichen Auftrag, darum ein Bewußtsein um den Widerspruch dieser unerlösten Welt und um das Zeichen des Kreuzes, in welchem die christliche Sendung und Hoffnung stehen (zu 13,9–13)[36].

Einen Stein des Anstoßes bildete für die alten Interpreten das Unwissenheitslogion Vers 32. »Gaudet Arius et Eunomius«, ruft Beda aus, erklärt das Wort aber dann aus pädagogischer Rücksichtnahme auf die Jünger, die über das Wann des Endes so wenig belehrt sein sollten wie der Mensch über das Wann seines Todes unterrichtet ist[37]. Oder man sagte, die Unwissenheit bezöge sich auf die Menschheit in Jesus[38] oder man erklärte die Erwähnung des Sohnes kurzerhand für eine Interpolation der Häretiker[39]. Nach M. Schmaus habe Jesus keine Auskunft gegeben, weil er hierzu vom Vater keinen Auftrag hatte[40]. Basilius widerlegt Vers 30 mit Hilfe von Joh 13,15a und 10,15[41]. Diese Bemerkungen gehen an den Intentionen des Logions vorbei, das keine christologische Aussage machen, sondern eschatologische Belehrung angesichts einer erhitzten Naherwartung sein will. Sie sind aber lehrreich für die Intentionen der Ausleger.

Die Verse 24f und 30 insinuieren den Untergang des Kosmos. Es wird kaum daran zu zweifeln sein, daß die Ausleger im Altertum und Mittelalter die kosmische Katastrofe buchstäblich begriffen. Mit dem Wandel des Weltbildes wurde das Verständnis schwierig. Nach Calvin ist es nicht wörtlich zu verstehen, daß die Sterne vom Himmel fallen. Das Ganze wolle vielmehr sagen: »So

[34] P. Althaus, Die letzten Dinge, Gütersloh [10]1970, 273–279. Vgl. C. Stange, Das Ende aller Dinge, 1930, 236f.

[35] Die Kirche, Freiburg [2]1967, 77–79.

[36] J. Moltmann, Theologie der Hoffnung, München [4]1965, 176f. Vgl. 173–179.

[37] PL 92,265. Ähnlich Theophylakt, PG 123,641; Schleiermacher (Anm. 21) 810.

[38] Origenes, in Matth. (GCS Orig. 12,200); Calvin II,278f.

[39] Ambrosius, De fide V,16,193 (CSEL 78,289).

[40] A.a.O. 158.

[41] Ep. 236,2 (PG 32,877f).

gewaltig wird die Erschütterung sein, daß sogar die Sterne herunterzufallen scheinen.« Die Geschöpfe in der Höhe und Tiefe seien Boten, um die Menschen vor den Richterstuhl Christi zu zitieren[42]. Noch ganz aus dem biblischen Weltbild heraus urteilt Schmaus, für den das Gericht über Jerusalem auf kommende zeitliche Gerichte vorauswies: »Hinter jedem Untergang steigt ein neuer und größerer empor, lawinenartig wachsen die Gerichte Gottes an, bis sie mit einem Donnerschlag durch das zweite Kommen Christi beendigt werden«[43]. Weltuntergangsstimmung und -prognosen verfehlen aber den Tenor der markinischen Rede, die zur Wachsamkeit und Zuversicht und damit auch zur christlichen Sendung ermutigen will. Das schließt jedoch nicht aus, daß für den Christen eine ewige Welt nicht denkbar ist. Das Überzeugendste zu diesem schwierigen Fragenkomplex dürfte, obwohl es den Markus-Rahmen überschreitet, K. Rahner gesagt haben. Von der individuellen Eschatologie ausgehend, begründet er in bezug auf das Vergehen die Übereinstimmung mit der kollektiven Eschatologie. Die Welt sei nicht bloß »Raststätte, die immer bleibend dem einzelnen Gelegenheit gibt, auf der Bahn seiner individuellen Geschichte weiterzukommen«. Einmal werde sie sich aufheben in die vollendete Selbstmitteilung Gottes[44].

## VI. Jesu Leiden, Sterben und leeres Grab (14,1–16,8)

*Literatur: Finegan, J.*, Die Überlieferung der Leidens- und Auferstehungsgeschichte Jesu, 1934 (BZNW 15); *Hillmann, W.*, Aufbau und Deutung der synoptischen Leidensberichte, München 1941; *Schelkle, K. H.*, Die Passion Jesu in der Verkündigung des NT, Heidelberg 1949; *Piper, O. A.*, God's Good News – The Passion Story According to Mark, Interp 9 (1955) 165–182; *Schille, G.*, Das Leiden des Herrn, ZThK 52 (1955) 161–205; *Burkill, T. A.*, St. Mark's Philosophy of the Passion, NT 2 (1958) 245–271; *Best, E.*, The Temptation and the Passion – The Markan Soteriology, 1965 (MSSNTS 2); *Danker, F. W.*, The Literary Unity of Mark 14,1–25, JBL 85 (1966) 467–472; *Lohse, E.*, Die Geschichte des Leidens und Sterbens Jesu Christi, Gütersloh ²1967; *Vanhoye, A.*, Structure et théologie des récits de la Passion dans les évangiles synoptiques, NRTh 89 (1967) 135–163; *Blinzler, J.*, Der Prozeß Jesu, Regensburg ⁴1969; *Linnemann, E.*, Studien zur Passionsgeschichte, 1970 (FRLANT 102); *Bammel, E. (Hrsg.)*, The Trial of Jesus (FS C. F. D. Moule), ²1971 (SBT II/13); *Schenke, L.*, Studien zur Passionsgeschichte des Markus. Tradition und Redaktion in Markus 14,1–42, 1971 (FzB 4); *Ruppert, L.*, Jesus als der leidende Gerechte? 1972 (SBS 59); *Dormeyer, D.*, Die Passion Jesu als Verhaltensmodell, 1974 (NTA 11); *Pesch, R.*, Die Überlieferung der Passion Jesu, in: *K. Kertelge*, Rückfrage nach Jesus, 1974 (QD 63), 148–173; *Schenk, W.*, Der Passionsbericht nach Markus, Gütersloh 1974; *Schenke, L.*, Der gekreuzigte Christus. Versuch einer literarkritischen und traditionsgeschichtlichen Be-

[42] II,273f.
[43] (Anm. 30) 159.
[44] K. Rahner, Grundkurs des Glaubens, Freiburg ⁷1977, 428.

stimmung der vormarkinischen Passionsgeschichte, 1974 (SBS 69); *Smith, R. H.*, Darkness at Noon: Mark's Passion Narrative, CTM 44 (1974) 325–338; *Kelber, W. H. (Hrsg.)*, The Passion in Mark. Studies on Mark 14–16, Philadelphia 1976; *Cook, M. J.*, Mark's Treatment of Jewish Leaders, 1978 (NT. S 51) 52–76; *Wrege, H.-T.*, Die Gestalt des Evangeliums, 1978 (BBETh 2) 49–110.

Die Passionsgeschichte hebt sich vom restlichen Teil des Evangeliums dadurch ab, daß sie von chronologisch aufeinanderfolgenden Ereignissen erzählt. Die Geschehnisse, von denen wir hören, haben im Erzählzusammenhang ihren Platz, der nicht beliebig mit einem anderen vertauscht werden könnte. Dies gilt, obwohl sich auch in ihr wie in den übrigen synoptischen Traditionen Einzelüberlieferungen, Perikopen finden. Die Forschung der letzten Jahre und Jahrzehnte hat hinsichtlich des Passionsberichtes mit besonderer Intensität die traditionsgeschichtliche Frage verfolgt. Ist man doch weithin, ja fast einhellig der Annahme, daß ein Urbericht vom Leiden und Sterben Jesu sehr hohen Alters den Passionsüberlieferungen unserer Evangelien zugrunde liegt. Man konnte mit vollem Recht davon ausgehen, daß die Urchristenheit an den Ereignissen der letzten Tage Jesu und an seinem Tod besonderes Interesse hatte und daß sie darauf bedacht sein mußte, sich theologisch mit diesen Problemen auseinanderzusetzen. Die Auskünfte, die über Umfang, Form und Inhalt der Urpassion bislang gegeben wurden, sind zahlreich und weichen nicht unerheblich voneinander ab. Wir werden diese Problematik bei der Erörterung der Einzelüberlieferungen im Auge behalten und sie am Schluß zusammenfassen. Eng verknüpft mit ihr ist das historische Problem. Erzählte man von der Passion Jesu primär deshalb, weil man sich an die historischen Fakten erinnern wollte, oder tat man es, um andere zu belehren oder um in der Gemeindeversammlung (oder im Kult) des Sterbens Jesu zu gedenken oder um apologetisch kritischen Einwänden und Fragen entgegenzutreten? Für die Leidensberichte in den vier Evangelien fällt auf, daß ein bestimmter Ablauf von Ereignissen, der von der Verhaftung Jesu über das jüdische Verhör, den Prozeß vor Pilatus, die Abführung zur Kreuzigung, den Kreuzestod, das Begräbnis bis zur Entdeckung des leeren Grabes reicht, im wesentlichen derselbe ist. Bedeutet dies etwas für die Rekonstruktion der Urpassion?

Die Markuspassion ist durch die Zählung der Tage und den Wechsel von Abend und Morgen auch zeitlich zusammengebunden. Zwei Tage vor dem Pascha suchen die Hierarchen einen Tötungsgrund für Jesus (14,1), am Tag der Vorbereitung des Pascha werden zwei Jünger in die Stadt geschickt (14,12), am Abend kommt Jesus mit den Zwölfen (14,17). Beim Hahnenschrei verleugnet Petrus seinen Meister (14,72), am Morgen wird Jesus an Pilatus ausgeliefert (15,1). Kreuzigung und Tod sind in einen Ablauf von zweimal drei Stunden hineingestellt (15,25.33f), am Abend wird er bestattet (15,42). Am ersten Tag der Woche, drei Tage nach seinem Begräbnis, entdecken des Morgens Frauen das leere Grrab (16,1f). Am Anfang und am Ende der Passion steht die Salbung Jesu durch eine Frau (14,3) bzw. die Absicht von Frauen, den Leichnam zu salben (16,1). Auch dies ist für die Kompositionstechnik des Evangelisten zu beachten. Ein weiteres Kennzeichen der Passionsüberlieferungen ist die Häufigkeit genauer Ortsangaben. Ist der Schauplatz hauptsächlich Jerusalem, so ereignen sich die Salbung in Betanien, im Haus Simons des Aussätzigen (14,3), der Todeskampf und die Verhaftung Jesu in Getsemani (14,32), die Kreuzigung auf Golgota (15,22). Auch um den Ort des Grabes Jesu hat man gewußt. Mit der Leidensgeschichte sind besondere Personen verknüpft, andere bereits bekannte Persönlichkeiten aus dem Jüngerkreis treten in den Vordergrund. Die letzteren sind Petrus, der Jesus verleugnet, und Judas Iskariot, der ihn verrät. Der Hohepriester und die Mitglieder des Synhedrions auf jüdischer und Pilatus auf römischer Seite sind die Hauptakteure gegen Jesus. Hinzu treten der Hauptmann des Exekutionskommandos und die Soldaten, sowie Knechte und Mägde des Hohenpriesters. Neben Simon dem Aussätzigen begleiten Simon von Kyrene, Josef von Arimatäa und namentlich genannte Frauen Jesus auf seinem Leidensweg, deren Identifizierung Schwierigkeiten bereitet (15,40.47; 16,1). Für zahlreiche Einzelüberlieferungen (besonders 14,53–65; 15,21–41) ist das Einwirken alttestamentlicher Zitate, die aus den Psalmen, die vom leidenden Gerechten handeln, genommen sind (besonders Ps 22), charakteristisch. Ist damit eine bestimmte Richtung der Deutung des Leidens Jesu angezeigt, so wird dies im ersten Teil der Passionsgeschichte ergänzt durch die wiederholte Betonung, daß Jesus um die auf ihn zukommenden Leiden im voraus gewußt hat, wie er in der Lage ist, die Dinge anzukündigen, ja geradezu zu ordnen (14,7.13–15.18.20f.25.27f.30.41f). Hoheit und Niedrigkeit liegen so unmittelbar nebeneinander. Das vollmächtige Wort Jesu erfüllt sich in gleicher Weise (vgl. 14,72) wie das Wort der Schrift, das der Gekreuzigte mit seinem Todesschrei selbst zitiert (15,34). Der Gang Jesu in das Leiden ist ein Gang in eine sich bis in das Unerträgliche steigernde Einsamkeit. Alle verlassen ihn, die Jünger, der bevorzugte Jünger, am Ende sogar Gott (15,34). Hemmungslos ist der Haß der Menschen gegen ihn gerichtet. Es wird vor allem darauf zu achten sein, wie Markus den Tod Jesu verstanden wissen wollte[1].

## 1. *Die Verschwörung der Gegner (14,1–2)*

*Literatur:* S. oben S. 216f.

1 **Das Fest des Pascha und der ungesäuerten Brote aber war nach zwei Tagen. Und die Hohenpriester und die Schriftgelehrten suchten, wie sie ihn mit List ergreifen und töten könnten.** 2 **Denn sie sagten: Nicht am Fest, damit kein Tumult des Volkes entsteht.**

[1] 1Kor 15,3–5 kommt als konzeptionelle Vorlage der Passion nicht in Frage. Der Sühnegedanke begegnet nur in der Abendmahlsüberlieferung und bestimmt nicht den Leidensbericht. Vgl. Lohmeyer 288; Lohse* 17–20.

Analyse

Die Knappheit des Textabschnittes, die im unklaren darüber beläßt, warum die Gegner Jesus töten wollen und einen Tumult befürchten, erweist dessen Kontextbezogenheit und spricht für redaktionelle Bildung. Die Frage ist nur, ob er von Markus oder einem vormarkinischen Redaktor stammt[2]. Er greift einen in 11,18 fallen gelassenen Faden auf. Dort erscheinen sowohl Tötungsabsicht (nach dem Auftritt Jesu im Tempel) als auch Sympathie der Volksmenge begründet. Die Gegnergruppe ist die gleiche: Hohepriester und Schriftgelehrte. Für markinische Redaktion spricht folgendes: mit den Hohenpriestern und Schriftgelehrten sind die Gegner Jesu in Jerusalem und die in Galiläa zu einem Block vereinigt. Damit ist eine Klammer geschaffen, die verschiedene Stoffe im Evangelium zusammenhält. Die Zeitangabe »nach zwei Tagen« setzt die redaktionelle Tageszählung von 11,11f.20 fort. Stilistische Markinismen treten hinzu[3]. Vers 2 ist wegen eines angeblichen Widerspruchs für alt angesehen und sogar für die Rekonstruktion der historischen Ereignisse eingesetzt worden[4]. Er gebe zu erkennen, daß Jesus *vor* dem Paschafest ergriffen und getötet worden sei, in Übereinstimmung mit der johanneischen Chronologie! Der folgende Bericht lasse Jesus sekundär am Paschafest hingerichtet sein. Jedoch kann von einem Widerspruch keine Rede sein (s. die Interpretation). Die Absicht der Gegner, Jesus nicht am Fest zu töten, gibt für die historische Rekonstruktion nichts her. Ihre Absicht wird durchkreuzt. Das seltene Vorkommen bestimmter Wörter in Vers 2 ist kein zwingendes Argument für Tradition[5]. Als Explikation des Verses 1 ist Vers 2 wie dieser als markinisch anzusehen. Als Kombination von Bericht und Gespräch schuf der Evangelist mit dem kleinen Abschnitt seine Einleitung der Passionsgeschichte, die strukturell an 13,1–4 erinnert.

Erklärung

Mit einer Zeitangabe beginnt der Bericht von der Passion. Sie wird vom Stand-
punkt des Paschafestes aus gegeben, das im zeitlichen Mittelpunkt steht. 1
»Nach zwei Tagen« will besagen, daß der folgende Tag das Paschafest ist[6]. Streng genommen wurde im Judentum zwischen dem Pascha und der Woche der ungesäuerten Brote (vom 15.–21. Nisan) unterschieden. Weil aber bereits zum Paschamahl ungesäuertes Brot gegessen wurde und alles gesäuerte Brot ausgeräumt war, wurden auch in volkstümlicher jüdischer Sprechweise beide Feste zusammengenommen. Die markinische Formulierung aber ist typisch griechisch (τὰ ἄζυμα neutr. plur.)[7]. Griechisch ist auch die Tageszählung.

[2] Das erste befürworten Schenke, Studien 36–63; Dormeyer, Passion 66–72; das zweite Bultmann, Geschichte 300; Burkill* 252; Dibelius, Formgeschichte 181.

[3] Zum Beginn eines neuen Abschnitts mit δέ vgl. 1,14; 7,24; 10,32; zu μετά im zeitlichen Sinn 1,14; 9,2; 10,34; 13,24 usw. ἀποκτείνω und κρατέω sind mk Vorzugswörter.

[4] Vgl. Wellhausen 108; Klostermann 140.

[5] Schenk, Passionsbericht 148f, möchte V 2 als Tradition an 11,18 anschließen.

[6] Vgl. die Wendung »nach drei Tagen« (8,31; 9,31; 10,34), die den übernächsten Tag bezeichnet (16,2).

[7] Die jüdische Wendung ist τῶν ἀζύμων τῆς ἑορτῆς . . ., ἣν πάσχα καλοῦμεν. Vgl. JosAnt 18,29, und Schenke, Studien 21 und Anm. 4 (weitere Belege). D a ff$^{2}$ streichen καὶ τὰ ἄζυμα.

Während für den Juden der Tag von Sonnenuntergang zu Sonnenuntergang reichte, ist sein Beginn für den Griechen mit Sonnenaufgang gegeben (deutlich in 14,12; vgl. 11,12). Das heißt nicht, daß Markus die jüdischen Verhältnisse nicht kannte. Vielmehr überträgt er sie in griechisches Zeitempfinden. Die Tageszählung, die mit 11,11 begann und in der Passionsgeschichte fortgesetzt wird, ergibt den Ablauf von acht Tagen[8]. Das Wochenschema ist künstlich. Weil wir in 15,42 hören, daß Jesus an einem Freitag starb, das Paschafest in der griechischen Sicht des Markus bereits am Donnerstag begann (14,12), befinden wir uns zu Beginn des Passionsberichtes an einem Mittwoch. Hohepriester und Schriftgelehrte verschwören sich gegen Jesus. Während die Hohenpriester allein im Zusammenhang mit der Tötung Jesu hervortreten, nur in der Passionsgeschichte und in den Leidensankündigungen erwähnt werden, sind die Schriftgelehrten seine Gegner von Anfang an. Beide Gruppen machen noch nicht das ganze Synhedrion aus. Sie erscheinen als jene, die die Tötung Jesu initiieren (vgl. 10,33; 11,18; 15,31); das Synhedrion tritt als offizielle Instanz in Aktion (8,31; 11,27; 14,43.53.55; 15,1). Mit der Absicht, ihn zu töten, ist auf die Leidensankündigungen zurückgelenkt, in denen das Verb ἀποκτείνω führend war (8,31; 9,31; 10,34; vgl. 12,7f). Diese beginnen sich zu erfüllen. Die Absicht war eine lang gehegte (Imperfekt). Die List soll ihre Bosheit unterstreichen[9], sie stellt aber auch ein Motiv in den Psalmen dar, die von den Ränken des Frevlers gegen den Armen und Frommen handeln (Ps 10,7; 35,20; 52,2).

2 Die Rede der Gegner erläutert ihr listiges Vorhaben ziemlich allgemein. Sie wollen Jesus nicht am Fest ergreifen. Ihre Sorge ist nicht ein Mißbrauch des hohen Festtages, sondern ein Aufruhr des Volkes. Sie sprechen vom λαός (bei Markus nur noch 7,6), der – anders als der anonyme ὄχλος – das Gottesvolk bezeichnet. Zwar sind sie dessen Repräsentanten, haben aber ihre Führungsrolle schon verspielt (vgl. 6,34). Eine Textvariante: »Denn sie sagten: Damit nicht am Fest ein Tumult des Volkes entsteht« ließe die Verhaftung Jesu als beschlossene Sache erscheinen[10]. Es soll aber gerade die Ratlosigkeit der Hierarchen gezeigt werden. Im weiteren Verlauf wird Jesus doch am Fest ergriffen. Man hat von Unachtsamkeit des Erzählers gesprochen[11] oder ἑορτή in Vers 2 mit »Festversammlung« übersetzen wollen[12]. Für Markus allerdings kommt es darauf an, daß die Pläne der Menschen durchkreuzt werden (vgl. 16,3). Auch das ist ein Mittel zu verdeutlichen, daß in der Passion Gott das Geschehen lenkt. Der Leser ist auf die Durchführung des Planes, dessen Ziel feststeht, gespannt.

[8] 1. Tag: 11,11; 2. Tag: 11,12–19; 3. Tag: 11,20. Hier stirbt die Zählung ab. 4. Tag: 14,1–11; 5. Tag: 14,12ff; 6. Tag: 15,1–47; 7. Tag: Sabbat; 8. Tag: 16,2.

[9] ἐν δόλῳ ist auf ἀποκτείνωσιν zu beziehen. In D a i r wurde es ausgelassen.

[10] Im Kodex D, bevorzugt von Bultmann, Geschichte 282; Klostermann.

[11] Wendling, Entstehung 196.

[12] Grundmann mit Berufung auf Lk 22,6. Auch in Mk 15,6 bezeichnet ἑορτή das Fest.

## 2. *Die Salbung Jesu zum Begräbnis (14,3–9)*

*Literatur: Jeremias, J.*, Die Salbungsgeschichte Mc 14,3–9, ZNW 35 (1936) 75–82; *Daube, D.*, The Anointing at Bethany and Jesus' Burial, AThR 32 (1950) 186–199; *Jeremias, J.*, Mc 14,9, ZNW 44 (1952/53) 103–107; *Bauer, J. B.*, Ut quid perditio ista? Zu Mk 14,4f und parr, NT 3 (1959) 54–56; *Meli, A.*, »Sempre i poveri avete con voi ma non sempre avete me«, Hum (B) 14 (1959) 338–343; *Derrett, J. D. M.*, The Anointing at Bethany, StEv 2 (TU 87) (1964) 174–182; *Roloff*, Kerygma 210–223; *Pesch, R.*, Die Salbung Jesus in Betanien (Mk 14,3–9), in: Orientierung an Jesus (FS J. Schmid), Freiburg 1973, 267–285. – Weitere Literatur s. oben S. 216f.

3 **Und als er in Betanien im Haus Simons des Aussätzigen weilt, während er zu Tisch liegt, kam eine Frau, die eine Alabasterbüchse mit kostbarem Salböl aus Narde (und) Pistazie**[1] **hatte, zerbrach die Alabasterbüchse und goß es über sein Haupt aus.** 4 **Einige aber murrten untereinander: Wozu geschah diese Verschwendung des Salböls?** 5 **Denn man hätte dieses Salböl für über dreihundert Denare verkaufen und es den Armen geben können. Und sie fuhren sie an.** 6 **Jesus aber sagte: Laßt sie! Was belästigt ihr sie? Ein gutes Werk hat sie an mir getan.** 7 **Denn die Armen habt ihr immer bei euch, und wenn ihr wollt, könnt ihr ihnen Gutes tun. Mich aber habt ihr nicht immer.** 8 **Was sie vermochte, hat sie getan. Sie hat im voraus meinen Leib zum Begräbnis gesalbt.** 9 **Amen, ich sage euch aber: Wo immer das Evangelium in der ganzen Welt verkündigt werden wird, wird man auch erzählen, was sie getan hat, zu ihrem Gedenken.**

Die vorliegenden traditionsgeschichtlichen Analysen haben verwirrend unterschiedliche Resultate gezeitigt. Eine beliebte Auskunft ist, die Verse 8 und 9 für redaktionell zu erklären (evtl. von verschiedener Hand)[2]. Vers 8 habe die Erzählung in die Passions-, Vers 9 in die Missionsgeschichte hereingenommen. Andere Analysen gehen von der Beobachtung aus, daß in der Geschichte drei verschiedene Pointen festzustellen seien: das Armenproblem (7), der zeichenhafte Verweis auf das Begräbnis Jesu (8), die weltweite Verkündigung des Evangeliums (9). In der Regel hält man dann die zweite Pointe für die älteste. Während Dormeyer und Schenk die Einbringung des Armenproblems der markinischen Redaktion zuschreiben, geht sie nach Schenke auf das Konto ei- Analyse

[1] Die Bestimmung des Wortes πιστικῆς ist unsicher. πιστικός bedeutet wörtlich: zum Glauben oder zur Treue gehörig, treu. Im Papyrus-Griechisch bezeichnet es den Vetrauensmann. Darum übersetzte man es in 14,3 mit »echt«. Wahrscheinlicher ist mit dem Wort eine Ingredienz angegeben. Vorgeschlagen wurden: spicata (Pflanze mit ährenförmiger Spitze); pizita (indische Pflanze); pistakia (Nußart). Letzteres bevorzugt wohl zu Recht Black, An Aramaic Approach 224f. Vgl. Bauer, Wörterbuch 1313; Lohmeyer 292f.

[2] Schon Wendling, Entstehung 167; Bultmann, Geschichte 37; Finegan* 63f; zuletzt Schweizer 127.

nes vormarkinischen Redaktors[3]. Nach Pesch dagegen hat Markus die Perikope ohne redaktionelle Änderung übernommen[4].
Die Perikope besitzt, abgesehen von par Mt 26,6–13, vergleichbare Texte in Lk 7,36–50 und Joh 12,1–8. Während sie sich Joh 12 und Mt 26 gegenüber als die älteste Textform erweist, bestehen zwischen Mk 14 und Lk 7 keine traditionsgeschichtlichen Beziehungen[5]. Auffallend bleibt lediglich, daß auch dort die Salbung (der Füße Jesu) sich im Haus eines Simon zuträgt. Man kann sich also bei der Analyse ganz auf die Markus-Version beschränken. Der doppelte Genitivus absolutus am Beginn in Vers 3, der den griechischen Sprachregeln sehr widerspricht, läßt einen Eingriff des Evangelisten vermuten, zwingt aber keinesfalls zu der Annahme, daß dieser den Ort Betanien erst eingefügt hat[6]. Vielmehr dürfte auf ihn nur die Wendung καὶ ὄντος αὐτοῦ zurückgehen, die wie in 14,66 den Anschluß nach vorn herstellen soll. Das Haus Simons des Aussätzigen kommt als genaue örtliche Fixierung mit anderen Ortsangaben des Passionsberichtes überein. Die im Anschluß an die Salbung folgende Auseinandersetzung zwischen den Anwesenden und Jesus erfolgt von vornherein im Rahmen einer verschwenderischen und einer an ihm geschehenden Tat. Darum ist eine doppelte Stellungnahme zu erwarten, die die verletzte Armenfürsorge und die besondere Situation berücksichtigt. Der Hinweis auf das Begräbnis in Vers 8 bringt keinen neuen Gedanken, sondern entfaltet nur 7c. Nur wird in Vers 7 der ὅταν-Satz redaktionell sein. Formal durchbricht er die Antithese von 7a und 7c, sachlich berücksichtigt er das Armenproblem[7]. Markus wird die Parenthese eingeschaltet haben, um Mißverständnisse auszuschließen. Auch in Vers 9 hat er eingegriffen. Oder ist ihm der ganze Vers verdankt? Absoluter Gebrauch von εὐαγγέλιον, das Vorzugswort κηρύσσειν, die Übereinstimmung mit 13,10 lassen es als nahezu sicher erscheinen, daß der ὅπου-Satz markinisch ist[8]. Der Rest ist wahrscheinlich vorgegeben, wie besonders das Gedenken nahelegt. Die Frau tritt am Anfang und Ende der Geschichte in den Vordergrund.
Formmäßig läßt sich die Perikope nicht festlegen. Sie wurde als Rabbinengeschichte bezeichnet[9], trägt apoftegmatische und Streitgesprächszüge, ohne eine Apoftegma oder Streitgespräch zu sein. Am nächsten kommt das Urteil: biografische Szene[10]. Die Überlieferung besitzt zahlreiche seltene Wörter und

[3] Dormeyer, Passion 73–82, erblickt den vormk Bericht in den VV 3.4a.5b.6.8; Schenk, Passionsbericht 175–180, in den VV 3b.5b.6b. 8a.9ac; Schenke, Studien 67–109, den Urbericht in den VV 3b.4(?).5c.6.8. Nach Schenk ist die Pointe der vorausliegenden Geschichte der Ganzeinsatz der Frau, nach Schenke das göttliche Vorauswissen Jesu.
[4] Salbung 283.
[5] Zum interevangeliaren Vergleich s. F. Hahn, Das Verständnis der Mission im NT, 1963 (WMANT 13), 101 Anm. 4.
[6] Gegen Schenke, Studien 68–76, der das Haus Simons des Aussätzigen forsch nach Jerusalem verlegt. Schenk, Passionsbericht 178, wiederum rechnet mit der phantasievollen Möglichkeit, daß der Salbungsdienst einmal dem Simon erwiesen gewesen sein könnte.
[7] Mit Lohmeyer 294; Schweizer 127.
[8] Vgl. Jeremias, Theologie I,135 Anm. 42.
[9] Lohmeyer 291.
[10] Vgl. Bultmann, Geschichte 37.

eine Fülle von Semitismen[11]. Dies, aber vor allem ihr Inhalt und ihre Lokalisierung lassen sie als palästinisch-judenchristliche Tradition erkennen. Vielleicht kann man von einer Ortstradition aus Betanien sprechen. Die Erwähnung der Armenfürsorge könnte ein Indiz für die Nähe des Paschafestes sein, da nach jüdischer Gepflogenheit dieses Fest besondere Gelegenheit, an die Armen zu denken, bieten sollte.

Erzählerisch zeichnet sich die Geschichte dadurch aus, daß neben (dem Gastgeber?) Simon und Jesus die beteiligten Personen nur unscharf gekennzeichnet werden. Das gilt für die namenlose Frau wie für die murrenden Tischgenossen, die weder als Jünger noch als Gegner angesprochen werden (Vers 4: τινες)[12]. Strukturell sind die Übergänge durch δέ markiert, so daß sich gliederungsmäßig vier Abschnitte ergeben: die initiierende Handlung (3), der Einwand der Mahlteilnehmer (4f), die Antwort Jesu (5–8) und sein bekräftigendes Wort (9).

Ort der Handlung ist das in Betanien befindliche Haus Simons des Aussätzi- Erklärung
gen, vielleicht auch zu denken als das Quartier Jesu während seines Jerusalem- 3
aufenthaltes. Der Personenname berechtigt zu keinen weiterreichenden Schlüssen[13], weder daß Simon von Jesus geheilt wurde, noch daß er beim Mahl zugegen ist. Jedenfalls wird letzteres nicht ausdrücklich gesagt. Beim Mahl der Männer erscheint eine Frau[14], die eine aus Alabaster verfertigte Salbenbüchse bei sich trägt. Ohne daß ihr Motiv angegeben wird, salbt sie Jesu Haupt, wobei sie wahrscheinlich den länglichen Hals der Alabasterbüchse zerbricht[15]. Dieser Vorgang des Zerbrechens scheint nicht so ungewöhnlich zu sein, so daß auch er kein Motiv freigibt: sie habe nichts zurückbehalten wollen, das Öl sei absolut rein gewesen, sie habe eine perfekte Totensalbung durchführen wollen[16]. Nur der außerordentliche Wert der Salbe wird stark unterstrichen[17]. In Israel war es üblich, dem Gast *vor* dem Mahl Öl zur Salbung darzureichen oder ihm durch einen Sklaven die Füße salben zu lassen. Von einer Salbung während des Mahls hören wir in der rabbinischen Literatur nur als einer im babylonischen Judentum bekannten Sitte, bei der Hochzeit einer Jungfrau den anwesenden Rabbinen Öl auf das Haupt zu träufeln[18]. Die Salbung des Hauptes gehörte zwar

[11] Hierzu vgl. Jeremias, Salbungsgeschichte 75–77; Pesch, Salbung 278f.

[12] Nach Schenke, Studien 94, habe Mk die Benennung einer gegnerischen Gruppe getilgt, weil er die Auseinandersetzung mit den Gegnern auf Jerusalem konzentrieren wollte. Nach Dormeyer, Passion 76, habe Mk die Erwähnung der Jünger gestrichen, um sie zu entlasten.

[13] Klostermann hält den Beinamen »der Aussätzige« für einen Spitznamen.

[14] Nach Lohmeyer sei in dörflichen Verhältnissen die Scheidung von Männern und Frauen im gesellschaftlichen Bereich nicht so streng gewesen.

[15] D Θ 565 lesen: »sie zerbrach *und zertrümmerte*« (καὶ θραύσασα); ἀλάβαστρος bzw. -ον ist genusmäßig nicht festgelegt. Daher die verschiedenen Lesarten. Vgl. Bauer, Wörterbuch 68, und Plinius, hist. nat. 13,3: »Beste Salben werden in Alabastergefäßen aufbewahrt«.

[16] Vgl. Finegan* 64; Blinzler* 408f; Daube*. Gab es bei der Totensalbung den Brauch, das Salbgefäß zu zerbrechen und in das Grab zu legen?

[17] Der Nardensalbe bedienten sich die Könige: Hld 1,12; vgl. 4,13; äthHen 32,1. Griechische Belege bei Klostermann. Zu πιστικῆς vgl. oben Anm. 1. Im Kodex D ist die nähere Bezeichnung des Salböls gestrichen.

[18] Vgl. Billerbeck I,426–428.986.

auch zur Designation eines Königs in Israel (vgl. 2Kön 9,6; 1Sam 10,1), doch kann ihre wohltuende Wirkung ganz allgemein beschrieben werden (Ps 133,2; 141,5; 23,5). Weil eine Salbung durch eine unbekannte Frau auch zur messianischen Königsweihe keine Beziehung aufweist, sind wir für die Deutung ganz auf das folgende Gespräch angewiesen.

4–5 Einige der Anwesenden murren über die Tat der Frau und nennen sie eine Verschwendung des Salböls. Der Vorwurf ist direkt gegen die Frau, indirekt gegen Jesus gerichtet, der die Handlung an sich geschehen ließ. In diesem Punkt unterscheidet sich der Vorwurf vom Unwillen der Jünger in Mk 9,38; 10,13; Lk 9,54. Darum sollte man hinter den anonymen Anklägern keine Jünger vermuten, obwohl jene bei Mt 26,8 und auch in der sekundären markinischen Textüberlieferung zu Jüngern werden[19]. Bei Joh 12,4 ist es Judas Iskariot, der Anstoß nimmt. Die Verschwendung wird aufgerechnet. Über dreihundert Denare machen für den einfachen Mann eine Unsumme aus (nahezu ein Jahresverdienst). Die Geldangabe ist kaum phantastisch. Auch Plinius bezeichnet Salböle, deren Preis vierhundert Denare überschreitet, als kostspielig[20]. Ist es der Protest gegen den Luxus, »der wie aus einer fremden und verhaßten Welt plötzlich in ein einfaches Bauernhaus eindringt« (Lohmeyer)? Die Einstellung, daß alles, was über die normalen Lebensbedingungen hinausgeht, den Armen gehört, ist sympathisch. Die Juden besaßen eine relativ gut ausgebaute Armenfürsorge[21]. Gerade in der Paschafestwoche waren sie zum Gutestun angehalten. Wie läßt sich der Luxus mit Mk 10,21 vereinbaren? Oder ist das Eintreten der Murrenden für die Armen nicht ehrlich gemeint? Markus scheint so gedacht zu haben (vgl. Vers 7b). Dies erklärt aber nicht alles. Der Leser muß auf die Reaktion Jesu gespannt sein.

6–8 Jesus nimmt die Frau in Schutz. Man soll sich nicht ihr, sondern ihm zuwenden. Die Hintergründigkeit des Vorgangs ist somit angedeutet. Mit dem »guten Werk« ist das Stichwort genannt, von dem die Interpretation auszugehen hat[22]. Die Anwesenden rügten das versäumte Almosen. Im rabbinischen Judentum unterscheidet die Wohltätigkeit Almosen und gute Werke. Almosen bestehen in Geldgaben und sind jederzeit möglich. Gute Werke verlangen den spontanen und persönlichen Einsatz und sind von konkreten Situationen gefordert. Die Sorge um die Bestattung eines Toten gehört dazu (vgl. Tob 1,18)[23]. Freilich ist die Tat der Frau nicht gerechtfertigt dadurch, daß das gute Werk an sich höher einzuschätzen sei als das Almosen. Ihre Handlung gewinnt christologische Relevanz. Das immerwährende Vorhandensein der Armen erklärt die Armut nicht zur gesellschaftlichen Institution, mit der man sich abzufinden hat[24]. Das Wort greift einen Gedanken von Dtn 15,11 auf: »Die Armen werden niemals ganz aus deinem Leben verschwinden«, steht aber hier in Anti-

19 Gegen Roloff, Kerygma 211. D Θ a ff$^{2}$ i r lesen: »Seine Jünger aber wurden aufgebracht und sagten.«

20 hist. nat. 13,3.

21 Zur altjüdischen Wohltätigkeit vgl. Billerbeck IV,536–610.

22 Mit Jeremias, Salbungsgeschichte 77–82.

23 Vgl. Billerbeck IV,579–607.

24 Dieses Anliegen vertritt besonders Meli*.

these zum Satz »Mich aber habt ihr nicht immer«, auf dem der Akzent ruht. Dieser ist eine klare Todesansage, die im Kontext der Salbung an Dringlichkeit gewinnt. Markus schwächte die Antithese ab, indem er mit Vers 7b an die Armenfürsorge erinnert (vgl. die Analyse). Ähnlich fuhr Dtn 15,11 fort: »Darum mache ich dir zur Pflicht: Du sollst deinem notleidenden und armen Bruder, der in deinem Land lebt, deine Hand öffnen.« Die Einschränkung »wenn ihr wollt« stellt die Fürsorge nicht ins Belieben, sondern dürfte auf ironische Weise den Einwand der Anwesenden hinsichtlich seiner Ehrlichkeit in Zweifel ziehen. Vers 8 hellt die Situation unmißverständlich auf. Die Salbung war eine Vorankündigung des Todes Jesu und die Vorwegnahme der Salbung seines Leibes nach seinem Sterben. Sie erfolgte vor der üblichen Zeit (προέλαβεν) und ist profetische Handlung, die als solche von Jesus aufgedeckt wird. Aus ihr darum abzuleiten, beim Tod Jesu sei keine Salbung mehr erfolgt, sie stelle sein »anständiges Begräbnis« sicher, leitet fehl. In sich selbst gewinnt die Perikope ihren eigentlichen Sinn. Die Initiative der Frau unterstreicht einleitendes ὃ ἔσχεν ἐποίησεν. Der Relativsatz (= »was sie vermochte«) ist ein Semitismus und bedarf keiner Ergänzung[25].

Das feierliche Amen-Wort hat durch redaktionellen Eingriff einen Bedeu- 9
tungswandel erfahren. Ursprünglich sicherte es zu, daß man zum Gedenken der Frau erzählen wird, was sie getan hat. Im Alten Testament kann mit dem Gedenken auf Gott oder auf die Menschen Bezug genommen sein. In der intertestamentarischen Zeit gewinnt das gnädige Gedenken Gottes im Endgericht theologischen Vorrang und dieses kann sich mit der Vorstellung vom Buch des Gedenkens verbinden: »Ich schwöre euch, ihr Gerechten, daß im Himmel die Engel von der Herrlichkeit des Großen eurer zum Guten gedenken. Eure Namen sind von der Herrlichkeit des Großen aufgeschrieben« (äthHen 104,1; vgl. 103,4; TestIjob 40,4; Dam 20,19). Die Frau erhält die Zusage, daß ihre Tat im Gericht Gottes genannt werden wird, durch Gott oder Engel. Weil sie den von den Menschen Verworfenen geehrt hat, wird sie geehrt werden. Sie hat auf ihre Weise teilgenommen am Todesschicksal Jesu. Weil Amen-Worte, insbesondere solche höheren Alters, Einblicke in das endzeitliche Geschehen eröffnen wollen, fügt sich die Auslegung in deren Intention. Markus gibt der Zusage mit der Ausrichtung auf die Verkündigung des Evangeliums in der ganzen Welt eine neue Bedeutung. Man hat allerdings auch die Verkündigung des Evangeliums endzeitlich und endgerichtlich verstehen und mit der in letzter Stunde ergehenden Proklamation des Gerichtsengels in Verbindung bringen wollen (vgl. Offb 14,6)[26]. Diese Auffassung scheitert am iterativen Sinn des

[25] Schenke, Studien 100, möchte ποιῆσαι ergänzen.

[26] Jeremias, Mc 14,9, der V 9 übersetzt: »Amen, ich sage euch: wenn (Gottes Engel) die (Sieges-)Botschaft aller Welt verkündigen wird, dann wird man auch das, was sie getan hat, (vor Gott) sagen, damit er ihrer (gnädig) gedenkt« (106f). Später hat Jeremias seine Auffassung in einem Sinn korrigiert, der der oben vorgetragenen Interpretation nahekommt. Vgl. Theologie I,134f. Pesch, Salbung 279f und Anm. 41, hat die alte Auffassung von Jeremias neu zu etablieren versucht, unterscheidet aber drei traditionsgeschichtlich bestimmte Verständnisse des Logions. Pesch II,335 bezieht das Gedenken jetzt auf die mis-

ὅπου ἐάν (= wo immer, überall wo)[27] und an der redaktionellen Gestalt dieses Satzteiles. Ist jetzt an die Predigt des missionarischen Evangeliums gedacht, so ist aus dem Gedenken bei Gott und im Gericht ein solches bei den Menschen geworden. Die Frau geht wegen ihrer bedeutungsvollen Tat an Jesus ein in das Evangelium, das als ein auf Kreuz und Auferstehung hinlenkendes erneut erkennbar wird[28]. Stehen Kreuz und Auferstehung im Vordergrund, so gibt Markus gerade hier zu verstehen, daß das Evangelium auch Bericht sein will und Erinnerung an das, was sich im Leben und Wirken des irdischen Jesus ereignete[29].

Zusammenfassung

Für Markus gewinnt diese Perikope am Beginn der Passionsgeschichte die Funktion, dem Leser zu zeigen, daß Jesus sein Todesschicksal kennt und es im Gehorsam übernimmt. Sie überbrückt die Zeit zwischen der Verschwörung der Hierarchen und dem Verrat des Judas. Deren unwürdiges Planen wird kontrastiert von der guten Tat der Frau, der die Zukunft gehört. In der Passion Jesu bewähren sich die Frauen. Die namenlose Frau im Haus Simons ist im Zusammenhang zu sehen mit jenen Jüngerinnen, die unter dem Kreuz und beim Grab Jesu zu finden sind. Wie andere Amen-Worte der Passionsgeschichte deutet Vers 9 menschliche Handlungen im Kontext des Leidens. Jesus deckt die Taten der Menschen auf, die ihm auf seinem Todesweg begegnen (vgl. 14,18.30). Nur der begreift ihn recht, der sich in dieser Stunde zu ihm bekennt. Obwohl die Handlung der Frau einmalig und unübertragbar ist und sie darum verdient, bei der weltweiten Verkündigung des Evangeliums miterzählt zu werden, wird die Frau im Gesamtrahmen des Evangeliums, das die Bereitschaft des Jüngers zur Kreuzesnachfolge lehren will, zum Vorbild. Was nach dem Weggang Jesu zu tun bleibt, ist die Fürsorge für die Armen. Markus ließ sich diesen Gedanken gleichfalls angelegen sein.

Historische Beurteilung

Für die historische Glaubwürdigkeit des Kerns des überlieferten Geschehens sprechen dessen genaue Lokalisierung, die nicht-sentenziöse Antwort Jesu und der Ausblick auf das (nahe) Gericht in Vers 9. Gegen die Historizität kann nur sein, wer Jesus die Ahnung des gewaltsamen Todes abspricht. Die detailliert wirkende Schilderung der Kostbarkeit des Salböls (auch in der Reaktion der

sionarische Verkündigung des Evangeliums.

27 Vgl. Bauer, Wörterbuch 1141.

28 Den typisch mk absoluten Gebrauch von εὐαγγέλιον gleichen verschiedene Handschriften durch Paralleleinfluß aus: εὐαγγ. τοῦτο (C Koine-Text Θ) bzw. μου (sy[3]).

29 Vgl. Stuhlmacher, Evangelium I,242: »Mk 14,9 setzt zwar . . . voraus, daß zum Evangelium bereits geschichtliche Erzählungstradition hinzugehört, doch läßt Markus wiederum offen, inwieweit das Evangelium an diese Erzählungstradition gebunden und nur im Zusammenhang mit ihr als authentisch betrachtet werden kann.« Zur Auseinandersetzung mit Marxsen, Evangelist 86, der das Gedächtnismotiv im Sinn einer repraesentatio verstehen will, vgl. Roloff, Kerygma 216–220. Carrington 306 sieht ein im Hebräischen mögliches Wortspiel zwischen šm/šmn (Name/Öl) sich in der Perikope auswirken, mit Verweis auf Koh 7,1 und rabbinische Stellen. Es ist aber zu beachten, daß der Name der Frau weder abstrakt noch konkret genannt wird. Ebenso unsicher ist die Meinung von Pesch, Salbung 282, daß Ps 40,2f LXX die Geschichte geprägt habe.

Tischgenossen) ist erzählerische Übertreibung. Immerhin paßt die Rechtfertigung insofern zu Jesus, als wir von ihm wissen, daß er kein enger oder kleinlicher Asket war.

Wirkungsgeschichte

In der Interpretationsgeschichte der Perikope ist die Diskussion über das Armenproblem bzw. über das Verhältnis der Armenliebe zur Jesusliebe interessant[30]. Schon darin, daß man sich durch die Perikope zu dieser Alternative verleiten ließ, liegt ein Fehler. Der berechtigt erscheinende Einwand der Verschwendung wird nach Joh 12,4 dem Judas in den Mund gelegt. An dieser damit insinuierten Abwertung des Einwands knüpft man an. Beda konzentriert den Vorwurf auf Judas und will »die guten und Christus liebenden Apostel« davon ausgeschlossen wissen[31]. Hieronymus bedient sich der Allegorese, in der Judas den Juden, die Frau aber die Kirche vertritt: »Bis heute empört sich Judas, weil die Kirche das Haupt Jesu salbt«[32]. Origenes[33] zieht die Salbungsgeschichte Lk 7,36–50 zu Rate. Da dort die Frau Jesu Füße salbt, kommt er zur Unterscheidung der Salbung der Füße von der Salbung des Hauptes. Die eine geschah mit dem minderen oleum, die andere mit dem kostbaren unguentum. Bedenklich wird die Interpretation, wenn das oleum mit den guten Werken um der Menschen willen (Almosen, Krankenbesuch, Aufnahme der Pilger usw.), das unguentum aber mit der Tat, die allein zur Ehre Gottes dient (Beten, Fasten, Geduld usw.), auf eine Ebene gehoben wird. Hier wird die soziale Aufgabe depraviert. Unmißverständlich spricht die negative Beurteilung Theophylakt[34] aus: »Es sollen aber durch diese Stelle diejenigen zuschanden werden, die die Armen Christus vorziehen. Ich habe nämlich Goldschmiede sagen hören: Wenn ich das heilige Gerät einschmelze, und gebe es den Armen, werde ich leben und nicht verdammt. Sie sollen also hören, wie Christus die Pflege des Seinen den Armen vorzog. Der Leib Christi aber ist genau der auf dem goldenen Teller, sein Blut aber das im Kelch. Wer daher den kostbaren Teller wegnimmt und darauf drängt, daß der Leib Christi auf einen billigeren gelegt werde, indem er die Armen als Vorwand benutzt, der soll wissen, auf welcher Seite er steht.« Gegenüber dieser fatalen Verirrung schlägt Chrysostomos[35] den christlichen Ton an: »Wenn du jemanden heilige Geräte schmücken und darbringen siehst oder jemanden, der sich mit Schmuck um Kirchenmauern und -böden Mühe gibt, befiehl nicht, das bereits Zustandegebrachte zu verkaufen oder zu zerstören, damit du seinen Eifer nicht lähmst. Doch wenn jemand fragt, bevor er ans Werk geht, befiehl, den Armen zu geben.« Offenbar weiß Chrysostomos, daß die Sorge um die Armen die der Kirche angemessenere Aufgabe ist als die Verwaltung des Reichtums. Ähnlich mahnt Ambrosius[36]:

[30] Vgl. R. Storch, »Was soll diese Verschwendung?«, in: Der Ruf Jesu und die Antwort der Gemeinde (FS J. Jeremias), Göttingen 1970, 247–258.
[31] PL 92,267ff.
[32] PL 26,191f (Mt-Kommentar).
[33] GCS 38,181–186 (Mt-Kommentar).
[34] PG 123,645f.
[35] PG 58,726 (Mt-Kommentar).
[36] CChr 14,184 (Lk-Kommentar).

»Immer hast du also den Armen bei dir, darum tu Gutes!« Calvin lehnt zwar den Prunk ab, erkennt aber mit exegetischem Blick, daß die Tat der Frau in Betanien wegen der einmaligen Umstände gerechtfertigt, jedoch unwiederholbar ist[37]. K. Barth[38] lehnt die diskutierte Alternative ab. Man brauche gar nicht zu wählen. Das bedeute aber nicht, daß man das, was die »Gottesfreunde« meinten, ignorieren oder eskamotieren dürfe, nämlich das Geschehen in jener Mitte, in der die christliche Liebe ursprünglich auch Gottes- und Jesusliebe ist. Seit Gregor d. Gr. wird in der lateinischen Kirche die salbende Frau von Betanien sowohl mit Maria von Magdala als auch mit der Sünderin von Lk 7,36–50 gleichgesetzt[39]. Letzteres wurde dadurch begünstigt, daß beide Male ein Simon eine Rolle spielt. Die Beurteilung der Magdalenerin als Sünderin erfolgte in falscher Einschätzung von Lk 8,2. Die Büßerin Magdalena war für Liturgie und Volksfrömmigkeit von Bedeutung (vgl. die Magdalena von Sainte-Baume in Südfrankreich). In der griechischen Kirche hat man dagegen die drei Frauen seit jeher unterschieden.

## 3. *Das Angebot des Judas an die Hohenpriester (14,10–11)*

*Literatur: Baarda, T.,* Markus 14,11: epēggeilato. ›Bron‹ of ›Redaktie‹?, GThT 73 (1973) 65–75. – Weitere Literatur s. oben S. 216f.

10 **Und Judas Iskariot, der eine von den Zwölfen, ging weg zu den Hohenpriestern, um ihn an sie auszuliefern.** 11 **Als sie es aber hörten, freuten sie sich und versprachen, ihm Silbergeld zu geben. Und er suchte, wie er ihn zu einem günstigen Zeitpunkt ausliefern würde.**

Analyse Der knappe Text ist offenkundig ein Übergangsstück, das die Tischszene 14,17f vorbereiten hilft. In 14,43ff wird von der Durchführung des Verrats erzählt. Dabei ist auffällig, daß Judas und sein Vorhaben erneut eingeführt werden. Dies legt die Vermutung nahe, daß 14,43ff älter ist und 14,10f sekundär aus der Verhaftungsszene erschlossen ist. Was wir hier erfahren, erscheint auch blaß und unmotiviert. 14,10f schließt zwar an die Verse 1f an und nimmt auf das vorausgegangene Geschehen in Betanien in keiner Weise Bezug, die nochmalige Erwähnung der Hohenpriester in Vers 10 aber nimmt auf den erzählerischen Abstand zu 1f Rücksicht. Strukturell ist im ἐζήτει πῶς Angleichung an Vers 1b erkennbar. Sehr wahrscheinlich hat der gleiche Autor, der 1f schuf und die Tradition von 3–9 nachfolgen ließ, auch 10f gebildet. Für Markus sprechen ferner die Charakterisierung des Judas als einer von den Zwölfen, die theologische Verwendung des Auslieferungsgedankens (s. Interpretation); zu εὐ-

[37] II,302f.
[38] Dogmatik IV/2 (1955), 905.
[39] Vgl. Schmid 254f; Beda, PL 92,267.

καίρως ist das stammverwandte Verb in 6,31, einem redaktionellen Text, zu vergleichen[1].

Judas Iskariot, von 3,19 her bereits mit seiner Tat bekannt, beginnt diese Tat auszuführen. Dem Text fehlt jegliche Angabe seines Beweggrundes oder Motivs. Im Weggehen ist seine Distanzierung vom Jüngerkreis miteingeschlossen. Es hebt nicht ab auf eine Entfernung aus dem Speisesaal in Simons Haus. Wenn er ausdrücklich erneut als Mitglied des Zwölferkreises (hier mit Artikel) gekennzeichnet wird, geschieht das zur Warnung. Das vertrauteste Verhältnis zu Jesus konnte ihn vor seiner Tat nicht bewahren. Als »der eine von den Zwölfen« soll er vielleicht von den übrigen Elf abgehoben werden[2]. Er wendet sich an die Hohenpriester, die in der Passion führende gegnerische Gruppe. Das Fehlen jeglichen psychologischen Motivs, das ja leicht nachzutragen gewesen wäre (vgl. Mt 26,15), will den theologischen Hintergrund seiner Handlung aufleuchten lassen. Im Schicksal Jesu wirkt sich der Wille Gottes aus. Darum ist Judas' Vorhaben des Auslieferns nicht juridisch, sondern theologisch zu verstehen. Die Leidensankündigungen, in denen die gesamte Passion mit dem Wort παραδιδόναι zusammengefaßt werden konnte, beginnen sich zu erfüllen (vgl. 9,31; 10,33; 14,41). In den Evangelien wird Judas' Tat immer mit παραδιδόναι umschrieben, mit Ausnahme von Lk 6,16, wo er προδότης (Verräter) heißt[3]. Jesus, den er auslieferte, wird meist nur mit αὐτόν bezeichnet. Die Hörenden wissen Bescheid. Judas kann sogar einfach »der Auslieferer« heißen (14,44; Mt 10,4; 26,25.48; 27,3). Diese Benennung, die wie ein Eigenname wirkt, muß, weil sie noch keine alttestamentliche Reminiszenz ist, ein hohes Alter besitzen[4]. Die Reaktion der Hohenpriester ist Freude und das Versprechen, dem Judas Geld zu geben. Die Freude schließt an 2 an, da das überraschende Angebot sie aus ihrer Verlegenheit herausführt. Die List, die sie anwenden wollen, können sie jetzt konkretisieren. Zu beachten ist, daß das Geldangebot nachträglich kommt, darum nicht Motiv für den Auslieferer ist (anders Mt 26,15), sondern ihn, der es annimmt, wie die Hohenpriester, die sich dieser Praktik bedienen, in gleicher Weise belastet. Judas' Tat erscheint völlig frei gesetzt und so, menschlich gesehen, nur noch rätselhafter. Da wir von keinem Plan hören, der besprochen wurde, sondern nur von dem günstigen Zeitpunkt, den Judas jetzt sucht, ist alles in der Schwebe belassen und wiederum zu verstehen gegeben, daß die wirklichen Aktivitäten bei einem anderen, nämlich bei Gott liegen. Menschliche Verstrickung und Schuld sind damit nicht aufge- Erklärung

[1] Die Zwölf werden innerhalb der Passionsgeschichte nur in 14,17 erwähnt, einem sicher von Mk gebildeten Vers. Daneben steht die Bezeichnung des Judas als »einer von den Zwölfen« in 14,10 und 43. ἀπέρχομαι ist mk Vorzugswort (vgl. Gaston). – Auch Schenke, Studien 119–140, hält 10f für mk. Dormeyer, Passion 82–85, möchte 10 (mit Ausnahme von ὁ εἷς τῶν δώδεκα) und 11a der Tradition und nur 11b der Redaktion zuweisen. Ohne 11b aber wird der Text mißverständlich.

[2] Der Artikel fehlt in $C^2$ $W^b$.

[3] Entsprechend gibt es in V 10 die Textvariante ἵνα προδοῖ αὐτόν: D it $sy^s$.

[4] Vgl. Popkes, Christus traditus 174–181.

hoben. Die Erwähnung des Silbergeldes dürfte für Mt 27,9f der Anlaß gewesen sein, die Tat von Sach 11,12f her zu beleuchten.

Zusammenfassung und historische Beurteilung

Für Markus ist neben dem theologischen Anliegen die Tatsache bedeutsam, daß ein Jünger aus der engsten Gefolgschaft Jesu die verruchte Tat begeht. Sie kontrastiert die großzügige Handlungsweise der Frau, auch bezüglich des Geldmotivs (14,4). Entscheidend aber bleibt das Bekenntnis zum Christus passus, das geleistet oder verweigert wird. – Die historische Tat des Judas zu leugnen und für Erfindung und Reprojektion zu erklären, entspringt hyperkritischer Einstellung. Die Auffassung, Judas sei nur ein Typus und keine unmittelbar historische Größe[5] oder er repräsentiere jüdisches Wesen, hat in den Texten nicht den geringsten Anhalt. Judas ist eindeutig Personenname und nicht Genusbezeichnung. Gerade Markus spricht mit der Judaserzählung warnend die eigene Gemeinde an. Den Verrat des Judas in die Zeit der frühen Kirche zu verlegen, aus der er nachträglich in die Zeit Jesu reprojiziert worden sei, ist ebenso phantastisch wie die Auffassung, der Mann sei ein Apostat gewesen, der der Urgemeinde möglicherweise durch Denunziation schweren Schaden zugefügt habe[6]. Die Judastradition ist mit der Passionsüberlieferung so fest verwurzelt, Judas als der Auslieferer so früh bekannt, daß sein Verrat Jesu historisch nicht bestritten werden kann[7]. Anderseits ist es nicht mehr möglich, die echten Motive seines Handelns ausfindig zu machen. Vor kühnen Rekonstruktionen ist zu warnen. So bezeichnet E. Stauffer[8] Judas als Nichtgaliläer, treuen Sohn der Synagoge und Spitzel des Jerusalemer Synhedrions und rechnet in anachronistischer Beurteilung des in Joh 9,22 erwähnten Synagogenbannes damit, daß Judas die Auslieferung Jesu als eines Gotteslästerers und Pseudoprofeten für seine religionsgesetzliche Pflicht gehalten habe. Die neuerdings wieder von Schweizer[9] geäußerte Vermutung, daß Judas zum Zelotismus neigte und von Jesus enttäuscht gewesen sei, hat manches für sich, kann aber nur den Rang einer Hypothese beanspruchen. Was Judas verriet, bleibt auch ungewiß. Nach Joh 18,2 war es der Ort, an dem Jesus sich nachts aufhielt. Als gewiß kann nur gelten, daß er sich für die Ergreifung Jesu den Synhedristen als Helfershelfer zur Verfügung stellte. Daß er seine Rolle im Hintergrund spielte, könnte dadurch bestätigt werden, daß er nach der Verhaftung im Prozeß gegen Jesus nicht mehr erwähnt wird.

[5] Schon G. Schläger, Die Ungeschichtlichkeit des Verräters Judas, ZNW 15 (1914) 50–59. Ähnlich E. Fuchs, Glaube und Geschichte im Blick auf die Frage nach dem historischen Jesus, in: Zur Frage nach dem historischen Jesus, Tübingen ²1965, 168–218, 212 Anm. 1.

[6] W. Schmithals, Das kirchliche Apostelamt, 1961 (FRLANT 79), 58f; G. Klein, Die zwölf Apostel, 1961 (FRLANT 77), 36 Anm. 140.

[7] Zur Zugehörigkeit des Judas zum Zwölferkreis vgl. zu 3,19 Bd. 1, S. 142. Zum Ganzen auch K. Lüthi, Das Problem des Judas Iskariot – neu untersucht, EvTh 16 (1956) 98–114.

[8] Jesus – Gestalt und Geschichte, 1957 (DTb 332) 86 und 158 Anm. 4.

[9] 159.

## 4. *Die Vorbereitung des letzten Paschamahls (14,12–16)*

*Literatur: Robbins, K.,* Last Meal: Preparation, Betrayal, and Absence (Mark 14,12–25), in: Kelber* 21–40. – Weitere Literatur s. oben S. 216f.

12 **Und am ersten Tag der ungesäuerten Brote, als man das Paschalamm schlachtete, sagen ihm seine Jünger: Wo, willst du, sollen wir hingehen und Vorbereitungen treffen, daß du das Paschamahl ißt?** 13 **Und er sendet zwei seiner Jünger aus und sagt ihnen: Geht in die Stadt, und es wird euch ein Mensch begegnen, der einen Wasserkrug trägt. Ihm sollt ihr nachfolgen,** 14 **und wo er hineingeht, sagt dem Hausherrn: Der Lehrer sagt: Wo ist meine Unterkunft, in der ich das Paschamahl mit meinen Jüngern esse?** 15 **Und er wird euch ein großes Oberzimmer zeigen, das (mit Teppichen) belegt und zugerüstet ist. Und dort sollt ihr es für uns vorbereiten.** 16 **Und die Jünger gingen fort und kamen in die Stadt und fanden es, wie er es ihnen gesagt hatte. Und sie bereiteten das Paschamahl vor.**

Zu Beginn der Perikope fällt die doppelte Zeitangabe auf. Da wir das Interesse des Evangelisten, die Passionsgeschichte mit zeitlichen Klammern zu versehen, bereits kennenlernten, ist hier sein Eingriff zu vermuten. Das Pascha (allerdings im Sinn von Paschafest) und die ungesäuerten Brote wurden in der redaktionellen Einführung 14,1 in umgekehrter Reihenfolge erwähnt. Vom jüdischen Standpunkt aus wirkt die Zeitangabe in Vers 12 recht unpräzise, obwohl sie den Eindruck vermittelt, möglichst präzise zu sein. Sie schließt aber an Vers 1 an und stellt das Bemühen dar, jüdische Gepflogenheiten Leuten, die diese nicht kennen, verständlich zu machen (s. Interpretation)[1]. Schenke glaubt, zwischen der Jüngerfrage in 12b und der folgenden Weisung Jesu Diskrepanzen feststellen zu können: alle Jünger fragten, Jesus sendet nur zwei; sie sprechen vom Pascha Jesu, er spricht vom Pascha mit seinen Jüngern; während die Jüngerfrage auf die Vorbereitung des Paschamahles abziele, sei das Handeln Jesu auf die wunderbare Auffindung eines Festsaales ausgerichtet. Schenke möchte so 12b und 16c für redaktionell ansehen und den Grundbericht als Hieros Logos bestimmen, der einen in der Jerusalemer Gemeinde bekannten, verehrten und wohl auch verwendeten Raum auszeichne[2]. Jedoch sind die Diskrepanzen nur scheinbar. Die Beauftragung zweier Jünger paßt zum Aussendungsgedanken. Daß Jesus nicht von seinem, sondern vom Pascha mit den Jüngern spricht, ist gleichfalls angemessen. Die Auffindung des Saales ist von der Vorbereitung des Mahles nicht zu trennen. Vor allem ist auf die Bedeutung von Pascha = Pa- Analyse

[1] Auch Schenk, Passionsbericht 183, hält die beiden Zeitangaben für Mk-R. Schenke, Studien 152–160.184, möchte die zweite der Tradition zuschreiben. Nach Dormeyer, Passion 91, hat Mk die Perikope in »bruchloser Geschlossenheit« übernommen.

[2] Studien 160–194.

schamahl in 12b, 14 und 16 als verbindendem Faktor hinzuweisen. Die Perikope ist von Haus aus entscheidend auf das Paschamahl ausgerichtet. In 11,1b–7a, der wunderbaren Bereitstellung des Eselfüllens, besitzt sie eine weitgehende Parallele. Beide Geschichten aber sind auch wieder so verschieden, daß nicht die eine aus der anderen abgeleitet werden kann[3]. Vielmehr sind sie demselben Autor zuzuschreiben. Dieser bereicherte mit ihnen eine ihm offenbar bereits vorliegende, zusammenhängende Passionserzählung. Strukturelles Vorbild für die Erzählform, die zu Recht als profetische Vorhersage definiert wurde, sind 1Sam 10,1–10; 1Kön 17,8–16; 2Kön 1 (letztere auch mit Botenformel 1Kön 17,14; 2Kön 1,3f), nicht ein Märchenmotiv[4]. Die Übereinstimmung mit LXX 1Kön 10 geht bis in die Wortwahl[5]. Die Ausgestaltung der Tradition ist im hellenistischen Judenchristentum anzusiedeln[6], wie es auch der Titel ὁ διδάσκαλος (nur hier im Mund Jesu) nahelegt.

Erklärung
12
Vom jüdischen Standpunkt aus besteht die Schwierigkeit der doppelten Zeitangabe darin, daß zwar das Fest der ungesäuerten Brote schlechtweg Pascha genannt werden kann[7], das Schlachten der Lämmer aber am Vor- bzw. Rüsttag des Paschafestes erfolgte. Nach rabbinischen Angaben begann die Schlachtung nach dem Abendtamidopfer des Rüsttages, das heißt gegen 14.30 Uhr. Fiel das Paschafest auf einen Sabbat, begann man eine Stunde früher[8]. Weil Pascha ein »unbewegliches Fest« war und immer auf den 15. Nisan fiel, ist der Rüsttag der 14. Nisan. Da Markus aber (vgl. zu 14,1) im Hinblick auf sein heidenchristliches Publikum den Tag mit dem Morgen beginnen läßt, entstand die für jüdisches Empfinden unmögliche Verquickung von Rüst- und Festtag. Im Kontext mit 14,1 ist der erste Tag der ungesäuerten Brote der dort angesagte folgende Tag (= nach zwei Tagen)[9]. Das Fest hebt an als der Zeitpunkt des Leidens Jesu. Gleichzeitig ist mit dem »ersten Tag« eine Dehnung der Festzeit ermöglicht. Die Jüngerfrage ist so formuliert, daß sie ganz auf Jesu Pascha hinlenkt. Zur Vorbereitung des Paschamahles gehörten viele Dinge. Ein passender Raum mußte besorgt, das Lamm geschlachtet, ungesäuertes Brot bereitet, der Tisch gedeckt und die notwendigen Zutaten besorgt werden[10]. In der Vermittlung eines Festraumes kamen die Jerusalemer den Festpilgern großzügigst entgegen. Es hatte sich die Rechtstradition herausgebildet, daß die Häuser Jerusa-

[3] Nach Wendling, Entstehung 190, ist Mk 11,1b–7 originaler als 14,12–16. Ähnlich urteilt H. Schürmann, Der Paschamahlbericht Lk 22,(7–14)15–18, [2]1968 (NTA 19/5) 121f. Die Urteilskriterien erscheinen jedoch ziemlich subjektiv.

[4] Gegen Lohmeyer 299; Bultmann, Geschichte 283.

[5] Vgl. LXX 1Kön 10: ἀπέλθῃς (2); εὑρήσεις (2f); ἀπαντήσεις (5).

[6] Hahn, Hoheitstitel 80, ordnet die Perikope dem Bereich der hellenistischen Gemeinde zu, wobei der Wortgebrauch aus jüdisch-palästinischen Voraussetzungen erwachsen sei.

[7] Vgl. die Belege bei Dalman, Jesus-Jeschua 97 Anm. 2; Billerbeck II,812–815.

[8] Vgl. Billerbeck IV,47.

[9] Jeremias, Abendmahlsworte 12 Anm. 1, rechnet für Mk 14,12 mit einem Übersetzungsfehler aus dem Aramäischen. Richtig übersetzt sollte es heißen: »am Tage vor den Azyma«. – Nach Ex 12,3 soll das Paschalamm schon am 10. Nisan beschafft werden. Nach Billerbeck IV,43 galt diese Vorschrift nicht mehr in der späteren Zeit.

[10] Vgl. Billerbeck IV,41–76.

lems, das nicht unter die zwölf Stämme verteilt worden war, Gemeinbesitz des Volkes sind und deshalb nicht für Geld vermietet werden dürfen. Selbst für Klinen und Polster nahm man keine Miete. Nur die Felle der Opfertiere leisteten die Gäste als Entgelt[11]. Wenn im folgenden die Vorbereitung des Paschamahles auf die Bereitstellung des Raumes konzentriert ist, darf dies allerdings nicht rationalistisch auf dem Hintergrund der Generosität der Jerusalemer erklärt werden, wie es offenbar schon Mt 26,18 vorhat. Vielmehr will Markus von einem wunderbaren Vorgang berichten.

Nachdem die Jünger wie Diener gefragt hatten, sendet Jesus zwei von ihnen 13–16
mit besonderem Auftrag aus (vgl. 6,7; 11,1). Für die Erfüllung ihres Auftrags wird ihnen ein Zeichen mit auf den Weg gegeben. Die Besonderheit dieses Zeichens ist seine Alltäglichkeit, denn Wasserträgern, die in der Schiloach-Quelle Wasser geschöpft hatten, konnte man in Jerusalem sicher zu jeder Stunde begegnen. Dennoch sollten sie diesem Wasserträger in das Haus nachfolgen. Der dem Hausherrn auszurichtende Botenspruch, der die Jünger als echte Delegaten ausweist, empfängt seine Kraft vom Didaskalostitel. Er läßt das Wort nicht als Bitte, sondern als Befehl erscheinen. Die einmalige Selbstbezeichnung Jesu als Didaskalos hat zwar gerade bei Markus noch mit seiner Funktion als Lehrer zu tun, ist aber darüber hinausgewachsen und zu einer hoheitsvollen Prädikation geworden. Ihren Ansatzpunkt mag sie in der Jesus vom Volk entgegengebrachten Anrede Rabbi haben. Zur Hoheit des Didaskalos paßt es, wenn Jesus – bei Markus ebenfalls nur hier – von »meinen Jüngern« spricht. Die Gewißheit der Voraussage ist fehlinterpretiert, wenn man sie als Zauber auffaßt, den Jesus auf Menschen ausüben würde[12]. Gerade die Alltäglichkeit des Wasserträgers soll erkennen lehren, daß der Weg Jesu in das Leiden bis in seine Einzelheiten hinein vorausbestimmt ist, er darum weiß und ihn im Gehorsam annimmt. So steht – ähnlich wie in 11,1ff – neben seiner Hoheit seine Niedrigkeit. Der Hausherr wird den Jüngern ein großes Obergemach anbieten. Im oberen Stockwerk des städtischen Hauses war in der Regel das größte Zimmer untergebracht. Da sich zur Paschafeier wenigstens zehn Personen zusammenfinden sollten, schrieb die Mischna einen Raum von 10 mal 10 Ellen vor (ca. 23 $m^2$)[13]. ἐστρωμένον, sonst mit gepflastert (Luther-Übersetzung), gedielt, getäfelt (vgl. JosAnt 8,134) zu übersetzen, ist hier mit »mit Teppichen oder Speisepolstern belegt« wiederzugeben. Im Gegensatz zum ersten Pascha und zu den Samaritern begingen die Juden das Pascha als Festmahl, bei dem man zu Tisch lag. Durch die liegende Stellung sollte zum Ausdruck kommen, daß das Volk von der ägyptischen Knechtschaft zur Freiheit gelangt war. Auch der Ärmste hatte die Pflicht, das Paschamahl in dieser Stellung einzunehmen. In dem so bezeichneten Saal sollen sie alles vorbereiten. Im abschließenden Satz wird bündig festgestellt, daß die Jünger alles so vorfanden, wie Jesus es ihnen vorausge-

[11] Vgl. Dalman, Jesus-Jeschua 99f; Billerbeck I,988f.

[12] Gegen P. Vielhauer, Ein Weg zur ntl. Christologie?: Aufsätze zum NT, 1965 (TB 31), 151, der hier die Theios-aner-Christologie wirksam sieht.

[13] Billerbeck IV,42.

sagt hatte. Die nicht näher bestimmte Bezeichnung »die Jünger« wirkt bereits technisch und deutet wahrscheinlich auch ein späteres Überlieferungsstadium an[14].

Historische Beurteilung

Aus der theologisch durchformten Geschichte historische Details erschließen zu wollen, ist abwegig, wie: Jesus habe mit dem Hausbesitzer, der sein Anhänger gewesen sei, vorher alles genau abgesprochen; die Synhedristen sollten nicht auf seine Ankunft aufmerksam werden[15]. Auch die Beobachtung, hinter dem Wasserträger sei Johannes Markus zu erkennen (κεράμιον = aramäischem marekah = Anspielung auf den Namen Markus) muß als spitzfindig abgetan werden[16]. Hinter der Überlieferung steht nur das historische Wissen, daß Jesus vor seinem Tod mit seinen Jüngern ein festliches Mahl gehalten hat. Die Frage, ob dieses ein Paschamahl gewesen ist, kann jetzt noch nicht beantwortet werden. Die Auffassung, dieses Mahl habe im gleichen Haus stattgefunden, in dem sich später die Jerusalemer Gemeinde versammelte, hat manches für sich (vgl. Apg 1,13)[17]. Solches mitzuteilen, ist aber nicht die Intention der Überlieferung.

Zusammenfassung

Markus übernimmt die erzählerische Absicht der Perikope, die darin besteht, die göttliche Notwendigkeit der Leidensgeschichte Jesu aufzuweisen. Ihre Absicht ist also eine dogmatische. Der Evangelist unterstreicht diesen Gedanken, indem er das Leiden und das letzte Mahl, mit dem es anhebt, unmißverständlich an das Pascha bindet. Das Pascha Jesu ist von seinem Leiden geprägt. Damit entsteht ein ganz neuer Sinn der Begehung von Pascha. Vielleicht hörte Markus aus dem Wort πάσχα das griechische Wort πάσχω (»leiden«) mit heraus. Die Etymologie ist falsch, die Sache aber legte sich nahe[18].

## 5. *Die Krise in der Jüngerschaft (14,17–21)*

*Literatur:* S. oben S. 216f.

17 **Und als es Abend wurde, kommt er mit den Zwölfen.** 18 **Und als sie zu Tische lagen und aßen, sagte Jesus: Amen, ich sage euch: Einer von euch wird mich ausliefern, der mit mir ißt.** 19 **Da begannen sie traurig zu werden und zu ihm zu sprechen, einer nach dem anderen: Vielleicht ich?** 20 **Er aber sagte ihnen: Einer von dem Zwölfen, der mit mir in den**

[14] C Koine-Text D Θ ergänzen οἱ μαθηταὶ αὐτοῦ. Robbins* 22–28 möchte eine Beziehung zwischen Mk 14,12–16 und 6,30–44 herstellen.

[15] Gegen Zahn und andere ältere Ausleger.

[16] Gegen H. Raschke, Die Werkstatt des Markusevangelisten, Jena 1924, 85.

[17] Grundmann 280.

[18] Zur altchristlichen Verbindung von πάσχα und πάσχω vgl. J. Jeremias, ThWNT V,902 und Anm. 62.

**Teller eintunkt.** 21 **Der Menschensohn geht zwar dahin, wie über ihn geschrieben ist; wehe aber jenem Menschen, durch den der Menschensohn ausgeliefert wird. Es wäre besser für ihn, wenn er, jener Mensch, nicht geboren wäre.**

Trotz der Knappheit der Perikope muß man für sie mit einer längeren traditionsgeschichtlichen Entwicklung rechnen. Vers 17 ist Übergang. Die Zeitbestimmung und die Erwähnung der Zwölf sprechen für Markus[1]. Die Diskrepanz, die dadurch entstand, daß zwei Jünger ausgesendet waren und Jesus genaugenommen nur mit Zehn hätte kommen dürfen, weist Vers 17 nicht als alte Tradition aus[2]. Vielmehr kam es dem Evangelisten darauf an, die Zwölf als die Teilnehmer der folgenden Geschehnisse zu wissen, wie er die Charakterisierung des Auslieferers als »einer von den Zwölfen« in Vers 20 eingefügt haben dürfte. Man kann vermuten, daß die Adressaten der Rede Jesu in Vers 18 ursprünglich »seine Jünger« waren. Markus hat die Perikope mit hoher Wahrscheinlichkeit als Bestandteil eines Passionsberichtes vorgefunden[3]. Darauf weisen die hinführende Perikope 14,12–16 und die Spannung hin, die zwischen 14,18–20 und 10f besteht. Einmal wird die Tat angesagt, das andere Mal ist sie prinzipiell schon vollzogen. Dennoch ist damit zu rechnen, daß die Perikope am Anfang eine selbständige Überlieferung war[4], bzw. sich aus zwei selbständigen Teilen zusammensetzt: die Tischszene, in der Jesus seine Auslieferung durch einen Jünger ansagt (18–20) und der Wehe- und Warnspruch (21). Die Tischszene, in der sich Jesus an seine Jünger wendet, wurde – von der schon genannten Zutat abgesehen – um zwei Elemente erweitert, die miteinander korrespondieren: die ausdrückliche Erwähnung des Essens im zweiten Genitivus absolutus und das nachklappende »der mit mir ißt« in Vers 18[5]. Letzteres baut den Höhepunkt, den 20b einmal darstellte, ab. Ob die Zusätze von Markus oder dem vormarkinischen Redaktor stammen, ist eher im letzteren Sinn zu entscheiden. Die Entstehung der Tradition reicht in das palästinische Judenchristentum zurück, wie die Andeutung der Mahlsitte (20b) nahelegt. Der Form nach ist sie als in Szene gesetzter profetischer Spruch zu bezeichnen. – Der Wehruf ist strukturell mit Lk 17,1f zu vergleichen. Er zerfällt entsprechend der vorgegebenen Struktur in drei Teile: Ansage eines Geschehnisses; Wehruf gegen den, der dieses Geschehnis auslöst; Ansage der Strafe. Teil 1 weicht hier insofern vom Schema ab, als das Geschehnis zunächst – höchst komplex – als freiwillige Tat des Menschensohnes (ὑπάγει) und gottverfügt (καθὼς γέγραπται) vorgestellt wird. Die Teile 2 und 3 sind alt und einem apokalyptisch orientierten Judenchristentum zuzuweisen. Ist der Menschensohn- Analyse

[1] Mit Dormeyer, Passion 94f; Schenk, Passionsbericht 185f, der mit einem Traditionsrest rechnet.

[2] Gegen Lohmeyer 300; Schweizer 162; Knox, Sources I, 21. Letzterer zählt Mk 14,17–21 zu einer Zwölferquelle.

[3] Schenke, Studien 199–237, hält 14,17–20 für Mk-R.

[4] Mit Bultmann, Geschichte 284; Cranfield 423; Schnackenburg II,239.

[5] Vgl. schon Hirsch, Frühgeschichte I,152. Lohmeyer 301 möchte willkürlich 18c als »Randbemerkung eines bibelkundigen Lesers« abtun.

titel hier ursprünglich, könnten wir es mit der ältesten Leidensankündigung zu tun haben, die diesen Titel verwendete. Möglicherweise aber ist »der Menschensohn« vom sekundären Teil 1 her eingedrungen[6]. Der Spruch bestätigt, daß das Judasproblem die Gemeinde stark beschäftigte.
Die Analyse schuf die Grundlage für die Gliederung in zwei Teile: Tischszene (17–20), Menschensohnspruch (21). Im ersten sind Verben des Essens herrschend: die Krise bricht in die intime Mahlgemeinschaft ein. Die wiederholte Ansage des Auslieferns bei Tisch in 18 und 20 ist parallel gestaltet: εἷς[7] . . . ὁ ἐσθίων (bzw. ἐμβαπτόμενος) μετ' ἐμοῦ. Prädikatlose Sätze – die Jüngerreaktion in 19b und die Wiederholung des Wortes Jesu in 20a – deuten die Erregung an, in die die Gemeinschaft geraten ist. Innerhalb des Wehrufes ist ein Wortspiel zwischen Menschensohn und »jener Mensch« gegeben.

Erklärung 17–20

Zur Abendstunde kommt Jesus – im Duktus des Erzählzusammenhangs von Betanien – mit den Zwölfen in die Stadt. Die zwei ausgesandten Jünger (14,13) sind zu den Zwölfen hinzuzurechnen. Markus nimmt die Inkonzinnität in Kauf, weil es ihm wichtig ist festzustellen, daß die Zwölf Zeugen der folgenden bedeutsamen Geschehnisse sind. Das Dabeisein der Zwölf betrifft nicht allein das Mahl, sondern alles, was folgt, bis zur Auflösung ihres Kreises (14,50)[8]. Die Schilderung geht sofort zum Mahl über, ohne dieses näher zu beschreiben. Es kommt nur auf das Wort an, das Jesus während des Mahlhaltens und Essens spricht und dessen Gewicht durch die Amen-Einleitung kenntlich gemacht wird. Ob ἀνακεῖσθαι (bei Markus nur noch in 6,26: das Geburtstagsmahl des Antipas) ein Festmahl bezeichnet, ist vom Wort her nicht sicher[9]. Im Kontext ist es natürlich das von den zwei Jüngern vorbereitete Paschamahl, dessen Konturen eigenartigerweise nicht hervortreten. Das Wort Jesu erleuchtet den engsten Kreis um ihn plötzlich von innen her. Die Ansage des Auslieferns spielt auf die Tat des Judas, des Auslieferers, an. Es wird aber nicht auf seine Person, sondern auf die Tat als solche abgehoben und darauf, daß sie aus dem Jüngerkreis hervorgeht: »einer von euch«. Die ausdrückliche Erwähnung der Tischgemeinschaft ist als Anspielung auf Ps 41,10 zu werten (vgl. Joh 13,18)[10]. Der

[6] Schenke, Studien 269–274, rekonstruiert Teil 1 wie folgt: Der Menschensohn wird ausgeliefert (an die Ältesten). – Der Sitz im Leben für den Wehspruch könnte nach Schenke die Auseinandersetzung mit einem Christentum sein, das die Tat des Judas, weil heilsgeschichtlich notwendig, entschuldigte. Obwohl im 2. Jahrhundert innerhalb der gnostisierenden Gruppe der Kainiten, die auch ein Judasevangelium hervorbrachten, diese Tendenz nachgewiesen werden kann, bleibt sie für Mk 14,21 zu hypothetisch. Nach Bultmann, Geschichte 284, ist Lk 22,21 die älteste Version des Spruches. Zur Widersprüchlichkeit in der Bultmannschen Argumentation vgl. Suhl, Funktion 51. Als selbständigen Wehruf wertet V 21 auch Robbins* 33f, der ihn im Licht von Ps 22,6.9f deutet.

[7] Die Parallelisierung ginge noch weiter, wenn man mit Koine-Text D zu lesen hätte: εἷς ἐκ τῶν δώδεκα.

[8] Nach Schnackenburg II,238 repräsentieren die Zwölf die Gemeinde. Für Mk aber stehen sie stärker auf der Seite Jesu bzw. bilden sie die Brücke zwischen Jesus und der späteren Gemeinde.

[9] Nach L. Goppelt, ThWNT VIII,210, hat das Verb oft abgeschliffenen Sinn und bedeutet: sich zur Mahlzeit niederlassen.

[10] Bestritten von Schenke, Studien 216. Daß

Psalm handelt von einem, der krank ist und verfolgt wird und von dem sich die Freunde distanzieren: »Auch mein Freund, dem ich vertraute, der mein Brot aß (LXX: ὁ ἐσθίων ἄρτους μου), hat seine Ferse gegen mich erhoben.« Es ist bemerkenswert, daß in den Psalmen von Qumran der Lehrer der Gerechtigkeit mit dem gleichen Psalmwort Klage führt: »(Alle die) mein Brot aßen, kehrten mir den Rücken« (1QH 5,23f)[11]. Im Rahmen des Zwölferkreises ist darauf abzuheben, daß die Zwölf dazu bestimmt waren, mit Jesus zu sein (3,14), engste Gemeinschaft mit ihm zu pflegen. Die Reaktion der Jünger ist Trauer. Ihre reihumgehende Frage ist nicht so sehr Abwehr (Doch nicht etwa ich?), sondern Ungewißheit über die eigene Lage (Vielleicht ich?). Von hier aus wird der eigentliche Sinn der Ansage Jesu deutlich. Sie warnt weder den Auslieferer, noch ist sie primär an die Gemeinde gerichtet, sondern enthält einen dogmatischen Inhalt. Jesus hat eine Verfügung Gottes kundgetan. Ihr gegenüber gerät der Mensch in Unsicherheit. Jedoch ist erneut zu betonen, daß sie die menschliche Schuld nicht aufhebt. Über das Zusammenwirken von göttlicher Verfügung und menschlicher Verantwortung ist noch nicht reflektiert. Beides wird nebeneinander stehen gelassen. Weil Markus das Jüngerversagen betont, gewinnt bei ihm die Jüngerfrage stärker das Eingeständnis der eigenen Unzuverlässigkeit und wird die Trauer zum Ausdruck des Unverständnisses[12]. In seiner Antwort geht Jesus auf die Frage nicht ein, sondern er wiederholt seine Ansage noch konkreter: Einer von den Zwölfen ist es, der mit ihm in den Teller tunkt. Wieder ist der Jüngerkreis als ganzer in Frage gestellt, der Auslieferer ist nicht entlarvt (wie Joh 13,26), jedoch anwesend. Über seinen Weggang, der vor 14,43 geschehen sein muß, berichtet Markus nichts. Die Gemeinsamkeit des Tisches betont eine Lesart, die vielleicht ursprünglich ist: in *denselben* Teller (εἰς τὸ ἕν τρύβλιον)[13]. Das griechische Wort kann mit Schüssel, Schale, Teller, Suppenteller übersetzt werden[14]. Die Ankündigung setzt voraus, daß alle Mahlteilnehmer aus dem gleichen Behälter essen, in den sie mit einem Brotbrocken eintunken. Diese Mahlsituation ist mit jedem jüdischen Mahl vereinbar[15], auch mit dem Paschamahl. Im letzteren Fall bezöge sie sich auf die Vorspeise (Charoset), bei der sich in der Schüssel Fruchtmus oder Salzwasser be-

die Leser die Schriftanspielung nicht erkannt hätten, kann kein Argument sein. Dieser Einwand beträfe sehr viele Stellen, an denen echte Schriftreminiszenzen vorliegen. Mt 26,21 hat die Reminiszenz getilgt, vielleicht weil der Psalter für ihn keine theologische Beweiskraft hat.

11 Vgl. G. Jeremias, Der Lehrer der Gerechtigkeit, 1963 (StUNT 2), 240.

12 Zu λυπεῖσθαι vgl. 10,22. In der LXX hat das Verb recht unterschiedliche Bedeutungen: ungehalten werden (1Kön 29,4), sich aufregen (Gen 45,5), wehklagen (Jes 15,2), bekümmert sein (Jes 19,10) usw. – In Koine-Text D Θ it Origenes wird in V 19 der Dialog fortgesetzt: »Und ein anderer: Etwa ich?« Wohlenberg setzte sich für die Ursprünglichkeit dieser Fortsetzung ein und bezog sie auf Markus, der bei Tisch zugegen gewesen sei! Ist diese Erweiterung durch Einfluß von Mt 26,25 entstanden?

13 Geboten von B C* Θ 565.

14 Vgl. Bauer, Wörterbuch; Passow s.v. Die Vulgata übersetzt irrtümlich mit catinus (Tisch) bzw. überträgt die Mahlsituation auf eine andere Kulturstufe.

15 Vgl. Rut 2,14: »Komm und iß von dem Brot, tauche deinen Bissen in die Würztunke!« Vgl. Joh 13,26.

fand[16]. Der Rückschluß auf ein Paschamahl ist nicht zwingend.

21 Der abschließende Weh- und Warnspruch bringt einen Perspektivenwechsel. Wurde bislang auf die Tat des Auslieferns vorausgeblickt, so wird jetzt der Hingang des Menschensohnes Ereignis. Hingehen (ὑπάγειν) ist Eufemismus für Sterben. Das Wort, das im vierten Evangelium den Heimgang des Sohnes zum Vater bezeichnet (Joh 7,33; 8,14.21 u.ö.), blickt hier nur auf das Todesgeschick, macht dieses aber zu einem aktiv übernommenen. Darin liegt die Besonderheit dieser Todesprofetie. Das übernommene Geschick entspricht dem in den Schriften verfügten Willen Gottes. Der isolierte Spruch nimmt auf keine besondere Schriftstelle Bezug[17], im Kontext legt sich ein Verweis auf Ps 41 nahe. Der Wehruf – stilgerecht mit δέ abgehoben (vgl. Lk 17,1b) – schließt sich an. Er gilt jenem Menschen. Die Bezeichnung stammt aus der griechischen Bibel, wo sie wiederholt in Bannflüchen vorkommt[18]. Als Gegenspieler des Menschensohnes liefert jener Mensch diesen aus. παραδιδόναι gewinnt im Verbund mit dem freiwilligen Hingang und der Schriftverfügtheit theologische Bedeutung. Der Fluch über den Auslieferer ist gleichfalls in apokalyptischen Texten vorgeprägt: »Es wäre besser für sie (die Sünder und Verleugner des Herrn der Geister), sie wären nie geboren« (äthHen 38,2)[19]. Er spielt auf das endzeitliche Gericht an, impliziert aber nicht notwendig die Verdammung. Im Makrotext des Markusevangeliums steht er in Spannung zu 3,28, erhält aber von dorther eine gewisse Abmilderung.

**Historische Beurteilung und Zusammenfassung**

Die historische Beurteilung der Perikope schwankt zwischen zwei Extremen. Einmal versteht man sie historisch und psychologisch als letzte Warnung Jesu an Judas[20]. Zum anderen läßt man sie aus Ps 41,10 als Weissagungsbeweis herausgesponnen sein[21]. Beide Auffassungen wurden oben bereits zurückgewiesen. Der theologische Charakter der Erzählung zielt nicht auf das ab, wie es *eigentlich* gewesen ist, sondern auf den Hintergrund des Geschicks Jesu insgesamt. Die Erzählung ist darum in einem tieferen Sinn geschichtlich[22]. – Für Markus ist von Wichtigkeit, daß die Zwölf aufgerufen sind, Zeugen des Leidens Jesu zu sein, und daß mit dem Versagen des einen aus ihrer Mitte jeder einzelne von ihnen in Frage gestellt ist. Damit verschiebt sich das Interesse von

[16] Der Brauch, daß jeder Teilnehmer am Paschamahl ein eigenes Tischchen mit Schüssel hat, ist frühestens für das 3. Jh. bezeugt. Vgl. Jeremias, Abendmahlsworte 64f. Darum ist der gemeinsame Teller kein Einwand gegen das Paschamahl.

[17] Nach Dibelius, Formgeschichte 185, entspricht der allgemeine Verweis auf die Schrift einem im Osterglauben wurzelnden Postulat.

[18] Lev 17,4.9; 20,3.4.5; Num 9,13; Dtn 17,5; 29,20; Jer 20,16; 23,34. Wehrufe sind in äthHen 95,7; 96,8; 98,13f; 100,7 im Kontext der Leiden der Gerechten anzutreffen. Vgl. Herm v 4,2,6.

[19] Vgl. bBer 17a: »Wer die Gebote nicht um ihrer selbst willen erfüllt, dem wäre es besser, wenn er nicht erschaffen wäre.« – καλόν hat in V 21 wie in 9,43.45.47 komparativische Bedeutung.

[20] Carrington 311; Taylor 539. Die ältere Exegese verlegte das letzte Mahl Jesu gelegentlich nach Betanien. Belege bei Klostermann 145.

[21] G. K. Feigel, Der Einfluß des Weissagungsbeweises und anderer Motive auf die Leidensgeschichte, Tübingen 1910, 47; Bultmann, Geschichte 284.

[22] Lohmeyer 302.

der Person des Judas auf die Gruppe der Zwölf und wird ein paränetisches Anliegen erkennbar. Die engste Zugehörigkeit zu Jesus bewahrt nicht vor der Sünde des Abfalls. Im Kontext verweist die Situation der Eßgemeinschaft auf die folgende Situation der Eucharistiegemeinschaft. Obwohl Markus explizit eine »Judaskommunion« nicht erwähnt, ist zu verstehen gegeben, daß auch Unwürdige sich dem Herrenmahl nahen können. Christologisch stellt die Perikope heraus, daß Jesus freiwillig in den Tod geht. Der Todesgang des Menschensohnes erscheint fast wie ein Hoheitsakt. Seine Hingabe wird durch den Verrat jenes Menschen kontrastiert.

## 6. *Die Stiftung des Bundes (14,22–26)*

*Literatur: Schürmann, H.*, Die Semitismen im Einsetzungsbericht bei Markus und bei Lukas (Mk 14,22–24/Lk 22,19–20), ZKTh 73 (1951) 72–77; *Vogels, H.*, Markus 14,25 und Parallelen, in: Vom Wort des Lebens (FS M. Meinertz), Münster 1951, 93–104; *Lohse, E.*, Märtyrer und Gottesknecht, 1955 (FRLANT 64), 122–129; *Turner, N.*, The Style of St. Mark's Eucharistic Words, JThS 8 (1957) 108–111; *Temple, S.*, The Two Traditions of the Last Supper, Betrayal, and Arrest, NTS 7 (1960/61) 77–85; *Emerton, J. A.*, Mark XIV. 24 and the Targum to the Psalter, JThS 15 (1964) 58–59; *Dockx, S.*, Le récit du repas pascal Marc 14,17–26, Bib 46 (1965) 445–453; *Hahn, F.*, Die alttestamentlichen Motive in der urchristlichen Abendmahlsüberlieferung, EvTh 27 (1967) 337–374; *Gese, H.*, Psalm 22 und das NT. Der älteste Bericht vom Tode Jesu und die Entstehung des Herrenmahles, ZThK 65 (1968) 1–22; *Chordat, J.-L.*, Jésus devant sa mort dans l'évangile de Marc, Paris 1970; *Patsch, H.*, Abendmahl und historischer Jesus, 1972 (CThM 1); *Grassi, J. A.*, The Eucharist in the Gospel of Mark, AEcR 168 (1974) 595–608; *Gnilka, J.*, Wie urteilte Jesus über seinen Tod?, in: Kertelge, K., Der Tod Jesu. Deutungen im NT, 1976 (QD 74) 13–50; *Pesch, R.*, Das Abendmahl und Jesu Todesverständnis, ebd. 137–187; *Merklein, H.*, Erwägungen zur Überlieferung der ntl. Abendmahlstraditionen, BZ 21 (1977) 88–101.235–244. – Weitere Literatur s. oben S. 216f[1].

22 **Und während sie aßen, nahm er Brot, sprach das Segensgebet, brach und gab es ihnen und sprach: Nehmt! Das ist mein Leib.** 23 **Und er nahm einen Becher, sprach das Dankgebet, gab ihn ihnen, und sie tranken alle aus ihm.** 24 **Und er sprach zu ihnen: Das ist mein Blut des Bundes, das für viele vergossen wird.** 25 **Amen, ich sage euch: Ich werde gewiß nicht mehr vom Gewächs des Weinstocks trinken bis zu jenem Tag, da ich es von neuem trinken werde im Reiche Gottes.** 26 **Und nachdem sie den Lobgesang gesungen hatten, gingen sie hinaus zum Ölberg.**

[1] Vgl. auch Patsch* 361–388; F. Hahn, Zum Stand der Erforschung des urchristlichen Herrenmahls, EvTh 35 (1975) 553–563. 558–560.

Analyse Der einleitende Genitivus absolutus »während sie aßen« stellt den Anschluß nach vorn her und ist sekundär[2]. Da Geschehensanschlüsse dieser Art bei Markus selten sind[3], ist er wohl dem vormarkinischen Redaktor zuzuschreiben, der die Verbindung mit dem Vorausgehenden herstellte. Die Perikope wurde zunächst selbständig überliefert. Darum ist zu vermuten, daß in ihr einmal der Jesusname (und die Jünger?) erwähnt waren. In der fortlaufenden Erzählung von der Passion war diese Erwähnung nicht mehr notwendig. Die Selbständigkeit der Tradition bestätigt 1Kor 11,23–26. Wenn hier von der Nacht, in der Jesus ausgeliefert wurde, die Rede ist, bedeutet das nicht, daß ein zusammenhängender Passionsbericht schon vorausgesetzt ist, sondern es ist an das Geschehnis erinnert. Das heißt, die Abendmahlsüberlieferung ist älter als eine kontinuierliche Passionsgeschichte, zumindest eine solche, in der die Abendmahlsüberlieferung bereits miterzählt wurde[4]. Für Mk 14,22–26 fällt auf, daß mit Ausnahme des ὑμνήσαντες sich keine Anspielung auf die Paschafeier findet und das Paschalamm nicht genannt wird, obwohl der markinische Kontext ein Paschamahl voraussetzt. Dies erklärt sich aus der Verwendung des Textes in der Gemeinde, die zwar die Eucharistiefeier beging, aber nicht mehr das Pascha. Zu behaupten, die Abendmahlsüberlieferung habe einen älteren Paschamahlbericht verdrängt[5], kann ebenso wenig überzeugen wie die Entdeckung von Spuren eines solchen Berichtes bzw. Mahlberichtes, etwa in den Versen 23b.25[6]. Die Analyse, die sich auf die wichtigsten Beobachtungen beschränken muß, hat bei einem Vergleich mit den Seitenreferenten Mt 26,26–30; Lk 22,15–20; 1Kor 11,23–26 einzusetzen. Dabei kann Mt 26 entfallen, weil die Forschung diesen Text nahezu einhellig als sekundäre Ableitung aus Markus bestimmt.

Mk 14,22–26 setzt sich aus dem erzählerisch gerahmten Einsetzungsbericht (22–24), einem eschatologisch gestimmten Ausblick (25) und der berichtenden Bemerkung, daß sie den Lobgesang gesungen hätten und zum Ölberg gegangen seien (26), zusammen. Lk 22,15–20 dreht die Reihenfolge um: der (doppelte) eschatologische Ausblick steht am Anfang (16 und 18). Bei Paulus ist letzterer nur stark verkürzt und nicht mehr als Jesuswort gegeben: »Ihr verkündet den Tod des Herrn, *bis er kommt*« (1Kor 11,26b). Bei einem Vergleich des markinischen Einsetzungsberichtes mit dem von 1Kor 11 ist bemerkenswert, daß bei Paulus der erzählerische Rahmen auf ein Minimum zusammengeschrumpft ist. Während Markus sagt, daß er ihnen das Brot gab, sie alle tranken, er zu ihnen sprach, fehlt bei Paulus jegliche Objektangabe. Auch die Aufforderung: »Nehmt!« (Mk 14,22) hat keine Entsprechung. Das Fehlen von Objekten bedeutet, daß die Adressaten des Textes die Gemeinde in dem Sinn ist, daß sie zum Nachvollzug aufgerufen ist, während sie bei Markus von einem

[2] Vgl. Schenk, Passionbericht 190; Schenke, Studien 287, die beide für Mk-R plädieren. Anders Pesch, Abendmahl 156.

[3] Rückgriff auf ein zuvor schon erwähntes Geschehen.

[4] Anders Pesch, Abendmahl 153.

[5] Bultmann, Geschichte 285f.

[6] Vgl. die Bemühungen von Dockx*; Dormeyer, Passion 100–110; Schenk, Passionsbericht 189–193; Finegan* 66–69.

Geschehnis hört, das sich mit Jesus und den Jüngern begab. Zwar ist ihr das Gehörte schon bekannt, aber es rückt in die Distanz des Berichteten[7]. Der Charakter einer Kultätiologie der paulinischen Tradition wird verstärkt durch die Einleitung in 1Kor 11,23a, die Zeit und handelnde Person benennt, und den bei Markus fehlenden Wiederholungsbefehl. Der markinischen Fassung kommt der Charakter eines Mahlberichtes zu. Die Frage nach dem höheren Alter ist zwar für die Ätiologie im positiven Sinn zu beantworten. Das heißt aber keinesfalls, daß der paulinische Text in jeder Hinsicht zu bevorzugen wäre und daß das Überlieferte nicht auf ein Handeln Jesu zurückgehen würde. Paulus (und Lukas) hat ein Detail aufbewahrt, das, weil es zur Gemeindepraxis in Korinth in Widerspruch steht, als historische Reminiszenz aufzufassen ist: Jesus habe nach dem Mahl den Becher genommen. »Der Becher nach dem Mahl« ist vielleicht jüdischer terminus technicus für den Wein nach dem Essen[8].

Im Deutewort über das Brot weicht Markus von Paulus und Lukas darin ab, daß er eine ὑπέρ-Formel vermissen läßt. Diese findet sich bei ihm nur beim Becherwort. Lukas bietet sie gleich zweimal, beim Brot- und Becherwort, Paulus nur beim Brotwort. Wo ist sie ursprünglich anzusiedeln? Nimmt man einmal an, das paulinisch-lukanische Deutewort über den Becher sei gegenüber Markus zu bevorzugen, so kann die ὑπέρ-Formel hier nicht gestanden haben. Denn dieses stellt den Neuen Bund in den Vordergrund, und die Künstlichkeit des lukanischen Textes (»Dieser Becher ist der Neue Bund in meinem Blut, der für euch vergossen wird«) zeigt deutlich, daß er aus der paulinischen und markinischen Version zusammengesetzt ist. Das paulinische Brotwort »Das ist mein Leib für euch« kann kaum das älteste sein, weil es zu stark gräzisiert erscheint. Das lukanische »Das ist mein Leib, der für euch dahingegeben wird« erklärt sich am besten als Auffüllung und Angleichung an die entsprechende Wendung beim Becherwort (τὸ ἐκχυννόμενον ὑπέρ). *Das markinische Brotwort dürfte darum als das älteste anzusprechen sein,* und die ὑπέρ-Formel haftet am Becherwort[9]. Das Brotwort in seiner markinischen Version ist kein Rätselwort, vor allem wenn man bedenkt, daß es mit dem Becherwort eine Einheit bildet. Schwerwiegender sind die Unterschiede zwischen Markus und Paulus beim Deutewort über den Becher. Vor allem bestehen sie darin, daß nach Paulus der Abendmahlsbecher den Neuen Bund in Kraft setzt und das Blutmotiv

[7] So bereits Klostermann 146. Vgl. Jeremias, Abendmahlsworte 183–185. Schenke, Studien 314, definiert Mk 14,22ff als Kultanamnese. Schenk, Passionsbericht 191, spricht für die paulinische Überlieferung von einem katechetisch-lehrhaften Gepräge.

[8] Patsch* 72.

[9] Nach Hahn* 358f erfolgte die Übertragung der ὑπέρ-Formel vom Becher- zum Brotwort zur Entlastung des ersteren. Patsch* 77; Pesch, Abendmahl 154, bringen sie mit der Eucharistiefeier sub una zusammen, das heißt mit einer Form, bei der nur das eucharistische Brot genossen wurde. Schenke, Studien 322f, meint, daß die ὑπέρ-Wendung ursprünglich mit dem Brotwort verbunden gewesen sei. Ähnlich Merklein* 98, der Lk 22,19b bevorzugt (allerdings mit ὑπὲρ πολλῶν). Jeremias, Abendmahlsworte 188, äußert sich skeptisch gegenüber Wanderworten: »in den meisten Fällen handelt es sich bei ihnen um Glossen am Rande, die sich dann an verschiedenen Stellen im Text einnisten.« Bei der ὑπέρ-Wendung aber sei es anders, da sich diese literarisch nicht auf einen Archetyp zurückführen lasse.

dem Bundesgedanken untergeordnet ist, während nach Markus die Identifizierung des Becherinhaltes mit dem Blut im Vordergrund steht und diesem Gedanken das Bundesmotiv untergeordnet ist. Für die sekundäre Gestalt des Markustextes sprechen folgende Gründe: 1. der Text wirkt mit seinem doppelten Genitiv (τὸ αἷμά μου τῆς διαθήκης) überladen. Dies gilt, obwohl Rückübersetzung ins Aramäische möglich ist (dann: mein Bundesblut)[10]. 2. Leib/Blut bilden kein Begriffspaar im Rahmen einer anthropologischen Begrifflichkeit. Erforderlich wäre Fleisch/Blut[11]. 3. Die Parallelisierung von Brot- und Becherwort (τοῦτό ἐστιν . . .) läßt auf Angleichung in liturgischer Sprache schließen. 4. Parallelisiert wird jedoch nicht das jeweils Gedeutete. Parallel zum Brot würde man die Nennung des Weins erwarten. τοῦτο in Vers 24 bezieht sich auf ποτήριον und läßt noch das τοῦτο τὸ ποτήριον der paulinischen Version durchschimmern[12]. 5. Das markinische Becherwort insinuiert die Vorstellung vom Bluttrinken, die für jüdisches Empfinden schwer zumutbar ist[13]. Wir haben uns die Entwicklung etwa wie folgt vorzustellen. *Am Anfang steht eine Version des Becherwortes, die im wesentlichen der von Paulus überlieferten entspricht*[14]. Waren zunächst Brot- und Becherhandlung durch eine dazwischen liegende Mahlzeit getrennt, so führte ihre Zusammenziehung zu einer Parallelisierung der Texte. Diese hatte gleichzeitig eine stärkere Betonung der dargereichten Gaben von Leib und Blut Christi zur theologischen Voraussetzung. Verstanden als Opfergaben, wurden sie so wichtig, daß der Bundesgedanke ihnen gegenüber in den Hintergrund trat. Die Kennzeichnung des Bundes als neuer konnte – aus formalen Gründen wegen Überfrachtung des Textes – aufgegeben werden, da die Sache auch unausgesprochen erhalten blieb[15]. Dafür wurde das Blut als ein für die Vielen vergossenes bezeichnet. Diese Wendung ist gegenüber der Spendeformel »für euch« zu bevorzugen, zumal sie bei Markus einen semitisch eingefärbten Klang besitzt. Sie ist mit Mk 10,45b zu vergleichen und dürfte einen im palästinischen Judenchristentum beheimateten Glaubenssatz wiedergeben[16]. Mit seiner Erkenntnis ist vielleicht eine Einsicht verbunden, die die Heidenmission mitinitiierte. Jedoch tritt die ὑπέρ-Formel, wenn unsere Analyse zutrifft, sekundär zum Deutewort hinzu[17].

[10] Vgl. Jeremias, Abendmahlsworte 187. Zur Semitismusfrage vgl. Schürmann*, Turner*; Jeremias, Abendmahlsworte 165–179. Sie wird von diesem selbst relativiert (187).

[11] Mit Lohse, Märtyrer 125, ist für einen aramäischen Urtext als Äquivalent für σῶμα *gufa* (nicht *basar*) anzunehmen. Zur Auseinandersetzung in dieser Frage vgl. Patsch* 83.

[12] Vgl. Schenke, Studien 321f.

[13] Den Markustext bevorzugen Pesch, Abendmahl 169f; Pesch II,364–377; Patsch* 87; Jeremias, Abendmahlsworte 181–189; den Paulustext Schenke, Studien 310–319.

[14] Dies gilt cum grano salis. So ist Lk 22,20 im Weglassen der Kopula und in der Wortstellung von ἐν τῷ αἵματί μου ursprünglicher. Ähnlich Merklein* 98.

[15] Für Patsch* 87 ist der Gedanke des Neuen Bundes so wichtig, daß er sich seine Ersetzung durch »Bundesblut« nicht vorstellen kann. Dies ist für ihn ein entscheidender Grund, dem Mk-Text den Vorrang zu geben.

[16] Ihren »Splittercharakter« hat Patsch* 170–182 herausgearbeitet.

[17] Hahn* 362f und Anm. 91 glaubt, daß in Mk 14,24 der Bundesgedanke sekundär sei.

Die erzählenden Bemerkungen in 23b und 26 hängen mit der Ausgestaltung der Abendmahlsüberlieferung zu einem Mahlbericht zusammen. Da in ihnen vermutlich das Paschamotiv aufklingt, sind sie wahrscheinlich jenem Redaktor zuzuschreiben, der 14,12–16 einbrachte[18]. Der eschatologische Ausblick in Vers 25 ist mit Lk 22,18 zu vergleichen. Lukas wirkt wie eine verkürzte und gräzisierte Wiedergabe des Markus, könnte aber auch unabhängig von der Markusvorlage formuliert sein[19]. Die Amen-Einleitung, die bei Lukas fehlt, ist als später hinzugetretene Verstärkung der Aussage zu betrachten. Vers 25b, der ὅταν-Satz, dupliziert die Zeitangabe (jener Tag, im Reich Gottes) und besitzt mit καινόν einen ausgesprochenen Gräzismus. Vermutlich ist auch er Erweiterung[20], die freilich nur entfaltet, was in 25a angelegt ist. Gleichwohl bringt er eine Akzentverschiebung von einer Todesprofetie, die die Auferstehungsgewißheit andeutet, zu einer Ansage dieser Gewißheit, die den gewaltsamen Tod voraussetzt. Markus hat die Abendmahlsüberlieferung im wesentlichen unverändert übernommen. Ihre Form ist die der hellenistisch-judenchristlichen Gemeinde.

Erklärung
22 Jesus spricht das Segensgebet, während sie aßen, nicht zur Eröffnung des Mahles. Aufgrund unserer Analyse werden wir aus dieser zeitlichen Bestimmung keine zu weitreichenden Schlüsse ziehen dürfen. Sie paßt zum Paschamahl, das Markus voraussetzt, aber auch zum Freundesmahl. Beim Paschamahl gehen der Festtagssegen, der erste Becher, die Vorspeise aus Kräutern und Fruchtmus, die Paschaandacht, gerahmt vom zweiten Becher, voraus. Die Hauptmahlzeit beginnt mit dem Segen über das ungesäuerte Brot. An dieser Stelle würden wir uns beim Paschamahl befinden. Auch beim Freundesmahl unterscheidet man zwischen Vorspeise und Hauptmahlzeit. Spricht bei der Vorspeise jeder für sich den Lobspruch, so begründet das Hauptmahl die eigentliche Mahlgemeinschaft. Nehmen, segnen, brechen sind termini technici des jüdischen Vortischgebetes. Ein bekannter Tischsegen lautet: Gepriesen bist du, Herr, unser Gott, König der Welt, der Brot aus der Erde hervorgehen läßt[21]. Vermutlich empfand der Jude die Eulogie (Berakah) und das dargereichte Brotstückchen, das der Tischvorsitzende für jeden Mahlteilnehmer aus dem Brotfladen herausbrach, als segensvermittelnd. Die Erwähnung des Gebens und die zumindest für die Mazzen ungewöhnliche Aufforderung zu nehmen, lenken die Aufmerksamkeit verstärkt auf das ausgeteilte Brot[22]. Neu gegenüber dem

[18] πάντες ist im Verweiszusammenhang mit den VV 27.28.31.50 zu sehen, wo es gleichfalls vorkommt.

[19] Vgl. Patsch* 92–95; Lohmeyer 303f; Pesch, Abendmahl 148f.

[20] Vgl. Berger, Amen-Worte 54–58.

[21] Vgl. Jeremias, Abendmahlsworte 103.

[22] Nach Schenke, Studien 327, drückt die Aufforderung möglicherweise schon eine gewisse Scheu vor den eucharistischen Substanzen aus. Ohne ausdrückliche Aufforderung wagt man nicht zu essen. λάβετε fehlt in k. Der Koine-Text dagegen fügt noch φάγετε hinzu. Das ist Einfluß von Mt 26,26. Parallel zu V 23b formuliert k den zusätzlichen Satz: »Und sie aßen alle davon.« Ob die Aufforderung beim jüdischen Mahl bekannt war, ist eher zu verneinen. Die Aufschrift auf einer jüdischen Goldvase λάβε εὐλογίαν vermag kaum einen Brauch zu belegen. Dazu vgl. K. H. Rengstorf,

jüdischen Mahl ist das Deutewort, das sich nicht auf den Akt des Brechens, sondern das gebrochene und ausgeteilte Brot bezieht. Symbolischer Sinn, der im Brechen oder im Gebrochenen eine Anspielung auf den gewaltsamen Tod sieht, liegt nicht vor[23]. Dieses allgemeinste Symbol bliebe auch unverständlich. Die Deutung des ungesäuerten Brotes beim Paschamahl erfolgte nicht bei der Broteulogie, sondern bereits in der Paschaandacht. Ihr Bezug war auch ein anderer (»Das ist das Elendsbrot, das unsere Väter in Ägypten aßen«). Jesus bezieht das Brot unmittelbar auf sich selbst bzw. seinen Leib. Da Soma die Person umschreibt, ließe sich das Wort auch wiedergeben mit: Das bin ich selbst[24]. Die Essenden gewinnen im Mahl eine neue Gemeinschaft mit ihm. Vom Becherwort her wird deutlich, daß es die Gemeinschaft mit dem ist, der in den Tod geht. Von hier aus schließt sich das letzte Abendmahl an die Mähler an, die Jesus während seines Wirkens mit den Menschen, den Jüngern und den Sündern, gehalten hat. War er dort leibhaftig zugegen, so vertritt ihn jetzt das Brot, das die Mahlteilnehmer gemeinsam essen. Jesus selbst aß vom Brot nicht. Diese zusätzliche Bedeutung empfängt λάβετε vom Brotwort her. Im Verbund mit der markinischen Version des Becherwortes gewinnt das Deutewort über das Brot einen Sinn, der stärker vom Gesamtvollzug des Mahles absieht. Soma, parallel zum Blut gesetzt, das ausgegossen wird, ist der Opferleib. Die ihn genießen, verbinden sich nicht nur mit dem Christus passus, sondern haben auch Anteil an diesem Tod und dem Segen, den er freisetzt.

23 Die Becherhandlung schließt sich an. Beim Paschamahl liegt zwischen Brot- und Weinbenediktion der Verzehr des Lammes. Es handelt sich dann innerhalb des Rituals um den dritten Becher. Bei einem gewöhnlichen Festmahl trennt die Mahlzeit Brot- und Becherhandlung. Der Wechsel von εὐλογεῖν zu εὐχαριστεῖν ist zu beachten, da beim jüdischen Mahl beide Male ein Segen gesprochen wird[25]. Das Dankgebet kann gewählt sein, weil an den Abschluß des Mahles gedacht ist. Näher liegt die Annahme, daß εὐχαριστεῖν auf das eucharistische Mahl verweist. Die Bemerkung, daß alle aus dem Becher tranken, kommt zu früh. Das Deutewort folgt noch. Vermutlich soll wegen des Logions in 25 der Eindruck vermieden werden, daß Jesus auch getrunken habe[26]. Es ist umstritten, ob beim Paschamahl und auch beim jüdischen Festmahl aus einem gemeinsamen Becher getrunken wurde oder der Einzelbecher üblich war[27].

Zu den Fresken in der jüdischen Katakombe der Villa Torlonia in Rom, ZNW 31 (1932) 33–60 (57).

[23] Gegen Klostermann; Jeremias, Abendmahlsworte 215.

[24] Vgl. E. Schweizer, ThWNT VII,1056; J. Behm, ThWNT III,735; Pesch, Abendmahl 172.

[25] Vgl. Dalman, Jesus-Jeschua 123. Zu erwarten wäre auch hier εὐλογεῖν.

[26] Theologische Konsequenzen sind aus dieser Hysteron-Proteron-Konstruktion nicht zu ziehen. Gegen Schweizer; Schenk, Passionsbericht 190.

[27] Dalman, Jesus-Jeschua 140; Jeremias, Abendmahlsworte 63f, befürworten den gemeinsamen Becher mit Berufung auf späte Zeugen und Trinkbräuche bei Beduinen heute. Der Einzelbecher wird verteidigt von H. Schürmann, Das Weiterleben der Sache Jesu im nachösterlichen Herrenmahl, in: Jesu ureigener Tod, Freiburg 1975, 76–82. Nach Billerbeck IV,58 (zu Lk 22,17) hätten die Jünger den dargereichten Becher Wein so unter sich aufgeteilt, daß jeder davon in seinen eigenen Becher füllte.

Obwohl ersteres nicht auszuschließen ist – auch wegen der Analogie zum gebrochenen Brot –, dürfte der gemeinsame Becher als Kennzeichen des eucharistischen Gemeindemahles gegolten haben (vgl. 1Kor 10,16)[28]. Polemik gegen eine Eucharistiepraxis ohne Wein liegt nicht vor[29]. Im Zusammenhang mit λάβετε ist eher zu verstehen gegeben, daß die dargereichten Gaben wirklich genossen wurden und die Mahlteilnehmer Anteil an ihnen erhielten. Im weiteren Kontext blickt πάντες auf das Versagen aller voraus, das von Jesus angesagt werden wird (14,27.50). Der Empfang des Mahles bewahrte nicht vor dem Versagen in der entscheidenden Stunde.

Im Deutewort über den Becher bezieht Jesus diesen auf sein Blut. Mit dem Be- 24
cher kann nur dessen Inhalt, der Wein, gemeint sein, der zum Trinken dargereicht wird. Die rote Farbe des Weins, die wahrscheinlich vorauszusetzen ist, berechtigt zu keiner symbolischen Deutung[30]. Bundesblut – der Ausdruck bezeichnet im Jüdischen oft die Beschneidung – ist Anspielung auf Ex 24,8. Dort besprengt Mose nach der Verpflichtung des Volkes auf das Gesetz und dem Opfer das Volk mit dem Blut der Tiere und spricht: »Das ist das Blut des Bundes, den der Herr aufgrund all dieser Worte mit euch geschlossen hat.« Anschließend hält Mose mit den Edlen des Volkes ein Brudermahl (24,11). Aufgrund des Todes Jesu wird wiederum ein Bund in Kraft gesetzt, der an die Stelle des alten tritt. Das Blut Jesu tritt in typologischen Gegensatz zum Blut des alten Bundes[31]. Nach Sach 9,11 werden die Gefangenen »um des Blutes dieses Bundes willen« aus ihrem Kerker freigelassen. Die Bundesstiftung gewährt Erlösung und Heil. Im Becherwort wird das vermittelte Heil als universale Sühne konkretisiert. Blut ausgießen ist gleichbedeutend mit getötet werden, da nach biblischem Verständnis das Blut als Träger des Lebens und der Lebendigkeit gilt. Von hier aus wird deutlich, daß der dargereichte Becher Gemeinschaft mit dem sich in den Tod dahingebenden Herrn gewährt. Zwar wurde nach Ex 24 dem Blut des alten Bundes noch keine Sühnekraft zugesprochen. Dies geschah aber im zeitgenössischen Targum[32], so daß sich eine Verbindung von Bund und Sühne nahelegte. Das Pascha hat dagegen nur entfernte Beziehungen zu Sühne und Bund[33]. ἐκχέω (ausgießen) kann wiederholt für das Ausgießen des Opferblutes (Lev 4,7.18.25.30.34 u.ö.) und das Trankopfer (Jes 57,6) verwendet werden. Ob die Wendung hier auf Jes 53,12b: »Er (der Knecht) schüttete sein Leben aus in den Tod« zurückgreift, ist umstritten[34], doch wird man wegen des Begriffs der Vielen, für die die Sühne geleistet wird, ohne eine Anlehnung an

[28] Verstärkt wird dies nachträglich durch den Artikel τὸ ποτήριον in V23 im Koine-Text.

[29] Gegen Schweizer. Die Auffassung ist allerdings verbreitet. Abgelehnt von Schenke, Studien 326; Patsch* 72.

[30] Gegen Jeremias, Abendmahlsworte 215.

[31] Die in verschiedenen Handschriften bezeugte Lesart »mein Blut des *neuen* Bundes« (mit und ohne Artikel) ist als formale Harmonisierung mit der lukanisch-paulinischen Tradition zu werten.

[32] Targum Onkelos und Jeruschalmi I zur Stelle.

[33] Vgl. Jeremias, Abendmahlsworte 216f und 217 Anm. 2; Lohse, Märtyrer 126 Anm. 3. Optimistischer urteilt N. Füglister, Die Heilsbedeutung des Pascha, 1965 (StANT 8), 233–265.

[34] Positiv urteilt Jeremias, Abendmahlsworte 218, negativ Thyen, Sündenvergebung 162f.

Jes 53,11f nicht auskommen[35]. Dabei ist zu bedenken, daß wahrscheinlich schon der Tod des Gottesknechtes als einmalige Sühne aufgefaßt ist, die das stetig dargebrachte Sühneopfer aufhebt[36]. Die Vielen sind ein Begriff, der in den Qumran-Handschriften im eingeschränkten Sinn und bezogen auf die Gemeinde gebraucht wird. Auf dem Hintergrund der Gottesknechtslieder aber kann er nicht auf Israel eingeengt werden[37]. Er bezeichnet die Universalität der Völkerwelt, wie der Knecht »Licht für alle Völker« genannt werden kann (vgl. Jes 42,6; 49,7f). Es ergibt sich, daß das Deutewort nach zwei Seiten hin ausgerichtet ist: einmal spricht der Bundesgedanke den Zwölferkreis an, der als Grundlage des neuen Gottesvolkes gesehen werden kann. Zum anderen lenkt die universale Sühne auf die Gottlosen und Heidenvölker hin. So gewinnt der neu eröffnete Bund universale Bedeutung und erscheint Christus, der in den Tod geht, als Sieger, der eine umfassende Herrschaft antritt. Der Bundesgedanke ist zutiefst von der Vorstellung geprägt, daß Gott König ist[38].

25 Mit einem profetischen Spruch – formales Kennzeichen ist die doppelte Negation – spricht Jesus abschließend von seinem persönlichen Schicksal. Wie es die Eigenart vieler Amen-Worte ist, eröffnet auch dieses die Zukunft mit Gewißheit, und zwar in einem zweifachen Schritt. Zunächst wird mit der schwurähnlichen Ansage des Nicht-mehr-trinkens dieses Mahl als das letzte gekennzeichnet[39]. Ein Entsagungsgelübde liegt nicht vor[40]. Gewächs des Weinstocks ist semitisches Idiom[41]. Nach der »dunklen Pause« des Todes aber, an jenem Tag, soll ein neues Trinken anheben. Damit ist das gegenwärtige Mahl zum eschatologischen Mahl in der himmlischen Vollendung in Beziehung gesetzt. Nicht nimmt es dieses vorweg, aber es verbürgt sein sicheres Kommen[42]. Dieses erfolgt mit der Offenbarung der Königsherrschaft Gottes, die bevorsteht und nicht ohne Jesus geschehen wird. So drückt das Wort seine Zukunftshoffnung und Auferstehungsgewißheit aus. Schon bei den Profeten (Jes 25,6), aber auch in der Apokalyptik, wird die messianische Heilszeit der Vollendung als Freudenmahl beschrieben: »Dann essen sie mit dem Menschensohn, legen sich nieder und stehen auf für alle Ewigkeit« (äthHen 62,14; vgl. sBar 29,8)[43]. Nach der Erwartung der Qumran-Mönche präsidiert beim eschatologischen Mahl der Priestermessias (1QSa 2,11–22). Jesus aber spricht nicht von einer beson-

35 Hahn* 362f; Patsch* 180–182.

36 C. Westermann, Das Buch Jesaja, 1966 (ATD 19), 216.

37 Gegen Pesch, Abendmahl 177f; Pesch II,360.

38 Nach M. Weinfeld, ThWAT I,804, besteht ein Ergebnis der neuen Berith-Forschung darin, den Zusammenhang von Bund und Königsherrschaft Gottes herausgearbeitet zu haben.

39 D a f verstärken: ich werde nicht wieder trinken (οὐ μὴ προσθῶ πεῖν): Vgl. Bauer, Wörterbuch 1426.

40 Jeremias, Abendmahlsworte 199–210, erblickt im Spruch eine feierliche Verzichterklärung Jesu zugunsten des unbußfertigen Israel. Er habe beim letzten Mahl gefastet. J. beruft sich auf Lk 22,16–18, wo der Spruch als Doppelspruch begegnet und vor der Mahlzeit plaziert ist.

41 Vgl. Ber 6,1: »Gepriesen ist Gott, der die Frucht des Weinstocks erschafft.«

42 Darum kann man V 25 schwerlich als Korrektur im Sinn eines eschatologischen Vorbehalts gegenüber einer enthusiastischen Eucharistie-Auffassung interpretieren, wie Schenke, Studien 333f, will.

43 Vgl. Billerbeck IV,1146f.1154–1159.

deren Stellung, die er bei diesem Mahl innehaben wird, auch nicht explizit von der wiedergewonnenen Mahlgemeinschaft mit der Jüngerschaft (wie Mt 26,29: mit euch), sondern nur schlicht von seinem Platz an jenem Tisch. Im näheren Kontext kann diese verheißungsvolle Profetie als Pendant zum Drohwort 14,18–21 gesehen werden[44].

Eine erzählerische Bemerkung leitet aus. Das Singen eines Lobgesanges paßt 26
zum Paschamahl, aber auch zur Eucharistiefeier. Da ein Paschamahl vorausgesetzt ist, haben wir an das kleine Hallel zu denken (Rezitation der Psalmen 114 bzw. 115–118)[45], das am Ende der Feier stand. Der Begriff Hymnus (himnon) für das Hallel ist zwar nur schwach belegt, doch braucht man nicht zu erwarten, daß der Fachterminus gewählt wird[46]. Der nächtliche Gang zum Ölberg – nicht nach Betanien – bereitet 14,32 vor. Dem Ölberg kann hier kein theologischer Sinn untergeschoben werden[47]. Dem Tradenten ist die Lage von Getsemani bekannt. Die Vorschrift von Ex 12,22, in der Paschanacht das Haus nicht zu verlassen, galt nicht mehr für die spätere Zeit. In ihr war geboten, das Stadtgebiet von Jerusalem nicht zu verlassen. Der Südhang des Ölbergs wurde zum Stadtgebiet gerechnet[48].

Historische Beurteilung

Die historische Beurteilung der Abendmahlsüberlieferung hat die Frage miteinzubeziehen, ob Jesu letztes Mahl ein Paschamahl war oder nicht. Wie wir gesehen haben, sind die Anspielungen auf ein Paschamahl oder die Züge, die dafür gehalten werden können – von der späteren Tradition 14,12–16 abgesehen – nicht zahlreich und in ihrer Bestimmung nicht sicher: die gemeinsame Schüssel, der gemeinsame Becher, der Lobgesang. Für ein Paschamahl sprechen der Ort Jerusalem und die nächtliche Zeit (vgl. 1Kor 11,23). Gegen ein Paschamahl können Umstände ins Feld geführt werden, die für die folgenden Stunden und den Pascha-Festtag berichtet werden wie die Einberufung des Synhedrions, das Tragen von Waffen (14,47), die Rückkehr Simons in die Stadt (15,21). Ist es vor allem möglich, daß Jesus am Pascha-Festtag hingerichtet wurde? Die genannten Einzelheiten sind auf ihren historischen Hintergrund hin noch zu besprechen, stellen aber kein unüberwindliches Hindernis dar. Die Hinrichtung Jesu am Fest könnte sogar beabsichtigt gewesen und zur Abschreckung angesichts der Massen von Festpilgern erfolgt sein. Neuerdings dachte man daran, daß Jesus ein Dankopfer (Toda)-Mahl gehalten habe, bei dem ein Geretteter dankte für die Wiedereingliederung in die Gemeinschaft und den wiedergewonnenen Frieden mit Gott[49]. Psalm 22, der als Hintergrund

[44] Dormeyer, Passion 109 und Anm. 288, beruft sich hierfür auf ein atl. Schema.

[45] In der Umschreibung des Hallel gab es eine rabbinische Kontroverse. Rabbi Hillel läßt das kleine Hallel mit Ps 115 einsetzen. Vgl. Billerbeck IV,72.

[46] Linnemann* 86f hält V26 für eine Verlegenheitsäußerung des Mk, der auf das eucharistische Mahl keine banale Notiz hätte folgen lassen können. Aber wie sollte ein griechisch schreibender Autor das Hallel bezeichnen?

[47] Schenke, Studien 352, möchte den Ölberg wieder als Gegenpol zum feindseligen Jerusalem verstehen. Allerdings wird diesmal Jesus dort gefangengesetzt.

[48] Vgl. Billerbeck II,833f.

[49] Gese* 19–21; Schweizer 165. Es ist fraglich, ob es ein Todamahl überhaupt gab.

für ein Todamahl gesehen wurde, wirkte theologisch auf den Passionsbericht ein und kann nicht als historische Quelle verwertet werden. Gegenüber älteren Vorschlägen, die von einem Kiddusch- oder Chaburot-Mahl sprechen, erheben sich auch Fragen[50]. Das Kidduschmahl eröffnete den Sabbat, für das Bruderschaftsmahl ist kein gesetzlicher Anlaß erkennbar. Sollte Jesus die Jünger – von der Anwesenheit von Frauen hören wir nichts – zu einem gewöhnlichen Festmahl zusammengerufen haben? So kann ein Paschamahl vermutet werden. Man sollte aber das Pascha nicht zum Angelpunkt der Interpretation machen[51]. – Das eucharistische Gemeindemahl wird auf das letzte Mahl Jesu zurückgeführt. Die Forschung unterscheidet vielfach zwischen zwei Mahltypen: einem Mahl, bei dem die Gemeinde in Fortführung der gemeinsamen Mahlzeiten, die Jesus mit den Menschen gehalten hat, in eschatologischer Freude Ausschau hielt nach dem Kommenden, und einem anderen Mahl, bei dem sie des Todes Jesu gedachte, dessen Heilsfrüchte ihr beim Essen und Trinken zugesprochen wurden[52]. Hinter den beiden Typen stehen der eschatologische Ausblick (14,25 parr) einerseits und die Deuteworte über Brot und Becher anderseits. Beide Typen sind jedoch nur Aspekte, die sich vereinen lassen und zusammengehören. Beim Deutewort über das Brot, dessen Grundform in 14,22 zu erblicken ist, haben wir erkannt, daß das gebrochene und ausgeteilte Brot Jesus vertritt und die Mahlteilnehmer beim Essen die Gemeinschaft mit ihm aufrecht erhalten. Schon in diesem Gedanken ist ein Anschluß an Jesu Mähler mit den Jüngern, Freunden und Sündern während seines Wirkens gegeben. Dieses Wort ist mit den Intentionen Jesu in gleicher Weise zu vereinbaren wie das Deutewort über den Becher, als dessen Grundform die paulinische Version für uns in Frage kam. Die Vorstellung des eschatologischen Bundes war im Judentum lebendig (vgl. Jub 1,16–28; Bar 2,35; Dam 6,19; 8,21). Sie ist mit der Idee, daß Gott König sein wird, eng verknüpft und darum zur Erwartung der Herrschaft Gottes, die Jesus verkündete, hin offen[53]. Die Ermöglichung einer erneuerten Bundesschließung mit Israel, die durch seine Todeshingabe gegeben ist, wird man Jesus freilich nur einräumen, wenn man ihm die Todesgewißheit und ein messianisches Sendungsbewußtsein zugesteht. Die Vorstellung vom gnädigen Gott, die er den Menschen brachte, kann nur dann ein Urteil gegen seine positive Todesinterpretation im Sinn eines Heilstodes sein, wenn man dieses Gottesbild vereinseitigt und den Entscheidungs- und Umkehrruf in seiner Predigt herunterspielt[54]. Im Zusammenhang mit der hier als möglich vorgestellten

[50] Vgl. Cranfield 422.

[51] Nach Jeremias, Abendmahlsworte 214f, verstand sich Jesus bei der Feier des Abendmahles als eschatologisches Paschalamm, das die Erfüllung aller bisherigen Paschaopfer darstellt. Zur Paschamahlfrage vgl. 35–78.

[52] Vgl. E. Schweizer, RGG $^3$I,16f.

[53] Vgl. G. Quell – J. Behm, ThWNT II,105–137.

[54] Gegen P. Fiedler, Sünde und Vergebung im Christentum, Conc 10 (1974) 568–571; ders., Jesus und die Sünder, 1976 (BBETh 3), besonders 271–277. Die radikale Vorstellung vom gnädigen und barmherzigen Gott entwikkelt Fiedler für die Botschaft Jesu im Anschluß an atl. Ansätze (besonders Hosea). Vgl. auch A. Vögtle, Todesankündigungen und Todesverständnis Jesu, in: K. Kertelge (Hrsg.), Der Tod Jesu – Deutungen im NT, 1976 (QD 74), 51–113, besonders 88–104, der allein Mk 14,25 auf Jesus zurückführt.

Form des historischen Ablaufs des Abendmahls erscheint dieses Mahl noch in seinem Gesamtvollzug wichtig und treten die dargereichten Gaben noch nicht als Opfergaben in den Vordergrund. Diese »präsakramentale« Gestalt, die im Rückblick auf Kreuz und Auferstehung verdichtet wurde, ist vorösterlich denkbar[55]. Vers 25 hatte anfangs stärker den Gehalt der Todesprofetie. Mit seinem Ausblick auf jenen Tag hält er die eschatologische Spannung durch.

Zusammenfassung

Hat bereits der vormarkinische Redaktor die Abendmahlsüberlieferung als einen Bestandteil der Passion gesehen, so ordnet sie Markus in das Evangelium ein, das auf Kreuz und Auferstehung hin ausgerichtet ist. Sie schließt die Mähler ab, die Jesus mit Sündern (2,15ff) und dem Volk (6,35ff; 8,1ff) gehalten hat, und nimmt die Jünger in die Passion hinein. Damit ist ihre Bewährung exemplarisch herausgefordert und dem Leser zu verstehen gegeben, daß er mit seiner Teilnahme an dem gleichen Mahl auf den nämlichen Weg gestellt ist. Allerdings sind es bei Markus die Zwölf, die das Herrenmahl zum ersten Mal mitfeiern dürfen. Damit ist der Anfang vom Folgenden abgesetzt und an die einstige Feier rückerinnert. Die Zwölf als die Stammväter des Neuen Bundes haben sie vermittelt. Für den Evangelisten dürfte der universale Aspekt wichtiger gewesen sein als der Sühnegedanke. Jesus ist für die Völker gestorben, denen jetzt das Evangelium ausgerichtet werden muß (13,10).

Wirkungsgeschichte

Weil es unmöglich ist, in diesem Rahmen die Interpretationsgeschichte des Abendmahlstextes, die mit dem die Eucharistie betreffenden Teil der Dogmengeschichte sich decken würde, auch nur annähernd zu schildern[56], sollen drei Probleme erörtert werden, die die Interpreten früherer Zeiten beschäftigt haben und geeignet sind, zu verdeutlichen, wie die Fragestellung durch ein spekulatives Interesse vom Textverständnis ablenken konnte[57]. Einmal war die Frage von Belang, ob Jesus selbst die eucharistischen Gaben genossen hat. Eirenaios von Lyon[58] bejaht dies, indem er Vers 25 zitiert. Ihm folgen Hilarius[59] und Augustinus[60]. Chrysostomos[61] meint, Jesus habe gegessen und getrunken, damit die Jünger bei seinen Worten nicht erschreckt fragten: Sollen wir Blut trinken und Fleisch essen? Auch nach Joh 6,66 hätten viele an dem Verheißungswort Anstoß genommen. Thomas von Aquin[62] umschreibt einen Artikel seiner Summe mit: »Nahm Christus seinen Leib und sein Blut?« und zitiert in seiner positiven Stellungnahme das Distichon unbekannter Herkunft: rex sedet in coena turba cinctus duodena, se tenet in manibus, se cibat ipse ci-

[55] Damit korrigiere bzw. führe ich die Gnilka* 50 geäußerte Meinung weiter. Merklein* 235–243 schreibt Jesus den Gedanken der universalen Sühne, verbunden mit dem Deutewort über das Brot, und als Becherwort Mk 14,25 zu. Den Bundesgedanken betrachtet er als nachösterlich in die Eucharistietradition eingeflossen.

[56] Vgl. F. Hahn, Art. Abendmahl, PThH ²I,32–64 (reiche Literaturangaben 62–64).

[57] Vgl. Vogels* 93–104.

[58] Adv. haer. 5,33,1. Eirenaios geht von Mt 26,29 aus.

[59] PL 9,1065 (In Mt. cap. 30,2).

[60] PL 34,37 (De doctrina christ. 2,3,4).

[61] PG 58,739 (Mt-Kommentar).

[62] p. 3, qu. 81, art. 1.

bus. Im 19. Jahrhundert nehmen katholische Autoren Anstoß, weil sie meinen, die Vorstellung würde dem Gedanken der communio widersprechen[63]. Die zweite Frage, die bis in die Kommentare unseres Jahrhunderts nachwirkt, ist die nach der »Judaskommunion«. Richtungweisend ist die Auskunft des Hilarius[64], der ein historisch gestelltes Problem theologisch löst. Er hält es nämlich für nicht möglich, daß einer am Abendmahlstisch mit dem Herrn getrunken habe, der keinen Zutritt erlangt zum himmlischen Mahl im ewigen Reich. Zum dritten befaßte man sich mit der Verheißung Jesu, daß er neu trinken werde im Reich Gottes. Die eschatologische Spitze dieser Verheißung wird auf recht unterschiedliche Weise abgebrochen. Verbreitet ist die Auffassung, daß jener Tag, an dem ein neues Trinken anheben wird, auf die Zeit zwischen Auferstehung und Himmelfahrt Jesu zu beziehen sei. Die Evangelien und auch Apg 10,41 würden ja davon berichten, daß der Auferstandene mit den Jüngern sich zu Tisch gesetzt habe[65]. Andere identifizieren jenen Tag mit der Zeit der Kirche, in der am eucharistischen Tisch die Mahlteilnehmer essend und trinkend Gemeinschaft mit dem Herrn erlangen[66]. Nach Calmet[67] nennt Jesus seine Auferstehung sein Reich, weil mit der Begründung der Kirche seine Herrschaft schon begonnen habe. Diese im Mittelalter offenkundig sehr verbreitete Interpretation bezeugt eine Form der präsentischen Eschatologie, in der nicht bloß das Reich Gottes mit dem Reich Christi ausgetauscht, sondern letzteres auch mit der Kirche gleichgesetzt wird. Ein geschlossenes Weltbild hatte die dynamische Kraft des eschatologisch-endzeitlichen Basileia-Gedankens in den Hintergrund treten lassen. Eirenaios, der die chiliastische Lehre vertrat, verwendet das Verheißungswort Jesu neben Röm 8,19 als Hauptschriftargument für sein eschatologisches Konzept. Das letzte seiner fünf Bücher Adversus haereses läuft in die Erörterung der Vita venturi saeculi aus. Am Ende des Weltlaufs steht ein irdisches messianisches Reich, in dem die zur Auferstehung Gelangten mit Christus neu essen und trinken werden[68]. Andere Erklärer in der alten Kirche halten am Bezug auf den endgültigen Anbruch des Reiches Gottes fest[69].

## 7. *Zerstreuung und neue Sammlung des Jüngerkreises (14,27–31)*

*Literatur: Kosmala, H.*, The Time of the Cock-Crow, ASTI 2 (1963) 118–120; *Wilcox, M.*, The Denial-Sequence in Mark XIV 26–31, 66–72, NTS 17 (1970/71) 426–436; *Steinseifer, B.*, Der Ort der Erscheinungen des Auferstandenen, ZNW 62 (1971) 232–265; *Lorenzen, T.*, Ist der Auferstandene in Galiläa erschienen?, ZNW 64 (1973) 209–221; *Pesch, R.*, Die Verleugnung des Petrus, in: NT und Kirche (FS R. Schnackenburg), Freiburg 1974, 42–62. – Weitere Literatur s. oben S. 216f.

[63] Vgl. Vogels* 98f.
[64] A.a.O.
[65] EvHebr, Chrysostomos, Theophylakt, Euthymios Zigabenos. Vgl. Vogels* 96.99f.
[66] Eucherius von Lyon, Bruno von Segni. Vgl. Vogels* 100–102.
[67] Zitiert nach Vogels* 100.
[68] Adv. haer. 5,33,2.
[69] Gregor von Nazianz, Augustinus, Beda. Vgl. Vogels* 101.

27 **Und Jesus sagt ihnen: Alle werdet ihr Anstoß nehmen, denn es ist geschrieben: Ich werde den Hirten schlagen, und die Schafe werden sich zerstreuen.** 28 **Aber nach meiner Auferweckung werde ich euch nach Galiläa vorausgehen.** 29 **Petrus aber sprach zu ihm: Auch wenn alle Anstoß nehmen werden, aber ich nicht.** 30 **Und Jesus sagt ihm: Amen, ich sage dir: Du wirst mich heute, in dieser Nacht, bevor der Hahn zweimal krähen wird, dreimal verleugnen.** 31 **Er aber redete nachdrücklich: Wenn ich mit dir sterben müßte, werde ich dich nicht verleugnen. Ähnlich sprachen aber auch alle.**

Analyse

Die Perikope besitzt mehrere Verweiszusammenhänge. Das angekündigte Versagen aller muß in Verbindung mit der Flucht aller gesehen werden (14,50). Das angekündigte Versagen des Petrus wird in 14,66–72 ausführlich erzählt. Das angekündigte Vorausgehen Jesu nach Galiläa wird in 16,7 Wirklichkeit. Diese vielfältigen Verknüpfungen lassen den integrierenden Charakter der Perikope erkennen und die Vermutung aufkommen, daß sie geschaffen wurde, um Einzeltraditionen miteinander zu verbinden bzw. ihre Verbindung fester zu gestalten. Es entsteht die Frage, in welchem Verhältnis 14,27–31 zu 14,66–72 steht. Die Behauptung, 14,27ff sei älter[1], geht davon aus, daß wir in den Versen 27f eine alte Überlieferung vor uns hätten, welche die historische Jüngerflucht angesichts des Kreuzes theologisch erkläre und das Versagen des Petrus als Exemplifikation des Versagens aller Jünger darstelle[2]. Die Erzählung 14,66–72 sei dann aus der Voraussage gestaltet worden. Damit hätte die Tat des Petrus eigenständiges Gewicht gewonnen, während er in 14,27ff als Sprecher der Jüngerschaft fungiere. Demgegenüber ist zu sagen, daß in 14,22ff das zukünftige Verhalten aller und das des Petrus zwar nebeneinander stehen, aber doch eigenständiges Gewicht behalten. Alle werden von Jesus angesprochen (27), alle reagieren (31b). Diese Inklusion hält das Ganze zusammen[3]. Petrus nimmt zwar Jesu Rede an alle auf (29a), hebt sich aber mit seinem Wort und seiner zukünftigen Tat von den anderen ab, wie er auch allein von Jesus angeredet wird (betontes σύ in 30). Vers 30 ist gegenüber 14,66ff sekundär. Die für Petrus überlieferte Tat erfährt durch Jesu Wort eine für die Gemeinde notwendige Deutung. Vers 30 ist ohne 14,66ff nicht lebensfähig. Die Entsprechung von Ansage und Tat dürfte später sogar noch verstärkt worden sein. Der zweimalige Hahnenschrei (δίς in 30) taucht in 14,72 (ἐκ δευτέρου) etwas unvermittelt wieder auf. Vielleicht geht dies auf Markus zurück, da der zweite Hahnenschrei bei den Griechen und Römern besondere Bedeutung besaß. Die zweite zeitliche Bestimmung »in dieser Nacht« (neben »heute«) ist vorgegeben, da sie entgegen Markus auf der jüdischen Tageseinteilung basiert[4]. Einlei-

[1] Linnemann* 85–93; Wilcox* 434.

[2] Eine alte Überlieferung in 28 bzw. 27f nehmen auch Lohmeyer 311f; Schweizer 167; Lorenzen* 213 an. Sich hierfür auf Joh 16,32f zu berufen, verliert an Überzeugungskraft bei der Annahme, daß dort synoptische bzw. mk Tradition verarbeitet wurde.

[3] Dormeyer, Passion 115; Schenk, Passionsbericht 228, halten V 31 für Mk-R.

[4] Nach Schenk, Passionsbericht 227, ist »in dieser Nacht« vielleicht Mk-R.

tendes »Amen, ich sage euch« könnte hingegen markinisch sein[5]. Die Entsprechung von 27 und 50 ist mit πάντες gegeben. Daß der Anstoß der Jünger sich in ihrer Flucht verwirklicht, sollte nicht bestritten werden, da das Faktum der Flucht, das von vornherein als Distanzierung vom leidenden Meister aufgefaßt ist, theologisch aufgeschlüsselt wird[6]. πάντες verbindet auch mit Vers 23b. Die Verse 27b und 28 unterbrechen den Zusammenhang. Die Antwort des Petrus nimmt auf Schriftbezug und Verheißung keinen Bezug. Der Bruch erklärt sich aber nicht dadurch, daß 29ff an 27f als alte Tradition angehängt, sondern daß 27b.28 redaktioneller Einschub sind[7]. In 28 verraten vor allem Galiläa und das Vorausgehen Jesu (wie 10,32) die Hand des Markus[8]. 27b und 28 aber gehören zusammen. Der Eingriff des Markus zeigt gleichzeitig, daß 27a.29–31 vormarkinisch und Bestandteil eines Passionszusammenhanges sind. Die Perikope ist der Form nach als in Szene gesetzte Profetie zu bezeichnen. Strukturell aber ist sie mit 14,18–21 nicht identisch. So liegt ein Unterschied darin, daß dort die gleiche Ankündigung abgewandelt wiederholt und somit verstärkt, während hier auf zwei verschiedene Ereignisse hingelenkt wird. Die Jüngerfrage »Etwa ich?« in 19 ist zwar der Reaktion des Petrus in 29 (»aber ich nicht«) strukturell verwandt (Fehlen des Verbs). Aber auch hier sind Unterschiede gegeben (Frageform/Feststellung; Ausdruck der Unsicherheit/der subjektiven Sicherheit). So läßt sich von 14,27–31 aus die oben vertretene traditionsgeschichtliche Selbständigkeit von 14,18–21 nicht in Frage stellen.

Erklärung 27–28

Auf dem Weg zum Ölberg (vgl. V 26) eröffnet Jesus den Zwölfen, die nach wie vor seine Begleiter sind, ihr bevorstehendes völliges Versagen. Anstoß nehmen ist im Sinn von Glaubensabfall ein Term der biblisch-jüdischen Tradition[9] und in den Evangelien mit Jesus (6,3: ἐν αὐτῷ; vgl. par Mt 26,31) oder dem Wort (Mk 4,17) verbunden. Nicht wird jemand zur Sünde verführt, sondern die Jünger werden die Glaubensprobe, die ihnen mit dem Leiden Jesu aufgegeben ist, nicht bestehen. Dies wird mit Hilfe von Sach 13,7 begründet. Der profetische Text, der nach einer Version der griechischen Bibelübersetzung zitiert wird[10], redet vom Gericht, das über Hirt und Herde hereinbricht und zur Auflösung der Herde führt. Der Hirt ist schon bei Sacharja eine positive, messianische Gestalt und darf nicht im Licht von Sach 11,16f interpretiert werden[11]. Im masoretischen Text heißt er »mein Hirt, Mann meiner Gemeinschaft«. Das Bild vom Hirten wird im Neuen Testament wiederholt in Verbindung mit dem Tod Jesu verwendet (vgl. Joh 10,11; 1Petr 2,24f). Der Tod des Hirten und das Jüngerversagen als Inhalt der profetischen Aussage bezeichnen das Wissen Jesu

[5] Mit Schenk, Passionsbericht 227.

[6] Angezweifelt von Schenke, Studien 364; bestritten von Linnemann* 89.

[7] Vgl. Hirsch, Frühgeschichte I,155; Wendling, Entstehung 170; Suhl, Funktion 64. Schenke, Studien 354–460, sieht den gesamten Abschnitt 14,27–31 als Mk-R an.

[8] Weitere philologische Argumente bei Schenk, Passionsbericht 226f.

[9] Vgl. G. Stählin, ThWNT VII,343f.

[10] Zitiert wird nach LXX Q. Vgl. J. de Waard, A Comparative Study of the OT Text in the Dead Sea Scrolls and in the NT, 1965 (STDJ 4), 38.

[11] Gegen Suhl, Funktion 63.

um die Verfügungen Gottes, denen er sich beugt. Wiederum ist die Schuld der Jünger nicht eliminiert[12]. Die Zerstreuung des Jüngerkreises aber ist nicht das letzte, wie das Kreuz nicht das Ende Jesu ist. Nunmehr treten Auferweckung Jesu und ein Neubeginn in der Jüngerschaft in den Blick. Die Verse 27b und 28 sind strukturell eine Leidens- und Auferweckungsansage, formulieren aber beides unter einem besonderen Gesichtswinkel[13]. Das Interesse ist auf das Schicksal der Jüngerschaft gerichtet. »Nach meiner Auferweckung« ist zeitliche Bestimmung, aber als solche Begründung für das Zustandekommen eines neuen Verhältnisses zwischen Jesus und den Zwölfen. Als Auferweckter wird er ihnen nach Galiläa vorausziehen. Man hat dies als Rückkehr des Auferweckten in das irdische Leben verstanden, in dem dieser einen Siegeszug nach Galiläa in Szene setzen wird, wo sich sein Wirken vollenden soll, in der Parusie. Der Bezug auf die Parusie lege sich nahe, weil von keiner Erscheinung die Rede sei. Deutete man den Vers als Herrenwort in diesem Sinn[14], so übernimmt Marxsen den Parusiegedanken auf redaktionsgeschichtlicher Ebene[15]. Auf dieser tritt der Konnex zwischen den Versen 28 und 16,7 in den Blick. Wir erhalten dort die zusätzliche Belehrung, daß die Jünger den Auferweckten in Galiläa sehen werden. Darum kann das Vorausziehen Jesu nicht buchstäblich, sondern nur so gemeint sein, daß er zeitlich vor ihnen in Galiläa sein wird. Markus setzt demnach für die Tage nach dem Karfreitag die Anwesenheit der Zwölf in Jerusalem voraus und läßt sie aufgrund der Initiative Jesu nach der Katastrofe in Galiläa neu versammelt werden. Was dies historisch bedeutet, ist in Zusammenhang mit 16,7 zu besprechen. Gegen die Parusie-These aber ist schon jetzt einzuwenden, daß die Parusie – wie die Erscheinung des Auferweckten – in Vers 28 nicht ausdrücklich genannt ist. Vorausgehen (προάγειν) ist nicht terminus technicus der Hirtensprache[16], setzt aber im Anschluß an das Zitat von Sach 13,7 das Bild von Hirt und Herde fort. Bei Markus insinuiert es die Nachfolge (10,32). Es ist somit zu verstehen gegeben, daß nachösterlich die Nachfolge neu möglich sein wird, gnadenhaft vom Herrn eröffnet. Dann werden sie, die vor dem Kreuz und angesichts des Kreuzes blind waren, ihn besser verstehen und befähigt sein, die schon übernommene Aufgabe durchzuführen, das Werk Jesu fortzusetzen, ihn zu verkündigen (vgl. 3,15). So wird Galiläa, das Land des Anfangs, auch die Provinz des Neuanfangs werden. Galiläa wird damit nicht zur theologischen Chiffre bei Markus[17]. Wie es die Urzelle des Wir-

[12] Nach Jeremias, Theologie I,270, besage V 27, daß die Jünger in das Leiden Jesu hereingerissen würden. Nach J. geht das Wort auf Jesus zurück. Angesagt aber ist die Zerstreuung des Kreises der Jünger, die sie schuldig werden läßt. Das Zitat ist das einzige ausdrückliche atl. Zitat in der mk Passionsgeschichte.

[13] Im Fajjum-Fragment fehlt V 28, nach Grundmann aus dogmatischen Gründen, um den Vorzug Jerusalems vor Galiläa sicherzustellen.

[14] W. Michaelis, Die Erscheinungen des Auferstandenen, Basel 1944, 61–65; Jeremias, Theologie I,271; schon Schweitzer, Leben-Jesu-Forschung 433 Anm. 1.

[15] Evangelist 55–58. Lohmeyer spricht zur Stelle davon, daß »das Werk der Auferstehung vollendet werden soll«, meint damit aber dasselbe wie Marxsen, der Lohmeyers These ausbaute.

[16] So Pesch, Verleugnung 52 Anm. 31. Joh 10,4 verwendet ἔμπροσθεν πορεύεσθαι.

[17] Anders Schenke, Studien 458.

kens Jesu war, wird es auch mit den Ostergeschehnissen zu tun haben (vgl. zu 16,7).

29–31 Petrus geht in seiner Antwort nicht auf das Verheißungswort, sondern nur auf die Ansage des Glaubensabfalls aller ein. Er erscheint zwar wieder wie der Sprecher der Zwölf, redet aber offenkundig nur im eigenen Interesse. Er will sich aus der drohenden Krise als einziger ausgenommen wissen bzw. versichert, daß er sie bestehen wird. Sein selbstsicheres Auftreten deutet an, daß der Jüngerkreis sich bereits aufzulösen beginnt. Statt auf die Gnade zu vertrauen, baut er nur auf die eigene Kraft. Die Antwort Jesu gilt ihm persönlich. Darum ist sein Versagen mehr als die Veranschaulichung des Abfalls aller. Die Amen-Einleitung und die gehäuften Zeitbestimmungen geben der Ansage den Charakter des Unentrinnbaren[18]. Letztere entsprechen der jüdischen Tageszählung, nach der der neue Tag schon mit Sonnenuntergang begonnen hat. Der zweite Hahnenschrei dagegen besitzt in der griechisch-römischen Literatur zahlreiche Parallelen und markiert den Sonnenaufgang[19]. Dies könnte symbolische Andeutung des Sinneswechsels des Petrus sein, der allerdings zu spät und zu einem Zeitpunkt erfolgen wird, wo er ganz auf die Gnade Gottes angewiesen ist. Denn zuvor wird er sich von Jesus lossagen. Das Kompositum ἀπαρνέομαι, das das zugrunde liegende Verbum (sich lossagen, verleugnen) noch verstärkt, begegnet in der Verleugnungsgeschichte nur bei der ausdrücklichen Rückerinnerung an Jesu Wort in 14,72 (einfaches Verbum in 14,68.70) und ist in der griechischen Bibel nur in Jes 31,7 (für die Lossagung von den Götzen) anzutreffen. Manchem Interpreten erscheint die Verleugnung Jesu durch Petrus im Hof des hohepriesterlichen Hauses als zu geringfügiges Delikt[20]. Sie ist aber als Ausdruck für das Gesamtverhalten des Jüngers in der Passion zu werten, wo dieser nicht bei Jesus ist, und bestätigt dieses öffentlich, gleichsam als Anti-Bekenntnis. Die Antwort des Petrus zeugt von einem sich noch steigernden Selbstvertrauen. Der Erzähler unterstreicht dies mit »er redete nachdrücklich, überschwenglich« (ἐκπερισσῶς)[21]. Dem Jünger ist das drohende Martyrium bewußt. Er formuliert es in fast paulinischer Weise als ein Mitsterben mit Jesus. Freilich handelt es sich nicht um ein aus der sakramental begründeten Christusgemeinschaft resultierendes Geschehen, sondern um die letzte Konsequenz der Nachfolge (vgl. 8,34)[22]. Der Gemeinde kann das später erfolgte Martyrium des Petrus nicht unbekannt geblieben sein, so daß sie aus

[18] Mt 26,34; Lk 22,34; Joh 13,38 haben die Zeitangaben reduziert, die beiden letzteren übereinstimmend. Die Reduktion hat sich auf die mk Textüberlieferung ausgewirkt und zu zahlreichen Varianten geführt. Interessant ist wiederum das Fajjum-Fragment. Dort lautet die Jesus-Ansage: »Der Hahn wird zweimal krähen« (κοκύξει). Dann bricht der Text ab.

[19] Ammianus Marcellinus, rer. gest. 22,14,4: unde secundis galliciniis videtur primo solis exortus. Weitere Belege für den zweiten Hahnenschrei schon bei Klostermann. Das rabbinische Hühnerverbot für Jerusalem, das aus Reinheitsgründen gegeben war (das von den Hühnern an das Tageslicht gescharrte Gewürm verunreinigt), wurde nicht strikt befolgt. Markus begeht also keinen Kultur-Anachronismus. Vgl. Billerbeck I,992f.

[20] Vgl. Schenk, Passionsbericht 227.

[21] Zum Wort vgl. 6,51.

[22] Zum Wortgebrauch vgl. 2Kor 7,3, jedoch ist συναποθανεῖν dort auf die Gemeinschaft

dessen Versagen in Jesu Passion Trost zu schöpfen vermochte. Wenn die anderen Jünger in die selbstsicheren Äußerungen ihres Sprechers miteinstimmen, dokumentieren auch sie, daß ihre Gemeinschaft zusammenbricht. Als Vereinzelte gehen sie in die Passion und werden sie nicht bestehen.

Zusammenfassung

Markus verlagert durch die Verse 27b.28 den Akzent der Perikope vom Christus- auf das Jüngerschicksal bzw. zeigt auf, welche weiterreichenden Konsequenzen sich aus dem Christusschicksal für die Jünger ergeben. Der geschlagene, getötete Hirt wird Anlaß dafür sein, daß sich ihre Gemeinschaft auflöst. Dies geschieht wegen ihrer Unverständigkeit dem Kreuz gegenüber. Das Kreuz bringt aber auch die Wende. Der auferweckte Christus wird den Zwölfen nach Galiläa vorausgehen, um die Gemeinschaft mit ihnen dort neu zu begründen. Durch die Erfahrung von Kreuz und Auferstehung Jesu wird sich ihnen der Kreuzweg als Heilsweg erschließen[23] und wird Nachfolge, die immer Kreuzesnachfolge ist, erst im Vollsinn möglich sein. Die Katastrofe, in die jene hineingeraten, die sich ihrer selbst sicher wähnten, bringt sie zur Erkenntnis, daß Nachfolge und Jüngersein ein Geschenk sind, das von Gott kommt. Christliche Existenz wird dem nicht gelingen, der sich auf sich selbst verläßt. Wenn uns Christus seine Hand entgegenstreckt, sind wir gerettet. Es kommt allerdings darauf an, daß wir die Hand ergreifen. Für Markus ist die Gruppe der Zwölf damit beauftragt, das Werk Jesu fortzusetzen. Als Begleiter Jesu sind sie Zeugen seines Wirkens. Verstehende Zeugen aber sind sie erst nach Kreuz und Auferstehung in der geschenkweisen Restituierung ihrer Jüngerschaft durch den Auferstandenen.

## 8. *Das Versagen der Jünger beim Todeskampf Jesu (14,32–42)*

*Literatur: Kuhn, K. G.,* Jesus in Gethsemane, EvTh 12 (1952/53) 260–285; *McCasland, S. V.,* »Abba, Father«, JBL 72 (1953) 79–91; *Kenny, A.,* The Transfiguration and the Agony in the Garden, CBQ 19 (1957) 444–452; *Héring, J.,* Zwei exegetische Probleme in der Perikope von Jesus in Gethsemane, in: Neotestamentica et Patristica (FS O. Cullmann), 1962 (NT.S 6), 64–69; *Boman, T.,* Der Gebetskampf Jesu, NTS 10 (1963/64) 261–273; *Lescow, T.,* Jesus in Gethsemane, EvTh 26 (1966) 141–159; *Barbour, R. S.,* Gethsemane in the Tradition of the Passion, NTS 16 (1969/70) 231–251; *Unnik, W. C. van,* »Alles ist dir möglich« (Mk 14,36), in: Verborum Veritas (FS G. Stählin), Wuppertal 1970, 27–36; *Kelber, W. H.,* Mark 14,32–42: Gethsemane, ZNW 63 (1972) 166–187; *Mohn, W.,* Gethsemane (Mk 14,32–42), ZNW 64 (1973) 194–208; *Galizzi, M.,* Gesù nel Getsemani, 1972 (BSRel 4). – Weitere Literatur s. oben S. 216f.

32 **Und sie kommen zu einem Landstück namens Getsemani. Und er sagt seinen Jüngern: Setzt euch hier, solange ich beten werde.** 33 **Und er nimmt den Petrus und den Jakobus und den Johannes mit sich und**

des Apostels mit der Gemeinde bezogen.

[23] Vgl. Schenke, Studien 434.

**begann, sich zu entsetzen und zu ängstigen.** 34 **Und er sagt ihnen: Meine Seele ist übertraurig bis zum Tod. Bleibt hier und wacht!** 35 **Und er ging ein Stück vor, warf sich auf die Erde und betete, daß, wenn es möglich wäre, die Stunde an ihm vorüberginge.** 36 **Und er sagte: Abba, Vater, alles ist dir möglich. Nimm diesen Becher von mir, aber nicht (darum geht es), was ich will, sondern du.** 37 **Und er kommt und findet sie schlafend und sagt dem Petrus: Simon, du schläfst? Konntest du nicht eine Stunde wachen?** 38 **Wacht und betet, daß ihr nicht in Versuchung kommt. Der Geist (ist) zwar willig, das Fleisch aber schwach.** 39 **Und wieder ging er weg und betete, indem er das gleiche Wort sprach.** 40 **Und wieder kam er und fand sie schlafend. Denn ihre Augen waren beschwert, und sie wußten nicht, was sie ihm antworteten.** 41 **Und er kommt ein drittes Mal und sagt ihnen: Ihr schlaft weiter und ruht euch aus? Es ist vorbei. Die Stunde ist gekommen. Siehe, der Menschensohn wird ausgeliefert in die Hände der Sünder.** 42 **Steht auf, wir wollen gehen! Siehe, der mich ausliefert, hat sich genaht.**

Analyse Die vorliegenden traditionsgeschichtlichen Beurteilungen der Perikope lassen sich in drei Gruppen zusammenfassen. Die erste Gruppe, zu der Lohmeyer gehört, betrachtet sie als »ein geschlossenes Ganzes«[1], das Markus unverändert übernahm. Eine zweite Gruppe, die Kuhn* begründete, sieht in ihr zwei Traditionen, die unabhängig voneinander vom Geschehen in Getsemani erzählten, ineinander verwoben. Tradition A, zu der Kuhn die Verse 32, 35, 40f rechnet, sei christologisch geprägt. Sie sei bestimmt »von dem Kontrast der Ahnungslosigkeit der Jünger zu der im Gebet erkannten Gewißheit Jesu, daß die Stunde des Menschensohnes da ist und daß sie nach Gottes Plan sich erfüllt in seiner Preisgabe in der Sünder Hände«[2]. Tradition B, zu der die Verse 33f, 36–38 gezählt werden, verfolge eine paränetische Tendenz. Der betende Jesus werde vorgestellt, nicht um einer biografischen Schilderung willen, sondern als »Musterbeispiel dafür, wie man es richtig macht, um die Anfechtung zu bestehen«[3]. Eine dritte Gruppe schließlich, die Bultmann anführt, geht von einem Grundbestand der Perikope aus, der sekundär angereichert worden sei[4]. Die Einheitlichkeit der Überlieferung zu behaupten, dürfte nicht möglich sein. Ihre Dekomposition aber ist extrem schwierig, wie die unterschiedlichen Resultate der Einzelbemühungen unter Beweis stellen[5]. Auszugehen ist von der Beob-

[1] 313. Das Urteil übernimmt Pesch II,386.

[2] 274.

[3] 284f. Schenk, Passionsbericht 193–206, verfeinert Kuhns Analyse in die Zuweisung von Halb- und Drittelversen. Ein wichtiges Bestimmungskriterium ist für ihn das Präsens historicum. Die Tragfähigkeit dieses Kriteriums ist anzuzweifeln. Die moderne Tempus-Forschung (H. Weinrich) hat gezeigt, daß der Wechsel im Tempus im literarischen wie im unliterarischen Bereich (Erzählweise des Volkes) die Regel ist.

[4] Geschichte 288f.

[5] Vergleicht man die Ergebnisse der Analysen von Schenk, Passionsbericht; Schenke, Studien 461–560; Dormeyer, Passion 124–137; Lescow*, Kelber*, Mohn*, Linnemann* 11–40, so bleibt als übereinstimmendes

achtung, daß zahlreiche erzählerische Züge zweimal vorkommen. Zweimal fordert Jesus die Seinen auf zu warten, einmal die Jünger insgesamt (32), das andere Mal die drei Auserwählten (34). Zwei Gebete Jesu sind überliefert, ein indirekt und ein direkt formuliertes (35f). Der Abschluß der Perikope ist überfrachtet (41f). Insbesondere fällt auf, daß das Ausliefern Jesu zweimal erwähnt wird. Dabei ist der Wechsel vom Menschensohn-Prädikat zur ersten Person Singularis zu beachten. Die auf Jesu Person gerichtete erzählerische Orientierung (das christologische Anliegen) und die paränetische Abzweckung hingegen wird man nicht als Mittel der Dekomposition verwenden dürfen. Wer so trennt, muß zugeben, daß auch der wie immer zu bestimmende Grundbestand der Perikope die Paränese schon berücksichtigte[6]. Außerdem gibt es für die Verbindung des Leidenden mit seinen Freunden alttestamentliche Vorbilder. Man denke an den geduldigen Hiob und seine Freunde (Ijob 2ff). Auch der Meinung, der dreifache Gang Jesu zu den schlafenden Jüngern sei sekundär, wird man zurückhaltend begegnen. Die Regel-de-tri entspricht volkstümlicher Erzählweise. Lk 22,39–46, wo nur eine Begegnung geschildert wird, ist lukanischer Stilisierung verdankt. Ferner hat man auf die Parallelen aufmerksam gemacht, die die Perikope mit der Verklärungsgeschichte 9,2–8 besitzt[7]. Bei näherem Zusehen aber stellt sich heraus, daß sie sich auf die Auswahl der Drei, die Sprecherrolle des Petrus und die Bemerkung, »und sie wußten nicht, was sie ihm antworteten« (vgl. 9,6a) konzentrieren. Die Bevorzugung der Drei, die mit 5,40; 9,2 übereinstimmt, ist in 14,32 markinisch. Ihre Einfügung ist künstlich und geht auf ein die Passionsgeschichte übergreifendes Anliegen zurück. Mit 33a zusammen wird die Rede in 32b eingefügt sein. Auch der Begründungssatz in 40b, der in seinem zweiten Teil analog 9,6a formuliert ist, dürfte auf den Evangelisten zurückgehen. Seine Vorliebe für erläuternde Begründungssätze ist bereits bekannt. Hier dient dieser der Herausstreichung des Jüngerversagens und vertritt somit ein typisch markinisches Anliegen. Das indirekt formulierte Gebet in 35b und Vers 41b (ab ἦλθεν) kommen darin überein, daß sie die eschatologische Stunde einbringen, die wie das Menschensohn-Prädikat in apokalyptischer Mentalität wurzelt. Beides dürfte auf den gleichen vormarkinischen Redaktor zurückzuleiten sein, der auch in 14,21 die Überlieferung mit Hilfe apokalyptischen Traditionsgutes aufarbeitete. Ob Vers 38 eine Einheit ist, läßt sich nicht sicher entscheiden und soll darum offenbleiben[8]. Immerhin läßt er sich als Einheit verstehen. Wichtiger ist es, das Verhältnis der Perikope zur folgenden Verhaftungsszene zu bestimmen. In ihr

Urteil nicht viel mehr als die Zuweisung der Ortsangabe Getsemani zur Tradition übrig. Alle Verse bzw. Halbverse werden teils Schicht A, teils Schicht B, teils Mk-R zugesprochen.

6 Schenke, Studien 548.

7 Kenny*.

8 Schenke, Studien 512–525, weist 38b der Tradition, 38a Mk-R zu; ähnlich Schenk, Passionsbericht 202–204. Nach Dormeyer, Passion 129f, ist der ganze V38 redaktionell, wobei Mk in 38b ein Sprichwort aufgegriffen habe. Für Kuhn* ist V38 eine Einheit und der von ihm postulierten B-Schicht zuzuordnen. Linnemann* 32, die mit einer Urfassung und drei Überarbeitungen rechnet, schreibt V38 (als Einheit) der zweiten Überarbeitung der Urfassung zu.

schließt Vers 43 unmittelbar an 42 an, mag auch hier der Genitivus absolutus redaktionell sein. Die Ortsangabe Getsemani in 32 ist mit der Verhaftung Jesu zu verbinden, so daß sie diese mit dem Gebetskampf Jesu verknüpft. Gehören beide Perikopen zusammen[9], ist auf eine Formbestimmung von 14,32–42 besser zu verzichten[10]. Wegen Vers 38 kommt sie freilich einem biografischen Apoftegma nahe. Ihre Heimat ist die palästinisch-judenchristliche Gemeinde. Dafür sprechen die Ortsangabe Getsemani, das doppelsprachige Abba- ὁ πατήρ, die Qumran verwandte Geist-Fleisch-Wendung.
Die Perikope ist ganz von Jesus als ihrem Subjekt bestimmt. Vom einleitenden Vers 32a abgesehen, sind nur in Vers 40b, den wir als redaktionell erkannten, die Jünger Subjekt der Handlung. Jesu Kommen, Gehen, Wiederkommen usw. verleiht der Geschichte innere Dramatik. Die Führungsverben sind Beten (viermal), wachen (dreimal) und schlafen (viermal). Beten-Wachen und Schlafen kontrastieren Jesus und die Jüngerschaft. Die Handlung beachtet die Regel-de-tri, wobei bei der zweiten und dritten Wiederholung die Beschreibung sparsamer wird. Die Perikope gliedert sich in fünf kleine Abschnitte: Ankunft in Getsemani und Aussonderung der Drei (32–34); Gebet Jesu (35f); Gespräch mit Petrus und den übrigen Jüngern bei der ersten Rückkehr (37f); erneutes Gebet und zweite Rückkehr (39f); dritte Rückkehr, Belehrung und Aufbruch (41f)[11].

Erklärung 32–34

Gemeinsam kommen sie, Jesus und die Jünger, nach Getsemani. Getsemani wird als χωρίον ausgegeben, was entweder Ort, Gemarkung, Bezirk oder Landstück, Grundstück, Landgut bedeutet[12]. Letzteres ist zu bevorzugen. Joh 18,1 spricht von einem Garten. Getsemani ist auf dem Ölberg zu suchen (Joh 18,1: jenseits des Kedron-Baches). Der Name ist hebräisch (nicht aramäisch) und darum vermutlich alt. Seine etymologische Ableitung ist nicht sicher[13]: Öle- bzw. Salbenkelter (*gat schemanim*), weniger wahrscheinlich Öltal oder Kelter der Zeichen (dann unter Einfluß von griechischem σημεῖον). Ölkelter als Name für einen Ort der Ölbereitung ist sonst nicht belegt[14]. Dalman denkt an eine Höhle, wohl um mit dem Ort der Pilgertradition einen Ausgleich zu finden[15]. Vielleicht ist die johanneische Überlieferung vom Garten doch zutreffend. Jesus läßt die Jünger zurück, um für sich zu beten. Von seinem einsamen Beten hörten wir schon in 1,33; 6,46. Daß er die Möglichkeit zu fliehen als Versuchung empfunden habe, hieße, die Szene historisch strapazieren[16].

9 Ähnlich Schenke, Studien 463–471. Trennen will Mohn* 202–204.

10 Dormeyer, Passion 136, bestimmt die Mk-Vorlage als »Gebetskampf«, verstanden als »epische Gattung«, den Mk-Text als Legende. Mit diesem literaturwissenschaftlichen Term ist das Vorbildhafte an Jesu Tun richtig getroffen.

11 Die von Lohmeyer 313f konstatierte dreifache Dreierstruktur 32–34.35–41a.41b–42 ist kaum zu entdecken.

12 Preisigke-Kießling s.v.

13 Vgl. Dalman, Orte und Wege 340f.

14 »Haus der Ölmühle« hieß man die Ölbereitungsstätte.

15 Die Pilgertradition zeigt eine 17 m lange und 9 m breite Höhle vor, die nur durch einen engen Gang zugänglich ist. Vgl. C. Kopp, Die heiligen Stätten der Evangelien, Regensburg 1959, 387–399.

16 Gegen Grundmann.

Diese gewinnt vielmehr durch die Aussonderung der drei bevorzugten Jünger den Charakter der Offenbarung und rückt so in die Nähe von 9,2ff (bzw. der Totenerweckung 5,40ff)[17]. Die Drei werden zu Zeugen des Geschehens bzw. sie sind, da sie nur dessen Beginn wach erleben, dazu ausersehen. Für Markus ist die Offenbarung in Getsemani eine Art Gegengewicht zur Offenbarung auf dem Berg oder in Jairi Haus. Wer Jesus ist, versteht man erst dann, wenn man von Getsemani Kenntnis nimmt. Vor den Dreien beginnt er, sich zu entsetzen und zu ängstigen. Ein Grund für die Angst wird nicht angegeben. Es wird aber die Sprache der Leidenspsalmen gesprochen, mögen auch die beiden gewählten griechischen Wörter selten sein[18] (vgl. Ps 31,10: »Herr sei mir gnädig, denn mir ist angst . . ., in Kummer schwindet mein Leben dahin«; auch 22,15; 39,13; 42,12; 43,5 usw.). Diese Psalmen hatten in einer Sprache, die nirgends individuelles, biografisch konturiertes Schicksal erkennen läßt, ein Reservoir von Gebetsklagen bereitgestellt, in denen sich der in Not und Elend Geratene wiederfinden konnte[19]. Wenn der leidende Jesus hier und im folgenden immer wieder mit Worten aus dem Psalter beschrieben wird, soll er als der leidende Gerechte dargestellt werden. In einer persönlichen Anrede an die Drei teilt er diesen seine tiefe Betrübnis mit Worten mit, die an Ps 42,6.12; 43,5 anklingen (dort ein Kehrvers), aber kaum ein Zitat genannt werden können. Über das Psalmwort gehen sie hinaus mit dem Zusatz »bis zum Tod«. In Anlehnung an Jon 4,9 muß dies als Todeswunsch interpretiert werden. Die über Jesus kommende Angst ist so groß, daß das Sterben Befreiung bedeuten könnte. Bemerkenswert ist, daß in den Qumran-Psalmen vom Lehrer der Gerechtigkeit ein Wort überliefert ist, das in gleicher Weise auf Ps 42,6 und den Todesgedanken anspielt: »Meine Seele war verwirrt über mir bis zur Vernichtung« (1QH 8,32)[20]. Die drei Jünger werden aufgefordert, zu harren und zu wachen. Als Wachende sollen sie nicht schlafen und ihrem Meister in der Todesnot beistehen. Darüber hinaus ist Vers 38 vorbereitet. Sie sollen um ihrer selbst willen wachsam sein. Denn auch sie sollen erprobt werden. Der genaue Sinn des Wachens kann erst später bestimmt werden[21].

[17] Nach Barbour* 236f verweist die Aussonderung der drei Jünger bei Mk jeweils auf ein Ereignis, das Jesu Gottessohnschaft manifestiert.

[18] ἐκθαμβεῖσθαι kennt im NT nur Mk und kommt in der LXX nur Sir 30,9 vor. ἀδημονεῖν (wörtlich: vom Volk getrennt sein, dann: sich entsetzen) verwendet Symmachus Ps 61,3 im Gebet eines Verbannten. Kodex D bietet hierfür das sonst nicht bezeugte und in seinem Sinn nicht mehr bestimmbare ἀκηδεμονεῖν. Vgl. Bauer, Wörterbuch 60.

[19] Vgl. G. v. Rad, Theologie des AT I, München [6]1969, 411f.

[20] 1QH 8,4–40 wird dem Lehrer zugeschrieben. Vgl. G. Jeremias, Der Lehrer der Gerechtigkeit, 1963 (StUNT 2), 249–264, besonders 254 Anm. 15.

[21] Es macht einen grotesken Zug in der zelotisch-politischen Jesus-Interpretation aus, wenn Eisler, ΙΗΣΟΥΣ II,528 und Anm. 6, den Befehl zu wachen als militärische Anweisung mißversteht. Lohmeyer 319 vergleicht die Todesangst Jesu mit dem Midrasch Pesiqta Rabbathi 36 (162a), wo vom leidenden Messias ähnliche Todesängste ausgesagt werden. Der Text ist zwar sehr spät und für einen ntl. Vergleich darum ungeeignet, jedoch angesichts der verbreiteten Zurückweisung des Gedankens an einen leidenden Messias im Judentum aufschlußreich. Wirken hier christliche Vorstellungen nach?

35–36 Jesus entfernt sich ein Stück von den Vertrauten[22], um zu beten. Im Gebet will er allein sein. Die Trennung des Beters von seinen Gefährten ist vom Alten Testament her bekannt (Abraham: Gen 22,5; Mose: Ex 19,3; der Profet: Jer 15,17)[23], wie auch die unterwürfige Gebetsgebärde, daß man sich auf die Erde wirft (Abraham: 17,3; vgl. Lk 17,16). Für das Gebet Jesu empfiehlt es sich, von Vers 36 auszugehen (vgl. die Analyse). Hier liegt inhaltlich und formal ein vollständiges Gebet vor, das in invocatio, pars epica und prex zerfällt[24]. Besondere Aufmerksamkeit erheischt die Anrede. Aramäisches Abba[25], ursprünglich eine Lallform, war zur Zeit Jesu sowohl als Anrede wie für den status emphaticus (»der Vater«) als auch für die Form »mein bzw. unser Vater« gebräuchlich, aber nur in bezug auf den irdischen Vater. Ist die Anrede Gottes als Vater im Alten Testament (abgesehen von Sir 23,1 und 4 LXX) nicht nachweisbar und sowohl im palästinischen als auch im hellenistischen Judentum nur ganz spärlich belegt, muß sie als Eigenheit der christlichen Gemeinden angesprochen werden (vgl. Gal 4,6; Röm 8,15). Sie wurzelt im Gebet Jesu und ist Ausdruck seines einzigartigen Gottesverhältnisses. Bestätigt wird dies durch die Beobachtung, daß Jesus auch sonst nach den Evangelien sich nie mit den Jüngern durch die Gebetsanrede »unser Vater« verbindet, vielmehr Gott mit »Vater, mein Vater« anspricht (Mt 11,25f; 26,39.42)[26]. Das zweisprachige Abba- ὁ πατήρ belegt die Doppelsprachigkeit der überliefernden palästinischen Gemeinde. In der pars epica preist Jesus die Allmacht des Vaters. Die Wendung »alles ist dir möglich« ist in Gebeten formelhaft[27], hebt hier aber auf jene Allmacht Gottes ab, mit der dieser die Geschicke der Menschen lenkt. In der prex ist das Bild vom Becher aufgegriffen, den der Tischvorsitzende beim Mahl den Mahlteilnehmern darreicht. Gott reicht Jesus den Unheilsbecher. Darum ist das über ihn kommende Leid kein dunkles und dumpfes Geschick. Wurde in der jüdischen Märtyrertheologie das Bild auf das Leiden im Martyrium übertragen, so drückt es im Alten Testament den Zorn Gottes aus, der mit dem Gericht über einzelne Personen oder Völker kommt[28]. Hier mischen sich beide Aspekte, so daß Jesus mit dem Leiden den Zorn, der andere treffen soll, übernimmt. Könnte die Bitte Unsicherheit in der Leidenshaltung Jesu aufkommen lassen[29], so klingt das Gebet in völliger Unterordnung seines Willens unter den göttlichen aus[30]. Auch dieses Motiv ist im Psalter vorgegeben (Ps 40,9; 103,21;

[22] Die verbreitete Lesart προσελθών = er trat heran (nämlich an die Drei), die C Koine-Text D Θ vertreten, verzeichnet das Bild.

[23] Die Einsamkeit des Beters in den Leidenspsalmen (Ps 27,10; 31,12; 69,9) ist anders motiviert. Dort fliehen die Freunde wegen der Schmach, die über den Beter gekommen ist. Dieses Motiv liegt hier noch nicht vor. Anders Schenke, Studien 549.

[24] Vgl. v. Unnik*.

[25] Vgl. Jeremias, Theologie I,68–73.

[26] McCasland* übersetzt ὁ πατήρ zutreffend »mein Vater«.

[27] Mk 10,27. Außerbiblische Belege bei Bauer, Wörterbuch 410.

[28] Vgl. oben zu Mk 10,38.

[29] Nach Jeremias, Theologie I,138, habe Jesus darum gebetet, die Gottesherrschaft möge kommen, ohne daß er leiden muß.

[30] Es ist darum nicht möglich, zwischen den VV 35 und 36 einen tiefer greifenden Unterschied in der Haltung Jesu gegenüber dem Willen Gottes zu konstatieren. Gegen Schenke, Studien 499 (anders 546).

143,10), erinnert im Evangelium aber an die dritte Vaterunser-Bitte (Mt 6,10; 26,42). Im vorausgehenden Vers 35 ist ein Vers 36 ähnliches Gebetsanliegen in indirekter Rede formuliert. Der Bedingungssatz »wenn möglich« (vgl. 13,22) überläßt wiederum letztlich alles Gott. An die Stelle des Bechers tritt die Stunde, die an Jesus vorübergehen möge. Mit der Stunde kann in der Umweltliteratur die festgesetzte Zeit, die Schicksalsstunde[31], die Todesstunde[32] bezeichnet werden, in der Bibel die Stunde des vernichtenden Gerichts (Est 10,3h vgl. 3Makk 5,13)[33]. In der Apokalyptik gewinnt der Begriff besonderen Rang. Bei Daniel bezeichnet er den Zeitpunkt der Vollendung, ist aber als solcher eindeutig durch συντέλεια definiert[34]. Die Stunde, die Jesus erwartet, ist darum nicht der Jüngste Tag. Gemeint ist die von Gott festgelegte Zeit eines apokalyptischen unheilvollen Ereignisses, das das nahe Ende anzeigt (vgl. Offb 9,15; 11,13; 14,7.15)[35]. In Vers 41 wird als Inhalt dieser Stunde die Auslieferung des Menschensohnes in die Hände der Sünder angegeben. Mit Vers 35 wird der Leidenskampf Jesu christologisch erhöht und apokalyptisch gedeutet. Der Tod des Menschensohnes führt das Gericht herauf. Im Kreuzigungsbericht wird dieser Aspekt vertieft werden (vgl. 15,25.33f).

Die Szene wendet sich den Jüngern zu. Jesus findet sie schlafend. Sein vor- 37–38
wurfsvolles Wort gilt allein dem Petrus[36]. Das ist im Kontext Rückbezug auf dessen selbstsichere Worte in 30f bzw. Vorausgriff auf seine Verleugnung. Die seltene Anrede Simon kann als Bestätigung für den palästinischen Charakter der Tradition angesehen werden[37]. Die Unfähigkeit, eine Stunde zu wachen – par Mt 26,40 ergänzt sinnvoll: mit mir –, zeigt, daß der Jünger auf den Leidensweg seines Meisters innerlich nicht vorbereitet ist. Der Kontrast von Schlafen und Wachen erinnert bedrohlich an die Warnung im Gleichnis vom Türhüter 13,35f. Damit wird das Wachen als eschatologische Haltung erkennbar, jedoch ist die Begegnung mit dem leidenden Jesus nicht die Parusie[38]. Sie könnte als ihr Vorspiel gesehen werden oder als eine Entscheidung, die sich auswirken wird auf das Schicksal des Menschen bei der Parusie Christi, gerade des Jüngers, der besondere Verantwortung übernahm (wie der Türhüter). Mit der Mahnung, zu wachen und zu beten, die an alle Jünger gerichtet ist, erfährt die Perikope ihren paränetischen Höhepunkt und ihren apoftegmatischen Charakter. Wachen und Beten gehören auf das engste zusammen. Im Beten tut sich das Wachsein kund. Nur dann werden sie der Versuchung, die auf sie zukommt, entgehen, und die Erprobung, die mit ihr gegeben ist, bestehen kön-

[31] So deuten Wellhausen, Linnemann* 27.

[32] Bei Diodor Sic. 15,87,6, spricht der todesmüde Epaminondas: »Es ist die Stunde zu sterben.«

[33] Vgl. G. Delling, ThWNT IX,675–677.

[34] LXX Dan 11,40.45. Zutreffend beobachtet von Linnemann* 27 Anm. 40.

[35] Vgl. Mohn* 203, der sich auch auf Röm 13,11 beruft. Pesch II,390 erkennt die apokalyptische Qualität der Stunde nicht.

[36] Einzelne Handschriften (D Θ it) lassen alle Jünger angeredet sein: »Konntet ihr nicht . . .« Das ist Einfluß von par Mt 26,40.

[37] Vgl. Lohmeyer 316 Anm. 1.

[38] Wenn Schenke, Studien 558, formuliert: »Mk 14,32–42 macht also deutlich, daß das, was die Christen bei der Parusie erwarten, gerade im Leiden geschehen kann«, könnte dies im Sinn der Vorwegnahme der Parusie mißverstanden werden.

nen. Daß die Versuchung den Menschen erprobt, ist ein Gedanke, den die Weisheitsliteratur betont (Weish 3,5; 11,9; Sir 2,1; 33,1; 44,20 und das Buch Ijob). Dabei geht die Versuchung in den Evangelien wie bei Ijob vom Satan aus (Ijob 1,6–2,11; Mt 4,1 parr)[39]. Der Versuchung zu entgehen, wird man als den Inhalt des Betens der Jünger, nicht dessen Zweck (in Übereinstimmung mit Mk 13,18; 14,35) zu bestimmen haben[40]. Das dringende Anliegen wird durch einen lehrhaften Satz, der von der Gefährdung des Menschen redet, erläutert. Ein Geist-Fleisch-Wesen ist der Mensch. Im Geist willig, im Fleisch schwach. In dieser Konstitution liegt nicht die Quelle der Versuchung. Sie kommt von außen, findet aber an ihr, näherhin am Fleisch, den Ansatzpunkt. Es kommt darauf an, das Fleisch, das zur Sünde neigt, träge ist, den Weg der Bequemlichkeit sucht, zu überwinden und dem Geist unterzuordnen. Die Rede von Geist und Fleisch ist innerhalb der Synoptiker nur hier anzutreffen (sonst bei Paulus und 1Petr 3,18; 4,6). Sie ist alttestamentlich, aber in ihrer asketischen Prägung vom Alten Testament unterschieden. Ps 51,14 aber, auf den angespielt wird, redet von einem willigen Geist, mit dem Gott den Menschen ausrüstet. Auch in den Qumran-Handschriften spielt Ps 51 eine Rolle[41]. In ihnen finden wir eine anthropologische Konzeption, die der hier vorliegenden am nächsten kommt. Danach hat der Mensch, allerdings nur der für die Gemeinde bestimmte, gemäß göttlicher Prädestination den »Geist der Wahrheit«, der das Gute will. Dieser ist die Triebkraft zum rechten Tun. Wenn der Fromme dennoch sündigt, so geschieht dies, weil er Fleisch ist. Er kommt zu Fall durch die »Sünde des Fleisches« (1QS 11,12). Fleisch ist darum nicht bloß, wie im Alten Testament, Inbegriff der kreatürlichen Begrenztheit, sondern auch Ermöglichung des Böseseins und Sündigens[42]. Bei Markus fehlen der prädestinatianische Gedanke und der damit verbundene strenge Dualismus[43].

39–40 Die Szene wiederholt sich. Beim zweiten Mal wird noch vom Beten Jesu gesprochen[44]. D. Daube möchte den Jüngerschlaf von einer Stelle der Mischna her deuten, wonach die Paschagemeinschaft aufgehoben ist, wenn alle in Schlaf verfallen[45]. Auch ohne diesen Bezug zeichnen die Wiederholungen das Versagen eindringlich. Was über die Jünger gesagt wird, darf nicht als deren Entschuldigung verstanden werden. Ihre beschwerten Augen stehen für ihre gei-

[39] Schenk, Passionsbericht 203, bestimmt die Versuchung mit Berufung auf äthHen 92,2; Offb 3,10 apokalyptisch. Sie ist aber spezifischer für die Weisheit.

[40] Mit Klostermann, anders Schenk, Passionsbericht 202f. Völlig abwegig ist die Meinung von Héring* 64f, wonach es heißen müßte: daß *ich* nicht in Versuchung komme.

[41] Kuhn* 281.

[42] Vgl. Kuhn* 274–285. Zum Unterschied Mk 14,38/Paulus ebd. 275f.

[43] In Qumran fehlen die Antithese Geist-Fleisch (in einem Satz zusammengefaßt) und die Rede vom »schwachen Fleisch«. »Fleisch der Bosheit« aber meint sachlich dasselbe. Es fehlt ein Äquivalentbegriff für πειρασμός. Vgl. Schenk, Passionsbericht 203. Nach Braun, Qumran I,55, steht »Fleisch« in Qumran der Sünde näher als σάρξ in V 38.

[44] Kodex D und it streichen »indem er das gleiche Wort sprach«.

[45] Pes 10,8. Die Stelle bezieht sich unmittelbar auf das Mahl. Offenbar soll verhindert werden, daß das Paschamahl zu einem Gelage ausartet. Die Intentionen sind also andere. Vgl. D. Daube, Evangelisten und Rabbinen, ZNW 48 (1957) 119–126, hier 121.

stige Blindheit[46]. Daß sie nichts zu antworten wissen, zeigt, daß sie zu ihrer Entschuldigung nichts vorzubringen haben (vgl. 9,6).

Beim dritten Mal wird nurmehr die Rückkehr Jesu zu den Jüngern erwähnt[47]. 41–42
Sein erstes Wort ist vorwurfsvoll, mag man es als Frage (wie es in der Übersetzung geschah) oder als exklamatorische Feststellung auffassen[48], dann: Ihr schlaft also und ruht euch aus! Das Ausruhen, das er ihnen einst vergönnte (6,31), wird in dieser Situation zur Sünde. Rätselvoll ist das Wort ἀπέχει. Es ist ein Term der Geschäftssprache, der »empfangen haben, quittieren« bedeutet. Ist ein Subjekt zu ergänzen? Judas, der den Judaslohn quittiert, oder Gott, der Jesu Gebet empfangen hat[49]? Manche Handschriften ergänzen τὸ τέλος (dann: gekommen ist das Ende)[50]. Wahrscheinlich muß man unpersönlich übersetzen, aber nicht wie die Vulgata »es ist genug« (sufficit), sondern in bezug auf die Zeit: Es ist vorbei. Jesus würde dann feststellen, daß er in seinem Gebetskampf volle Klarheit über den ihm vom Vater abverlangten Weg gewann. Die Verständnislosigkeit der Jünger hebt sich um so schärfer ab. In dieser Klarheit kann er souverän das folgende Geschehnis ankündigen. Die Stunde, um deren möglichen Vorübergang er gebetet hatte, ist gekommen, und er ist bereit, sie anzunehmen. Haben wir oben die Stunde in einem apokalyptischen Horizont gesehen, so ist jetzt zu betonen, daß Jesus ihr in Freiheit gegenübersteht. Er wird nicht zum Sklaven eines göttlichen Heilsplanes, sondern überantwortet sich in freier Liebe dem Willen des Abba. Das Menschensohn-Logion variiert die ältere Form von 9,31: ausgeliefert in die Hände der Menschen. Der Kontrast Menschensohn – Sünder ist noch prägnanter. In LXX Ps 35,11; 70,4; 81,4 betet der Fromme, Gott möge ihn aus der Hand des Sünders bzw. der Sünder entreißen. Bei Markus verbindet sich der Kontrast mit der Menschensohn-Tradition. In 8,38 stehen sich der Menschensohn und dieses ehebrecherische und sündige Geschlecht gegenüber. War Jesus ein Freund der Sünder (2,15–17), so wird er jetzt ihren bösen Ränken preisgegeben. Die passivische Formulierung aber gibt zu verstehen, daß Gott der eigentlich Handelnde ist. Einleitendes »Siehe« deutet an, daß die Auslieferung sich jetzt ereignet. Was bislang immer nur angesagt wurde, wird Wirklichkeit. Die Jünger, die es schon verstanden haben müßten, sind unvorbereitet. Die Aufforderung, aufzustehen und zu gehen, ist kein Ruf in die Nachfolge mehr. Obwohl sie gerade jetzt gefordert wäre, kann sie nicht mehr erwartet werden. Der Auslieferer, der sich genaht hat, ist einer aus ihnen, einer von den Zwölfen (14,20). Seine Tat muß auf dem Hintergrund des παραδίδοται gesehen werden. Seine Ruchlosigkeit liefert den Meister in die Hände der Sünder aus und ist einbezogen in das Vorauswalten Gottes. Die Voraussage Jesu bringt die Ereignisse ins Rollen.

[46] Mit Kelber* 179f gegen Lohmeyer.

[47] Kelber* 185 sieht in der Dreizahl eine Entsprechung zu den drei Leidensankündigungen und den drei Verleugnungen des Petrus. Mohn* 207 verbindet die Dreizahl mit V 30 und versteht den Jüngerschlaf als Verleugnung Jesu.

[48] So Schenke, Studien 533.

[49] Vorschläge von Bauer, Wörterbuch 168; Dormeyer, Passion 132.

[50] D Θ it sy. Lohmeyer spricht von einer lectio absurda; Cranfield hält eine Glosse, die durch Lk 22,37 veranlaßt sei, für möglich.

Historische Beurteilung

Für die Historizität der Überlieferung ist das Argument untauglich, daß hier von der Niedrigkeit Jesu erzählt würde und der Gemeinde, solches zu ersinnen, nicht zuzutrauen wäre. Wie wir sehen konnten, wird gerade Jesu Größe im Leiden geschildert[51]. Auf ein historisches Geschehen deuten der Ortsname Getsemani und die mit ihm verbundene Verhaftung Jesu. Hat er dort die letzte Nacht zugebracht, so ist die Erinnerung an ein intensives Gebet in Vorahnung seines Geschicks glaubwürdig. Im einzelnen wurden Gebet und Bericht theologisch und im Rückgriff auf den Psalter ausgestaltet[52]. Die Gebetsanrede Abba aber hat als Spezifkum der Gebetssprache Jesu – nicht bloß eingeschränkt auf ein besonderes Gebet – zu gelten. Wenn das Abba ausschließlich an dieser Stelle des Passionsberichtes begegnet, zeugt dies für das Bild, das die frühe Gemeinde von Jesus aufbewahrt hat. Es dürfte für die Haltung, mit der er in sein Leiden ging, zutreffen.

Zusammenfassung

Markus übernimmt mit der Tradition deren theologische Intentionen und verschärft einzelne Akzente. Mit der Perikope ist eine gewisse Zäsur im Ablauf der Passionsereignisse insofern gegeben, als Vers 31 die letzte Leidensankündigung bietet. Jesus ist im weiteren Verlauf nicht mehr der Handelnde, sondern der Erleidende. Die Auswahl der Drei ist für den Evangelisten ein Mittel, die Wichtigkeit des Geschehnisses im Offenbarungsprozeß herauszustellen. In der Passion offenbart sich der Sohn Gottes. Darum wird man auch, obwohl beides aus ganz verschiedenen traditionsgeschichtlichen Quellen herkommt, im Evangelium einen Zusammenhang zwischen der Abba-Anrede Jesu und dem Bekenntnis des Hauptmanns zu ihm als dem Sohn Gottes sehen dürfen. Als Sohn spricht er dieses Abba, und als dieser Sohn gibt er seine Größe in seinem Gang zum Kreuz zu erkennen. Die Kontrastierung von betendem Jesus und schlafenden Jüngern und damit die paränetische Orientierung hat Markus weiter ausgebaut (V40b). Vor dem Kreuz sind die Jünger blind und redeunfähig. Sie müssen durch den bitteren Karfreitag hindurch, nicht weil sie eine begriffsstutzige oder häretisierende Gemeinde repräsentieren[53], sondern weil sie und mit ihnen die Leser des Evangeliums lernen sollen, daß der Christ aus der Gnade lebt. Aus ihr muß er die Kraft schöpfen, ja zu sagen zur Getsemani-Stunde. Er öffnet sich der Gnade im beständigen Gebet. Ohne Gebet verschläft er sein Heil. Als Betender bleibt er wach und aufgeschlossen für die Anforderungen der Stunde.

51 Vgl. Schenke, Studien 543.

52 Detaillierte historische Rekonstruktionsversuche müssen fehlschlagen. So will Boman* zwischen zwei besonderen Gebeten Jesu unterscheiden. Die letzte Nacht habe er im ruhigen Gebet zugebracht. In einem vorausgehenden Gebet aber habe er unruhevoll um Bewahrung der Jünger vor dem Glaubensabfall gebetet. Lk 22,31f erinnere dies. In der Getsemani-Perikope seien beide Gebete vermengt worden. Jeremias, Theologie I,138, bringt V36 mit Jesu Naherwartung in Verbindung. Für E. Meyer, Ursprung und Anfänge des Christentums I, Stuttgart 1921, 150, ist die Anrede »Simon« in V37 historisches Detail.

53 Gegenüber redaktionsgeschichtlichen Rückschlüssen auf historische Situationen von Gemeinden ist Zurückhaltung geboten. Nach Kelber* 186 und Anm. 61 schreibt Mk gegen eine Gemeinde, Peter-Christians genannt, die in Jerusalem sitzt und die Passionschristologie verraten habe. Ähnlich, aber etwas vorsichtiger, Schenke, Studien 558–560.

Wirkungsgeschichte

Die Perikope wurde paränetisch und christologisch ausgewertet. Im paränetischen Rahmen ist Jesus Vorbild und mit den Menschen in Todesnot solidarisch: »Was war das für eine Stimme, wenn nicht der Klang unserer Krankheit? Viele Kranke wurden seither angesichts des Todes getröstet.«[54] Calvin[55] spricht von der wahren Tapferkeit, die sich dann ausweisen würde, wenn es zur Entscheidung kommt. Hier treten die innersten Gefühle ans Licht. Moderne Autoren betonen das Beten Jesu als Reden des Menschen mit seinem Schöpfer und als Kampf des sich bewährenden Gehorsams[56] oder empfehlen im Anschluß an die Perikope das Gebet als Mittel zum Bestehen in der Anfechtung und Versuchung[57]. Den dem schwachen Fleisch gegenüberstehenden willigen Geist scheint man weithin mit dem göttlichen Geist, der dem Christen geschenkt ist, gleichgestellt zu haben[58]. Christologisch wird Jesu Todeskampf als Ausdruck seiner wahren Menschlichkeit gewertet[59]. Als Mensch empfand er das Bedrängende des Todes[60], war er aufgewühlt »bis in die letzte Tiefe seines menschlichen Wesens«[61]. Beda gebraucht die Perikope als Waffe gegen die gnostischen Irrlehrer, die Manichäer, Valentin und Markion[62]. Problematisch erscheint manchen das εἰ δυνατόν im Gebet Jesu und die Bitte, der Kelch möge vorübergehen. Calvin[63] greift das dialektische Wort des griechischen Kirchenlehrers Kyrill auf: Christus habe das Kreuz in gewissem Maß nicht freiwillig erduldet, wohl aber freiwillig nach dem Willen des Vaters und wegen unserer Erlösung. Als Wort Gottes und Gott habe er den Tod in keiner Weise gefürchtet, als der Fleischgewordene aber gestatte er dem Fleisch, das Seine zu leiden und darum habe er als wahrhaftiger Mensch den schon vor der Tür stehenden Tod gefürchtet. Calvin fügt seinerseits einen Unterschied hinzu, der zwischen Jesus und uns bestünde: »in uns gibt es kein Gefühl, das von Sünde frei wäre, weil jedes das rechte Maß und Ziel überschreitet. Christus aber ist von Traurigkeit und Furcht so umgetrieben worden, daß er sich doch nicht gegen Gott auflehnte.« K. Barth[64] treibt die in der Perikope liegende Spannung noch ein Stück voran. Jesus habe in Getsemani selbst den ihm vorgezeichneten Weg in Frage gestellt. Drei Punkte würden die Erzählung charakterisieren: die Gebetsanrede Abba; die Einsamkeit Jesu, der ohne Gefährte und Helfer ist; und die Antwort Gottes, die nur in der Sprache der Tatsachen gegeben wird. Man könne darum das Gebet Jesu nur mit Vorbehalt ein Gespräch mit Gott nennen. Es ging darum, daß Gott unverkennbar einen Bund mit dem Tod geschlossen hatte, daß die Ausführung göttlichen Gerichts den Händen Jesu entnommen und in die Hände seiner höchst ungelegenen Richter gelegt und an ihm selbst vollzogen werden sollte. Dein Wille geschehe bedeute, daß Jesus mit dem bösen Ge-

[54] Beda, PL 92,276.
[55] II,329.
[56] O. Weber, Grundlagen der Dogmatik II, Neukirchen 1962, 65.
[57] B. Häring, Das Gesetz Christi, Freiburg [5]1959, 359f.
[58] Vgl. Calvin II,336; Beda, PL 92,277. Polyk 7,2 bezieht V 38 auf die Wachsamkeit gegenüber der Irrlehre.
[59] Origenes, c. Cels. 2,24.
[60] Theophylakt: PG 123,653.
[61] M. Schmaus, Der Glaube der Kirche I, München 1969, 683.
62 PL 92,275.
[63] II,330.
[64] Dogmatik IV/1, 1953, 291–298.

schlecht nur das Zeichen des Jona empfangen sollte. Beschreibt Barth die geschichtlich-empirische Todesnotwendigkeit, so geht A. Schweitzer[65] mit seinem liberalen Jesus-Bild von der dogmatisch-eschatologischen Notwendigkeit aus: »Wie der Herr im Vaterunser die Seinen gelehrt hatte, um Verschonung vom πειρασμός zu bitten, wie er in seiner Angst um die drei Intimen diese darum bitten läßt, so fleht er selbst darum, und zwar noch im letzten Augenblick, wo er schon weiß, daß die Schar, die ihn greifen soll, unterwegs ist. Die natürliche Geschichte existiert für ihn nicht, sondern nur der Wille Gottes, und diesen sieht er noch über der eschatologischen Notwendigkeit.«

## 9. *Judas liefert Jesus aus (14,43–53a)*

*Literatur: Rostovtzeff, M.*, Οὖς δεξιὸν ἀποτέμνειν, ZNW 33 (1934) 196–199; *Knox, J.*, A Note on Mark 14,51–52, in: The Joy of Study (FS F. C. Grant), New York 1951, 27–30; *Belcher, F. W.*, A Comment on Mark XIV.45, ET 64 (1952/53) 240; *Doeve, J. W.*, Die Gefangennahme Jesu in Gethsemane, StEv I (1959) 458–480; *Vanhoye, A.*, La fuite du jeune homme nu (Mc 14,51–52), Bib 52 (1971) 401–406; *Schneider, G.*, Die Verhaftung Jesu, ZNW 63 (1972) 188–209. – Weitere Literatur s. oben S. 216f.

43 **Und sogleich, während er noch redet, kommt Judas an, einer von den Zwölfen, und mit ihm eine Schar mit Schwertern und Knüppeln von den Hohenpriestern und den Schriftgelehrten und den Ältesten.** 44 **Der ihn auslieferte, hatte mit ihnen aber ein Zeichen vereinbart und gesagt: Den ich küssen werde, der ist es. Ergreift ihn und führt ihn sicher ab!** 45 **Und als er kam, trat er sogleich an ihn heran, und spricht: Rabbi, und er küßte ihn innig.** 46 **Sie aber legten Hand an ihn und ergriffen ihn.** 47 **Irgendeiner der Dabeistehenden aber zog das Schwert, schlug auf den Knecht des Hohenpriesters ein und trennte sein Ohr ab.** 48 **Und Jesus antwortete und sprach zu ihnen: Wie gegen einen Räuber seid ihr ausgezogen mit Schwertern und Knüppeln, mich festzunehmen.** 49 **Täglich war ich bei euch im Tempel und lehrte, und ihr habt mich nicht ergriffen. Aber (es geschah), damit die Schriften erfüllt würden.** 50 **Und alle verließen ihn und flohen.** 51 **Und ein Jüngling, bekleidet mit einem Leinengewand auf dem bloßen Leib, folgte ihm nach. Und sie ergreifen ihn.** 52 **Er aber gab das Leinengewand auf und floh nackt.** 53a **Und sie führten Jesus zum Hohenpriester ab.**

Analyse Die Perikope ist nicht selbständig, sondern als Fortsetzung der Getsemani-Erzählung aufzufassen. Die Ankündigung der Judasankunft (42b) erfüllt sich unmittelbar (43). Die Begleitung Jesu wird nicht näher gekennzeichnet. Aus dem Vorausgehenden wissen wir, daß es die Jünger sind, wie auch den Ort der

[65] Leben-Jesu-Forschung 439.

Verhaftung, Getsemani. Auch nach vorwärts verlangt die Perikope eine Fortsetzung. Der Hörer erwartet nach der Abführung Jesu zum Hohenpriester zu hören, was dort geschieht. Ist die Eingebundenheit der Tradition in einen größeren Passionszusammenhang schwerlich zu bestreiten, ist jedoch mit ihrer traditionsgeschichtlichen Auffüllung zu rechnen. Im einzelnen wird diese unterschiedlich bestimmt. Weitgehend einig ist man sich nur darin, daß die Verse 43–46 einen zusammengehörigen Komplex darstellen[1]. In 43 dürfte Markus die Klammer nach rückwärts durch den Genitivus absolutus »sogleich, während er noch redet« (vgl. 5,35) verstärkt haben. Auch die Charakterisierung des Judas als »einer von den Zwölfen« geht wie in 14,10.20 auf ihn zurück. Ob er dagegen auch die Schriftgelehrten und Ältesten einbrachte und somit die Synhedrialfraktionen vervollständigte, kann nicht sicher entschieden werden[2]. Vielleicht sind sie vorgegeben. Die Schwertszene (47) wurde vielfach als Anreicherung angesprochen, oft mit der Begründung, daß sie keine Reaktion nach sich ziehe[3]. Die Flucht aller in 50 paßt aber durchaus zu ihr. Die Stellungnahme Jesu 48f erweist sich so als Zutat. Auffällig ist auch, daß Jesus in ihr zur Tat des Judas nichts sagt (Mt 26,50; Lk 22,48 empfanden das). Seine Rede richtet sich an ein Publikum, das über die Anwesenden hinausgreift. Sie ist aber nicht völlig markinisch[4]. Als sicher markinisch kann nur 49a gelten. Der Verweis auf die Lehre im Tempel verknüpft die »Jerusalemer Streitgespräche« mit der Passionsgeschichte (vgl. 12,35: διδάσκων ἐν τῷ ἱερῷ, und 12,12). Der Rest ist vormarkinische Erweiterung. Dasselbe gilt für die Flucht des unbekannten Jünglings (51f)[5], die fast allgemein als Nachtrag empfunden wurde. In der chaotisch wirkenden Flucht wirkt sich ein apokalyptisches Motiv aus (vgl. Offb 6,15f; 12,6; äthHen 62,10; Mk 13,14–20). Wiederum sehen wir, daß der Grundbestand der Überlieferung mit apokalyptischen Motiven durchwirkt wurde, ehe sie der Evangelist übernahm.

Die Perikope zeichnet sich durch das Auftreten vieler Personen aus: die Schar der Häscher, der Knecht des Hohenpriesters, Jesus, die Jünger (= »alle« in Vers 50), einer der Dabeistehenden, der flüchtende Jüngling. Hauptperson

[1] Lohmeyer 321; Schweizer 173; Schneider* 193. Pesch II,397f rechnet, ohne überzeugen zu können, mit einem einheitlichen Text.

[2] Nach Hirsch, Frühgeschichte I,158, sind die Schriftgelehrten eine spätere Glosse; Schenke, Christus 118, vermutet, daß es ursprünglich hieß: »vom Hohenpriester«. Schenk, Passionsbericht 207, spricht nur allgemein einen Verdacht gegen die Ursprünglichkeit der dreigliedrigen Angabe aus.

[3] Schon Hirsch, Frühgeschichte I,159. – Schenk, Passionsbericht 210, behauptet, τῶν παρεστηκότων sei nachweislich Mk-R. Wahrscheinlich sei dies an die Stelle eines ehemaligen καὶ νεανίσκος getreten. Der Schwertschläger wäre der Jüngling der VV 51f. Dies ist bare Vermutung.

[4] Für Mk-R halten die VV 48f Dormeyer, Passion 141–143; Schneider* 202–204; Schenk, Passionsbericht 213. Die Anreihungsformel aber ist nicht typisch für Mk. Der Plural αἱ γραφαί nur noch 12,24. Vgl. Hirsch, Frühgeschichte I,159. – Ob ἐλθὼν εὐθύς in V 45a Mk-R ist, wie Schenke, Christus 118, mit Berufung auf Schneider* 200 behauptet, kann ruhig dahingestellt bleiben. Vermutlich stimmt das nicht.

[5] Schenke, Christus 122, hält die VV 51f für Mk-R. Schneider* 205 spricht »sowohl von einer traditionellen Erzählung als auch von markinischer Formulierung«. Diese Einsicht hat grundsätzliche Bedeutung.

aber ist, wenigstens im ersten Teil (in 43–45 Subjekt der Sätze), Judas. Die führenden Verben sind entsprechend der Szene ergreifen (κρατεῖν 4mal) und fliehen (2mal). Jesus ist der Ergriffene, die Jünger sind die Fliehenden. Der unbekannte Jüngling nimmt hier eine Zwischenstellung zwischen Jesus und den Jüngern ein: auch ihn ergreift man, aber er flieht. Die Struktur der Erzählung ist auf Steigerungen hin angelegt. Teilweise sind diese nur im griechischen Text nachzuempfinden. Die allgemeine Flucht der Jünger steigert sich an Intensität im Epilog, wo der unbekannte Nachfolger Hals über Kopf und nackt davonrennt. Judas vereinbart, Jesus zu küssen (φιλεῖν). Beim Gruß küßt er ihn innig, mit einer Umarmung, oder wie immer man die Intensivform καταφιλεῖν übersetzen mag[6]. Ebenso kommt er und tritt sogleich an Jesus heran (ἐλθών – προσελθών). Wiederum ist die Eindringlichkeit, Hast oder das Überstürzte seines Tuns angedeutet. Bezüglich der Tempora überwiegen die Vergangenheitsformen, nur am Perikopenbeginn ist das Präsens führend (43–45). In 51 wird dieses nochmals aufgegriffen, so daß 51 wie ein Perikopenanfang und 51f wie eine kleine Perikope wirken könnte[7]. Vers 44 liefert eine notwendige Nachinformation im Perfekt. Nicht unwichtig ist, daß Wendungen im Geschehensablauf durch δέ (oben mit »aber« übersetzt) anstelle von καί markiert sind: die Festnahme Jesu (46), der Schwertstreich (47), der also als dramatische Fortsetzung der Festnahme gedacht ist, die rettende Flucht des Jünglings (52). Die Perikope gliedert sich in zwei größere Abschnitte: die verräterische Tat des Judas (43–46), Reaktionen auf die Festnahme Jesu (47–52), nämlich Schwertstreich und Flucht. Die Rede Jesu (48f) hebt sich als eingeschalteter kleiner Block davon ab[8]. Vers 53a meldet die Ausführung des Vorhabens und schließt ab. Die Abführung Jesu ist mit 44c verklammert.

Erklärung 43–46

Als Jesus noch redet, das Nahen des Verräters ankündet, kommt Judas an. Als »einer von den Zwölfen« steht er als der ruchlose Jünger da. Seine Begleitung wird als Abordnung der drei Fraktionen des Synhedrions gekennzeichnet. Damit ist zu verstehen gegeben, daß die offizielle höchstrichterliche jüdische Behörde gegen Jesus eingreift. Die mitternächtliche Stunde scheint im Kontrast hierzu zu stehen. Aber aus Furcht vor dem Volk wagen sie nicht, ihn bei Tag zu ergreifen (12,12). Jetzt ist die günstige, von Judas ausgekundschaftete Gelegenheit gekommen (14,11). Die Truppe, deren Zahl nicht angegeben wird[9], ist mit Schwertern und hölzernen Knüppeln bewaffnet. Letztere dienten als

[6] Belcher* geht zu weit, wenn er καταφίλεῖν als Kuß der Reue versteht. Die Erzählintention wird eher gegenteilig zu bestimmen sein.

[7] In The Greek NT werden die VV 51f als eigene Perikope abgesetzt. Dies ist abzulehnen, weil die Verse V 50 erläutern.

[8] Lohmeyer 321 glaubte, in der Perikope gegenüber dem Vorausgehenden einen Perspektivenwechsel erkennen zu können. Der Abschnitt werde – fiktiv – vom Standort eines Mannes des Judasgefolges aus erzählt. Nur ein solcher könne um die geheime Absprache des Judas wissen oder den Knecht des Hohenpriesters kennen. Durch die Rede Jesu aber und schon die Charakterisierung des Judas als »einer von den Zwölfen« ist die Perspektive des Jüngers bezogen.

[9] C Koine-Text Θ sprechen von ὄχλος πολύς. Das ist Einfluß von Mt 26,47.

Schlagstöcke, reichten aber auch aus, um einen Menschen zu töten[10]. Da es nach Markus die Paschanacht ist, erhebt sich die Frage, da dem Paschafest Sabbatcharakter zukam, ob das Ruhegebot durch das Waffentragen mißachtet ist. Dies wird nicht der Fall sein. Zwar haben fromme Juden zur Zeit der Makkabäer das Waffentragen am Sabbat abgelehnt, aber mit Berufung auf Lev 18,5 bildete sich eine Rechtstradition heraus, die das Waffentragen zur Verteidigung erlaubte und das Ruhegebot durch die Lebensrettung verdrängt sein ließ. Sadduzäisch gesinnte Hohepriester haben es sicher nicht als gesetzwidrig empfunden, wenn man in der Paschanacht im Dienst der öffentlichen Ordnung Waffen trug[11]. Die bewaffnete Schar deutet an, daß man mit Widerstand seitens Jesu und seiner Jünger rechnet. In einer Nachinformation hören wir von einem Zeichen, das Judas mit der Truppe vereinbart hatte. Durch einen Kuß will er Jesus kenntlich machen. Das setzt ein Mehrfaches voraus: einmal befindet sich Jesus in der Gruppe seiner Jünger, das andere Mal ist er den Leuten nicht bekannt und will man vor allem ihn packen, nicht die Jünger. Weil die Begrüßung durch einen Kuß zwischen Schüler und Rabbi üblich war, ist das Erkenntniszeichen höchst unauffällig. Der Kuß ist – angesichts der Waffen tragenden Leute – nicht »listige Umgehung etwaigen Widerstandes«[12], sondern Veranschaulichung schändlichsten Verrats. Nach Spr 27,6 sind trügerisch die Küsse des Hassenden[13]. In der rabbinischen Literatur wurde der Bruderkuß Esaus Gen 33,4 als Kuß der Falschheit gedeutet: »Glühende Lippen und ein böses Herz; denn er wollte ihn nicht küssen, sondern beißen.«[14] Die Sorge des Judas, daß Jesus sicher abgeführt würde, soll seine Feigheit bekunden. ἀπάγω wird vorzüglich für das Abführen in das Gefängnis verwendet[15]. Rasch tritt er an Jesus heran. Die Anrede Rabbi (wörtlich: mein Großer) ist für den Lehrer üblich. Sie ist bei Markus dem Petrus vorbehalten (9,5; 11,21) und will hier den vertrauten Umgang des Jüngers mit Jesus erinnern. Als Verhöhnung des Lehreranspruches kann sie kaum aufgefaßt werden[16], eher kennzeichnet sie die Schändlichkeit der Tat. Der innige Kuß (κατεφίλησεν) zeigt gleichfalls, wie das Freundesverhältnis infam mißbraucht wird. Nachdem Jesus kenntlich gemacht ist, wird er von den Leuten gepackt. Weil seine Abführung erst in Vers 53a berichtet wird, ist Freiraum für Begleitereignisse geschaffen.

Der Schwertstreich gegen den Knecht des Hohenpriesters deutet eine tumul- 47
tuarische Szene an. Wer die Waffe zog, ist nur ungenau angegeben: irgendeiner der Dabeistehenden[17]. Galiläische Festpilger werden die Waffe zur Klei-

[10] JosBell 2,176, erzählt von einer Polizeiaktion römischer Soldaten unter Pilatus, die mit hölzernen Knüppeln ausgerüstet sind. Nach Euseb, h.e. 2,23,18, wird Jakobus der Gerechte mit einem ξύλον erschlagen.

[11] Vgl. Dalman, Jesus-Jeschua 89f.

[12] So Klostermann.

[13] Joab tötet Amasa beim Bruderkuß (2Sam 20,9).

[14] ExR 5 (71b) bei Billerbeck I,996.

[15] Vgl. Mk 14,53; 15,16 und Preisigke-Kießling I,149.

[16] So Dormeyer, Passion 147. Im Koine-Text spricht Judas: »Rabbi, Rabbi.« Die Verdoppelung – ähnlich in einer varia lectio zu Apg 19,34 – versteht sich als unmittelbare Wiedergabe der Rede. Vgl. Bl-Debr § 493,1.

[17] τις fehlt in ℵ A it sy, τῶν παρεστηκότων in D a.

dung gerechnet und darum in ihrem Tragen keine Festtagsverletzung gesehen haben[18], so daß es einer der Jünger getan haben könnte, wie Mt 26,51; Lk 22,49 korrigieren. Nach Joh 18,10 sei es Simon Petrus gewesen. Warum spricht Markus von keinem Jünger? Sollten politische Rücksichten dafür maßgeblich gewesen sein[19]? Oder ist die erzählerische Perspektive verantwortlich, die vom Standpunkt der Häscher aus erzählt? Wahrscheinlicher ist doch, daß die Seitenreferenten die Jünger an dieser Stelle einführen, um ihre Flucht zu entlasten. Dann hätte im Tumult aus Versehen einer der Häscher dem Knecht des Hohenpriesters das Ohr abgeschnitten. »Knecht des Hohenpriesters« ist Würdename[20]. Hinter ihm dürfte sich der Anführer der Truppe verbergen. Der Hohepriester sandte die Truppe zur Verhaftung Jesu aus. Der Verlust des Ohres galt als Schandmal, wie schon die Assyrer und Babylonier die Strafe des Ohrabtrennens kannten[21]. Die Episode vom Schwertstreich wurde demnach ursprünglich eingeflochten, um mit einer gewissen Schadenfreude von der Strafe, die der Anführer oder eine wichtige Person unter denen, die Jesus verhafteten, empfing.

48–49 In seiner Stellungnahme geht Jesus weder auf den Schwertstreich (anders Mt 26,52ff; Lk 22,51; Joh 18,11) noch den Judasverrat (wie Mt 26,50; Lk 22,48) ein, sondern er spricht zunächst zur Gruppe der Häscher. Seine »Antwort« ist Reaktion auf ein Geschehen. Feststellend[22] greift Vers 48 auf 23 zurück. Seine Einzigartigkeit besteht darin, daß Jesus sich nur hier in der gesamten Passionsgeschichte selbst verteidigt. Auch darin gibt sich sein sekundärer Charakter zu erkennen. Jesu Abführung gleicht der eines ληστής[23]. Dieses Wort bezeichnet den Räuber, der auf der Straße plündert (LXX Hos 7,1), einbricht (Obd 1,5), Blut vergießt (Ez 22,9 AB), ferner das Bandenmitglied, den Aufständischen und – bei Josefus – auch den Zeloten[24]. Es handelt sich um einen Vergleich, nicht um eine Vorwegnahme der Anklage gegen Jesus[25]. Darum kann man dem Wort für die spätere Urteilsbegründung nichts entnehmen. Scheut der Räuber das Licht, so hat Jesus in aller Öffentlichkeit im Tempel gelehrt. Dort hat man die Gelegenheit, ihn zu ergreifen, nicht genutzt. Sie benutzen jetzt die Dunkelheit der Nacht, um ihn wie einen Räuber zu packen. Die Lehre im Tempel greift zurück auf die »Jerusalemer Streitgespräche« (12,27–40). Vers 49 redet über die Häscher hinweg Jerusalem an. Jesu Lehre hat keinen Erfolg gezeitigt, da die Jerusalemer Autoritäten nunmehr beginnen, ihn zu beseitigen[26].

[18] Dalman, Jesus-Jeschua 90.

[19] So Lagrange; S. G. F. Brandon, The Trial of Jesus of Nazareth, London 1968, 77. Schenk, Passionsbericht 210–212, identifiziert den Schwertschläger mit dem Jüngling von V 51 und diesen mit Petrus.

[20] Knecht des Königs werden David (1Sam 29,3) und Naaman (2Kön 5,6) genannt.

[21] Rostovtzeff* zitiert ein ägyptisches Dokument aus dem 2. Jh. v. Chr., das von einem Streit zweier Männer berichtet, in dem der eine dem anderen das rechte Ohr abschlägt. Nach Lk 22,50; Joh 18,10 verliert der Knecht das rechte Ohr. Die Schande ist noch größer.

[22] V 48 ist kein Fragesatz. Mit Tischendorf, Westcott gegen The Greek NT.

[23] συλλαμβάνω wird in der Gerichtssprache für festnehmen, gefangennehmen verwendet. Preisigke-Kießling II,505.

[24] Passow s.v. und M. Hengel, Die Zeloten, 1961 (AGSU 1), 42–47.

[25] Gegen Lohmeyer 323 Anm. 2.

[26] Nach Lk 22,52 spricht Jesus unmittelbar zu den Hierarchen, die Lukas – folgerichtig – auf

Der elliptische Satz (zu ergänzen: es geschah), der allgemein auf die Erfüllung der Schriften hinlenkt, ist hinsichtlich des Erfüllungsgedankens bei Markus ohne Beispiel. Der Plural »die Schriften« erinnert an den christologischen Glaubenssatz in 1Kor 15,3f (κατὰ τὰς γραφάς). Damit ist der eigentliche Sinn des äußeren Geschehens angedeutet. Die heimliche Verhaftung konnte nur gelingen, weil Gott es so wollte. Ein Bezug auf eine besondere Schriftstelle lag ursprünglich nicht vor[27], doch legt es sich im markinischen Kontext nahe, an 14,27 zurückzudenken. Dann wäre auch die gleich anschließende Jüngerflucht in die Schrifterfüllung miteinzubeziehen.

Der Hirt wurde geschlagen, die Schafe zerstreuen sich. Die Flucht aller kann 50–53a
nur die Jünger meinen. πάντες wurde als unbestimmt empfunden[28], wird aber durch den Kontext eindeutig geklärt. In den Psalmen vom leidenden Gerechten ist das Motiv, daß der bedrängte Gerechte von seinen Freunden, Brüdern, Verwandten verlassen wird, bekannt[29], irgendeine Anspielung auf eine Psalmstelle aber ist nicht gegeben. Im Talmud steht der Satz: »An der Tür des Krämerladens gibt es viele Brüder und Freunde, an der Tür des Gefängnisses gibt es keine Brüder und Freunde« (bSchab 32a). Die allein von Markus überlieferte Episode vom nackt fliehenden Jüngling rundet das Bild der Flucht ab. Aber in welchem Sinn? Haben wir es mit einer detaillierten historischen Reminiszenz zu tun, mit der Erinnerung an eine Person, die der frühesten Gemeinde noch bekannt war, oder gar mit dem Erzähler selber, der sich hier versteckte, wie sich alte Maler auf ihren Bildern in einem Winkel unterbrachten[30]? Andere Erklärer denken an einen in Handlung umgesetzten Schriftreflex, der auf Am 2,16 zurückgehen soll: »Selbst der Tapferste unter den Kämpfern, nackt muß er fliehen an jenem Tag« (gemeint ist der Gerichtstag Jahwes)[31]. Amos spielt aber in der theologischen Aufarbeitung der Passion sonst keine Rolle. Wahrscheinlich haben wir es mit einem Bild zu tun, das den chaotischen Charakter der Jüngerflucht nachtragen und diese als ein das bevorstehende Endgericht anzeigendes Geschehen kennzeichnen soll[32]. Für Markus beleuchtet die Szene das Versagen der Jüngerschaft. Der sein Leinenhemd aufgebende Jüngling soll nicht ein Lächeln, sondern Schrecken auslösen[33]. Das Leinenhemd galt vielleicht als kostbar[34]. Zum Jüngling in der Grabkammer besteht keine Verbin-

den Ölberg gekommen sein läßt.

27 Klostermann denkt an Jes 53,7; Hirsch, Frühgeschichte I,159, an Jes 53,12.

28 Bultmann, Geschichte 289.

29 Ps 27,10; 31,12; 38,12; 41,10; 69,9.

30 Dibelius, Formgeschichte 183; Wellhausen. J. H. McIndoe, The Young Man at the Tomb, ET 80 (1968/69) 125, denkt neuerdings wieder an Markus. Klostermann hält den Jüngling für einen Jünger, der erst seit kurzem zu Jesus gehört habe. συνακολουθέω (nur noch Mk 5,37; Lk 23,49 im NT) deutet nicht unbedingt den Nachfolgegedanken an. D liest: »er folgte ihnen nach« (ἠκολούθει αὐτούς). Pesch II,402 denkt an einen Mann, der zufällig und vielleicht als Schaulustiger in das Geschehen verwickelt worden sei und hält die Szene für einen historischen Vorfall. Wer aber sollte einen Schaulustigen beobachtet haben?

31 Etwa Schenk, Passionsbericht 211.

32 Belege aus der apokalyptischen Literatur s. oben S. 267.

33 ἐπὶ γυμνοῦ ersetzen Θ sy$^{p}$ durch γυμνός. Zu ergänzen ist σώματος.

34 Cranfield. Nach Lohmeyer war der Jüngling begütert.

dung, auch nicht in einem allegorischen Sinn[35]. So steht Jesus am Ende der Verhaftungsszene ohne Jünger da. Er muß allein seinen schweren Weg antreten. Die Häscher führen ihn zum Hohenpriester ab. Damit ist der Wunsch des Judas (44c) erfüllt und sein Auftrag zum erfolgreichen Ende gebracht.

Historische Beurteilung

Ausgangspunkt für die historische Beurteilung der Perikope ist die Verhaftung Jesu in Getsemani. Auftraggeber der Verhaftung muß der amtierende Hohepriester bzw. das Synhedrion gewesen sein. Jesus wird zu diesem abgeführt. Eine Beteiligung römischer Soldaten an seiner Festnahme, die Joh 18,3 (σπεῖρα) nahelegen könnte, ist nicht gegeben. Dann hätte Jesus sogleich zur römischen Behörde gebracht werden müssen. Rechtlich stand es der jüdischen Behörde auch unter der Prokuratur zu, einen Provinzialen, der eines Verbrechens verdächtig war, kraft selbständiger Polizeigewalt verhaften zu lassen. Die Zivil- und teilweise auch die Kriminalrechtspflege über Peregrinen wurde in den römischen Provinzen regelmäßig den einheimischen Behörden überlassen[36]. Schwertträger in der Verhaftungstruppe weisen nicht auf römische Soldaten hin, da es der jüdischen Tempelpolizei nicht verwehrt war, Schwerter zu tragen[37]. In dieser Truppe werden wir nicht die levitische Tempelwache, die nur innerhalb des Tempels Dienst zu machen pflegte, zu sehen haben, sondern die dem Synhedrion unterstehende Tempelpolizei[38]. Über die Größe der Truppe kann keine Aussage mehr gemacht werden[39]. Auch ist eine Entscheidung darüber, ob es sich bei der Festnahme Jesu um eine polizeiliche Maßnahme oder eine regelrechte Verhaftung, für die ein schriftlicher Haftbefehl notwendig wäre, handelte, nicht möglich[40]. Über die Art des Vorgehens des Synhedrions ist im Zusammenhang mit der folgenden Perikope zu sprechen. Sicher ist ferner, daß nur Jesus, nicht seine Jünger, festgenommen wurden. Letzteres ist nirgends zu verstehen gegeben oder auch nur angedeutet. Vielmehr ist an der historischen Zuverlässigkeit der Überlieferung, daß die Jünger bei der Verhaftung flohen, nicht zu zweifeln. Die Nachgeschichte von der Verleugnung des Petrus stellt keine Ausnahme dar. Wohin sie flohen, näherhin, ob Galiläa, ihre Heimat, das Ziel ihrer Flucht gewesen ist, ist ein Problem, das in Verbindung mit 16,7 zu erörtern ist. Für die Historizität der Jüngerflucht spricht die Ausgestaltung der Schwertszene zu einer Entlastungsszene, wie vor allem das Fehlen aller bei Verurteilung, Kreuzweg und Kreuzigung Jesu. Eine nächtliche Aktion der Behörde läßt sich durch zwei Überlegungen verständlich machen. Einmal

[35] Phantastisch Vanhoye* 405, für den der Jüngling eine »rätselvolle Vorausdeutung des Schicksals Jesu« ist. Jesus flieht aber nicht. Die Übereinstimmungen zwischen den VV 51f und der Grabesgeschichte bestehen bei genauerem Zusehen nur im Wort νεανίσκος. Alles andere ist verschieden. Der Jüngling hier trägt ein σινδών, dort ein leuchtendes Gewand (16,5). Mit einem σινδών wird Jesu Leichnam umhüllt (15,46). Der Jüngling kommt dort damit nicht in Berührung.

[36] Vgl. Blinzler* 99f und Anm. 79 und 80.

[37] Gegen P. Winter, Zum Prozeß Jesu, Altertum 9 (1963) 157–164, hier 159f.

[38] Blinzler* 126–128.

[39] Phantastisch E. Stauffer, Geschichte Jesu, HistMun 4 (1956) 126–189, hier 168f, der mit tausend Mann rechnet.

[40] Vgl. Lohmeyer 324, der sich für eine polizeiliche Maßnahme entscheidet.

nahm man Rücksicht auf das Volk, in Sonderheit auf galiläische Festpilger, unter denen man mit Sympathisanten Jesu rechnen mußte; zum anderen handelte man in Eile. Die Aktion hing auch mit Judas Iskariot zusammen. Ist dessen Verrat glaubwürdige Überlieferung (vgl. oben zu 14,10f), so gab es für die Jüngerschaft und die spätere Gemeinde nur einen eindeutigen Ausweis für seine Tat, sein Erscheinen mit dem Verhaftungstrupp in Getsemani. Die Art seines Verrats und worauf er sich bezog, konnte darum nur so umschrieben werden, wie Joh 18,2f es formuliert oder wie es schon die markinische Überlieferung erzählt. Näheres über seine Aussagen bei der Behörde ausmachen zu wollen, ist Spekulation[41].

Zusammenfassung

Markus zieht wiederum vorgegebene Linien weiter aus. Die Gewißheit Jesu über sein Schicksal und damit seine Souveränität werden durch die noch engere Verknüpfung mit dem Ankündigungswort in 42 unterstrichen. In die Selbstverteidigung Jesu 48f bringt der Evangelist die Lehre ein. Bezüglich seiner Lehre konnte Jesus nicht überführt werden. Sie ist glaubwürdig und zuverlässig. Dennoch hat sie der Tempel, und mit ihm Jerusalem und die Judenschaft, nicht angenommen. Das Gericht über ihn ist nicht mehr aufzuhalten. Die Jünger haben in der Passion versagt. Judas war einer aus den Zwölfen, woran Markus erinnert. Die Flucht des nackten Jünglings kann für ihn nur Ausdruck der Kopflosigkeit und Verständnislosigkeit der Jüngerschaft in dieser Stunde sein. Da er aber die Schriftgemäßheit der Flucht aller schon vorausgehend festgestellt hatte (14,27b), ist so auch an die Gnade gemahnt (28), die sie noch einmal treffen sollte. Wer in die Passion hineingestellt ist, soll vor dem Kreuz nicht fliehen. Er darf auf die Gnade vertrauen[42].

## *10. Das Synhedrion verurteilt Jesus zum Tod (14,53b–65)*

*Literatur: Maurer, C.*, Knecht Gottes und Sohn Gottes im Passionsbericht des Markusevangeliums, ZThK 50 (1953) 1–38; *Robinson, J. A. T.*, The Second Coming – Mark XIV. 62, ET 67 (1955/56) 336–340; *Glasson, T. F.*, The Reply to Caiaphas (Mark XIV. 62), NTS 7 (1960/61) 88–93; *Braumann, G.*, Markus 15,2–5 und Markus 14,55–64, ZNW 52 (1961) 273–278; *Winter, P.*, On the Trial of Jesus, 1961 (SJ 1); *Benoit, P.*, Les outrages à Jésus Prophète (Mc XIV 65 par), in: Neotestamentica et Patristica (FS O. Cullmann), 1962 (NT.S 6), 92–110; *Winter, P.*, Markus 14,53b.55–64 ein Gebilde des Evangelisten, ZNW 53 (1962) 260–263; *Goldberg, A. M.*, Sitzend zur

41 Nach W. Grundmann, Geschichte Jesu Christi, Berlin 1957, 334f, sei es der Anspruch Jesu auf die Gottessohnbezeichnung gewesen, die Judas verriet; nach H. Preisker, Der Verrat des Judas und das Abendmahl, ZNW 41 (1942) 151–155, die Feier des Abendmahls als Feier des Sieges des neuen Reiches; nach M. Black, The Arrest and the Trial of Jesus and the Date of the Last Supper, in: NT Essays (FS T. W. Manson), Manchester 1959, 19–33, hier 32, eine nach Form und Zeit illegale Paschamahlfeier, die Jesus mit seinen Jüngern gehalten habe.

42 Dormeyer, Passion 148, wertet die Haltungen des Judas und Jesu als Hinweis für die Gemeinde, hinterhältige Gemeindemitglieder auszustoßen.

Rechten der Kraft, BZ 8 (1964) 284–293; *Reichrath, H.*, Der Prozeß Jesu, Jud 20 (1964) 129–155; *Perrin, N.*, Mark XIV. 62: The End Product of a Christian Pesher Tradition?, NTS 12 (1965/66) 150–155; *Borsch, F. H.*, Mark XIV. 62 and I Enoch LXII. 5, NTS 14 (1967/68) 565–567; *Gnilka, J.*, Die Verhandlungen vor dem Synhedrion und vor Pilatus nach Markus 14,53–15,5, in: EKK.V 2, 1970, 5–21; *Schneider, G.*, Gab es eine vorsynoptische Szene »Jesus vor dem Synhedrium«?, NT 12 (1970) 22–39; *Donahue, J. R.*, Are You the Christ? The Trial Narrative in the Gospel of Mark, 1973 (Cambridge/Ms.); *Légasse, S.*, Jésus devant le Sanhédrin, NRTh 5 (1974) 170–197; *Donahue, J. R.*, Temple, Trial and Royal Christology (Mark 14,53–65), in: *Kelber** 61–79; *Biguzzi, G.*, Mc. 14,58: un tempio ἀχειροποίητος, RivBib 26 (1978) 225–240. – Weitere Literatur s. oben S. 216f[1].

53b **Und es versammeln sich alle Hohenpriester und Ältesten und Schriftgelehrten.** 54 **Und Petrus folgte ihm von weitem nach bis hinein in den Hof des Hohenpriesters, und er saß zusammen mit den Dienern und wärmte sich am Licht.** 55 **Die Hohenpriester aber und das ganze Synhedrion suchten ein Zeugnis gegen Jesus, um ihn zu töten, und sie fanden keines.** 56 **Denn viele zeugten lügnerisch gegen ihn, und ihre Zeugnisse waren nicht gleich.** 57 **Und einige standen auf, zeugten lügnerisch gegen ihn und sprachen:** 58 **Wir hörten, daß er sagte: Ich werde diesen mit Händen gemachten Tempel niederreißen und in drei Tagen einen anderen, nicht mit Händen gemachten, aufbauen.** 59 **Und auch so war ihr Zeugnis nicht gleich.** 60 **Und der Hohepriester stand auf, (trat) in die Mitte, fragte Jesus und sagte: Du antwortest nichts? Was für ein Zeugnis legen diese gegen dich ab[2]?** 61 **Er aber schwieg und antwortete nichts. Wieder fragte ihn der Hohepriester und spricht zu ihm: Du bist der Christus, der Sohn des Hochgelobten?** 62 **Jesus aber sagte: Ich bin es, und ihr werdet den Menschensohn zur Rechten der Kraft sitzen und mit den Wolken des Himmels kommen sehen.** 63 **Der Hohepriester aber riß seine Gewänder ein und spricht: Was haben wir noch Zeugen nötig?** 64 **Ihr habt die Lästerung gehört. Was meint ihr? Alle aber verurteilten ihn, schuldig des Todes zu sein.** 65 **Und einige begannen, ihn anzuspeien und sein Gesicht zu verhüllen und ihn zu schlagen und zu ihm zu sprechen: Profezei! Und die Diener gaben ihm Backenstreiche.**

Analyse Die eigentliche Perikope von der Verhandlung Jesu vor dem Synhedrion umfaßt die Verse 53.55–64. Vers 54 bereitet die Verleugnung des Petrus (66–72) vor, Vers 65 berichtet von einer Verspottung. Beide Verse bedürfen einer eigenen Erörterung. Da 54 und 66ff zusammengehören, 55–64 aber durch 15,1 fortgesetzt wird, erscheinen Synhedrialverhandlung und Verleugnungsge-

[1] Vgl. auch Blinzler* 453–464.
[2] Vgl. Bl-Debr §§ 299,1 und 298,4.

schichte ineinander verschränkt (sandwich-agreement). Die Synhedrialerzählung erfuhr die unterschiedlichsten Beurteilungen. Die einen halten sie für eine sekundäre Bildung, die teils Markus[3], teils einer früheren Erzählstufe[4] zugeschrieben wird. Einige nehmen dabei an, daß sie aus der summarischen Bemerkung in 15,1 herausgesponnen worden sei[5]. Andere machen auf die parallele Struktur der Pilatusverhandlung 15,2–4 aufmerksam und glauben, daß sie analog zu dieser gebildet worden sei[6]. Für den sekundären Charakter soll sprechen, daß die Geschichte einen fortlaufenden Zusammenhang unterbreche und daß sie aus alttestamentlichen Motiven zusammenkomponiert sei. Die Argumente können nicht überzeugen. Für 15,1 wird sich herausstellen, daß der Vers die Synhedrialgeschichte voraussetzt. Die Unterbrechung des Zusammenhangs ist künstlich, da das sandwich-agreement, das wir ähnlich in 3,20–35; 5,21–43 antrafen, markinischer Redaktion verdankt ist. Alttestamentliche Anspielungen, insbesondere solche auf die Psalmen vom leidenden Gerechten, bestimmen weite Teile der Passionsgeschichte und binden diese zusammen. Die parallele Struktur von 14,60–62 und 15,2–4 dagegen ist auffällig. Beide Male schweigt Jesus auf die Anfrage seines Richters, beide Male nimmt er positiv zu einer dezidierten Anfrage, die die messianische Würde betrifft, Stellung. Schweigen und Antworten sind nur vertauscht: vor dem Hohenpriester schweigt Jesus am Anfang, vor Pilatus am Schluß. Die Übereinstimmungen lassen sich aber auch damit erklären, daß beide Berichte vom gleichen Erzähler stammen. – Eine andere Forschungsrichtung läßt die Synhedrialperikope aus zwei selbständigen Geschichten zusammengesetzt sein. So habe es nach Linnemann einen Bericht, der vom Schweigen Jesu vor dem Synhedrion, und einen weiteren, der von der Verurteilung des Messias erzählte, gegeben. Schenk unterscheidet eine Präsens-historicum-Schicht von einer apokalyptisch bestimmten Geschichte[7]. Das additive komplizierte Kompositionsverfahren ist für die Arbeitsweise des Evangelisten unwahrscheinlich. Tempusformen erweisen sich für das Herauslösen einer Schicht als unzuverlässiges Kriterium. Schenk muß auch immer wieder eine Präsens-historicum-Form rekonstruieren bzw. mutmaßen. Eine dritte Gruppe von Exegeten rechnet mit einer traditionsgeschichtlichen Auffüllung der Perikope. Ihren Argumenten ist anhand des Textes nachzugehen.

Vers 53b ist mit seiner präsentischen Verbform ein typischer Neuansatz und darum traditionell[8]. Vers 54 ist der Beginn der folgenden Perikope von der Verleugnung des Petrus, der von Markus um der Verklammerung der beiden Geschichten willen vorgezogen wurde. Er bringt die für 66ff notwendige Ortsangabe (Hof des Hohenpriesters) und bereitet mit der sonderbaren Wendung: »er wärmte sich am Licht« (statt: am Feuer) die Erkennungsszene in 67 vor. ἀπὸ

[3] Winter, ZNW 53 (1962) 260–263; Schulz, Stunde 131.
[4] Hahn, Hoheitstitel 195.
[5] Klostermann 155; Bultmann, Geschichte 290; Schille* 200f.
[6] Finegan* 72; Braumann*.
[7] Linnemann* 109–135; Schenk, Passionsbericht 229–243. Beide Autoren rechnen zusätzlich mit redaktionellen Eingriffen des Mk.
[8] Anders Schenke, Christus 32.

μακρόθεν (von weitem) könnte als Vorzugswort des Markus dessen Zutat sein (s. Erklärung). Weil Vers 54 den begonnenen Erzählfaden unterbricht, müssen in 55 die handelnden Personen neu genannt werden, das heißt, »die Hohenpriester und das ganze Synhedrion« (vgl. 15,1) sind hier eingefügt. Die Verse 57–59 sind vielfach als Einfügung angesehen worden[9]. Die Gründe lauten: die Verse bringen eine spezialisierte Form der allgemeinen Falschzeugenaussagen von 56. Vers 59 wiederholt 56b, muß aber eine andere Bedeutung haben, da ja das gemeinsame Zeugnis in 58 ausdrücklich festgestellt ist. Vor allem steht Vers 58 in einer gewissen Konkurrenz zur Szene in 61f. Diese Szene ist für den Berichterstatter ausreichend dafür, daß ein Todesurteil gefällt wird. In Lk 22,66ff fehlt das Tempelwort, das dafür in Apg 6,14 erscheint. Sind die Verse 57–59 eingebracht, so fragt es sich von wem? Sicher von dem gleichen Redaktor, der das Tempellogion noch einmal in 15,29 als Spottwort unter dem Kreuz bringt. Die Frage kann nicht ohne eine Analyse des Logions beantwortet werden. Dieses begegnet uns außer in Mk 14,58 par; 15,29 par noch in Apg 6,14 und Joh 2,19. Mt 26,61 ist eine sekundäre Abschwächung der Markus-Version: »ich kann (statt: ich werde) zerstören . . .« Joh 2,19 ist Anpassung an die dort gegebene Situation und christologische Uminterpretierung im Duktus der johanneischen Christologie. Apg 6,14 aber könnte eine ältere Kurzform des Logions aufbewahrt haben, die gleichzeitig andeutet, wo es entstand, nämlich in den Kreisen des Jerusalemer hellenistischen Judenchristentums, das wegen des Tempels mit dem orthodoxen Judentum in Konflikt geraten war (vgl. Apg 7,48–50)[10]. Dieses Judenchristentum ist auch apokalyptisch beeinflußt (vgl. Apg 7,56). Wir werden darum die Verse 57–59 der vormarkinischen Redaktion zuschreiben, die die Passionstraditionen apokalyptisch überarbeitete und hier den Tempelstreit miteinbezog. Die Epitheta »von Händen – nicht von Händen gemacht«, die in Mt 26,61 fehlen, passen in dieses Milieu. Von Bedeutung ist weiter die Frage, ob die Antwort Jesu in Vers 62 eine Erweiterung erfuhr, die eine Zitatenkombination aus Ps 110,1 und Dan 7,13 einbrachte[11]. Der eschatologisch-apokalyptische Ausblick unterbricht den Zusammenhang, da Jesus nach seiner messianischen Würde gefragt ist und dies mit einem klaren Ja beantwortet. Der Subjektwechsel vom Ich zum Menschensohn sticht in die Augen. Legt sich eine Erweiterung nahe, so läßt sich darauf hinweisen, daß wir in Mk 13,26 ein analoges Wort vom Kommen des Menschensohnes und in

[9] Bultmann, Geschichte 291f; Hahn, Hoheitstitel 177 Anm. 3; Schweizer 176; Donahue, Temple 66; schon Wendling, Entstehung 173.

[10] Vgl. Schenke, Christus 35f. Nach Dormeyer, Passion 160, lautete die Urform des Logions: Ich werde diesen Tempel niederreißen und einen anderen aufbauen. Schenk, Passionsbericht 238, plädiert für eine Fassung, die nur den ersten negativen Teil des Satzes kannte. Lohmeyer 326 hält die Epitheta »von Händen – nicht von Händen gemacht« für sichere Zusätze der Urgemeinde.

[11] Angenommen von Wendling, Entstehung 173f; Suhl, Funktion 54–56; Schenke, Christus 39–44; Schenk, Passionsbericht 234, der mit der Übernahme eines Testimoniums rechnet. Teils schreibt man 62b Mk, teils einer vormk Redaktion zu. Grundmann 302 Anm. 15 weist Ps 110,1 letzterer, Dan 7,13 dagegen Mk zu. Die Annahme Donahue's, Temple 66, die VV 61f seien Mk-R, ist abzulehnen.

12,35–37 eine christologische Deutung von Ps 110,1 haben. Markus könnte eine Verbindung beider Gedanken vorgenommen und Vers 62b geschaffen haben. Jedoch muß festgestellt werden, daß die Verknüpfung der aus Ps 110 gewonnenen Erhöhungsvorstellung mit der Menschensohn-Christologie für Markus untypisch ist. Auch die singuläre Gottesbezeichnung Dynamis läßt auf Tradition schließen. Da in Apg 7,55f ein ähnliches Vorstellungsfeld vorliegt, Mk 14,58 bereits in diese Richtung wies, empfiehlt es sich, Vers 62b der genannten vormarkinischen Redaktion zuzusprechen. Diese Redaktion ist also darum bemüht gewesen, die Passion als ein dem Ende vorauslaufendes Geschehen zu zeichnen. Wiederum wurde mit der Wiederholung des Christusbekenntnisses als Hohnwort unter dem Kreuz (15,32) eine Brücke zur Kreuzigungsszene geschaffen. Vers 65, die Verspottungsszene, besitzt in 15,16–20 ihre Parallele. Synhedrial- und Pilatusprozeß sind also auch in der Weise aneinander angeglichen worden, daß man beide mit einer Verhöhnung Jesu schließen ließ. Beide Spottszenen sind aber ihrer jeweiligen Situation konform. Das eine Mal wird Jesus als Messias zum Profezeien aufgefordert, das andere Mal als König der Juden gelästert. Vers 65 ist in Anlehnung an alttestamentliche Motive gestaltet worden. Eine Rückführung auf eine zugrundeliegende Urform ist nicht mehr möglich. Die vorliegenden Versuche vermögen nur, dies zu erhellen[12]. Abschließend ist darüber zu entscheiden, ob die Perikope von der Verhandlung vor dem Synhedrion als Einzelüberlieferung oder als Teil einer Passionsgeschichte anzusehen ist. Sicher hat sie Markus im Verbund einer zusammenhängenden Erzählung vorgefunden, wie die Wiederholungen des Tempel- und Christus-Logions als an den Gekreuzigten gerichtete Verhöhnungen zeigen. Aber auch davon abgesehen, sind von Anfang an gegebene Verbindungsklammern, zumindest was die Anreihung nach rückwärts betrifft, vorhanden. Der Hohepriester (47.53.60f) zusammen mit den Synhedristen stellt die entscheidende Klammer dar. Haben diese Jesus festnehmen und zu sich bringen lassen, muß schon immer im Anschluß daran davon erzählt worden sein, was mit Jesus bei diesen geschah. Über einen möglichen Anschluß nach vorn ist später zu handeln.

Die Verhandlung findet beim Hohenpriester zur Nachtzeit statt. Letzteres aber wird eindeutig nur durch die parallel geschaltete Verleugnungsgeschichte zu verstehen gegeben (72). Ein großes Personenaufgebot bestimmt die Szenerie, wie es bei einer Gerichtsverhandlung üblich ist: Hohepriester, Älteste, Schriftgelehrte, Zeugen, Diener und Jesus, der allein all diesen gegenübersteht. Agierende Hauptperson ist der Hohepriester (3mal Satzsubjekt). Zweimal wechselt die Handlung von einer größeren auf eine kleinere Gruppe über:

[12] Benoit* 100–106 sieht drei verschiedene Traditionen ineinander verschmolzen, eine Spottszene nach dem Vorbild des Gottesknechts, eine weitere nach dem Vorbild bei Pollux und Diodor, und eine dritte, die ein konkretes Ereignis jener Nacht festgehalten habe, nämlich eine Ohrfeige des Dieners. Schenk, Passionsbericht 241f, eruiert den Satz: Und sie schlugen ihn und sprachen zu ihm: Profezei! als Urform. Die Beispiele ließen sich fortsetzen.

auf die vielen, die falsches Zeugnis geben, folgen einige (56f); nachdem alle ihn verurteilen, höhnen ihn einige (64b.65). Der Auftritt der besonderen Zeugen ist dem des Hohenpriesters angeglichen (ἀναστάντες/ἀναστάς), freilich ist die Bedeutung des letzteren unterstrichen: er tritt in die Mitte. Aufschlußreich ist die fünfmalige Verbindung der Verben mit κατά (55.56.57.60.64). Die so *gegen* Jesus eindrücklich herausgestellte Bewegung gipfelt im κατέκριναν αὐτόν, im Todesurteil. Es mag Zufall sein, daß auch der Jesusname fünfmal fällt. Zwischen den Versen 55 und 64 besteht eine Inklusion, die durch die Absicht, ihn zu töten, und das Urteil, er ist des Todes schuldig, hergestellt wird. Jesu Tötung ist somit das Thema. Damit wird der Prozeß in ein Zwielicht gestellt. Das Urteil entspricht einer vorgefaßten Absicht. Dieser Eindruck wird dadurch unterstrichen, daß das gesuchte Zeugnis gegen ihn (55) durch Falschzeugen eingebracht werden soll. Die Verhandlungsführung des Hohenpriesters ist formal durch eine Dreierstruktur gekennzeichnet. Er richtet drei Fragen an Jesus, von denen die dritte die wichtigste ist. Mit drei Sätzen, zwei Fragen und einer Feststellung in der Mitte, wendet er sich an das Synhedrion (63b.64a). Die Feststellung formuliert den Anklagepunkt Blasfemie, der das Todesurteil provoziert. Die Darstellung greift wiederum, wie zu zeigen sein wird, auf Motive des Psalters zurück[13]. Es empfiehlt sich folgende Gliederung: Exposition (53f), die Zeugeneinvernahme (55–59), die Befragung des Angeklagten (60–62), das Urteil (63f), die Verhöhnung (65).

Erklärung 53b–54

Der zum Hohenpriester abgeführte Jesus wird mit Vertretern der drei Fraktionen des Synhedrions, Hohenpriestern, Ältesten und Schriftgelehrten, konfrontiert. Es ist dem Erzähler weder wichtig, wo genau die Gerichtsverhandlung stattfindet[14], noch, wer der amtierende Hohepriester ist. Seinen Namen erfahren wir bei Markus nicht. Das Amt ist wichtiger als die Person, die Instanz bedeutsamer als die Mitteilung von Namen (vgl. Apg 4,6). In der Exposition wird des weiteren die Verleugnungsgeschichte eingeleitet. Prozeß Jesu und Verleugnung des Jüngers sind so synchronisiert. Petrus – sein »Amtsname« bleibt ihm – unterbricht seine Flucht und folgt Jesus nach. Um nicht das Mißverständnis aufkommen zu lassen, daß es sich um echte Nachfolge handelt, ist ein »von weitem« eingeschaltet. Zur echten Nachfolge gehörte die Bereitschaft, mit Jesus zum Kreuz zu gehen. Der Jünger gelangt in den Hof des hohenpriesterlichen Hauses. Beiläufig wird jetzt die Information über den Ort der Verhandlung geliefert. Die im Hof versammelten Diener sind jene Männer, die Jesus festnahmen und jetzt auf weitere Anweisungen warten[15]. Der Innenhof

[13] LXX Jer 33,10–17, der Prozeß des Jeremia, hat nicht abgefärbt. Erwägung von Dormeyer, Passion 172.

[14] Einzelne Textzeugen ergänzen sinngemäß wenigstens (mit unterschiedlichen Wendungen): »sie versammeln sich *bei ihm*« (= dem Hohenpriester). Synhedrionssitzungen im Haus des Hohenpriesters werden in der rabbinischen Literatur nicht erwähnt. Vgl. Billerbeck I,1000f.

[15] Mit den Dienern wird gegenüber 14,43ff keine neue Personengruppe eingeführt. Die Leute, die Jesus festnahmen, sind dort nur unter dem Blickwinkel bezeichnet, wer sie ausgeschickt hat (43).

des vornehmen städtischen Hauses ist durch rechteckig angeordnete Gebäude von der Straße abgeschlossen und über einen Vorhof (68) mit dieser verbunden. Man wärmt sich am Feuer. Die Jerusalemer Frühlingsnächte sind kühl (vgl. Jer 36,22). Petrus gesellt sich zu den Dienern. Statt von Feuer von Licht zu reden, ist auch sonst belegt (vgl. Lk 22,56; 1Makk 12,29)[16], bereitet aber das in Vers 67 berichtete Geschehen vor.

Der Bericht wendet sich der Verhandlung zu. Sind zuvor die drei Fraktionen 55–59
genannt worden, so vermittelt »das ganze Synhedrion« (noch 15,1) den Eindruck einer offiziellen und regulären Plenarversammlung der obersten Gerichtsbehörde, des Großen Gerichtshauses (*beth dijn ha-migdol*). Nach der in der Mischna überlieferten und für die Zeit Jesu wohl zutreffenden Nachricht setzte es sich aus 70 Mitgliedern zusammen, zu denen als 71. Mitglied der vorsitzende Hohepriester hinzutrat[17]. Da dieser regelmäßig aus der Gruppe der sadduzäisch bestimmten Oberpriester genommen wurde, die auch sonst politisch einen starken Einfluß ausübten, versteht es sich, wenn diese eigens zusätzlich erwähnt sind. Das Ziel ihrer Zusammenkunft ist, gegen Jesus ein Zeugnis zu suchen, mit dem sie ihn zur Hinrichtung bringen können. Diese Zielsetzung kann unmöglich mit juristischen Maßstäben gemessen werden. Als Richter waren die Synhedristen zur Zeugnisabgabe nicht berufen, sondern hatten sie die Aussagen der auftretenden Zeugen zu prüfen. Eine von vornherein geäußerte Tötungsabsicht läßt den Prozeß, ehe er beginnt, als illegal erscheinen. Die Sprache, die hier gesprochen wird, lehnt sich vielmehr an Motive an, die aus den Psalmen vom leidenden Gerechten bekannt sind: »Denn stolze Menschen erheben sich gegen mich, freche Leute trachten mir nach dem Leben« (Ps 54,5). »Der Frevler belauert den Gerechten und sucht ihn zu töten« (37,32; LXX: καὶ ζητεῖ τοῦ θανατῶσαι αὐτόν)[18]. Im Plan, Jesus umzubringen, wird ein Vorhaben endgültig aufgegriffen, das seit 3,6 das Evangelium bestimmt (vgl. 11,18; 12,12; 14,1). Die Bemühungen um ein ausreichendes Belastungszeugnis schlagen fehl. Das Imperfekt in Vers 55b drückt die längere vergebliche Mühe aus[19]. Jesus ist wie der leidende Gerechte wehrlos den Ränken seiner mächtigen Feinde überantwortet. Viele Zeugen treten gegen Jesus auf. Damit ist auf die Eigenheit des jüdischen Prozeßverfahrens als eines Zeugenprozesses hingelenkt. In Dtn 17,6 bereits ist vorgesehen: »Wenn es um Leben oder Tod eines Angeklagten geht, darf er nur auf die Aussage von zwei oder drei Zeugen hin zum Tod verurteilt werden. Auf die Aussage eines einzigen Zeugen hin darf er nicht zum Tod verurteilt werden« (vgl. Num 35,30). Von Entlastungszeugen, die gleichfalls legalerweise hätten auftreten müssen, hören wir nichts. Dem Erzähler gelten die Aussagen insgesamt als falsch. Ein Werturteil wird abgegeben, nicht werden die Zeugen als lügnerisch überführt. Wiederum ist das Werturteil vom Psalter inspiriert: »Falsche Zeugen stehen

16 Weitere Belege aus der griechischen Literatur bei Bauer, Wörterbuch s.v.

17 Sanh 1,6; Scheb 2,2.

18 Vgl. Ps 63,10; 70,3; 86,14; 109,16; 38,13 und Gnilka* 12; Ruppert* 48–52.

19 Imperfekt zur Schilderung der Art und Weise. Vgl. Bl-Debr § 327.

gegen mich auf und wüten« (27,12). »Da treten ruchlose Zeugen auf. Man wirft mir Dinge vor, von denen ich nichts weiß« (35,11). Die Untauglichkeit der Zeugen liegt in der mangelnden Übereinstimmung ihrer Aussagen. Sie wurden auf Zeit, Ort, Nebenumstände des Geschehnisses hin und getrennt voneinander befragt (vgl. Dan 13,51–59; Sanh 5,3). Das Verfahren hat einen Punkt allgemeiner Ratlosigkeit erreicht. Da treten erneut Zeugen auf, die ein Wort Jesu in den Prozeß einbringen, um ihn zu belasten. Wenn auch sie als lügnerisch eingeführt werden, bedeutet das nicht, daß der Gemeinde dieses Wort Schwierigkeiten bereitete[20]. Die Charakterisierung steht im Duktus von Vers 56. Das Logion bezieht sich auf den Tempel und kündet von der Absicht Jesu, den Tempel niederzureißen und einen anderen aufzubauen. Diese Ansage knüpft an die jüdische Erwartung an, daß in der eschatologischen Heilszeit Stadt und Tempel herrlich neu aufgebaut werden sollen (Tob 13,17; Bar 5,1–9; äthHen 61,8; 91,13). Nur im Targum wird der Neubau dem Messias zugeschrieben (TgJes 53,5)[21]. Gelegentlich ist von der vorausgehenden Zerstörung (Tob 14,4) die Rede oder auch nur davon, daß das alte Haus beiseite geräumt wird (äthHen 90,28)[22]. Der drohende Gerichtstenor, der dem Jesus-Logion eignet, fehlt in der jüdischen Erwartung. Mit der machtvollen Zerstörung des alten Tempels ist der jüdische Kult getroffen. Er hat keine Bedeutung mehr[23]. Besondere Schärfe gewinnt die Ansage durch das Gegensatzpaar von Händen – nicht von Händen gemacht[24]. Dabei hat das erste den minderen Wert. Die Götzen sind nach der griechischen Bibel von Menschenhand verfertigt[25]. Nach Apg 7,48f wohnt der Höchste nicht in von Menschenhand gemachten Häusern, sondern ist die ganze Schöpfung seine Wohnung (vgl. 17,24). Worauf sich der Neuaufbau eines nicht von Händen gemachten Tempels bezieht, ist nicht klar. Vielfach deutet man ihn auf die christliche Gemeinde, wofür man sich auf Paulus und eine ähnliche Vorstellung in den Qumranhandschriften berufen kann[26]. Die drei Tage legen es aber näher, daß an die Auferstehung Christi gedacht ist. Der erhöhte Herr wird den Tempel ersetzen bzw. überflüssig machen. Wenn auch dieses Falschzeugnis nicht zum Ziel führt, so hat die Ungleichheit der Aussage angesichts des eindeutig vorgetragenen Wortes einen anderen Sinn. Die Zeugen verwickeln sich in Widersprüche, weil sie nicht in der Lage sind, das profetische Wort, das vom Gericht über Israel und der Auferweckung Jesu spricht, zu begreifen.

[20] Gegen Schweizer.

[21] Evtl. auch in 4Esr 13,36. K. Berger, Die königlichen Messiastraditionen des NT, NTS 20 (1973/74) 1–44, hier 21, möchte eine messianische Tradition im negativen Spiegelbild der Antichrist-Erwartung nachweisen und als Salomo-Tradition kennzeichnen (hierbei Berufung auf 2Makk 2,8).

[22] Dormeyer, Passion 160, erinnert an die Ankündigung der Tempelentweihung in Dan 9,27; 11,31; 12,11.

[23] Linnemann* 132 unterschätzt das Logion, wenn sie es als Ausdruck der Vermessenheit begreift »in einem Zeitalter, in dem die Sprengstoffe noch nicht erfunden waren«.

[24] Zum Gegensatzpaar vgl. 2Kor 5,1; Kol 2,11; Hebr 9,11.24; Eph 2,11; Apg 7,48; 17,24; Sib 14,62; Philo, VitMos 2,88; Op Mund 142 und öfter.

[25] Vgl. G. Klinzing, Die Umdeutung des Kultus in der Qumrangemeinde und im NT, 1971 (StUNT 7), 202–204.

[26] Schweizer; Dormeyer, Passion 161; noch Gnilka* 19–21.

Es folgt die Befragung des Angeklagten. Diese nimmt der Hohepriester als Vorsitzender der Versammlung selbst vor. Er tritt darum in deren Mitte. Im Gegensatz zum römischen Prozeß fungiert der Hohepriester nicht als Einzelrichter[27]. Die erste Frage betrifft Jesu Schweigen. Die zweite fordert eine Stellungnahme zur Zeugenaussage. Aber auch diese beantwortet Jesus nicht. Das Schweigen des verfolgten Gerechten ist im Psalter vorgebildet: »Ich bin wie ein Stummer, der den Mund nicht auftut, wie einer, der nicht mehr hören kann, aus dessen Mund keine Entgegnung kommt. Doch auf dich, Herr, harre ich« (Ps 38,14–16; vgl. 39,10). Es kennzeichnet auch den Gottesknecht, aber eine Anlehnung an Jes 53,7 ist keinesfalls sicher[28]. Die dritte Frage des Hohenpriesters ist die entscheidende. Sie ist auf Jesu messianische Würde gerichtet und dadurch ausgezeichnet, daß der Christus- durch den Gottessohntitel erläutert wird[29]. Letzterer ist darum Königstitulatur und bezeichnet die Erwählung des Messias durch Gott, nicht dessen Abstammung von Gott. Für die Umschreibung Gottes als des Hochgelobten gibt es jüdische Parallelen[30], die Formulierung »Sohn des Hochgelobten« ist ohne Belege. Für die Bezeichnung des Messias als Gottessohn im zeitgenössischen Judentum konnte bis heute immer noch kein eindeutiger Nachweis geführt werden. Jedoch wird man sagen können, daß diese besonders durch die Anwendung der Natan-Weissagung von 2Sam 7,14 auf den Davidssproß, wie sie in 4Qflor 1,11 bezeugt ist, vorbereitet war[31]. Die hohepriesterliche Anfrage ist im Sinn des christlichen Bekenntnisses formuliert. Die Gemeinde soll heraushören, daß ihre Sache verhandelt wird. Darum kann Jesus die Frage eindeutig bejahen[32]. Auf dem Hintergrund der politischen Einfärbung der jüdischen Messiaserwartung wäre dies nicht ohne weiteres möglich gewesen. Jesu Messiasbekenntnis wird durch eine schriftgelehrt wirkende Reflexion weitergeführt. Sie bezieht sich auf zwei alttestamentliche Stellen, Ps 110,1 und Dan 7,13[33]. Ps 110,1 ist im Neuen Testament der klassische Beleg für die Erhöhung Jesu. Auf dem Platz zur Rechten Gottes herrscht er an dessen Stelle. Der altertümliche Gottesname »Kraft« (*gebura*) bezeichnet im rabbinischen Judentum die sich offenbarende, besonders die durch das Wort sich offenbarende Gottheit. Da diese Nuance hier nicht zu erkennen ist, vermutet man, daß »Kraft« im apokalyptischen Judentum Umschreibung für die zum Gericht herrlich erscheinende Gottheit war[34]. Durch 60–62

[27] Für Blinzler* 179 ist dies der Grund, warum Mk den Namen des Hohenpriesters nicht nennt. Daß der Name in Rom, wo das Evangelium geschrieben wurde, nicht interessiert hätte, ist ein zu subjektives Argument.

[28] Vgl. TestB 5,4: »Der Fromme erbarmt sich seines Lästerers und schweigt.«

[29] In Φ k ist ὁ Χριστός ausgelassen, so daß sich die Anfrage nur auf die Gottessohnschaft Jesu bezieht. In Lk 22,67–70 sind die Fragen nach der messianischen und der Gottessohnwürde getrennt.

[30] Belege bei Billerbeck II,51; Bauer, Wörterbuch 638.

[31] Zur Diskussion vgl. Tödt, Menschensohn 34; P. Vielhauer, Aufsätze zum NT, 1965 (TB 31), 203–206. Ruppert* 54 bringt die Anfrage nach dem Gottessohn mit Weish 2,13 in Verbindung, Grundmann sieht sie auf den messianischen Hohenpriester gerichtet.

[32] Unter Einfluß von Mt 26,64 schreiben Θ φ arm Origenes abschwächend: »Du hast gesagt, daß ich es bin.«

[33] Der Dan-Text lehnt sich an Theodotion an.

[34] Goldberg* 289.293. Apokalyptische Belege fehlen bislang. Rabbinische und andere

Dan 7,13 wird das Messiasbekenntnis mit dem Menschensohnprädikat verknüpft. Als himmlische Erscheinung kommt der Menschensohn mit den Wolken des Himmels. F. Hahn[35] glaubte, daß die Einsetzung Jesu zum Messias hier mit seinem Kommen zur Parusie verbunden sei. Diese Interpretation ist abzulehnen, weil die Formulierung »sitzend« die schon geschehene Inthronisation zur Voraussetzung hat. Als der Inthronisierte wird Jesus erscheinen. Eine besondere Naherwartung deutet diese Zukunftsperspektive nicht an[36]. Von Dan 7 her könnte man meinen, daß das Kommen des Menschensohnes wie dort ein Kommen zum Thron Gottes und darum ein Aspekt seiner Erhöhung ist. Weil aber das Kommen dem Thronen folgt, ist mit dem Kommen ein auf die Menschen gerichteter Vorgang ins Auge gefaßt. Die Synhedristen, die über Jesus zu Gericht sitzen, werden ihn als Gottes Stellvertreter und Menschensohn-Richter bei der Parusie sehen[37]. Dort wird sein jetzt in Niedrigkeit abgelegtes Messiasbekenntnis durch Gott bestätigt werden. Die Unanschaulichkeit des Satzes beruht auf der Verwendung von Schriftzitaten, die als christologisch bedeutsam galten[38]. Die Wiedererkennungsszene, die in Aussicht gestellt ist (ὄψεσθε) kann von Weish 5,2[39], eher noch von Sach 12,10 beeinflußt sein: »Und sie werden auf den blicken, den sie durchbohrt haben.«[40] Jesu eigenes Bekenntnis, nicht ein lügnerisches Zeugnis von anderen, wird zum Anlaß seiner Verurteilung. Er wird zum Vorbild für das mutige Bekenntnis der Gemeinde.

63–64 Die Reaktion des Hohenpriesters ist nicht als leidenschaftliche Erregung aufzufassen, sondern als ritualisierte Handlung des Richters beim Anhören einer Lästerung. Ist einer der Lästerung überführt, so sollen nach der Mischna die Richter aufstehen und ihre Gewänder einreißen (Sanh 7,5; vgl. 2Kön 18,37; 19,1). Ursprünglich war diese Handlung Ausdruck der Trauer und des Schmerzes (2Sam 1,11f; 2Kön 2,12). Wegen des Plurals χιτῶνας glaubte man, der Hohepriester habe bei der Prozeßverhandlung den Amtsornat getragen. Dieser aber wurde in den Jahren 6–37 n. Chr. von den Römern auf der Tempelburg Antonia verwahrt. So wurde die Frage für die historische Beurteilung des Prozesses von Bedeutung[41]. Wir können von unserem Bericht kaum Details dieser Art erwarten. Der Plural kann die Kleider in einem ganz allgemeinen Sinn be-

Belege bei Billerbeck I,1006f; Bauer, Wörterbuch 412; Dalman, Worte Jesu 164f. Geläufig ist die rabbinische Formel »aus dem Mund der Allmacht«.

35 Hoheitstitel 127–131.

36 Gegen Suhl, Funktion 54–56, mit Grässer, Parusieverzögerung 174.

37 Robinson* bezieht das in Aussicht gestellte Sehen auf die mit der Passion Jesu beginnende Zukunft. Ähnlich Schenke, Christus 43, der von der Herrschaft des Erhöhten über die Gemeinde spricht. Damit geht dem Sehen das Bedrohliche weithin verloren.

38 Kodex D streicht καὶ ἐρχόμενον. Zur Schriftargumentation vgl. Offb 1,7; 14,14; Apg 7,55f. Perrin* sieht Mk 14,62 in eine christliche Pescher-Tradition eingebunden. Borsch* verweist zum Aufweis eines zurückreichenden Zusammenhanges auf äthHen 62,5: »Sie erschrecken, senken ihren Blick und Schmerz ergreift sie, wenn sie den Menschensohn auf dem Thron seiner Herrlichkeit sitzen sehen.«

39 Ruppert* 54.

40 In Barn 7,9f wird die Wiedererkennungsszene ausgemalt.

41 Vgl. Winter, Trial 16–20.

deuten. Nach Lev 10,6; 21,10 war das Zerreißen der priesterlichen Gewänder nicht gestattet; nach Ez 42,14; 44,19 durfte der hohepriesterliche Ornat außerhalb des Tempels nicht getragen werden[42]. Das freimütige Bekenntnis Jesu enthebt die Sanhedristen der Mühe, ein einmütiges Belastungszeugnis gegen Jesus zu finden. Der Hohepriester stellt als Delikt die Gotteslästerung fest, die alle Anwesenden vernommen haben. In der Beantwortung der Frage, worin die Lästerung bestand, darf man nicht zu rasch die historische Ebene betreten. In der späteren rabbinischen Diskussion wurde der Tatbestand der Lästerung ausgeweitet. Während nach Lev 24,16; Num 15,30 die Schmähung des Gottesnamens Lästerung ist, konnte später auch einer, der freche Reden gegen die Thora führt, als Lästerer bezeichnet werden[43]. Diesen Befund auf den Markusbericht zu übertragen, ist nicht unproblematisch. Zahlreiche Autoren sehen die Lästerung darin, daß sich Jesus an den Platz Gottes gestellt hat[44]. Für den Urbericht (vgl. die Analyse) war das Messiasbekenntnis Jesu ausreichend für die Feststellung der Blasfemie: »Wenn ein offenbar falscher messianischer Anspruch, erhoben von einem Ruchlosen, noch dazu erhoben unter Beschwörung des feierlichsten messianischen Titels (Sohn des Hochgelobten = Sohn Gottes) keine Lästerung ist, dann weiß ich nicht, was noch Lästerung sein soll« (E. Hirsch)[45]. Dabei ist zu berücksichtigen, daß die Situation das christliche Bekenntnis widerspiegelt[46]. Den Juden erschien das Bekenntnis zu Jesus dem Gekreuzigten als Messias und Gottessohn offenkundig als lästerlich. So scheiden sich an diesem Punkt Christen und Juden. Durch das apokalyptische Menschensohnwort wird der Anspruch Jesu noch verstärkt. Die Synhedristen, vom Hohenpriester nach ihrer Meinung gefragt, erklären einhellig, daß Jesus des Todes schuldig sei. Bereits Lev 24,16; Num 15,30 sieht für Gotteslästerung die Todesstrafe (Steinigung) vor. Im Gegensatz zu den Seitenreferenten denkt Markus an ein förmliches Todesurteil (κατέκριναν; vgl. 10,33).

Der Prozeß schließt mit einer Verspottung Jesu, an der sich einige Synhedri- 65
sten – das unbestimmte τίνες läßt kaum einen anderen Bezug zu[47] – und die Diener beteiligen. So entstehen zwei kleine Szenen. Die erste ist ausführlicher geschildert: Jesus wird angespuckt, man verhüllt sein Gesicht, schlägt ihn mit der Faust (κολαφίζειν) und fordert ihn zum Profezeien auf[48]. Das Anspeien ist Ausdruck tiefster Verachtung (vgl. Num 12,14; Dtn 25,9; Ijob 30,10). Nur in

[42] Vgl. Blinzler* 160 Anm. 71; J. Maier, Ein neues Buch über den Prozeß Jesu, Jud 17 (1961) 249–253, hier 251. JosAnt 18,90, bezeichnet den hohepriesterlichen Ornat τὴν στολὴν τοῦ ἀρχιερέως.

[43] Vgl. Billerbeck I,1010–1012; Blinzler* 152–156. W Θ ergänzen: »Ihr habt die Lästerung *aus seinem Mund* gehört.«

[44] Lohmeyer, Grundmann; Schulz, Stunde 134. Vgl. Mk 2,7.

[45] Frühgeschichte I,162.

[46] Vgl. Burkill, Revelation 289f.

[47] Blinzler* 164 bestreitet dies.

[48] D a f $sy^p$ bieten einen abgeänderten Text: »Und einige begannen, ihm in das Gesicht zu spucken und ihn zu schlagen usw.« Die Verhüllung des Gesichtes ist ausgelassen. Benoit* 97–99 bevorzugt diesen Text. Nach Blinzler* 164f ist dieser Kurztext Anpassung an par Mt 26,67. Diesem Urteil ist zuzustimmen. Die Aufforderung zu profezeien ist in verschiedenen Handschriften ebenfalls an par Mt 26,68 angepaßt: »Weissage uns (ψ), Christus (1242), wer ist es, der dich geschlagen hat (X Θ 33 565 700)?«

diesem Punkt kommt die Schilderung mit Mk 15,19 (vgl. 10,34) überein. Man hat zur Erklärung auf zeitgenössische Parallelen verwiesen. Diodor berichtet vom Sklaven Eunus aus Apameia, dem späteren Führer des großen Sklavenaufstandes in Sizilien im 2. Jh. v. Chr., daß er als Wahrsager und Profet aufgetreten sei. Sein Herr ließ ihn bei den Gastmählern zur Unterhaltung der Gäste den Profeten und künftigen König spielen[49]. Pollux erzählt von einer Art Blindekuhspiel und einem weiteren Spiel, bei dem der, welcher geschlagen wurde, erraten mußte, mit welcher Hand er geschlagen worden sei[50]. Mögen diese Erinnerungen für die historische Rekonstruktion einer Verspottung Jesu nützlich sein, den synoptischen Bericht versteht man nur, wenn man das mit Jes 50,6; 53,5 (LXX) gegebene Vorbild miteinbezieht. Wie der Gottesknecht, der hier als das Urbild des leidenden Gerechten erscheint, hat Jesus die Schmähung zu erdulden. Die Aufforderung zu profezeien bezieht sich nicht auf das Erraten dessen, der schlägt (so Mt 26,68; Lk 22,64), sondern allgemein auf Jesu profetisch-messianische Vollmacht. Im Kontext knüpft sie an das profetische Tempelwort an. Vom eschatologischen Heilbringer erwartete man, daß er mit Weisheit und besonderer Einsicht ausgerüstet sein wird[51]. Von den Dienern heißt es nur, daß sie Jesus Backenstreiche gaben. Auf diesen Sinn ist ῥάπισμα, das auch den Schlag mit dem Stock bezeichnet, wahrscheinlich zu reduzieren[52]. Von einer Reaktion Jesu hören wir nichts. Wehrlos läßt er diese äußerste Entehrung über sich ergehen.

## 13. Exkurs: Der Prozeß Jesu und das jüdische Prozeßrecht

*Der Prozeß Jesu und das jüdische Prozeßrecht* stellen einen alten Streitpunkt in der Forschung und ein »heißes Eisen« im jüdisch-christlichen Gespräch dar. Nach Markus ist der Eindruck unausweichlich, daß das Synhedrion ein förmliches Todesurteil über Jesus gefällt hat. Wie sah das jüdische Prozeßrecht zur Zeit Jesu aus? In welchem Maß kann das in der Mischna kodifizierte Recht Geltung beanspruchen, das allerdings erst gegen Ende des 2. Jh. n. Chr. zusammengestellt wurde? Über das geltende sadduzäische Recht sind wir nur unvollkommen informiert. Man kann dabei davon ausgehen, daß Rechtssätze des Alten Testaments übernommen wurden. Vergleicht man den Markusbericht mit dem mischnischen Recht, ergeben sich mehrere Irregularitäten[53]: 1. Ein Kapital-

[49] Vgl. Benoit* 96; G. Rudberg, Die Verhöhnung Jesu vor dem Hohenpriester, ZNW 24 (1925) 307–309, und Diodor Sic., Bibl. 34 (35), 2.

[50] Vgl. W. C. van Unnik, Jesu Verhöhnung vor dem Synhedrium (Mc 14,65 par), ZNW 29 (1930) 310f, und Pollux, Onom. 9,113 und 129.

[51] Volz, Eschatologie 222.

[52] Mit Bauer, Wörterbuch 1456. ῥαπτίσμασιν αὐτὸν ἔλαβον ist ganz vulgäres Griechisch und wahrscheinlich Latinismus: verberibus eum acceperunt. Vgl. Bl-Debr §§ 5,3b und 198,3.

[53] Vgl. E. Lohse, ThWNT VII,866; D. R. Catchpole, The Problem of the Historicity of the Sanhedrin Trial: Bammel* 47–65, hier 58f. Pesch II,416f möchte im Anschluß an E. Rivkin, Beth Din, Boulé, Sanhedrin: A Tragedy of Errors, HUCA 46 (1975) 181–199, unterscheiden zwischen dem Synhedrion als Gerichtsorgan des von dem römischen Präfekten eingesetzten Hohenpriesters zur Untersuchung politisch relevanter Fälle von Gefährdungen der

prozeß darf nicht in der Nacht verhandelt werden. 2. Am Sabbat oder am Festtag dürfen keine Gerichtsverhandlungen stattfinden. 3. Ein Todesurteil darf nicht am Tag der Verhandlung, sondern erst am darauffolgenden Tag ausgesprochen werden (Sanh 4,1). 4. Als Gotteslästerung, die mit dem Tod zu bestrafen ist, gilt nur das Aussprechen des Gottesnamens (Sanh 7,5). Diese Bestimmungen fügen sich in das Konzept des mischnischen Rechtes ein, das die Prozeßbestimmungen humaner und milder gestaltete. Vor dem Jahr 70 dürfte die Rechtspraxis härter gewesen sein. Rechtshistorische Detailuntersuchungen haben bestätigt, daß nicht das mischnisch-pharisäische, sondern das sadduzäische Recht beachtet wurde[54]. Freilich klären uns diese auch nicht sehr über die positive Rechtspraxis auf. So hören wir, daß eine Priestertochter wegen Unzucht zum Tod verurteilt und mit Reisigbündeln verbrannt wurde. Dies ist eine buchstäbliche Auslegung der Vorschrift Lev 21,9 und steht Sanh 7,2 entgegen. Am Sabbat oder Festtag Gericht zu halten, ist bereits in der älteren Halachah verboten, so daß diese Regel für die Zeit Jesu in Anschlag zu bringen sein wird. Daß die Nacht der Verhandlung die Pascha-Nacht war, konnte allerdings oben nur vermutet werden. Für den vor dem Jahr 70 geübten Rechtsusus, mit der Verhandlung bis zum Morgen zu warten, spricht Apg 4,3–5. Dagegen meint man, daß die Sadduzäer den Standpunkt vertreten haben, daß nächtliche Gerichtsverhandlungen im Bedarfsfall durchgeführt werden können, weil sie vom Alten Testament nirgendwo verboten sind. Wenn es auch gelingen mag, die oben genannten Irregularitäten aus dem Weg zu räumen, ist damit noch nicht positiv erwiesen, daß das Synhedrion ein Todesurteil förmlich ausgesprochen hat. Es bleiben der theologische Charakter und die erzählerischen Intentionen des Markusberichtes zu berücksichtigen. Auf diese müßte man sich auch berufen – faßt man Mk 14,55ff als Prozeßbericht auf –, um das Fehlen der für einen offiziellen Prozeß unbedingt erforderlichen Entlastungszeugen zu erklären. Hinzu kommt, daß die Seitenreferenten von einem Todes*urteil* ausdrücklich nicht sprechen.

Weiter ist die Frage von Bedeutung, ob das Synhedrion in der Zeit, da Judäa römische Provinz war, die Blutgerichtsbarkeit (ius gladii) besaß oder nicht, das heißt, bevollmächtigt war, ein Todesurteil auszusprechen und zu vollstrecken. Bejaht man mit dem jüdischen Gelehrten P. Winter[55] diese Frage, fällt alle Schuld am Tod Jesu den Römern zu. Nach Blinzler[56] hatte das Synhedrion zwar die Vollmacht, ein Todesurteil auszusprechen, nicht aber konnte es dieses vollstrecken. Das ius gladii habe ausschließlich bei den Römern gelegen. Nach anderen Autoren konnte die oberste jüdische Gerichtsbehörde ein Todesurteil bei religiösen (nicht bei zivilen) Kapitalverbrechen fällen[57]. Oder man vermutet, daß die Behörde sich zur Vollstreckung eines Todesurteils dann an den römischen Statthalter wenden mußte, wenn sich dieser in Jerusalem aufhielt. Wiederum andere meinten, im Fall des Prozesses Jesu hätte das Synhedrion seine Vollmacht an Pilatus abgetreten, um Jesus am Kreuz sterben zu lassen[58]. Die Unterscheidung von religiösen und zivilen Prozessen in diesem Punkt ist nicht haltbar, weil sie praktisch einer uneingeschränkten Vollmacht gleichkäme. Die auf ihre Kompetenz sorgsam bedachte Behörde konnte zivilen Prozessen leicht den Anstrich des Religiösen geben. Die

öffentlichen Ordnung und dem großen Hohenrat. Im Prozeß Jesu wäre dann nur das erstere in Funktion getreten. Abgesehen davon, daß dann die Initiative eindeutig auf die Seite des Römers überginge, was dem ntl. Befund widerspricht, ist diese Differenzierung historisch fragwürdig.

54 Vgl. Blinzler* 216–229.

55 Trial 75–90.

56 *229–244.

57 E. Stauffer, Jerusalem und Rom, 1957 (DTb 331) 121.

58 Schniewind 158.

Sorge, die eigene Vollmacht nicht noch stärker einzubüßen, läßt eine freiwillige Kompetenzübertragung an die Römer als unglaubhaft erscheinen. Eine durch Josefus vermittelte Nachricht läßt darauf schließen, daß Coponius, dem ersten Statthalter von Judäa, vom Kaiser die volle und ungeteilte Blutgerichtsbarkeit übertragen wurde[59]. Diese blieb beim Statthalter – abgesehen von der Unterbrechung von 41–44 n. Chr. unter Agrippa I. – bis zum Ausbruch des Jüdischen Krieges. In der jüdischen Literatur wird wiederholt der Umstand beklagt, daß in den Jahrzehnten vor dem Tempeluntergang den Juden »die Urteile über Leben und Tod« entzogen gewesen seien[60]. Nun werden uns für die Jahre 6–70 n. Chr. einzelne durch die jüdische Behörde durchgeführte Hinrichtungen mitgeteilt. Dazu gehören Stefanus, der Zebedäide Jakobus, der Herrenbruder Jakobus und die schon erwähnte Priestertochter. Alle genannten Fälle stellen begründete Ausnahmen dar[61]. Der Auffassung Blinzlers ist zuzustimmen. Die Unterscheidung von Ausspruch und Vollstreckung des Todesurteils entspricht der römischen Politik, den einheimischen Behörden eigene Vollmachten weitgehend zu belassen.

Historische Beurteilung

Auf welche Weise war die jüdische Hierarchie an der Hinrichtung Jesu beteiligt? Die Forscher, die diese aktive Beteiligung in Frage stellen, berufen sich vor allem darauf, daß zwischen Jesus und den Pharisäern keine bemerkenswerten Differenzen bestanden hätten. Oder man reiht Jesus sogar in die Bewegung der Pharisäer ein[62]. Richtig an dieser Sicht ist, daß die Initiative im Vorgehen gegen Jesus den Sadduzäern zugeschrieben werden muß. Zu ihnen gehören die Oberpriester und ein Großteil der Ältesten, welche die Vertreter des Laienadels waren. Die führende Rolle der Oberpriester und insbesondere des amtierenden Hohenpriesters geben die Evangelien noch deutlich zu erkennen. Jedoch können die Meinungsverschiedenheiten zwischen Jesus und den Pharisäern nicht übersehen werden. Sie betreffen die Auslegung der Thora. In der Sabbatthora, im Verständnis des Heiligkeitsgesetzes, in seinem Umgang mit den Sündern weicht Jesus klar von der pharisäischen Linie ab und mußte auch diesen Kreisen als Provokateur erscheinen. Der Beweggrund der jüdischen Hierarchie, Jesus zu ergreifen, ist nicht leicht zu ermitteln. Wurde er von Pilatus als König der Juden (vgl. zu 15,26) verurteilt, so war die Anklage gegen ihn eine politische. Das bedeutet aber, daß die von den Juden gegen Jesus erhobenen Vorwürfe bei ihrem Eintreten gegen ihn vor Pilatus ins Politische umgedeutet worden sein müssen. Als politischer Zelot aber kann er nicht verurteilt worden sein. Dagegen steht die unbestrittene Überlieferung, daß keiner seiner Jünger mitverhaftet wurde. Beim Vorwurf des Zelotismus oder des Aufruhrs wäre ein Vorgehen gegen die Jüngerschaft notwendig gewesen. Die messianische Anfrage des Ho-

59 Ant 18,2; Bell 2,117.

60 Belege bei Blinzler* 241. Zur Zahlenangabe 40 Jahre vor dem Tempeluntergang vgl. E. Lohse, ThWNT VII,863f. Aufschlußreich ist auch Joh 18,31.

61 Stephanus fiel einer Lynchjustiz zum Opfer. Der Tod des Zebedäiden Jakobus fällt in die Zeit Agrippas I., wohl auch die Hinrichtung der Priestertochter. Der Tod des Herrenbruders Jakobus erfolgte wahrscheinlich in der Vakanz nach dem Tod des Statthalters Porcius Festus. Zum Tötungsrecht der Juden gegenüber Heiden, die den inneren Tempelbezirk betraten, vgl. Blinzler* 238–240. Nach Apg 21,27ff greift die römische Behörde in einem solchen Fall ein.

62 Zur Problematik vgl. Catchpole (Anm. 53) 47–54.

henpriesters ist als Parallele zur Anfrage des Pilatus (15,2) zu werten. Steht dahinter auch literarische Gestaltung, so darf doch geschlossen werden, daß der von Jesus erhobene Anspruch, der sich provokatorisch vor allem in seinem Gesetzesverständnis und in seiner Kritik an den herrschenden Kreisen äußerte, als gefährlich angesehen wurde und den Anlaß für das Einschreiten des Hohenpriesters abgab. Es muß aber betont werden, daß dieser Anspruch ein religiöser war, wenngleich Religion und Lebenspraxis bei Jesus eng aufeinander bezogen sind. Ein förmliches Todesurteil wird das Synhedrion kaum gesprochen haben. Diese Auffassung stützt sich allein auf Markus. Die Zeit für die Durchführung eines Prozesses erscheint zu knapp[63]. Man wird anzunehmen haben, daß sich beim Hohenpriester nach der Verhaftung Jesu maßgebliche Synhedristen versammelten, um in einer Voruntersuchung (Anakrisis) die Anklagepunkte für den Pilatusprozeß zu sammeln[64]. Mit dem in 15,1 gefaßten Beschluß schloß die Sitzung. Von einer zweiten Sitzung zu sprechen, besteht kein Anlaß. Ohne Beteiligung der jüdischen Hierarchie, insbesondere des amtierenden Hohenpriesters, kann die Hinrichtung Jesu nicht gedacht werden[65]. Was die in 14,65 geschilderte Verhöhnung Jesu betrifft, die stark theologisch gefärbt ist, so wird diese ihren Sitz im historischen Verlauf am ehesten nach der Verhaftung haben, wie Lk 22,63–65 es darstellt. Die Versammlung der Synhedristen beim Hohenpriester kann in dessen Haus, aber auch im Versammlungssaal des Synhedrion stattgefunden haben. Letzterer wäre im Tyropoeontal in der Nähe des Xystos-Platzes, kaum in der Quaderhalle im Tempelbezirk zu suchen[66].

Zusammenfassung

In der Passionsgeschichte, aber auch im Evangelium des Markus bildet der Synhedrialbericht einen Höhepunkt. In ihm sind verschiedene Anliegen gebündelt. Zunächst das christologische: Jesus bekennt sich öffentlich als Messias und Gottessohn. Es ist in dieser Situation nicht notwendig, das »Messiasgeheimnis« zu wahren. Jesu Messianität kann nicht mißverstanden werden. Der von einem Verworfenen erhobene Anspruch fordert den Glauben wie den Unglauben heraus. Markus betont das Verhältnis des Jüngers zu Jesus. Durch die Synchronisation mit der Verleugnung des Petrus wird aufgewiesen, was vom wahren Nachfolger Jesu verlangt ist, und wie sich jener verhält, der ihm nur »von fern« nachfolgt. Die Gleichzeitigkeit der Geschehensabläufe verleiht dem Bekenntnis Jesu Vorbildcharakter. Seine Verhöhnung gibt zu verstehen, wel-

63 E. Bammel, »Ex illa itaque die consilium fecerunt . . .«: Bammel* 11–40, wertet Joh 11,47ff dafür aus, daß die jüdischen Autoritäten bereits beträchtliche Zeit vor der Verhaftung Jesu gegen diesen aktiv geworden seien. Nach J. C. O'Neill, The Charge of Blasphemy at Jesus' Trial before the Sanhedrin, in: Bammel* 72–77, habe das Synhedrion Jesus verurteilt, weil dieser sich zum Sohn Gottes gemacht hat.

64 Vgl. P. Mikat, Rez. von P. Winter, BZ 6 (1962) 300–307, hier 306.

65 In bSanh 43a wird die Hinrichtung Jesu sogar als ausschließliche Tat der Juden hingestellt.

66 Die Tempeltore waren nachts geschlossen, wurden jedoch in der Paschanacht um Mitternacht geöffnet. Nach einer Talmudtradition sei das Synhedrion 40 Jahre vor der Tempelzerstörung in die Kaufhallen umgesiedelt. Diese sucht man auf dem Ölberg. JosBell 5,144; 6,354, nennt den Versammlungsort βουλή bzw. βουλευτήριον. Zum Ganzen vgl. Blinzler* 166–170; E. Lohse, ThWNT VII,861.

cher Unbill man als sein Jünger ausgesetzt sein kann. Das Tempellogion schließlich erfährt im Gesamtrahmen des Evangeliums weiterreichenden Sinn. Es erinnert an das im Kreuz über Israel ergehende Gericht und im Anschluß an die Tempelopposition Jesu an das sich daraus ergebende Kommen der Heidenvölker (vgl. 11,17; 15,38f). Wenn Jesus auch aus Israel ausgestoßen wird[67], so ist das weder das Ende seiner Geschichte noch das der Geschichte Gottes mit seinem Volk. Der Leser soll nicht übersehen, daß im Todesurteil Jesu ein Neubeginn seinen Ursprung hat, der sich erstreckt bis zur Parusie des Menschensohnes.

Wirkungsgeschichte

In der alten und mittelalterlichen Exegese, die die Historizität des Synhedrialprozesses oder dessen Details niemals in Frage stellte, dürften zwei Punkte mit großer Regelmäßigkeit wiederholt worden sein. Einmal betrachtete man das in den Prozeß eingebrachte Tempellogion als lügnerisch, weil man dessen ursprüngliche Fassung in der ungefährlichen Version von Joh 2,19 meinte wiederzuerkennen[68]. Zum anderen schrieb man dem Amt des Hohenpriesters religiöse Weihe zu und wertete so den Synhedrialprozeß als Schlußstrich unter das unwürdig gewordene jüdische Hohepriestertum: »Das Priestertum der Juden . . . mußte abgeschafft werden«, sagt Beda zu Vers 63[69]. Eine tiefgreifende Kritik an der Synhedrial- und mit ihr an der gesamten Passionsgeschichte setzt mit D. F. Strauß und dessen Mythosinterpretation ein[70]. Die Passionsgeschichte und den Synhedrialbericht bezeichnet er als die Negierung der Negation und versteht darunter eine Darstellung, in der Anklage und Verurteilung, Schmach und Schande zwar nicht verwischt und verleugnet, aber doch so gewendet wurden, daß sie womöglich zu Stützen des Glaubens, die negativen Werte zu positiven, die Schandmale zu Ehrenzeichen wurden. Richtig sieht Strauß, daß die Auferstehung Jesu die prinzipielle Überwindung des Kreuzestodes ist, steht aber mit deren Beurteilung als »Production des Glaubens« vor einem heillosen Trümmerhaufen[71]. Die späteren Bemühungen, die Passionsgeschichte als aus dem alttestamentlichen Weissagungsbeweis herausgesponnen zu erklären, wie sie K. Feigel[72] und K. Weidel[73] auf sich genommen haben, sind im Licht der Strauß'schen Denkanstöße zu sehen. Die mit A. Schweitzer zu ihrem Ende gekommene Leben-Jesu-Forschung hingegen verfolgte die historische Fragestellung auf unbrauchbaren Wegen. Für Schweitzer selbst liegt der Grund für den Urteilsspruch des Synhedrions in dem, was er das Messiani-

67 Mit der Einführung des ganzen Synhedrions in V 55 hat Mk den offiziellen Charakter der Gerichtsverhandlung noch unterstrichen.

68 Origenes (bei Klostermann 155); Theophylakt, PG 123,660; Beda, PL 92,280; Calvin II,349.

69 PL 92,281. Nach Calvin II,348, war der Hohepriester »das Bild des einzigen Mittlers zwischen Gott und den Menschen«.

70 Vgl. G. Backhaus, Kerygma und Mythos bei David Friedrich Strauß und Rudolf Bultmann, Hamburg-Bergstedt 1956; K. Barth, D. F. Strauß als Theologe, Zollikon ²1948.

71 Vgl. D. F. Strauß, Das Leben Jesu für das deutsche Volk bearbeitet, Leipzig 1864, 559.

72 Der Einfluß des Weissagungsbeweises und anderer Motive auf die Leidensgeschichte, Tübingen 1910.

73 Studien über den Einfluß des Weissagungsbeweises auf die evangelische Geschichte, ThStKr 83 (1910) 83–109.163–195.

tätsgeheimnis nennt. Das von Jesus geheimgehaltene und durch das Petrusbekenntnis dem Jüngerkreis bekanntgewordene Geheimnis sei durch Judas an die Hohenpriester verraten worden[74]. In der Gegenwart betonen systematische Theologen die Notwendigkeit der historischen Rückfrage und kommen in der historischen Beurteilung des Synhedrialprozesses zu ähnlichen Ergebnissen, wie sie oben vorgetragen wurden. Nach O. Weber wurde Jesus als Gesetzesbrecher hingerichtet, weil er sich gegen das »usurpierte Gesetz«, das heißt gegen ein dem religiösen Geltungsdrang des frommen Menschen dienstbar gemachtes Gesetz, gestellt habe: »Der Tod Jesu ist kein Justizmord. Einen solchen kann man allenfalls dem Pontius Pilatus nachsagen, nicht aber dem Sanhedrin. Dieser urteilte dem Gesetz gemäß: Wer sich so verhielt wie Jesus von Nazareth, der befand sich mit dem Gesetz, wie es in Geltung stand, in unheilbarem Widerspruch. Er beging Religionsfrevel. Ihm gegenüber setzte sich das Gesetz durch.«[75]

## *11. Petrus sagt sich von Jesus los (14,66–72)*

*Literatur: Masson, C.*, Le reniement de Pierre, RHPhR 37 (1957) 24–35; *Birdsall, J. N.*, Τὸ ῥῆμα ὡς εἶπεν αὐτῷ ὁ Ἰησοῦς, NT 2 (1958) 272–275; *Klein, G.*, Die Verleugnung des Petrus, ZThK 58 (1961) 285–328; *Merkel, H.*, Peter's Curse, in: Bammel* 66–71; *Pesch, R.*, Die Verleugnung des Petrus, in: NT und Kirche (FS R. Schnackenburg), Freiburg 1974, 42–62; *Dewey, K. E.*, Peter's Curse and Cursed Peter, in: Kelber* 96–114 · *Ernst, J.*, Noch einmal: Die Verleugnung Jesu durch Petrus, in: Brandenburg, A., – Urban, A., Petrus und Papst, Münster 1977, 43–62; *Gewalt, D.*, Die Verleugnung des Petrus, LingBibl 43 (1978) 113–144. – Weitere Literatur s. oben S. 216f.

66 **Und während Petrus unten im Hof ist, kommt eine der Mägde des**
**Hohenpriesters.** 67 **Und als sie den Petrus sah, der sich wärmte,**
**blickte sie ihn an und sagt: Auch du warst mit dem Nazarener Jesus.** 68 **Er aber leugnete und sagte: Ich weiß weder noch verstehe ich,**
**was du sagst. Und er ging hinaus in den Vorhof.** 69 **Und die Magd sah**
**ihn und begann wieder, zu den Dabeistehenden zu sprechen: Dieser gehört zu ihnen.** 70 **Er aber leugnete wieder. Und nach einer Weile sagten**
**die Dabeistehenden zu Petrus: Wahrhaftig gehörst du zu ihnen. Und ein**
**Galiläer bist du nämlich.** 71 **Er aber begann zu fluchen und zu schwören: Ich kenne diesen Menschen nicht, von dem ihr redet.** 72 **Und sogleich krähte zum zweiten Mal der Hahn. Und Petrus erinnerte sich an**
**das Wort, das Jesus ihm gesagt hatte: Ehe der Hahn zweimal kräht,**
**wirst du mich dreimal verleugnen. Und er fing zu weinen an.**

[74] Leben-Jesu-Forschung 439–443.

[75] Grundlagen der Dogmatik II, Neukirchen 1952, 224. Nach W. Kasper, Jesus der Christus, Mainz 1974, 133, wurde Jesus vom Synhedrion als falscher Profet und Gotteslästerer verurteilt.

Analyse Die vorliegenden Urteile über die Perikope weichen darin voneinander ab, daß man mit dem Anwachsen eines Traditionskernes rechnet bzw. dieses bestreitet. Nach Dormeyer und Schenk[1] habe eine vormarkinische Überlieferung nur von einer Verleugnung des Petrus erzählt. Nach beiden Autoren habe Vers 68 diese aufbewahrt, nur meint Schenk*, daß sie ursprünglich mit »und er schwört« (vgl. 71) eingeleitet worden sei[2]. Masson* betrachtet die Verse 66–68 für sich und läßt diese durch das textlich nicht gesicherte »und ein Hahn krähte« abgeschlossen sein[3]. Nach Klein* dagegen vermögen weder philologische noch andere Argumente die Beweislast dafür zu tragen, daß »die Dreigliedrigkeit dem Verleugnungskomplex sekundär zugewachsen sein sollte«[4]. In diesem Punkt verdient Klein Zustimmung. Dormeyer sieht Vers 70 wegen einer vermeintlichen Störung im Erzählablauf für redaktionell an. Der Markus-Redaktor habe nicht bemerkt, daß Petrus sich inzwischen in den Vorhof entfernt habe[5]. Schenk hingegen schreibt die Ortsveränderung der Redaktion zu. Markus stellte sich vor, daß sich Petrus in den dunklen Torgang zurückzieht[6]. Damit ist die erzählerische Absicht sicher getroffen, nur ist es nicht notwendig, sie einer späteren Erzählstufe zuzuweisen. Der Rückzug in den Vorhof verunmöglicht nicht die beiden folgenden Konfrontationen, sondern steigert die Spannung des Lesers. Nur ein völliger Rückzug des Petrus hätte den Abschluß markieren können[7]. Für die Ursprünglichkeit der Dreigliedrigkeit ist vor allem die ausgewogene Erzählstruktur der Perikope in Anschlag zu bringen. Die drei Verleugnungen steigern sich von der ersten zur dritten. Dies gilt sowohl für den Wechsel von der Magd zur Gruppe der Dabeistehenden, die in die zweite Konfrontation schon einbezogen werden, als auch für die Reaktionen des Petrus. Weiter ist zu beachten, daß die regelmäßigen Verbindungen mit καί an drei Stellen durch adversatives δέ abgelöst werden, nämlich dort, wo die Verleugnung des Petrus behandelt wird (68, 70 und 71). Die Partikel kann darum nicht als Hinweis auf Redaktion gewertet werden[8]. Die Perikope ist nicht von einer auf drei Verleugnungen ausgebaut worden. Das heißt aber nicht, daß Markus sie an einigen Stellen nicht überarbeitete. Vom sandwich-agreement mit der Synhedrialverhandlung wurde schon in Verbindung mit Vers 54, der ehemals die Geschichte einleitete, gesprochen. Der Genitivus absolutus in 66a knüpft daran an und ist redaktionell. Damit können auch Erweiterungen in 67a zusammenhängen, die aber sachlich unerheblich sind. Die Bezeichnung Petri als Galiläer in Vers 70 kommt zwar der theologischen Bedeutung von Galiläa in unserem Evangelium entgegen, ist aber nicht aus der gleichen Wurzel und darum vorgegeben[9]. In Vers 72 aber hat der Evangelist auf zweifache Weise

[1] Dormeyer, Passion 150–155; Schenk, Passionsbericht 215–223. Nach Dewey* 96–105 bilden die VV 53a.54.66b.67b.68.72b die vormk Tradition.

[2] 221.

[3] 28f. Καὶ ἀλέκτωρ ἐφώνησεν steht in C D Koine-Text Θ, fehlt in ℵ B W sy[s]. Seine Hinzufügung ist wegen V 72a weit eher plausibel zu machen als seine Streichung.

[4] 311.

[5] 153.

[6] 221.

[7] Darum streicht Masson* εἰς τὸ προαύλιον in dem von ihm postulierten Grundbericht.

[8] Gegen Schenk, Passionsbericht 220.

[9] Gegen Schenk, Passionsbericht 222.

eingegriffen. Beide Eingriffe dienten der engeren Verknüpfung mit der Ansage der Verleugnung in 14,30. Das eine Mal fügt er »sogleich zum zweiten Mal« ein. Der zweite Hahnenschrei hat besondere Bedeutung bei Griechen und Römern. Das andere Mal legt es die Formulierung nahe, daß auch die ausdrückliche Erinnerung an das Jesuswort von ihm stammt. ἀναμιμνῄσκω begegnet gleichfalls als Petrus-Erinnerung in 11,21, ῥῆμα mit Rückbezug auf ein Jesuswort in 9,32. Beide Stellen erkannten wir als markinisch. Für Markus hat ein Jesuslogion den gleichen Rang wie die Schrift. Der Schluß lautete demnach vormarkinisch: Und es krähte der Hahn. Und Petrus fing an zu weinen[10].
Umstritten ist gleichfalls die Frage, ob die Perikope Bestandteil einer älteren Passionsgeschichte ist oder als selbständige Überlieferung umlief. Während die Mehrzahl der Exegeten letzteres annimmt[11], verficht Pesch ihre Zugehörigkeit zur alten Passionstradition. Bultmann begründete die Selbständigkeit damit, daß die Geschichte nur nach rückwärts, nicht nach vorwärts mit der Darstellung verklammert sei und daß man Petrus am Anfang schwerlich so viel Raum in der Passion Jesu gewidmet hätte. Nun ist eine Verklammerung nach vorwärts nicht zu erwarten, da Petrus als einzelner die allgemeine Jüngerflucht (14,50) mit seinem Gang in den Hof des hohenpriesterlichen Hauses nur unterbricht und somit aus dem Geschehen ausscheidet. Der breite Raum beruht auf einem geschmäcklerischen Urteil. Zudem basiert die Überlieferung auf historischer Erinnerung (s. unten). In der Tat ist sie auf mancherlei Weise mit dem Kontext verknüpft. Petri Nachfolge in den Hof des Hohenpriesters (54) setzt Jesu Verhaftung voraus, desgleichen die Anrede der Magd und der Dabeistehenden. Die auftretenden Personen passen zum Ort der Handlung[12]. Die Geschichte wurde entweder zum älteren Bestand der Passionsgeschichte hinzukomponiert oder gehörte schon immer zu diesem. Vormarkinisch schloß sie an die Verhaftung an[13]. Gattungsmäßig läßt sie sich kaum einordnen. Man könnte am ehesten von einer Jüngergeschichte sprechen. Ihr Entstehungsort ist das palästinische Judenchristentum. Darauf weisen hin der Inhalt, verschiedene Semitismen[14], die Bezeichnung Jesu als Nazarener und Petri als Galiläer. Letzteres legt eine Lokalisierung der Überlieferung in Jerusalem nahe[15].
Die Geschichte, die zur Nachtzeit im Hof und Vorhof des hohepriesterlichen Hauses spielt, läßt neben der Dienerschaft des Hohenpriesters bzw. des Synhedrions nur Petrus auftreten, Jesus nicht (anders Lk 22,61). Das macht ihre Besonderheit aus. Sie lebt von der hin- und hergehenden Rede und enthält mehrere seltene Wörter und Wendungen[16], die nur in ihr anzutreffen sind. Die

[10] Nach Schenk, Passionsbericht 223, lautete 72c: καὶ ὁ Πέτρος ἐπιβάλλει, was er versteht im Sinn von: Und Petrus erinnert sich.

[11] Bultmann, Geschichte 301; Dibelius, Formgeschichte 215f; Klein* 296.

[12] Vgl. Pesch, Verleugnung 50f. Ob Vers 54 von LXX Ps 37,12 mitinspiriert ist, wie Pesch, Verleugnung 47, annimmt, erscheint allerdings fraglich.

[13] Mit Schenk, Passionsbericht 216; anders Schenke, Christus 17–20.

[14] Vgl. Taylor 572.

[15] Nach Schenke, Christus 21, will die Perikope die Jerusalemer Gemeinde, die »wegen ihres Bekenntnisses zum gekreuzigten Messias Jesus durch Denunziationen und Anzeigen an die Behörde seitens ihrer Mitbürger angefochten« ist, ermahnen.

führenden Verben sind das Gesehenwerden Petri (ἰδοῦσα/ἐμβλέψασα) und sein Verleugnen, das sich zu einem Fluchen und Schwören steigert. Dem Gesehenwerden korrespondiert das Nicht-erkannt-sein-wollen. Vor allem aber ist die Erzählung durch die volkstümliche Regel-de-tri beherrscht, die dem dreimaligen Versagen des Jüngers entspricht.

Erklärung 66–71

Von Jesus weg wendet sich der Erzählverlauf dem Petrus zu, der mit seinem »Amtsnamen« neu eingeführt wird. Ist Petrus unten im Hof, so muß Jesus oben in einem Raum des Hauses sein (anders Mt 26,61: Petrus ist draußen im Hof). Die Ortsangabe blendet den Ort Jesu indirekt ein. Für die Erkenntnisszene ist das Licht des Feuers (54) in Erinnerung zu rufen, an dem sich der Jünger wärmte. Woher die Magd (nach Joh 18,17 die Türhüterin)[17] diesen kennt, wird nicht gesagt. Sie spricht ihn als Anhänger des Nazareners Jesus an. Das Mit-ihm-sein lenkt im Makrotext auf die Bestimmung der Zwölf in 3,14 zurück. Die Bezeichnung Jesu als Nazarener, die zunächst von seiner Herkunft aus Nazaret abzuleiten ist, könnte hier bereits auf die Benennung der Gemeinde als »Sekte der Nazarener« (Apg 24,5) anspielen, wie auch der Name Galiläer sowohl auf den Jünger (70) als auch auf Jesus (Mt 26,61) angewendet werden kann[18]. In der Begegnung mit der Magd ist noch keine unmittelbare Bekenntnissituation gegeben. Petri verbale Reaktion ist als ein Verleugnen, ein Sich-lossagen von Jesus gekennzeichnet. Der Satz, den er spricht, in unkorrektem Griechisch gehalten[19], ist mannigfaltig wiedergegeben worden. Man wollte ihn teilen, mit einem Fragezeichen versehen oder als falsche Übersetzung aus dem Aramäischen interpretieren. So kam es zu Vorschlägen wie: Ich weiß und versteh' es nicht. Wovon redest du? Oder: Weder weiß ich noch kenne ich den, von dem du redest[20]. Eine rabbinische Analogie dürfte den Sinn des Satzes erhellen. Ein Mann, verdächtigt, den Ochsen eines anderen genommen zu haben, sagt: Ich weiß nicht, was du redest[21]. Petrus will mit der Sache nichts zu tun haben. Er tritt einen halben Rückzug an und begibt sich in den Vorhof, den man sich am besten als Toreingang vorzustellen hat (Mt 26,70: πυλών). Die Magd, offenbar die gleiche[22], bemerkt ihn und redet diesmal zu den Dabeistehenden über Petrus, nicht spricht sie ihn an. Ob die Gruppe Petrus nachgefolgt ist oder nicht, ist unerheblich[23]. Der Raum bleibt überschaubar. Die Charakterisierungen, die Petrus als Jünger empfängt, um von

[16] ἐπίσταμαι, μετὰ μικρόν, Γαλιλαῖος, ἀναθεματίζω, ἐκ δευτέρου.

[17] In der apokalyptischen Tradition wird der Magd der Name Ballila beigelegt. Vgl. Klostermann.

[18] Für Grundmann wird in der Rede der Magd von einem messianischen Anspruch nichts sichtbar. Das trifft zu, auch wenn der Name Nazarener schon einen gewissen technischen Sinn gewonnen haben sollte.

[19] οὔτε . . . οὔτε ist bei synonymen Verben unzulässig. Lohmeyer wertet den inkorrekten Ausdruck als Äußerung der Betroffenheit.

[20] Vgl. Taylor, Cranfield.

[21] Schebu 8,3.6 und Billerbeck II,51.

[22] Nach Mt 26,71 ist es eine andere Magd, nach Lk 22,58 ist es ein Mann, nach Joh 18,25 sind es mehrere, die Petrus beim zweiten Mal zur Rede stellen. Die Erzähler ließen sich in diesem Punkt Freiheiten.

[23] Grundmann nimmt es an.

außen in seiner Jüngereigenschaft bestimmt zu werden, wechseln ab. Man kann aber nicht behaupten, daß die Formulierung: »Dieser gehört zu ihnen«, die die Gemeinschaft der Jünger (oder schon die Gemeinde?) im Blick hat, nur der Gemeinde verständlich wäre[24]. Petri Reaktion wird diesmal nur knapp als Leugnung geschildert. Das Imperfekt deutet deren Andauern an. Die dritte Konfrontation soll offenbar den Akzent erhalten. Ihre Steigerung besteht zunächst darin, daß die Gruppe der Dabeistehenden, die bereits durch die Magd auf Petrus aufmerksam gemacht wurde, sich an diesen wendet[25]. Die Kettenreaktion deutet das Verhängnisvolle an. Nach jüdischem Zeugenrecht hat eine Aussage erst durch zwei oder drei Zeugen ihr volles Gewicht (Num 35,30; Dtn 17,6), eine Frau war in der Regel zum Ablegen eines Zeugnisses juristisch unfähig[26]. Diesmal wird Petrus als Galiläer erkannt. Eine von Mt 26,73 beeinflußte Textvariante, die hinzufügt: Und deine Redeweise gleicht (ergänze: der galiläischen)[27], interpretiert den Sachverhalt zutreffend. Doch ist hinzuzufügen, daß Jesu Bewegung als galiläische galt. Seine ersten Jünger waren insgesamt Galiläer. Petri Reaktion ist diesmal mehr als nur ein Leugnen. Er flucht und schwört und gebraucht somit die kräftigsten Beteuerungen. Der Jude konnte sich selbst, seine Geburt, sein Schicksal verfluchen. Das Verb ἀναθεματίζειν wird in der griechischen Bibel fast regelmäßig für die Vollstreckung des Fluches an Menschen oder Städten verwendet, die als verfluchte vernichtet werden[28]. Weil hier kein Objekt des Fluches genannt ist, meinte man, die Verfluchung auf Jesus beziehen zu können. Eine spätere kirchengeschichtliche Situation soll reflektiert sein, in der Christen straffrei ausgehen, wenn sie bereit sind, Jesus zu verfluchen[29]. Nach JustApol 1,31,6, befreite Barkochba die Christen von schwersten Strafen, wenn sie »Jesus den Christus verleugneten und lästerten«[30]. Jedoch liegen die Parallelen in einer späteren Zeit; eine Verfluchung Jesu ist auch nicht formuliert (vgl. 1Kor 12,3). Eine mögliche Fluchformel bietet 2Sam 3,9: »Gott soll mich strafen, wenn ich nicht . . .« Die Verfluchung ist darum entweder an die Anredenden gerichtet oder besser als Selbstverfluchung zu begreifen. Dabei ruft Petrus mit einem Schwur Gott zum Zeugen an. Was er fluchend schwört, ist, diesen Menschen nicht zu kennen. Es ist die übliche Formel, mit der man sich von jemandem lossagt. Die Rabbinen benutzten sie als Bannspruch (vgl. Mt 7,23)[31]. Daß Petrus den Jesusnamen meidet, ist beachtlich. Sein Sich-lossagen von Jesus ist perfekt. Es geschah feierlich und vor Zeugen.

Der zweite Hahnenschrei markiert die Stunde und bringt dem Jünger die Vor- 72

[24] So Dormeyer, Passion 152.

[25] Die Seitenreferenten gehen hier teilweise ganz andere Wege. Nach Lk 22,59 stellt »ein anderer« die Frage; nach Joh 18,26 ein Knecht des Hohenpriesters, der dem Malchus verwandt war.

[26] Vgl. Billerbeck III,559f.

[27] Koine-Text Θ: καὶ ἡ λαλία σου ὁμοιάζει (erg.: τῇ λαλιᾷ τῶν Γαλιλαίων). Vgl. Bauer Wb 1122.

[28] Vgl. LXX Num 21,2f; Dtn 13,16; 20,17; Jos 6,20; 1Sam 15,3; 2Kön 19,11 u.a.

[29] Merkel* 69–71.

[30] Ähnliches teilte Plinius an Trajan mit. Die Verhaltensweisen der Juden und der Römer gegen die Christen haben sich vermutlich beeinflußt. Vgl. Merkel* 69f und Anm. 27.

[31] Vgl. Billerbeck I,469.

aussage Jesu in Erinnerung (14,30). Markus legt peinlichen Wert darauf, daß sich diese ad verbum erfüllte. Das Wort Jesu hat bereits den gleichen Rang wie die γραφή. Letztlich ist es dieses Wort, das das Geschehnis bestimmte, für das der Jünger dennoch die Schuld trägt. Die Erinnerung an Jesu Wort bringt Petrus angesichts des nunmehr erkannten Versagens zum Weinen. Man weint aus Angst (2Kön 20,3), Freude (Gen 46,29), aber auch aus Scham und Reue (vgl. Klgl 1,14–16; Lk 7,38)[32]. Letzteres ist hier gemeint. Viel umrätselt ist das ungewöhnliche Partizip ἐπιβαλών. Von den zahlreichen Interpretationsvorschlägen[33]: er verhüllte sich, er zog (das Kleid) über (das Gesicht), er warf sich nieder, er jagte davon usw. kommen aus grammatischen Gründen letztlich nur zwei in Frage: er dachte daran (nämlich an Jesu Wort) oder er begann (zu weinen)[34]. Die erste Bedeutung erscheint im vorliegenden Text tautologisch, könnte aber die ursprüngliche sein (vgl. die Analyse). Die Reue des Petrus zeigt den Ausweg an. Während der Passion kommt diese allerdings noch nicht zum Tragen. Petrus steht nicht unter dem Kreuz. Sie gibt zu verstehen, daß die Gnade den Jünger gerettet hat. Die Gemeinde soll daraus Zuversicht schöpfen.

Historische Beurteilung

Die Historizität der Perikope gilt zahlreichen Autoren als unangefochten[35]. Letztlich könnte ihr Inhalt nur auf Petrus, den einzigen Gewährsmann des Geschehens, zurückgehen. Auf der anderen Seite ist ihr historischer Charakter heftig attackiert worden. Wer dies tut, muß eine plausible Erklärung dafür bieten, warum man eine solche Geschichte auf Petrus, den ersten Jünger, erfand. Nach Linnemann, welche die Ansage 14,30 für älter als die Verleugnungsgeschichte hält, sei es ein »novellistisches und paränetisches Interesse« gewesen[36]. Manchen protestantischen Autoren gilt Petrus als eine Art Prototyp der Häresie[37]. Dieses Urteil dürfte nicht unvoreingenommen sein. Klein interpretiert die Dreimaligkeit der Verleugnung biografisch und bringt sie mit Standortwechseln, die Petrus in seiner Laufbahn vollzogen habe, in Verbindung: vom Mitglied des Zwölferkreises zum Apostel, vom Apostel zum Mitglied des Säulenkollegiums und von diesem zum Einzelgänger[38]. Dies dürfte der schwächste Punkt seiner gelehrten Abhandlung sein. Wer hätte ernstlich diese Standortwechsel, falls sie überhaupt so vorliegen, als Verrat gedeutet? Einen ernsten Einwand gegen die Historizität stellt allerdings Lk 22,31f dar, besonders wenn man πότε ἐπιστρέψας als sekundäre Zutat betrachtet[39]. Die

32 Vgl. K. H. Rengstorf, ThWNT III, 721–725.

33 Vgl. die Übersichten bei Cranfield und Schenk, Passionsbericht 223.

34 Das erste vertreten Wellhausen, Schenk, Passionsbericht 223; das zweite Bl-Debr § 308; Bauer, Wörterbuch s.v.; Lohmeyer 332 (mit Belegen). D Θ latt sy lesen καὶ ἤρξατο κλαίειν. Auffällig ist, daß Mt 26,75; Lk 22,62 übereinstimmend πικρῶς bieten. Zahlreiche Handschriften haben den Text des V 72 auf verschiedene Weise gekürzt.

35 Finegan* 72f; Lohmeyer 333; Taylor 572; Pesch, Verleugnung 59; Ernst* 48–50.61f.

36 85.

37 Vgl. J. Schreiber, Die Christologie des Markusevangeliums, ZThK 58 (1961) 154–183, hier 177, der Petrus als ungläubigen Christen geschildert sieht, der, falls er sich nicht ändert, bei der Wiederkunft Christi dem Gericht verfällt.

38 Klein* 312–328.

39 Klein* 298–311.

Blickrichtung des Logions, das schwerlich auf Jesus zurückgeführt werden kann, geht aber auf eine Zukunft, die jenseits der Passion Jesu liegt und Petri Stellung in der Gemeinde betrifft. Vermutlich ist eine drohende Verfolgung angesprochen[40]. Die allgemeine Jüngerflucht steht dem vorübergehenden Ausweichen des Petrus in das Lager der Gegner nicht unversöhnlich im Weg. Die Flucht macht die Verleugnung eher verständlich. Die in die Geschichte hineingenommene Reue aber ist auf einen späteren Zeitpunkt zu verlegen. Sicher ist die Perikope kein Geschichtsbericht. Dazu ist ihre Gestaltung zu kunstvoll. Ihr einen historischen Kern abzusprechen, verbietet sich jedoch. Wie sich in der Passionsgeschichte Historie und erzählerische Einkleidung mischen, verdeutlicht am besten die Perikope vom Pilatus-Prozeß, an dessen Historizität kein Mensch zweifelt. Für die Bewertung der Perikope ist im Auge zu behalten, daß den Adressaten des Evangeliums das inzwischen erfolgte Martyrium des Petrus erinnerlich gewesen sein mußte.

Zusammenfassung

Markus, der seine Intentionen vorab durch die Synchronisation der Perikope mit der Verhandlung Jesu vor dem Synhedrion ausdrückte, stellt das mutige Bekenntnis Jesu gezielt dem Sich-los-sagen des Jüngers gegenüber[41]. Die Selbstoffenbarung des Messias als des zum Kreuz Gehenden steht neben der Schwäche des vom Kreuz weg fliehenden Petrus. Dieses Beieinander ist zunächst paränetisch zu verstehen, daß Nachfolge sich in der Bereitschaft zur Kreuzesnachfolge bewährt. Darüber hinaus ist damit angedeutet, daß der Messias Jesus den Jünger in der Stunde seines Versagens aushält. Wenn er nochmals angenommen worden ist, so war zwar seine Reue die Voraussetzung dafür, die Gnade des Herrn aber bewirkte es. Das Wort Jesu, das erst der Evangelist – wie wir meinten – als erinnertes unmittelbar in die Perikope einbringt, bestimmte die Stunde. Wir leben aus der Gnade des Herrn. Dies soll uns nicht feige werden lassen, sondern gerade die Furcht und Feigheit vor der Kreuzesnachfolge nehmen. Die mit dem Kreuz geforderte Bewährung bleibt keinem Jünger erspart.

Wirkungsgeschichte

Die alten Ausleger betonen einerseits die Größe des Versagens des Petrus. Der zweite Hahnenschrei bedeutet dann, daß der Jünger in kurzem Zeitraum zur dritten Verleugnung geführt wurde[42]. Anderseits ist ihnen die Episode ein Beispiel für die Größe der göttlichen Barmherzigkeit. »Die Novatianer mögen erröten«, resümiert Theophylakt; Petrus sei nach der Teilnahme am Herrenmahl gestrauchelt und doch wieder angenommen worden[43]. Den Kern der Geschichte deckt K. Barth auf, wenn er meint: Der Teilnahme am Leiden Jesu, zu der er berufen ist, könne sich der Christ nur entziehen, wenn er sich vom Wort Christi innerlich lossage[44]. »So ist noch jeder aus der Gnade gefallen, der sie als seine Privatsache für sich behalten wollte.«[45]

40 Vgl. Linnemann* 72–77.
41 Vgl. Dibelius, Formgeschichte 215f.
42 Vgl. Calvin II,354–356; Beda, PL 92,283.
43 PG 123,661.
44 Dogmatik IV/3,729.
45 707.

## 12. *Pilatus läßt Barabbas frei und Jesus zum Kreuz gehen (15,1–15)*

*Literatur: Bajsic, A.*, Pilatus, Jesus und Barabbas, Bib 48 (1967) 7–28; *Lee, G. M.*, Mark VIII 24. Mark XV 8, NT 20 (1978) 74. – Weitere Literatur s. oben S. 216f.

1 **Und sogleich am Morgen faßten die Hohenpriester mit den Ältesten und Schriftgelehrten und das ganze Synhedrion einen Beschluß, führten Jesus gefesselt ab und lieferten (ihn) Pilatus aus.** 2 **Und Pilatus fragte ihn: Du bist der König der Juden? Er aber antwortete ihm und spricht: Du sagst es.** 3 **Und die Hohenpriester klagten ihn heftig an.** 4 **Pilatus aber fragte ihn wieder und sprach: Du antwortest nichts? Sieh, wie vieler Dinge sie dich anklagen.** 5 **Jesus aber antwortete nichts mehr, so daß sich Pilatus wunderte.** 6 **Am Fest aber gab er ihnen einen Gefangenen frei, den sie sich freibaten.** 7 **Es lag aber ein gewisser Barabbas mit den Aufrührern in Fesseln, die beim Aufruhr einen Mord begangen hatten.** 8 **Und die Volksmenge zog hinauf und begann, die Bitte vorzutragen, wie er ihnen zu tun pflegte.** 9 **Pilatus aber antwortete ihnen und sprach: Wollt ihr, daß ich euch den König der Juden freigebe?** 10 **Denn er hatte erkannt, daß die Hohenpriester ihn aus Mißgunst ausgeliefert hatten.** 11 **Die Hohenpriester aber wiegelten die Volksmenge auf, daß er ihnen lieber den Barabbas freigebe.** 12 **Pilatus aber antwortete erneut und sagte zu ihnen: Was, wollt ihr also, soll ich mit dem tun, den ihr den König der Juden nennt?** 13 **Sie aber schrien wiederum: Kreuzige ihn!** 14 **Pilatus aber sagte zu ihnen: Was hat er denn Böses getan? Sie aber schrien noch lauter: Kreuzige ihn!** 15 **Pilatus aber wollte der Volksmenge Genüge tun und gab ihnen den Barabbas frei. Und Jesus lieferte er aus, nachdem er (ihn) hatte geißeln lassen, daß er gekreuzigt werde.**

Analyse Das Verhör Jesu vor Pilatus und die Barabbasszene bilden im vorliegenden Text eine zusammengehörende Einheit. Es geht nicht gut an, nach Vers 5 eine Zäsur zu machen[1]. Mit dem Schweigen Jesu und der Verwunderung des Pilatus ist noch kein Abschluß gegeben. Dieser ist erst mit Vers 15, dem Entscheid des Pilatus, erreicht. Die zur Perikope vorliegenden Analysen weichen erheblich voneinander ab. Ein verbreitetes Urteil betrachtet Vers 2 als sekundär eingefügt[2]. Die Begründung ist gelegentlich eine historische. Man sagt, der Judenkönig hätte als Anklage für eine Todesstrafe vollauf genügt, so daß ein weiteres Bemühen des Richters sich erübrigt hätte[3]. Historische Urteile aber können literarische Fragen nicht entscheiden. Ist die Barabbasszene sekundär eingefügt?

[1] So zahlreiche Kommentare in ihren Perikopen-Gliederungen (Wellhausen, Lohmeyer, Schnackenburg).

[2] Bultmann, Geschichte 293; Linnemann* 134f; Dormeyer, Passion 175f.

[3] Dormeyer, Passion 176. Vgl. Schenke, Christus 53.

Hahn[4] begründet dies mit dem Eindringen des Titels König der Juden von der Kreuzesinschrift her und hält die Verse 1, 3–5 und 15b für einen älteren Bericht. Schenke[5] glaubt, wegen des umständlich erscheinenden Anschlusses in 6ff die Barabbasszene für eine nachträgliche Zutat halten zu dürfen. Vers 2 sei in Verbindung mit diesem Eintrag verrückt worden und habe ehemals nach 5 gestanden. Den Abschluß in 15 habe einmal ein von Pilatus gesprochenes Todesurteil gebildet, das weggebrochen worden sei. Beides ist recht hypothetisch. Es ist zu berücksichtigen, daß das fehlende Todesurteil aus dem Mund des Pilatus mit 14,65, dem Todesurteil des Synhedrions, abgestimmt ist. Schenk[6] hingegen rechnet mit zwei Berichten vom Pilatusverhör. Von dem einen sei im wesentlichen nur Vers 2 erhalten, der andere habe Pilatusverhör plus Barabbasszene geboten, aber nur unter Einschluß der Hohenpriester. Erst Markus habe die Volksmenge ins Spiel gebracht. Auch diese sehr komplizierte Analyse kann nicht befriedigen. Sie zeigt aber die Schwierigkeit der Rekonstruktion des Textes auf[7].

Vers 1 ist überfrachtet und markinisch erweitert worden. Dies gilt für die Wendung »mit den Ältesten und Schriftgelehrten«, die neben ὅλον τὸ συνέδριον tautologisch wirkt (vgl. 14,55). Die Zeitangabe »am Morgen« wird ursprünglich sein, da sich die Verbindung »und sogleich am Morgen« nur hier findet. Außerdem paßt die Zeitbestimmung ausgezeichnet zu einer römischen Gerichtssitzung. Das Wörtchen εὐθύς stammt vom Evangelisten. Ob die Partizipialform συμβούλιον ἑτοιμάσαντες bzw. ποιήσαντες (s. unten zur Frage des Textes) Erweiterung ist, ist schwer zu entscheiden[8]. Sie könnte Erläuterung der Auslieferung Jesu an Pilatus sein. Die Pilatusfrage nach dem König der Juden ist weder sekundär eingetragen noch verrückt worden[9]. Sie steht am richtigen Platz, da sie das Thema für den folgenden Abschnitt bis zur Kreuzigung einschließlich angibt. Die Antwort Jesu »Du sagst es« ist nicht eindeutig und verlangt eine Fortsetzung. Ebenso muß Vers 5 immer schon fortgesetzt worden sein, weil das Schweigen Jesu und das Staunen des Pilatus alles noch offen lassen. Pilatusverhör und Barabbasszene gehören von Anfang an zusammen[10]. In der Barabbasszene könnten die Verse 8 und 10 sekundär sein. Formal handelt es sich um die beiden Sätze in der ganzen Szene, die statt des regelmäßigen Satzanschlusses mit δέ mit καί bzw. γάρ verbinden. Freilich möchte man das Anrücken der Volksmenge (8) nicht gern entbehren, mag es auch rela-

[4] Hoheitstitel 195f. Finegan* 73f hält die VV 1,2 und 15b für den Ursprung.

[5] Christus 47–54.

[6] Passionsbericht (243–249. Bereits Hirsch, Frühgeschichte I,165, rechnet mit zwei Berichten.

[7] Dormeyer, Passion 174–186, schält in seiner Analyse einen Grundbericht heraus, der Pilatusverhör und Barabbasszene umfaßte und aus den VV 1b, 3, 5, 6, 11, 7, 15 bestanden haben soll. Eine Zwischenredaktion und Mk hätten ihn überarbeitet.

[8] Dafür sprechen sich aus Lohmeyer 334; Schenke, Christus 52 (mit unterschiedlichen Abgrenzungen). Nach Schenk, Passionsbericht 243, soll der Vers einmal gelautet haben: Und die Diener fesselten Jesus und lieferten ihn an Pilatus aus.

[9] Vgl. Wendling, Entstehung 178f, nach dem das Schweigen des Angeklagten die Pointe der Erzählung ausmacht.

[10] Taylor 577 bemerkt ganz allgemein, daß die Perikope aus »separate items« zusammengesetzt sei.

tiv spät erzählt werden. Die Begründung für die Frage des Pilatus (10) wird wahrscheinlich nachgeliefert sein. Die doppelte Erwähnung der Hohenpriester am Schluß von 10 und am Beginn von 11 ist auffällig. Die Verse 12–14 lassen sich nicht herausbrechen[11], mögen sie auch markinisch überformt sein. Die Einführungsformel ἔλεγεν αὐτοῖς wirkt markinisch, braucht es aber keinesfalls hier zu sein. Die Kreuzigungsforderung der Menge ist für die kompositionelle Anlage der Erzählung unentbehrlich. Die Perikope ist sowohl nach rückwärts als auch nach vorwärts mit dem Geschehensablauf verklammert und als alter Bestandteil der vormarkinischen Passionsgeschichte anzusehen.

Die Erzählung bietet zwar eine Zeit-, aber keine Ortsbestimmung (erst 15,16). Groß ist der Personenaufwand: neben Jesus sind es die Synhedristen – an der Spitze die Hohenpriester als Hauptakteure – und Pilatus, die die Szene beherrschen. Dann wird die Volksmenge in das Geschehen miteinbezogen. Barabbas und seine Komplizen werden nur in der Rede erwähnt und treten nicht in Erscheinung. Die Perikope ist wesentlich durch den Dialog in der Form von Frage und Antwort bestimmt. Pilatus als der Richter ist dabei regelmäßig der Fragende. Er stellt beständig Fragen an Jesus, aber auch an die Volksmenge, an die letztere drei Fragen (Regel-de-tri). Schon damit ist seine unschlüssige Haltung gekennzeichnet. Neben den Verben des Fragens und Antwortens ist das führende Verb in der Barabbasszene ἀπολύω (4mal). Die mögliche Freilassung Jesu steht zur Debatte. Freilich durchkreuzt das Ausliefern (παραδιδόναι), das die Perikope in Form einer Inklusion einrahmt und auch zusammenbindet, diese Möglichkeit: die Synhedristen liefern Jesus an Pilatus aus (1). Dieser liefert ihn zur Kreuzigung aus (15). Damit ist Jesus völlig preisgegeben. Innerhalb der Erzählung bieten die Verse 7f eine wichtige Nachinformation, die die Pascha-Amnestie und den Barabbas betrifft. So erfährt der Prozeß Jesu eine überraschende Wendung. Erwähnenswert ist auch, daß der Text zahlreiche hapax legomena bei Markus enthält, die zum Teil Fachwörter aus der Rechtssprache sind, wie: abführen, freibitten, Gefangener, Aufruhr, geißeln[12].

Erklärung
1 Mit einer Zeitangabe ist ein Neueinsatz im Passionsgeschehen gegeben. Was »am Morgen«[13] geschieht, läßt eine zweifache Übersetzung zu. Die Hohenpriester usw. fassen entweder einen Beschluß oder halten eine Versammlung ab[14]. Wählt man die zweite Übersetzungsmöglichkeit, ergibt sich die Vorstellung von einer neuen, am Morgen einberufenen Synhedrionssitzung. Dies stünde in der Nähe von Lk 23,1, wo von einer Morgensitzung berichtet wird. Lukas weiß allerdings nichts von einer nächtlichen Zusammenkunft des Hohen Rates. Markus, der die Petrus-Geschichte mit der Synhedrionsverhandlung synchronisiert, greift den in 14,65 fallengelassenen Faden wieder auf. Er stellt

[11] Gegen Dormeyer, Passion 182f.

[12] ἀποφέρω, παραιτέομαι, δέσμιος, στάσις, φραγελλόω. Sonst noch ἀνασείω, βούλομαι, ἱκανὸν ποιεῖν.

[13] Einzelne Textzeugen lesen »gegen Morgen«: ἐπὶ τὸ bzw. ἐπὶ τῷ πρωΐ (Koine-Text).

[14] Die Texte bieten drei Varianten: συμβούλιον ἑτοιμάσαντες (א C), ποιήσαντες (B Koine-Text) oder ἐποίησαν (D Θ).

sich vor, daß sich die Sitzung bis in den Morgen erstreckte. Darum ist die Übersetzung »sie faßten einen Beschluß« vorzuziehen[15]. Dieser Beschluß kann sich nur auf die Auslieferung Jesu an Pilatus beziehen. Die Auslieferung an die Bedränger (LXX Ps 26,12) oder an wilde Tiere (73,19) ist die Angst des leidenden Gerechten (vgl. 118,121; Jes 53,6 und 12). Mit der Auslieferung Jesu erfüllt sich die Leidensankündigung 9,31. Jesus wird aus seinem Volk ausgestoßen. Die vollständige Aufzählung des agierenden Synhedrions unterstreicht dies. Die Abführung Jesu in Fesseln soll seine Gefährlichkeit demonstrieren[16]. Die Zeitbestimmung paßt zur Gerichtspraxis der Römer, da diese ihre Gerichtssitzungen beim ersten Morgenlicht (Seneca, de ira 2,7: prima luce) zu eröffnen pflegten. Damit tritt Pilatus, dessen Amtstitel bei Markus nicht genannt ist, auf die Bühne des Passionsgeschehens. Er ist der fünfte Prokurator von Judäa und regierte von 26–36 n. Chr. Philo sagt ihm Bestechlichkeit, Gewalttätigkeit, Räubereien, Mißhandlungen, Beleidigungen, fortgesetzte Hinrichtungen ohne Gerichtsverfahren, unaufhörliche und unerträgliche Grausamkeit nach[17]. Pilatus war ein Freund des Seianus, des mächtigsten Mannes im Imperium Romanum nach dem Kaiser. Da Seianus als Judenfeind bekannt war, kann gleiches für Pilatus gelten. Die christliche Legende läßt Pilatus durch Selbstmord enden bzw. sogar durch Nero hingerichtet sein[18]. Zu den Hochfesten der Juden pflegten die Prokuratoren sich von ihrer Residenz in Caesarea am Meer nach Jerusalem zu begeben, um möglichen Unruhen bei den großen Volksansammlungen vorzubeugen.

Die Frage des Pilatus richtet sich auf den König der Juden. Mit dem vorange- 2–5
stellten »Du bist . . .« kommt sie mit 14,61 überein und ist darum nicht ironisch zu verstehen[19]. König der Juden heißt Jesus außer in Mt 2,2 nur in der Passionsgeschichte. König kann er auch an anderer Stelle genannt werden (Mt 25,34.40; Lk 19,38; Joh 6,15; Apg 17,7). Der jüdische messianische Königstitel lautete König von Israel (vgl. Mk 15,32; Joh 1,50) bzw. von Juda. Auffällig ist also, daß die Benennung König der Juden Jesus nur von Nichtjuden (Pilatus, den Magiern) erhält. Mit ihr bringt der Nichtjude die jüdische Messiaserwartung auf die ihm gemäße und verständliche Formel. In dieser Sicht trägt diese Erwartung primär politischen Charakter. In den letzten Jahrzehnten vor dem Ausbruch des Jüdischen Krieges gab es wiederholt Prätendenten, die unter Anmaßung der Königswürde Raubzüge gegen die römische Besatzungsmacht unternahmen[20]. Dieser Hintergrund beleuchtet die Gefährlichkeit des Vor-

[15] Vgl. lat. consilium capere und Mk 3,6.

[16] Einzelne Textzeugen lesen statt ἀπήνεγκαν: ἀπήγαγεν zum Teil mit Ortsangabe εἰς τὴν αὐλήν (C Θ D it).

[17] Philo, LegGaj 302 (vgl. 301–303). Beispiele für das grausame Vorgehen des Pilatus bietet JosBell 2,169–177. Die Hinrichtung Christi unter Pontius Pilatus erwähnt Tacitus, ann. 15,44: Christus Tiberio imperitante per procuratorem Pontium Pilatum supplicio adfectus erat. Interessant ist die von JosBell 2,175, gezeichnete Szene: »Als Pilatus nach Jerusalem kam, drängte die Menge sich schreiend und schimpfend um seinen Richterstuhl.« Für eine Gerichtsverhandlung vgl. Bell 2,301ff.

[18] Vgl. Schürer I,492 und Anm. 147 und 151.

[19] Gegen Lohmeyer.

[20] Ein gewisser Judas »strebte nach königlicher Würde« (JosAnt 17,272). Simon, ein

wurfs. Für Markus und den christlichen Glauben ist Jesus der König der Juden, aber in einem religiösen Sinn. Die Ambivalenz des Titels berücksichtigt die Antwort Jesu. »Du sagst es« ist keine glatte Bejahung wie »Ich bin es«, aber auch keine Zurückweisung[21]. Bleibt die Antwort offen, so muß im weiteren Verlauf geklärt werden, in welchem Sinn er König der Juden ist. Weil die Anfrage des Pilatus zu keinem eindeutigen Ergebnis führte, greifen die Hohenpriester ein. Ihre vor dem Richter gegen Jesus vorgebrachten heftigen Anklagen werden bei Markus nicht expliziert (anders Lk 23,2). Im Zusammenhang der Passionsgeschichte bleibt aber zu berücksichtigen, daß die Anfrage nach dem König der Juden die Messiasanfrage des Hohenpriesters aufgegriffen und in eine andere Richtung, die politische, gelenkt hatte. Die Hohenpriester bleiben die Promotoren im Prozeß[22]. Auch der leidende Gerechte ist von ungerechtfertigten Anklagen umstellt: »Sie sprachen zu mir mit verlogener Zunge, umgaben mich mit Worten von Haß« (Ps 109,3; vgl. 37,12). Pilatus redet wiederum zu Jesus – nicht zu den Hohenpriestern – »wie ein Herr zu seinem Schützling gegenüber fremden Beschuldigern« (Lohmeyer). Die folgende Auseinandersetzung um Jesus und Barabbas ist vorbereitet. Die Gewichte sind so verteilt, daß die Hohenpriester um der Entlastung des Pilatus willen belastet oder besser: daß Pilatus um der Belastung der Hohenpriester willen entlastet wird. Obwohl von Pilatus ermuntert, antwortet Jesus nichts mehr. Er schweigt von jetzt an bis zum Todesschrei (zum Motiv des Schweigens im Psalter vgl. zu 14,61, auch Jes 53,7). Das Verwundern des Pilatus, das sich an anderer Stelle wiederholen wird (15,44), ist mehr als die angemessene psychologische Reaktion. Es zeigt das Außergewöhnliche, Göttliche an (vgl. 5,20).

6–8 Mit Vers 6 nimmt der Prozeß eine für den Leser überraschende Wende. Wir hören von einem von Pilatus geübten Brauch, am Fest dem Volk auf dessen Bitte einen Gefangenen freizugeben. Von einem Ortswechsel ist keine Rede[23]. Die Amnestieszene spielt auf demselben Platz wie 2–5. Das Fest ist das bereits in 14,2 erwähnte, das Pascha. Gegen den dort ausgesprochenen Plan der Hierarchen steht Jesus am Paschafest vor dem Richter. παραιτέω ist das korrekte juristische Wort für »jemanden freibitten«[24]. Problematisch ist die Zeitangabe unter einem anderen Aspekt. Im vorliegenden Text bezeichnet sie einen regelmäßig wiederkehrenden Akt. Parafrasierend ausgedrückt: an jedem Fest pflegte er ihnen einen Gefangenen freizugeben[25]. Dies ist durch Vers 8b gesi-

Knecht des Königs Herodes, wagte es, sich das Diadem aufzusetzen, und »ließ sich als König begrüßen« (Ant 17,273f). Athrongaios, ein Hirt, strebte nach der Königsherrschaft, »legte sich das Diadem an und konnte sich anschließend geraume Zeit behaupten« (Bell 2,60–62).

[21] So die Mehrzahl der Interpreten. Billerbeck I,990 versteht die Antwort im Sinn von »wie du sagst, so ist es«. Schille* 191f begreift sie als Bekenntnis. Jesus sei als König der Gemeinde angesprochen. Man kann aber nicht gut die Juden auf die Gemeinde übertragen. Nach Pesch II,457 erkundigt sich die Antwort Jesu nach der Ernsthaftigkeit der Frage an den gefesselten Angeklagten und kommt so einer Verneinung gleich.

[22] Vgl. Burkill, Revelation 296f. κατηγορέω bei Mk nur noch in 3,2.

[23] Gegen Schenk, Passionsbericht 243.

[24] Vgl. Bauer, Wörterbuch 1222.

[25] κατά ist distributiv, ἀπέλυεν impf. iterativus.

chert: wie er ihnen zu tun pflegte. Sieht man von Vers 8 einmal ab (vgl. die Analyse), läßt sich die Aussage auf einen einmaligen Akt beziehen: am Fest war er bemüht, ihnen einen Gefangenen freizugeben[26]. Die traditionsgeschichtliche Entwicklung von einem einmaligen Geschehen zu einem Rechtsusus könnte durch die Seitenreferenten bestärkt werden, die hier noch unzweideutiger sprechen[27]. Markus setzt schon klar die regelmäßige Pascha-Amnestie voraus, nach der die Gerichtsszene zu einer Audienz des Volkes beim Römer wird. Doch zuvor empfangen wir eine Information über Jesu Rivalen. Er heißt Barabbas und steht im Zusammenhang mit einem Aufstand (nach Lk 23,19 in der Stadt) und einem damit verbundenen Mord. Weil von anderen Aufständischen[28] die Rede ist, die offenbar mit Barabbas im Gefängnis liegen, erscheint dieser als deren Anführer. Die Formulierungen (Artikel bei Barabbas und στάσις) erwecken den Eindruck, daß die Sache den (ersten) Adressaten noch bekannt ist. Die Umschreibung ὁ λεγόμενος könnte mit der Etymologie des Namens (= Sohn des Vaters[29]) in Verbindung stehen und andeuten wollen, daß diese Bezeichnung eigentlich nur Jesus zusteht. Er ist der wirkliche »Sohn des Vaters«. Im jüdischen Bereich war der Name, der nicht Bei-, sondern Eigenname ist, sehr verbreitet[30]. Die Angleichung des Barabbas an Jesus schreitet in der weiteren Tradierung der Geschichte voran. Nach einer wahrscheinlich späteren Tradition heißt der Mann Jesus Barabbas[31]. Erst an dieser Stelle wird die Volksmenge einbezogen. Dies geschieht vermutlich deshalb so spät, weil ihr in der Amnestiefrage im Sinn des Erzählers eine entscheidende Funktion zukommt. Ihr Hinaufzug[32] – ἀναβαίνω wird auch für den Hinaufzug nach Jerusalem verwendet (10,32f) – könnte auf einen höher gelegenen Ort im Stadtgebiet hinweisen, wo Pilatus zu Gericht sitzt bzw. residiert, braucht dies aber nicht. Gericht wie Heiligtum können auch ohnedies Orte sein, zu denen man hinaufzieht[33]. Mit aller Deutlichkeit wird nunmehr zu verstehen gegeben, daß die Volksmenge mit der Amnestieforderung einer Sitte beim Fest entspricht. Einzelne Textzeugen verstärken dies, indem sie hinzufügen: wie er ihnen immer zu tun pflegte[34].

Die Frage des Pilatus wird als Antwort und somit als Reaktion auf das Begehren 9–14
des Volkes gekennzeichnet. Sie überläßt zwar eine Entscheidung dem Willen

[26] κατά ist unbestimmte Zeitangabe, ἀπέλυεν impf. de conatu. Bemerkenswert ist die Lesart des Kodex D: κατὰ δὲ τὴν ἑορτήν.

[27] Vgl. Mt 26,15; Lk 23,17; Joh 18,39. Lk 23,17 ist textlich nicht gesichert.

[28] Koine-Text 33 reden von »Mitaufrührern«.

[29] Die auf das Hebräerevangelium zurückgehende Etymologie filius magistri (= Bar Rabban) trifft nicht zu, weil Rabban kein Eigenname ist.

[30] Vgl. bBer 18b: »Jemand sagte: ich suche den Abba. Man entgegnete ihm: Es gibt viele Abbas hier . . . Jener sagte: Ich suche Abba bar Abba. Man entgegnete ihm: Auch Abba bar Abba gibt es hier viele. Bis er endlich sagte: Ich suche Abba bar Abba, den Vater Samuels.« – Aus der talmudischen Tradition kennen wir Rabbi Samuel bar Abba und Rabbi Nathan bar Abba.

[31] B ℵ Koine-Text D Φ zu Mt 27,16. Oder hat man die Übereinstimmung unterdrückt?

[32] C Koine-Text Θ sy lesen: »Und die Volksmenge erhob ein Geschrei« (ἀναβοήσας). Danach ist diese bereits anwesend gedacht.

[33] Wellhausen.

[34] C Koine-Text D lat.

der Menge, empfiehlt aber die Amnestie Jesu, der als König der Juden bezeichnet wird. Dies ist weniger spöttisch gemeint, sondern ruft eher die besondere Beziehung Jesu zu diesem Volk in Erinnerung. Die Bezeichnung »euer König«, die man erwarten könnte, ist vermieden, vielleicht weil Jesus faktisch bereits aus dem Volk ausgeschlossen wurde. Ein Begründungssatz liefert die Information über die Ursache solchen Fragens. Es sei die Erkenntnis gewesen, daß Jesus von den Hohenpriestern aus Mißgunst ausgeliefert worden sei. Weshalb sie mißgünstig waren, wird nicht gesagt. Jesu Unschuld aber ist somit beteuert, nicht so sehr, um Pilatus zu entschuldigen, sondern um die Hohenpriester zu belasten. Diese werden erneut in ihrer initiierenden Rolle im Vorgehen gegen Jesus herausgestellt. Sie wiegeln das Volk auf[35], daß es sich Barabbas und nicht Jesus freibittet. Dies setzt voraus, daß die Volksmenge bei ihrem Kommen zum Richterstuhl noch unentschlossen war, für wen sie die Amnestie erwirken sollte. Die Hierarchen haben sie gegen Jesus angestiftet. Wenn auch die zweite Frage des Pilatus als Antwort bestimmt ist, deutet dies an, daß er bereits zum Werkzeug der Menge wurde. Er hat dem Begehren des Volkes schon halb nachgegeben und erkundigt sich, was er mit Jesus tun solle, wenn dieser nicht in den Genuß der Amnestie kommt. Die Anrede »was, wollt ihr . . ., den ihr König der Juden nennt« ist textlich nicht gesichert[36]. Letztere Formulierung klingt im Mund von Juden sonderbar. Sie schreibt aber die Anklage, von der Pilatus demnach nicht überzeugt ist, dem Volk zu. Dieses fordert Jesu Kreuzigung. Damit taucht zum erstenmal das Wort Kreuzigen auf, nachdem in den Leidensankündigungen immer nur vom Getötetwerden gesprochen worden war (8,31; 9,31; 10,34). Die Partikel »wiederum« wirkt störend, wird aber die sich verhärtende Stellungnahme gegen Jesus bezeichnen wollen[37]. Das Schreien (ἔκραξαν) des Volkes erinnert an 11,9. Schrie man dort »Hosanna«, so jetzt »kreuzige ihn«. Da eine nähere Bestimmung des Volkes unterbleibt – etwa: dort Galiläer, hier Jerusalemer –, bleibt der Eindruck der Launenhaftigkeit der Volksmenge. Die dritte Frage des Pilatus äußert Ratlosigkeit und will zeigen, daß der Römer nicht mehr Herr der Lage ist. Die Frage nach dem Bösen, das Jesus getan hat, ist keine juristische mehr, sondern eine moralische. Daß Pilatus zum wohlwollenden Richter typisiert ist, der die Erfahrung der Gemeinde widerspiegelt, die »die Rechtssprechung der römischen Beamten als Schutz vor den Repressalien ihrer Mitbürger empfand«, wird sich kaum sagen lassen[38]. Eher ist an die dem Diokletian zugesprochene Rechtssentenz zu erinnern: »Die wahnwitzigen Rufe des Volkes darf man nicht hören. Auch darf man ihren Rufen keinen Glauben schenken, wenn sie entweder den Verbrecher freisprechen oder den Unschuldigen verdammen möchten.«[39]

[35] D it sy$^{s}$ lesen: »sie überredeten« (ἔπεισαν).

[36] θέλετε, bezeugt durch Koine-Text D Θ, könnte sekundär sein, kaum dagegen ὃν λέγετε (א C K).

[37] Schweizer. Wellhausen beruft sich auf das aramäische Äquivalent von πάλιν, das »weiter, darauf« bedeute.

[38] Gegen Dormeyer, Passion 186.

[39] Cod. 9,47,12, bei Eisler, ΙΗΣΟΥΣ II,464 Anm. 2.

Der Entschluß des Pilatus wird als ein Nachgeben gegenüber dem Willen der 15
Volksmenge ausdrücklich beschrieben[40]. Barabbas wird freigelassen, Jesus bestraft. Dabei ist der Kontrast präsent: dort der Mörder und Aufrührer, hier der Unschuldige. Die Strafe für das Verbrechen, die der andere verdient hätte, nimmt Jesus auf sich. Darin ähnelt er dem Gottesknecht, der »wegen unserer Sünden mißhandelt« (Jes 53,5), »zu den Verbrechern gezählt wurde« (53,12). Jesus wird zur Kreuzigung ausgeliefert. Damit ist die letzte Station seiner Auslieferung in die Hände der Menschen (9,31) erreicht. Zuvor wurde an ihm die Strafe der Geißelung vollzogen. Diese pflegte der Kreuzigung voranzugehen und wurde mit dem horribile flagellum, einer Lederpeitsche mit eingeflochtenen Knochen- und Metallstücken, durchgeführt. Geißelung und Kreuzigung als römische Strafen waren nur für Sklaven und Provinzialen in Gebrauch, für Leute also, die nicht das römische Bürgerrecht besaßen[41]. Markus spricht von keinem Todesurteil (anders Lk 23,24: ἐπέκρινεν). Dies ist in Verbindung mit 14,64 zu sehen. Das Todesurteil hat das Synhedrion ausgesprochen, Pilatus war nur der Vollstrecker. Diese Darstellung ist eine theologisch gefärbte, die historische Frage nach dem Pilatusprozeß muß eigens gestellt werden[42].

Historische Beurteilung

Ist es unbestreitbar, daß der Römer Pilatus Jesus zum Tod gebracht hat, bleibt doch umstritten, welchen Rechtsweg er gewählt haben mag. Ausscheiden kann die Annahme, daß er sich nach jüdischem Recht gerichtet hat. Kein Prokurator von Judäa dürfte in der Lage gewesen sein, das komplizierte, mit religiösen Fragen gemischte jüdische Recht zu durchschauen, abgesehen davon, daß die Römer in ihren Provinzgerichten in der Regel ihr Recht bevorzugten. Jedoch ist diese Frage noch ein weitgehend ungeklärter Punkt in der Rechtsgeschichte[43]. Hat aber der Römer bei seinem Entscheid über Jesus nur ein bereits vom Synhedrion ausgesprochenes Todesurteil in einem formlosen Verwaltungsverfahren geprüft und die Vollstreckung des Urteils angeordnet[44] oder einen eigenen Prozeß durchgeführt? Bei der Prüfung des »Synhedrialprozesses« kamen wir zu dem Ergebnis, daß es wahrscheinlicher ist, daß die Synhedristen kein förmliches Todesurteil fällten, sondern in ihrer Sitzung das Anklagematerial gegen Jesus sammelten und beschlossen, ihn an Pilatus auszuliefern. Gegen die Übernahme eines jüdischen Todesurteils spricht die römische Strafe der Kreuzigung, die einen römischen Prozeß voraussetzt[45]. Daß ein Todesurteil ohne

40 Τὸ ἱκανὸν ποιῆσαι ist Latinismus: satisfacere. Vgl. Bl-Debr § 5,3b. Belege Bl-Debr 8 Anm. 4.

41 JosBell 5,449, berichtet von Juden, die aus dem umzingelten Jerusalem ausbrachen und von den Römern »gegeißelt und mit Mißhandlungen jeder Art vor ihrem Tod gefoltert und dann schließlich der Mauer gegenüber gekreuzigt wurden«. Vgl. Bell 2,306–308. Mk 15,15 verwendet φραγελλοῦν (Latinismus) statt des üblichen μαστιγοῦν. Im Nazaräerevangelium wird die Geißelung Jesu ausgemalt. Gleichzeitig macht sich Judenhaß bemerkbar. Die Juden hätten vier Soldaten bestochen, sie sollten den Herrn so hart geißeln, daß das Blut von seinem ganzen Körper flösse. Vgl. E. Hennecke – W. Schneemelcher, Ntl. Apokryphen I, Tübingen 1959, 100 (Nr. 34).

42 Lk 22,71 fehlt ein Todesurteil des Synhedrions.

43 Vgl. G. Thür – P. E. Pieler, RAC X,381f.

44 So neuerdings wieder Grundmann 310f.

45 Vgl. Blinzler* 246f.

Spruch erging, ist zu verneinen, weil von einem Geständnis Jesu, das diese Möglichkeit eröffnet hätte, nicht gesprochen werden kann[46]. Pilatus hat demnach Jesus zum Tod am Kreuz verurteilt. Die förmliche Sentenz lautete: »Du wirst das Kreuz besteigen« (Ibis bzw. abi in crucem). Dem Schuldspruch liegt der Vorwurf eines politischen Verbrechens zugrunde. Das crimen laesae maiestatis, der Hochverrat, war nach T. Mommsen ein dehnbarer Begriff[47]. Es konnte dem zur Last gelegt werden, der dazu beiträgt, daß aus Freunden des römischen Volkes Feinde werden, oder der eine Handlung begeht, die gegen das römische Volk oder seine Sicherheit gerichtet ist[48]. Nach der lex Julia maiestatis wurde dieses crimen an Provinzialen mit dem Kreuzestod gesühnt[49]. Wenngleich es nicht leicht ist, sich ein Bild von der Durchführung eines Statthalterprozesses zu machen[50], fungierte der Statthalter als Einzelrichter. In der Regel bediente er sich eines consilium aus Assessoren und Begleitern. Die Verteidigung lag beim Angeklagten. Als Ankläger im Prozeß Jesu fungierten die Oberpriester. Als Residenz des Pilatus in Jerusalem kommen die Tempelburg Antonia oder die Herodesburg an der Nordwestgrenze der Oberstadt in Frage. Weil Philo letztere das Haus der Statthalter nennt, ist diese vorzuziehen[51].

Die Pascha-Amnestie als Rechtsgewohnheit der Prokuratoren von Judäa unterliegt schweren historischen Bedenken, weil der römerfreundliche Josefus sie nicht kennt. Anderseits kann die allgemeine Auskunft, daß ein historischer Fall dieser Art von der Gemeindetradition mit der Verurteilung Jesu zusammengestellt wurde, auch nicht befriedigen[52]. Wann soll sich dieser historische Fall zugetragen haben? Für die Pascha-Amnestie beruft man sich auf eine Anordnung in der Mischna, die für die Paschafeier vorsieht, daß »man für einen, dem (die Behörde) zugesichert hat, ihn aus dem Gefängnis herauszulassen . . ., das Paschalamm schlachten soll« (Pes 8,6)[53]. Jedoch trägt die Stelle die Beweislast nicht. Sie spricht vermutlich von der jüdischen Behörde und nicht von der Freilassung des Inhaftierten, sondern einer Art Hafturlaub für die Teilnahme am Paschamahl[54]. Oben wurde die Vermutung ausgesprochen, daß die Freilassung des Barabbas ein Einzelfall war, der im Zug der Traditionsgeschichte zu einer Pascha-Amnestie entwickelt wurde. Trifft dies zu, so ist die Entlassung des Barabbas am Tag, da Jesus verurteilt wurde, durchaus möglich. Barabbas wird mit den Zügen eines Zeloten gezeichnet. Die Zeloten besaßen die Sympathien des Volkes[55]. Für die gesetzliche Niederschlagung eines Strafverfahrens bzw.

[46] Vgl. RAC X,386.

[47] Die Rechtsverhältnisse des Apostels Paulus, ZNW 2 (1901) 81–96, hier 91.

[48] Weitere Belege bei Blinzler* 311.

[49] Blinzler* 339.

[50] Vgl. T. Mommsen, Römisches Strafrecht, Darmstadt 1961 (Nachdruck 1899), 229–250.

[51] Philo, LegGaj 306. Zum Ganzen vgl. Blinzler* 256–259, der für den Prozeß Jesu allerdings die Antonia bevorzugt, und Billerbeck I,1035f.

[52] So Bultmann, Geschichte 293 Anm. 3. Ähnlich Klostermann 159.

[53] Blinzler* 317–319. Der römische Brauch, beim Lektisternienfest Gefangenen ihre Fesseln abzunehmen und die Freiheit zu schenken, kommt als Parallele nicht in Betracht. Dieser Brauch betrifft eine Massenbegnadigung.

[54] Vgl. Jeremias, Abendmahlsworte 67f.

[55] Vgl. M. Hengel, Die Zeloten, 1961 (AGSU

die Freilassung eines Verurteilten sah das römische Strafrecht die Rechtsformen der abolitio, indulgentia und venia vor[56]. W. Waldstein hat für den Fall des Barabbas die letztere wahrscheinlich gemacht[57]. Es ist damit zu rechnen, daß der Prozeß Jesu und der des Barabbas erzählerisch enger miteinander verknüpft wurden. Nur die Synchronie der Prozesse kann dieses Verfahren plausibel machen[58].

Zusammenfassung

Markus unterstreicht den offiziellen Charakter des Auslieferungsbeschlusses des Synhedrions, indem er dessen einzelne Fraktionen nochmals genau aufzählt. Auf der gleichen Linie liegt, falls er von ihm stammt, der Vers 10. Die Oberpriester sind die eigentlichen Antreiber im Prozeß gegen Jesus. Die Volksmenge war nur Werkzeug in deren Hand. Der König der Juden ist endgültig von seinen Landsleuten nicht angenommen worden. Pilatus wird als Schwächling gezeichnet. Darum ist auch er, obwohl nahezu willenlos dem Begehr der Menge anheimgegeben, in die Schuld am Tod Jesu entscheidend verstrickt. Nicht der römische Richter, sondern die römische Jurisprudenz empfängt einen Schimmer des Humanen, indem ihr die generöse Pascha-Amnestie nachgesagt wird (Vers 8). Auf dem Hintergrund der Abfassung des Evangeliums in Rom ließe sich dieser Zug gut verstehen. Bemerkenswert bleibt, daß die Qualen der Geißelung des Verurteilten nicht ausgemalt werden. Auch der Prediger sollte sich hier Zurückhaltung auferlegen. Trotz der furchtbaren Martern gibt es viel menschliches Leid, das immer noch größer ist. Die Größe des Leidens Christi wird daran erkennbar, daß er es an Stelle des Verbrechers auf sich nahm. Dies darf man im Gesamtzusammenhang als Veranschaulichung des in 10,45; 14,24 ausgesprochenen Stellvertretungsgedankens nehmen.

## *13. Die Verhöhnung des Judenkönigs (15,16–20a)*

*Literatur: Delbrueck, R.*, Antiquarisches zu den Verspottungen Jesu, ZNW 41 (1942) 124–145. – Weitere Literatur s. oben S. 216f.

1), 347f und 348 Anm. 1. Für Pesch II,420 besteht die Möglichkeit, daß Barabbas ein beim Aufstand unschuldig Mitergriffener gewesen sei, den die Menge wegen seiner Unschuld freigegeben habe. Diese Sicht stellt wohl die Dinge auf den Kopf.

56 Die Rechtsgeschichte hat zu klären, wann die einzelnen Rechtsformen geschaffen wurden und welche anzuwenden ein Statthaltergericht befugt war.

57 Untersuchungen zum römischen Begnadigungsrecht. Abolitio – indulgentia – venia, Innsbruck 1964, besonders 41f. Zur abolitio vgl. Mommsen (Anm. 50) 452–456. Immer wieder zitiert wird der Fall des Phibion in Ägypten, den der Statthalter G. Septimius Vegetus auf Zuruf des Volkes begnadigt. Dazu Blinzler* 303. Nach Hengel (Anm. 55) 348, hat der Prokurator Albinus gefangene Zeloten freigelassen.

58 Pesch II,467 überfordert den Text, wenn er meint, eine Verurteilung Jesu durch Pilatus habe nicht mehr stattgefunden, weil der Amnestievorschlag des Römers das Urteil schon vorweggenommen hätte.

16 **Die Soldaten aber führten ihn ab hinein in den Hof, das ist das Prätorium. Und sie rufen die ganze Kohorte zusammen.** 17 **Und sie ziehen ihm ein purpurnes Kleid an und setzten ihm einen Dornenkranz auf, den sie geflochten hatten.** 18 **Und sie fingen an, ihn zu begrüßen: Heil dir, König der Juden!** 19 **Und sie schlugen ihn mit einem Stock auf das Haupt und spuckten ihn an und huldigten ihm, indem sie die Knie beugten.** 20a **Und nachdem sie ihn verhöhnt hatten, zogen sie ihm das purpurne Kleid aus und zogen ihm seine Kleider an.**

Analyse Von möglichen stilistischen Überarbeitungen geringfügiger Art abgesehen, besitzt die kleine Perikope zwei deutliche redaktionelle Nachträge. Der eine ist der Relativsatz in Vers 16, der ἡ αὐλή als das Prätorium erklärt und dabei pars pro toto nimmt. Der andere bringt mit Vers 19a das Mißhandlungsmotiv ein, das das einheitliche Thema der Travestierung der Würde des Judenkönigs durchbricht und sich damit als sekundär verrät[1]. Ob der Stock einmal Requisit des Spottkönigs war, wie es wieder Mt 27,29 versteht, ist möglich, aber nicht sicher zu entscheiden. Mt 27,27–31a hat jedenfalls mit feinem Gespür Inthronisationsszene und Mißhandlung säuberlich getrennt. Beide Nachträge sind der Markus-Redaktion zuzuschreiben. Die Perikope hat als Bestandteil der vormarkinischen Passionsgeschichte zu gelten[2]. Sie führt das Königsmotiv auf eigene Weise weiter aus und stellt mit erneutem Kleiderwechsel am Schluß den Anschluß an Vers 24 her[3].

Handelnde Personen in der Szene, deren Örtlichkeit eingangs etwas umständlich umschrieben wird, sind ausschließlich die Soldaten. Wenn sie die ganze Kohorte zusammenrufen, bedeutet das nicht, daß ab Vers 17 diese an Stelle der Soldaten zu handeln beginnt. Vielmehr wird die ganze Kohorte zum Beschauer dessen, was einzelne Soldaten mit Jesus treiben. Das Theater hat sein Publikum. Jesus ist ausschließlich Objekt ihres Tuns. Wehrlos ist er ihrer Rohheit preisgegeben. Die eindrückliche Schilderung empfängt ihre Lebendigkeit vom beständigen Wechsel der Verben. Insgesamt werden für die knappe Schilderung 15 verschiedene Verben gebraucht, von denen das Anspucken und Verhöhnen in der dritten Leidensankündigung vorausgesagt waren (10,34)[4]. Nur ἐμπτύω verbindet die Verhöhnung durch die Soldaten mit der von 14,65. Der Kleiderwechsel rahmt das Ganze in 17 und 20 und verleiht dem Treiben den Charakter einer theatralischen Posse[5].

[1] Mit Hirsch, Frühgeschichte I,169; Schweizer 187; Dormeyer, Passion 188f.

[2] Gegen Hirsch, a.a.O., der sie als Einschub betrachtet.

[3] Schenk, Passionsbericht 252, hält V 20a offenbar für Mk-R, die ganze Perikope aber für einen Bestandteil des Passionsberichtes. Ohne V 20 aber ist kaum mehr ein Anschluß nach vorwärts gegeben. Auffällig bleibt der Wechsel von ἐνδιδύσκουσιν (17) zu ἐνέδυσαν (20). Vielleicht ist »und sie zogen ihm seine Kleider an« Mk-R. Markus hätte sich dann an dem Eindruck gestoßen, daß Jesus unbekleidet zum Richtplatz geführt wird.

[4] Καὶ ἐμπαίξουσιν αὐτῷ καὶ ἐμπτύσουσιν αὐτῷ. Vgl. Jes 50,6.

[5] Drei präsentische Formen leiten in 17f ein. Vom Anschluß an V 15 abgesehen, wird die Satzverbindung regelmäßig durch καί hergestellt.

Erklärung

Wie im Anschluß an den Synhedrialprozeß hören wir von einer Verspottung. Diese ist wie dort dem vorausgegangenen Prozeß angeglichen und darum hier von ganz anderer Art. Die Soldaten, die ihren Spott an Jesus auslassen, sind entweder die in der Antonia normalerweise stationierte Truppe oder die Mannschaft, die Pilatus von Caesarea herüber begleitete. Unter dem Kommando der Statthalter von Judäa standen bis Vespasian nur Auxiliartruppen, die im Land selbst ausgehoben waren. Weil die Juden vom Militärdienst befreit waren, kamen die Soldaten aus den Kreisen der Palästinenser und Ausländer[6]. Diese Soldaten führen Jesus nach dem Prozeß ab in das Innere der αὐλή. Dieses Wort kann Hof (vgl. 14,54.66), aber auch Palast, Königsburg bedeuten[7]. Für das Verständnis der Szene empfiehlt sich ersteres. Auf jeden Fall ergibt sich, daß sich, weil man jetzt in das Innere geht, der Prozeß draußen, auf dem öffentlichen Platz, abgespielt hat[8]. Die Erklärung, die die αὐλή sekundär als das Prätorium deutet, weiß darum, daß man das Hauptquartier eines römischen Provinzstatthalters, das diesem als Wohnung und auch als Gerichtsstätte diente, so nannte. Dabei ist der Teil für das Ganze genommen. Man ruft die ganze Kohorte zusammen, offenbar um dieser ein Schauspiel zu bieten. Nach JosBell 3,67, gab es Kohorten von 1000 und 600 Mann[9]. Jesus wird verkleidet und mit den Requisiten eines hellenistischen Vasallenkönigs ausgerüstet, mit einem purpurfarbenen Gewand und einem Dornenkranz[10]. Nach 1Makk 10,20 schickte der syrische König Alexander Balas dem Hohenpriester Jonathan, mit dem er einen Pakt schließt, »den Pupurmantel und einen goldenen Kranz« (vgl. 4Kön 11,11f). Den Purpur mag man sich als scharlachrotes Sagum, wie es die Liktoren außerhalb Roms trugen, oder besser als einfachen roten Soldatenmantel vorstellen[11]. Der Gruß ist als Huldigung zu verstehen, wie sie dem Herrscher gegenüber üblich war[12]. »Heil dir, König der Juden« erinnert an das Ave, Caesar[13]. Die Travestierung des Königsrituals wird durch eine Mißhandlungsszene unterbrochen (vgl. die Analyse). Man schlägt Jesus mit einem Stock aus Schilfrohr (κάλαμος) aufs Haupt und spuckt ihn an[14]. Nach Mt 27,29 ist das Rohr, das man Jesus in die rechte Hand drückt, Königsrequisit und

[6] Vgl. Schürer I,459f.

[7] Bl-Debr § 184 übersetzen: »Weiter in den Palast hinein.«

[8] D P ergänzen ἔσω εἰς τὴν αὐλήν. Vgl. Jos Bell 2,301: »Florus, der damals im Königspalast abgestiegen war, ließ am nächsten Tag vor dem Palast den Richterstuhl aufstellen und nahm darauf Platz.«

[9] Die Kohorte ist der zehnte Teil einer Legion. Nach Cranfield könnte mit σπεῖρα auch das Manipel (200 Mann) bezeichnet sein. Blinzler* 325 Anm. 25 hält die Angabe für »volkstümliche Übertreibung«. Dem ist zuzustimmen.

[10] Nach Lohmeyer soll der Kranz den Imperator, nach Grundmann den Feldherrn kennzeichnen. Beides dürfte abwegig sein. Θ ergänzt in Anlehnung an Mt 27,28 τὴν χλαμύδα κοκκίνην καὶ πορφύραν.

[11] Appian, bell. civ. 2,150 bietet einen Beleg, wo πορφύρα den Soldatenmantel bezeichnet.

[12] Vgl. Plutarch, Pomp. 12: αὐτοκράτορα τὸν Πομπήιον ἠσπάσαντο. Vgl. A. Oepke, ThWNT I,494.

[13] Der Vokativ ist Septuagintismus. Zu erwarten wäre der Nominativ. Vgl. LXX 1Kön 17,55; 24,9.15 u.ö.

[14] ἔτυπτον . . . ἐνέπτυον könnte ein Wortspiel sein. Jemanden ins Gesicht spucken, ist Ausdruck tiefster Verachtung. Vgl. Num 12,14; Dtn 25,9.

fungiert als Zepter[15]. Die Proskynese, dargebracht als Kniefall[16], ist wesentlicher Bestandteil des hellenistischen Herrscherkultes und will andeuten, daß der Herrscher einer übermenschlichen Sphäre angehört. Damit offenbart die Szene ihre Hintergründigkeit. Was im Hohn an Jesus herangetragen wird, würde ihm in Wahrheit zustehen. Aber nur der Glaubende erblickt Jesu Hoheit. Freilich muß der Glaube das Ärgernis des Kreuzes überwinden, um in dem mit Dornen Gekrönten das Heil erkennen zu können. Nur seine schweigende Haltung strahlt in der Erniedrigung Würde aus[17]. Die Szene, die als Verhöhnung zusammengefaßt wird[18], endet mit einem erneuten Kleiderwechsel. Man zieht Jesus die eigenen Kleider wieder an. Das grausame Spiel ist aus, um der noch grausameren Wirklichkeit Platz zu machen.

Historische Beurteilung

Für die historische Beurteilung der Verspottung wurden wiederholt zeitgeschichtliche Analogien zu Rate gezogen. Man erinnerte daran, daß es antiker Gepflogenheit entsprach, anläßlich eines Festes – den Sakaien, Kronien und Saturnalien – dem Delinquenten vor der Exekution den purpurnen Königsmantel anzulegen[19]. Besonders nahe der Verspottung Jesu scheint die Verhöhnung eines gewissen Carabas (oder Barabbas?) zu kommen, eines Geisteskranken, dem die Bürger von Alexandreia ein Blütenbüschel als Krone, eine Matte als Königsmantel und einen Papyrusstock als Zepter geben, »Marin« (= Herr) zuschreien und den sie mit einer Leibwache umgeben[20]. Die Verhöhnung gilt aber nicht dem Carabas, sondern dem neu ernannten König Julius Agrippa I., der auf der Reise von Rom nach Syrien sich in Alexandreia aufhielt. Während nach den einen die Analogien aus der Umwelt für legendarische Ausgestaltung sprechen[21], so nach den anderen für historische Treue[22]. Wieder andere halten die zeitgeschichtlichen Vergleiche für »übel angebrachte Gelehrsamkeit«[23], die die Szene nur verderben würde. Der Vorgang sei vielmehr ganz aus der Situation heraus zu erklären. Hält man den von Markus überlieferten Vorgang für historisch möglich, so ist seine Einordnung nach der Verurteilung am richtigen Platz (anders Joh 19,1–16). Vor der Verurteilung wäre die Szene überhaupt nicht denkbar, zumal die Geißelung als Einleitung der Kreuzigung und nicht als selbständige Koerzitionsstrafe aufzufassen sein dürfte[24]. Die Zeit der Vor-

[15] Blinzler* 327 vermutet, daß das Anspeien eine Parodie auf den im Orient üblichen Huldigungskuß sein könnte.

[16] τιθέντες τὰ γόνατα ist wahrscheinlich Latinismus: ponere genua. Vgl. Bl-Debr § 5,3b.

[17] Im Petrusevangelium wird die Hintergründigkeit der Szene noch gesteigert. Man setzt Jesus, der mit den königlichen Spottgewändern bekleidet ist, auf den Richterstuhl und spricht: Richte gerecht, König von Israel! (EvPt 7). Ähnlich JustApol I,35,7f.

[18] Die Verhöhnung des Gerechten durch die Frevler ist ein Motiv des Psalters: »Ich wurde für sie zum Spott und Hohn« (Ps 109,15; vgl. 31,18f; 39,9; 70,4; auch Jes 50,6).

[19] Für die Sakaien vgl. Strabo 11,8,4; für die Kronien Dio Chrys. 4,157 (hier ist die Verhöhnung mit Mißhandlung verbunden); für die Saturnalien Tacitus, ann. 13,15. Zum Ganzen A. Hermann, RAC VII,414.

[20] Vgl. Philo, Flacc 36–40.

[21] Hirsch, Frühgeschichte I,170.

[22] Schweizer 187.

[23] Meyer, Ursprung und Anfänge des Christentums, Stuttgart 1921, I,187.

[24] Blinzler* 322f hält die Geißelung Jesu für eine selbständige Bestrafung und ordnet die Verhöhnung vor die Verurteilung ein (335f). Bultmann, Geschichte 293f, meint, daß die Verspottungsszene eine sekundäre Ausführung des Motivs der Geißelung von V 15b sei.

bereitung der Kreuzigung benutzen einige Soldaten, um ihren Hohn an Jesus auszulassen. Waren diese Palästinenser, so besäße ihr Handeln stark antijüdischen Charakter.

Zusammenfassung

Markus deutet durch seine Eingriffe (s. Analyse) ein Zweifaches an. Mit der Erwähnung des Prätoriums nimmt er Rücksicht auf Adressaten, die mit den Institutionen der Römer vertraut sind. Das Mißhandlungsmotiv durchbricht nicht nur die Travestierung des Königsrituals, sondern macht die Szene auch übertragbar (vgl. 13,13). Christus wird in seinem Leiden zum Vorbild für die Christen, die Unbill und Hohn ausgeliefert sein werden. Bereits durch die Gleichschaltung des Bekenntnisses Jesu vor dem Synhedrion mit der Verleugnung des Petrus zeigte sich, daß dem Evangelisten das paränetische Anliegen wichtig ist. Es wäre zu wenig, die Passionsgeschichte nur zur Kenntnis zu nehmen. Der Christ muß von ihr betroffen sein, weil er mit Jesus schicksalhaft verbunden ist.

## *14. Kreuzweg, Kreuzigung und Tod Jesu (15,20b–41)*

*Literatur: Mahoney, A.*, A New Look on »The Third Hour« of Mk 15,25, CBQ 28 (1966) 292–299; *Gese, H.*, Psalm 22 und das NT, ZThK 65 (1968) 1–22; *Lee, G. M.*, The Inscription on the Cross, PEQ 100 (1968) 144; *Bligh, P. H.*, A Note on υἱὸς θεοῦ in Mark 15,39, ET 80 (1968/69) 51–53; *Danker, F. W.*, The Demonic Secret in Mark: A Reexamination of the Cry of Dereliction (15,34), ZNW 61 (1970) 48–69; *Lamarche, P.*, La mort du Christ et la voile du temple selon Marc, NRTh 96 (1974) 583–599; *Weeden, T. J.*, The Cross as Power in Weakness (Mark 15,20b–41), in: Kelber* 115–134; *Sahlin, H.*, Zum Verständnis der christologischen Anschauung des Markusevangeliums, StTh 31 (1977) 1–19; *Stock, K.*, Das Bekenntnis des Centurio. Mk 15,39 im Rahmen des Markusevangeliums, ZKTh 100 (1978) 289–301. – Weitere Literatur s. oben S. 216f.

20b **Und sie führen ihn hinaus, um ihn zu kreuzigen.** 21 **Und sie nötigen einen Vorbeigehenden, einen gewissen Simon, einen Kyrenäer, der vom Feld kommt, den Vater des Alexander und Rufus, daß er sein Kreuz aufnimmt.** 22 **Und sie bringen ihn an den Ort Golgota, das heißt übersetzt: Ort des Schädels.** 23 **Und sie gaben ihm mit Myrrhe gewürzten Wein, er aber nahm es nicht.** 24 **Und sie kreuzigen ihn. Und sie verteilen seine Kleider, indem sie das Los über sie werfen, wer etwas bekommen soll.** 25 **Es war aber die dritte Stunde, als sie ihn kreuzigten.** 26 **Und aufgeschrieben war die Angabe seiner Schuld: Der König der Juden.** 27 **Und mit ihm kreuzigen sie zwei Verbrecher, einen zur Rechten und einen zur Linken von ihm**[1]. 29 **Die Vorbeikommenden**

[1] In zahlreichen Handschriften (Koine-Text Θ lat sy^p) steht als V 28: »Und es erfüllte sich die Schrift, die sagte: Und unter die Übeltäter wurde er gerechnet.« – Dieses Erfüllungszitat, das Jes 53,12 einbringt, stammt aus Lk 22,37 und fehlt in den besten Textzeugen, besonders den ägyptischen.

**lästerten ihn, schüttelten ihre Köpfe und sagten: Ha, der du den Tempel niederreißt und in drei Tagen aufbaust,** 30 **rette dich selbst und steige vom Kreuz herab!** 31 **Ähnlich höhnten auch die Hohenpriester untereinander mit den Schriftgelehrten und sagten: Andere hat er gerettet, sich selbst kann er nicht retten.** 32 **Der Christus, der König Israels, steige jetzt herab vom Kreuz, damit wir es sehen und glauben. Und auch die mit ihm Gekreuzigten schmähten ihn.** 33 **Und als die sechste Stunde kam, entstand eine Finsternis über der ganzen Erde bis zur neunten Stunde.** 34 **Und um die neunte Stunde rief Jesus mit lauter Stimme: Eloï, eloï, l$^{e}$ma sabachthani. Das heißt übersetzt: Mein Gott, mein Gott, warum hast du mich verlassen?** 35 **Und einige der Dabeistehenden, die es hörten, sagten: Siehe, Elija ruft er.** 36 **Einer aber lief hin, füllte einen Schwamm mit Essig, steckte ihn auf ein Rohr, tränkte ihn und sagte: Laßt uns sehen, ob Elija kommt, um ihn herunterzuholen.** 37 **Jesus aber stieß einen lauten Schrei aus und gab den Geist auf.** 38 **Und der Vorhang des Tempels zerriß in zwei (Teile) von oben bis unten.** 39 **Der Hauptmann aber, der dabeistand, ihm gegenüber, sah, daß er so den Geist aufgegeben hatte, und sprach: Wahrhaftig, dieser Mensch war Gottes Sohn.** 40 **Und Frauen aber schauten von weitem zu, unter ihnen auch Maria von Magdala und Maria, die Mutter des Jakobus des Kleinen und des Joses, und Salome,** 41 **die ihm, als er in Galiläa war, nachgefolgt waren und ihm gedient hatten, und viele andere, die mit ihm nach Jerusalem hinaufgezogen waren.**

Analyse Der vorliegende, relativ umfangreiche Abschnitt berichtet zunächst ziemlich zielstrebig von Jesu Kreuzweg und Kreuzigung. Es schließen sich verschiedene Einzelszenen an, die, ohne fest miteinander verbunden zu sein, nur darin übereinkommen, daß sie sich bei seinem Tod zugetragen haben sollen. Ihre große Zahl und ihre Unverbundenheit lassen vermuten, daß der Bericht um manchen erzählerischen Zug erweitert wurde. Dieser Eindruck wird durch Doppelungen im Geschehensablauf verstärkt: zweimal hören wir von Jesu Kreuzigung (24a und 25); von drei Seiten wird er verhöhnt. Dabei greifen die jüdischen Hierarchen die Spottworte der Vorübergehenden auf, als hätten sie diesen zugehört. Zweimal wird Jesus ein Trunk dargereicht (23 und 36), zweimal stößt er einen lauten Schrei aus (34 und 37). Diese Doppelungen waren mit ein Anlaß dafür, daß man die Verschmelzung zweier ursprünglich selbständiger Kreuzigungsberichte vermutete. So schält Schreiber einen ersten Bericht heraus, der durch die präsentische Erzählform bestimmt sei und die Verse 20b–22a, 24 und 27 umfaßt habe. Er sei aus persönlichen (Simon von Kyrene) und theologisch-apologetischen Gründen tradiert worden und führe einen De-facto-Schriftbeweis mit Ps 22,19 bzw. Jes 53,12. Der zweite Bericht, zu dem die Verse 25f, 29a, 32c, 33, 34a und 37f gehört hätten, verkünde den Tod Jesu mit alttestamentlichen, jüdisch-apokalyptischen Vorstellungen[2]. Schenk hat die-

[2] Theologie des Vertrauens 32f.

sem Entwurf prinzipiell zugestimmt, nur möchte er der ersten Quelle (mit Fragezeichen) noch die Verse 23a und 29b, der zweiten auf jeden Fall 30 und 39 (in seiner Grundaussage) zurechnen[3]. Während Schreiber beide Quellen dem Stefanuskreis zuweist[4], läßt Schenk dieses nur für Quelle 1 gelten. Bultmann hingegen charakterisiert den Komplex 20b–24a als alten Geschichtsbericht und alles weitere als legendarische Bearbeitung[5]. Linnemann*, die sich gegen einen historischen Grundbericht ausspricht, macht die Stundenzählung zur Basis ihres Vorschlags und empfiehlt die Verse 22a, 24a, 25a, 33, 34a und 37f als ältesten Bestand der Erzählung[6]. Nimmt man noch die Analysen Dormeyers[7], Schenkes[8], Schweizers[9], Taylors[10] hinzu, so bleibt kein einziger Vers übrig, der nicht für eine ältere vorausliegende Tradition in Anspruch genommen wurde. Freilich ergeben sich bei einer Durchsicht der Vorschläge Schwerpunkte im Bereich der Verse 20b–27, 34 und 37.

Angesichts der vorliegenden Unsicherheit der Forschung ist Zurückhaltung geboten. Als wichtiges Kriterium ist neben Hinweisen zu Stil und Form das von Schreiber und Schenk beobachtete Eindringen von apokalyptischen Motiven zu werten. Schwerlich jedoch lassen sich die apokalyptischen Stücke zu einem eigenen Kreuzigungsbericht zusammensetzen. Das Zertrümmern zweier Berichte und die mosaikartige Zusammensetzung der Trümmer kann der Markus-Redaktion, die wohl größere Einheiten verschachtelt (sandwich-agreement), nicht zugemutet werden. Wahrscheinlicher ist die Überarbeitung eines Grundberichtes unter Zuhilfenahme apokalyptischen Gedankengutes, die schon in vorausgehenden Abschnitten der Passionsgeschichte vermutet werden konnte und einem vormarkinischen Redaktor angemessen ist. Der Grundbericht erweist sich als durch Motive bzw. Zitate aus den Psalmen vom leidenden Gerechten, insbesondere aus Psalm 22, geprägt. Dies bedeutet, daß schon er interpretierte Geschichte bietet und nicht als reiner Geschichtsbericht aufzufassen ist. Zusätzlich wirkte sich die Anklage Jesu als König der Juden aus oder hat diese hier ihren Haftpunkt. Zu dieser Motivik gehören nicht bloß die Kreuzesinschrift und die Lästerworte der Hohenpriester, sondern wahrscheinlich auch die Hilfe beim Kreuztragen, die dem Simon abverlangt wird, und die Kreuzigung Jesu inmitten zweier Verbrecher. Unter diesem Betrachtungswinkel wird man geneigt sein, die Verse 20b–22a dem Grundbericht zuzuweisen. Die Übersetzung von Golgota in 22b (wie die in 34b) war zu einem Zeitpunkt notwendig, als der Bericht sich an Adressaten wandte, die die örtlichen Verhältnisse bzw. die aramäische Sprache nicht mehr kannten. Dies dürfte schon vor Markus der Fall gewesen sein. Die Tradierung der topografischen Angabe bestätigt den Jerusalemer Ursprung der Tradition. Vers 23, der mit 36 kolli-

[3] 13–52.

[4] Theologie des Vertrauens 62–68.

[5] Geschichte 294–296.

[6] 136–170.

[7] Nach Dormeyer, Passion 209, sind die VV 21, 22a, 23, 24a, 26f, 31a, 32c, 34ab, 37f, 40 älteste Tradition.

[8] Schenke, Christus 102, rechnet 20b, 22a, 23f, 26f, 29a, 31b, 32, 34a, 36a, 37, 39 zum ursprünglichen Bestand.

[9] 191–193.

[10] 649–651.

diert, ist der einzige Satz der Kreuzigungserzählung, der von einem aktiven Tun Jesu berichtet. Weil Markus auch sonst das Vorbildhafte in der Passion Jesu herausstellt, ist der Satz am ehesten als seine Redaktion anzusprechen. Vers 24 (= Ps 22,18) gehört zum Grundbericht. Mit 25 beginnt die Stundenzählung. Sie ist mehr als erzählerische Klammer, nämlich apokalyptisch-theologisches Motiv und darum Bestandteil der apokalyptischen Überarbeitung. 26f gehören mit ihrer Königsmotivik zur Grundüberlieferung. Nur schwer lassen sich die Lästerungen in 29–32 traditionskritisch bestimmen. 29 (Anspielung auf Ps 22,8) wird man als alte Überlieferung ansehen[11], 29b zusammen mit 30 dagegen der apokalyptischen Redaktion zuschreiben. In ihr wird das Tempelwort aus dem Prozeßbericht 14,58 eingebracht, die Aufforderung zur Selbstrettung aber nach 31f kopiert. Die Verse 31f sind alt. Sie verbinden den Kreuzigungsbericht mit der Messiasfrage des Synhedrial- und der Königsfrage des Pilatusprozesses. Das Rettungsmotiv könnte von Ps 22,9b beeinflußt sein. Zu beachten ist der wohl abgewogene Wechsel der Verben ἐβλασφήμουν, ἐμπαίζοντες, ὠνείδιζον, der dem gleichen Autor zukommen dürfte. Es ist nicht unwahrscheinlich, daß erst Markus die Schriftgelehrten, die Gegner Jesu von Anfang an, in Vers 31 einfügte[12] (dann auch πρὸς ἀλλήλους)[13]. Gleiches könnte für den Finalsatz in 32 gelten, der die den Evangelisten interessierende Glaubensfrage aufgreift[14]. Der apokalyptische Motive benutzende Vers 33 ist wiederum auf das Konto der erwähnten Zwischenredaktion zu setzen. Die Stundenangabe in 34, die jetzt die neunte Stunde von Vers 33 wiederholt, gehört zur alten Tradition und bezeichnet die Sterbestunde Jesu. Sie wird den äußeren Anlaß für die Einfügung des Stundenschemas gegeben haben. Die Spottszene in 35f ist nachgetragen, benutzt aber ein altes Element. Die Assoziation Eloi/Elija wirkt gekünstelt. Als ursprünglich ist die Tränkung, die durch einen unbestimmt bleibenden Mann, wahrscheinlich einen Soldaten, geschieht und sich an Ps 69,22 anlehnt, zu betrachten (36a). Durch die Hereinnahme der Umstehenden in die Szene und die Anspielung auf den Profeten Elija erhält die Tränkung einen veränderten Sinn. Diente sie einst dazu, die Qualen des leidenden Gerechten zu vermehren, so ist sie jetzt der Versuch, das Leben des Sterbenden etwas zu verlängern, um den Erfolg des vermeintlichen Hilferufes an Elija abwarten zu können. Das erneut ins Spiel gebrachte Glaubensmotiv wie das Interesse an Elija lassen an Markus als Redaktor der Szene denken. Der Tod Jesu wird in Vers 37 mitgeteilt. Durch die unartikulierte laute Stimme aber wird erneut ein apokalyptisches Motiv zur Geltung gebracht. Es steht zu vermuten, daß die φωνὴ μεγάλη (auch in 34?) erst durch die Zwischenredaktion hereingekommen ist und einstmals nur gesagt war: Jesus aber gab den Geist auf[15]. Auf den an apokalyptischen Motiven interessierten Redak-

[11] Mit Schenk, Passionsbericht 35f; Schweizer 191.

[12] So Dormeyer, Passion 197.

[13] πρὸς ἀλλήλους noch Mk 4,41; 8,16; 9,34. Mt kennt diese Wendung nicht.

[14] Bestritten von Schenke, Christus 94.

[15] Schenke, Christus 97, vermutet, daß der laute Ruf von V 37 derselbe ist wie der von V 34a. Es liege Gleichzeitigkeit vor. Dies hätte aber, auch wenn man 35.36b als redaktionell

tor weist auch Vers 38 hin. Nochmals und zum letzten Mal wird etwas über den Tempel gesagt. Vers 39 schließt mit dem Satz »daß er so den Geist aufgegeben hatte« an 37 an. Das Sehen des Hauptmanns kann sich aber nicht auf die Stimme Jesu, sondern nur auf die Vorgänge beim Tod Jesu insgesamt, besonders auf die wunderbare Finsternis, zurückbeziehen[16]. Weil der Gottessohn ein von Markus bevorzugtes christologisches Prädikat ist, überzeugt es am meisten, den Vers dem Evangelisten zuzuschreiben. Schenk, der Vers 39 für traditionell hält, rechnet darum auch mit der Möglichkeit, daß das Gottessohn-Prädikat einen anderen christologischen Titel verdrängt habe[17]. Das ist sehr unwahrscheinlich. Die Inkonzinnität, daß sich ἐξ ἐναντίας αὐτοῦ grammatisch auf den Tempel, sachlich aber auf Jesus bezieht, ist Markus, der den Jesusnamen von sich aus nur selten gebraucht, zuzutrauen. In der Schilderung der beim Kreuz stehenden Frauen kommen im starken Maß markinische Anliegen zum Tragen: Jesu Wirksamkeit in Galiläa, sein Zug nach Jerusalem (10,32f), der Nachfolgegedanke. Diese verdichten sich in Vers 41, der auf jeden Fall als markinisch gelten muß[18]. In Vers 40 könnte die conjugatio periphrastica für den Evangelisten sprechen. Ein Urteil über Vers 40 hängt von der Bestimmung der Frauenliste ab. Diese kann nur in Verbindung mit den Versen 47 und 16,1 erfolgen, wo gleichfalls Frauenlisten anzutreffen sind. Sie differieren jeweils in der Benennung der zweiten Frau, die einmal »Maria, die Mutter des Jakobus des Kleinen und des Joses«, die beiden anderen Male »Maria, die des Joses« (47) und »Maria, die des Jakobus« (16,1) heißt[19]. Sieht man einmal von Vers 40 ab, könnten die beiden Genitive in 47 und 16,1 sich auf den Gatten bzw. den Vater der jeweiligen Maria beziehen. Hätte also Markus zwei verschiedene Personen – die Maria des Jakobus und die Maria des Joses – irrtümlicherweise als eine Person begriffen, indem er die beiden Gatten bzw. Väter der verschiedenen Marien zu Söhnen der einen machte[20]? Man könnte es sich vorstellen, nachdem der Name Maria sicherlich sehr häufig vorkam und es mehrere Jüngerinnen mit diesem Namen gegeben haben dürfte, daß im Lauf der Zeit Verwechslungen erfolgten. Schwierigkeiten für diese Annahme entstehen jedoch aus der Erwähnung Jakobus des Kleinen bzw. Jüngeren. Sie setzt die Kenntnis dieses Mannes voraus. Zu behaupten, Markus habe den Beinamen »der Kleine« hinzugefügt, um eine Verwechslung mit dem Jakobus des Zwölferkreises oder dem Herrenbruder Jakobus auszuschließen, erscheint willkürlich[21]. Man wird

ansieht, deutlicher gekennzeichnet sein müssen.

16 Vgl. Mt 27,54; Lk 23,47.

17 48.

18 Zu ἄλλαι πολλαί vgl. Mk 7,4; 12,5.

19 Die Seitenreferenten haben die Schwierigkeit empfunden. Mt 27,56 spricht von der »Mutter des Jakobus und des Josef«, 27,61; 28,1 aber von der »anderen Maria«. Lk 23,49 und 55f nennt überhaupt keinen Namen, erwähnt aber in 24,10 die »Maria des Jakobus«.

20 Vgl. Schenke, Christus 101. Dormeyer, Passion 207, meint, daß die zweite Maria ursprünglich durch keinen Beinamen näher gekennzeichnet gewesen sei, hält demnach die Frauenliste in V 40 für traditionell, nur die Kennzeichnung der zweiten Maria für Mk-R. Zum Ganzen vgl. L. Oberlinner, Historische Überlieferung und christologische Aussage, 1975 (FzB 19), 97–112.

21 So Schweizer 198.

darum anzunehmen haben, daß die Frauenliste in Vers 40 traditionell ist und Markus keinen Ausgleich unter den Listen beabsichtigte. Die »vielen anderen«, die ungenannt unter dem Kreuz stehen und die Markus eingebracht hatte, halten diese Möglichkeit bewußt offen. Wenn sie »von weitem« zuschauen, ist dies vermutlich Anlehnung an Ps 38,12. Die Benutzung eines Motivs der Leidenspsalmen spricht gleichfalls für Tradition. Vielleicht lautete die Einleitung von Vers 40 einmal: καὶ γυναῖκες ἀπὸ μακρόθεν ἐθεώρησαν[22]. Es ergäbe sich, daß erst Markus das von weitem erfolgte Zuschauen als positive Kreuzesnachfolge interpretiert hätte[23].
Zusammenfassend läßt sich sagen, daß der alte Kreuzigungsbericht mit dem Namen Simon von Kyrene und dem der Frauen als Zeugen verbunden war. Handlungsmäßig setzt er den Pilatusprozeß fort und muß als Bestandteil einer zusammenhängenden Passionsgeschichte gewertet werden. Vormarkinisch wurde er mit Hilfe apokalyptischer Motive interpretiert. Dazu gehören die Stundenzählung mit der Finsternis (25 und 33), das Tempelmotiv (29b.30.38) und der laute Schrei des Sterbenden (in 37). Markus hat wiederholt in den Text eingegriffen. Als seine Eingriffe glaubten wir die Verse 23 (in 31 den Eintrag der Schriftgelehrten, in 32 den des Finalsatzes), 35, 36b, 39 und 41 erkennen zu können. Die vorausliegende Tradition verwies erneut auf eine Entstehung in Jerusalem.
Vom Inhaltlichen her legt sich die folgende Einteilung nahe: Kreuzweg und Kreuzigung (20b–27), Verhöhnung (29–32). Beide Male stehen am Ende die Mitgekreuzigten. Der dritte Teil (33–41) handelt vom Tod und dessen Begleitumständen. Aufschlußreich sind die bevorzugten Verben. Im ersten Teil ist dies naturgemäß σταυρόω (4mal). Im zweiten ist die schon erwähnte Auswahl der Verben des Schmähens zu beachten. In den Lästerrufen, die auf die Gerichtsverhandlungen zurückgreifen, überwiegt die Gegenüberstellung von Retten und Herabsteigen (vom Kreuz). Die Soteriologie tritt neben die Christologie, an die mit den christologischen Titeln erinnert ist. Im letzten Abschnitt dominiert das Sehen (mit verschiedenen Verben, schon in 32 vorausgenommen). Es gab bei der Kreuzigung Jesu etwas zu sehen. Dies lenkt darauf hin, daß der Kreuzestod Jesu die Stunde der Offenbarung ist, die alles Voraufgegangene übertrifft. Die Hierarchen (32) und die Spötter (35f) wollen ein Mirakel sehen. Der Hauptmann sieht richtig (39), die Frauen schauen von Ferne und werden durch ihre Kreuzesnachfolge auch zu echten Jüngerinnen. Die Konfrontation von falschem und rechtem Sehen ist sicher beabsichtigt. Sie kreist um die Glaubensfrage.

Erklärung 20b–21

Zur Kreuzigung führt man Jesus hinaus, im Anschluß an Vers 16 aus dem Prätorium, im weiteren Sinn aus der Stadt. Es entspricht jüdischer wie römischer Sitte, Hinrichtungen extra portam (Plautus, mil. glor. 359f) vorzunehmen.

[22] Mit Dormeyer, Passion 208.
[23] Für eine positive Deutung von ἀπὸ μακρόθεν setzt sich Schenk, Passionsbericht 61, ein. Man wird mit einem unterschiedlichen Verständnis von Tradition und Redaktion zu rechnen haben.

Das Wort »hinausführen« (ἐξάγω hapax legomenon bei Markus) erinnert an Lev 24,14; Num 15,35f, wonach der Lästerer bzw. Sabbatschänder außerhalb des Lagers gesteinigt werden soll (vgl. Lev 16,27; Apg 7,58; Hebr 13,12). Das Hinausführen dokumentiert somit, daß Jesus aus dem Volk ausgestoßen ist. Unterwegs nötigt man einen zufällig des Wegs Daherkommenden, Jesu Kreuz aufzunehmen. Daraus ergibt sich, daß Jesus das Kreuz ein Stück des Wegs selbst getragen hat. Antike Zeugnisse bestätigen, daß der zum Kreuz Verurteilte das Kreuz zum Richtplatz zu schleppen hat[24]. Näherhin ist es in der Regel nur der Querbalken (patibulum)[25], während der Kreuzespfahl bereits am Richtplatz in den Boden gerammt war. Ist Jesus am Paschafest hingerichtet worden, wie wir vermuteten, kann das Kommen des Simon vom Feld dennoch nicht Ausdruck seiner thorakritischen Einstellung sein[26]. Dies hätte deutlicher gekennzeichnet sein müssen. Auch kehrt man um diese Tageszeit noch nicht von der Feldarbeit heim[27]. Wahrscheinlich wohnte Simon – wie auch Jesus – in einem Dorf vor der Stadt. Auffällig ist die mehrfache Kennzeichnung dieses Simon. Er stammt aus Kyrene, einer der fünf Hauptstädte der Kyrenaika (Nordafrika). Dort gab es eine ansehnliche jüdische Diaspora[28], wie die Kyrenäer in Jerusalem eine eigene Synagoge besaßen (Apg 6,9). Simon ist demnach Diasporajude[29], der sich als Pilger zum Fest in Jerusalem aufhielt oder im Alter nach hier verzogen war. Die Namen seiner beiden Söhne Alexander und Rufus sind nichtjüdisch und kennzeichnen seine offene Gesinnung. Die Nennung der Namen ist nur sinnvoll, wenn sie der Gemeinde bekannt waren. Das heißt, dieser Simon wurde später ein Christ. Gehörte er zum weltoffenen Stefanuskreis (vgl. Apg 11,20)[30]? Ist der in Röm 16,13 genannte Rufus sein Sohn[31]? Der Christ Simon ist somit Zeuge des Kreuzweges Christi. Daß er auch bei der Kreuzigung und beim Tod zugegen gewesen sei, wird nicht gesagt. Die Aufnahme des Kreuzes ist im Anschluß an den Spruch von der Kreuzesnachfolge formuliert (8,34). Obwohl er gezwungen wurde[32], betrachtete man seinen Dienst als vorbildliche Kreuzesnachfolge. Schwingt auch das Königsmotiv mit, daß er als Diener dem König das Kreuz abnimmt?

[24] Artemidor, Oneir. 2,56: »Wer an das Kreuz geheftet werden soll, trägt es zuerst hinaus.« Weitere Belege bei Blinzler* 360 Anm. 16; Billerbeck I,587.

[25] Vgl. Blinzler* 375.

[26] Gegen Schreiber, Theologie des Vertrauens 64; Schenk, Passionsbericht 28f. ἀπ' ἀγροῦ heißt: vom Feld, vom Land, vom Hof, nicht unbedingt von der Feldarbeit.

[27] Vgl. Billerbeck II,828f; Dalman, Jesus-Jeschua 93f. Nach Billerbeck war nicht jede Hantierung auf dem Feld am Feiertag verboten, vorausgesetzt, daß diese innerhalb der Sabbatgrenze lag.

[28] Vgl. Billerbeck II,612.

[29] Schenk, Passionsbericht 26, schließt die Möglichkeit nicht aus, daß Simon kein Jude gewesen sei.

[30] Vermutung von Schenke, Christus 91f, nach dem V21 Tradition der hellenistischen Urgemeinde Jerusalems sei, die ihren Gewährsmann der Passion Jesu mit einem gewissen polemischen Akzent habe zur Geltung bringen wollen.

[31] Neuerdings wieder von Lohse* 94 vermutet. Der Name Alexander erscheint auch Apg 19,33; 1Tim 1,20; 2Tim 4,14. Eine Beziehung zu Mk 15,21 besteht nicht.

[32] ἀγγαρεύω heißt: zu einer Dienstleistung zwingen, einen Frondienst leisten. Es war für die römische Besatzungsmacht typisch, daß sie fallweise Menschen zur Fronarbeit zwang, wie sie diese gerade antraf und benötigte.

22–24 So bringen sie Jesus an den Richtplatz hinaus. Obwohl das Verb φέρω regelmäßig für das Bringen der Kranken zu Jesus verwendet wird (1,32; 2,3; 7,32 usw.), wird man es hier kaum so verstehen dürfen, daß Jesus zu gehen nicht mehr fähig gewesen wäre[33]. Golgota, abzuleiten von aramäischem golgolta, wird zutreffend mit »Ort des Schädels« übersetzt (vgl. LXX Ri 9,53; 4Kön 9,35). Läßt der Name Rückschlüsse zu? Gewöhnlich bezieht man ihn auf eine schädelähnliche kahle Felsbildung[34]. Die Deutungen des Origenes, Epiphanios und Hieronymus auf den hier bestatteten Schädel Adams bzw. einen »Ort der Enthaupteten« sind sekundär[35]. Vielleicht soll der Richtplatz als unreiner Ort gekennzeichnet werden. Gab es Gräber in der Nähe? Dann könnte angedeutet sein, daß der Tod Jesu die alten Reinheitsvorschriften außer Kraft setzte[36]. Vor der Kreuzigung reicht man Jesus mit Myrrhe vermischten Wein, einen Rauschtrank, der die Schmerzen lindern soll. Die betäubende Wirkung der Myrrhe war bekannt[37]. Man pflegt sich für diesen humanen Zug auf einen jüdischen Brauch zu berufen, nach dem vornehme Jerusalemer Frauen aus eigenem Antrieb den Verurteilten diesen Rauschtrank darboten (bSanh 43a)[38]. Im Hintergrund steht Spr 31,6: »Gebt berauschendes Getränk dem, der dem Untergang geweiht ist.« Weil Frauen aber nicht erwähnt werden, ist anzunehmen, daß die Henker dies getan haben sollen. Wenn Jesus es nicht annimmt, will er sein Leiden erdulden, wie er sich schon in Judäa freiwillig entschlossen hatte, nach Jerusalem hinaufzuziehen (10,32f). Daneben kann die Verweigerung im Hinblick auf die Proverbia-Stelle ausdrücken wollen, daß Jesus letztlich kein dem Untergang Geweihter ist[39]. Die Kreuzigung wird mit erdenklicher Knappheit geschildert. Die Prozedur wird nicht ausgemalt. Statt dessen hören wir mit Worten aus Ps 22,19 von der Verteilung der Kleider Jesu unter die Soldaten, die bei dem Gekreuzigten Wache halten. Ob der Brauch, die Kleider des Hingerichteten – es kann sich nur um Ober- und Untergewand, Gürtel, Sandalen und vielleicht eine Kopfbinde gehandelt haben – zu verteilen, römischem Recht zur Zeit Jesu entsprach, ist umstritten. Da die von Hadrian getroffene Regelung wie die Neuregelung einer älteren Sitte aussieht, ist dies wahrscheinlich[40]. Wichtiger als das geschichtliche Referat ist dem Erzähler die Deutung des Leidens Jesu vom Ps 22 her. Dieser wird vermutlich als Übersetzung der semitischen Textvorlage geboten. Denn es fällt auf, daß Vers 17b, der sich in seiner griechischen Fassung besonders angeboten hätte, nicht aufgegriffen wird[41]. Vers 19 steht im Psalm am Ende der Feindbeschreibung. Der Gerechte,

33 D φ lat lesen: ἄγουσιν.

34 C. Kopp, Die heiligen Stätten der Evangelien, Regensburg 1959, 422; Dalman, Orte und Wege 365. Noch heute bezeichnen die Araber einen felsigen Hügel gern mit *ras* (Kopf).

35 Vgl. Dalman, a.a.O.

36 So Schenk, Passionsbericht 30, der Tos Ned 8,5 zitiert: »In Kafar Saba galt eine Sykomore als unrein, ohne daß man noch wußte, warum sie es sei. Als der Sturm sie umriß, fand man einen vollständigen Schädel in ihren Wurzeln hängen.«

37 Vgl. Dioskurides I,64,3.

38 Billerbeck I,1037f; Dalman, Jesus-Jeschua 175. Lk und Joh haben die Szene gestrichen, Mt 27,34 hat sie uminterpretiert.

39 Vgl. Schenk, Passionsbericht 31f.

40 Vgl. Blinzler* 369 Anm. 47. Zurückhaltend urteilt Haenchen, Weg 534, positiv Dormeyer, Passion 300.

41 Nach der LXX-Fassung lautet V 17b: »Sie durchbohrten mir Hände und Füße.« Vgl.

von schwerer Krankheit getroffen, wird entblößt, und seine Feinde gaffen auf seinen abgemagerten Körper: »Man kann zählen alle meine Gebeine. Sie schauen und gaffen auf mich. Sie teilen meine Kleider unter sich und werfen über meinem Gewand das Los« (Ps 22,18f). Jesus hat das im Ps 22 dargestellte menschliche Leid, das dort im Blick auf den Gerechten als menschliches Leid an sich aufgefaßt ist und nur an einigen Stellen individuelle Züge annimmt[42], auf sich genommen. Angelpunkt der Psalmreflexion ist der Eingangsvers, der vom Gekreuzigten zitiert werden wird. Dort haben wir näher auf den Sinn der Reflexion einzugehen. Mit den Kleidern wird Jesus als dem von Gottes Urteil Gezeichneten das Letzte genommen. Nackt hängt er jetzt am Kreuz. Der Nachsatz τίς τί ἄρῃ könnte wegen desselben Verbs auf Vers 21 zurückverweisen. Man kann von Jesus manches haben, sogar seine Kleider. Wirkliche Gemeinschaft mit ihm aber hat nur, wer das Kreuz aufnimmt[43].

Eine Zeitangabe wird nachgeholt: Es sei die dritte Stunde (= 9 Uhr vormittags) 25–27
gewesen, als sie Jesus kreuzigten[44]. Den Seitenreferenten machte wie den Interpreten die Zeitangabe Schwierigkeiten. Mattäus und Lukas strichen sie. Nach Joh 19,14 sei Jesus um die sechste Stunde verurteilt worden. Wer die dritte Stunde historisch versteht, erklärt sie als runde Zeitangabe[45], übersieht jedoch ihre theologische Bedeutung. Diese besteht nicht bloß allgemein darin, daß Stunde um Stunde nach Gottes Willen verrinnt[46]. Sie kann auch nicht in einer Angleichung an bereits bestehende Gebetszeiten in der Gemeinde gesehen werden[47]. Eine Gebetszeit zur sechsten Stunde kennt die frühchristliche Gemeinde noch nicht[48]. Die dritte Stunde muß nämlich in Verbindung mit der sechsten und neunten (33) beurteilt werden. Da dort apokalyptische Geschehnisse tangiert sind, steht die Stundenzählung in einem apokalyptisch geprägten Verstehenshorizont. Die Apokalyptik kennt sowohl einen »chronologischen Determinismus« als auch einen von Gott bestimmten »Stundenplan«[49]. 4Esr 6,23f bietet sogar hinsichtlich des Endes eine Drei-Stunden-Angabe[50]. Daraus ergibt sich, daß die Stundenangabe die Kreuzigung Jesu als ein von Gott verfügtes Geschehnis wertet, das im Zusammenhang mit den Endereignissen zu betrachten ist. In ihr offenbart sich Gottes endgültiges Gericht und Heil. Die geschriebene Angabe des Schuldtitels greift auf den Prozeß zurück. Sie will der

Gese* 14. Masora: »Sie binden . . .«

42 Vgl. H. J. Kraus, Psalmen I, ³1966 (BK.AT) 177.

43 Im Anschluß an Schenk, Passionsbericht 33f.

44 Parataktisches καί mit der Bedeutung einer logischen Hypotaxe entspricht semitisierendem Koine-Griechisch. Vgl. Beyer, Semitische Syntax 259–281.33 Anm. 4.

45 Lagrange, Schmid. – Mahoney* möchte die dritte Stunde auf die Kleiderverteilung beziehen und diese von der Kreuzigung trennen. Pesch II,484 spricht von berichtender Intention.

46 So Schweizer.

47 Schille* 161–205. Taylor spricht allgemein von katechetischen und liturgischen Anliegen der römischen Gemeinde.

48 Vgl. Billerbeck II,696–699 und Linnemann* 155–157, die das Stundenschema nur als erzählerisches Mittel einstuft.

49 Vgl. Dan 7,12; 4Esr 4,36f.42; 13,58 und Schenk, Passionsbericht 37–39.

50 »Und laut schallt die Trompete; bei ihrem Klang wird alles plötzlich zittern und erbeben . . . Und Wasserquellen stehen still und laufen nicht drei Stunden lang.«

Öffentlichkeit und dem Volk die Schuld Jesu bekanntgeben, wird aber indirekt zur Proklamation seines Anspruches. Die öffentliche Kundgabe eines Verbrechens war sowohl bei den Juden[51] als auch bei den Römern bekannt. Von letzteren wissen wir, daß sie sich einer Tafel bedienen konnten, die beim Gang zum Richtplatz dem Delinquenten vorangetragen oder um den Hals gehängt wurde[52]. Markus setzt noch nicht voraus, daß die Schuldtafel am Kreuz angebracht ist. Eher ist sie als neben dem Kreuz liegend vorgestellt (anders die Seitenreferenten). Unter den differierenden Angaben »Dieser ist Jesus, der König der Juden« (Mt 27,37), »Der König der Juden ist dieser« (Lk 23,38), »Jesus, der Nazoräer, der König der Juden« und dreisprachig (Joh 19,19), »Dieser ist der König Israels« (EvPt 11) ist die markinische Kurzform »Der König der Juden« zu bevorzugen[53]. In dieser Situation entbehrt sie nicht des Hohns[54]. Nachträglich erfahren wir, daß mit Jesus zwei Räuber gekreuzigt werden. Sie sind also mit Jesus hinausgeführt worden und ihre Aburteilung hat in zeitlicher Nähe zum Prozeß Jesu stattgefunden. Nach mischnischem Recht durfte täglich nur ein Mensch hingerichtet werden, bei den Römern waren Massenhinrichtungen durchaus keine Seltenheit[55]. Als λῃσταί können sie Straßenräuber, aber auch Zeloten gewesen sein[56]. Im letzteren Fall wäre eine Komplizenschaft mit Barabbas möglich[57]. War man gegen Jesus wie gegen einen Räuber ausgezogen (14,48), so steht jetzt sein Kreuz zwischen den Kreuzen von zwei Räubern. Dies wird die Würde des Königs der Juden anzeigen wollen[58].

## 14. Exkurs: Die Kreuzigung

Die Hinrichtungsart der *Kreuzigung*[59], die vermutlich bei den Persern aufkam, übernahmen die Römer von den Puniern. In der Literatur wird sie fast nie ausführlich beschrieben. Die Evangelien bieten die relativ ausführlichste Schilderung einer Kreuzigung. Die Form ihrer Durchführung differiert, wie bereits die Terminologie andeutet. So bevorzugt Josefus das Verb (ἀνα)σταυροῦν, Philo von Alexandrien dagegen ἀνα-

[51] Vgl. Billerbeck I,1038.

[52] Vgl. Linnemann* 154.

[53] Mit M. Hengel, War Jesus Revolutionär?, 1970 (CwH 110), 14. Lee's* harmonisierender Vorschlag, der die verschiedenen Überlieferungen des Titels der hebräischen, griechischen und lateinischen Version nach Joh 19,19 zuschreiben möchte, ist abzulehnen.

[54] Dalman, Jesus-Jeschua 175, erinnert an ein Gleichnis Rabbi Meïrs: Von zwei Königssöhnen, die Zwillinge und völlig gleichen Aussehens waren, wurde der eine ein König, der andere ein Räuber. Der letztere wurde gekreuzigt, und alle sagten: Es sieht aus, als wäre der König gekreuzigt. Da ließ man ihn abnehmen. Vgl. bSanh 46b.

[55] Belege bei Billerbeck I,1039.

[56] Zur Bedeutung Straßenräuber vgl. Mk 11,17; 2Kor 11,26. Auch Petronius, Satir. 11: cum interim imperator provinciae latrones iussit crucibus affigi. Zur Bedeutung Zelot vgl. JosBell 2,254: »eine neue Gattung von Räubern, die sogenannten Sikarier.« M. Hengel, Die Zeloten, 1961 (AGSU 1), 30, möchte die Mitgekreuzigten als Zeloten ansehen. Apokryphe Tradition dringt ein, wenn man später die Namen der beiden Räuber anzugeben weiß: Zoathan und Chammatha (Kodex c).

[57] So Dormeyer, Passion 196.

[58] Da kein Anklang vorliegt, ist Abhängigkeit von Jes 53,12 nicht zu vermuten. Spätere Schreiber haben durch Einfügung von Mk 14,28 den Bezug hergestellt.

[59] Vgl. Blinzler* 375–381; E. Brandenbur-

σκολοπίζειν. In alter Zeit bestand sie oft im Aufhängen oder Aufspießen am einfachen Pfahl, zwischen dem Aufhängen eines Lebenden und dem Aufhängen eines Toten nach geschehener Hinrichtung wird nicht immer streng unterschieden. Bei den Römern erfolgte sie meist in der Anheftung an das zusammengesetzte Kreuz. Letzteres besaß T-Form (crux comissa) oder †-Form (crux immissa). Folterungen gingen der Kreuzigung voraus (Geißelung). Der Verurteilte hatte das Kreuz bzw. den Querbalken zum Hinrichtungsplatz zu tragen: patibulum ferat per urbem, deinde affigitur cruci (Plautus, Carb. frg. 2). Nackt, mit ausgestreckten Armen wurde der Delinquent am Querholz angeheftet. Dieses befestigte man am senkrecht eingerammten Pfahl. Der Verurteilte wurde entweder angenagelt oder angebunden, oder es geschah beides[60]. Ein am Pfahl angebrachter Holzklotz sollte den Körper stützen und das Leben verlängern[61]. Da die Form nicht genau festgelegt war, gab die Kreuzigung den Henkern Gelegenheit, ihre Willkür und ihren Sadismus auszutoben. Josefus berichtet über eine Massenkreuzigung, die während der Belagerung Jerusalems vor den Toren der Stadt geschah: »Die Soldaten nagelten darum aus Zorn und Haß jeden der Gefangenen zur Verhöhnung in einer anderen Stellung ans Kreuz.«[62] In der Regel blieb der Leichnam am Kreuz hängen, bis er verweste oder eine Beute der Raubtiere wurde. Doch konnte der zuständige Magistrat die Leiche gnadenweise zur Bestattung freigeben.

Die Kreuzigung galt den Römern neben der damnatio ad bestias als schmachvollste Art der Hinrichtung[63]. Sie wurde fast ausnahmslos an Sklaven, in der Kaiserzeit zunehmend auch an Freigelassenen und Peregrini durchgeführt. Kreuzigungen von cives Romani sind nur wenige bekannt, jedoch bestand die Möglichkeit, diesen den Rechtsschutz des Bürgerrechtes abzusprechen. Schwerverbrecher wie Hochverräter, Aufrührer, fahnenflüchtige Soldaten, Tempelräuber unterlagen ihr. In den Provinzen konnte sie der Statthalter in freier Verfügungsgewalt verhängen, begründet durch sein imperium und das Recht der coercitio zur Aufrechterhaltung von Ruhe und Ordnung. Bei den Juden konnte in hellenistisch-hasmonäischer Zeit die Kreuzigung bei Hochverrat praktiziert werden. Alexander Jannai ließ 800 Pharisäer kreuzigen[64]. Herodes d. Gr. machte von ihr keinen Gebrauch mehr, so daß sie zur Zeit Jesu als ausgesprochen römische Hinrichtungsart in Judäa galt und das Kreuz nie zum Symbol des jüdischen Leidens werden konnte. Dies muß im Zusammenhang mit Dtn 21,23 gesehen werden: »Die Leiche soll nicht über Nacht am Pfahl hängen bleiben, sondern du sollst ihn noch am gleichen Tag begraben. Denn ein Gehenkter ist ein von Gott Verfluchter« (vgl. Gal 5,11; 1Kor 1,23). Zur Zeit der römischen Prokuratur waren in Judäa Kreuzigungen keine Seltenheit. Einen traurigen Höhepunkt brachte das Jahr 70. In jüngster Vergangenheit entdeckte man in einem Familiengrab auf dem Skopusberg bei Jerusalem aus der Zeit vor 70 n. Chr. die

ger, Σταυρός, Kreuzigung Jesu und Kreuzestheologie, WuD 10 (1969) 17–43; Y. Yadin, Epigraphy and Crucifixion, IEJ 23 (1973) 18–22; H.-W. Kuhn, Jesus als Gekreuzigter in der frühchristlichen Verkündigung bis zur Mitte des 2. Jahrhunderts, ZThK 72 (1975) 1–46; M. Hengel, Mors turpissima crucis, in: Rechtfertigung (FS E. Käsemann), Tübingen-Göttingen 1976, 125–184.

60 Vgl. Herodot 9,120: »Sie nagelten ihn (= Artayktes) an Bretter und hängten ihn auf.« Vgl. Seneca, ep. 101 (ad Lucilium).

61 Vgl. Seneca, ep. 101,14: acuta si sedeam cruce.

62 Bell 5,449–451. Vgl. Seneca, dial. 6 (de cons. ad Marc.), wo auch von Kreuzigungen mit dem Kopf nach unten die Rede ist.

63 Vgl. Cicero, in Verr. V,64,165: crudelissimum taeterrimumque supplicium; Tacitus, hist. 4,11: servile supplicium.

64 JosBell 1,97f; Ant 13,380–383. Zu Sanh 6,5, wo vielleicht in verschlüsselter Form von der Gegenaktion der Pharisäer berichtet wird, vgl. Hengel (Anm. 59) 177.

Leiche eines Gekreuzigten, der an das Kreuz angenagelt worden war[65]. Die Anwendung von Tafeln, auf denen die Schuld verzeichnet stand, ist für Hinrichtungen, die durch die Römer geschahen, mehrfach bezeugt, wenn auch nicht ausdrücklich in Verbindung mit einer Kreuzigung[66]. Letzteres erklärt sich aus der oben erwähnten Zurückhaltung in der Berichterstattung. Die Tafel wurde dem Verurteilten auf dem Gang zum Richtplatz umgehängt oder vorausgetragen.

29–32 Die Vorübergehenden lästern und tun damit das, was man Jesus zum Vorwurf machte (14,64; vgl. 2,7). Dem Wort ist die volle Bedeutung der Gotteslästerung zu belassen. Die Öffentlichkeit der Hinrichtungsstätte vor der Stadt ermöglicht den ungezwungenen Zugang zum Gekreuzigten. Das Schütteln des Kopfes, eine Geste des Hohns, stammt vom Anfang der Feindbeschreibung in Ps 22,8 (vgl. Ps 109,25; Jes 37,22; Jer 18,16; Ijob 16,4; Sir 12,8; 13,7), wegen οἱ παραπορευόμενοι erscheint Klgl 2,15 formal als nächste Parallele: »Alle, die des Weges vorüberziehen, zischeln und schütteln mit dem Kopf.« Der Ausruf οὐά unterstreicht das spöttische Bedauern über die gefallene Größe. Die Anrede an Jesus nimmt in verkürzter Form das Tempellogion des Synhedrialprozesses wieder auf (14,58), bekundet das apokalyptisch geprägte Interesse am Tempel und ist in Verbindung mit Vers 38 zu sehen. Die Aufforderung zur Selbstrettung stellt den Machtanspruch des Logions ungläubig in Frage[67]. Ähnlich wird der Gerechte verhöhnt, dem die Gegner vorhalten, Gott, dem er vertraute, möge ihn erretten (vgl. Ps 22,9; Weish 2,17–20). Die geforderte Katabase vom Kreuz steht nicht im Gegensatz zur Anabase zu Gott, die die Spötter verhindern wollen[68]. Die Alternative zum Herabsteigen ist vielmehr, wenn man eine solche haben will, die Gottverlassenheit des Gekreuzigten. Die teilnehmenden Hohenpriester und Schriftgelehrten wahren insofern Distanz, als sie Jesus nicht ansprechen, sondern untereinander über ihn reden. Sie greifen das Wort der Vorübergehenden auf, setzen die geforderte Selbstrettung zur rettenden Tätigkeit Jesu in Beziehung und erinnern damit an seine Wunder. Diese wurden wiederholt ein σώζειν genannt (3,4; 5,23.28.34; 6,56). Sie bekunden damit, daß ihnen diese nicht genügen, und fordern gleichfalls das Herabsteigen vom Kreuz als Zeichen, das sie zum Glauben führen soll. Gott aber offenbart sich anders, als sie es erwarten. Der Evangelist hat mit dem Finalsatz in Vers 32 diese letzte Zeichenforderung geschaffen, um angesichts der im Kreuz erfolgenden Offenbarung den Glauben zu präzisieren. Wenn die Hierar-

[65] Vgl. N. Haas, Anthropological Observations on the Skeletal Remains from Giv' at ha-Mivtar, IEJ 20 (1970) 38–59. Beim Gekreuzigten vom Skopusberg ging der Nagel durch beide Fersen, so daß die Füße seitlich gelegen haben müssen.

[66] Sueton, Caligula 32,2: praecedente titulo, qui causam poenae indicaret; Euseb, h.e. 5,1,44: hic est Attalus Christianus. Vgl. Sueton, Domitian 10; Firmicius Maternus, Mathes. lib. 6,31,58.

[67] Dalman, Jesus-Jeschua 175, verweist auf ein aramäisches Sprichwort: »Jäger, wie jagt man dich; Türenzerbrecher, wie ist deine Tür zerbrochen und zerstört.« – Die Verspottungsszene lebt fort bei JustDial 101,3; 93,1; Apol 1,38,6–8.

[68] Gegen Schreiber, Theologie des Vertrauens 43–45. Schenk, Passionsbericht 53f, mit Bezug auf V 32 stellt die Katabase in Gegensatz zur Anabase nach Jerusalem in Mk 10,32f. Die Gegenüberstellung ist weit hergeholt.

chen Jesus »Christus, König von Israel« nennen, fassen sie die beiden Gerichtsprozesse mit der Messias- und der Königsanfrage zusammen, ersetzen aber den König der Juden durch den König von Israel, wie es jüdischer Sprechweise entspricht. Auch die Mitgekreuzigten stimmen in den allgemeinen Hohn ein. Ihre Schmähungen werden nicht näher artikuliert, erinnern aber an ein Motiv aus den Psalmen (vgl. Ps 22,7; 31,12; 69,10). Da Jesus ringsum von Spott und Hohn umgeben ist, erscheint er als der von allen Verlassene und Ausgestoßene. Selbst die Verbrecher, deren Schicksal er auf sich nahm, verschonen ihn nicht.

Zur sechsten Stunde, das heißt zur Mittagszeit, und anhaltend bis zur neunten, 33–34
verbreitet sich eine Finsternis ἐφ᾽ ὅλην τὴν γῆν. Betrifft sie das Land Israel oder die ganze Erde[69]? Könnte der Lästerruf in Vers 29b ersteres nahelegen, so empfiehlt die Aufnahme des bereits in 13,24 gegebenen apokalyptischen Motivs der Finsternis letzteres. Nicht eine natürlicherweise erklärbare Sonnenfinsternis ereignet sich, sondern ein kosmisches Wunder[70]. Man hat zur Erklärung auf ähnliche Wunder verwiesen, die beim Tod berühmter Rabbinen oder des Romulus und Caesars geschehen sein sollen[71]. Die Finsternis wäre dann Ausdruck der Trauer[72]. Man hat sie als Ausdruck dämonischer Mächte gedeutet[73] oder als Zeichen der Neuschöpfung, die in der Finsternis des Todes anbricht[74]. Ihr Anknüpfungspunkt aber ist die profetisch-apokalyptische Tradition, in der die Finsternis als Vorzeichen des Endes und der Gerichtskatastrofe bekannt ist: »Und an jenem Tag wird es geschehen – ist der Spruch des Herrn Jahwe – da lasse ich die Sonne untergehen am Mittag und die Erde finster werden am hellen Tag« (Am 8,9)[75]. Vers 33 knüpft an keine bestimmte Stelle an, sondern enthält das verbreitete Interpretament. Dieses deutet das Kreuz Jesu, indem es seine universale Bedeutung anzeigt, die sich im erwarteten Endgericht unverhüllt offenbaren wird. Im Verweiszusammenhang mit 13,24f läßt sich sagen: Erst »nach jener Drangsal« wird der Menschensohn »mit viel Macht und Herrlichkeit« (13,26) erscheinen. In der Drangsalsepoche gibt es nur die Offenbarung des Kreuzes, das durch Gott nicht gelichtet wird. Die hereinbrechende Finsternis ist darum auch nicht billige Androhung der Strafe für die Lästerreden, sondern Ausdruck dafür, daß die am Kreuz geschehende Offenbarung hingeordnet ist auf das Gericht über die Welt. Der Beginn des Psalms 22, der Ruf der Gottverlassenheit, ist das einzige Wort des Gekreuzigten bei Markus. Er spricht es zur neunten Stunde, die als die Sterbestunde Jesu gilt und (nach 33) die Finsternis beendet. Da Psalm 22 im Kreuzigungsbericht wiederholt

[69] Auf Palästina beziehen Billerbeck I,1040f; Klostermann, auf die Erde K. Grayston, The Darkness of the Cosmic Sea, Theol 55 (1952) 122–127; Lohse* 97.

[70] An Bewölkung oder an Schirokko-Dunst dachten Lagrange, Schmid.

[71] Vergil, Georg. 1,466ff; Plinius, hist. nat. 2,30; Dionysios Halic., Antiq. Rom. B 56,6, und Billerbeck I,1040–1042. Auch JosAnt 14,309.

[72] Blinzler* 420f; Lohmeyer (Trauer und Offenbarung der Herrlichkeit des Menschensohnes).

[73] Danker* 50f.

[74] Grayston (Anm. 69).

[75] Vgl. Joel 2,2.10; 3,4; 4,15; Jes 13,10; 24,23; Mk 13,24; Offb 6,12f.

verwendet wurde, ist jetzt nach dem Sinn solcher Verwendung zu fragen. Stirbt Jesus in Verzweiflung? Die theologische Verwertung des gesamten Psalms spricht gegen eine solche Möglichkeit. Nicht, daß mit dem Beginn des Psalms 22, der ein Klage- und Danklied ist, angedeutet wäre, daß der Sterbende den ganzen Psalm rezitiert habe, ist die Antwort. Die im Danklied des Psalms bekundete Rettung aber (VV23ff) bezeugt, daß die von der Gemeinde geglaubte Auferstehung die Voraussetzung ist, daß man mit Hilfe des Psalms die Passion Jesu beschrieb[76]. Damit ist der Ruf der Gottverlassenheit des Gekreuzigten nicht abgeschwächt. Jesus, von allen Menschen verlassen, mußte auch in dieses letzte Verlassensein von Gott hinein, um an Gott festhalten zu können. Obwohl von Gott verlassen, richtet er die Gebetsklage an ihn und bekundet damit, daß er Gott nicht aufgibt. Darin liegt bereits die Einmaligkeit von Ps 22,1, die sich mit der wiederholten Bitte in den Psalmen, Gott möge den Beter nicht verlassen, nicht vergleichen läßt[77]. Ps 22,1 wird aramäisch zitiert und ins Griechische übersetzt, wobei die LXX-Fassung anklingt, aber nicht Vorbild ist. Die Lesart ζαφθανι ist, wie die Übersetzung ὠνειδίσας bestätigt, nicht Angleichung an das Hebräische[78], sondern von »zürnen, schelten« abzuleiten (aram. *z$^{a}$âf*) und bringt die Vorstellung vom Leiden Christi als ὠνειδισμός (vgl. Hebr 11,26; 13,13) ein[79]. Der laute Schrei kann in der Einführung eines Gebets nur als verstärkter Gebetsausdruck verstanden werden und ist in diesem Sinn vielfach belegt[80].

35–41 Einige der Umstehenden mißverstehen den Gebetsruf, indem sie meinen, Jesus habe den Elija angerufen. Eine Verwechslung von Eloi und Elija ist akustisch und philologisch kaum möglich. Man wird an eine bewußte Verdrehung zu denken haben. Die Anrufung von Elija als Nothelfer, die literarisch hier zum erstenmal belegt ist[81], setzt voraus, daß Juden den Einwand machen. Nach dem Talmud wurde Eleazar ben Perata, der von den Römern gerichtet werden sollte, von Elija 400 Meilen weit versetzt[82]. Vielleicht ist auch an die Vorläuferrolle

[76] Vgl. Ruppert* 48–52.

[77] Vgl. Ps 9,11; 16,10; 27,9; 37,28.33; 38,22; 71,9.11.18; 94,14; 119,8. Gese* 1, der die Gottverlassenheit des Psalmisten als nichts Besonderes und etwas Typisches ansieht, hat die Besonderheit von Ps 22,1 nicht erkannt. An allen angegebenen Stellen wird darum gebetet, daß Gott nicht verlassen möge! Das ist etwas anderes als daß er verlassen hat.

[78] Gegen Lohmeyer 345. Die LA bietet Kodex D.

[79] In V 34b liest der Kodex Bobbiensis: maledixisti. Die LA ist im Zusammenhang mit Dtn 21,23; Gal 3,13 zu sehen. Wenn D Θ it ηλι bieten, ist dies Angleichung an das Hebräische und von Mt 27,46 beeinflußt. EvPt 19: ἡ δύναμίς μου, ἡ δύναμίς μου ist eine Variante, die entweder gnostisch zu interpretieren ist oder wahrscheinlicher eine Abschwächung des Rufes der Gottverlassenheit darstellt.

[80] Z. B. LXX Neh 9,4; Jdt 7,29; 9,1. Weitere Belege bei Dormeyer, Passion 200 Anm. 823. Die apokalyptische Deutung des lauten Schreis in V 34 von Schenk, Passionsbericht 43–45, geht davon aus, daß das Psalmzitat Mk-R ist. Das aber ist nicht nur wegen der aramäischen und griechischen Zitation sehr unwahrscheinlich. Eine Analogie zu V 34 bietet MidrTeh 22,2. Danach sei Ester sofort erhört worden, als sie mit lauter Stimme rief: Mein Gott, mein Gott, warum hast du mich verlassen? Nach Dalman, Jesus-Jeschua 186. Dennoch trägt die Analogie kaum etwas zur Erklärung bei. Ester beruft sich auf ihre treue Gesetzeserfüllung.

[81] J. Jeremias, ThWNT II,932. Zur Sache Billerbeck IV,769–779.

[82] bNed 50a, bei Dalman, Jesus-Jeschua 186.

gedacht, die Elija dem Messias gegenüber hat (vgl. 9,12f). Einer der Dabeistehenden, wegen der Verse 15f wohl ein Soldat, versucht daraufhin, Jesus zu tränken, indem er ihm mit Hilfe eines Rohrs einen essiggetränkten Schwamm darreicht. Die Worte, die er spricht, passen jedoch nur zu einem Juden[83]. Hier zeigt sich die Überarbeitung der Szene, die zunächst nur von einer Tränkung berichtete, die dem Gekreuzigten neue Qualen bereiten und seine Einsamkeit bestätigen sollte (vgl. die Analyse). Im Hintergrund steht Ps 69,22b: »Sie reichten mir Essig für meinen Durst.«[84] Wenn der Mann jetzt die Erwartung ausspricht, man müsse darauf warten, ob Elija kommt, um Jesus herunterzuholen, macht er sich die jüdische Elija-Erwartung zu eigen. Die Erwartung eines Wunders setzt Vers 32b fort und erfolgt aus Verblendung und Unglaube. Gleichzeitig relativiert sie das Mirakel der mittäglichen Finsternis. Die Tränkung verfolgt jetzt den Zweck, das Leben Jesu kurzfristig zu verlängern, um das Wunder zu ermöglichen. Statt des erwarteten Wunders stirbt Jesus. Der laute Schrei, der sein Sterben begleitet, bleibt im Gegensatz zu Vers 34 ohne Worte. Man wird ihn nicht als Wiederaufnahme des Eloï-Rufes verstehen können[85]. Da ein am Kreuz Sterbender völlig entkräftet ist, kommt dem unartikulierten Todesschrei besondere Bedeutung zu, aber welche? Er ist weder der Hilferuf des Gerechten wie in Vers 34 noch der Schrei des Todesdämons[86]. Der apokalyptische Hintergrund könnte die Interpretation als Schrei des Triumphes, als Gerichtsruf oder als apokalyptisches Zeichen des Endes empfehlen[87]. Weil aber eine genaue Festlegung problematisch bleiben muß, empfiehlt sich die Annahme, daß der Schrei einfach den Tod Jesu der Welt kundtun will. Jesus versinkt nicht unbeachtet im Tod. Gegenüber der Auffassung, ἐκπνέω deute die Vollendung und den Aufstieg der himmlischen Seelensubstanz in ihre Heimat an[88], wird man skeptisch sein müssen. Zwar entspricht das Verbum typisch griechischem Sprachgebrauch, bedeutet aber zunächst nur: seinen Geist oder sein Leben aushauchen[89]. Der christliche Kreuzigungsbericht bedarf, gleich wie man ihn traditionsgeschichtlich abgrenzt, der österlichen Nachgeschichte. Das Zerreißen des Tempelvorhangs war insbesondere zwei Interpretationen zugänglich. Die eine begreift es als Ausdruck dafür, daß mit dem Tod Jesu der Tempel und sein Kult seine Bedeutung verloren hat, zu sei-

[83] par Mt 27,49 ändert in: οἱ δὲ λοιποὶ ἔλεγον. Kodex sy$^s$ liest in Mk 15,36 ἔλεγον.

[84] Dieselbe Psalmstelle zitiert 1QH 4,11: »Sie tränken sie mit Essig gegen ihren Durst.« Die Tränkung wird hier symbolisch interpretiert.

[85] So Gese* 16f; Schenke, Christus 99.

[86] Vgl. die Übersicht bei Popkes, Christus traditus 231 Anm. 656. Sahlin* 5 versteht den Todesschrei analog zum Schrei eines neugeborenen Kindes.

[87] Vgl. Schenk, Passionsbericht 45.48–50, und die Übersicht bei Popkes, a.a.O. Man beruft sich u.a. auf Jes 11,4; äthHen 62,2; 4Esr 13,4; 1Thess 4,16; Offb 1,10; 4,1. Die genannten Stellen aber sind eindeutig, während Mk 14,37 keine weiterführende Angabe macht.

[88] So Schenk, Passionsbericht 45.

[89] Vgl. Bauer, Wörterbuch 484. Gegenüber der Gleichschaltung von Apokalyptik und Gnosis wird man Bedenken anmelden. Die Apokalyptik übernimmt zwar hellenistische anthropologische Vorstellungen, legt sich aber auf diese nicht fest. Die Verwurzelung im altbiblischen Menschenbild bleibt meistens gewahrt. Vgl. P. Hoffmann, Die Toten in Christus, $^2$1969 (NTA 2), besonders 95–133.

nem Ende gekommen und der Zerstörung preisgegeben ist[90]. Der polemische Charakter der analogen Ankündigungen in 15,29b; 14,58; 13,2 empfiehlt dies. Den polemischen Ton erkennt man bei einem Vergleich mit sBar 6,7–10, wo auch die Zerstörung des Tempels angesagt wird, der Tempelvorhang und die heiligen Gerätschaften aber zuvor sorgfältig verwahrt werden. Die andere Interpretation geht davon aus, daß der Vorhang vor dem Allerheiligsten – nur dieser kann wegen seiner kultischen Bedeutung gemeint sein – die Funktion hatte, die Erscheinung des Herrn zu verhüllen und den Anblick der unverhüllten Majestät Gottes zu verhindern. Dieser Vorhang dient »als Scheidewand zwischen dem Heiligen und dem Allerheiligsten« (Ex 26,33), wird »der verhüllende Vorhang« genannt (Ex 35,12; 40,21; Num 4,5) und verdeckt die Lade des Gesetzes (Ex 30,6; 40,3). Seine Entfernung wird dann als Eröffnung des Zugangs zu Gott für die Nichtpriester und Heiden oder als Offenbarung der Majestät Gottes verstanden[91]. Eröffnung des Zugangs bzw. Offenbarung Gottes geschehen im Tod Jesu. Beide Interpretationen sind zusammenzunehmen und bilden keinen Gegensatz. Weil die Zerstörung des Tempels schon in Vers 29 zu verstehen gegeben war, muß das Zerreißen des Vorhangs etwas Neues einbringen. Dies ist der Gedanke, daß sich Gott im Kreuz seines Sohnes enthüllt und für alle, auch für die Heiden, zugänglich wird. Letzteres wird erst durch das Bekenntnis des Hauptmanns nahegelegt. Da wir für dieses markinische Redaktion vermuteten, haben wir hier ein besonderes Anliegen des Evangelisten vor uns. Offenbarung und Zugang ereignen sich schon jetzt. Die Äußerung des Hauptmanns fügt sich ein, da dieser als Heide gedacht ist[92]. Dem Kreuz gegenüber stehend, beobachtete er den Tod Jesu. Anlaß für sein Wort sind der Todesschrei Jesu und die übrigen Begleitumstände seines Sterbens[93]. Im Gegensatz zu den jüdischen Hierarchen, die ein Zeichen fordern, um glauben zu können (32b), kommt der Hauptmann unter dem Kreuz zum Glauben. Sein bisheriger

[90] Schon PsClRecog 1,41,3: »Der Vorhang des Tempels zerriß, das große Unglück beklagend.« Vgl. Lohmeyer, Schweizer; Schenke, Christus 47. Schenk, Passionsbericht 47, spricht statt von Zerstörung von Profanierung des Tempels, Pesch II,499 von einem Prodigium für die Tempelzerstörung. Apokryphe Evangelien wissen von zahlreichen mirakulösen Ereignissen zu erzählen, die sich beim Tod Jesu zugetragen haben sollen (EvPt 17–21; EvHb; EvNaz. Belege bei Aland, Synopsis 489). Mt 27,51–53 eröffnet diese Spekulationen. Wiederholt wird berichtet, daß die Tempelschwelle sich gespalten habe. Dies versteht sich als unheilvolles Omen.

[91] Vgl. Lohse* 38 mit Verweis auf Hebr 10,19f; Linnemann* 158–163. Linnemann, die σχίζω mit »sich spalten, trennen, teilen« übersetzt, arbeitet den Offenbarungsgedanken sorgfältig heraus.

[92] Nach Wendling, Entstehung 176, stehen sich der Hauptmann und Josef von Arimatäa »als Urbilder des Heiden- und Judenchristentums« gegenüber. Nach Schreiber, Theologie des Vertrauens 41, symbolisieren der Hauptmann und die beim Kreuz stehenden Frauen den neuen Tempel. Vgl. oben zu 14,58. Für Gese* 16f bildet Ps 22,28, für C. Maurer, Knecht Gottes und Sohn Gottes im Passionsbericht des Markusevangeliums, ZThK 50 (1953) 1–38, hier 9f, Jes 52,15 den Hintergrund von Mk 15,39.

[93] Vgl. Mt 27,54; Lk 23,47. Verschiedene Textvarianten stellen einen besonderen Bezug zum Todesschrei her: »Der Hauptmann aber, der *dort* dabeistand, sah, daß er so *geschrien* und den Geist aufgegeben hatte« (D). C Koine-Text fügen nur κράξας ein. 0112 und k haben statt ἐξέπνευσεν: ἔκραξεν. Diese LA bevorzugt Lohmeyer 346 Anm. 4.

Unglaube wird überwunden. Das ist mehr als das aus der Märtyrerliteratur bekannte Motiv von der Überwindung des Henkers[94], kann aber daran anknüpfen. Seine Äußerung hat als vollgültiger Ausdruck des christlichen Glaubens zu gelten. Dies lassen sowohl der akklamatorische Stil[95] als auch der Gottessohntitel erkennen. Letzterer, vom Evangelisten bevorzugt, bezieht sich auf das nunmehr abgeschlossene Leben und Sterben Jesu (»dieser Mensch *war* . . .«) und gewinnt als eine Art Zusammenfassung am Schluß des Evangeliums Bedeutung für das Ganze. Erst im Kreuzestod Jesu kann begriffen werden, wer dieser war. Die Offenbarung des Sohnes Gottes, die in seinen Wundern und Machttaten geschah (vgl. 3,11; 5,7), erfährt ihre notwendige Ergänzung und Aufgipfelung im Kreuz. Da angesichts des Kreuzes ein Mißverständnis ausgeschlossen ist, kann Jesu Gottessohnwürde öffentlich proklamiert werden. Der Gottessohntitel, im jüdischen Bereich noch nicht eindeutig auf den Messias angewendet und darum auch hier als Ausdruck christlichen Bekenntnisses konzipiert, umschreibt Jesu messianische Königswürde und enthält noch keine Wesensaussage. Er setzt die Proklamation bzw. Anrede Jesu als »König der Juden« (26) und »Messias, König von Israel« (32) fort und bedeutet diesen gegenüber eine Steigerung[96]. Dies und die Verselbständigung der Gottessohn-Titulatur (anders noch 14,61) bereiten ein weiterreichendes Verständnis der Gottessohnwürde Jesu vor. Weil Jesus für Markus von Anfang an Gottes Sohn ist (1,1), was hier durch die Zeitform »dieser Mensch war . . .« bestätigt wird, ist die Annahme, daß Jesus nach Markus Gottessohn wird, in gleicher Weise zurückzuweisen wie die Behauptung, Markus habe ein Inthronisationsmodell mit Adoption (1,11), Präsentation (9,7) und Inthronisation (15,39) im Rahmen seiner Gottessohn-Christologie benutzt[97]. Was der Hauptmann und mit ihm der Glaube im Kreuzestod Jesu sieht, ist nicht die Vollendung im Sinn der Auffahrt seiner Seele zu Gott[98], sondern das Sehen ist die Kraft des Glaubens, der im Gekreuzigten den Retter erkennt. Die Vollendung erfolgt erst in der Auferstehung. Die einzigen Anhänger Jesu, die seinen Tod beobachten, sind Frauen, die von ferne zuschauen. Vers 40 lehnt sich an Ps 38,12 an: »Meine Freunde, auch sie sind geflohen von mir, und meine Nächsten stehen fern« (LXX: ἀπὸ μακρόθεν). Ist dieses Motiv – wahrscheinlich noch in der Markusvorlage – negativ, so wendet es der Evangelist ins Positive (vgl. die Analyse). Den Frauen, und zwar den drei namentlich genannten, kam zunächst die Rolle von Bericht-

[94] Zu diesem Motiv vgl. Bultmann, Geschichte 306.

[95] »Dieser ist« gehört zum orientalischen Prädikationsstil, ἀληθῶς ist vermutlich akklamatorischer Stil. Zum fehlenden Artikel vgl. Schweizer 195.

[96] Vgl. P. Vielhauer, Erwägungen zur Christologie des Markusevangeliums: Aufsätze zum NT, 1965 (TB 31), 199–214, hier 209.

[97] Gegen Vielhauer, a.a.O. 210–214. Skeptisch auch Schweizer 197; Schenk, Passionsbericht 59.

[98] Gegen Schenk, Passionsbericht 48–50.58–61; Schreiber, Theologie des Vertrauens 45. Für eine zu sehende Anabasis beruft sich Schreiber 45 auf Mk 10,33: ἰδοὺ ἀναβαίνομεν und auf S. 109 auf das befristete Schweigegebot von Mk 9,9. Zu letzterem vgl. oben S. 40f. Zur Gleichschaltung von Apokalyptik und Gnosis vgl. oben Anm. 89.

erstattern und Zeugen des Geschehens zu[99]. Die drei sind Maria aus dem Tiberias benachbarten Magdala[100], Maria, die Mutter des jüngeren Jakobus und des Joses (oder Jose?)[101], und die nur bei Markus erwähnte Salome[102]. Die drei Frauen bilden eine Art weibliches Pendant zu den drei bevorzugten Jüngern (5,37; 9,1; 14,33). Jakobus und Joses sind kaum mit den gleichnamigen Herrenbrüdern von 6,3 identisch[103]. Die Benennung des Jakobus als der Kleine (= der Jüngere) weicht ab. Die Frauen auszeichnend, weiß Markus zu berichten, daß sie Jesus bereits in Galiläa nachgefolgt waren und ihm dort gedient hatten. Letzteres ist eine Anspielung auf materielle Unterstützung. Wenn sie den Zug Jesu nach Jerusalem mitmachten, sollen sie als solche vorgestellt werden, die begriffen haben, daß Jesusnachfolge Kreuzesnachfolge ist[104]. So bildet ihre Haltung die notwendige Ergänzung zum Bekenntnis des Hauptmanns. Zum rechten Glaubensbekenntnis muß die rechte Lebenshaltung kommen. Diese umfaßt den Liebesdienst und das Ja zum Kreuz. Mit Galiläa und Jerusalem ist nochmals der ganze Lebensweg Jesu in Erinnerung gerufen, der ein Weg zum Kreuz war. So holt das Ende des Kreuzigungsberichtes das Konzept des Evangeliums ein.

Historische Beurteilung

Der historische Kern des Abschnittes erstreckt sich auf Kreuzweg, Kreuzigung und Tod, näherhin die Verse 20b–22.24–27.40. Der Tod Jesu von Nazaret am Kreuz auf Golgota ist das unbestrittenste Datum seines Lebens. Die Einzelheiten wie das Schleppen des Kreuzes durch die Stadt, die Kleiderverteilung, die Schuldtafel sind uns als römische Bräuche auch anderwärts belegt. Letztere zu bestreiten, ist übertriebene Kritik[105]. Der Schuldtitel »König der Juden« besitzt keine Parallele und entspricht ganz der Situation. Aufschlußreich ist der Wechsel von »Aufschrift der Schuld« (Mk 15,26) zu »Pilatus aber ließ einen Titel schreiben« (Joh 19,19)[106]. Markus ist auch darin ursprünglicher, daß die Tafel bei ihm noch nicht über dem Gekreuzigten befestigt wird. Die Kleiderverteilung, die mit den Worten aus Ps 22,18 berichtet wird, belegt, daß alttestamentliche Reflexion nicht unbedingt Geschichtsberichte produziert. Es kann auch umgekehrt die Geschichte das Auswahlkriterium für Schriftzitate sein. Über die Art und Weise der Kreuzigung Jesu, ob er angenagelt oder angebunden wurde, erfahren wir bei Markus nichts (anders Lk 24,39; Joh 20,20.25.27).

99 Pesch II,506 unterscheidet zwischen der Maria, die nach Jakobus dem Kleinen benannt ist, und der Mutter des Joses und kommt so zu vier Frauen. Diese mit 15,47; 16,1 harmonisierende Lösung vermag nicht zu überzeugen.

100 B C W Θ nennen sie Mariam.

101 Joses ist gräzisiertes Jose. Jose ist Abkürzung von Josef und im Rabbinischen häufig belegt. Vgl. Billerbeck II,52. Im Anschluß an Mt 27,56 lesen lat sy$^s$ Josef, ℵ C Koine-Text lesen Jose.

102 Salome hängt mit Schalom zusammen. Vgl. Dalman, Jesus-Jeschua 26. Mt 27,56 kennzeichnet die dritte Frau nach den beiden Marien als die Mutter der Zebedäussöhne.

103 So Blinzler* 412f. Anders Oberlinner (Anm. 20) 86–135. Finegan* 76f sieht die zweite Maria als »die Frau des kleinen Jakobus und die Mutter des Joses« beschrieben.

104 Schenk, Passionsbericht 62, deutet ἀναβαίνω kultisch und als Hinweis auf den neuen Tempel.

105 Gegen Linnemann* 154; Haenchen, Weg Jesu 536.

106 Vgl. P. Winter, On the Trial of Jesus, 1961 (SJ 1), 107.

Seine Kreuzigung in der Mitte von zwei Räubern wäre als Ausdruck eines gegen die Juden gerichteten römischen Zynismus verständlich[107]. Simon von Kyrene ist der Zeuge des Kreuzweges Jesu, die zwei Frauen bezeugen seinen Tod. Wenn ihnen als Frauen die Zeugenrolle zugeschrieben wird, erhöht das die Glaubwürdigkeit. Der Evangelist kann keine Jünger als Zeugen des Sterbens Jesu vorweisen. Daß ein Gekreuzigter verspottet wurde, legt sich nur allzu nahe, zumal der Richtplatz nahe der Stadt und Jerusalem zum Paschafest voller Menschen war. Die Darstellung der Spottszene aber ist stilisiert.

Zusammenfassung

Will man die Anliegen der markinischen Redaktion in diesem Abschnitt zusammenfassen, so tritt die Glaubenshaltung in den Vordergrund. Jesus weist den betäubenden Trunk zurück (23) und nimmt bis zum letzten in freiwilligem Gehorsam sein Leiden auf sich. Hierin wird er zum Vorbild. Die unter dem Kreuz Stehenden gruppiert der Evangelist in solche, die glauben, und in solche, die sich im Unglauben verhärten. Die Hierarchen wollen ein Zeichen sehen und dokumentieren damit letztmalig ihre Verstocktheit (32b). Ihnen tun es jene gleich, die im Todesgebet Jesu einen Anruf an den Nothelfer Elija zu erkennen meinen (35f). Auch sie erwarten einen Eingriff »von oben«, der doch nicht erfolgt. Auf der Seite des Glaubens steht der Hauptmann, der durch den Tod Jesu überwältigt und zu einem Sehenden wird. Sein Bekenntnis erläutern die Frauen, von denen gesagt ist, daß sie dienten und Jesus auf dem Leidensweg nachfolgten. Das mit dem Mund ausgesprochene Bekenntnis bedarf der Bestätigung durch eine christliche Lebensführung. Mit einer weitreichenden Gestaltung des Endes des Kreuzigungsberichtes (39–41) gelingt dem Evangelisten an dieser Stelle eine Art Kompendium des gesamten Evangeliums. Dieses zeichnete das Wirken Jesu als Weg von Galiläa nach Jerusalem und Jüngerschaft als Bereitschaft, Jesus auf diesem Weg nachzufolgen. Von dieser Ausrichtung auf das Kreuz ergibt sich die christologische Relevanz des Todes Jesu. Erst jetzt kann begriffen werden, wer Jesus war. Mißverständnisse sind nunmehr ausgeschlossen. Im Kreuz wird er als Sohn Gottes erkannt. Der »Anfang des Evangeliums von Jesus Christus, dem Sohn Gottes« (1,1) kommt zu seinem Ziel. Dieses Ziel aber ist ein Neubeginn. In diesem Sinn interpretiert Markus die apokalyptische Redaktion des Passionsberichtes, »historisiert« er sie auf seine Weise. Der Kreuzestod Jesu mündet ein in das Bekenntnis, das von einem Heiden gesprochen wird. Damit ist zu verstehen gegeben oder vorausgesetzt, daß dieses Evangelium, welches das Evangelium von Jesus Christus, dem Sohn Gottes, ist, an die Heidenvölker weitergegeben werden muß. Die Botschaft vom Kreuz kann nicht unverbindlich angehört werden. Sie zwingt zur Entscheidung. Entweder hält man sie für ein Ärgernis und eine Torheit, oder man stellt sein Leben in ihren Dienst.

[107] So Dormeyer, Passion 196.

Wirkungsgeschichte

An einzelne Details des Kreuzigungsberichtes knüpfen sich verschiedene Vorstellungen, die der Erwähnung wert sind. Schon Theophylakt[108] weiß um die Tradition, daß sich auf Golgota das Grab Adams befinden würde. Der titulus crucis gibt Anlaß für das seit dem Barnabasbrief immer wieder zitierte und später in die Liturgie eingegangene Psalmwort: »Der Herr ist König vom Holz aus« (LXX Ps 95,10: κύριος ἐβασίλευσεν ἀπὸ ξύλου)[109]. Die Version hatte sich so eingeprägt, daß man nicht mehr merkte, daß ἀπὸ ξύλου eine christliche Interpolation war. Schon Justin kann dem Juden Tryphon den Vorwurf machen, die Juden hätten ἀπὸ ξύλου aus dem Psalmtext gestrichen und damit eine Tat begangen, die der Anbetung des goldenen Kalbs vergleichbar sei[110]. Simon von Kyrene wird als Vorbild der Nachfolge hingestellt[111], von den Gnostikern aber benutzt, um das Kreuz zu entleeren. Da nach Joh 19,17 Jesus selbst sein Kreuz trug, hat nach der Auffassung des Gnostikers Basilides der Gottessohn, ohne daß die Feinde es merkten, seine Gestalt mit Simon gewechselt, und dieser sei statt seiner gekreuzigt worden[112]. Darüber, ob sich die Sonnenfinsternis über die ganze Welt oder nur das Judenland erstreckte, waren sich schon die alten Ausleger nicht einig[113]. Das Zerreißen des Tempelvorhangs und das Bekenntnis des Kenturio aber wurden weitgehend im Sinn der Ablösung des Judenvolkes durch ein neues Gottesvolk aus den Völkern interpretiert. Der Kenturio, verstanden als Erstling der Heiden, bekannte, während die Synagoge schwieg, sagt Beda mit prägnanten Worten[114]. Als theologischer Höhepunkt wurde offenbar immer der Elohi-Ruf des Gekreuzigten verstanden. Er bereitete aber auch nicht geringe Schwierigkeiten. Nach Theophylakt[115] wurde Christus als Mensch, nicht als Gott, von seinem Vater verlassen. Ähnlich formuliert Beda: ut homo ergo loquitur[116]. Für Calvin hat Christus »nicht nur seinen Leib zum Preis für unsere Versöhnung mit Gott eingesetzt, sondern auch an seiner Seele hat er die auf uns wartenden Strafen ertragen; und so ist er in Wahrheit ›der Mann der Schmerzen‹ geworden«. Gleichzeitig aber sieht Calvin, daß Christus trotz seines Verzweiflungsschreis an Gott festhält. Er habe Zuflucht »zu Gott als seinem Gott« genommen. »Obwohl das Empfinden des Fleisches den Untergang spürte, blieb doch sein Glaube in seinem Herzen unerschüttert bestehen, mit dem er Gott als gegenwärtig ansieht, über dessen Fernsein er hier klagt.«[117] Von ganz anderen Ansätzen her gehen moderne systematische Theologen an Mk 15,34 heran. D. Bonhoeffer wiedergebend und

[108] PG 123,668.

[109] Barn 8,5; Tertullian, adv. Marc. III,19,1.

[110] Apol 1,41. Zutreffend sieht Winter (Anm. 106) 108, in dieser Entwicklung eine nachträgliche Bestätigung der Historizität der Kreuzesinschrift. Die Geschichte sei älter als die Profetie.

[111] Theophylakt, PG 123,665: γενώμεθα δὲ καὶ Σίμων (»auch wir aber sollen ein Simon werden«).

[112] Eirenaios, adv. haer. I,24,4.

[113] Universal deutet Theophylakt, PG 123,669, auf das Judenland bezieht Calvin II,394f. Letzterer erwähnt eine Reihe von Deutungsmöglichkeiten: Zeichen göttlichen Abscheus, des Untergangs der Sonne der Gerechtigkeit, der Verblendung Israels. Er selbst versteht die Finsternis als göttliches Schreckmittel, das Israel in letzter Minute aufrütteln soll.

[114] PL 92,292. Vgl. Theophylakt, PG 123,672; Erasmus, Bd. 7,269.

[115] PG 123,669.

[116] PL 92,290.

[117] II,395f.

interpretierend, spricht G. Ebeling von der »nicht-religiösen Interpretation biblischer Begriffe« und sieht er den religionslosen Menschen unserer Tage mit der Wirklichkeit fertig werden ohne Gott. Der mündige Mensch stehe nicht einem Gott gegenüber, der nur in den Lücken und an der Grenze der Existenz des Menschen einen Ort hat, aber ihn in der Mitte seiner Existenz, in der »freien Verantwortlichkeit des freien Mannes« nichts angeht, einem Gott, der von der Unmündigkeit des Menschen lebt, sondern einem Gott, der sich gerade in der Gottlosigkeit der Welt zu Wort meldet. Nach Bonhoeffer können wir nicht redlich sein, ohne zu erkennen, daß wir in der Welt leben müssen, etsi deus non daretur. Das Überraschende ist, daß fortgefahren wird mit der Feststellung, daß wir solches *vor Gott* erkennen! »So führt uns unser Mündigwerden zu einer wahrhaftigen Erkenntnis unserer Lage vor Gott. Gott gibt uns zu wissen, daß wir leben müssen als solche, die mit dem Leben ohne Gott fertig werden.« Auch Mk 15,34 rede von dem Gott, der mit uns ist, wenn er uns verläßt. Ebeling fügt hinzu, daß es sich um die theologische Interpretation eines Sachverhaltes handle, der zwar unabhängig von dieser Interpretation gegeben sei, aber in seiner Wahrheit nur von der christlichen Verkündigung her erschlossen, erkannt und in Geltung gesetzt werde[118]. Die entscheidende Frage scheint die zu sein, was der Satz, wir müssen mit dem Leben ohne Gott fertig werden, als theologischer Satz bedeutet, weil die Auskunft, Gott würde uns hierzu entlassen, nicht befriedigen kann und das Mißverständnis, hier werde Gott durch den mündig gewordenen Menschen entlassen, nahe liegt. Anders macht J. Moltmann[119] die Gottverlassenheit (derelictio) Jesu, die das zentrale Problem der altkirchlichen Christologie gewesen sei, zum Kern christlicher Rede von Gott. Denn »entweder ist Jesu Kreuz das christliche Ende jeder Theologie oder der Anfang einer spezifisch christlichen Theologie«. Gegen die von einem antiken Gottesbegriff übenommene Vorstellung von der Leidensunfähigkeit Gottes und die von hier auf Christus übertragene Vorstellung der Unerschütterlichkeit seines Gottesbewußtseins (Ataraxie) bringt Moltmann das aktive Leiden, »das Leiden der Liebe, die freiwillige Offenheit für die Affizierung durch anderes« zur Geltung. Weil Leidensunfähigkeit auch Liebesunfähigkeit bedeuten würde, solches aber vom christlichen Gottesverständnis ferngehalten werden müsse, sei das Kreuzesgeschehen nicht als Geschehen zwischen Gott und Mensch, sondern als Gottesgeschichte, als Geschehen zwischen Jesus und seinem Vater, als innertrinitarisches Geschehen zu deuten. »Der Vater ist der Verlassende und Hingebende. Der Sohn ist der Verlassene, durch den Vater und sich selbst Dahingegebene. Aus dieser Geschichte geht der Geist der Hingabe und Liebe hervor, der verlassene Menschen aufrichtet.« »Im Kreuz sind Jesus und sein Gott und Vater aufs tiefste getrennt durch die Verlassenheit und zugleich auf Innigste eins in der Hingabe. Denn aus dem Kreuzesgeschehen zwischen dem verlassenden Vater und dem verlassenen Sohn geht die Hingabe

[118] G. Ebeling, Die »nicht-religiöse Interpretation biblischer Begriffe«, in: Wort und Glaube, Tübingen $^{3}$1967, 90–160, hier 152f.

[119] Der »gekreuzigte Gott«: Conc 8 (1972) 407–413. Vgl. ders., Der gekreuzigte Gott, München 1972, besonders 184–267.

selbst hervor, das heißt der Geist.«[120] Für Moltmann wird dieser Gott »im tieferen Sinn der menschliche Gott«, der in und mit dem Kranken, Armen, Unterdrückten und Sklaven schreit und mit seinem Kreuz für den eintritt, der in seiner Qual verstummt. »Wo Menschen leiden, weil sie lieben, leidet Gott in ihnen. Wo Gott den Tod Jesu erlitten hat und darin die Kraft seiner Liebe erweist, finden auch Menschen die Kraft, das Vernichtende auszuhalten.« Greifen diese Ideen auch weit über den Markusrahmen hinaus, so sind sie bedenkenswert in einer Zeit, in der die unermeßlichen Leiden der Menschheit die Idee eines gerechten Gottes, der alles so herrlich regieret, in Frage zu stellen drohen, aber auch umgekehrt die überall aufbrechende Sehnsucht nach Gerechtigkeit das Leiden in Frage stellen und zu einem bewußten Schmerz machen möchte.

## 15. *Josef von Arimatäa erwirkt Jesu Bestattung (15,42–47)*

*Literatur: Masson, C.*, L'ensevelissement de Jésus, RThPh 31 (1943) 193–203; *Kennard, J. S.*, The Burial of Jesus, JBL 74 (1955) 227–238; *Dhanis, E.*, L'ensevelissement de Jésus et la visite au tombeau dans l'évangile de saint Marc, Gregorianum 39 (1958) 367–410; *Hengel, M.*, Maria Magdalena und die Frauen als Zeugen, in: Abraham unser Vater (FS O. Michel), Köln 1963, 243–256; *Broer, I.*, Die Urgemeinde und das Grab Jesu, 1972 (StANT 31); *Pesch, R.*, Der Schluß der vormarkinischen Passionsgeschichte und des Markusevangeliums, Mk 15,42–16,8, in: Sabbe, M., L'Évangile selon Marc, 1974 (BEThL 34), 365–409. – Weitere Literatur s. oben S. 216f.

42 **Und als es schon Abend geworden war, kam, da Rüsttag war, das heißt (Tag) vor dem Sabbat,** 43 **Josef von Arimatäa, ein vornehmer Ratsherr, der selbst auch das Reich Gottes erwartete, wagte es, zu Pilatus hineinzugehen, und erbat sich den Leib Jesu.** 44 **Pilatus aber wunderte sich, daß er schon tot sein sollte, und rief den Hauptmann, um ihn zu fragen, ob er bereits gestorben sei.** 45 **Und als er es vom Hauptmann erfuhr, schenkte er den Leichnam dem Josef.** 46 **Und er kaufte eine Leinwand, nahm ihn ab, wickelte ihn in die Leinwand und legte ihn in ein Grab, das aus einem Felsen gehauen war, und wälzte einen Stein vor die Tür des Grabes.** 47 **Maria von Magdala aber und Maria, die des Joses, sahen, wohin er gelegt worden war.**

[120] Moltmann Conc 8 (1972) 409 fordert für die Exegese, daß Mk 15,34 nicht im Sinn von Ps 22 interpretiert werden dürfe. Hier stehe mehr als der Bundesgott Israels zur Debatte, den der leidende Gerechte einklagt, nämlich der Gott und Vater Jesu, dessen von ihm verkündete Treue und Nähe der Sohn einklagt.

Die umstrittensten Verse der Perikope sind 44f und 47. 44f hält man weithin für eine spätere Zutat[1]. Dabei beruft man sich vor allem darauf, daß V 46 gut an 43 anschließt und das Zwischenstück eine spätere apologetische Tendenz verfolge. Gelegentlich weist man auch darauf hin, daß 44f bei Mattäus und Lukas fehlen und also von diesen nicht gelesen worden seien[2]. Die Beurteilung der Frauenliste in 47 richtet sich wiederum ganz danach, wie man ihr Verhältnis zu den beiden anderen Listen in 15,40 und 16,1 einschätzt. Das unmittelbare Nebeneinander von zwei Listen in 47 und 16,1 erscheint fast allen Auslegern bedenklich. Analyse

Der einleitende Satz in 42f ist überladen. Die Häufung partizipialer Wendungen spricht für markinische Eingriffe: ἐλθών wirkt neben εἰσῆλθεν abundant und insinuiert ein Mißverständnis des »von Arimatäa« (als sei Josef von dort gekommen und nicht schon in Jerusalem anwesend). Das Verb τολμάω benutzte Markus auch in 12,34 redaktionell. Die Zeitangabe »und als es schon Abend geworden war« ist wie in 14,17 markinisch[3]. Sie setzt die zeitliche Gliederung der Ereignisse der Passion fort (vgl. 11,11). Auch die Erläuterung des Begriffs παρασκευή, die für ein heidenchristliches Publikum erfolgt, geschah nachträglich. Demnach könnte die Perikope einmal begonnen haben: »Da Rüsttag war, ging hinein Josef von Arimatäa usw.«[4] Die Logik der Erzählung verlangt eine Reaktion des Pilatus. Darum können die Verse 44f nicht gänzlich der Redaktion zugeschrieben werden, wohl aber die Geschichte mit dem Hauptmann. In ihr häufen sich markinische Vorzugswörter[5]. Man darf darum als Grundbestand vermuten: »Pilatus aber schenkte den Leichnam dem Josef.« Der Wechsel von σῶμα (43) zu πτῶμα (45) ist kein überzeugendes literarkritisches Kriterium, da juridisch formuliert wird. Ebenfalls nicht der Subjektwechsel in 46, da der Handelnde – eben gerade erwähnt – völlig klar ist. Für die traditionelle Herkunft der Frauenliste in 47 gegenüber der in 16,1 spricht ihre Kürze (nur zwei Namen) und die Bezeichnung der zweiten Maria als Maria Josetos[6]. Die dreigliedrige Frauenliste in 16,1 dagegen ist als Nachbildung von 15,40 anzusehen. Der Redaktor begnügt sich bei der Benennung der zweiten Maria mit der Erwähnung ihres in 15,40 an erster Stelle genannten Sohnes. Trifft dies zu, so legt dies die Vermutung nahe, die bei 16,1–8 noch zu vertiefen sein wird, daß der Komplex 14,42–16,8 als Verbund entstand. Die am Schluß der Be-

[1] Bultmann, Geschichte 196, hält die VV 42f.46 für den ältesten Bestand, Finegan* 78–80 die VV 42f.45b.46. Schenk, Passionsbericht 254–258, meint, daß 42aβ.46bc ältester Bestand sei, Dormeyer, Passion 219, dagegen 42b–43ac.46a. Alle genannten Autoren (mit einer Einschränkung bei Finegan) klammern jedenfalls 44f.47 aus.

[2] Dormeyer, Passion 217. Schenke, Christus 80f; Broer* 165f weisen dagegen mit Recht darauf hin, daß das Fehlen der VV 44f bei Mt/Lk aus den redaktionellen Absichten dieser Evangelisten zu erklären ist.

[3] Anders urteilt Wilckens, Auferstehung 57f, nach dem die Bestattung vor dem Sabbat aus Sabbatängstlichkeit nachgetragen worden sei.

[4] Der Relativsatz in V 43, der die religiöse Haltung Josefs beschreibt, ist als Angabe des Motivs für dessen Handeln unentbehrlich. Gegen Broer* 160f.

[5] Vgl. Schenk, Passionsbericht 256f. Für Mk-R spricht auch die indirekte Rede in V 44.

[6] Für alt halten die Liste in V 47 auch Schenke, Christus 82f; Blinzler* 413.

gräbnis-Perikope genannten Frauen, die an der Bestattung Jesu nicht beteiligt sind, leiten über zur Auffindung des leeren Grabes. Verbindende Funktion hat ebenfalls der in 46 und 16,3f erwähnte Grabstein. Ferner ist damit zu rechnen, daß 14,42–16,8 Bestandteil eines alten Passionsberichtes ist. Die Figur des Pilatus und die Frauen als Zeugen der Kreuzigung und der Bestattung stellen eine Klammer dar. Vor allem machen theologische Überlegungen den Abschluß der Passion mit dem Ausblick auf das leere Grab sehr wahrscheinlich. Vom Tod Jesu wurde nie erzählt, ohne daß man nicht gleichzeitig das Auferstehungskerygma miteinbezog (vgl. 1Kor 15,3f). Markus hat durch die Einführung des Hauptmanns (14,39.44f) die Verknüpfung verstärkt.
Die Perikope, die durchweg in Tempora der Vergangenheit erzählt wird, zeichnet sich durch zahlreiche Wörter aus, die bei Markus nur hier vorkommen[7]. Ihr Vorkommen aber ist zum großen Teil durch die erzählte Sache bedingt. Die Vergangenheitsform schließt die Perikope enger an den Kreuzigungsbericht an. Die Verbindungspartikel ist καί, neu auftretende Personen werden in 44 und 47 durch Artikel + δέ eingeleitet.

Erklärung 42–43

Mit zwei Zeitangaben hebt der Bericht an. Der Einbruch des Abends darf nicht gepreßt werden, als beginne schon der Sabbat (vgl. 1,32)[8]. Er will auch nicht primär das Vorgehen Josefs begründen, als sei höchste Eile geboten – de facto geschieht noch manches –, sondern er trennt im Sinn des Markus die einzelnen Ereignisse. Begründend ist der Hinweis auf den Rüsttag, der als Vorsabbattag erklärt wird. Diese Angabe steht zur markinischen Chronologie nicht im Widerspruch, nach der Jesus am Paschafesttag hingerichtet wurde[9]. Denn der Rüsttag ist nach jüdischem Sprachgebrauch der Freitag, an dem man alles für den Sabbat, an dem nicht gearbeitet wurde, zurüstete[10]. Gegenüber dem unmittelbar folgenden Sabbat hatte der Festtag ein beschränktes Arbeitsverbot[11]. Erst an dieser Stelle erfahren wir, daß Jesu Todestag ein Freitag war. Auf das ausdrückliche Gebot der Thora, einen Gehängten am Todestag zu bestatten, ist kein Bezug genommen[12]. Josef, der die Initiative zur Beerdigung Jesu ergreift, wird auf mannigfaltige Weise charakterisiert. Er stammt aus Arimatäa, das nicht mehr sicher lokalisierbar, aber wahrscheinlich mit Rentis, dem einstigen Ramatajim, der Heimat Samuels (1Sam 1,1), im Norden Judäas gelegen, zu identifizieren ist[13]. Als Ratsherr kann er als Mitglied des Synhedrions[14] oder – wahrscheinlicher – eines Lokalgerichtes in der Provinz vorgestellt werden.

[7] ἐπεί, παρασκευή, προσάββατον, εὐσχήμων, βουλευτής, προσδέχομαι, δωρέομαι, θνήσκω, προσκυλίω.
[8] Mit Pesch, Schluß 375 Anm. 16, gegen Schenk, Passionsbericht 254, Wellhausen.
[9] Gegen Broer* 193.
[10] Bauer, Wörterbuch 1234.
[11] Vgl. Jeremias, Abendmahlsworte 72 und Anm. 2; Dalman, Jesus-Jeschua 96.
[12] Nach JosBell 5,317, sind die Juden um die Beerdigung der Toten so besorgt, »daß sie sogar die Leichen der zum Kreuzestod Verurteilten vor Sonnenuntergang herunternehmen (καθελεῖν) und beerdigen«. Hier steht offenbar Dtn 21,22f im Hintergrund.
[13] Vgl. Dalman, Orte und Wege 239; Eusebios, Onomastikon (GCS 11/1,32). Die Madabakarte verzeichnet Ramatajim als Αρμαθεμ η Αριμαθε[α].
[14] So Lk 23,51.

εὐσχήμων ist nach dem Sprachgebrauch der Papyri der reiche Grundbesitzer[15]. Wenn er das Reich Gottes erwartete, ist er noch nicht als Jünger Jesu gedacht[16]. In Lk 2,25.38 kennzeichnet eine ähnliche Wendung den frommen Juden. Er steht aber der von Jesus ausgelösten Bewegung mit Sympathie gegenüber und betrachtet diesen keinesfalls als Verbrecher. Das Unbeteiligtsein der Frauen an der Bestattung deutet die Distanz an und bestätigt, daß Josef dem Jüngerkreis nicht bekannt ist. Seine Vorsprache bei Pilatus ist ein Wagnis. Dies kann man mit der Launenhaftigkeit des Römers, der Stimmung des Volkes, das Jesu Kreuzigung gefordert hatte, oder besser damit in Verbindung bringen, daß sein Eintreten für den toten Jesus ihm den Verdacht einbringen konnte, ein Komplize des Hingerichteten zu sein. Voraussetzung ist, daß die römische Praxis die Freigabe der Leichen der Gekreuzigten auf besonderen Antrag hin vorsah (vgl. den folgenden Exkurs). Die Rede vom Leib Jesu[17] weckt im Kontext die Erinnerung an die Salbung in Betanien (14,8) und das Abendmahl (14,22).

Pilatus ist über die Todesnachricht verwundert. Gekreuzigte hingen oft tage- 44–45
lang am Kreuz, ehe sie starben. Das θαυμάζειν verweist wie in 15,5 auf das Numinose. Der schnelle Tod Jesu erscheint als ein wunderbares Geschehen. Pilatus läßt den Hauptmann des Hinrichtungskommandos kommen, um sich den Tod bestätigen zu lassen. In gewisser Weise bildet dies eine Parallele zum Tod Johannes des Täufers. Auch dort kommt nach vollbrachter Tat der Henker zum Herrscher (6,27f). Wenn der Tod Jesu von Henker und Herrscher festgestellt ist, versteht sich diese offizielle Ermittlung am besten als Argument gegen die bei den Gegnern der Gemeinde früh aufkommende Scheintodhypothese (vgl. Mt 28,15)[18]. Pilatus, der im Prozeß Jesu für diesen Partei ergriffen hatte, gibt den Leichnam frei. δωρέομαι τὸ πτῶμα gibt den Gnadencharakter der Freigabe zu erkennen – das Verb begegnet in Schenkungsurkunden[19] – und ist ein nochmaliger Hinweis, daß Josef den Leichnam Jesu, nicht einen noch Lebenden, erhielt (vgl. 6,29).

Josef erwirbt ein Leinentuch als Totenkleid für die unbekleidete Leiche, die er 46–47
vom Kreuz herabnimmt. Die Bestattung an einem Festtag oder Sabbat dürfte dann keine Schwierigkeiten bereitet haben, wenn ein fertiges Grab zur Verfügung stand[20]. Nach Klostermann ist der Kauf einer Leinwand am ersten Mazzot-Tag bedenklich. Nach Mischna- und Tosefta-Vorschriften war die Vorbereitung des Leinentuches und die Vorbereitung seines Kaufes gestattet[21]. Es bleibt zu beachten, daß bei zwei aufeinander folgenden Ruhetagen, wie sie Markus voraussetzt, auch aus klimatischen Gründen die Verschiebung einer Bestattung problematisch war. Die Leiche wird in die Leinwand eingebunden oder eingewickelt. Von einem Waschen oder Salben der Leiche hören wir nichts, auch nichts davon, ob Josef Helfer hatte. Das Grab, in das Jesus gelegt

15 Vgl. Blinzler* 406.

16 So Mt 27,57; Joh 19,38.

17 D k sy$^s$ lesen ausgleichend mit V45 τὸ πτῶμα.

18 Bestritten von Schenk, Passionsbericht 257, der die VV44f mit einer historisierenden Absicht des Mk verbindet.

19 Vgl. Moulton-Milligan 174.

20 Vgl. Dalman, Jesus-Jeschua 96.

21 Vgl. Dalman, a.a.O. 95. Billerbeck II,833 möchte »kaufen« im Sinn von »nehmen« verstehen.

wird, ist eine aus dem Felsen gehauene Grabkammer, wie sie auch Jes 22,16 beschrieben wird. Eine Anlehnung an diese Stelle liegt nicht vor[22]. Es ist naheliegend, daß das Grab als das Familiengrab Josefs gedacht ist. Mt 27,60 interpretiert in diesem Punkt die Markus-Vorlage zutreffend. Jes 53,9: »Bei den Gottlosen (v.l. bei einem Reichen) war seine Grabstätte« hat gleichfalls nicht auf die Perikope eingewirkt. Die Bestattung des Gottesknechtes ist unehrenhaft, auch wenn man die Textvariante bevorzugt[23]. Jesu Bestattung aber geschieht in Ehren. Zur Sicherung des Grabes wälzt Josef einen (runden) Verschlußstein vor den Eingang[24]. Zeugen der Grablegung und der Grabstätte[25], aber nicht als Helfer bei der Bestattung fungierend, sind zwei Frauen. Damit ist der Zeugenregel von Dtn 19,15 entsprochen[26], wenngleich die christliche Tradition »nur« Frauen als Zeugen anführen kann. Frauen waren juridisch nicht zum Zeugnis fähig. Ihre Namen und ihre Kenntnisnahme (ἐθεώρουν) verbinden die Beisetzung mit der Kreuzigung (15,40), wenngleich der Name der zweiten Maria – Mt 27,61 nennt sie einfach die andere Maria – Rätsel aufgibt und zudem sehr unterschiedlich überliefert ist: Maria, die des Jakobus (D it $sy^s$), Maria, die des Jose (C Koine-Text), Maria, die des Josef (A vg), Maria, die des Jakobus und Joses (ϑ), Maria, die Mutter des Jakobus und Joses (13.543). Zu bevorzugen ist: Maria, die des Joses. Es liegt nahe, sie mit der zweiten Maria von 15,40 zu identifizieren. Oder sollte eine andere Frau gemeint sein[27]? Man kann vermuten, daß die näheren Familienbezeichnungen schon in der mündlichen Überlieferung ins Wanken gerieten, besonders wenn es sich um eine Person handelt, die den Gemeinden sonst nicht weiter bekannt wurde. Die tragende Figur im Kreuzes- und Grabesgeschehen ist Maria von Magdala.

## 15. Exkurs: Jüdische Beerdigungsbräuche

Über *jüdische Beerdigungsbräuche*[28] sind wir weitgehend nur aus späteren Quellen informiert. Jedoch werden wir annehmen können, daß sie wenigstens teilweise bereits für die Zeit Jesu Geltung beanspruchen, zumal einige uns durch die Evangelien bestätigt werden. Der Verstorbene wurde in der Regel gleich nach dem Tod, notfalls am nächsten Tag, bestattet. Es galt der Satz: Wer einen Toten über Nacht stehen läßt, schändet ihn. Dies wurde in bezug auf die in der klimatisch warmen Zone rasch einsetzende Verwesung gesagt. Wenn es Sitte war, einen Toten an den auf die Bestattung folgenden drei Tagen zu besichtigen und zu beklagen, geschah dies, um den endgültigen Tod sicherzustellen bzw. die Gefahr der Bestattung eines Scheintoten auszuschließen[29]. Der Tote

[22] Gegen Broer* 173–175. Die Übereinstimmungen erklären sich aus der gleichen Sache. In V 46 ist ἐν μνημείῳ statt ἐν μνήματι (B ℵ 1342) zu bevorzugen.

[23] Der Reiche gilt dort als der Gottlose, Unfromme. Zur Problematik vgl. Blinzler* 406.

[24] Kodex D fügt an V 46 an: »und er ging weg.« Damit wird das Unbeteiligtsein der Frauen an der Bestattung noch unterstrichen.

[25] Kodex D unterstreicht letzteres: »Sie sahen *den Ort*, wohin er gelegt worden war.«

[26] Vgl. Hengel* 248.

[27] Nach Wellhausen müsse man Maria Josetos als Maria, die Tochter des Joses, verstehen.

[28] Vgl. Billerbeck I,1047–1051; Dalman, Orte und Wege 387–402; S. Krauss, Talmudische Archäologie II, Leipzig 1911, 54–82.

[29] Vgl. die Formel: μετὰ τρεῖς ἡμέρας ἀναστῆναι (Mk 8,31), die somit auch den endgültigen Tod sichert.

wurde gewaschen und bekleidet. Das Übliche war es, ihn in ein Leinentuch einzubinden. Es gab ein Sprichwort: Man wickle den Toten in seine Linnen, was so viel besagt wie: Um den ist es geschehen. Nackt bestattet zu werden, galt als Schande. Von einer Salbung der Leichen vor der Bestattung hören wir nur selten. Beiläufig wird sie Schab 23,5 erwähnt. Die Bestattung der Leiche wurde durch Angehörige und Freunde besorgt. Kultdiener beteiligten sich nicht. Die Leiche wurde auf einer Bahre, oft dem Totenbett, zur Grabstätte getragen. Dabei wurde von Klageweibern und Flötenspielern die Totenklage erhoben (vgl. Mk 5,38f), während die Männer Lobsprüche über den Gestorbenen abgaben.

Innerhalb Jerusalems waren Grabanlagen verboten »außer den Gräbern des Hauses David und dem Grab der Profetin Hulda, die sich dort seit den Tagen der früheren Profeten befunden haben« (TosNeg 6,2). Die Grabstätten sollten mindestens 50 Ellen (ca. 25 m) von der Stadtmauer entfernt sein. Einen allgemeinen Begräbnisplatz, vergleichbar unserem Friedhof, hat es in Palästina nicht gegeben. Die Gräber befanden sich in Gärten, auf Feldern und Grundstücken, die meist Privateigentum waren und vielfach als Familiengräber angelegt wurden (vgl. 2Kön 21,18.26). Als Begräbnisplatz dienten vornehmlich Felsnischen und Höhlen, die künstlich erweitert wurden und von denen es gerade in der Umgebung Jerusalems viele gab. Ihre Formen waren mannigfaltig. Die von der Mischna beschriebene Form mit Vorkammer (= Hof der Grabanlage) und Hauptkammer mit 8 Grabnischen (je 3 an der Längsseite, 2 an der Breitseite) ist als Idealtyp zu verstehen, der wahrscheinlich nur selten verwirklicht wurde. Die meisten Grabanlagen wurden begreiflicherweise den örtlichen Verhältnissen angepaßt. Außer den Nischengräbern gab es längs der Felswand in der Höhle, die dann erheblich kleiner sein konnte, auch noch Bank- oder Auflegegräber. Die Mischna spricht zumeist von Schiebegräbern (*kukhin*), bei welchen der Leichenplatz nicht parallel zur Wand lief, sondern stollenförmig in sie hineingetrieben worden war. Die Leiche wurde in die Haltung eines Schlafenden gebracht und, in Leinen gehüllt, auf den Stein oder in den Stollen gebettet[30]. Wir hören auch von Särgen (Holzkisten), die vermutlich bei Stollengräbern mehr Verwendung fanden. Die Grabhöhle verschloß man durch einen großen Stein (*golel*), den man mit einem kleineren Stein festmachte[31]. Nach der Ruhe von ungefähr einem Jahr, in der der Leichnam bis auf die Knochen verweste, wurde die Grabnische geöffnet, die Gebeine wurden gesammelt, mit Öl und Wein gesalbt, in Körbe oder Säcke gebracht und unter partieller Wiederholung des Trauerrituals auf Feldern oder wieder in Höhlen, den sog. Knochenhäusern, endgültig beigesetzt. Diese Begräbnisstellen wurden, um klar erkennbar zu sein, durch Warnzeichen kenntlich gemacht. Diese wurden jährlich nach der Regenzeit neu mit Kalk bestrichen (vgl. Mt 23,27; Lk 11,44). Sie sollten eine Annäherung und mithin eine Verunreinigung am Grab verhindern.

Auf besondere Weise verfuhr man mit den Leichen Hingerichteter. Die Mischna schrieb vor, daß sie nicht in den Gräbern ihrer Väter beigesetzt werden durften, sondern ein vom Gerichtshof bereitgestelltes Grab erhalten sollten. Hierbei unterschied man noch zwischen Gesteinigten und Enthaupteten. Die separate Bestattung sollte vermeiden, daß ein Gottloser neben einen Gerechten zu liegen kommt (Sanh 6,5f). Diese Vorschrift betraf solche, die vom jüdischen Gericht hingerichtet wurden. Die von römischer Seite Verurteilten unterstellte man nicht dieser Regel[32]. Die Auslieferung der Leiche eines

[30] Joh 11,38 setzt ein Höhlengrab (σπήλαιον) voraus.

[31] Billerbeck I,1051. Krauss (Anm. 28) II,77 spricht davon, daß die Grabnischen durch einen Stein verschlossen wurden.

[32] Vgl. Billerbeck 1049; Krauss (Anm. 28) II,61.

Hingerichteten an seine Verwandten oder Freunde durch die Römer dürfte schwierig gewesen sein. Daß sie aber vorkam, wird uns literarisch und neuerdings auch archäologisch bestätigt. Philo berichtet davon, daß die Römer vor dem Geburts- oder Festtag einer kaiserlichen Persönlichkeit Gekreuzigte vom Kreuz abgenommen und den Verwandten gegeben hätten, damit diese ihnen ein würdiges Begräbnis bereiteten[33]. In der Nähe von Jerusalem entdeckten Archäologen die Überreste eines Gekreuzigten in einem Familiengrab aus der Zeit der römischen Prokuratur von Judäa[34].

Historische Beurteilung

Die Bestreitung der Historizität der Bestattung Jesu durch Josef von Arimatäa besitzt zahlreiche Anknüpfungspunkte: Verbrecher wurden nach der Mischna in einem Massengrab beigesetzt; die Frauenliste sei sekundär hinzugefügt; das Motiv Josefs sei unbekannt; der Grablegungsbericht verfolge die Tendenz, Jesu ehrenhafte Bestattung zu behaupten[35]. Die obigen Ausführungen führten bezüglich der ersten beiden Punkte zu anderen Ergebnissen. Nach dem Markusbericht wird zwar das Motiv Josefs nicht völlig klar, es bleibt aber zu beachten, daß er nicht als Jünger Jesu vorgestellt ist. Die Seitenreferenten haben ihn zum Jünger gemacht. Die hier zutage tretende Schwierigkeit hätte bei einer sekundären Bildung der Tradition leicht beseitigt werden können, indem man Jesus durch einen Anhänger hätte begraben sein lassen[36]. Dies und die nähere Bestimmung durch das nicht mehr sicher lokalisierbare Arimatäa befürworten die Glaubwürdigkeit der Überlieferung. Apg 13,29, wo der Eindruck erweckt ist, als hätten die Juden Jesus vom Kreuz genommen, kann nicht ernsthaft gegen Mk 15,42ff ins Feld geführt werden, da hier die Bestattung im Anschluß an die Tötung Jesu theologisch als Schuld qualifiziert ist und lukanische Theologie sich Geltung verschafft[37]. Ob der Jerusalemer Gemeinde das Grab Jesu bekannt war, ist im folgenden zu prüfen.

Zusammenfassung

Markus unterstreicht das Außergewöhnliche der Tat Josefs und verleiht von der Begräbnisperikope her dem Tod Jesu den Schimmer des Wunderbaren. Der Gang zu Pilatus ist ein Wagnis, der schnelle Tod Jesu ruft die Verwunderung des Römers hervor. Das Auferstehungskerygma, das indirekt tangiert ist, geriet alsbald in die Schußlinie der Gegner und Zweifler. Diese erfanden natürliche Erklärungen der von den Christen verkündeten Auferstehung Jesu von den Toten. Ihnen gegenüber sah sich der Evangelist veranlaßt, die Realität des To-

[33] Flacc 83. Vgl. JosBell 4,317.

[34] Vgl. oben S. 320 Anm. 65. Die Gebeine zeigten die Spuren einer Salbung mit Öl.

[35] Zur Problematik vgl. Broer* 250–294.

[36] Von einem Geschichtsbericht, beschränkt auf die VV 42f.46, spricht Bultmann, Geschichte 296. Ein atl. Einfluß ist nicht erkennbar. Positiv urteilen auch Schenke, Christus 109; Schweizer 199. Als Legende betrachtet U. Wilckens, Die Missionsreden der Apostelgeschichte, 1961 (WMANT 5) 135, die Überlieferung, die er zeitlich nach 1Kor 15,4 und Apg 13,29 ansiedelt. Beide Stellen können aber nicht als Voraussetzung von Mk 15,42ff gelten. Kennard* rechnet mit zwei Bestattungen Jesu. Zuerst sei er im Beisein der Frauen durch die Soldaten in das Verbrechergrab, am gleichen Tag jedoch noch durch Josef in dessen eigenes Grab gelegt worden. Hierzu vgl. Blinzler* 405.

[37] Vgl. Broer* 250–263. Die Bestattung Jesu durch die Juden lebt in veränderter Form im apokryphen EvPt 21–24 fort. Dort geben die Juden, die Jesus vom Kreuz abnehmen, den Leichnam dem Josef, damit er ihn beerdige.

des Jesu zu betonen, die jetzt durch den Hauptmann und Pilatus selber beglaubigt wird. Schon hier, aber noch mehr im folgenden, ist die Frage zu stellen, ob und in welchem Maß der christliche Auferstehungsglaube solcher Absicherungen bedarf. Jesus ist wirklich gestorben. Josef hat die Leiche empfangen. Maria von Magdala und eine zweite Maria werden als Zeugen angeführt. Ist der Tod beweisbar, so bedarf die Auferstehung von den Toten anderer Zugänge.

## *16. Die Osterbotschaft des Engels im geöffneten Grab (16,1–8)*

*Literatur: Nauck, W.*, Die Bedeutung des leeren Grabes für den Glauben an den Auferstandenen, ZNW 47 (1956) 243–267; *Waetjen, H.*, The Ending of Mark and the Gospel's Shift in Eschatology, ASTI 4 (1965) 114–131; *Schenke, L.*, Auferstehungsverkündigung und leeres Grab, 1968 (SBS 33); *Bartsch, H. W.*, Der Schluß des Markus-Evangeliums. Ein überlieferungsgeschichtliches Problem, ThZ 27 (1971) 241–254; *Güttgemanns, E.*, Linguistische Analyse von Mk 16,1–8, Linguistica Biblica Heft 11/12 (1972) 13–53; *Aland, K.*, Der Schluß des Markusevangeliums, in: Sabbe, M., L'Évangile selon Marc, 1974 (BEThL 34), 435–470; *Amassari, A.*, Il racconto degli avvenimenti della mattina di Pasqua secondo Marco 16,1–8, BeO 16 (1974) 49–64; *Kremer, J.*, Die Osterevangelien – Geschichten und Geschichte, Stuttgart 1977; *Crossan, J. D.*, Empty Tomb and Absent Lord (Mark 16,1–8), in: Kelber* 135–152; *Goulder, M.*, Mark XVI. 1–8 and Parallels, NTS 24 (1977/78) 235–240. – Weitere Literatur s. oben S. 216f.

1 **Und als der Sabbbat vorüber war, kauften Maria von Magdala und Maria, die des Jakobus, und Salome duftende Öle, um hinzugehen und ihn zu salben.** 2 **Und am frühen Morgen, am ersten (Tag) der Woche, kommen sie zum Grab, als die Sonne aufgeht.** 3 **Und sie sprachen zueinander: Wer wird uns den Stein von der Tür des Grabes abwälzen?** 4 **Und als sie aufblickten, sehen sie, daß der Stein abgewälzt war. Denn er war sehr groß.** 5 **Und als sie in das Grab hineingingen, sahen sie einen Jüngling zur Rechten sitzen, angetan mit einem leuchtenden Gewand, und sie entsetzten sich.** 6 **Er aber spricht zu ihnen: Entsetzt euch nicht! Jesus sucht ihr, den Nazarener, den Gekreuzigten. Er ist auferweckt worden, er ist nicht hier. Siehe, der Ort, wohin sie ihn gelegt hatten.** 7 **Doch geht, sagt seinen Jüngern und dem Petrus: Er geht euch voran nach Galiläa. Dort werdet ihr ihn sehen, wie er euch gesagt hat.** 8 **Und als sie hinauskamen, flohen sie vom Grab weg, denn Schrecken und Erregung waren über sie gekommen. Und sie sagten niemandem etwas. Sie fürchteten sich nämlich.**

Wiederum liegen unterschiedliche Analysen vor. Güttgemanns* betrachtet den Text als Einheit (was im Prinzip zutrifft), geht aber von einer Texttheorie aus, welche die Diachronie außer acht läßt. Pesch plädiert gleichfalls für ursprüngliche Einheit, rechnet aber mit der Möglichkeit eines Nachtrags der Analyse

Frauenliste in Vers 1[1]. Die meisten Analysen sehen redaktionelle Eingriffe in den Zeitangaben der Verse 1f bzw. halten die Verse 3, 7 und 8b für redaktionell[2]. Bei der redaktionellen Einstufung des Verses 3 geht man fast immer von der Annahme aus, daß die Perikope einmal selbständig, getrennt von der Passionsgeschichte, überliefert wurde und Vers 3 gleichzeitig mit 15,46c entstanden sei. Originell, aber abzulehnen ist die Auffassung Schenks*, die in dem in der Grabkammer sitzenden Jüngling in Verbindung mit 14,51f den Petrus als ersten Auferstehungszeugen erkennen möchte, den erst die markinische Redaktion zu einem Engel gemacht habe[3].
In Vers 1 ist die Salbungsabsicht der Frauen als Motiv für ihren Gang zum Grab unentbehrlich. Ähnliches gilt für die Zeitangabe, unabhängig von der Frage, ob man auch am Sabbat hätte Aromata kaufen können oder nicht. Die Geschichte will von der Bestattung Jesu zeitlich abgesetzt sein. Und am Morgen vor Sonnenaufgang geht man nicht einkaufen. Die Frauenliste ist in Verbindung mit 15,40 und 47 zu sehen. Dort erkannten wir bereits die Liste in 16,1 als Nachbildung von 15,40, wobei die zweite Maria verkürzt nur nach ihrem ersten Sohn benannt wird. Die nochmalige Erwähnung der Frauen will unterstreichen, daß jetzt etwas ganz Neues geschieht. Die erste Zeitangabe in Vers 2 (λίαν πρωΐ) ist Markus zuzuschreiben, der die Tageseinteilung mit Abend und Morgen markiert; weniger sicher ist das für die dritte zeitliche Bestimmung »als die Sonne aufgeht«. Vers 3 ist traditionell. Die Größe der von den Frauen besprochenen Schwierigkeit, die Vers 4 konsequent fortsetzt, bereitet die Größe des folgenden Geschehnisses vor. Ein Wechsel des Textes von μνῆμα zu μνημεῖον bzw. von ἀνακυλίω zu ἀποκυλίω findet nicht statt und kann nicht als literarkritisches Kriterium benutzt werden. Der Text liest jeweils das zweite Wort[4].
Schwierigkeiten bereitet die Bestimmung des Verses 7. Daß sich 8 glatter an 6 anfügt, ist deshalb kein überzeugendes Argument für redaktionelle Bildung von 7, weil das Schweigemotiv in 8 markinisch ist und es dem Evangelisten offenbar auf die Spannung von Auftrag und Schweigen ankommt. Jedoch sprechen die Wiederaufnahme des redaktionellen Verses 14,28 in 16,7 und Galiläa eindeutig für Markus. Wenn statt der vielleicht zu erwartenden Zwölf »seine Jünger« als Adressaten der Botschaft genannt werden, mag sich das als beabsichtigte Ausweitung des Zwölferkreises im Zusammenhang mit dem implizierten Auftrag erklären, die Osterbotschaft zu verkünden. Es steht aber zu vermuten, daß der jetzige Vers 7 einen anderen Text verdrängte. Petrus (und die Jünger) erinnern in Verbindung mit der Proklamation von Kreuzigung und

1 Schluß 372.378f.

2 Nach Schenke, Grab 54f, umfaßte die vormk Überlieferung die VV 2 (+ die Frauenliste), 5, 6 und 8a; nach Dormeyer, Passion 228, die VV 1, 2b, 4a, 5–7, 8a; nach Kremer* 46f die VV 1a, 2a, 5f, 8a. Die komplizierte Analyse Schenks, Passionsbericht, ist zusammengefaßt auf S. 270.

3 268. Hirsch, Frühgeschichte I,177–180, rekonstruiert eine Geschichte, aus der Engel und Osterbotschaft eliminiert sind und die aus den VV 1b, 2a, 4a und Teilen von 8 bestanden habe. Mit Recht bemerkt Haenchen, Weg 545, daß die Gemeinde eine solche Tradition niemals überliefert hätte.

4 Mit dem Text des Greek New Testament 3. Aufl. In V 2 lesen ℵ C W Θ μνῆμα, in V 4 B L ἀνακεκύλισται.

Auferweckung, dem Grab Jesu und dem in V2 (τῇ μιᾷ τῶν σαββάτων) vorausgesetzten dritten Tag an die Glaubensformel in 1Kor 15,3–5, deren Struktur (nicht wörtlicher Inhalt) die Perikope geformt hat[5]. Trifft dies zu, so läßt sich als ursprüngliche Erweiterung der Engelsbotschaft annehmen: Er ist auferweckt worden *und dem Petrus erschienen.* Oder war Kephas bzw. Simon (vgl. Lk 24,34) zu lesen? Markus hätte dann um der Ausrichtung seines Evangeliums auf Galiläa willen die Änderung des Teilverses vorgenommen. Gleichzeitig waren noch andere Intentionen im Spiel (s. die Interpretation). Die Formel in 1Kor 15,3ff, die nach nahezu einhelliger Auffassung der Forschung noch nicht das leere Grab verkündet, ist sicher älter als die Tradition von Mk 16,1–8.
Der Abschluß der Perikope wirkt überladen. In zwei Begründungssätzen wird einmal auf den Schrecken und die große Erregung, das andere Mal auf die Furcht der Frauen hingelenkt, was keinen besonderen Unterschied ausmacht. Die Wiederholung erklärt sich damit, daß das Schweigen hinzugefügt und mit einer eigenen Begründung erläutert wurde. Das Schweigen setzt die typisch markinischen Schweigegebote fort. Die Umkehrung der bisherigen Reihung Schweigegebot-Durchbrechung des Gebotes in Redeauftrag-Schweigen spricht nicht gegen Markus, sondern hängt mit der Umkehrung der bisherigen Linie Galiläa-Jerusalem in Jerusalem-Galiläa zusammen. Demnach endete die Geschichte ehemals mit τρόμος καὶ ἔκστασις. Sie ist mit der voraufgehenden Perikope von der Grablegung Jesu verflochten, gehörte von Anfang an mit dieser zusammen und ist wie diese als Bestandteil einer vormarkinischen Passionsgeschichte anzusehen. Verknüpfende Elemente sind die Zeitangaben (15,42; 16,1f), die Angaben über die Grablegung (15,46f; 16,6), der Verschlußstein (15,46; 16,3f)[6], die Frauen von 15,47 als die vermutlich ursprünglich Handelnden in 16,1ff.

Vormarkinisch wollte die Perikope als Abschluß eines älteren Passionsberichtes die Auferweckung Jesu verkünden. Sie tat das, indem sie auf die Glaubensstruktur von 1Kor 15,3–5 zurückgriff und die Auferstehungsbotschaft mit Hilfe des leeren Grabes veranschaulichte. Die Botschaft ist ihr zentrales Anliegen, wenngleich das leere Grab selbständige, aber untergeordnete Bedeutung gewinnt. Der Veranschaulichungscharakter der Perikope berechtigt dazu, sie als eine Art Haggada anzusprechen[7]. Es darf aber nicht übersehen werden, daß die alttestamentliche Angelofanie-Erzählung gattungsmäßiges Vorbild ist. Die Erscheinung des Engels, die Reaktion der Furcht, die auszurichtende Botschaft, die Entgegnung des Empfängers, ein beglaubigendes Zeichen kennzeichnen diese Gattung[8]. Es fehlt in der Perikope die Entgegnung des Empfängers, wenn

[5] Kremer* 38, Schweizer 201 sehen im Hintergrund zweigliedrige Formeln wie Apg 4,10; 1Thess 4,13; 1Petr 3,18; 1Kor 15,4. Auf die drei letztgenannten Stellen verweist Kremer*.

[6] Vgl. Pesch, Schluß 372f.

[7] Vorschlag von Kremer* 44.

[8] Vgl. Ri 6,11–24; 13; Num 22,31–35; Gen 22,11–13; Lk 1,11–20.26–38, und Dormeyer, Passion 229f. Schenke, Grab 56–93, möchte die Perikope als Hieros Logos bzw. ätiologische Kultlegende begreifen, die als Annamnese für den Vollzug einer von der Jerusalemer Gemeinde in der Grabkammer begangenen jährlichen kultischen Feier geschaffen worden sei. Die Perikope sei als selbständige Perikope aufzufassen. Das Postulat eines solchen Festes ist

man nicht Flucht und Schrecken als diese nimmt. Die Durchbrechung der Form an dieser Stelle signalisiert die Besonderheit der Botschaft. Das leere Grab gewinnt innerhalb der Form den Rang eines Zeichens. Der Engel entspricht dann nicht dem angelus interpres der Apokalyptik, der eine verschlüsselte Rede deutet, sondern er bezeugt die Offenbarung Gottes. Abgesehen davon, daß sich Auferstehung als ein typisch apokalyptisches Geschehen deuten läßt, ist die Perikope primär nicht von einem apokalyptischen Hintergrund her zu verstehen. Vielmehr wird apokalyptisches Geschehen vergeschichtlicht.

Neben den Frauen ist es ein himmlisches Wesen, das die Perikope handlungsmäßig bestimmt. Ist damit bereits ihre Eigenheit angedeutet, so hat man wiederholt weitergreifende symbolische Andeutungen in ihr zu entdecken gemeint, die nachzuprüfen sein werden. Das Grab ist Ort der Handlung, in das die Frauen eintreten (5), aus dem sie flüchtend heraustreten (8). Die zweimalige Wiederaufnahme eines Verbs (ἀποκυλίω in 3f; ἐκθαμβέω in 5f) bindet den Text zusammen. Drei Begründungssätze (in 4 und 8) liefern Nachinformationen und psychologisierende Motivationen. Im Mittelpunkt des Textes steht die Botschaft des Engels, die präsentisch eingeführt wird (6: ὁ δὲ λέγει). Präsentische Formen haben wir allerdings auch in 2 und 4. Die Botschaft bezieht sich auf Vergangenes und Zukünftiges und weist mit der auf Galiläa gerichteten Zukunftsansage über die abgesteckte Situation weit hinaus.

Erklärung 1–2

Nach dem Sabbat und der an ihm gebotenen Ruhe kaufen dieselben Frauen, die unter dem Kreuz standen (15,40), Aromata für eine beabsichtigte Salbung Jesu[9]. Die anvisierte Zeit ist der nach dem Sabbatende beginnende Abend. Es scheint die Frauen nicht zu stören, daß die Salbung einer bereits eingewickelten und beigesetzten Leiche »ein kühner Gedanke« (Wellhausen) ist. Die allerdings seltene Salbung der Leiche geschah bei den Juden mit Öl, von einer Beimischung von Aromata hören wir nichts[10], außer bei der Beisetzung eines Königs (2Chr 16,14). Die Juden kannten auch nicht das Einbalsamieren der Leiche. Von den Griechen hören wir, daß sie für die Leiche Alexanders Aromata verwendeten, um sie vor Verwesung zu schützen[11]. Aromata sind seltene, wohlriechende pflanzliche Essenzen[12]. Der Erzähler deutet vermutlich an, daß die Absicht der Frauen ist, etwas für die Erhaltung des Leichnams Jesu zu tun. Ihr Tun erscheint von vornherein als töricht. Rückschlüsse auf die Unvollständigkeit der durch Josef von Arimatäa erfolgten Bestattung Jesu sind überflüssig[13]. Die Salbungsabsicht stellt aber einen Bezug zu 14,3–9 her. War die Sal-

zu hypothetisch. Auch als Legende im literaturwissenschaftlichen Sinn kann die Perikope nicht bestimmt werden. Zur gattungskritischen Diskussion vgl. Kremer* 41–45.

9 D n streichen den Beginn des V 1 zusammen zu: καὶ ἠγόρασαν.

10 Vgl. Billerbeck II,53.

11 Diodor Sic. 18,26,3.

12 Vgl. Moulton-Milligan 83, wo sich Belege antiker »Rezepte« finden, allerdings wohl meist für die Kosmetik Lebender.

13 Blinzler* 339f denkt an ein Ausgießen des aromatischen Öls über das Haupt bzw. über den eingehüllten Leichnam; Kremer* 33 an eine mit der Waschung des Leichnams verbundene Handlung. Mt 28,1 spricht nur davon, daß die Frauen das Grab sehen wollten.

bung in Betanien auf den Tod Jesu ausgerichtet, so leitet die Salbungsabsicht der Frauen die Geschichte seiner Auferstehung ein. Der Besuch des Grabes wird durch drei zeitliche Aussagen näher bestimmt. Er geschieht am frühen Morgen des ersten Wochentages, schließt sich darum zeitlich korrekt an 15,42; 16,1 an[14]. Die Bezeichnung des ersten Wochentages τῇ μιᾷ τῶν σαββάτων ist ein Hebraismus[15], abgehoben ist auf den dritten Tag nach der Kreuzigung. Dies stimmt mit dem formelhaften »am dritten Tag« bzw. »nach drei Tagen« überein, setzt aber noch nicht die Feier des Sonntags in der Gemeinde voraus. Die Jerusalemer Gemeinde hielt zunächst am Sabbat fest. »Am frühen Morgen« wirkt neben »als die Sonne aufgeht« tautologisch. Da Markus für die erste Angabe verantwortlich ist, entsteht die Frage, ob er die letzte in einem übertragenen Sinn verstanden hat. Vor übertriebener Symbolfreudigkeit muß gewarnt werden[16]. Jedoch könnte der Evangelist an das Licht gedacht haben, das mit der Auferstehung die Menschen, hier den noch verdunkelten Sinn der Frauen, erleuchten will. »Die Hilfe Gottes am Morgen«, die in den Psalmen vorkommt (Ps 30,6; 59,17; 90,14; 143,8), ist kaum angesprochen[17], da am ehesten der aufstrahlenden Sonne Symbolkraft zugeschrieben werden könnte.
Das die Frauen beschäftigende Gespräch betrifft den Verschlußstein, der sich 3–4
ihrer Absicht hindernd in den Weg stellt. Da sie um dieses Hindernis nach 15,47 wissen mußten, verfolgt das Gespräch wie die Bemerkung über die Größe des Steins die Intention, die Größe des geschehenen Wunders vorzubereiten. Der abgewälzte Stein deutet die Auferstehung an. Diese wird nicht – wie das später in den apokryfen Evangelien geschieht – beschrieben[18]. Das Passivum umschreibt das Handeln Gottes. Man sollte darum nicht fragen, ob der Engel oder der Auferstandene den Stein wegwälzte, ob es geschah, um dem Auferstandenen oder den Frauen den Weg freizumachen. Wiederum wird man geneigt sein, dem Geschehen symbolischen Sinn zu geben. Als Hinweis auf die Auferstehung deutet der abgewälzte Stein an, daß die Macht des Todes gebrochen ist[19].
Die Frauen treten in die Grabkammer ein, deren Anlage 15,46 entspricht. Was 5–7
sie wahrnehmen, ist die Gestalt eines Jünglings, der auf der rechten, das heißt, der glückverheißenden Seite sitzt. Das leuchtende Gewand, mit dem er beklei-

[14] Schenke, Grab 87, vermißt die genauere Angabe eines bestimmten Sonntags. Wie hätte diese anders als durch den Kontext erfolgen sollen? Die Schwierigkeit ergibt sich nur bei isolierter Betrachtung der Perikope.

[15] Vgl. Apg 20,7; 1Kor 26,2; Billerbeck I,1052–1054; Doudna, Greek 92–96. *šbt* bezeichnet auch die Woche. D it verkürzen wiederum: πρωὶ μιᾶς σαββάτου.

[16] Güttgemanns* 49 erblickt in den VV1f eine Opposition zwischen einer rituellen und einer profanen Zeit sowie zwischen Licht und Finsternis. Beeinflußt ist er von L. Marin, Sémiotique de la Passion, Paris 1971.

[17] So Pesch, Schluß 396 und 409 Anm. 64.

[18] In der lateinischen Handschrift k ist eine Beschreibung der Auferstehung in den Text eingedrungen. Eine phantastische Schilderung bietet EvPt 35–49. Diese ist vor den Grabbesuch der Frauen eingeordnet. Nach D Θ sy$^s$ lautet V4: »Der Stein war nämlich sehr groß. Und sie kommen und finden den Stein abgewälzt.»

[19] Das Aufblicken der Frauen ist Gen 18,2; 22,13 vergleichbar, wo damit gleichfalls ein übernatürlicher Vorgang eingeleitet wird. Vgl. Dormeyer, Passion 230.

det ist, kennzeichnet ihn als himmlisches Wesen (vgl. Offb 6,11; 7,9.13; Mk 9,3). Erscheinende Engel als Jünglinge (2Makk 3,26.33) oder Männer (Tob 5,9; Apg 1,10; 10,30) zu beschreiben, entspricht der zeitgenössischen Erbauungsliteratur[20]. Ein symbolischer Bezug auf die Taufe verbietet sich[21]. Die Erscheinung des himmlischen Boten – nicht das leere Grab, das sie ja noch nicht gesehen haben – löst bei den Frauen Entsetzen aus. Furcht und Entsetzen sind die stilgemäße Reaktion des Menschen auf die Begegnung mit dem Göttlichen. Im Wort des Engels gipfelt die Perikope und ist auch ein abschließender Gipfelpunkt des Evangeliums gegeben. Denn in beide, in die Perikope und in das Evangelium, ist es eingepaßt. Die Aufforderung, sich nicht zu entsetzen, knüpft an das Vorausgehende an, wie die Feststellung »ihr suchet«[22] zur Salbungsabsicht der Frauen nicht im Widerspruch steht[23]. Denn es ist nicht angedeutet, daß sie die Grabstätte Jesu nicht sicher kennen würden, sondern daß sie Jesus im Grab zu finden meinen. Jesus wird gänzlich im Hinblick auf sein irdisches Schicksal beschrieben. Mit den Worten Nazarener (= aus Nazaret stammend)[24] und Gekreuzigter ist dieses zusammengefaßt. Ein christologischer Titel fehlt. Die Suche der Frauen ist ebenso töricht wie ihr Vorhaben, den Leichnam zu salben. Denn Gott hat eingegriffen und das Los des Gekreuzigten gewendet. Das passivische »Er ist auferweckt worden« (ἠγέρθη) umschreibt die Tat Gottes und knüpft im Makrotext an 14,28 an[25]. Wo menschliche Weisheit am Ende ist, wo menschlicher Jammer keinen Ausweg mehr sieht, da hilft Gott. Wo die Feinde des Gerechten meinen, endgültig den Sieg davonzutragen, da bekennt sich Gott zu seinem Frommen und rettet ihn. Der Hinweis auf den verlassenen Ort des Grabes, der das Suchen der Frauen aufgreift, bestätigt zeichenhaft das Wort des Engels. Die Priorität des Osterkerygmas aber lehrt, daß nicht das leere Grab den Osterglauben entzündete, sondern daß umgekehrt das leere Grab eine Konsequenz des Osterglaubens ist, der in der Erscheinung des Auferstandenen begründet ist. Im Horizont biblisch-jüdischer Anthropologie impliziert die Aussage ἠγέρθη das Leersein des Grabes und kann Auferwekkung nur mit Einbeziehung der Leiblichkeit sinnvoll gedacht werden[26]. Als Rede des himmlischen Boten soll die Verkündigung von der Auferweckung Jesu als von Gott kommendes Offenbarungswort verstanden werden, das im Gegensatz zu Menschenwerk und -wort steht. Auf die Proklamation folgt der

[20] Besonders aufschlußreich ist JosAnt 5,277, wo der Frau des Manoch ein φάντασμα τοῦ θεοῦ in Gestalt eines schönen Jünglings erscheint. Den Jüngling von 16,5 mit 14,51 in Verbindung bringen und als Mensch bzw. symbolischen Ausdruck für das Schicksal Christi deuten, ist abwegig. Waetjen* zieht hierfür die atl. Geschichte des Josef zu Rate, der als Jüngling nach Ägypten kam.

[21] Gegen R. Scroggs – K. I. Groff, Baptism in Mark: Dying and Rising with Christ, JBL 92 (1973) 531–548, hier 543.

[22] Der Satz darf nicht als Frage aufgefaßt werden. Dies kann mit Rücksicht auf Lk 24,5 leicht geschehen.

[23] Gegen Lohmeyer.

[24] In א* D fehlt τὸν Ναζαρηνόν.

[25] ἐγείρω in Mk 6,14.16 (bezogen auf die Auferweckung des Täufers), in 12,26 (die Auferweckung der Toten). In den Leidenssummarien verwendet Mk ἀνίστημι.

[26] Ob die Perikope noch die primitive atl. Vorstellung voraussetzt, daß das Grab der Aufenthaltsort der Toten, also nicht bloß die Ruhestätte des Leichnams ist, wie Kremer* 38 meint, erscheint zweifelhaft.

Auftrag, der eine Verheißung enthält. Die Wende ist mit ἀλλά gekennzeichnet. Der Auftrag ist an seine Jünger und an Petrus auszurichten. Rückblickend ist an das Versagen der Jünger und des Petrus erinnert, die jetzt erneut angenommen und gesammelt werden sollen. Der Befehl zum Auszug nach Galiläa, der ihre Anwesenheit in Jerusalem zur Grundlage hat, stellt ihnen ein Sehen Jesu, des Gekreuzigten und Auferweckten, in Aussicht. Das Sehen ist mit der Parusie des Menschensohnes in Verbindung gebracht worden. Marxsen interpretierte den Auszug nach Galiläa auf dem Hintergrund des Jüdischen Krieges und des überlieferten rechtzeitigen Exodus der christlichen Gemeinde aus dem umzingelten Jerusalem, der auf Anweisung Christi bzw. eines Engels erfolgt sein soll[27]. Euseb und Epiphanios berichten davon: »Alle Jünger wurden von einem Engel ermahnt, daß sie aus der Stadt auszögen, die in Bälde von Grund auf zerstört werden würde. Jene verließen daraufhin die Stadt und ließen sich in Pella, einer Stadt jenseits des Jordan, in der Dekapolis nieder.«[28] Abgesehen davon, daß jener Auszug der Jerusalemer Christen nicht nachweislich mit einer Parusieerwartung verknüpft war und Pella nicht in Galiläa liegt, ist die Parusie niemals als ein nur die Jünger und Petrus betreffendes Ereignis geschildert worden[29]. Die Jünger und Petrus sind vielmehr die Zeugen der Auferweckung Jesu, die den Auferstandenen sehen und künden sollen. Die den Jüngern zuteil gewordene Erscheinung wird darum weder als Übergang zur Parusie begriffen noch abgewertet, sondern durch das Auftragswort des himmlischen Boten abgesichert. Aber warum soll die Begegnung mit dem Auferstandenen in Galiläa und nicht in Jerusalem stattfinden? Will Markus eine tatsächlich am Karfreitag erfolgte Flucht der Jünger nach Galiläa abschwächen? Bezeugt er die Sammlung der Jüngerschaft und damit die Protofanie des Auferstandenen für Galiläa? Bekanntlich stellen Galiläa und Jerusalem in den Ostergeschichten ein Problem dar. Wir haben uns für das Verständnis des Galiläa-Auftrags an das markinische Konzept zu halten, das im redaktionellen Vers 7 deutlich werden muß. Galiläa ist für Markus die Heimat des Evangeliums, der Schwerpunkt des Wirkens des irdischen Jesus. Den Auferstandenen im Land seiner irdischen Tätigkeit zu sehen, bedeutet dann auch, Jesus voll begreifen zu können. Voll verstanden ist er nur in seiner Identität als Irdischer, Gekreuzigter und Auferstandener. Dieses Verstehen war den Jüngern in der Zeit, da sie mit Jesus gingen, noch nicht möglich. Es soll ihnen jetzt erschlossen werden. Die Bewegung nach Galiläa bedeutet aber auch ein Sich-abwenden von Jerusalem. Jerusalem ist nicht als der Sitz eines mit dem galiläischen konkurrierenden Christentums gedacht[30]. Von Jerusalem weg- heißt darum auch: zu den Heiden gehen. Diese

[27] Marxsen, Evangelist 47–77, im Anschluß an Lohmeyer, Galiläa.

[28] Epiphanios, pond. et mens. 15 (ed. B. Ugolinus). Vgl. Epiphanios, haer. 29,7,7, wonach Christus den Befehl zum Auszug gab; Euseb, h.e. III 5,3.

[29] Man vermißt auch im Parusiekapitel Mk 13 eine Erwähnung Galiläas.

[30] Die These von den konkurrierenden Christentümern in Galiläa und Jerusalem bringt neuerdings wieder Schenke, Grab 49 Anm. 71, ins Spiel.

wiederholt ausgesprochene Vermutung[31] ist nicht durch den Begriff vom »Galiläa der Heiden« zu begründen, sondern sie liegt in der angezeigten Bewegungsrichtung beschlossen. Auferweckung, Erscheinung und Reden über den Auferweckten gehören unzertrennlich zusammen, so daß das Sehen den Verkündigungsauftrag miteinschließt. Der Rückverweis auf das Jesuswort betrifft 14,28 und kennzeichnet dieses als dem Wort der Schrift gleichrangig[32].

8 Die Frauen treten aus der Grabkammer heraus. Damit entschwindet für sie der Jüngling[33]. Ihre Reaktion auf dessen Botschaft ist die Flucht, die mit Erschrekken und großer Erregung begründet wird. ἔκστασις und φόβος waren wiederholt die Reaktion der Menschen auf die im Wunder geschehende Epifanie (4,41; 5,15.33.42). Die Auferstehung Jesu als die Aufgipfelung dieser Epifanien löst höchstes Entsetzen aus[34]. Zur Flucht vom Grab als dem Ort der Epifanie weg tritt das Schweigen der Frauen, das im Anschluß an den an sie ergangenen Auftrag sich als Verweigerung darstellt. Wiederum muß zum Verständnis des vielfältig gedeuteten Schweigens, das in menschlicher Furcht gründet, das Gesamtkonzept des Evangeliums mitbedacht werden. Es trifft darum nicht zu, in ihm die Tatsache erklärt zu sehen, daß das leere Grab eine Zeitlang nicht bekannt gewesen sei[35]. Es reicht auch nicht aus zu sagen, daß die Jünger als die legitimen Künder der Osterbotschaft herausgestellt sein sollen[36]. Die Diskrepanz von Schweigen und Reden begegnete uns wiederholt in den Schweigegeboten der Wundergeschichten, nur trafen wir dort Schweigen und Reden in umgekehrter Reihenfolge an. Wurde dort gebotenes Schweigen nicht gehalten, so wird jetzt das aufgetragene Wort verschwiegen. Ostern ist der Zeitpunkt, von dem ab nicht mehr geschwiegen werden darf (9,9). Im Kreuz hat sich der Sohn Gottes geoffenbart. Im Osterkerygma, das durch das leere Grab bezeichnet wurde, und in dem mit dem Kerygma gewiesenen Weg nach Galiläa, wo der Auferstandene von den Jüngern und von Petrus gesehen werden wird, ist der Weg zum vollen Verstehen erschlossen. Diesen Weg bis zum vollen Verstehen, bis zur Akzeptation des Osterglaubens durch die Jünger, hat Markus in der »erzählten Welt« nicht bis zu Ende geführt. Er hat dies bewußt nicht getan. Daß ihm noch keine ausgeführten Erscheinungsgeschichten zur Verfügung gestanden haben werden, hat natürlich dazu beigetragen, erklärt aber nicht alles. Er setzt die in Galiläa geschehene Erscheinung des Auferstandenen vor Petrus und den Jüngern voraus, beläßt diese aber am Ende seines Evangeliums noch in der Zukunft. Das volle Verstehen liegt jenseits von 16,8. Das »Vorbild« der schweigenden Frauen läßt keine historischen Rekonstruk-

[31] G. H. Boobyer, Galilee and Galileans in St. Mark's Gospel, BJRL 35 (1952/53) 334–348; M. Karnetzki, Die galiläische Redaktion im Markusevangelium, ZNW 52 (1961) 238–272, hier 249–258. Abgelehnt von Preuß, Galiläa 120–129.

[32] D k verwandeln V7b in die 1. Ps. Sg.: »Sieh, ich gehe euch voran nach Galiläa. Dort werdet ihr mich sehen, wie ich euch gesagt habe.«

[33] Lohmeyer vermißt zu Unrecht die ausdrückliche Erwähnung, daß der Engel sich entfernt habe, wie es einer Angelofanie entsprechen würde.

[34] Anstelle des seltenen τρόμος liest D φόβος.

[35] So Wellhausen, Finegan* 107.

[36] So Wilckens, Auferstehung 52f.

tionen rivalisierender Gemeindegruppen zu[37], sondern geht den Leser bzw. Hörer des Evangeliums und seinen Glauben an. Das Evangelium will diesen vermitteln, vermag aber nur bis an die Grenze des Gläubigwerdens heranzuführen. Markus hat wie kaum ein neutestamentlicher Theologe um die Begriffsstutzigkeit des Menschen gewußt. ἐφοβοῦντο γάϱ ist der Schluß der Grabesperikope *und* des Evangeliums[38]. Man hat vom offenen Abschluß des Evangeliums gesprochen und diesen als Aufforderung zur Relecture aufgefaßt[39]. Das ist richtig, wenn man Relecture als Aufforderung zur Übersetzung in die »gehandelte Welt« versteht[40], als Bereitschaft zur jedem abverlangten Nachfolge Jesu auf seinem Weg von Galiläa nach Jerusalem, den das Evangelium vorgezeichnet hat[41].

Historische Beurteilung

Die historische Rückfrage kann von der theologischen Voraussetzung ausgehen, daß das leere Grab nicht unabdingbarer Bestandteil der Auferstehung ist. Auferweckung konnte zwar im Rahmen der biblischen Anthropologie nur unter Einbeziehung des in das Grab gelegten Leichnams gedacht werden, ist aber prinzipiell auch als Neuschöpfung des Leibes denkbar[42]. Als Argument für die Historizität des in Mk 16,1–8 Geschilderten[43] ist vor allem das erwähnte bibli-

[37] Schenke, Grab 51, meint, es werde ein Gegenwartsproblem der Gemeinde behandelt. Die Gemeinde sei in der Versuchung gewesen, die Bedeutung Jerusalems zu überbetonen.

[38] Tagawa, Miracles 111, sieht durch das Furchtmotiv die menschliche Reaktion auf das gesamte Evangelium, das die Fassungskraft übersteigen würde, beschrieben.

[39] Horstmann, Christologie 132.

[40] Den Begriff »gehandelte Welt« verwendet Güttgemanns* 47, aber in einem etwas anderen Sinn.

[41] Zahlreiche Forscher geben sich mit dem mit 16,8 gesetzten Mk-Schluß nicht zufrieden. Sie vermuten, daß ein ursprünglicher weiterreichender Schluß verlorengegangen sei. Nach Bultmann, Geschichte 309, habe er von einer Erscheinung Jesu in Galiläa berichtet; nach B. H. Streeter, The Four Gospels, London 1924, 351–360; Masson, Rome 15, von Erscheinungen vor Maria von Magdala, Petrus und anderen. Diese Auffassungen wurden oft wiederholt, neuerdings von Schweizer 203. Nach Bartsch* habe der Endredaktor 16,1–8 als Ersatz für solche Erscheinungsgeschichten unter dem Eindruck der Naherwartung der Parusie geschaffen. Kühne Rekonstruktionen eines angeblichen Markusschlusses legten E. Linnemann, Der (wiedergefundene) Markusschluß, ZThK 66 (1969) 255–287, und W. Schmithals, Der Markusschluß, die Verklärungsgeschichte und die Aussendung der Zwölf, ZThK 69 (1972) 379–411, vor. Nach Linnemann habe der Markusschluß aus Mk 16,1–8; Mt 28,16f; Mk 16,15–20 bestanden; nach Schmithals aus Mk 16,1–8; 9,2–8 (als Bericht einer Ostererscheinung vor Simon); 3,13.16–19 (als Bericht einer Ostererscheinung vor den Zwölfen); 16,15–20. Die unüberwindlichen textkritischen Probleme, die sich aus diesen Rekonstruktionen ergeben, hat Aland* dargestellt. Vgl. auch K. Aland, Der wiedergefundene Markusschluß? Eine methodologische Bemerkung zur textkritischen Arbeit, ZThK 67 (1970) 3–13. Die hypothetischen Versuche erübrigen sich, wenn man die mit der Grabesperikope als Abschluß des Evangeliums gegebenen Intentionen würdigt. Bartschs Versuch scheitert daran, daß die Perikope mit der Parusie nichts zu tun hat. Aus den Forschern, die Mk 16,8 als Schluß anerkennen, seien genannt Dibelius, Formgeschichte 190; Lohmeyer 358; Pesch, Schluß 409. Es bleibt an das Wort Wellhausens zu erinnern: »Die meisten Ausleger . . . nehmen an, daß der Verfasser an der Vollendung seiner Schrift verhindert oder daß ursprünglich noch mehr gefolgt sei, was später aus irgendwelchen Gründen der Zensur zum Opfer fiel. Sie haben 16,4 nicht verstanden. Es fehlt nichts; es wäre schade, wenn noch etwas hinterher käme.« Zur philologischen Frage des Abschlusses einer Schrift mit γάϱ vgl. Aland* 461–464.

[42] Vgl. Kremer* 49.

[43] Zur Problematik vgl. Nauck* 260–265.

sche Menschenbild ins Feld geführt worden. Ohne leeres Grab hätte Auferstehung nicht verstanden werden können. Es gibt aber auch das Gegenargument: Die Erzählung vom leeren Grab sei mit Rücksicht auf dieses Menschenbild entstanden. Als weitere positive Überlegungen bringt man die mit der Tradition verbundenen Frauen – erst auf einer späteren Überlieferungsstufe werden die Jünger mit dem Grab in Verbindung gebracht – und den Hinweis ein, daß in der antichristlichen Polemik der Juden das leere Grab nie bezweifelt, nur anders interpretiert worden sei (Leichendiebstahls- und Scheintodhypothese)[44]. Argumente gegen die Historizität der Perikope sind das Fehlen eines Hinweises auf das leere Grab in der alten Bekenntnisformel 1Kor 15,3–5, das Verschwinden des Leichnams als ein jeder Analogie zu innerweltlichen Geschehnissen entbehrender Vorgang und die legendarische bzw. symbolische Gestalt der Erzählung Mk 16,1–8. Die ersten beiden Argumente sind nicht unüberwindlich. Das in 1Kor 15,3–5 erwähnte Begräbnis erfüllt dort eine andere Funktion (Jesus ist real gestorben), die Formel aber kann nur auf dem Hintergrund der biblischen Anthropologie verstanden werden. Die Analogielosigkeit als Kriterium hat eine bestimmte Weltanschauung zur Voraussetzung. Für die Erzählung mußten wir feststellen, daß nahezu alle ihre Details auf einer bildhaften Verstehensebene sich erschlossen. Schließt das einen historischen Bezug auf ein leeres Grab aus? Nein, aber dieser läßt sich auch nicht positiv beweisen. Zu überlegen bleibt aber folgendes: als Jerusalemer Tradition kann die Passionsgeschichte und die zu ihr gehörige Perikope Mk 16,1–8 wie auch 15,42–47 nur verstanden werden, wenn die Gemeinde um den Ort des Grabes Jesu wußte. Die Berufung auf die Frauen, die aus Jerusalem nicht geflohen waren, und der nicht allzu große Zeitabstand von den Ereignissen legen dies nahe. Dies aber empfiehlt anzunehmen, daß man auch um das leere Grab Jesu wußte. So behielt das Grab Jesu die Funktion eines Zeichens, das auf den Auferstandenen verwies, in dessen Erscheinung der Osterglaube begründet wurde[45].

Das Ziel der Jüngerflucht von 14,50 ist durch 16,7 verwischt. Danach entsteht der Eindruck, daß die Jünger am Karfreitag nicht geflohen sind bzw. daß ihre Flucht von Getsemani in die Stadt Jerusalem erfolgte. Die Konkurrenz von Erscheinungen des Auferstandenen in Galiläa und Jerusalem ist im Sinn einer zeitlichen Priorität für Galiläa zu lösen. Hier ist nicht eine Rivalität zwischen der Jerusalemer und der galiläischen Gemeinde der Hintergrund, sondern historisch ist die Sammlung der Jüngerschaft in Galiläa und ihre durch Ostern angeregte Rückkehr nach Jerusalem das Wahrscheinlichere[46]. In diesem Zusammenhang gewinnen die Jerusalemer Erscheinungen und die damit gegebene Nähe zum Grab Jesu später die größere Bedeutung. Mk 16,1–8 ist trotz

[44] Es gibt auch keine Verehrung des Grabes Jesu. Das Grab Jesu wird nicht zum Weli. Gegen Schenke, Grab 56–104. Ein solches setzte die Anwesenheit des Leichnams voraus. Vgl. J. Jeremias, Heiligengräber in Jesu Umwelt, Göttingen 1968, 126–143, hier 127.

[45] Die Begründung des Osterglaubens im Wirken des irdischen Jesus kann nur eine indirekte sein. Sicher aber ist die Kenntnis des Irdischen die unverzichtbare Voraussetzung für das Wiedererkennen des Auferstandenen.

[46] Anders Schenke, Grab 99.

der dezidierten Ausrichtung auf Galiläa ein erster Schritt in dieser Richtung. Der dritte Tag kann weder mit der Entdeckung des leeren Grabes noch mit der Ersterscheinung als chronografische Aussage verbunden, sondern muß als theologisches Datum genommen werden: der dritte Tag ist der Tag der göttlichen Hilfe[47], aber auch der Zeitpunkt, zu dem ein Gestorbener wirklich tot ist. So erweist er sowohl die Realität des Todes Jesu als auch im Anschluß an ein alttestamentlich-jüdisches Schema die durch Gott bewirkte Wende.

Zusammenfassung

Markus setzt die Osterperikope durch die nochmalige Erwähnung der Frauen von der Geschichte der Beerdigung Jesu ab. Er greift das Osterkerygma, das er insbesondere in den Passionssummarien schon zum Ausdruck gebracht hatte, auf und gibt am Schluß seines Evangeliums zu verstehen, daß das Ende des Weges Jesu nicht das Kreuz, sondern seine Auferweckung vom Tod ist. Auferweckung Jesu ist nicht bloß eine Funktion des Kreuzes, sondern einmalige Tat Gottes am Getöteten. Dieser lebt als der Auferweckte von nun an bei Gott. Damit erweist sich das Evangelium von Jesus Christus, dem Sohn Gottes, als Evangelium vom Gekreuzigten und Auferstandenen. Die schon festgestellte Relation zum Anfang zeigt sich auch in der Erwähnung der Jünger und des Petrus (vgl. 1,16–20). Ihnen ist die Botschaft vom auferweckten Gekreuzigten zugesagt, damit sie diese weitersagen. Das Evangelium vom Gekreuzigten und Auferstandenen muß aller Welt verkündigt werden (13,10). Der Unglaube bestünde jetzt darin, daß man schweigt. In den Prozeß des Evangeliums hineingenommen, ist der Jünger gewiesen, das Evangelium zu leben und zu predigen, oder anders gesagt: Jesus, dem Gekreuzigten und Auferweckten auf seinem Weg von Galiläa nach Jerusalem nachzufolgen und so von ihm zu künden.

Wirkungsgeschichte

Die Alten haben das Problem des Markusschlusses nicht gekannt, weil sie den »kanonischen Markusschluß« wie selbstverständlich für markinisch hielten. Auch das spezifisch Markinische kommt kaum zur Geltung. So ist nach Calvin Galiläa vom Herrn erwählt, damit durch die Vertrautheit des Ortes den Jüngern das Wiedererkennen ihres Meisters erleichtert werde[48]. Für Theophylakt sollten die Jünger aus den in Jerusalem sie bedrohenden jüdischen Angriffen herausgeführt werden[49]. Die besondere Erwähnung des Petrus wird mit seinem Versagen verbunden. Er sollte wissen, daß Jesus ihn wieder angenommen hat[50]. Die Bevorzugung der Frauen stelle eine Strafe für die Schlaffheit der Apostel dar. Jenen sei sogar – meint wiederum Calvin – als Boten des Osterevangeliums für kurze Zeit das Apostelamt übertragen gewesen[51]. Die Bedeutung des geöffneten Grabes wird in dessen Zeichencharakter gesehen: »Er ist ohne Zeugen aus seinem Grab gestiegen, damit die verlassene Grabstätte als erste seine Auferstehung anzeigte.«[52] Unter den protestantischen systemati-

[47] Vgl. K. Lehmann, Auferweckt am dritten Tag nach der Schrift, 1968 (QD 38).
[48] II,414.
[49] PG 123,677.
[50] Theophylakt, PG 123,677; Beda, PL 92,296.
[51] II,410.
[52] II,410.

schen Theologen der Gegenwart wendet sich W. Pannenberg[53] gegen eine legendarische Beurteilung der Grabesgeschichten, sieht aber den Osterglauben der Jünger primär in der Erscheinung des Auferstandenen begründet. Galiläa habe hier den Vorzug. Nach W. Trillhaas[54] wird die Kunde davon, daß damals ein Grab leer gefunden wurde, heute keinen zum Glauben an den Auferstandenen erwecken und seinen Glauben tragen können. Für K. Barth hingegen hat das geöffnete Grab die Funktion, deutlich zu machen, »daß der gestorbene und ins Grab gelegte Mensch Jesus (er selbst und kein anderer) durch die Macht Gottes dem Tod und also auch dem Grab entrissen, daß er, der Lebendige, nicht unter den Toten zu suchen ist«. Das Grab, in dem Jesus nicht mehr ist, sei nicht seine Auferstehung, sondern nur deren Folgeerscheinung: »Es ist also wirklich nur das Zeichen des Ostergeschehens. Man kann nur hinzufügen: Es ist doch sein unentbehrliches Zeichen.«[55] Der Streit um das geöffnete Grab wäre dann mißverstanden, wenn er als Streit um die Auferstehung Jesu von den Toten aufgefaßt würde. Dieser Glaube kann und darf nicht aufgegeben werden. Die ihn aufgeben, wären »theologische Auguren und Haruspizes, die sich nicht begegnen können, ohne sich bedeutsam zuzulächeln im Bewußtsein des fatalen Geheimnisses der gänzlichen Bedeutungslosigkeit ihres Tuns«[56]. Es bleibt aber auch das Wort M. Luthers zu bedenken, das er in einer Predigt über Mk 16,1–8 gefunden hat: »Es ist aber nit genug, daß wir wissen, daß Christus auferstanden ist, daß das Grab unversehrt ist blieben. Du mußt weiterkommen und den nutz und frucht der Auferstehung lernen in dich fassen und daran hangen, daß es dein sei, wann wir nit mit leiden, mit sterben und auferstehen.«[57]

**Vormarkinische Passionsgeschichte**

Die vormarkinische Passionsgeschichte ist in ihrem Umfang sehr unterschiedlich bestimmt worden. Dasselbe gilt für ihren »Sitz im Leben«, während als der Ort ihres Entstehens weithin die Jerusalemer Gemeinde angenommen wird. Während Dibelius[1] die apologetische Predigt als den Entstehungsort eines zusammenhängenden Passionsberichtes annimmt, rechnet Bultmann[2] mit einem kurzen Bericht geschichtlicher Erinnerung von Jesu Verhaftung, Verurteilung und Hinrichtung als Ausgangspunkt. Nachdem Bertram[3] den Kult als den Hintergrund glaubte ausgemacht zu haben, entwickelte Schille[4] eine Hypothese, nach der drei zunächst selbständige und im Gottesdienst beheimatete Einheiten – ein Bericht von der letzten Nacht, ein Kreuzigungsbericht und Grablegenden – zur Passionsgeschichte vereinigt worden seien. Auch für Schenkes[5] detaillierte Analyse, nach der der vormarkinische Erzählfaden mit der Getsemani-Szene beginnt (bzw. der Zeitangabe von 14,1a), gilt, daß der Gottesdienst der Sitz im Leben

[53] Grundzüge der Christologie, Gütersloh 1969, 85–103. Pannenberg 100, meint, daß Markus Erscheinungstraditionen gekannt, aber nicht aufgenommen habe, weil ihm die Passionsgeschichte mit Grabesauffindung als Jerusalemer Lokaltradition bereits geschlossen vorgelegen habe.

[54] Dogmatik, Berlin 1962, 312.

[55] Dogmatik III/2,543.

[56] K. Barth, Die Auferstehung der Toten, München [3]1935, 92.

[57] WA 17/1,183.

[1] Formgeschichte 185f.

[2] Geschichte 298.

[3] G. Bertram, Die Leidensgeschichte Jesu und der Christuskult, Göttingen 1922.

[4] *180–187.

[5] Christus 135–145.

ist, wenngleich er auch apokalyptische und judenpolemische Züge entdeckt. Für Pesch[6] gehören alle Überlieferungen zur Passionsgeschichte, »die den Weg Jesu zur Passion in Jerusalem erzählen bzw. damit in unmittelbarem (eventuell auch mittelbarem) Zusammenhang stehen«[7]. Die dabei sich ergebende Passionsgeschichte umfaßt nicht bloß vollständig 14,1–16,8, sondern reicht auch weit bis zur Mitte des Evangeliums (bis 8,27–33) zurück. Sie ist als eine Art Itinerar für den Weg nach Jerusalem vorgestellt und wird versuchsweise als Gründungslegende für die Jeruslemer Gemeinde näher bestimmt. Komplizierter fällt Dormeyers[8] Analyse aus, der die zur Verfügung stehenden Gattungen der hellenistischen Märtyrerakte und des jüdischen Martyriumsberichtes zum Vergleich heranzieht. Er geht von einer Urpassion aus, die er mit Mk 14,3 beginnen und 15,46a (bzw. dem Ruf ἠγέρϑη) schließen läßt und die er von einer vormarkinischen Zwischenredaktion überarbeitet und erheblich erweitert sein läßt. Ihr Sitz im Leben sei die Katechese. Den doppelten Ansatzpunkt erblickt Schenk[9] (im Anschluß an Schreiber)[10] auf einer anderen Ebene. Für ihn hat Markus zwei Passionsberichte – einen, der durch das Präsens historicum, und einen zweiten, der durch apokalyptische Motive gekennzeichnet gewesen sei – in einem komplizierten literarischen Verfahren zur vorliegenden Leidensgeschichte zusammengestellt. An die wichtige Studie wird man vor allem die Frage stellen müssen, ob man eine Zeitform zum literarkritischen Seziermesser machen darf[11].

Ein sicheres Ergebnis der Forschung ist dies, daß eine absolut zuverlässige Rekonstruktion nicht mehr geleistet werden kann. Wir kommen nur noch annähernd an die vorsynoptische Quelle heran. Dies muß gerade denjenigen gegenüber gesagt werden, die ihrem Resultat einen zu hohen Grad von Sicherheit einräumen. Für die Entstehung der Passionsgeschichte werden wir mit einem Urbestand und dem Anwachsen zahlreicher alter, aber auch sekundärer Traditionen zu rechnen haben. Dieser Urbestand hat wahrscheinlich den Abschnitt 14,32–16,8 (abzüglich der redaktionellen Zutaten und Veränderungen) umfaßt. Mit 14,32 ist ein Einschnitt gegeben. Es beginnt der narrative Teil der Passion, in dem Jesus der Erleidende ist. Getsemani ist der Ort der Verhaftung Jesu. Dieser Abschnitt ist gekennzeichnet durch die Reflexion mit Hilfe der Psalmen, die vom Leiden des Gerechten handeln. Dies schließt aber die Verwendung eines messianologischen Prädikats nicht aus, nämlich des Königsprädikates, das den Prozeß Jesu prägt und im Synhedrialprozeß entsprechend als Messiasanfrage begegnet. Der Abschnitt bietet theologisch gedeutete Geschichte. Die Deutung geschieht von Ostern her. Die Leidenspsalmen, insbesondere Psalm 22, kamen mit ihrer Struktur von Klage und Dank, Erniedrigung und Erhöhung, dieser Deutung entgegen. Die Grabesgeschichte als Verweis auf die erfolgte Erhöhung des Gekreuzigten ist integrierender Bestandteil des Ganzen[12]. Die Vertrautheit mit den örtlichen Verhältnissen setzt Jerusalem als Entstehungsort der Urpassion voraus. Ihr Verwendungszweck war gemeindeintern, am ehe-

[6] R. Pesch, Die Überlieferung der Passion Jesu, in: K. Kertelge, Rückfrage nach Jesus, 1974 (QD 63), 148–173.

[7] 153.

[8] Passion 238–301.

[9] Passionsbericht 272–276.

[10] Theologie des Vertrauens 62–82.

[11] Linnemann* 171–173 lehnt eine vormk Passionsgeschichte ab. Mk 14f sei von Anfang bis Ende vom Evangelisten aus selbständigen Einzeltraditionen zusammengestellt. Sie muß aber zugeben, daß die Einheit dieser Traditionen in Struktur und Charakter erstaunlich sei (176). Zurückhaltend urteilt Schweizer 123. Er spricht von einer gewissen zusammenhängenden Schilderung, die möglicherweise im Katechumenenunterricht oder in der Verkündigung der Osterwoche entstanden sei.

[12] Gattungsmäßig stellt die Urpassion etwas Neues dar. Sie nimmt aber Züge der Märtyrerakte (Prozeßschilderung) wie des jüdischen Martyriums (Schilderung des Leidens) auf.

sten ist an die gottesdienstliche Gemeindeversammlung zu denken. Nähere Konkretionen sind besser zu unterlassen. Die Urpassion ist vormarkinisch erweitert worden. Die Erweiterungen heben insbesondere darauf ab, daß Jesus freiwillig und souverän den Leidensweg angetreten hat (14,17–21.29–31). Die Erzählungen vom Einzug in Jerusalem (11,1.8–10), vom Tempelprotest (11,15–18) und von der Salbung in Betanien (14,3–9) sind vorgeordnet und mit Hilfe der parallelen, sekundären Geschichten 11,2–7; 14,12–16, die Jesu Vorauswissen betonen, verknüpft worden. Gleichzeitig erfuhr die Urpassion eine Überarbeitung, die das Leiden Jesu im Licht apokalyptischer Motive deutete[13]. Diese zweite Fassung der Passion Jesu konnten wir dem hellenistischen Judenchristentum, möglicherweise dem Stefanuskreis, zuschreiben.

## Anhang: Die sekundären Markus-Schlüsse[1]

*Literatur:* Vgl. oben S. 337.

Mit 16,8 endet das Markus-Evangelium. Im Lauf der Überlieferung des Textes sind verschiedene erweiterte Schlüsse geschaffen worden. Man gab sich, nicht zuletzt im Vergleich mit den Abschlüssen der anderen Evangelien, mit 16,8 als dem Ende des markinischen Werks nicht zufrieden. Der Abschnitt 16,9–20 ist der bekannteste sekundäre Schluß, der sogar in die Verszählung des Evangeliums aufgenommen wurde und offenkundig die späteren Evangelien berücksichtigt. Daneben aber bieten die neutestamentlichen Handschriften andere Abschlüsse. Das Bild ist ein vielfaches. Das Problem ist primär ein textkritisches. Nach der von K. Aland[2] gebotenen Übersicht läßt sich das handschriftliche Zeugnis wie folgt zusammenfassen:

1. Der Text schließt mit 16,8. Dies bezeugen die Kodizes Vaticanus und Sinaiticus des 4. Jh. und die Minuskel 304 des 12. Jh. Das Zeugnis der letzteren ist beachtlich, weil es erweist, daß der ursprüngliche Abschluß in den Texthandschriften bis tief in das Mittelalter hinein durchgehalten worden ist. Hinzutritt der Syrosinaiticus.
2. 16,1–8 + sog. kürzerer Schluß. Diese Textform ist bisher nur durch den altlateinischen Kodex Bobbiensis aus dem 4./5. Jh. belegt.
3. 16,1–8 + 9–20, wobei Zweifel an der ursprünglichen Zugehörigkeit von 9–20 zum Text durch Anmerkungen oder Zeichen zum Ausdruck gebracht werden.
4. 16,1–8 + 9–20 im fortlaufenden Text.
5. 16,1–8 + 9–14 + Freer-Logion + 15b–20. Diese Textform wird heute nur durch den Kodex Freerianus W aus dem 4./5. Jh. belegt und ist nach Aland eine Sonderentwicklung der vierten Textform[3].
6. 16,1–8 + sog. kürzerer Schluß + 9–20. Was die griechische Textüberlieferung betrifft, findet sich diese Textform in 4 Majuskeln, einer Minuskel und einem Unziallektionar (zusätzlich in einer Minuskel als Marginalie[4]).

[13] Hierzu zählten wir 14,21.35b.41b.51f. 57–59.62b; 15,25.29b.30.33.37a.38.

[1] Zur Diskussion in der Forschung vgl. G. W. Trompf, The Markusschluß in Recent Research, ABR 21 (1973) 15–26 (dort weitere Literatur).

[2] Schluß 436–448.

[3] Schluß 447.

[4] Es sind dies 0112, 099, L, Ψ, 579, 274 mg, l 1602.

Entsprechend der Textform der sechsten Gruppe stellen wir zunächst den kürzeren Schluß vor. Eine Vorordnung von 9–20 vor den kürzeren Schluß ist handschriftlich nicht belegt.

### 1. *Der kürzere Schluß*

*Literatur: Aland, K.*, Bemerkungen zum Schluß des Markusevangeliums, in: Neotestamentica et Semitica (FS M. Black), Edinburgh 1969, 157–180.

**Alles Aufgetragene aber verkündeten sie kurz denen um Petrus. Danach aber[5] entsandte auch Jesus selbst vom Aufgang und bis zum Untergang durch sie die heilige und unzerstörbare Botschaft des ewigen Heils. Amen.**

Analyse

Weil er offenbar das Ausrichten der Engelsbotschaft durch die Frauen als Widerspruch zu Vers 8c »und sie sagten niemandem etwas davon« empfand bzw. sich an diesem Teilvers störte, streicht ihn der Schreiber des Kodex Bobbiensis kurzerhand und macht einen Übergangstext[6]. Der griechische Text ist voller unmarkinischer Wendungen, die ein stark hellenistisches Gepräge andeuten[7]. Die Datierung des Kurztextes kann von der Überlegung ausgehen, daß er vor oder gleichzeitig mit dem Langtext entstanden sein wird. Denn nach der Entstehung des qualitativ besseren Langtextes hätte der Kurztext kaum die Autorität gefunden, die ihm die textliche Bezeugung bescheinigt. Wir befinden uns mit ihm demnach im zweiten Jahrhundert[8]. Als Entstehungsort käme wegen der Nähe zu Ignatios von Antiocheia Syrien in Frage (s. unten).

Erklärung

Die Jünger als die Adressaten der durch die Frauen auszurichtenden Nachricht werden »die um Petrus« genannt. Diese Bezeichnung dürfte das Alter des Textes bestätigen, denn später hätte man wahrscheinlich von den Aposteln geredet. »Die um Petrus« hat seine Parallele bei Ignatios[9]. Ist damit der Anschluß an die Grabesperikope hergestellt, so gewinnt der Text eine gewisse Selbständigkeit durch die weltweite Verkündigung, die denen um Petrus übertragen ist. »Vom Aufgang und bis zum Untergang« (ergänze: der Sonne) entspricht LXX Ps 112,3. Die pleroforische Beschreibung des Kerygmas stellt dessen Zentralität heraus. Das heilige und unzerstörbare Kerygma (vgl. IgnMagn 6,2: unzerstörbare Lehre) kündet vom ewigen Heil (vgl. Hebr 5,9) und will dieses bewir-

[5] Ψ k fügen ein: »erschien er«, 099: »erschien er ihnen«.

[6] Dieser lautet: Illae autem cum exirent a monumento, fugerunt, tenebat enim illas tremor et pavor propter timorem.

[7] τὸ ἱερὸν καὶ ἄφθαρτον κήρυγμα, ἡ αἰώνιος σωτηρία. Vgl. Taylor 614.

[8] Mit Aland, Bemerkungen 177f. Ältere Autoren geben das 4. Jh. an (Lohmeyer 364; Klostermann 174).

[9] Vgl. IgnSm 3,2.

ken. Das abschließende Amen geht auf die liturgische Verwendung des Textes des gesamten Evangeliums zurück.

## 2. *Der lange, kanonische Schluß (16,9–20)*

*Literatur: Helzle, E.*, Der Schluß des Markus und das Freer Logion, ThLZ 85 (1960) 470–472; *Farmer, W. R.*, The Last Twelve Verses of Mark, 1974 (MSSNTS 25); *Hug, J.*, La finale de l'évangile de Marc (Mc 16,9–20), 1978 (EB).

9 **Auferstanden aber morgens am ersten Tag der Woche, erschien er zuerst Maria von Magdala, aus der er sieben Dämonen ausgetrieben hatte.** 10 **Jene ging hin und meldete es denen, die mit ihm gewesen waren (und) klagten und weinten.** 11 **Und als jene hörten, daß er lebe und von ihr gesehen worden sei, glaubten sie nicht.** 12 **Danach aber offenbarte er sich zweien von ihnen, die wanderten, in anderer Gestalt, als sie aufs Land gingen.** 13 **Und jene gingen hin und meldeten es den übrigen. Sie aber glaubten jenen nicht.** 14 **Zuletzt aber offenbarte er sich den Elfen selbst, als sie zu Tische lagen. Und er schalt ihren Unglauben und ihre Herzenshärte, weil sie denen nicht geglaubt hatten, die ihn als den Auferweckten gesehen hatten.** 15 **Und er sprach zu ihnen: Gehet hin in alle Welt und verkündigt das Evangelium der ganzen Schöpfung!** 16 **Wer glaubt und sich taufen läßt, wird gerettet werden; wer aber nicht glaubt, wird verurteilt werden.** 17 **Diese Zeichen aber werden die, welche gläubig wurden, begleiten: In meinem Namen werden sie Dämonen austreiben, in neuen Zungen werden sie reden,** 18 **und mit den Händen werden sie Schlangen aufheben, und wenn sie etwas Tödliches trinken, wird es ihnen nicht schaden. Kranken werden sie die Hände auflegen, und sie werden gesund werden.** 19 **Der Herr Jesus also wurde, nachdem er zu ihnen geredet hatte, in den Himmel hinaufgenommen und setzte sich zur Rechten Gottes.** 20 **Jene aber zogen aus und verkündigten überall, wobei der Herr mitwirkte und das Wort durch die Zeichen bekräftigte, die es begleiteten.**

Analyse Inhaltlich bietet der Text eine Zusammenfassung der Erscheinungen des Auferstandenen nach einer bestimmten Auswahl. Mit der an dritter Stelle genannten Erscheinung ist ein Missionsbefehl verbunden, der als verheißungsvolle Ankündigung zahlreiche Zeichen nennt, die die Künder des Evangeliums bewirken werden. Die Himmelfahrt Jesu und eine summarische Darstellung der Missionsarbeit schließen das Ganze ab. Der Text setzt die Kenntnis des lukanischen Doppelwerks und von Joh 20 voraus, die Kenntnis des Markus- und Matthäus-Evangeliums kann nicht erwiesen werden[10]. Im einzelnen beziehen sich

[10] Anders J. Schmid, Einleitung in das NT, Freiburg $^{6}$1973, 221f.

9f auf Joh 20,1.11–18 (Maria von Magdala), 11 erinnert an Lk 24,11. 12f setzen die Emmausperikope Lk 24,13–35 voraus. Das Motiv des Unglaubens, das in der Emmausperikope fehlt, erlaubt nicht die Annahme, daß der Text gegenüber Lk 24 in diesem Punkt ursprünglicher ist[11]. Vielmehr ist der Unglaube deutlich ein Anliegen des Verfassers. Vers 14, die Erscheinung vor den Elfen, berücksichtigt (wegen der Situation bei Tisch) Lk 24,36–43; Apg 1,4, nicht Mt 28,16–20; Joh 20,19–23. In gleicher Weise wird man den Missionsbefehl 15f mit Lk 24,47, nicht mit Mt 28,19; Mk 13,10 in Verbindung bringen. Auf jeden Fall hat der Verfasser hier frei gestaltet. Die angekündigten Zeichen der Verse 17f haben in der Apostelgeschichte ihre Parallelen: Dämonenaustreibung (16,16–18), Sprachenwunder (2,1–11), Schlangenwunder (28,3–6), Krankenheilungen (3,1–10; 9,31–35; 14,8–10; 28,8f). Das tödliche Gift holt der Verfasser wohl aus einem mündlichen Erzählschatz. Die Himmelfahrt wird in Anlehnung an Apg 1,9; Lk 24,51 beschrieben. Vers 20 ist wie eine Summe der Apostelgeschichte. Die Unabhängigkeit des Textes vom Markusevangelium, die man wegen des Unverständnisses und der Herzenshärte der Jünger in Zweifel ziehen möchte, ergibt sich aus vielerlei Beobachtungen. Der Text setzt in keiner Weise 16,1–8 fort. Erwartete man nach der Grabesperikope eine Erscheinung in Galiläa, so erscheint Jesus jetzt der Maria, was der Situation von 16,2 entspricht. Die in 7 dem Petrus angesagte Christofanie wird nicht berichtet. Unmarkinisch ist das Vokabular. Obwohl Markus den Jüngertadel herausstreicht, verwendet er nie das Verb ἀπιστεῖν[12]. Gegen die Zugehörigkeit zu Markus spricht auch die Tatsache, daß die Seitenreferenten Mattäus und Lukas Mk 16,1–8 als Vorlage benutzten, ab Vers 9 aber eigene Wege gehen. Der Text versteht sich als unabhängig von Markus und selbständig entstandenes Summar, das kerygmatisch (nicht anschaulich wie die Osterberichte der Evangelien) von den Osterereignissen berichtet, vom πρῶτον über das μετὰ δὲ ταῦτα bis zum ὕστερον. Wahrscheinlich wurde er als eine Art Osterkatechismus im Gemeindeunterricht benutzt. Wegen des Fehlens der Subjektangabe in Vers 9 ist nicht anzunehmen, daß ehedem vorausgehend noch etwas erzählt worden war[13]. Der Herr Jesus wird an entscheidender Stelle in Vers 19 genannt. Daß das Wunderzeichen in den Gemeinden, die der Text anspricht, noch eine aktuelle Rolle spielte, und die Gemeinden charismatisch strukturiert waren, ist ein zu weitreichender Schluß[14]. Die Schelte des österlichen Unglaubens und die literarische Abhängigkeit von der Apostelgeschichte sprechen eher dagegen. Für die Entstehungszeit des Textes ist von Bedeutung, daß er bereits von Eirenaios von Lyon († ca. 202) als Bestandteil des Markusevangeliums vorausgesetzt wird. Dieser zitiert Vers 19 mit den Worten: »Am Ende des Evangeliums aber

[11] Gegen Lohmeyer 362.

[12] Bei Mk nicht nachweisbar bzw. für ihn ungewöhnlich sind πρώτη σαββάτου, ἐκβάλλειν παρά, unbetontes ἐκεῖνος, die positive Verwendung von σημεῖον, εἰς τὸν κόσμον ἅπαντα, πᾶσα κτίσις, ὁ κύριος Ἰησοῦς.

[13] Gegen Lohmeyer 361.

[14] So Schweizer 210.

sagt Markus.«[15] Der Text ist darum sicher im 2. Jh. entstanden. Seine Abfassung durch den Presbyter Aristion (ca. 100) unterliegt schwersten Bedenken[16]. Als Entstehungsort werden Gallien, Italien bzw. Rom vermutet[17].
Strukturell ist der erste Teil des Textes durch eine zeitliche Bewegung geprägt, die durch drei aufeinanderfolgende Erscheinungen gekennzeichnet ist. Die ersten beiden Erscheinungen bereiten die dritte vor, denn die Jünger, denen die Empfänger der Christofanie Bericht erstatten, reagieren beide Male mit Unglauben. Schließlich erleben sie selbst eine Begegnung mit dem Auferstandenen. Auf ihr ruht der Schwerpunkt. Die elf Jünger erhalten den Missionsauftrag, der mit der Verheißung wunderbarer Zeichen verknüpft ist. Vielleicht darf man auch im Wechsel vom ἐφάνη (9) über das ἐφανερώθη ἐν ἑτέρᾳ μορφῇ (12) zum τοῖς ἕνδεκα ἐφανερώθη (14) eine verbale Steigerung erblikken. Am Schluß trennen sich gleichsam der Herr Jesus und seine Jünger (19f: μέν-δέ). Sie gehen getrennte Wege, jener εἰς οὐρανόν, diese in die Welt zur Verkündigung, ohne daß jedoch der Herr die Seinen verlassen würde. Damit ist die Gliederung angezeigt: 1. die Erscheinungen (9–14), 2. der Missionsbefehl (15–18) und 3. der Erhöhte wirkt mit den Seinen (19f)[18].

Erklärung 9–14

Die Auferstehung Jesu – dies ist ein weiterführender Zug gegenüber den Evangelien – wird zeitlich festgemacht. Sie hat am Morgen des ersten Wochentages stattgefunden, das heißt, zum Zeitpunkt vor der Entdeckung des leeren Grabes. Empfänger der ersten Erscheinung des Auferstandenen ist in Übereinstimmung mit Joh 20,1ff Maria von Magdala, die trotz Mk 16,1 neu eingeführt wird. Im Anschluß an Lk 8,2 wird von ihr berichtet, daß Jesus aus ihr sieben Dämonen ausgetrieben und sie damit von großem psychischem und physischem Elend befreit habe. Die Erscheinung selbst wird mit ἐφάνη (er wurde sichtbar) umschrieben, einer Wendung, die das Neue Testament sonst für die Christofanien des Auferstandenen nicht gebraucht. Das Verb kann in der frühchristlichen Literatur für das erste Auftreten Christi, der sich von der jenseitigen Welt her sehen läßt, verwendet werden[19], in der griechischen Bibel aber für die Gotteserscheinung[20]. Daran dürfte sich der Sprachgebrauch anlehnen. Ein »massiveres« Verständnis von Auferstehung ist nicht so sehr durch das Verb angezeigt[21] als vielmehr dadurch, daß der Auferstandene bis zu seiner Himmelfahrt irgendwie als auf der Erde weilend – wenn auch in einem verborgenen Zustand – gedacht ist. Maria meldet ihre Begegnung mit dem Auferstandenen den Jüngern, die als »die mit ihm waren« gekennzeichnet werden. Ihr Klagen und Weinen gilt dem Toten (vgl. Joh 20,11; 2Sam 14,2), ist aber

15 adv. haer. 3,10,6. Möglicherweise kennen den langen Mk-Schluß schon Justin, der Pastor Hermae, das Petrusevangelium und die Epistula apostolorum. Vgl. Aland, Bemerkungen 171.

16 So die Überschrift einer im 10. Jh. geschriebenen armenischen Handschrift.

17 Vgl. Schmid (Anm. 10) 223, Klostermann 174.

18 Während Lohmeyer 361 eine Zäsur bei V 14 anbringen möchte, erkennt Schnackenburg II,328 richtig, daß diese bei V 15 liegt.

19 IgnMg 6,1; Barn 14,5. Vgl. Bauer, Wörterbuch 1684.

20 LXX Num 23,4; Gen 35,7 v.l.

21 So Schnackenburg II,329.

Ausdruck ihrer Verständnislosigkeit. Sie reagieren auf die Nachricht mit Unglauben. Zur Weckung ihres Osterglaubens bedarf es der Christofanie. Dies sichert die Glaubwürdigkeit der Osterbotschaft ab, ist aber auch Kritik an solchen in der Gemeinde, die der Botschaft mit Zweifel begegnen. Daß der Auferstandene lebt, ist wiederum lukanische Sprechweise[22]. Im zeitlichen Abstand von der ersten Erscheinung offenbarte sich Jesus zwei Jüngern auf der Wanderung. Weder wird das Ziel der Wanderung, Emmaus, noch der Name des einen Jüngers (wie Lk 24,18) genannt. Der Text kann dies als bekannt voraussetzen, da er nur resümieren will. Darum wird man die andere Gestalt, in der Jesus erscheint, nicht auf die völlig neue himmlische Leiblichkeit beziehen können[23], sondern entsprechend der Emmausperikope auf die Gestalt des Wanderers Jesus, die gerade seine Herrlichkeit verdeckt und den Jüngern das Wiedererkennen zunächst nicht erlaubt. Das Verb ἐφανερώθη (er offenbarte sich) benutzt auch Joh 21,14 für die Erscheinung des Auferstandenen. Die Nachricht der beiden nehmen die anderen Jünger ebenso ungläubig entgegen wie die Botschaft der Maria. Der Akzent ruht auf der dritten Christofanie, die den Elfen zuteil wird. Sie ist als die letzte vorgestellt[24], so daß der Text insgesamt den Eindruck vermittelt, eine aus seiner Sicht vollständige Aufzählung der Ostererscheinungen zu geben. Die Elf befinden sich beim Mahl. Der Ausfall des Judas ist berücksichtigt. Die Mahlsituation will die Gemeinde daran erinnern, daß bei ihren Zusammenkünften zum Herrenmahl der Auferstandene gegenwärtig ist. Der außerordentlich scharfe Tadel der Jünger schließt an deren Reaktion in den Versen 11 und 13 an, spricht aber über ihren Kreis hinaus die Gemeinde an, die über das Wort Zugang zum lebendigen Christus gewinnt[25]. Der Glaube verläßt sich auf das verkündete Wort, ohne den Anspruch zu erheben, sehen zu wollen (vgl. Joh 20,29). Die Herzenshärte rügt das empfindungslos gewordene Herz, das nach biblischer Vorstellung das Organ für die Aufnahme des göttlichen Wortes, die Antenne für Gott sein soll.

Die Weisung des Auferstandenen an die Elf[26] – der Aposteltitel wird ihnen 15–18

[22] Vgl. Lk 24,5.23; Apg 1,3; 9,41; auch 2Kor 13,4.

[23] So Schweizer.

[24] ὕστερον hat hier superlativische Bedeutung (= zuletzt), bedeutet also nicht »später«, wie die Kommentatoren zu übersetzen pflegen.

[25] Die Kodizes A C* fügen ein: »die ihn als den *von den Toten* Auferweckten gesehen haben.«

[26] Der Kodex Freerianus W fügt, indem er »und er sprach zu ihnen« streicht, an dieser Stelle folgendes ein: »Und jene entschuldigten sich und sagten: Dieser Äon der Gesetzlosigkeit und des Unglaubens ist unter dem Satan, der nicht zuläßt, daß was unter den unreinen Geistern steht, die Wahrheit und Kraft Gottes erfaßt (der Text ist fehlerhaft). Deshalb enthülle jetzt deine Gerechtigkeit. – Jene sprachen zu Christus. Und Christus erwiderte ihnen: Erfüllt ist die Grenze der Jahre für die Macht Satans. Aber es nähern sich andere Schrecknisse. Und für die, welche sündigten, wurde ich dem Tod ausgeliefert, damit sie zur Wahrheit umkehren und nicht mehr sündigen und die geistgewirkte und unvergängliche Herrlichkeit der Gerechtigkeit im Himmel erben, aber . . .« Der Verfasser dieses sog. Freer-Logions nimmt die getadelten elf Jünger in Schutz. Es bewegt ihn das Problem der Sünde und des Bösen, die nach der Auferstehung Jesu fortbestehen. Und er fragt nach dem Verhältnis der Auferstehung zur Parusie Christi. Sein Hinweis auf andere Schrecknisse vermag das Problem aber nur oberflächlich zu lösen. Wichtig ist die geforderte Umkehr, die sich aus dem Tod Christi ergibt.

nicht zugelegt – betrifft den Missionsauftrag, dessen Universalität auf doppelte Weise zum Ausdruck gebracht wird: in alle Welt gehen, der ganzen Schöpfung verkünden. Indem sich Christus den Elfen offenbart und sie wieder in seinen Dienst nimmt, wird ihr Unglaube überwunden. Sie verdanken sich der Gnade ihres Herrn, der sie zu seinen berufenen Zeugen macht. Der Inhalt der auszurichtenden Botschaft wird nicht entfaltet, sondern im Begriff Evangelium zusammengefaßt. Dieser Begriff kann hier nicht im Sinn des Markus interpretiert werden. In seiner Verbindung mit der ganzen Schöpfung rückt er in die Nähe von Kol 1,23. Die Wendung ist im Judentum vorgeprägt, wo Gott als König seiner ganzen Schöpfung (Jdt 9,12), Gebieter, Herr der ganzen Schöpfung (3Makk 2,2.7) gepriesen oder in seiner liebenden Zuwendung zur ganzen Schöpfung gerühmt werden kann (3Makk 6,2)[27]. Das auszurichtende Evangelium proklamiert demnach die Herrschaft, die der auferweckte Christus über die Schöpfung gewonnen hat. Missionsverkündigung ist Ausbreitung seiner befreienden Herrscherstellung. Die Reaktionen des Menschen auf die Botschaft des Evangeliums sind Glaube oder Unglaube. Der Glaube schließt die Bereitschaft zum Empfang der Taufe mit ein. Die gläubig empfangene Taufe wirkt die Rettung im Endgericht. Auch in Tit 3,5; 1Petr 3,21 werden Taufe und Rettung zusammengebracht. Glaube kann im Zusammenhang nur besagen: Anerkennung der proklamierten Herrscherstellung des Auferweckten[28]. Die Gegenüberstellung von Rettung und Verurteilung erinnert an Joh 3,18. Jedoch bezieht sie sich hier auf das zukünftige Gericht. Die schroffe Alternative hebt nicht so sehr ab auf den Gedanken, daß alle Menschen zur Entscheidung gerufen werden sollen[29], sondern sie ist verheißend und noch mehr bedrohend. Neben das verkündigte Wort tritt das Wunderzeichen. Im Gegensatz zu Mk 8,11f wird Zeichen im positiven Sinn verwendet. Das Wunderzeichen geht dem Glauben nicht voraus und ist auch nicht Ausdruck einer nur den Jüngern verliehenen Vollmacht (wie Mk 6,7–13), sondern soll denen, die gläubig wurden, als göttliche Bestätigung dienen. In ihm wird kund, daß Christus der neue Herr der Schöpfung ist, der vorhat, die gesamte Schöpfung in das Heil miteinzubeziehen. Die fünf Arten von Wundern, die aufgezählt werden, lassen Anlehnung an das in der Apostelgeschichte Berichtete erkennen (vgl. die Analyse). Das Reden in neuen Zungen ist darum nicht auf Glossolalie oder Reden in Engelszungen, sondern auf das Pfingstereignis zu beziehen, wo die Jünger in vielen Zungen (= Sprachen) redeten (vgl. Apg 2,11). Das schadlose Trinken von Gift hat in den Acta keine Parallele, doch liegen Schlange (Apg 28,3–6) und Gift eng beieinander[30]. Die Vollmacht, auf Giftschlangen und Skorpione zu treten, nennt Lk 10,19. Euseb berichtet von Justus Barsabas, daß er tödliches

[27] Vgl. 1Cl 19,3; 59,3.

[28] Schweizer rückt Glauben hier in die Nähe von Für-wahr-halten.

[29] Dies ist in der verwandten Stelle KgPt 4 der Fall: ». . . auf daß, die hören und glauben, gerettet werden, die aber, die nicht glauben, . . . nicht zu ihrer Entschuldigung sagen können: wir haben es nicht gehört.«

[30] Das Kindheitsevangelium des Thomas 16 erzählt von der Heilung vom Biß einer Giftschlange. Vgl. Jes 11,8.

Gift getrunken habe, aber »infolge der Gnade des Herrn keine üblen Folgen verspürte«[31]. Die Zeichen werden »in meinem Namen«, das heißt, unter Anrufung des Jesusnamens, geschehen[32]. Sie sollen das Wirken des erhöhten Christus, der bei seiner Gemeinde ist, veranschaulichen.

Der Schlußakt der Ostergeschehnisse ist in Übereinstimmung mit dem lukanischen Konzept die Himmelfahrt Jesu. Mit ihr finden die legitimen Erscheinungen des Auferstandenen ihren Abschluß. Nachdem im Zusammenhang mit der weltweiten Mission die Stellung des Erhöhten als Kosmokrator schon angeklungen war, wird ihm hier, durchaus in den Rahmen sich einfügend, der Kyriostitel zugesprochen. Die Wendung »Herr Jesus«[33], Paulus und der Apostelgeschichte bekannt, steht innerhalb der Evangelien nur an dieser Stelle. Die Himmelfahrt Jesu, die das biblische Weltbild zur Voraussetzung hat, wird in Anlehnung an die Himmelfahrt des Elija beschrieben (2Kön 2,11; 1Makk 2,58). Die sessio ad dexteram Dei kündet von der Inthronisation Christi und wird gleichfalls formelhaft, unter Verwendung von Ps 110,1, zum Ausdruck gebracht[34]. Der formelhafte Charakter der Aussagen, die Himmelfahrt und Erhöhung/Inthronisation betreffen, lassen vermuten, daß der Verfasser bereits in Anlehnung an ein christologisches Credo formuliert. Die Jünger aber zogen aus, überall verkündigend. Diese Feststellung besitzt bei JustApol 1,45,5, eine wörtliche Parallele (von Mk 16,20 abhängig?), die sie von Jerusalem ausziehen läßt[35]. Dies dürfte auch für unseren Text zutreffen. Sie erfuhren die wirksame Unterstützung des Kyrios, sein Mitwirken, das sich in begleitenden Wunderzeichen zeigte. Diese haben das Wort befestigt (vgl. Hebr 2,3f). Dieser Ausblick kann bereits auf ein längeres missionarisches Wirken zurücklenken und dankbar die gewährte Hilfe des Herrn anerkennen[36]. 19–20

Zusammenfassung

Gehen wir davon aus, daß der lange Markus-Schluß eine Art Osterkatechismus ist, so empfiehlt sich ein Vergleich mit 1Kor 15,1–11. Liegt das diesem Text einverleibte christologische Bekenntnis vor den Evangelien, so kann Mk 16,9–20 das bereits schriftlich vorliegende Evangelium verwerten. In der Aufzählung der Erscheinungen des Auferstandenen beläßt der Text der Frau die Protofanie. Übereinstimmend mit 1Kor 15,5 berichtet er von der Erscheinung vor dem engen Jüngerkreis (1Kor 15,5: den Zwölfen; Mk 16,14: den Elfen). Die Christofanie des Petrus wird nicht genannt. Die Begegnung des engeren Jüngerkreises mit dem Auferweckten wird zur Grundlage der Ostergeschehnisse. Deren zeitliche Abgrenzung zwischen Auferweckung und Himmelfahrt sichert die Legitimität der berufenen Zeugen ab, läßt aber die Auferweckung

[31] h.e. 3,39,9.

[32] Tos Chul 2,22f berichtet, daß Rabbi Jischmael seinem Neffen, dem Rabbi Eleazar ben Dama, nicht gestattete, sich von einem gewissen Jakob aus Kephar-Sama im Namen Jesu von einem Schlangenbiß heilen zu lassen.

[33] A Koine-Text Θ lesen nur ὁ μὲν οὖν κύριος, lassen also den Jesusnamen aus. Das klingt noch formelhafter.

[34] Die Minuskel 1 liest: »zur Rechten Gottes des *Vaters*.«

[35] Vgl. Herm s 9,25,2: »Apostel und Lehrer, die der ganzen Welt gepredigt haben.«

[36] C* Koine-Text Θ setzen am Schluß von V 20 ein Amen.

als eine Art zeitweiliger Rückkehr des Auferweckten in ein irdisches Leben erscheinen. An diesem Punkt hat die theologische Kritik einzusetzen. Die Nichterwähnung des Kreuzes erklärt sich aus der Natur des Textes und kann nicht direkt zum Anlaß einer Kritik genommen werden. Entscheidend ist – und dies bedeutet wiederum eine gewisse Übereinstimmung mit 1Kor 15,11–, daß das »überall« zu verkündende Evangelium aufgetragen bleibt und daß gerade und nur in seiner Ausrichtung die mitwirkende Hilfe des bei seiner Gemeinde bleibenden erhöhten Herrn erfahren werden kann.

# C Ausblick

Versucht man die Wirkungen, die vom Markusevangelium auf Theologie und Kirche ausgegangen sind, zu überschauen, so hat man sich die allgemeine Beurteilung der synoptischen Evangelien in Altertum, Mittelalter und Neuzeit zu vergegenwärtigen. Markus stand 1800 Jahre im Schatten des großen Bruders, des Mattäusevangeliums, das als das erste und älteste Evangelium angesehen wurde und sich in der Kirche vorrangiger Wertschätzung erfreute. Dies gilt – im Rahmen der Evangelien – auch für die Kirchen der Reformation. Das beliebte Urteil, daß das Mattäusevangelium die bevorzugte Schrift der katholischen Kirche sei, ist darum cum grano salis zu nehmen und nur bei einer Gegenüberstellung von Mattäus und Paulus gültig. Durch die kritische Erforschung der synoptischen Evangelien darüber belehrt, daß Markus das älteste Evangelium ist – eine Auffassung, die sich heute auch im katholischen Raum der Exegese zumindest im deutsch- und englischsprachigen Raum weitgehend durchgesetzt hat –, lassen sich die Dinge anders sehen. Ist nämlich Markus das älteste Evangelium, dann können Mattäus und Lukas als in einem beträchtlichen Maß zur Wirkungsgeschichte des Markus gehörig, in diese miteinbezogen werden. An dieser Stelle aber bricht das Problem der Wirkungsgeschichte voll auf. Altertum und Mittelalter haben Markuskommentare nur in einer verschwindend geringen Anzahl hervorgebracht. Die erwähnte Bevorzugung des Mattäus, zu der sich eine in der Regel im Sinn einer Evangelien-Harmonie gehaltene Lektüre und Interpretation der synoptischen Evangelien hinzugesellte, ließ kaum spezifische Anliegen des einzelnen Synoptikers und auch des Markus bzw. der markinischen Redaktion oder Theologie ins Blickfeld treten. Die Aussagen der Synoptiker wurden harmonisiert und da, wo sich Widersprüche zu ergeben schienen, miteinander ausgeglichen. Diese Beurteilung hängt nicht zuletzt damit zusammen, daß man alles, was in den Evangelien geschrieben steht, für im strengen Sinn historisch ansah. Das historische Vor-Urteil ließ keine andere Behandlung zu.

Dennoch besaß man eine andere Möglichkeit, die Texte im Hinblick auf die hörende Gemeinde zum Sprechen zu bringen. Mit ihr knüpfte man an eine Entwicklung an, die bestimmte Stränge der synoptischen Tradition, im besonderen die Gleichnisüberlieferung, aber auch einzelne Wundergeschichten schon vor der schriftlichen Fixierung durch den Evangelisten erfaßt hatte, nämlich die Allegorisierung. An die allegorisierende Auslegung der Doppelperikope von der blutflüssigen Frau und der Auferweckung der toten Tochter des Jairus (Mk 5,21–43) und der Geschichte des blinden Bettlers von Jericho (10,46–52), die als klassische Beispiele für diese Auslegungsrichtung gelten können, sei zurückerinnert. Nicht selten mischt sich in die Allegorese eine heilsgeschichtliche

Perspektive. Der selbständige Text einer Perikope wird zur selbständigen Darstellung der gesamten »Heilsgeschichte« oder eines beträchtlichen Teils von ihr. Ebenso unkritisch wie die Verknüpfung der Texte mit einem allegorischen Hintergrund verläuft weithin die paränetische Auswertung, die natürlicherweise das vordringliche Anliegen in der Verwendung der Perikopen durch die Predigt ausmacht. Zwar wird das punktuelle Anliegen einer Perikope oder eines Verses nicht selten mit verblüffender Schärfe getroffen, die übergreifenden paränetischen und theologischen Intentionen des Evangeliums werden nicht erkannt. Wägt man die die Interpretation der Alten bestimmenden Leitlinien ab, so wird der Exeget kaum Lust verspüren, diese zu neuem Leben zu erwekken. Er wird auch nicht damit rechnen, in der Beschäftigung mit der Interpretationsgeschichte Überraschungen hinsichtlich eines neuen und weiterführenden Verständnisses des Textes zu erleben, schon gar nicht in der Auseinandersetzung mit der allegorisch-typologischen Exegese[1]. Die Interpretationen und Verständnisse zahlreicher synoptischer Texte waren offenkundig durch Jahrhunderte konstant. Nicht selten zeigte es sich, daß eine Auffassung, die etwa der griechische Theologe Theophylakt vertrat, so oder nicht viel anders sich bei Calvin, Erasmus oder einem anderen Jahrhunderte später wiederfindet. Das Überraschungsmoment kann vielmehr auf einem anderen Feld liegen. Die Konfrontation der in der Interpretationsgeschichte fest etablierten Meinung mit dem ursprünglichen Sinn eines Textes kann eine Entwicklung aufdecken, die der Rückbesinnung auf den Urtext bedarf. Gerade von hier aus sind Anstöße für Theologie und Kirche möglich. Gerade an diesem Punkt zeigt sich, daß die Beschäftigung mit der Interpretationsgeschichte lohnend ist, nicht zuletzt in einem ökumenischen Kommentar. Hierzu können beispielhaft die Stellungnahmen zur Sabbat- oder Fastenfrage oder zur Tradition verglichen werden (2,18–22; 2,23–3,6; 7,1–23).

Die kopernikanische Wende in der Beurteilung des Markusevangeliums erfolgte im vergangenen Jahrhundert durch die Ausbildung der Zweiquellentheorie. Sie geht zurück auf K. Lachmann, der klassischer Philologe war, und C. G. Wilke, der als protestantischer Pfarrer zur katholischen Kirche übertrat[2]. Die Zweiquellentheorie, welche die Markus-Priorität zur Voraussetzung hat, rückte Markus als das älteste Evangelium in den Brennpunkt der Synoptikerforschung. Markus wurde jetzt in mancherlei Hinsicht interessant. Je nach Forschungsrichtung benutzte man das älteste Evangelium als Ausgangspunkt für die Rekonstruktion des Lebens und Wirkens des historischen Jesus, für die

[1] K. Lehmann, Der hermeneutische Horizont der historisch-kritischen Exegese, in: J. Schreiner (Hrsg.), Einführung in die Methoden der biblischen Exegese, Würzburg 1971, 40–80, hier 77, ermuntert in seinen anregenden und die Exegese herausfordernden Ausführungen zur Beschäftigung mit der Schriftauslegung der Alten und verspricht sich Überraschungen. Bedenkenswert ist der Satz: »Die geschichtslose Attitüde muß sich aber auch fragen lassen, warum die Kirche siebzehnhundert Jahre lang auf andere Weise und hoffentlich doch nicht ganz umsonst die ›Sache‹ der Wahrheit Gottes in der Schrift verstehen konnte.«

[2] Dies ist erwähnenswert angesichts der Tatsache, daß die Zweiquellentheorie in der katholischen Kirche lange Zeit geächtet war.

Entfaltung der ältesten Dogmengeschichte (W. Wrede) oder für den Aufweis, daß der Mythos schon früh in die Jesusüberlieferungen eingedrungen wäre[3]. Die Formgeschichte, welche die Leben-Jesu-Forschung abgelöst hatte, ließ das Interesse an den einzelnen Synoptikern vorübergehend in den Hintergrund treten. Es ist beachtenswert, daß die redaktionsgeschichtliche Forschung, die ihre Aufmerksamkeit dem einzelnen Evangelium zuwandte und die Evangelisten als selbständige Theologen ernstzunehmen versuchte, nicht bei Markus einsetzte, obwohl sich dies vom Standpunkt der Markuspriorität und der Zweiquellentheorie aus nahegelegt hätte. Wenn sie mit dem lukanischen Doppelwerk begann (H. Conzelmann) und Markus erst nachfolgte (W. Marxsen), mag dies damit zusammenhängen, daß der Theologe Markus im Vergleich zu seinen Seitenreferenten schwerer zu packen ist und die Konturen seines theologischen Konzepts sich nicht leicht zu erkennen geben. Freilich hatten W. Wrede mit seinem Werk über das Messiasgeheimnis und E. Lohmeyer mit seinem Kommentar, aber auch seinem »Galiläa und Jerusalem« der redaktionskritischen bzw. -geschichtlichen Betrachtung weitgehend den Weg geebnet. Gegenwärtig befinden wir uns in einem Stadium der Markus-Forschung, in dem eine die Akzente überzeichnende Redaktionsgeschichte ihre berechtigte Kritik herausgefordert hat und gerade auch im Zusammenhang mit der Kommentierung des ältesten Evangeliums eine stärkere Hinwendung zum historischen Jesus zu beobachten ist (R. Pesch). Man wird darauf zu achten haben, daß Einseitigkeiten vermieden werden. Die eine bestünde darin, daß man die Möglichkeiten des Theologen Markus, der an Traditionen gebunden ist, überschätzt, aber auch und noch mehr die Möglichkeit, aus dem Text des Evangeliums historische Rückschlüsse auf die Situation der von Markus angesprochenen Gemeinde zu ziehen. Die andere liegt in der Vernachlässigung der Erkenntnisse, die uns die Synoptiker-Forschung der letzten fünfzig Jahre gebracht hat. Was hier an Einsichten über die Struktur, das Anliegen und den Charakter der Evangelien gewonnen wurde, behält auch für Markus Gültigkeit. In diesem Punkt nimmt der älteste Evangelist keine Sonderstellung ein. Die Notwendigkeit der Rückfrage nach dem historischen Jesus darf uns nicht dazu verleiten, in die Aporien der Leben-Jesu-Forschung zurückzufallen.

Der Exeget ist auch Theologe. Darum kann ihm – bei sauberer Trennung der Methoden – die Arbeit des systematischen Theologen oder Dogmatikers nicht gleichgültig sein, genau so, wie er sich wünscht, daß seine Arbeit von diesen zur Kenntnis genommen wird. Die Aufarbeitung der Wirkungsgeschichte einer neutestamentlichen Schrift in der systematischen Theologie der Gegenwart oder besser: ein erster fragmentarischer und unvollständiger Versuch in dieser Richtung ist ein Beitrag zur Verhältnisbestimmung von Exegese und Dogmatik. Das eindeutige Fazit eines solchen Versuches ist, daß es hier noch manches zu tun gäbe und auch manches Überraschende noch entdeckt werden

[3] Vgl. Schweitzer, Leben-Jesu-Forschung 124–140; W. G. Kümmel, Das NT. Geschichte der Erforschung seiner Probleme, 1958 (OA III/3), 179–190.362–367.

könnte. Ist der Exeget – bewußt oder unbewußt – Theologe, und ist er somit – bewußt oder unbewußt – von einer bestimmten theologischen Position bestimmt, so nimmt es nicht wunder, wenn diese sich auch in der Interpretation des Markusevangeliums auswirkt. Zwar ist ein Einfluß der paulinischen Theologie auf Markus im historischen Sinn durch M. Werner eindeutig und zu Recht zurückgewiesen worden, der Einfluß der paulinischen Theologie und insbesondere der paulinischen Rechtfertigungslehre auf die Markus-Interpreten lebt unvermindert fort. Dies fällt dem katholischen Exegeten bei der Lektüre protestantischer Kommentare auf (klassisches Beispiel: Luther zu Mk 5,25–34). Es besteht kein Zweifel, daß der protestantische Exeget im katholischen Kommentar Analoges ausfindig machen wird. Soweit von der schmalen Basis eines Evangeliums aus ein Urteil überhaupt möglich ist, muß anerkennend gesagt werden, daß der Exeget, der sich um die Wirkungsgeschichte evangeliarer Texte bemüht, bei protestantischen Systematikern mehr findet und auch feststellt, daß dort auf die exegetische Sache nachdrücklicher eingegangen wird, als das bei katholischen Dogmatikern der Fall ist. Dies ist kein Werturteil, sondern erklärt sich auch aus dem theologischen Bestimmtsein. Es dürfte aber auf beiden Seiten Ausnahmen geben (vgl. das außerordentliche bibeltheologische Engagement K. Barths). Dennoch bleibt für den Exegeten nicht selten die Beschäftigung des Dogmatikers mit der Bibel bzw. den Resultaten der Exegese frag-würdig[4]. Verständnis dafür, daß die Texte des Evangeliums mehr sein müssen als das Füllwerk oder der Aufputz für theologische Hypothesen, wird sich bei allen Beteiligten finden. Verständnisschwierigkeiten entstehen dort, wo der Interpretationsansatz des Systematikers ein anderer zu sein scheint als der des Exegeten. Geht der Exeget vom historischen Urteil aus, so muß es eine Verständnisebene geben, die weiterführt als die Einordnung des Neuen Testaments als des ersten Abschnitts der Dogmengeschichte. Jedoch hat auch diese Sicht, die nicht zuletzt dem Versuch dient, die wesentliche Kontinuität des Glaubens aufzuweisen, ihre Berechtigung. Geht der Systematiker von einer Analyse der Zeit und ihrer Glaubensproblematik aus oder bezieht er sie doch in bestimmender Weise in seine Reflexion mit ein, so wäre die stärkere Berücksichtigung dieser Perspektive dem Exegeten nur anzuraten. Die oft festgestellte und beklagte Krise der Exegese der Gegenwart hat gerade an dieser Stelle eine ihrer Wurzeln. So bietet sich das Markusevangelium dem Exegeten, dem Theologen und dem Christen unserer Tage an. Weil es unseren Blick auf das Kreuz Jesu Christi hinlenkt, empfiehlt es sich als für unsere leidvolle und zerrissene Zeit passende Realisierung des Evangeliums. Weil es mit seiner breiten Schilderung der Wundertätigkeit Jesu auf die vielfältige Not und das große Elend der Menschen aufmerksam macht, erweckt es unsere Bereitschaft zur Hilfe in einer Welt, in der Fortschritt und Verelendung fast parallel und stetig voranschreiten. Weil es von der Auferstehung Jesu von den Toten kündet, gibt es uns Hoffnung. Es ruft auf zur Nachfolge auf dem Weg des Gekreuzigten.

[4] Zur Problematik vgl. K. Reinhardt, Der dogmatische Schriftbeweis, München 1970.

# Sachregister

*Corrigendum:* Im 1. Teilband S. 73 Zeile 15 von unten muß es statt »Vergil . . .« heißen: »Ovid, Metam. 3,585ff«.